급수 체계 개편! 완벽 대비!

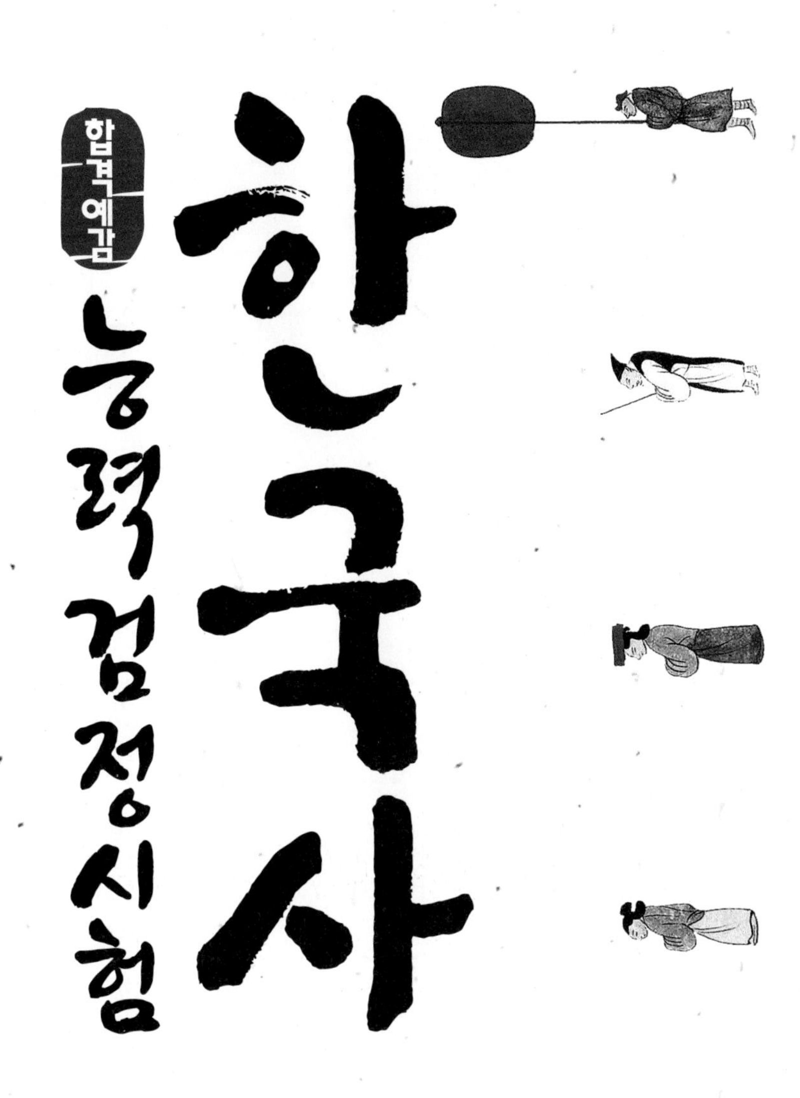

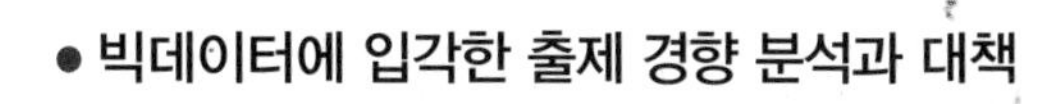

• 100% 합격, 고득점 합격을 위한 완벽한 학습 플랜

머리말 forward

한국사능력검정시험이 2006년 처음 실시된 이래 현재 매년 40만 명 이상이 응시하는 국민 역사 시험으로 성장하였습니다. 시험을 주관하는 국사편찬위원회가 밝힌 것처럼 한국사능력검정시험은 바야흐로 우리 역사에 대한 관심을 국민들에게 널리 확산시키는 결정적인 계기가 되었으며, 역사 학습을 통한 전 국민적 문제 해결 능력 향상에 크게 기여하였습니다. 그리고 한국사능력검정시험에 대한 신뢰가 유지되고, 이의 활용과 특전이 많아질수록 시험에 대한 수요는 앞으로도 꾸준할 것으로 예측됩니다.

한편 국사편찬위원회가 홈페이지를 통해 밝힌 바에 따르면, 2020년 5월 23일(토)에 치르는 제47회 시험부터 급수 체계를 기존의 3종[고급(1~2급) · 중급(3~4급) · 초급(5~6급)]에서 '심화(1~3급)와 기본(4~6급)' 2종으로 개편한다고 발표하였습니다(6쪽 참고). 또한 지금까지 연 4회 치르던 시험이 연 6회를 치르는 것으로 발표되었는데, 기본 시험은 종전처럼 연 4회 시행됩니다(시험 안내 '2022 시험 일정' 참고). 아마도 새로운 급수 체계 개편에 따른 문항 유형 개발과 난이도 조절 등을 최대한 빠른 시간 내에 재조정하여 시험을 안정화시키고자 하는 의도로 읽혀집니다.

본서는 이와 같이 새롭게 개편되는 급수 체계에 응시생들이 흔들리지 않고 효과적으로 대응할 수 있도록 하기 위하여 기획되었습니다. 국사편찬위원회가 밝힌 바처럼 심화 시험의 난이도는 기존의 고급 시험보다 평이한 수준으로, 기본 시험의 난이도는 초급 시험보다 약간 어려운 수준으로 출제될 것으로 예상됩니다. 또 시험 개편 후에도 일정 기간 기존의 문제 유형을 유지하여 시험 개편에 따른 응시생들의 혼란을 최소화할 계획이라고 밝혔으므로 우선은 국사편찬위원회의 발표를 믿고 착실히 준비해가면 될 것으로 보입니다.

모쪼록 이 책으로 공부한 응시생 모두 원하는 합격의 기쁨을 누리시기 바랍니다. 묵묵히 뒤에서 응원하겠습니다.

최승권 편저

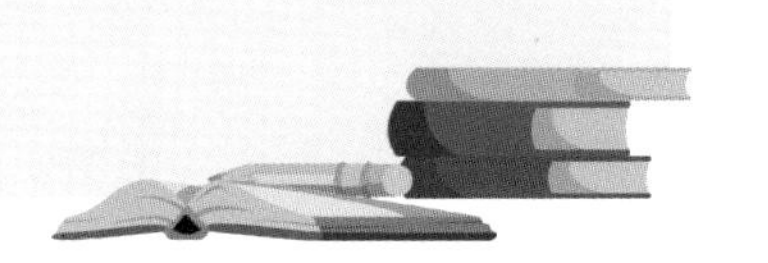

차례 contents

구성과 특징 composition

빅데이터에 입각한 '출제 경향 분석과 대책'

최신 회차는 물론 지난 30여 회차의 기출문제를 분석하여 빈출주제 100개를 엄선하였고, 이를 한눈에 볼 수 있도록 제시하였습니다. 또한 출제상의 특징과 자료제시형 문제 해법, 학습 방법(양식지 포함) 등을 통해 효과적으로 시험을 준비할 수 있도록 하였습니다.

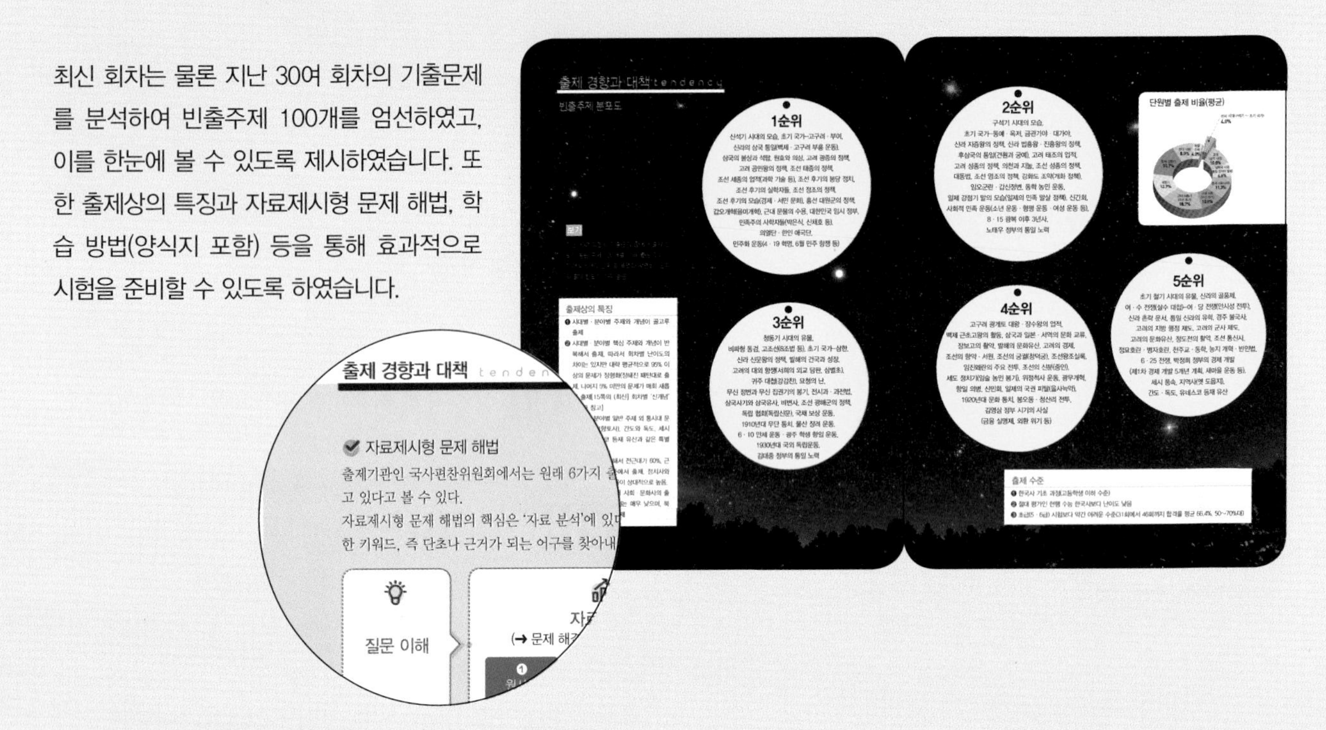

시대별 · 분야별 빈출주제 핵심 요약, 각 장별 기출 핵심 '✔체크체크'

시험에서 반복해서 출제되는 시대별 · 분야별 주제의 핵심 내용을 요약하여 수록하였습니다. 주목해야 할 자료는 'Click!'으로, 추가 설명이 필요한 곳은 교사주를 넣었습니다. 또 핵심 요약 학습 후 마지막으로 기출 핵심(선지, 〈보기〉, 자료 일부)을 체크하며 정리하도록 하였습니다.

실력 점검을 위한 각 장별 '실전 문제 다잡기'

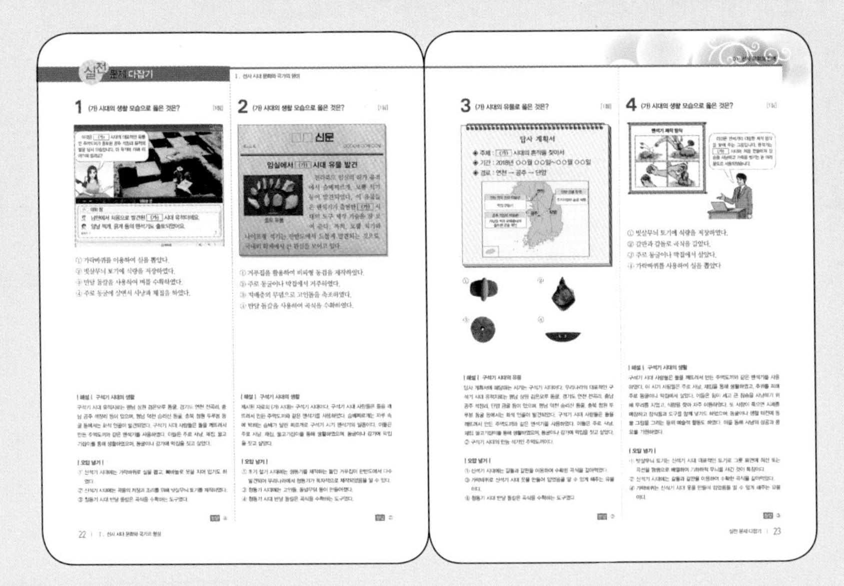

각 장별 학습(핵심 요약 및 ✔체크체크)을 모두 마친 후에는 실력 점검을 위한 '실전 문제'를 8개씩 수록하였습니다. 기출문제 중에서 해당 장의 주제와 관련된, 대표성 있는 문제들로 엄선하였습니다. 또 문제 바로 아래에 해설과 정답을 제시하여 효율적인 학습이 가능하도록 하였습니다.

특별 주제, PMR 답안지(가안), '100% 합격을 위한 완벽 학습 플랜' 양식지

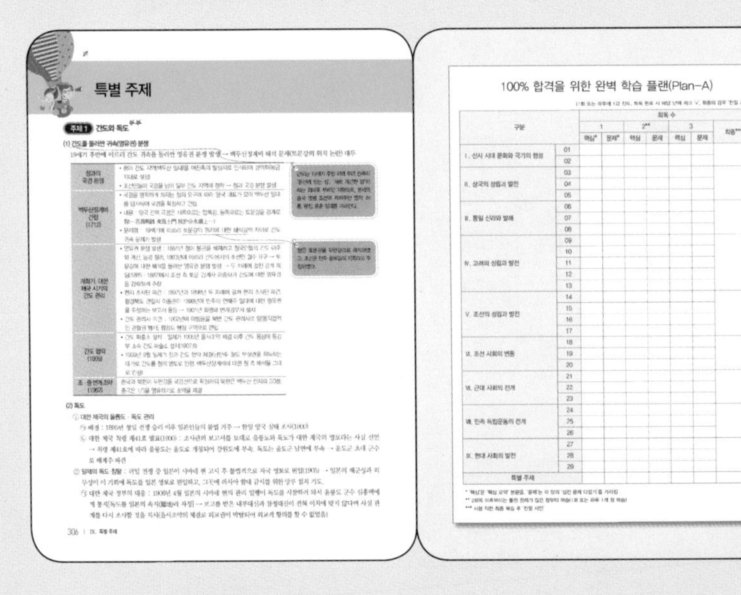

간도와 독도, 세시 풍속, 지역사, 유네스코 등재 유산 등 시험에 출제되는 특별한 주제들을 별도로 정리해 놓았습니다. 또 PMR 답안지(가안)와 학습 방법(출제 경향과 대책)과 관련된 학습 플랜 양식지(Plan-A, Plan-B 2종), 실전 문제 다잡기 '틀린 문제 수' 기록표 양식지, 고득점 합격을 위한 (최신) 회차별 '신개념' 정리표 양식지를 책 뒤쪽에 수록하였습니다.

2020년 5월 23일 시행

제47회 시험부터 급수 체계 개편!

고급 · 중급 · 초급 3종에서 심화 · 기본 2종으로

기존 6개 인증 등급은 동일하게 유지(심화는 '1~3급', 기본은 '4~6급' 인증 등급 부여)

한국사능력검정시험을 주관하는 국사편찬위원회는 지난 2019년 4월 29일, 홈페이지를 통해 한국사능력검정 시험의 급수 체제를 기존의 고급 · 중급 · 초급 3종에서 심화 · 기본 2종으로 개편한다고 발표하였다.

개편 이유로는 한국사능력검정시험이 매년 40만 명 이상이 응시하는 국민 역사 시험으로 성장하고 있다는 점을 들었으며, 주요 인증 등급 간 위계성을 확보하고, 난이도를 차별화하는 데 개편의 주안점을 두었다고 밝혔다.

또 시험 개편에 따라 초급, 중급, 고급의 3종 시험이 심화, 기본의 2종 시험으로 변경되나 기존 6개 인증 등급은 동일하게 유지하여 취득 점수에 따라 심화는 1~3급, 기본은 4~6급의 인증 등급을 부여한다고 한다. 다만, 등급 간 위계성 확보 및 난이도 차별화를 위해 등급 인증을 위한 합격 점수와 시험 문항 수 및 선택지 수가 아래와 같이 조정되었다.

〈현 행〉

시험 종류	인증 등급	합격 점수	문항 수 (객관식)
고급	1급	만점의 70% 이상	50문항 (5지 택 1)
	2급	만점의 60% 이상	
중급	3급	만점의 70% 이상	
	4급	만점의 60% 이상	
초급	5급	만점의 70% 이상	40문항 (4지 택 1)
	6급	만점의 60% 이상	

→

〈개편 후〉

시험 종류	인증 등급	합격 점수	문항 수 (객관식)
심화	1급	만점의 80% 이상	50문항 (5지 택 1)
	2급	만점의 70% 이상	
	3급	만점의 60% 이상	
기본	4급	만점의 80% 이상	50문항 (4지 택 1)
	5급	만점의 70% 이상	
	6급	만점의 60% 이상	

급수별 난이도 및 문제 유형

- 심화 시험의 난이도 → 현행 고급 시험보다 평이한 수준으로 조절
- 기본 시험의 난이도 → 현행 초급 시험보다 약간 어려운 수준으로 조절

※ 시험 개편 후에도 일정 기간 기존의 문제 유형 유지(시험 개편에 따른 응시생들의 혼란 최소화)

시험 안내 infomation

한국사능력검정시험이란?

학교 교육에서 한국사의 위상은 날로 추락하고 있는데, 주변 국가들은 역사 교과서를 왜곡하고 심지어 역사 전쟁을 도발하고 있습니다. 한국사의 위상을 바르게 확립하는 것이 무엇보다 시급한 실정입니다. 이러한 현실에서 우리 역사에 관한 패러다임의 혁신과 한국사 교육의 위상을 강화하기 위하여 국사편찬위원회에서는 한국사능력검정시험을 마련하였습니다.
국사편찬위원회는 우리 역사에 대한 관심을 제고하고, 한국사 전반에 걸쳐 역사적 사고력을 평가하는 다양한 유형의 문항을 개발하고 있습니다. 이를 통해 한국사 교육의 올바른 방향을 제시하고, 자발적 역사 학습을 통해 고차원적 사고력과 문제 해결 능력을 배양하고자 합니다.

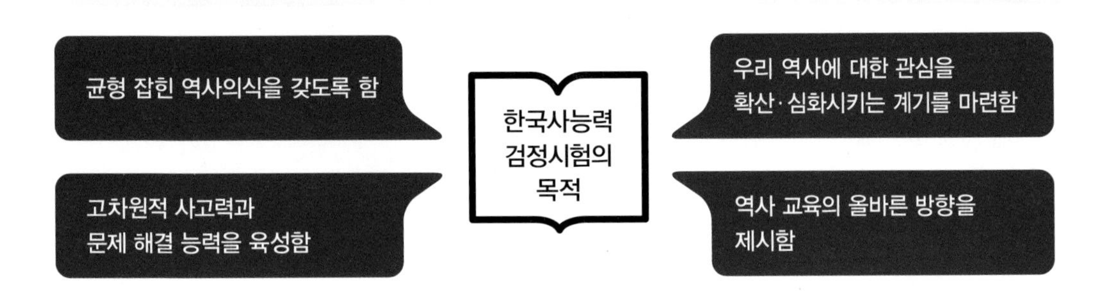

한국사능력검정시험의 특징

- 한국사 학습 능력을 측정할 수 있는 대표적인 시험
- 응시자의 계층이 매우 다양
- 국가 기관인 국사편찬위원회가 주관

  한국사능력검정시험은 우리나라 역사에 관한 자료를 조사 · 연구 · 편찬하는 국사편찬위원회가 주관 · 시행을 함으로써, 수준 높고 참신한 문항과 공신력 있는 관리를 통해 안정적인 시험 운영을 하고 있습니다.
- 참신한 문항 개발에 노력

  매회 시험마다 단순 암기 위주의 보편적인 문항보다는, 다양한 영역에서 여러 접근 방법을 통해 풀 수 있는 참신한 문항을 새로 개발하고 있습니다. 또한 탐구력을 증진할 수 있는 문항 개발을 통해 기존 시험의 틀을 탈피하려고 노력하고 있습니다.
- 선발 시험'이 아니라 '인증 시험'

  합격의 당락을 결정하는 선발 시험의 성격이 아니라, 한국사의 학습 능력을 인증하는 시험입니다.

출제 유형

- 역사 지식의 이해

  역사 탐구에 필요한 기본적인 지식을 갖고 있는가를 묻는 영역입니다.
  역사적 사실 · 개념 · 원리 등의 이해 정도를 측정합니다.

연대기의 파악

역사의 연속성과 변화 및 발전을 이해하고 있는지를 묻는 영역입니다.
역사 사건이나 상황을 시대 순으로 정확하게 이해하고 인과관계를 파악할 수 있는지를 측정합니다.

역사 상황 및 쟁점의 인식

제시된 자료에서 해결해야 할 구체적 역사 상황과 핵심적인 논쟁점, 주장 등을 찾을 수 있는지를 묻는 영역입니다.
문헌자료, 도표, 사진 등의 형태로 주어진 자료에서 해결해야 할 과제를 포착하거나 변별해내는 능력이 있는지를 측정합니다.

역사 자료의 분석 및 해석

자료에 나타난 정보를 해석하여 그 의미를 파악할 수 있는지를 묻는 영역입니다.
정보의 분석을 바탕으로 자료의 시대적 배경과 사회적 의미를 해석할 수 있는지를 측정합니다.

역사 탐구의 설계 및 수행

제시된 문제의 성격과 목적을 고려하여 절차와 방법에 따라 역사 탐구를 설계하고 수행할 수 있는 능력이 있는지를 묻는 영역입니다.

결론의 도출 및 평가

주어진 자료의 타당성을 판별하고, 여러 자료를 종합하여 결론을 도출할 수 있는지를 묻는 영역입니다.

시험 일정 및 합격자 발표

2022 시험 일정

구분		시행 일정						비고
		57회	58회	59회	60회	61회	62회	
시행일		2.12(토)	4.10(일)	6.11(토)	8.6(토)	10.22(토)	12.3(토)	일요일 1회
종류	기본	○	○	×	○	○	×	기본 4회
	심화	○	○	○	○	○	○	
원서 접수 기간	접수	1.10(월)~ 1.17(월)	3.14(월)~ 3.21(월)	5.16(월)~ 5.23(월)	7.11(월)~ 7.18(월)	9.26(월)~ 10.4(화)	11.7(월)~ 11.14(월)	추가 접수는 접수 잔여석에 한함
	추가	1.25(화)~ 1.28(금)	3.25(금)~ 3.28(월)	5.27(금)~ 5.30(월)	7.22(금)~ 7.25(월)	10.7(금)~ 10.11(화)	11.18(금)~ 11.21(월)	

※ 합격자 발표 방법: 응시자가 홈페이지에 직접 접속하여 성적 조회 및 성적 통지서, 인증서 출력(정부 24 가능) / 별도의 성적 통지서, 인증서를 발급하지 않음

응시 수수료

구분	심화	기본
인증 등급	1급, 2급, 3급	4급, 5급, 6급
응시료	22,000원	18,000원

평가 등급

구분	심화	기본
인증 등급	1급(80점 이상) 2급(70점~79점) 3급(60점~69점)	4급(80점 이상) 5급(70점~79점) 6급(60점~69점)
문항 수	50문항(5지 택 1)	50문항(4지 택 1)

배점

100점 만점(문항별 1점~3점 차등 배점)

평가 내용

구분	평가 등급	평가 내용
심화	1급 · 2급 · 3급	한국사 심화 과정. 차원 높은 역사 지식, 통합적 이해력 및 분석력을 바탕으로 시대의 구조를 파악하고, 현재의 문제를 창의적으로 해결할 수 있는 능력 평가
기본	4급 · 5급 · 6급	한국사 기초 과정. 한국사에 대한 기본적인 이해를 바탕으로 한국사의 흐름을 대략적으로 이해할 수 있는 능력 평가* *기존의 중급 평가 내용 중에서 기초 과정에 해당하는 평가 내용

합격률 현황

최근 한국사능력검정시험 합격률 현황 ※단위 %

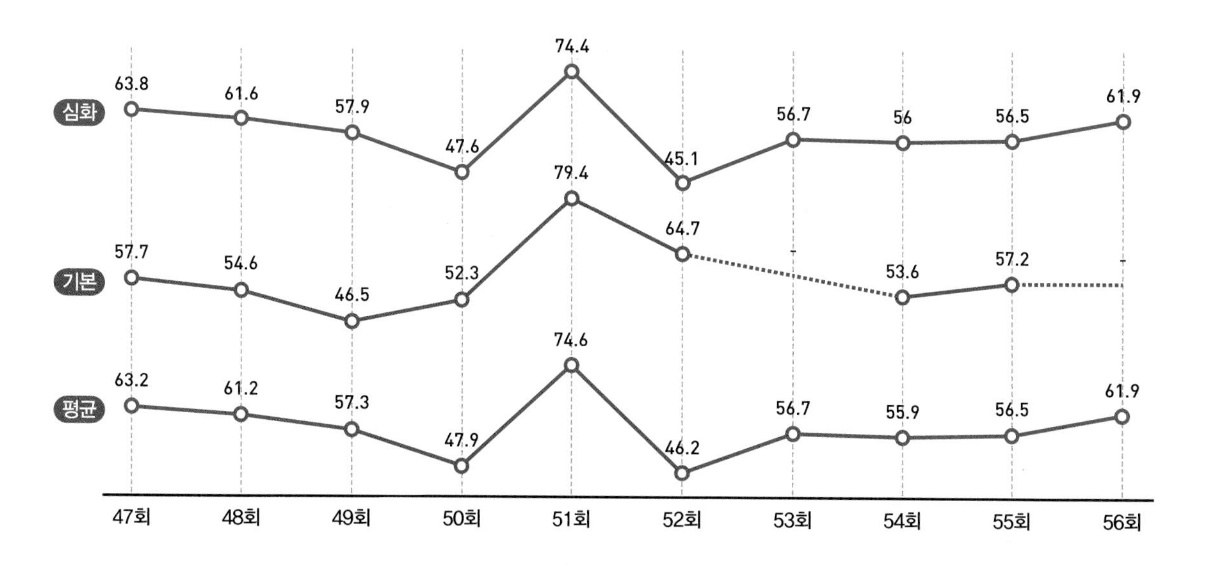

시험 준비물

수험표, 신분증, 컴퓨터용 수성사인펜, 수정테이프(수정액) 등

수험표

- 한국사능력검정시험 홈페이지(www.historyexam.go.kr)에서 수험표 출력
- 수험표에는 본인 여부를 명확히 판단할 수 있는 증명사진이 있어야 하며, 본인 식별이 불가능할 경우 응시 불가

신분증

구분	신분증
초등학생	수험표
중 · 고등학생	주민등록증(발급신청확인서), 기간 만료 전의 여권, 사진 부착된 (국외)학생증, 청소년증(발급신청확인서), 장애인등록증[복지카드], 학교생활기록부(인적 사항이 포함된 1면만을 활용하며, 학교장 직인 반드시 포함), 재학증명서(사진, 성명, 생년월일, 학교장 직인 반드시 포함), 한국사능력검정시험 신분확인증명서
일반인(대학생, 군인 포함)	주민등록증(발급신청확인서), 기간 만료 전의 여권 · 운전면허증, 장애인등록증[복지카드], 공무원증, 한국사능력검정시험 신분확인증명서(군인만 해당), 국가유공자증
재외국민	재외국민등록증, 기간 만료 전의 여권
외국인	외국인등록증, 기간 만료 전의 여권, 국내 거소 신고증

※ 모든 신분증은 유효 기간 내의 것만 인정

응시자 유의 사항

입실 시간 및 고사실 확인

- 시험 당일 고사실 입실은 08:30부터 09:59까지 가능합니다(10시부터 고사실 입실 불가).
- 오전 10시 20분(시험 시작) 이후에는 고사실(교실)에 들어갈 수 없습니다.
- 시험장을 착오한 응시생은 시험에 응시할 수 없습니다.
- 수험번호대로 고사실의 지정된 자리에 앉아 응시해야 합니다.

시험 진행 중 유의 사항

- 시험 시간 중에는 신분증과 수험표를 자기 책상의 좌측 상단에 놓아야 합니다.
- 시험 종료 15분전까지는 퇴실할 수 없습니다.
- 시험 중 퇴실할 경우에는 답안지를 감독관에게 직접 제출하며 다른 응시자에게 방해가 되지 않도록 조용히 퇴실해야 합니다.
- 시험 도중 화장실 이용 등으로 부득이하게 고사실을 출입할 경우에는 복도 감독관의 인솔 하에 이동합니다.

시험 진행

등급	시간	내용	소요 시간
심화 (1급 · 2급 · 3급)	10:00~10:10	오리엔테이션(시험 시 주의 사항)	10분
	10:10~10:15	신분증 확인(감독관)	5분
	10:15~10:20	문제집 배부 및 파본 검사	5분
	10:20~11:40	시험 실시(50문항)	80분
기본 (4급 · 5급 · 6급)	10:00~10:10	오리엔테이션(시험 시 주의 사항)	10분
	10:10~10:15	신분증 확인(감독관)	5분
	10:15~10:20	문제집 배부 및 파본 검사	5분
	10:20~11:30	시험 실시(50문항)	70분

답안지 작성 방법

바른 방법	바르지 못한 방법
●	☑ ⊙ ◐ ○

- 시험 시간 관리 책임은 응시자 본인에게 있으며, 시간 내에 답안지 작성을 완료하여야 합니다.
- 답안지 작성을 잘못한 경우에는 교체할 수 있으나, 시험 시간 내에 답안지 작성을 마치지 못하여도 시험 종료 시간이 되면 제출하여야 합니다.
- 예비 마킹을 할 경우에는 중복 답안 등으로 채점되어 불이익을 받을 수 있습니다.
- 시험 종료 시간이 되면 필기도구를 놓고 답안지는 오른쪽, 문제지는 왼쪽에 놓아야 하며, 시험 시간이 끝난 후에도 답안을 작성하면 부정행위로 처리됩니다.

활용 및 특전

- 2012년부터 한국사능력검정시험 2급 이상 합격자에 한해 인사혁신처에서 시행하는 5급 국가공무원 공개경쟁채용시험 및 외교관후보자 선발시험에 응시자격 부여
- 2013년부터 한국사능력검정시험 3급 이상 합격자에 한해 교원임용시험 응시자격 부여
- 국비 유학생, 해외파견 공무원, 이공계 전문연구요원(병역) 선발 시 국사시험을 한국사능력검정시험(3급 이상 합격)으로 대체
- 일부 공기업 및 민간기업의 사원 채용이나 승진 시 반영
- 2014년부터 한국사능력검정시험 2급 이상 합격자에 한해 인사혁신처에서 시행하는 지역인재 7급 수습직원 선발시험에 추천 자격요건 부여
- 일부 대학의 수시모집 및 육군 · 해군 · 공군 · 국군간호사관학교 입시 가산점 부여
- 2015년부터 공무원 경력경쟁채용시험에 가산점 부여
- 2018년부터 군무원 공개경쟁채용시험에서 국사 과목을 한국사능력검정시험으로 대체
- 2021년부터 국가 · 지방공무원 7급 공개경쟁채용시험에서 한국사 과목을 한국사능력검정시험으로 대체

※ 인증서 유효 기간은 인증서를 요구하는 각 기관에서 별도로 정함

출제 경향과 대책 tendency

빈출주제 분포도

보기

지난 30여 회분의 기출문제 중에서 출제 빈도가 높은 주제 100개를 가려 뽑은 것이다. 20개씩 5개의 순위로 묶었다(당연히 1순위의 출제 빈도가 가장 높음).

출제상의 특징

❶ 시대별 · 분야별 주제와 개념이 골고루 출제

❷ 시대별 · 분야별 핵심 주제와 개념이 반복해서 출제, 따라서 회차별 난이도의 차이는 있지만 대략 평균적으로 95% 이상의 문제가 정형화(정해진 패턴대로 출제, 나머지 5% 미만의 문제가 매회 새롭게 출제[15쪽의 (최신] 회차별 '신개념' 정리표 참고]

❸ 시대별 · 분야별 일반 주제 외 통시대 문제, 지역사(향토사), 간도와 독도, 세시 풍속, 유네스코 등재 유산과 같은 특별 주제가 출제

❹ 일반적으로 평균해서 전근대가 60%, 근현대가 40% 수준에서 출제, 정치사와 문화사의 출제 비율이 상대적으로 높음.

❺ 일제 강점기와 현대 사회 · 문화사의 출제 비중은 아직까지는 매우 낮으며, 북한사는 사실상 미출제

1순위

신석기 시대의 모습, 초기 국가–고구려 · 부여,
신라의 삼국 통일(백제 · 고구려 부흥 운동),
삼국의 불상과 석탑, 원효와 의상, 고려 광종의 정책,
고려 공민왕의 정책, 조선 태종의 정책,
조선 세종의 업적(과학 기술 등), 조선 후기의 붕당 정치,
조선 후기의 실학자들, 조선 정조의 정책,
조선 후기의 모습(경제 · 서민 문화), 흥선 대원군의 정책,
갑오개혁(을미개혁), 근대 문물의 수용, 대한민국 임시 정부,
민족주의 사학자들(박은식, 신채호 등),
의열단 · 한인 애국단,
민주화 운동(4 · 19 혁명, 6월 민주 항쟁 등)

3순위

청동기 시대의 유물,
비파형 동검, 고조선(8조법 등), 초기 국가–삼한,
신라 신문왕의 정책, 발해의 건국과 성장,
고려의 대외 항쟁(서희의 외교 담판, 삼별초),
귀주 대첩(강감찬), 묘청의 난,
무신 정변과 무신 집권기의 봉기, 전시과 · 과전법,
삼국사기와 삼국유사, 비변사, 조선 광해군의 정책,
독립 협회(독립신문), 국채 보상 운동,
1910년대 무단 통치, 물산 장려 운동,
6 · 10 만세 운동 · 광주 학생 항일 운동,
1930년대 국외 독립운동,
김대중 정부의 통일 노력

2순위

구석기 시대의 모습,
초기 국가-동예 · 옥저, 금관가야 · 대가야,
신라 지증왕의 정책, 신라 법흥왕 · 진흥왕의 정책,
후삼국의 통일(견훤과 궁예), 고려 태조의 업적,
고려 성종의 정책, 의천과 지눌, 조선 성종의 정책,
대동법, 조선 영조의 정책, 강화도 조약(개화 정책),
임오군란 · 갑신정변, 동학 농민 운동,
일제 강점기 말의 모습(일제의 민족 말살 정책), 신간회,
사회적 민족 운동(소년 운동 · 형평 운동 · 여성 운동 등),
8 · 15 광복 이후 3년사,
노태우 정부의 통일 노력

단원별 출제 비율(평균)

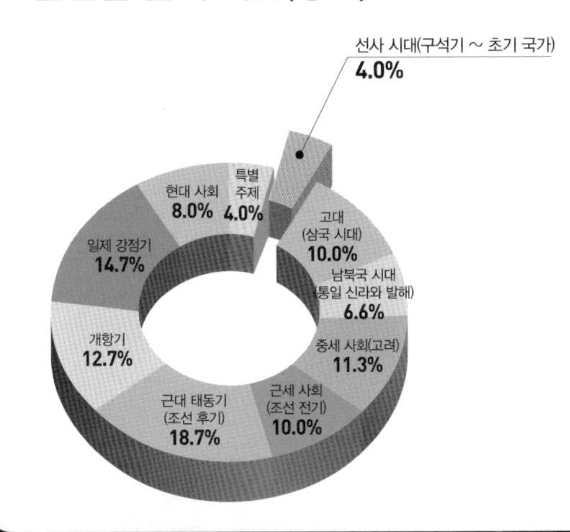

4순위

고구려 광개토 대왕 · 장수왕의 업적,
백제 근초고왕의 활동, 삼국과 일본 · 서역의 문화 교류,
장보고의 활약, 발해의 문화유산, 고려의 경제,
조선의 향약 · 서원, 조선의 궁궐(창덕궁), 조선왕조실록,
임진왜란의 주요 전투, 조선의 신분(중인),
세도 정치기(임술 농민 봉기), 위정척사 운동, 광무개혁,
항일 의병, 신민회, 일제의 국권 피탈(을사늑약),
1920년대 문화 통치, 봉오동 · 청산리 전투,
김영삼 정부 시기의 사실
(금융 실명제, 외환 위기 등)

5순위

초기 철기 시대의 유물, 신라의 골품제,
여 · 수 전쟁(살수 대첩)-여 · 당 전쟁(안시성 전투),
신라 촌락 문서, 통일 신라의 유학, 경주 불국사,
고려의 지방 행정 제도, 고려의 군사 제도,
고려의 문화유산, 정도전의 활약, 조선 통신사,
정묘호란 · 병자호란, 천주교 · 동학, 농지 개혁 · 반민법,
6 · 25 전쟁, 박정희 정부의 경제 개발
(제1차 경제 개발 5개년 계획, 새마을 운동 등),
세시 풍속, 지역사(옛 도읍지),
간도 · 독도, 유네스코 등재 유산

출제 수준

❶ 한국사 기초 과정(고등학생 이하 수준)
❷ 절대 평가인 현행 수능 한국사보다 난이도 낮음
❸ 47회에서 55회까지 합격률 평균 58.3%, 40~70%대

자료제시형 문제 해법

출제기관인 국사편찬위원회에서는 원래 6가지 출제 유형을 제시하고 있지만 사실상 '자료제시형' 한 가지 유형만 출제되고 있다고 볼 수 있다.

자료제시형 문제 해법의 핵심은 '자료 분석'에 있다. 질문을 정확히 이해하면서 읽은 후 주어진 자료에서 문제 해결을 위한 키워드, 즉 단초나 근거가 되는 어구를 찾아내야 한다.

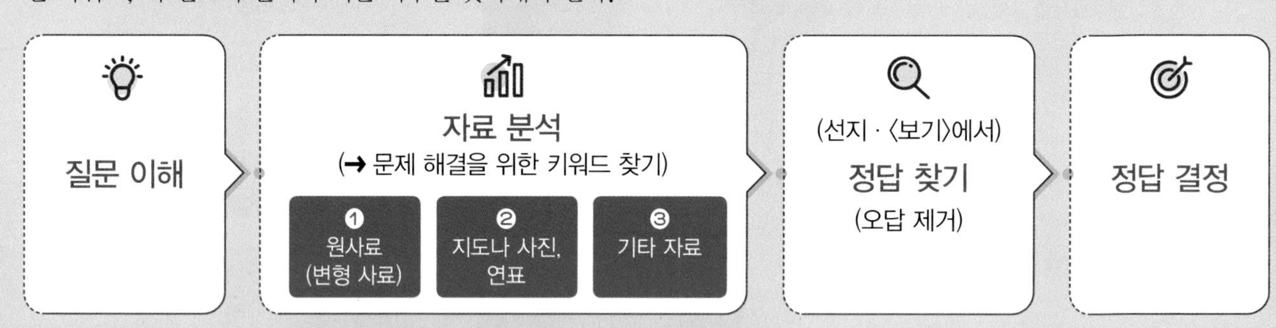

기본 학습 방법

1. 시대별 · 분야별 기본에 충실할 것

한국사능력검정시험은 합격률이 높은, 다른 시험에 비해 상대적으로 '쉬운 시험'이다. 따라서 특별한 학습 비법 같은 것은 사실 불필요하다. 선사 시대에서부터 현대까지 2~3회 기본 개념 중심으로 통독하고, 최신 기출 문제를 3~5회분 풀어본다면 누구나 합격할 수 있는 시험이다.

2. 학습(공부) 계획표를 작성할 것

아무리 쉬운 시험이라 하더라도 무작정 학습하는 것은 비효율적이다. 간략하나마 학습(공부) 계획표를 작성해야 한다. 일반적으로는 1회독 기준 30일, 한 달, 4주 정도의 학습 계획표(Plan-A)를 작성할 것을 권하며, 어느 정도 기본 실력이 갖춘 응시생의 경우 (역시 1회독 기준) 10일, 2주 정도의 학습 계획표(Plan-B)를 작성해도 좋다 [책 뒤쪽의 '100% 합격을 위한 완벽 학습 플랜' 양식지 활용].

3. 본서의 활용 방안

① 1회 또는 하루에 1강 진도(Plan-A)

본서를 1회 또는 하루 1강 진도로 학습하는 것이 가장 바람직하다(Plan-A 추천). 그러므로 만약 Plan-B를 택할 경우 학습량을 두 배(2개 강)로 늘려야 한다.

② 틀린 문제가 많은 장부터 복습

본서 각 장의 본문 학습 후 '실전 문제 다잡기'를 최선을 다해 풀고 반드시 틀린 문제 수를 정확히 기록[실전 문제 다잡기 '틀린 문제 수' 기록표 양식지 활용]하자. 틀린 문제가 많은 장일수록 취약 영역이므로 2회독부터는 틀린 문제가 많은 장부터 복습해야 한다.

실전에서의 문제 풀이 순서

❶ 번호 순서(시대 · 시기 순)대로 풀기

가장 일반적인 방법으로, 1번부터 50번까지 번호 순서대로 푸는 방식이다. 중간에 일부 시대나 시기가 뒤섞여 있을 수 있는데, 이때도 그냥 무시하고 번호 순서대로 푼다(시험 도중에 일일이 시대 · 시기 순을 맞춰 푸는 것은 매우 비효율적이다.).

❷ 아는 문제, 자신 있는 시대[주제나 개념]의 문제부터 푸는 방식이 있다.

❸ ❶과 ❷의 방식을 섞어 푸는 방식도 있다.

고득점 합격 팁!

1. 고난도 문제 별도 정리

단지 합격이 아니라 '고득점 합격'을 목표로 한다면 약간은 더 전략적인 학습이 필요하다. 그중 첫 번째로, 지금까지 출제된 기출 문제들 중에서 고난도 문제들만을 별도로 풀어본 후 정리해두는 일이다. 최근 10회분, 좀 욕심을 부린다면 최근 15~20회분 정도의 최신 기출문제들을 대상으로 고난도 문제들을 뽑아 정리하자. 본서의 '실전 다잡기 문제'들은 고난도라기보다는 대표성을 띄는 문제들이지만 고난도로 느껴지는 문제가 있다면 포함시키는 것도 좋다.

2. 매회 '새롭게 출제된 내용들' 정리

한국사능력검정시험은 기본적으로 시대별 · 분야별 핵심 주제와 개념이 95% 정도 반복해서 출제되는 시험이다. 따라서 반복 출제되는 부분만 100% 다 맞혀도 고득점은 가능하다. 하지만 매회 새롭게 출제되는 5% 내외의 내용들까지 염두에 두고 학습한다면 확실한 고득점이 가능할 것이다. 물론 그만큼 많은 깊이 있는 학습과 집중력이 필요하다. 이러한 노력을 좀 더는 방법 중 하나로 매회 새롭게 출제되었다고 생각되는 내용들(이른바 회차별 '신개념')을 한번 스스로 정리해 볼 것을 권한다. 진짜로 새롭게 출제된 것이 어떤 것인지를 구별하기 힘들다고 하더라도 본서를 학습한 후 문제를 봤을 때 새롭다고 느껴지는 것이면 '신개념'으로 봐야 할 것이다. 이전의 특정 회차에서 최신 회차로 옮겨오면서 자료와 〈보기〉, 선지들을 하나씩 살펴본 후 정리해보도록 하자. 아래는 '예시'로 든 것이다[책 뒤쪽의 (최신) 회차별 '신개념' 정리표 양식지 활용]

(최신) 회차별 '신개념' 정리표 (예시)

구분	새로운 출제 내용	구분	새로운 출제 내용
(39) 회	■ 1번 ② 낚싯바늘(사진) ■ 21번 평양성 탈환도(임진왜란) ■ 22번 곡우(6번째 절기) ■ 29번 다산 정약용의 자찬묘지명 ■ 30번 철종(강화 도령)의 강화도 용흥궁 ■ 34번 새야 새야 파랑새야(전봉준) ■ 41번 윤세주, 진광화의 옛 무덤(중국 타이항산) ■ 43번 ⑤ 국민 보도 연맹 사건	(40) 회	■ 1번 흑요석제 석기의 출토와 그 의미, ③ 쇠로 낫을 만드는 대장장이 ■ 5번 독목관(중국 경극, 안시성 전투) ■ 6번 삼국 통일 과정에서 나타난 유민의 이동 ■ 15번 ③ 경산 팔공산 관봉 석조여래 좌상, ⑤ 고창 선운사 동불암지 마애여래 좌상 ■ 37번 단지동맹비(안중근) ■ 40번 ④ 해조신문, ⑤ 협성회회보 ■ 41번 위안스카이(근대사 속의 외국인)
(44) 회	■ 2번 솟대 ■ 4번 ① 합천 (해인사) 치인리 마애불 입상, ② 고창 선운사 동불암지의 마애여래 좌상, ③ 경주 팔공산의 관봉 석조여래 좌상 ■ 10번 동경 용원부 출토 삼존 불상 ■ 19번 개태사, 관촉사, 돈암 서원(김장생) ■ 20번 절제(節製)-과거 시험 ■ 45번 『정진』 창간호(형평 운동)	(45) 회	■ 3번 전라북도 익산의 소왕릉 발굴 현장 ■ 9번 홍릉(강화도, 고려 고종) ■ 19번 남해 관음포 이충무공 유적 ■ 26번 경기도 안산에 있는 첨성사 ■ 30번 국서누선도(國書樓船圖) ■ 42번 박애순(3 · 1 운동) ■ 49번 '10 · 17 국민 투표 실시에 즈음한 특별 담화문' ① 소련 및 중국과 수교하였다.

I

선사 시대 문화와 국가의 형성

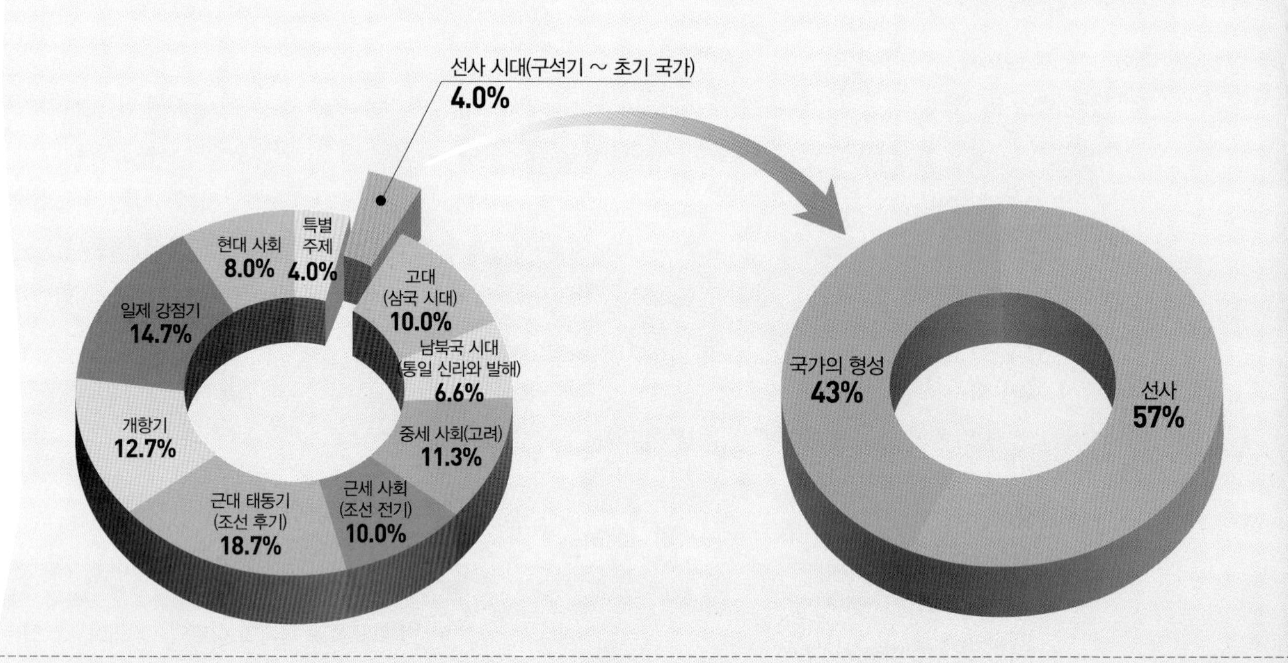

단원 들어가기

우리 민족의 생활 무대였던 만주와 한반도에 사람이 살기 시작한 것은 수십만 년 전이다. 우리 민족은 인종적으로는 몽골 인종에 속하고, 어족으로는 알타이 어족에 속하는 것으로 본다. 사람들이 남긴 유적과 유물을 통해 볼 때, 선사 시대는 구석기, 신석기, 청동기 시대순으로 발전해 왔음을 알 수 있다. 청동기 시대에 이르러 비로소 국가가 성립하였는데, 우리 역사상 최초의 국가인 고조선은 청동기 문화를 기반으로 세워졌다. 고조선은 기원전 5세기경에 철기 문화를 받아들이면서 더욱 강성하게 되었다. 고조선의 성립 이후 만주와 한반도 지역에 부여, 고구려, 옥저, 동예, 삼한의 나라들이 세워졌다.

약 70만 년 전 구석기 문화 시작

약 1만 년 전 후빙기, 해수면 상승

기원전 8000년경 신석기 문화 시작

기원전 2333년 고조선 건국(삼국유사)

기원전 2000년경 청동기 문화 시작

기원전 1000년경 고조선의 발전

기원전 5세기경 철기 문화 보급

기원전 194년 위만, 고조선의 왕이 됨

기원전 108년 고조선 멸망

| 연표로 흐름잡기 |

1
선사 문화의 전개

2
고조선과 국가의 형성

01 선사 문화의 전개

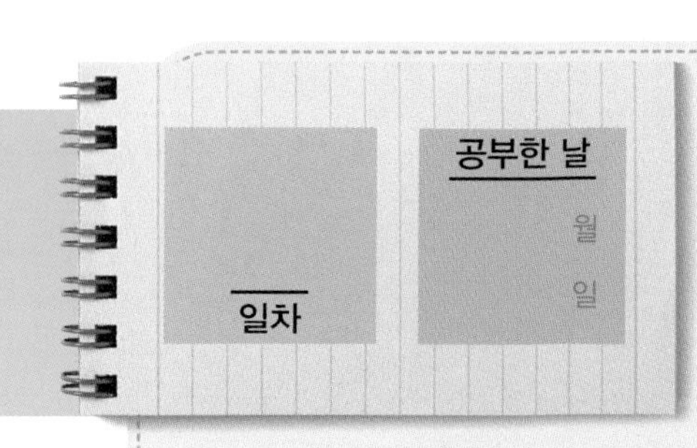

❶ 한민족의 형성

(1) 우리 민족의 기원

① **활동 무대** : 만주와 한반도 중심의 동북아시아(동방 문화권)에 넓게 분포

② **우리 민족의 형성** : 빙하기의 주기적인 반복과 이동 생활(구석기 시대) → 신석기 시대 이후 민족의 기틀 형성

(2) 우리 민족의 특징 : 몽골 인종(황색 피부, 검은색 머리), 알타이 어족 → 북방계와 관련, 농경 생활을 바탕으로 독자적인 문화를 이룩함

❷ 구석기 시대의 문화

(1) 시기와 시대 구분

① **구석기 시대** : 약 70만 년 전

② **주요 유적** : 평양 역포 대현동 동굴(역포인), 평양 만달리 동굴(만달인), 덕천 승리산 동굴(승리산인), 단양 금굴 유적, 연천 전곡리(아슐리안형 주먹도끼), 공주 석장리, 청원 두루봉 동굴(흥수아이) 등

③ **시대 구분** : 석기를 다듬는 방법에 따라 전기, 중기, 후기의 세 시기로 구분

㉠ 전기 : 큰 석기 한 개를 가지고 여러 가지 용도로 사용(주먹도끼, 찍개)

사냥, 가죽 손질, 채집 등 여러 가지 용도로 사용되었다.

㉡ 중기 : 큰 몸돌에서 떼어낸 돌조각인 격지들을 가지고 잔손질을 하여 석기를 만듦(밀개, 긁개, 찌르개)

㉢ 후기 : 쐐기 같은 것을 대고 형태가 같은 여러 개의 돌날격지를 만드는 데까지 발달(슴베찌르개)

(2) 구석기 시대의 생활

임시로 간단하게 꾸민 집으로, 막집터에서는 불 땐 자리, 기둥이나 담을 두른 흔적이 발견되었다.

구분	내용
도구	뼈도구나 뗀석기를 사용한 사냥, 채집, 어로 등
주거 생활	동굴이나 바위그늘, 막집에서 거주 → 이동 생활
사회 생활	무리 생활, 평등한 공동체 사회, 연장자가 무리 지도
신앙 생활	내세관 발생(어린아이를 매장한 흔적)
예술 활동	고래와 물고기 등을 새긴 조각, 사람 얼굴을 새긴 사슴뼈 등 발견

구석기 시대의 자연환경

구석기 시대에는 추운 빙하기와 따뜻한 간빙기가 여러 차례 번갈아 나타났다. 빙하기에는 지구 북반구의 일부가 빙하로 덮여 있었기 때문에 해수면의 높이는 지금보다 훨씬 낮았다.

⬆ **흥수아이** 1983년에 충북 청원군 두루봉 동굴에서 아이의 뼈가 발견되었는데 발견자의 이름을 따서 이 뼈를 '흥수아이'라고 부른다.

전곡리 아슐리안형 주먹도끼

아시아에서는 찍개만 사용되고, 기술적으로 앞선 주먹도끼가 사용되지 않았다는 세계 고고학계의 주장을 뒤집은 유물이다.

Click! ● 구석기 시대의 뗀석기 제작법

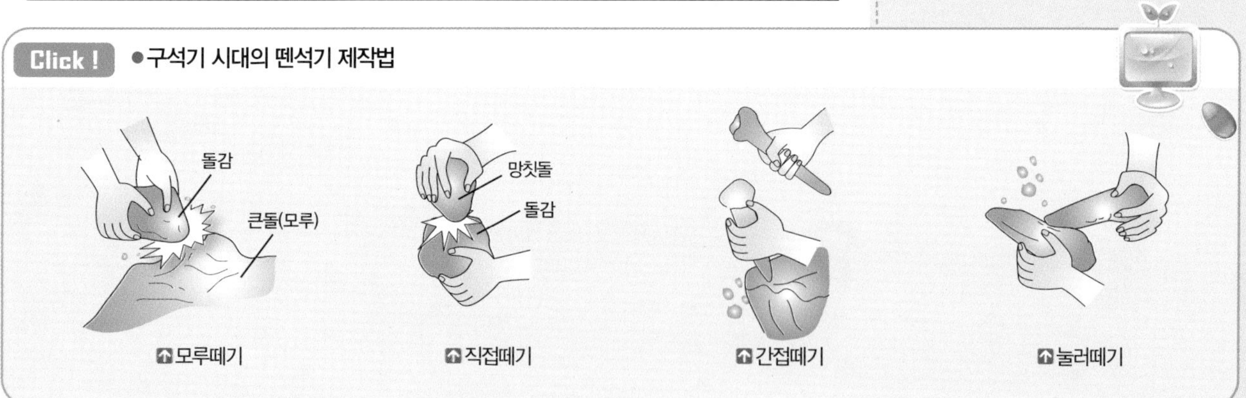

⬆모루떼기 ⬆직접떼기 ⬆간접떼기 ⬆눌러떼기

석기 시대의 구분
석기 시대는 돌을 다듬은 정도에 따라 구석기 시대와 신석기 시대로 구분된다. 구석기 시대에는 뗀석기를, 신석기 시대에는 간석기를 제작해서 사용했으며, 그 사이에 과도기로서 잔석기를 만들어 사용한 중석기 시대가 있었다.

Click ! ● **우리나라의 구석기 유적지와 유물**

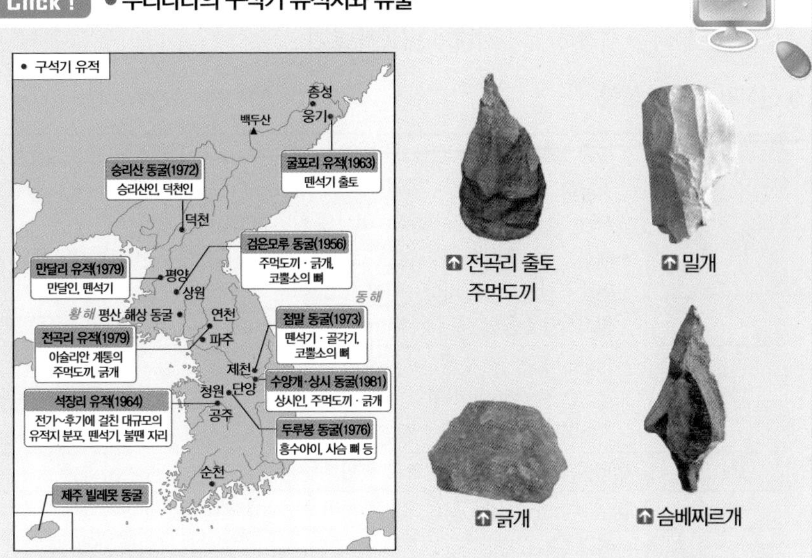

전곡리 출토 주먹도끼 / 밀개 / 긁개 / 슴베찌르개

• **주먹도끼 출토의 의미**
1940년대에 미국의 고고학자 모비우스(H.L. Movius)가 동아시아 지역에는 (유럽에서 출토되는) 주먹도끼가 없으며, 대신 찍개가 중심을 이루는 석기 문화를 갖고 있다고 주장하였는데(즉 동아시아 지역이 후진 지역이라는 뜻), 연천 전곡리에서에서 전기 구석기 시대의 유물인 주먹도끼가 출토됨으로써 모비우스의 학설이 뒤엎어졌다.

(3) 중석기 시대 : 구석기 시대에서 신석기 시대로 넘어가는 전환기

① **자연환경의 변화** : 빙하기가 지나고 다시 기후가 따뜻해짐 → 동식물이 번성하면서 작고 빠른 짐승을 사냥하기 위해 활, 창 등을 사용

② **도구의 변화**

㉠ 유물 : 잔석기, 이음 도구 제작(슴베찌르개)

㉡ 유적 : 통영 상노대도 조개더미의 최하층(경남), 홍천 하화계리(강원도), 거창 임불리(경남) 등

잔석기

이음 도구
구석기 시대 후기 이후 자연환경이 변화하면서 작고 날랜 동물이 많아지자, 이들을 잡기 위해 석기들을 작고 섬세하게 가공한 후, 한 개 내지 여러 개의 석기를 나무나 뼈에 이어 쓰는 이음 도구를 제작하여 사용하였다.

❸ 신석기 시대의 문화 ☆☆☆

(1) 시기와 주요 유적

① **시기** : 기원전 8000년경 → 원시 농경에 의한 식량 생산 경제(신석기 혁명)를 배경으로 시작

② **주요 유적** : 제주 고산리[현존하는 가장 최고(最古)의 유적지], 서울 강동 암사동(움집이 여러 채 발견), 부산 영도 동삼동, 황해 봉산 지탑리(탄화된 곡식과 농기구 발견), 강원 고성 문암리(밭의 흔적), 강원 양양 오산리(흙으로 만든 얼굴 모양이 발견) 등

(2) 도구

돌을 갈아 만든 석기. 날이 무뎌지면 다시 갈아 날카롭게 만들어 사용하기도 하였다.

① **간석기의 사용** : 돌을 갈아서 다양한 형태와 용도를 가진 간석기 제작

② **토기**

㉠ 신석기 시대 초기의 토기 : 무늬가 없는 것(이른 민무늬 토기), 토기 몸체에 덧띠를 붙인 것(덧무늬 토기), 눌러 찍은 무늬가 있는 것[눌러찍기무늬 토기

덧무늬 토기

(압인문 토기)] 등

㉡ 빗살무늬 토기 : 토기의 겉면에 빗살무늬나 점 · 금 · 동그라미 등의 기하학적 무늬를 새긴 신석기 시대의 대표적 토기

(3) 신석기 시대의 생활

경제 생활	• **농경 생활** : 조나 기장 등을 밭에서 재배하는 원시 농업(탄화된 좁쌀 발견), 돌보습 · 돌괭이 · 돌낫 등의 농기구 사용 • **사냥** : 집단 사냥 대신 돌화살이나 돌창 등을 이용한 개인 사냥 • **채집** : 주로 자연에서 채집한 도토리를 갈돌과 갈판을 이용하여 갈아서 섭취 • **어로** : 결합식 낚싯바늘 · 작살 · 돌그물추 제작(집단 어로), 조개류 채취 • **원시적인 수공업 생산** : 가락바퀴나 뼈바늘 출토 → 옷이나 그물 제작
주거 생활	• 원형이나 모서리가 둥근 사각형의 움집 • 움집의 중앙에 화덕 위치, 남쪽 출입문, 화덕이나 출입문 옆에 저장 구덩을 만들어 식량이나 도구 저장
사회 생활	혈연을 바탕으로 한 씨족 사회, 족외혼을 통해 부족 형성, 평등 사회
예술품	흙을 빚어 구운 얼굴 모습, 조개껍데기 가면, 치레걸이 등 제작
원시 신앙의 발생	• **애니미즘** : 자연계의 모든 사물에 영혼이 존재한다고 믿는 신앙(태양과 물 숭배) • **샤머니즘** : 영혼이나 하늘을 인간과 연결시켜 주는 무당과 주술을 믿는 신앙 • **토테미즘** : 자기 부족의 기원을 특정한 동식물과 연결시켜 숭배하는 신앙

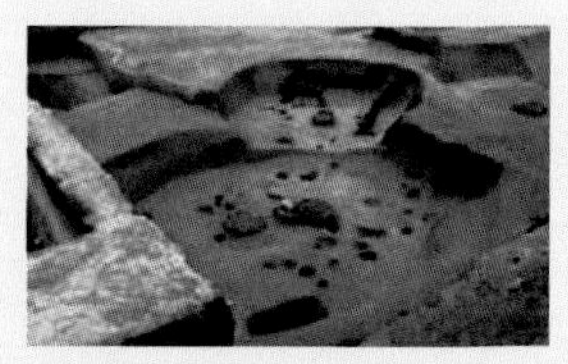
신석기 시대의 움집 터

신석기 시대의 움집

신석기 시대 사람들의 생활 모습
• 움집을 만들어 생활하기 시작했어요.
• 농사를 짓고 가축을 기르기 시작했어요.
• 실을 뽑아 옷감을 짜기 시작했어요.

Click ! ● **신석기 시대 움집 터**

신석기 시대 움집은 주로 강가나 해안가에서 발견된다. 보통 4~5명 정도의 가족이 살기에 알맞은 크기로 바닥 모양은 원형 또는 모서리가 둥근 방형이다. 중앙에는 취사나 난방용 화덕이, 출입문 옆에는 저장 구덩이가 있다.

Click ! ● **우리나라의 신석기 유적지와 유물**

• 신석기 유적
회령 백두산 무산 웅기 만포진 성진 의주 정주 평양 온율 봉산 몽금포 해주 양주 양양 고성 강릉 서울 공주 옥구 김해 부산 순천 한경 황해 동해
웅기 서포항: 움집 발굴, 짐승 뼈
평양 남경: 탄화미 발견
봉산 지탑리: 돌보습, 돌가래, 돌낫 등의 농기구, 탄화미 발견
몽금포: 신석기 시대의 대표적 토기 (사단선 무늬, 어골 무늬)
양양 오산리: 석기 매장 시설
서울 암사동: 빗살무늬 토기, 돌도끼, 돌낫, 보습 등, 움집 발견
부산 동삼동: 이른 민무늬 토기, 덧띠 무늬 토기 발견

여러 종류의 간석기

갈돌과 갈판

이음낚시

조개 껍데기 가면

빗살무늬 토기

가락바퀴 – 섬유를 꼬아 실을 만드는 도구로, 중앙의 둥근 구멍에 축이 될 막대를 넣어 회전시켜 꼬임을 주고 섬유를 길게 늘어뜨려 이어가며 실을 만든다.

뼈바늘과 바늘통

치레걸이

체크체크

❶ 구석기 시대의 문화

- 주로 동굴이나 막집에서 살았다.
  - ↳ 동굴이나 막집에서 주로 살았다.
  - ↳ 주로 동굴과 막집에서 거주하였다.
  - ↳ 주로 동굴이나 막집에서 거주하였다.
- 주로 동굴이나 바위 그늘에서 살았다.
  - ↳ 주로 동굴이나 바위 그늘에서 무리지어 생활하였다.
- 주로 동굴에 살면서 사냥과 채집을 하였다.
- 사냥과 채집 등을 하면서 이동 생활을 하였다.
- 계급이 없는 평등 사회였다.
- 뗀석기를 사용하여 짐승을 사냥하였습니다.
  - ↳ 뗀석기가 주로 이용되었다.
- [슴베찌르개] 자루를 달아 창처럼 사용하였다.

실전 자료 **주먹도끼**

연천 전곡리에서 출토된 전기 구석기 시대의 유물이다. 이와 같은 형태의 석기는 기존에 아프리카, 유럽 등지에서만 사용된 것으로 알려졌는데, 우리나라에서도 발견되어 모비우스의 학설을 뒤엎으며 세계적인 주목을 받았다.

실전 자료 **공주 석장리 유적**

- 남한에서 처음으로 발견된 구석기 시대 유적이에요.
- 양날 찍개, 긁개 등의 뗀석기도 출토되었어요.

실전 자료 **임실 하가 유적**

- **임실에서 구석기 시대 유물 발견**

전라북도 임실의 하가 유적에서 슴베찌르개, 모뿔 석기 등이 발견되었다. 이 유물들은 뗀석기가 출현한 구석기 시대의 도구 제작 기술을 잘 보여 준다. 특히, 모뿔 석기와 나이프형 석기는 한반도에서 드물게 발견되는 것으로, 국내외 학계에서 큰 관심을 보이고 있다.

❷ 신석기 시대의 문화

- 계급이 없는 평등 사회였다.
- [서울 암사동 유적] 신석기 시대의 유물이 출토되었다.

실전 자료 **서울 암사동 유적**

- **암사동 사람들은 어떻게 살았을까?**

암사동 유적은 1925년 한강의 대홍수로 세상에 알려졌다. 지금까지 20여 기의 집터가 발견되었으며, 이곳에서 빗살무늬 토기 등이 출토되어 신석기 시대를 대표하는 유적으로 평가 받고 있다. 이곳에서 발굴된 유물을 통해 신석기 시대의 생활 모습을 조명해 본다.

- 빗살무늬 토기에 식량을 저장하였다.
  - ↳ 토기를 이용하여 식량을 저장하기 시작하였다.
  - ↳ 빗살무늬 토기를 제작하기 시작하였다.

실전 자료 **빗살무늬 토기**

신석기 시대의 대표 토기로, 토기의 겉면에 빗 같은 무늬새기개를 이용해 만든 기하학적인 무늬(점 · 금 · 동그라미 등)를 배합하여 각종 무늬를 그린 토기이다. 600~700℃에서 구워 만들었으며, 음식물을 담아 두거나 요리하는 데 사용하였다.

- 농경과 목축이 시작되었다.
  - ↳ 농경과 목축을 통한 식량 생산이 시작되었다.
- 갈판과 갈돌로 곡식을 갈았다.
  - ↳ 갈판과 갈돌로 도토리 갈아 보기
- 가락바퀴를 이용하여 실을 뽑았다.
  - ↳ 가락바퀴로 실을 뽑는 여인
  - ↳ 실을 뽑기 위해 가락바퀴를 처음 사용하였다.
  - ↳ 가락바퀴로 실 뽑기
  - ↳ 가락바퀴로 실을 뽑았다.
- 조개 장신구 만들기

실전 자료 **신석기 시대의 생활 모습**

- 움집을 만들어 생활하기 시작했어요.
- 농사를 짓고 가축을 기르기 시작했어요.
- 실을 뽑아 옷감을 짜기 시작했어요.

1 (가) 시대의 생활 모습으로 옳은 것은? [1점]

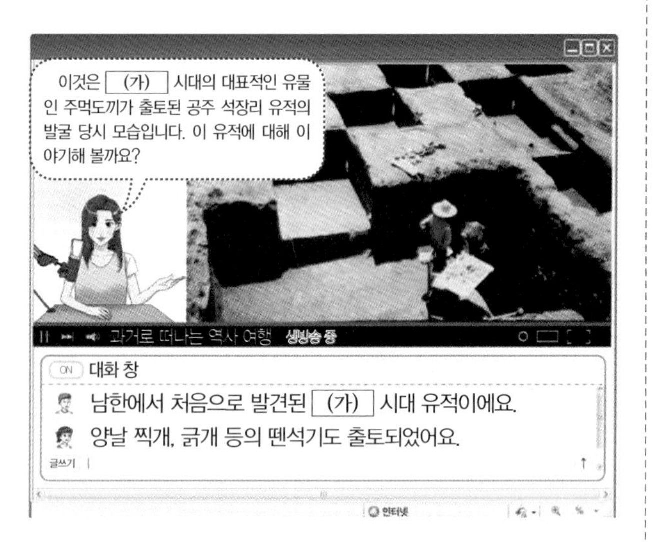

① 가락바퀴를 이용하여 실을 뽑았다.
② 빗살무늬 토기에 식량을 저장하였다.
③ 반달 돌칼을 사용하여 벼를 수확하였다.
④ 주로 동굴에 살면서 사냥과 채집을 하였다.

| 해설 | 구석기 시대의 생활

구석기 시대 유적지로는 평남 상원 검은모루 동굴, 경기도 연천 전곡리, 충남 공주 석장리 등이 있으며, 평남 덕천 승리산 동굴, 충북 청원 두루봉 동굴 등에서는 화석 인골이 발견되었다. 구석기 시대 사람들은 돌을 깨뜨려서 만든 주먹도끼와 같은 뗀석기를 사용하였다. 이들은 주로 사냥, 채집, 물고기잡이를 통해 생활하였으며, 동굴이나 강가에 막집을 짓고 살았다.

| 오답 넘기 |

① 신석기 시대에는 가락바퀴로 실을 뽑고, 뼈바늘로 옷을 지어 입기도 하였다.
② 신석기 시대에는 곡물의 저장과 조리를 위해 빗살무늬 토기를 제작하였다.
③ 청동기 시대 반달 돌칼은 곡식을 수확하는 도구였다.

정답 ④

2 (가) 시대의 생활 모습으로 옳은 것은? [1점]

□□ 신문

제△△호 ○○○○년 ○○월 ○○일

임실에서 (가) 시대 유물 발견

출토 유물

전라북도 임실의 하가 유적에서 슴베찌르개, 모뿔 석기 등이 발견되었다. 이 유물들은 뗀석기가 출현한 (가) 시대의 도구 제작 기술을 잘 보여 준다. 특히, 모뿔 석기와 나이프형 석기는 한반도에서 드물게 발견되는 것으로, 국내외 학계에서 큰 관심을 보이고 있다.

① 거푸집을 활용하여 비파형 동검을 제작하였다.
② 주로 동굴이나 막집에서 거주하였다.
③ 지배층의 무덤으로 고인돌을 축조하였다.
④ 반달 돌칼을 사용하여 곡식을 수확하였다.

| 해설 | 구석기 시대의 생활

제시된 자료의 (가) 시대는 구석기 시대이다. 구석기 시대 사람들은 돌을 깨뜨려서 만든 주먹도끼와 같은 뗀석기를 사용하였다. 슴베찌르개는 자루 속에 박히는 슴베가 달린 찌르개로 구석기 시기 뗀석기의 일종이다. 이들은 주로 사냥, 채집, 물고기잡이를 통해 생활하였으며, 동굴이나 강가에 막집을 짓고 살았다.

| 오답 넘기 |

① 초기 철기 시대에는 청동기를 제작하는 틀인 거푸집이 한반도에서 다수 발견되어 우리나라에서 청동기가 독자적으로 제작되었음을 알 수 있다.
③ 청동기 시대에는 고인돌, 돌널무덤 등이 만들어졌다.
④ 청동기 시대 반달 돌칼은 곡식을 수확하는 도구였다.

정답 ②

3 (가) 시대의 유물로 옳은 것은? [1점]

답사 계획서

◈ 주제 : (가) 시대의 흔적을 찾아서
◈ 기간 : 2018년 ○○월 ○○일~○○월 ○○일
◈ 경로 : 연천 → 공주 → 단양

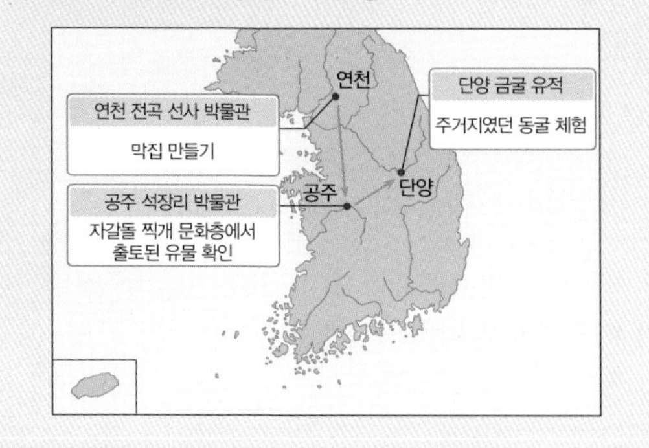

① ② ③ ④

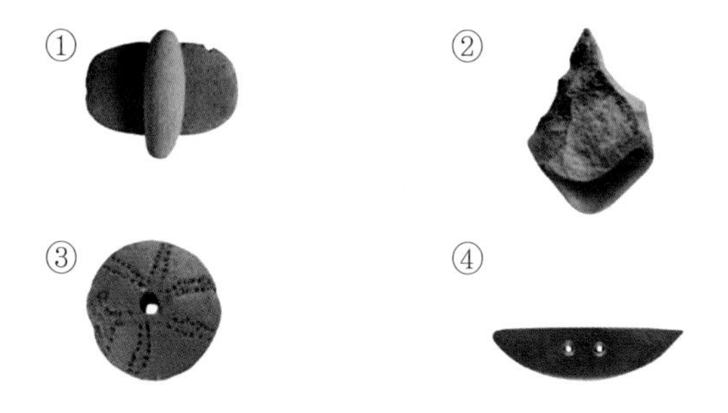

4 (가) 시대의 생활 모습으로 옳은 것은? [1점]

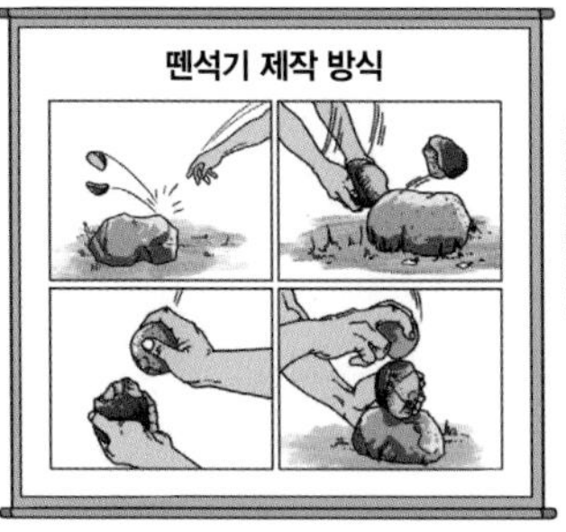

이것은 뗀석기의 다양한 제작 방식을 보여 주는 그림입니다. 뗀석기는 (가) 시대에 처음 만들어져 짐승을 사냥하고 가죽을 벗기는 등 여러 용도로 사용되었습니다.

① 빗살무늬 토기에 식량을 저장하였다.
② 갈판과 갈돌로 곡식을 갈았다.
③ 주로 동굴이나 막집에서 살았다.
④ 가락바퀴를 사용하여 실을 뽑았다

| 해설 | 구석기 시대의 유물

답사 계획서에 해당하는 시기는 구석기 시대이다. 우리나라의 대표적인 구석기 시대 유적지로는 평남 상원 검은모루 동굴, 경기도 연천 전곡리, 충남 공주 석장리, 단양 금굴 등이 있으며, 평남 덕천 승리산 동굴, 충북 청원 두루봉 동굴 등에서는 화석 인골이 발견되었다. 구석기 시대 사람들은 돌을 깨뜨려서 만든 주먹도끼와 같은 뗀석기를 사용하였다. 이들은 주로 사냥, 채집, 물고기잡이를 통해 생활하였으며, 동굴이나 강가에 막집을 짓고 살았다.
② 구석기 시대의 만능 석기인 주먹도끼이다.

| 오답 넘기 |

① 신석기 시대에는 갈돌과 갈판을 이용하여 수확한 곡식을 갈아먹었다.
③ 가락바퀴로 신석기 시대 옷을 만들어 입었음을 알 수 있게 해주는 유물이다.
④ 청동기 시대 반달 돌칼은 곡식을 수확하는 도구였다.

정답 ②

| 해설 | 구석기 시대의 생활

구석기 시대 사람들은 돌을 깨뜨려서 만든 주먹도끼와 같은 뗀석기를 사용하였다. 이 시기 사람들은 주로 사냥, 채집을 통해 생활하였고, 추위를 피해 주로 동굴이나 막집에서 살았다. 이들은 힘이 세고 큰 짐승을 사냥하기 위해 무리를 지었고, 식량을 찾아 자주 이동하였다. 또 사람이 죽으면 시체를 매장하고 장식품과 도구를 함께 넣기도 하였으며, 동굴이나 생활 터전에 동물 그림을 그리는 등의 예술적 활동도 하였다. 이를 통해 사냥의 성공과 풍요를 기원하였다.

| 오답 넘기 |

① 빗살무늬 토기는 신석기 시대 대표적인 토기로 그릇 표면에 직선 또는 곡선을 평행으로 배열하여 기하학적 무늬를 새긴 것이 특징이다.
② 신석기 시대에는 갈돌과 갈판을 이용하여 수확한 곡식을 갈아먹었다.
④ 가락바퀴는 신석기 시대 옷을 만들어 입었음을 알 수 있게 해주는 유물이다.

정답 ③

5 (가) 유물이 처음 사용된 시대의 생활 모습으로 옳은 것은? [1점]

① 농경과 목축이 시작되었다.
② 거푸집을 이용해 청동 도끼를 제작하였다.
③ 주로 동굴이나 막집에서 살았다.
④ 대표적인 무덤으로 고인돌을 만들었다.

| 해설 | 신석기 시대의 생활

신석기 시대에는 농경을 시작하면서 식량 저장 및 조리를 위해 토기를 사용하였는데, 대표적으로 빗살무늬 토기가 있다. 또 돌로 만든 갈판과 갈돌은 신석기 시대에 곡식을 가는 데 사용되었다.

① 신석기 시대에는 농경과 목축이 시작되었으며, 움집을 지어 정착 생활을 하였다.

| 오답 넘기 |

② 청동기 시대에는 돌이나 흙으로 만든 거푸집에 청동을 녹여 부어 원하는 형태를 만들었다.
③ 구석기 시대 사람들은 주로 동굴이나 막집에 살았다.
④ 지배층의 무덤인 고인돌은 청동기 시대에 계급 사회가 형성되었음을 보여 준다.

정답 ①

6 (가) 시대에 볼 수 있는 모습으로 가장 적절한 것은? [1점]

학술 대회 안내

'서울 암사동 유적'은 정착 생활이 시작된 (가) 시대의 문화를 알 수 있는 중요한 유적으로 평가받고 있습니다. 지난 2년간 이곳에서 새로 발굴된 유적을 통해 (가) 시대의 문화를 재조명하는 자리를 마련하였으니 많은 참여 바랍니다.

◈ 발표 주제 ◈
- 빗살무늬 토기의 형태 비교
- 불에 탄 주거지를 통해 본 움집의 구조
- 흑요석제 석기의 출토와 그 의미

■일시 : 2018년 ○○월 ○○일 13:00~17:00
■장소 : 암사동선사유적박물관
■주최 : ○○고고학연구회

① 소를 몰고 밭을 가는 농민
② 가락바퀴로 실을 뽑는 여인
③ 쇠로 낫을 만드는 대장장이
④ 비파형 동검을 들고 있는 군장

| 해설 | 신석기 시대의 생활

서울 암사동 선사 주거지는 신석기 시대 사람들이 한곳에 정착하여 마을을 이루고 살았음을 보여 주는 움집터 유적이다. 움집터는 바닥의 모양이 둥글거나 네모꼴로 편평하게 다져져 있다. 집터 가운데에는 돌을 둥글게 둘러놓은 흔적이 있어 여기에서 불을 피웠음을 알 수 있고 음식을 저장하던 구멍도 발견되었다. 신석기 시대 빗살무늬 토기는 신석기 시대에 곡식이나 음식을 담거나 저장, 요리하는 데 사용하였다.

② 가락바퀴는 신석기 시대 옷을 만들어 입었음을 알 수 있게 해주는 유물이다.

| 오답 넘기 |

① 소를 농사에 이용한 것은 철기 시대 이후이며, 『삼국사기』에는 6세기 초 지증왕 때에 철제 농기구와 우경을 장려하였다고 전한다.
③ 철기 시대에는 철제 농기구를 사용하면서 농업 생산량이 더욱 늘어났으며, 철제 갑옷 등 철제 무기를 사용하게 되면서 전쟁이 자주 일어났다.
④ 청동기 시대 비파형 동검은 칼날이 비파라는 악기를 닮아 비파형 동검이라고 한다.

정답 ②

7 (가) 시대의 생활 모습으로 옳은 것은? [1점]

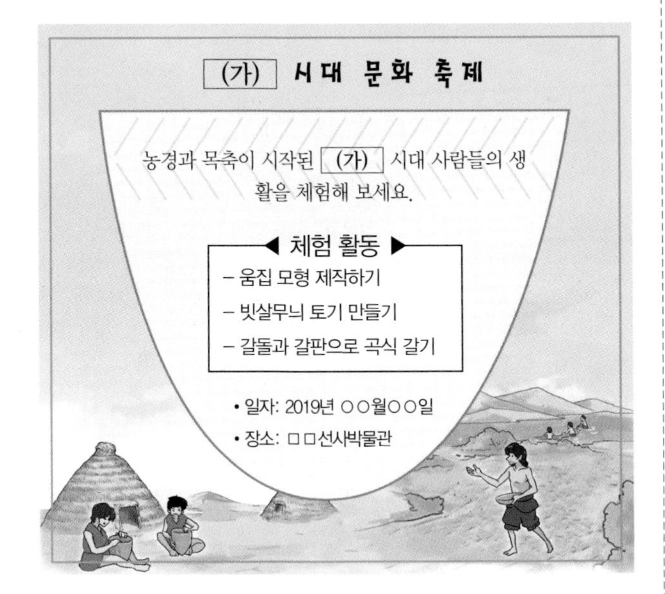

① 우경이 널리 보급되었다.
② 철제 농기구를 이용하였다.
③ 거친무늬 거울을 사용하였다.
④ 가락바퀴를 사용하여 실을 뽑았다.

| 해설 | 신석기 시대의 생활

(가) 시대는 신석기 시대로 이 시기 사람들은 주로 큰 강가나 바닷가에 지은 둥근 움집에서 정착 생활하였다. 또 신석기 시대에는 농경을 시작하면서 식량 저장 및 조리를 위해 토기를 사용하였는데, 대표적으로 빗살무늬 토기가 있다. 그리고, 신석기 시대 사람들은 가락바퀴로 실을 뽑아 뼈바늘로 옷을 지어 입거나 그물을 만들었다. 또 신석기 시대에는 갈돌과 갈판을 이용하여 수확한 곡식을 갈아먹었다.

| 오답 넘기 |

① 소를 농사에 이용한 것은 철기 시대 이후이며, 삼국 시대인 6세기 초 지증왕 때에 철제 농기구와 우경을 장려하였다고 전한다.
② 철기 시대에는 철제 농기구를 사용하면서 농업 생산량이 더욱 늘어났으며, 철제 갑옷 등 철제 무기를 사용하게 되면서 전쟁이 자주 일어났다. 철제 농기구를 이용하였다.
③ 거친무늬 거울은 청동기 시대에 사용되었다.

정답 ④

8 다음 유물이 처음 사용된 시대의 생활 모습으로 옳은 것은? [1점]

① 거친무늬 거울을 사용하였다.
② 주로 동굴이나 막집에서 살았다.
③ 빗살무늬 토기에 식량을 저장하였다.
④ 거푸집을 활용하여 청동기를 제작하였다.

| 해설 | 신석기 시대의 생활

신석기 시대에는 농경을 시작하면서 식량 저장 및 조리를 위해 토기를 사용하였는데, 대표적으로 빗살무늬 토기가 있다. 또 돌로 만든 갈판과 갈돌은 신석기 시대에 곡식을 가는 데 사용되었다. 가락바퀴는 신석기 시대 실을 뽑을 때 쓰는 것으로, 구멍에 막대를 넣고 돌려 실을 꼬아서 뽑았다. 신석기 시대 사람들은 이렇게 만들어진 실과 뼈 바늘을 이용하여 옷이나 그물을 만들었다.

| 오답 넘기 |

① 청동기 시대에는 비파형 동검, 거친무늬 거울 등의 청동기를 사용하였다.
② 구석기 시대 사람들은 주로 동굴이나 막집에 살았다.
④ 초기 철기 시대에는 청동기를 제작하는 틀인 거푸집이 한반도에서 다수 발견되어 우리나라에서 청동기가 독자적으로 제작되었음을 알 수 있다.

정답 ③

02 고조선과 국가의 형성

공부한 날
월
일
일차

❶ 청동기 · 철기 문화

(1) 청동기의 보급

① 청동기 시대의 시작

㉠ 시기 : 기원전 2,000년경에서 기원전 1,500년경

㉡ 분포 : 만주 지역(중국의 요령성, 길림성 지방), 한반도

㉢ 특징 : 중국과 다른 북방 계통(아연 합금, 동물형 장식)

② 청동기 시대의 유물

㉠ 간석기 : 농기구(곡식의 이삭을 자르는 데 사용된 반달 돌칼, 바퀴날 도끼, 홈자귀 등)

㉡ 청동기 : 지배 계급의 무기나 장식품(대표적인 유물은 검날과 검자루가 따로 만들어진 조립식 무기인 비파형 동검)

㉢ 청동기 시대의 토기

ⓐ 민무늬 토기(한반도 남부) : 적갈색의 청동기 시대의 대표적인 토기로 화분 모양이 가장 널리 알려졌으나 지역에 따라 모양이 약간씩 다름

ⓑ 미송리식 토기(청천강 이북, 만주 일대) : 납작한 항아리 양쪽 옆으로 손잡이가 하나씩 달린 토기

ⓒ 팽이형 토기 : 대동강 유역의 고인돌 근처 유적에서는 밑이 좁은 토기가 출토

③ 청동기 시대의 무덤 양식

청동기 시대의 대표적인 유적인 고인돌은 그 모양에 따라 탁자식, 바둑판식, 개석식으로 구분되며, 규모가 큰 것은 덮개돌만 수십 톤에 달한다.

㉠ 고인돌 : 지배층의 무덤으로 당시 지배층이 가진 정치 권력과 경제력을 반영해 줌(계급 사회의 발생)

㉡ 돌널무덤 : 땅 밑에 평평한 돌(판석)을 상자 모양으로 만들어 관을 사용하는 무덤으로 후기에는 고인돌의 지하 구조로 이용되기도 함

청동기 시대의 무덤
고인돌은 청동기 시대의 족장(군장)의 권위를 상징하는 무덤이다. 우리나라에는 세계에서 가장 많고 다양한 고인돌이 분포되어 있어 고창, 화순, 강화의 고인돌 유적지가 세계 문화 유산으로 지정되었다.

탁자식(북방식) 고인돌

돌널무덤

Click! ● 우리나라 토기의 변천 과정

이른 민무늬 토기	덧무늬 토기	빗살무늬 토기	덧띠새김무늬 토기	민무늬 토기	미송리식 토기	붉은 간토기
신석기 전기	신석기 전기	신석기 중기	신석기 말~청동기 초기	청동기	청동기	신석기 말~청동기

울산 검단리 청동기 유적지

부여 송국리 청동기 유적지

Click ! ● 다양한 청동기와 청동기 시대의 유물

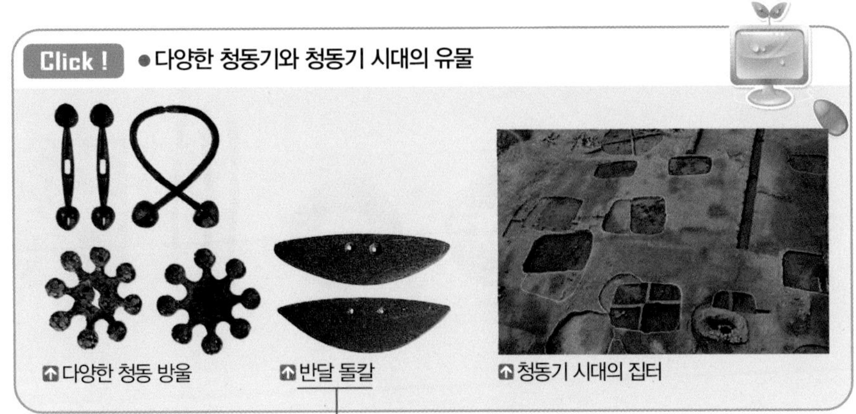
다양한 청동 방울 / 반달 돌칼 / 청동기 시대의 집터

반달 돌칼: 청동기 시대의 수확용 도구로 중앙에 있는 구멍에 끈을 꿰어 끈 사이로 손가락을 넣어 쥐고, 곡식의 이삭을 자르는 데 사용하였다.

④ 주요 유적지

지역	특징
부여 송국리, 울산 검단리	대표적인 청동기 시대 유적지로 마을을 둘러싼 환호(環濠)나 목책(木柵)과 같은 방어 시설이 발견되었음
여주 흔암리	탄화미가 발견되어 청동기 시대에 벼농사를 지었음을 알 수 있음

(2) 철기의 사용

① 시기 : 기원전 5세기 무렵

② 초기 철기 시대

㉠ 청동기와 철기의 혼용 : 청동기는 점차 쓰임이 줄고 의식용 도구로 바뀜

㉡ 독자적 청동기의 발전 : 세형 동검, 잔무늬 거울, 거푸집 등

거푸집: 청동을 부어 청동기를 만드는 틀이다.

Click ! ● 독자적 청동기 문화의 발전

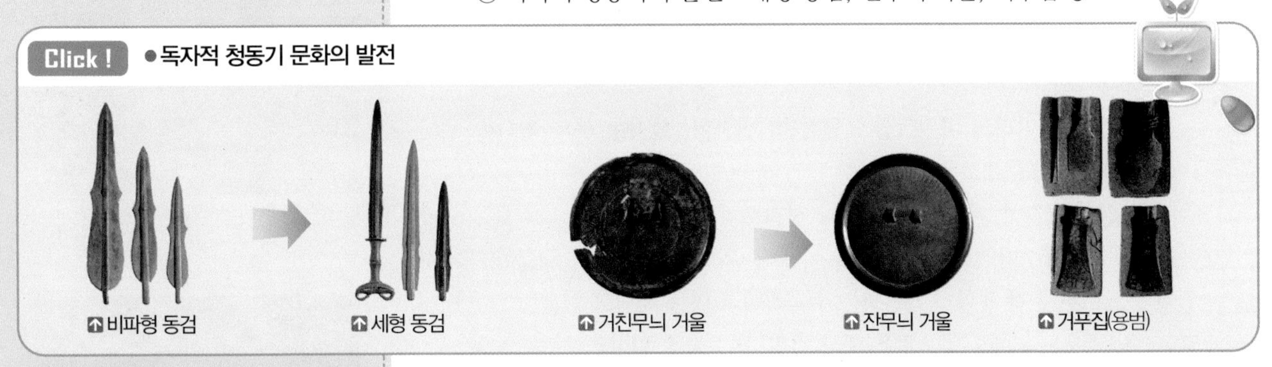
비파형 동검 → 세형 동검 / 거친무늬 거울 → 잔무늬 거울 / 거푸집(용범)

③ 철기 사용의 영향

㉠ 철제 농기구의 사용 : 농업 생산력이 증대되어 경제 기반 확대

㉡ 철제 무기의 사용 : 정복 전쟁이 활발해지면서 연맹 국가 등장

④ 토기의 다양화 : 민무늬 토기 이외에 입술 단면에 덧띠를 붙인 덧띠 토기, 검은 간토기와 함께 회색 계열의 토기가 새로이 출토됨

⑤ 철기 시대의 무덤 양식

㉠ 널무덤 : 지하에 수직으로 장방형의 구덩이를 파고 직접 시체를 안치하거나, 나무로 된 곽을 놓고 그 안에 시체를 묻는 무덤 양식

㉡ 독무덤 : 크고 작은 항아리 또는 독 두 개를 맞붙여서 관으로 쓰는 무덤 양식

⑥ 중국과의 활발한 교류

㉠ 중국 화폐 사용 : 명도전, 반량전, 오수전 등(중국과의 교류 증거)

㉡ 붓의 출토(경남 창원 다호리 유적) : 한자 사용의 증거

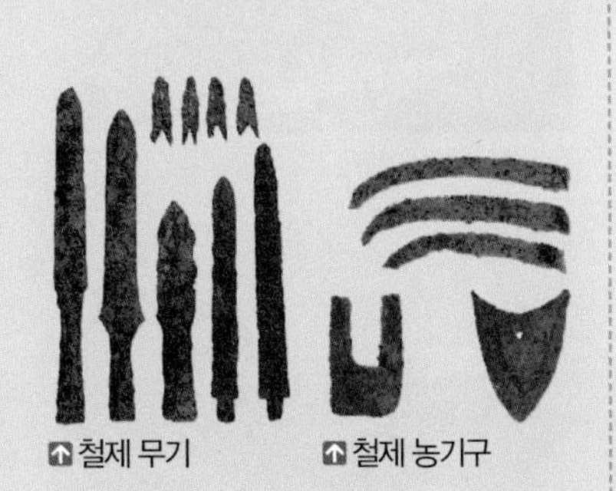
철제 무기 / 철제 농기구

Click ! ● 철기 시대의 유물

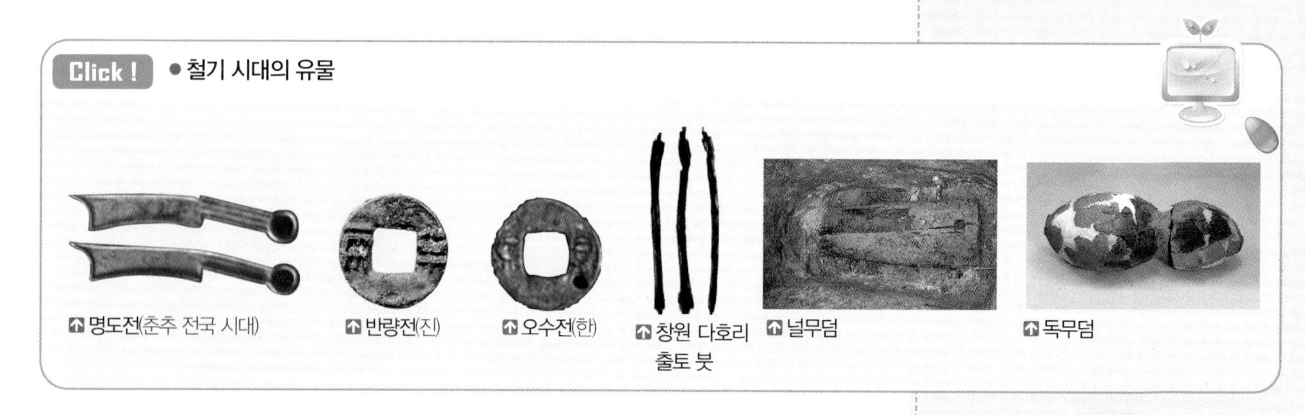
명도전(춘추 전국 시대) 반량전(진) 오수전(한) 창원 다호리 출토 붓 널무덤 독무덤

(3) 청동기 · 철기 시대의 생활

청동기 · 철기 시대에는 조, 보리, 콩, 수수 등 밭농사가 중심이었지만, 일부 저습지를 중심으로 벼농사가 시작되었다.

① 경제 생활
- ㉠ 농기구의 다양화 : 간석기가 매우 다양해지고 기능이 개선됨
- ㉡ 농업 : 밭농사 중심(조, 보리, 콩, 수수 등), 벼농사 시작 → 사냥 · 고기잡이의 비중 축소, 가축 사육 증가

② 주거 생활 : 배산임수의 집자리, 직사각형의 집터, 움집의 지상 가옥화와 규모 확대 → 움집 중앙에 있던 화덕은 한쪽 벽으로 옮겨지고, 저장 구덩도 따로 설치

③ 사회 구조의 변화 : 사유 재산 제도의 성립, 빈부의 격차와 계급의 분화, 족장(군장)의 등장, 선민 사상의 출현 등

선민 사상
종교적인 의미에서 신이 특정한 민족 혹은 사람들을 구원하기 위하여 선택했다는 사상. 넓은 뜻으로는 어떤 민족이나 사람들이 자기들만이 우월하다고 생각하는 사상이다.

(4) 청동기 · 철기 시대의 예술

① 바위그림(암각화)
- ㉠ 울주 반구대 바위그림 : 사슴 · 고래 등의 그림 → 사냥과 고기잡이의 성공, 풍성한 수확 기원
- ㉡ 고령 양전동 알터의 바위그림 : 동심원, 십자형, 삼각형 등의 기하학 무늬 → 태양 숭배, 풍요로운 생산 기원
- ㉢ 울주 천전리 각석 : 종교적 제단이나 성지로 추정

② 농경무늬 청동기 : 따비라는 농기구를 이용해 밭을 가는 사람의 모습이 새겨져 있어 풍요로운 농경 생활을 기원하는 주술적인 의미를 지니고 있음

③ 토우 : 장식 용도 외에도 풍요로운 생산 기원 → 주술적 의미

울주 반구대 바위그림

고령 양전동 바위그림

농경무늬 청동기 앞면에는 농사짓는 그림이, 뒷면에는 솟대 그림이 새겨져 있다.

❷ 고조선의 성립과 발전

(1) 고조선의 건국

① 건국 : 우리 역사상 최초의 국가인 고조선은 발달된 농경과 청동기 문화를 배경으로 건국(『삼국유사』에 기록) → 후에 철기 문화를 수용하여 연맹체 국가로 성장

② 고조선의 성장 : 요령 지방을 중심으로 성장하여 한반도까지 발전

③ 고조선의 세력 범위 : 비파형 동검, 미송리식 토기, 탁자식 고인돌의 출토 범위와 대체로 일치

(2) 단군 신화와 고조선의 사회상

단군은 몽골 침입 시 민족의 자주성 고양에 도움을 주었으며, 1909년에는 나철 등이 단군을 숭배하는 대종교를 창시하였다.

① 단군 신화의 특징
- ㉠ 우리 민족의 시조 신화 : 청동기 시대 농경 사회를 배경으로 한 고조선 성립

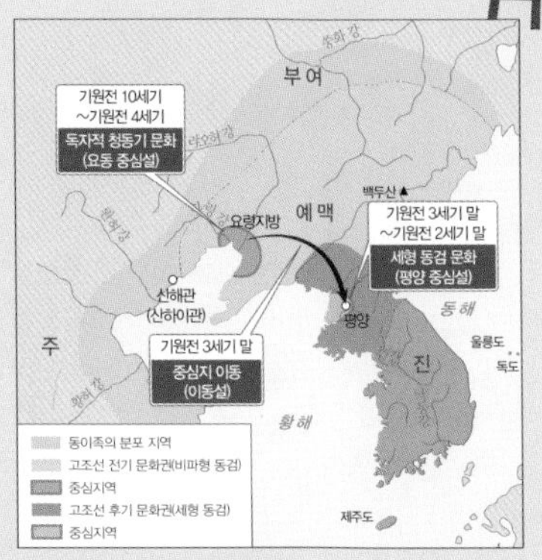

고조선의 중심지 이동

단군에게 제사를 지내는 참성단(강화 마니산)

단군 영정

이라는 역사적 사실을 반영

ⓛ 단군 신화의 수록 문헌 : 『삼국유사』, 『제왕운기』, 『세종실록』 지리지, 『응제시주』, 『동국여지승람』, 『동국통감』 등

② 단군 신화를 통해 알 수 있는 당시 사회 모습

㉠ 환웅 부족이 태백산의 신시를 중심으로 세력 형성 → 구릉 지대 거주

㉡ 환웅 부족은 하늘의 자손임을 내세워 자기 부족의 우월성 과시, 환인 · 환웅 → 선민 사상

㉢ 풍백, 우사, 운사를 두어 바람, 비, 구름 등을 주관 → 농경 사회, 계급의 분화와 지배 계층 등장 → 이전과는 다른 새로운 사회 질서 성립

㉣ 널리 인간을 이롭게 한다. → '홍익인간(弘益人間)'의 통치 이념

㉤ 환웅 부족이 곰을 숭배하는 부족과 연합하여 고조선 형성, 호랑이를 숭배하는 부족은 연합에서 배제 → 부족의 연합 과정을 통한 고조선 건국, 토테미즘 존재

㉥ 단군 왕검 : 단군(제사장) + 왕검(정치적 군장) → 제정 일치 사회의 지배자

(3) 고조선의 발전

① 독자적 문화 성립 : 요령 지방과 대동강 유역을 중심으로 독자적인 문화를 이룩하면서 발전(기원전 3세기경)

② 왕의 등장과 관직 정비 : 부왕 · 준왕 같은 강력한 왕이 등장하여 왕위 세습, 상 · 대부 · 장군 등의 관직 설치

③ 대외적 발전 : 요서 지방을 경계로 하여 연나라와 대립할 만큼 강성

(4) 위만의 집권

① 위만 조선의 성립 : 진 · 한 교체기에 위만이 이주하여 준왕을 몰아내고 왕위 차지(기원전 194)

Click ! ● 고조선의 세력 범위와 단군의 건국 이야기

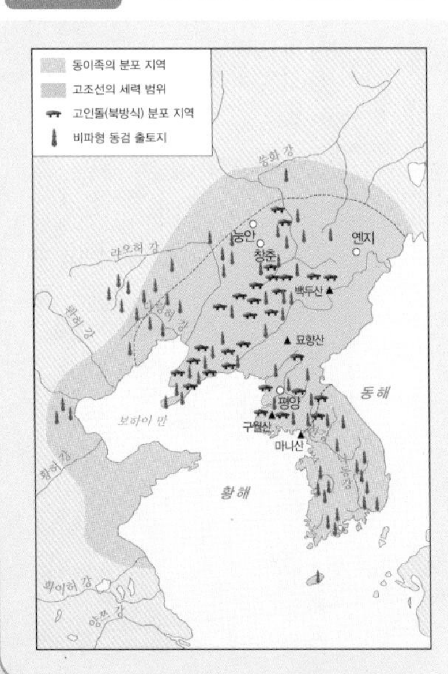

고조선의 세력 범위 고조선의 세력 범위는 청동기 시대에 제작된 비파형 동검과 탁자식 고인돌, 미송리식 토기의 분포 범위를 통해 알 수 있는데, 주로 만주와 한반도 서북부 지방에서 발굴되고 있다. 이를 통해 고조선이 만주 랴오닝 지방과 한반도 북부 지역을 잇는 넓은 지역을 통치하였음을 알 수 있다.

옛날에 환인(桓因)의 서자 환웅(桓雄)이 있었는데, 천하에 자주 뜻을 두고 인간 세상을 매우 부러워하였다. 아버지는 아들의 뜻을 알아차려 삼위 태백(三危太伯)을 내려다보니 널리 인간을 이롭게 할 만하였다(弘益人間). 이에 천 · 부 · 인 세 개를 주어 인간 세상을 다스리게 했다. 환웅은 무리 3천 명을 거느리고 태백산의 신단수 밑에 내려와서 이곳을 신시(神市)라 불렀다. 그는 풍백, 우사, 운사를 거느리고 곡식, 수명, 형벌, 선악 등을 주관하여 인간 세계를 다스리고 교화시켰다(在世理化). 이때 곰과 호랑이가 같은 굴에 살았는데, 환웅에게 찾아와 사람이 되기를 빌었다. …… 곰은 약속한지 삼칠일 만에 여자가 되었으나, 호랑이는 이를 지키지 못해 사람이 되지 못하였다. …… 환웅이 웅녀와 결혼하여 아들을 낳았는데, 그 이름을 단군 왕검(檀君王儉)이라 하였다. —『삼국유사』—

② 위만 조선의 발전

㉠ 철기 문화의 본격적 수용 : 철기의 사용은 농업과 무기 생산을 중심으로 한 수공업을 더욱 융성하게 하였고, 그에 따라 상업과 무역도 발달

㉡ 중계 무역 : 지리적인 이점을 이용하여 동방의 예나 남방의 진이 직접 중국의 한과 교역하는 것을 막고, 중계 무역의 이익 독점 → 중국의 한과 대립

위만 조선의 성격
위만은 왕이 된 뒤에도 나라 이름을 그대로 조선이라 하였고, 그의 정권에는 토착민 출신으로 높은 지위에 오른 자가 많았다. 이러한 점에서 위만의 조선은 단군의 조선을 계승한 것으로 볼 수 있다.

(5) 고조선의 멸망

① 원인 : 고조선의 성장에 불안을 느낀 한의 무제가 대규모 침략 감행

② 과정 : 한과의 1차 접전(패수)에서 고조선의 대승 → 지배층의 내분 → 왕검성 함락 → 멸망(기원전 108)

③ 결과 : 고조선이 멸망하자 한은 고조선의 일부 지역에 군현(낙랑, 진번, 임둔, 현도)을 설치

(6) 고조선의 사회

① 8조법과 고조선의 사회상 : 고조선의 사회상을 알려 주는 것으로 8조의 법이 있었는데, 그 중에서 후한 때 반고의 『한서』 지리지에 3개 조목의 내용만 전해짐

8조법의 내용	성격
사람을 죽인 자는 즉시 죽인다.	인간의 생명 존중, 노동력 중시, 보복주의
남에게 상처를 입힌 자는 곡식으로 갚는다.	사유 재산 보호, 노동력 중시
도둑질을 한 자는 노비로 삼는다. 용서받고자 하는 자는 한 사람마다 50만 전을 내야 한다.	형벌과 노비의 발생, 화폐의 사용, 계급 차별이 엄격

② 고조선 사회의 변화 : 토착민들이 한군현의 억압과 수탈에 대항 → 한의 군현이 엄한 율령 시행 → 법 조항이 60여 조로 증가하고 풍속이 각박해짐

(율령 시행: 자신들의 생명과 재산 보호 목적)

한군현의 쇠퇴
옛 고조선 지역의 한군현은 토착 세력의 저항으로 처음 4개 중 3개의 군현이 설치 2년 만에 사라졌으나, 낙랑군이 낙랑 · 대방 2개의 군으로 나뉘어 존속하다가 313년 낙랑군이 고구려 미천왕의 공격을 받아 축출됨으로써 한반도에서 한군현의 세력은 완전히 소멸되었다.

❸ 여러 나라의 성장 ☆☆☆

(1) 부여

① 성립

㉠ 건국 : 기원전 4세기경 만주 길림시 일대를 중심으로 하는 송화(쑹화)강 유역의 평야 지대를 중심으로 건국

㉡ 계승 : 고구려나 백제의 건국 세력이 부여의 한 계통임을 자처하였고, 또 이들의 건국 신화도 같은 원형을 하고 있음

② 정치적 발전 : 왕 아래 마가, 우가, 저가, 구가 등이 저마다 관리를 두고 사출도를 다스림(5부족 연맹), 왕권 약함 → 흉년이 들면 왕에게 책임을 물음

③ 사회와 문화

㉠ 경제 : 농경과 목축을 주로 하였으며 말, 주옥, 모피 등을 생산하여 중국에 수출

㉡ 법률 : 엄격한 법 제정(1책 12법)

㉢ 풍속 : 순장(왕이 죽으면 껴묻거리와 사람들을 함께 묻음), 영고(제천 행사), 우제점복, 형사취수제

㉣ 기타 : 흰옷을 즐겨 입었으며, 은력(殷曆)이라는 달력을 사용

(껴묻거리: 죽은 사람의 무덤에 시체와 함께 끼워서 묻는 물건)
(형사취수제: 형이 죽으면 동생이 형수를 아내로 삼는 풍속)
(영고: 사냥철이 시작되는 12월에 열린 부여의 제천 행사로, 하늘에 제사를 지내고 노래와 춤을 즐겼으며, 죄인을 풀어 주기도 하였다.)
(우제점복: 소를 죽여 그 굽으로 길흉을 점침)

가(加)
부여에는 마가, 우가, 저가, 구가 등의 관직이 있었다. 이들은 왕에게 예속되지 않고 각자 독자적으로 다스리던 영역을 가지고 있었다. 이들이 모인 회의에서 왕을 추대하거나 견제하기도 하였으며, 여기에서 국가의 중요한 정책이 결정되었다.

사출도
수도를 중심으로 동, 서, 남, 북 4개의 구역으로 나누어 수도에서 사방으로 통하는 큰 길과 그 길을 중심으로 형성된 4개의 지역을 사출도라 하는데, 이는 연맹 왕국의 특성을 잘 반영하고 있는 체제이다.

부여의 황금 허리띠 장식 말이 조각된 부여 지배층의 허리띠 장식. 부여 사람들은 황금을 잘 다루었으며 말을 소중히 여겼다.

Click ! ● **부여의 영고**

주먹 12월 제천 행사 때에는 연일 크게 모여서 먹고 마시며 노래하고 춤추니, 그 이름을 영고라 한다. 이때에는 형옥(刑獄)을 판단하여 죄수를 풀어 준다. 전쟁을 할 때에도 하늘에 제사를 지내고 소를 잡아서 그 발굽을 가지고 길흉을 점친다.

－『후한서』－

④ **멸망** : 3세기 말에 선비족의 침략을 받아 크게 쇠퇴하면서 연맹 왕국 단계에서 고구려에 편입(494)

(2) 고구려

고구려를 세운 주몽이 처음 도읍지로 삼았던 졸본성으로 추정되는 곳으로 서쪽과 북쪽을 병풍처럼 둘러싼 천연 절벽을 그대로 성벽으로 이용하였고, 비교적 산세가 완만한 동쪽과 남쪽에는 석성을 쌓아 적의 공격에 대비하였다.

① **건국** : 부여에서 내려온 주몽이 동가강 유역의 졸본 지역에서 건국(기원전 37)

② **정복 활동** : 활발한 정복 전쟁으로 한의 군현을 공략하여 요동 지방으로 진출하였을 뿐만 아니라 동쪽으로는 부전고원을 넘어 옥저를 정복함

③ **정치 체제**

㉠ 5부족 연맹체 : 계루부, 소노부(연노부), 순노부, 관노부, 절노부의 5부족 연맹체

㉡ 제가 회의 : 국가의 중대 문제를 결정하기 위하여 대가들이 모여서 하는 회의로 중대한 범죄자가 있으면 제가 회의를 통해 사형에 처하고 그 가족을 노비로 삼았음

국동대혈

④ **경제** : 산악 지대에 위치 → 주변 지역을 공격하여 공납을 바치게 함, 집집마다 부경(창고) 설치

⑤ **사회와 문화**

㉠ 결혼 풍습 : 서옥제(데릴사위제), 형사취수제

㉡ 제천 행사 : 일종의 추수감사제인 동맹(10월) → 국동대혈에서 제사 지냄

가족 공동묘제
가족이 죽으면 시체를 가매장하였다가 나중에 그 뼈를 추려서 가족 공동의 무덤인 커다란 목곽에 안치하였다.

(3) 옥저

① **위치** : 함경도 함흥 지방에 위치하였는데 변방에 치우쳐 있어서 선진 문화의 수용이 늦었으며, 일찍부터 고구려의 압력을 받아 크게 성장하지 못함

Click ! ● **여러 나라의 위치와 풍습**

민며느리제 : 결혼을 약속한 신랑 집에 며느리가 될 여성이 어린 나이부터 와서 살다가, 성인이 되면 남성이 여성의 집에 일정한 대가를 지불하고 정식으로 아내를 삼는 옥저의 결혼 풍습이다.

➡ 서옥제와 민며느리제는 혼인 과정에서 나타날 수 있는 노동력 손실을 막으려는 과정을 보여주고 있다. 즉, 노동력을 중요시하는 전통이 방법만 다르게 나타난 것이다.

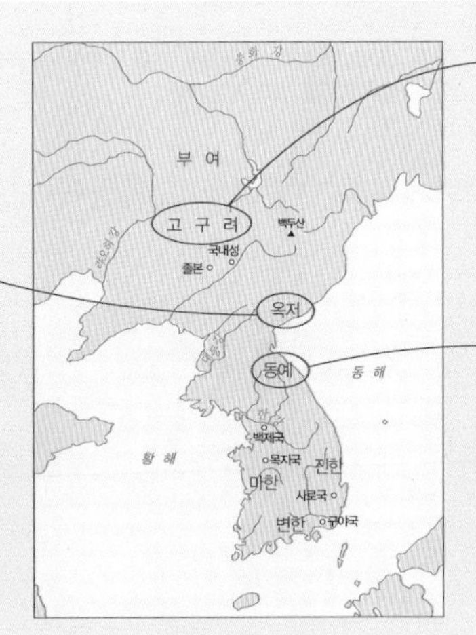

서옥제 : 결혼을 정한 신랑이 신부의 집에 마련된 집(서옥)에 머무르며 일을 해주고 살다가, 자식이 태어나고 어느 정도의 시간이 지나면 부인과 아이를 신랑의 집으로 데려가는 고구려의 결혼 풍습이다.

책화 : 동예에는 부족 또는 지역 간의 경계를 중시하여 만약 경계를 침범하여 수렵, 어로, 경작 행위를 하다가 적발되면 소나 말, 노비로 변상해야 하였다. 이처럼 책화는 지역 주민의 생활 안정과 재산 보호를 위해 존재했던 규칙이다.

② **정치** : 읍군, 삼로 등의 군장이 자기 부락 지배 → 강력한 정치 권력이 형성되지 못함
③ **경제** : 어물과 소금 등 해산물이 풍부하였고, 토지가 비옥하여 농사가 잘 되었는데 고구려에 소금, 어물 등의 생산물을 공납으로 바침
④ **풍속** : 민며느리제, 가족 공동 무덤(골장제) 등

(4) 동예

① **위치** : 강원도 북부의 동해안에 위치
② **정치** : 읍군, 삼로가 자기 부족을 다스린 군장 국가
③ **경제** : 단궁, 과하마, 반어피 등의 특산물 생산, 농사 발달
④ **가옥 형태** : 바닥이 철(凸)자, 여(呂)자 모양의 집터에서 생활
⑤ **사회** : 책화(다른 부족의 생활권을 침범하면 노비 · 소 · 말로 변상), 족외혼(같은 씨족끼리는 혼인을 하지 않음), 제천 행사(매년 10월에 무천)

(5) 삼한

① 성립과 발전
㉠ 성립 : 남하한 고조선의 유이민이 한반도 남부의 토착 세력과 결합하여 마한, 진한, 변한의 삼한 연맹체 형성
㉡ 발전 : 마한에서는 백제, 진한에서는 사로국, 변한에서는 가야 성장

② 정치 체제
㉠ 주도 세력 : 마한을 이루고 있는 소국의 하나인 목지국의 지배자가 '진왕'을 칭하면서 삼한 주도
㉡ 지배층 : 신지, 견지, 부례, 읍차 등의 군장이 부족을 다스림
㉢ 제정 분리 : 제사장인 천군이 머무르는 소도 존재(도망자들이 소도에 들어오면 잡아갈 수 없음) → 삼한이 제정 일치 사회에서 제정 분리 사회로 넘어가는 과도기임을 반영

③ 경제
㉠ 농경의 발달 : 벼농사를 중심으로 한 농업이 발달하였고, 이와 관련하여 저수지를 많이 축조(김제 벽골제, 밀양 수산제, 제천 의림지, 상주 공검지 등)
㉡ 풍부한 철 생산 : 삼한 중 변한에서는 철을 많이 생산하여 마한, 낙랑, 왜 등으로 수출하였으며, 철을 화폐로 사용

④ 사회와 문화
㉠ 거주지 : 초가지붕의 반움집 · 귀틀집에 거주
(귀틀집: 큰 통나무로 정(井)자 모양으로 귀를 맞추어 층층이 얹고 틈을 흙으로 발라 지은 집)
㉡ 무덤 양식 : 중앙에 널무덤이 있고, 주변에는 해자(일종의 도랑 형태) 모양의 고랑이 있는 주구묘가 만들어짐
㉢ 두레 조직 : 공동체적 전통 → 공동 작업
㉣ 제천 행사 : 5월 수릿날(단오)과 10월 계절제(상달, 현재의 추석)

동예의 집터

철(凸)자형 집터

여(呂)자형 집터

마한 목지국
삼한 중 마한은 54개의 소국으로 이루어졌고, 모두 10여만 호에 이르렀다. 그중에서 가장 큰 정치 세력은 목지국이었으며, 목지국의 지배자는 마한왕 또는 진왕으로 추대되어 삼한 전체를 주도하였다.

마한의 무덤(주구묘)

마한의 토실

❶ 청동기와 철기 문화

- [청동기 시대] 국가가 출현하였다.
  - ↳ 계급이 발생하였다.
- 반달 돌칼을 사용하여 벼를 수확하였다.
  - ↳ 반달 돌칼을 사용하여 곡식을 수확하였다.
  - ↳ 반달 돌칼로 이삭 자르기
- 지배층의 무덤으로 고인돌을 축조하였다.
  - ↳ 지배자의 무덤으로 고인돌을 만들었다.
  - ↳ 대표적인 무덤으로 고인돌을 만들었다.
  - ↳ 많은 인력이 고인돌 축조에 동원되었다.
  - ↳ 고인돌의 덮개돌 끌(어보)기
- 거친무늬 거울을 사용하였다.
  - ↳ 거친무늬 거울을 제작하였다.
  - ↳ 거친무늬 거울의 문양 따라 그리기
- 거푸집을 이용해 청동 도끼를 제작하였다.
  - ↳ 거푸집을 활용하여 비파형 동검을 제작하였다.
  - ↳ 비파형 동검을 들고 있는 군장
  - ↳ 거푸집으로 청동 거울을 제작하였다.
- 청동기로 장신구를 제작하였다.
  - ↳ 청동으로 지배 계급의 장신구를 만들었다.
- 청동 검과 거울 등으로 권위를 나타내는 지배자
  - ↳ 청동 거울과 방울 사용해 보기
- 민무늬 토기를 이용하여 음식을 조리하는 여인
  - ↳ 민무늬 토기를 만들어 음식물을 저장하였다.
- 미송리식 토기에 곡식을 담는 아이
  - ↳ 흙으로 미송리식 토기 만들기
- 세형 동검 주조용 거푸집 만들기
- 철제 농기구를 이용하여 농사를 지었다.
  - ↳ 철제 쟁기로 밭을 갈았다.
  - ↳ 철제 괭이로 밭 일구어 보기
- 철제 갑옷 입어 보기
- 철제 무기를 가지고 훈련하는 병사
  - ↳ 철제 무기를 사용하였다.
  - ↳ 철제 무기로 다른 부족을 정복하였다.
- 널무덤과 독무덤을 만들었다.
- 명도전을 사용하여 중국과 교류하였다.
- 쇠를 낫을 만드는 대장장이

❷ 고조선의 성립과 발전

- 청동기 문화를 바탕으로 세워졌다.
- [제왕운기] 단군에 대한 내용이 기록되어 있다.
- 부왕, 준왕 등의 왕이 있었다.

> **실전 자료** — 위만
>
> • 위만이 망명하여 호복(胡服)을 하고 동쪽의 패수를 건너 준왕에게 투항하였다. …… 준왕은 그를 믿고 총애하여 …… 백리의 땅을 봉해 서쪽 변경을 지키도록 하였다.
>
> –『삼국지』 동이전 –

- 한과 진국 사이에서 중계 무역으로 (많은) 이익을 얻었다.
- 사회 질서를 유지하기 위해 범금 8조를 만들었다.
  - ↳ 사회 질서를 유지하기 위한 범금 8조가 있었다.
  - ↳ 범금 8조를 만들어 사회 질서를 유지하였다.
- 한(무제)의 침략을 받아 멸망하였다.
  - ↳ 한의 왕검성 침략 원인을 조사한다.
  - ↳ 한 무제의 공격으로 멸망하였다.

❸ 여러 나라의 성장

- [부여] 여러 가(加)들이 별도로 사출도를 다스렸다.
  - ↳ 여러 가(加)들이 별도로 사출도를 주관하였다.
  - ↳ 12월에 영고라는 제천 행사를 열었다.
- [고구려] 서옥제라는 혼인 풍습이 있었다.
- [옥저] 혼인 풍습으로 민며느리제가 있었다.
- [동예] 특산물로 단궁, 과하마, 반어피가 있었다.
  - ↳ 읍락 간의 경계를 중시하는 책화가 있었다.
  - ↳ 무천이라는 제천 행사를 열었다.
- [삼한] 제사장인 천군이 존재하였다.
  - ↳ 제사장인 천군과 신성 지역인 소도가 존재하였다.
  - ↳ 소도라고 불리는 신성 지역이 있었다.
  - ↳ 신지, 읍차 등의 지배자가 다스렸다.

1 (가) 시대의 사회 모습으로 옳은 것은? [1점]

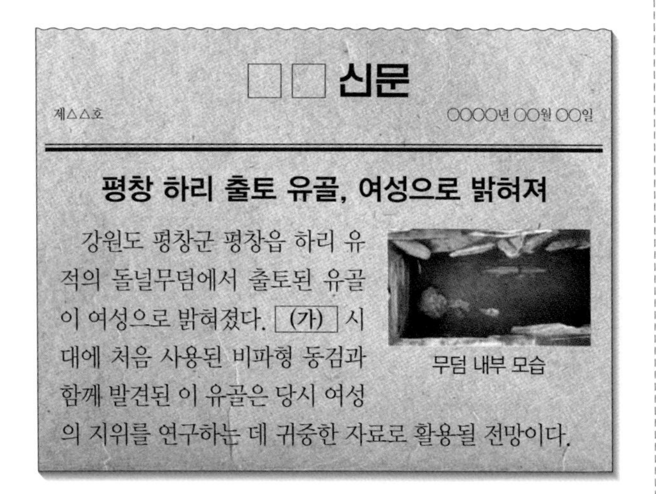
□□ 신문

제△△호 ○○○○년 ○○월 ○○일

평창 하리 출토 유골, 여성으로 밝혀져

강원도 평창군 평창읍 하리 유적의 돌널무덤에서 출토된 유골이 여성으로 밝혀졌다. (가) 시대에 처음 사용된 비파형 동검과 함께 발견된 이 유골은 당시 여성의 지위를 연구하는 데 귀중한 자료로 활용될 전망이다.

무덤 내부 모습

① 우경이 널리 보급되었다.
② 농경과 목축을 통한 식량 생산이 시작되었다.
③ 많은 인력이 고인돌 축조에 동원되었다.
④ 실을 뽑기 위해 가락바퀴를 처음 사용하였다.

| 해설 | 청동기 시대의 생활

청동기 시대에는 지배층이 죽으면 고인돌이나 돌널무덤을 만들고, 청동 검이나 청동 거울 등을 함께 묻었다. 특히 청동기 시대 고인돌은 지배층의 무덤으로 파악되는데, 당시에 권력을 가진 지배 계급이 존재했음을 보여 준다. 또 청동기 시대의 비파형 동검은 비파형으로 생긴 칼날과 손잡이가 따로 주조된 조립식 검이다.

| 오답 넘기 |

① 5~6세기경에 소를 경작에 이용하는 우경의 보급이 확대되었다.
② 신석기 시대에는 농경과 목축이 시작되었으며, 움집을 지어 정착 생활을 하였다.
④ 신석기 시대 사람들은 가락바퀴로 실을 뽑아 뼈바늘로 옷을 지어 입거나 그물을 만들었다.

정답 ③

2 (가) 시대에 처음 제작된 유물로 옳은 것은? [2점]

(가) 시대 전시관

• 개관

벼농사가 보급되고 농업 생산력이 향상되었다. 이로 인해 계급이 발생하고, 지배층의 무덤인 고인돌이 만들어졌다. 대표적인 유적지로는 송국리 유적지가 있다.

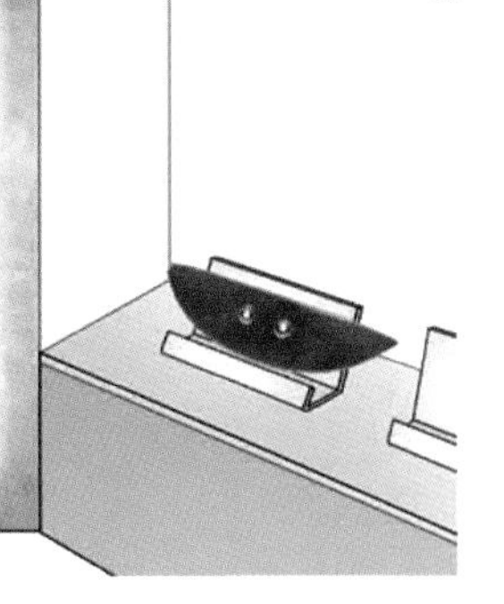

①

②

③

④
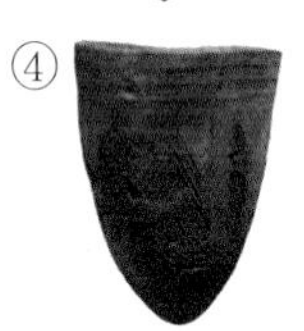

| 해설 | 청동기 시대의 유물

충남 부여 송국리 유적은 논에 도랑을 내고 물을 끌어들여 벼를 재배하는 방식이 처음으로 확인된 우리나라의 대표적 청동기 유적지이다. 청동기 시대에는 청동검과 거울 등으로 권위를 이용해 부족을 지배하는 군장이 등장하였으며 이들의 무덤은 고인돌이었다. 또 청동검과 청동 거울 등은 지배 계급의 무기나 장식품으로 사용되었고, 반달 돌칼은 곡식을 수확하는 도구였다. 민무늬 토기와 붉은 간 토기 등은 곡식을 보관하는 데 사용되었다.
① 청동기 시대 한반도와 만주에서 사용한 동검은 칼날이 비파라는 악기를 닮아 비파형 동검이라고 한다.

| 오답 넘기 |

② 신석기 시대 이음낚시, ③ 구석기 시대 후기의 슴베찌르개, ④ 신석기 시대 빗살무늬 토기이다.

정답 ①

3 밑줄 그은 '이 나라'에 대한 설명으로 옳은 것은? [2점]

① 사회 질서를 유지하기 위한 범금 8조가 있었다.
② 신지, 읍차 등의 지배자가 다스렸다.
③ 철을 생산하여 낙랑, 왜 등에 수출하였다.
④ 제가 회의에서 국가 중대사를 결정하였다.

| 해설 | 고조선의 성립

10월 3일은 우리나라 건국을 기념하기 위하여 제정된 국경일인 개천절이다. 『삼국유사』에 기록된 단군의 건국 이야기를 통해 고조선이 청동기 시대 농경 문화를 바탕으로 건국되었음을 알 수 있다. 고조선은 8조의 법을 만들어 사회 질서를 유지하였는데, 현재는 3개 조항만 전한다. 이 법률을 통하여 고조선 사회는 사람들의 생명과 노동력을 중시하였고, 곡물을 배상 수단으로 삼은 것으로 농업 중심 사회였음을 알 수 있다. 또한 가족 제도와 사유 재산 제도가 발달하였으며, 노비가 존재하는 신분제 사회였음을 알 수 있다.

| 오답 넘기 |

② 삼한의 지배자 중 세력이 큰 것은 신지, 견지 등으로, 작은 것은 부례, 읍차 등으로 불렸다.
③ 삼한 중 변한은 철이 풍부하여 이를 낙랑과 왜 등에 수출하였다.
④ 고구려의 제가 회의는 부족장들의 회의 기구로 국가의 중요한 사항을 결정하였다.

정답 ①

4 (가) 나라에 대한 탐구 활동으로 가장 적절한 것은? [1점]

> • 한나라 초, 연에서 망명한 위만이 (가) 의 왕이 되었다.
> • 한 무제 원봉 2년에 (가) 을/를 정벌하여 위만의 손자 우거를 죽였다. 그리고 그 지역을 나누어 사군을 설치하였다.
>
> – 『삼국지』 동이전 –

① 범금 8조의 내용을 살펴본다.
② 진대법을 실시한 계기에 대해 알아본다.
③ 22담로에 왕족을 파견한 목적을 조사한다.
④ 하남 위례성에 도읍을 정한 배경을 검색한다.

| 해설 | 고조선의 발전 과정

중국의 진 · 한 교체기에는 유이민 집단을 이끌고 이주해 온 위만이 기원전 194년에 준왕을 몰아 내고 스스로 고조선의 왕이 되었다. 위만 왕조의 고조선은 철기 문화를 본격적으로 수용하였다. 또, 지리적인 이점을 이용하여 동방의 예나 남방의 진이 직접 중국의 한과 교역하는 것을 막고, 중계 무역의 이득을 독점하려 하였다. 또 이러한 경제적, 군사적 발전을 기반으로 고조선은 중국의 한과 대립하였는데 한이 고조선을 공격하여 고조선은 멸망하였다. 고조선을 멸망시킨 한은 한반도에 여러 군현을 설치하였다.
① 고조선은 8조의 법을 만들어 사회 질서를 유지하였는데, 현재는 3개 조항만 전한다.

| 오답 넘기 |

② 고구려 고국천왕 때 을파소의 건의로 시행한 진대법은 봄에 곡식을 빌려 주었다가 가을에 추수한 것으로 갚도록 한 제도였다.
③ 백제는 6세기 초 웅진 시기 무령왕 때 22담로를 설치하였다.
④ 고구려를 세운 주몽(동명왕)의 아들인 온조는 위례성(서울)에 자리를 잡았다.

정답 ①

5 다음 발표에 해당하는 나라에 대한 설명으로 옳은 것은? [2점]

① 신지, 읍차 등의 지배자가 있었다.
② 혼인 풍습으로 민며느리제가 있었다.
③ 읍락 간의 경계를 중시하는 책화가 있었다.
④ 여러 가(加)들이 별도로 사출도를 주관하였다.

| 해설 | **초기 국가의 생활상**

자료 속 국가는 부여이다. 부여에서는 지배층이 죽으면 따르던 이들을 함께 매장하던 순장의 풍습이 있었다. 부여는 왕 아래 가축의 이름을 딴 마가, 우가, 저가, 구가 등의 관리가 있어 저마다 따로 행정 구획인 사출도를 다스렸다. 그리고, 12월에 영고라는 제천 행사가 열렸다. 또 부여에는 엄격한 형벌이 있어 사람을 죽인 자는 사형에 처하고 그 가족은 노비로 삼았으며, 도둑질을 하면 12배로 갚게 하였다.

| 오답 넘기 |

① 신지, 읍차 등은 삼한의 군장들에 대한 호칭이다.
② 옥저는 민며느리제라는 혼인 풍습과 가족 공동 무덤의 매장 풍습이 있었다.
③ 동예에는 다른 부족의 경계를 침범할 경우에는 가축이나 노비로 변상해야 하는 책화의 풍습이 있었다.

정답 ④

6 다음 자료의 풍습이 있었던 나라에 대한 설명으로 옳은 것은? [2점]

> 그들은 장사 지낼 때 큰 나무 곽(槨)을 만드는데 길이가 10여 장(丈)이나 되며 한쪽 끝 부분을 열어 놓아 문으로 한다. 사람이 죽으면 시체는 우선 임시로 매장하여 살이 모두 썩은 뒤에 뼈만 추려 곽 속에 안치한다. 온 가족의 유골을 모두 하나의 곽 속에 넣어 두며, 살아 있을 때와 같은 모습으로 목상(木像)을 새기는데 죽은 사람의 숫자대로 한다.
>
> – 『후한서』 동이전 –

① 신성 지역인 소도가 존재하였다.
② 혼인 풍습으로 민며느리제가 있었다.
③ 빈민 구제를 위해 진대법을 실시하였다.
④ 여러 가(加)들이 별도로 사출도를 다스렸다.

| 해설 | **초기 국가의 생활상**

사료의 '장사 지낼 때 큰 나무 곽을 만드는데', '사람이 죽으면 시체는 우선 임시로 매장하여 살이 모두 썩은 뒤에 뼈만 추려 곽 속에 안치한다.' 등은 옥저의 가족 공동묘에 대한 내용이다. 저의 혼인 풍속으로 민며느리제가 있었는데, 이는 혼인할 어린 여자를 남자 집에서 데려다 키우다가 그 아이가 성장하면 남자가 여자 집에 예물을 지불하고 혼인을 하는 일종의 매매혼 제도였다.

| 오답 넘기 |

① 삼한에서는 종교를 주관하는 제사장인 천군이 소도라는 신성 지역을 다스렸는데, 이를 통해 삼한 사회가 제정이 분리되어 운영되었음을 알 수 있다.
③ 고구려 고국천왕 때 을파소의 건의로 시행한 진대법은 봄에 곡식을 빌려 주었다가 가을에 추수한 것으로 갚도록 한 제도였다.
④ 부여는 왕 아래 가축의 이름을 딴 마가, 우가, 저가, 구가 등의 관리가 있어 저마다 따로 행정 구획인 사출도를 다스렸다.

정답 ②

7 (가) 나라에 대한 설명으로 옳은 것은? [2점]

① 소도라고 불리는 신성 지역이 있었다.
② 읍락 간의 경계를 중시한 책화가 있었다.
③ 화백 회의에서 나라의 중대사를 결정하였다.
④ 여러 가(加)들이 별도로 사출도를 주관하였다.

| 해설 | **초기 국가의 생활상**

강원도 북부의 동해안에 위치한 동예는 왕이 없었고, 각 읍락에 읍군, 삼로라고 불리는 군장이 있어서 자기 부족을 다스렸다. 동예는 토지가 비옥하고 해산물이 풍부하였는데, 특히 단궁, 과하마, 반어피 등의 특산물이 많이 생산되었다. 동예에서는 10월에 무천이라는 제천 행사를 하였다. 다른 부족의 경계를 침범할 경우에는 가축이나 노비로 변상해야 하는 책화의 풍습이 있었고, 같은 씨족끼리는 결혼하지 않는 족외혼을 엄격하게 지켰다.

| 오답 넘기 |

① 삼한에서는 종교를 주관하는 제사장인 천군이 소도라는 신성 지역을 다스렸는데, 이를 통해 삼한 사회가 제정이 분리되어 운영되었음을 알 수 있다.
③ 신라는 화백 회의를 통해 국가의 중대사를 결정하였다.
④ 부여에는 왕 아래에 가축의 이름을 딴 마가, 우가, 저가, 구가 등의 관리가 있었고, 이들 가(加)들은 저마다 사출도를 다스리고 있었다.

정답 ②

8 밑줄 그은 '이 나라'에 대한 설명으로 옳은 것은? [2점]

① 제사장인 천군이 존재하였다.
② 서옥제라는 혼인 풍습이 있었다.
③ 빈민 구제를 위해 진대법을 실시하였다.
④ 여러 가(加)들이 별도로 사출도를 다스렸다.

| 해설 | **초기 국가의 생활상**

솟대는 삼한에서 제사를 지내던 신성 지역인 소도에 세우던 것이다. 후에 민간 신앙을 상징하거나 풍년을 기원하기 위해 세웠다. 또 신지, 읍차 등은 삼한의 군장들에 대한 호칭이다. 삼한에서는 천군이 소도에 머무르면서 제사를 담당하였다.

| 오답 넘기 |

② 고구려에는 남자가 일정 기간 처가에서 살다가 본가로 돌아가는 서옥제라는 혼인 풍속이 있었다.
③ 부여는 왕 아래 가축의 이름을 딴 마가, 우가, 저가, 구가 등의 관리가 있어 저마다 따로 행정 구획인 사출도를 다스렸다.
④ 단궁, 반어피, 과하마가 특산물인 나라는 동예이다.

정답 ①

II

삼국의 성립과 발전

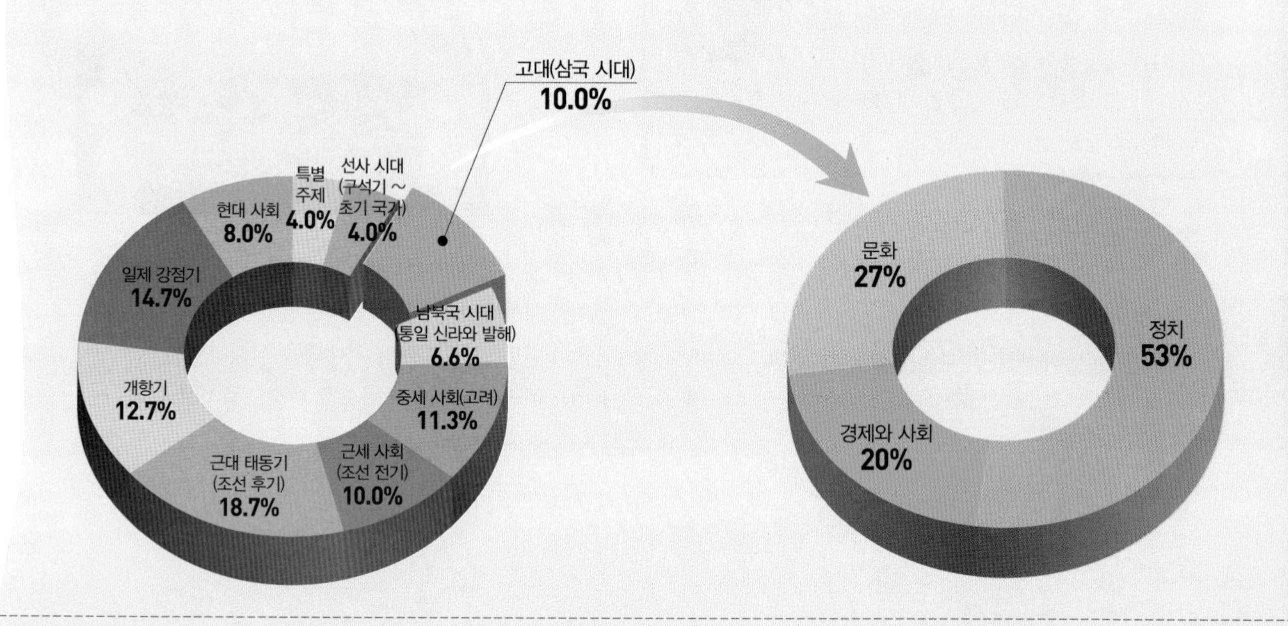

단원 들어가기

삼국은 연맹 왕국에서 발전하여, 왕위를 세습하고 행정 제도 등을 정비하면서 중앙 집권 체제를 강화하였다. 이와 함께 주변 지역을 정복하여 영토를 확대해 나갔다. 낙동강 유역에서 성장한 가야 연맹은 삼국과 함께 강력한 세력으로 등장하였다.

삼국은 서로 대립, 항쟁하면서 세력을 확장하는 데 힘썼다. 고구려는 5세기의 광개토 대왕과 장수왕 때에 만주 지방과 한반도 중부 지방에 이르는 광대한 영역을 확보하였다. 고구려에 한강 유역을 빼앗긴 백제는 어려움을 겪었으나, 사비성으로 도읍을 옮기면서 중흥을 위해 노력하였다. 신라는 6세기 이후 적극적인 대외 정책을 펴면서 한강 유역을 확보하는 등 기세를 올렸다.

삼국 시대는 계층상의 차이가 뚜렷하여 개인의 능력보다는 친족의 사회적 지위가 중시된, 귀족 중심의 엄격한 신분제 사회를 이루었다. 이 시대에는 농업을 비롯하여 목축업, 어업, 수공업 등이 상당히 발달하였으며, 불교의 영향으로 문화의 폭이 넓어졌고, 국민 사상이 통합되어 국력을 강화할 수 있었다. 나아가 삼국인은 각종 불교 미술뿐만 아니라 고분 건축을 통해 새로운 예술의 세계를 열어 나갔다.

- 기원전 57 신라 건국
- 기원전 37 고구려 건국
- 기원전 18 백제 건국
- 194 고구려, 진대법 실시
- 260 백제, 16관등과 공복 제정
- 372 고구려, 불교 전래, 태학 설치
- 384 백제, 불교 전래
- 427 고구려, 평양 천도
- 433 나 · 제 동맹
- 475 백제, 웅진 천도
- 520 신라, 율령 반포
- 538 백제, 사비 천도
- 612 고구려, 살수 대첩
- 645 고구려, 안시성 싸움
- 660 백제 멸망
- 668 고구려 멸망
- 676 신라, 삼국 통일

| 연표로 흐름잡기 |

03 삼국의 성장과 발전

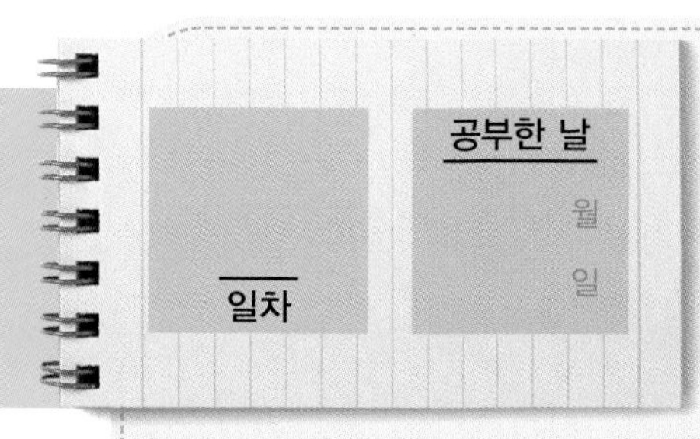

❶ 삼국과 가야의 성장

(1) 고대 국가

① 정복 전쟁을 통해 영역 확대, 왕위 세습

② 중앙 관제와 지방 조직 정비, 관리의 복색과 관등 제정, 불교 수용, 율령 반포 등(중앙 집권 국가 완성)

(2) 삼국의 성장 과정

① **고구려** : 부여 계통의 이주민과 동가강 유역의 토착민이 건국(기원전 37)

㉠ 태조왕(1세기) : 중앙 집권 국가의 기틀 마련

ⓐ 영토 확장 : 동해안에 진출하여 옥저와 동예 정복, 요동 지방 공격

ⓑ 왕위의 세습 : 계루부 출신의 고씨가 왕위를 독점적으로 세습

㉡ 고국천왕(2세기)

ⓐ 5부의 개편 : 부족적 전통을 가진 5부족을 행정적 5부(동부 · 서부 · 남부 · 북부 · 중부)로 개편

ⓑ 왕위의 부자 상속 확립 : 왕위 계승을 형제 상속에서 부자 상속으로 바꿈

㉢ 미천왕(4세기 초) : 낙랑 공격, 요동 지역으로 세력 확대, 대동강 유역 확보

㉣ 고국원왕(4세기 후반) : 전연과 백제의 침략으로 국가적 위기, 백제 근초고왕이 공격한 평양성 전투에서 전사(371)

㉤ 소수림왕(4세기 후반)

ⓐ 율령 반포 : 율령을 반포하여 국가 조직을 정비(373)

ⓑ 태학 설립 : 중앙 교육 기관으로 태학을 설립하여 인재를 양성(372)

ⓒ 불교 수용(372) : 전진의 순도가 전래, 다양한 신앙을 불교 중심으로 통합하고, 왕실의 권위를 신장

② **백제** : 고구려에서 남하한 온조가 한강 유역 하남 위례성에서 건국(기원전 18) → 우수한 철기 문화를 보유한 고구려 계통의 유이민 세력이 토착 세력과 결합

㉠ 한강 유역의 지리적 이점 : 농경과 교통에 유리 → 중국의 선진 문물 수용

고대 국가로의 발전 과정
우리 역사에서는 고구려–백제–신라의 순서로 고대 국가 체제가 정비되었고, 가야는 삼국의 각축 속에서 중앙 집권화를 이루지 못한 채 신라와 백제에 흡수되었다.

율령(律令)
율(律)은 형법, 영(令)은 행정법을 말하며, 율령의 반포는 중앙 집권 국가 체제가 정비되었음을 의미한다.

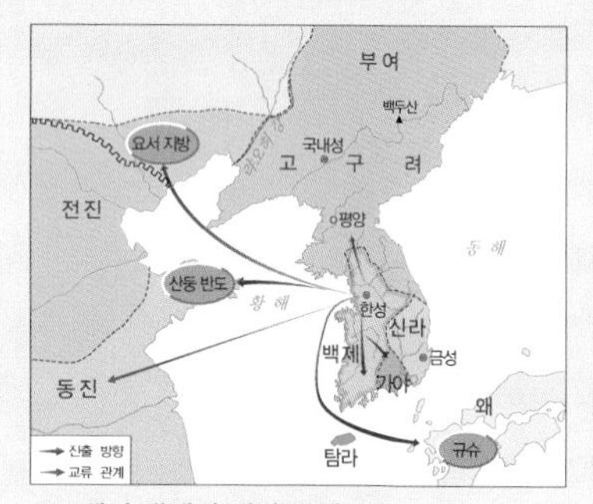

4세기 백제의 세력 범위

Click !

● **백제의 건국 설화**
백제의 시조는 온조왕으로 아버지는 주몽이다. 주몽이 새로이 왕비를 얻어 비류와 온조 두 아들을 낳았다. 그런데 주몽이 동부여에 있을 때 낳은 아들인 유리가 찾아와서 태자로 책봉되었다. 이에 비류와 온조는 남쪽으로 내려와, 비류는 인천 부근에 가서 살았고, 온조는 하남 위례성에 도읍을 정하여 십제라는 나라를 세웠다. 그 후 비류를 따르던 무리들도 온조에게 합류하면서 나라 이름을 백제라 하였다. –『삼국사기』–

● **고구려의 유이민이 백제를 건국했다는 증거**

백제 석촌동 돌무지무덤

고구려 장군총

- 백제 초기의 서울 석촌동 무덤이 압록강 유역의 고구려 무덤과 유사한 돌무지무덤 양식으로 만들어진 점
- 백제 왕실이 부여씨를 칭한 점
- 백제 건국 설화에서 주몽의 아들인 온조의 무리가 백제를 세운 점

㉡ 고이왕(3세기) : 한강 유역 장악, 한군현과 항쟁, 6좌평의 관제 마련, 관리의 복색 제정, 목지국을 병합, 율령 반포 → 중앙 집권 국가의 기틀 마련

㉢ 근초고왕(4세기 후반) : 마한 통합, 고구려 공격, 낙동강 유역 진출, 중국의 요서 · 산둥과 일본의 규슈 지방에 진출, 부자 상속제 수립, 중국의 동진 · 왜와 외교(칠지도 하사), 『서기』 편찬

㉣ 침류왕 : 불교 공인(동진으로부터 불교 수용)

③ 신라 : 경주 지역의 토착민+유이민 집단 → 6촌(6부) 형성, 진한 소국의 하나로 출발(기원전 57)

㉠ 신라의 성장이 늦은 이유 : 한반도의 동남쪽에 치우쳐 있었고, 왜의 침략을 많이 받았으며, 각 부족의 전통이 강했기 때문

㉡ 초기의 정치 : 6부족 연맹, 박 · 석 · 김의 3성이 교대로 이사금 차지

㉢ 내물왕(4세기 후반)

ⓐ 영토 확장 : 진한의 여러 나라를 정복하여 낙동강 유역까지 영토를 확장하였고, 고구려 광개토 대왕의 도움으로 왜군을 격퇴(400, 고구려의 정치적 간섭, 호우명 그릇)

ⓑ 왕위의 세습 : 김씨가 왕위를 세습함에 따라 왕권이 안정됨

ⓒ 마립간 칭호의 사용 : 왕호도 '대군장'을 뜻하는 마립간을 사용

Click ! ● **고구려의 도움을 받아 왜를 격퇴한 신라**

호우명 그릇 그릇 밑바닥에 '을묘년국강상 광개토지호태왕(乙卯年國岡上 廣開土地好太王)'이라는 글씨가 새겨져 있어 당시 신라와 고구려의 관계를 보여 준다(고구려 그릇).

(3) 전기 가야 연맹(맹주 : 금관가야)

① **성립** : 4세기 후반 금관가야 중심으로 통합

② **성장** : 해상 교역에 유리한 낙동강 유역의 평야 지역에 위치, 중계 무역 번성(낙랑군, 왜를 연결), 철기 문화 발달

③ **유적과 문화** : 김해 대성동 고분에서 다량의 덩이쇠와 판갑옷, 가야 토기 출토 → 가야의 철제 기술과 높은 문화 수준을 알 수 있음

④ **쇠퇴** : 왜의 군사를 동원하여 신라 공격 → 고구려와 신라 연합군의 반격으로 낙동강 서쪽 연안으로 영역이 축소된 후 가야 연맹의 주도권 상실(400)

Click ! ● **철의 나라 가야**

철제 판갑옷과 철제 투구 덩이쇠

- 가야는 질 좋은 철이 많이 생산됨 → 중국과 왜에 수출하면서 성장의 밑거름 마련
- 각종 철제 무기를 만들어 사용하였고, 덩이쇠를 만들어 화폐와 같은 교환 수단으로 이용하기도 함

칠지도 백제와 왜의 교류 관계를 보여 주는 유물로서 현재 일본의 이소노카미 신궁에 보관되어 있다.

신라 왕호의 변천

왕호	시기	의미
거서간	박혁거세	군장, 대인
차차웅	남해 차차웅	제사장, 무당
이사금	유리 이사금	계승자
마립간	내물왕	대군장
왕	지증왕	한자식
불교식	법흥왕	불교 수용

최고 지배자를 부르는 명칭이 변화한 것은 신라가 여러 단계를 거쳐 발전하였다는 것을 보여 줌 → 왕권의 강화

가야의 중계 무역

김해의 금관가야는 해상과 내륙을 연결하는 교통의 중심지였다. 낙동강을 이용하여 내륙 지방과 교류하였고, 바다를 이용하여 낙랑, 왜의 규슈 지방과 무역을 활발히 전개하였다. 이러한 중계 무역의 이익으로 가야 연맹의 중심 세력이 될 수 있었다.

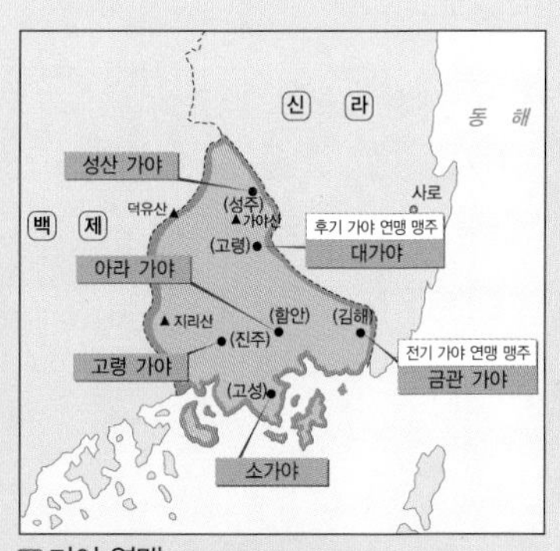

가야 연맹

❷ 삼국과 가야의 교류와 경쟁 ★★★

(1) 고구려의 발전

① 광개토 대왕

㉠ 영토 확장 : 거란과 후연을 격파(요동과 만주 장악), 백제를 공격하여 한강 이북 확보 → 독자적 연호 '영락' 사용

㉡ 신라에 군대 파견 : 5만의 군사를 보내어 신라에 침입한 왜군을 격파, 신라에 정치적 영향력 행사(400, 호우명 그릇)

㉢ 광개토 대왕의 정복 활동 : 만주 집안의 광개토 대왕릉비에 기록

② 장수왕

㉠ 서로 대립하고 있던 중국 남북조와 각각 교류하면서 중국을 견제

㉡ 평양 천도(427)

ⓐ 천도 : 국내성 → 평양성(대동강 유역)

ⓑ 목적 : 고조선의 역사적 · 문화적 유산 흡수, 대동강 유역의 경제력 흡수, 국내성에 기반을 둔 귀족 세력 약화로 왕권 강화를 꾀함

ⓒ 결과 : 적극적인 남진 정책 추진 → 나 · 제 동맹 체결(433, 신라 눌지왕과 백제 비유왕이 체결한 군사 동맹)

㉢ 남진 정책 추진

ⓐ 한강 유역 점령(475) : 삼국 간의 항쟁에서 주도권 장악

ⓑ 고구려의 영토 확장 : 백제의 수도 한성 함락(475), 죽령 일대에서 남양만을 연결하는 선까지 판도를 넓힘 → 광개토 대왕릉비, 충주(중원) 고구려비

고구려가 남한강 유역까지 영토를 넓힌 것을 기념하여 세웠다.

③ 동아시아의 강대국으로 성장

㉠ 영토 확장 : 한반도의 중부 지방과 요동을 포함한 만주 지역 차지 → 중국과 대등한 세력 형성

㉡ 중국(북위)의 고구려 사신 우대 → 고구려의 위상이 높았음

(2) 백제의 중흥

① 세력 위축 : 4세기 말~5세기 초 고구려의 공격으로 위축 → 중국 남조와의 외교 강화

② 웅진 천도 : 개로왕이 장수왕의 공격으로 사망, 한성 함락(475) → 웅진(공주) 천도(문주왕)

Click ! ● 고구려의 천하관

광개토 대왕릉비

충주(중원) 고구려비

- 광개토 대왕릉비(414) : '영락' 연호의 사용과 백제, 신라로부터 조공을 받았다는 내용이 있다. 또한, 고구려를 하늘의 자손이라 여기고 고구려의 은혜가 천하에 미치고 있다고 기록하여 고구려의 천하관을 확인할 수 있다.
- 충주(중원) 고구려비(397, 추정) : 고구려를 '태왕'의 나라로 적고 신라를 이(夷)라고 칭하였다. 또한, 신라의 왕과 신하들에게 의복을 내려준 내용을 담고 있어 고구려의 천하관을 알 수 있다.

광개토 대왕의 연호 사용

광개토 대왕이 독자적인 연호를 사용하였다는 것은 고구려가 중국과 대등한 국가임을 나타내는 자신감과 자주 의식의 표현이라 할 수 있다.

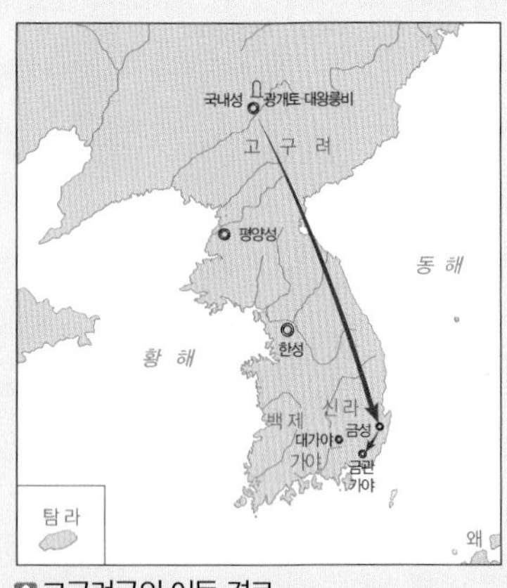

고구려군의 이동 경로

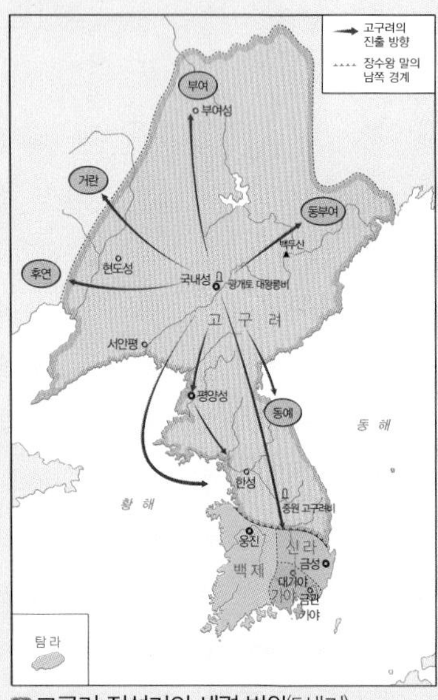

고구려 전성기의 세력 범위(5세기)

③ **동성왕** : 신라와 결혼 동맹 체결(493), 중국 남조와 국교 재개, 금강 유역의 신진 세력 등용, 탐라 복속
백제의 동성왕이 신라의 소지왕 때 이찬 비지의 딸을 왕비로 맞아들여 맺은 동맹

④ **무령왕**
㉠ 중앙 집권의 강화 : 지방의 요지인 22담로에 왕족을 파견하여 지방 통제를 강화
㉡ 중국 남조의 양과 국교를 맺고 문화 교류에 노력 → 무령왕릉에서 나온 유물들을 통해 문화적 발전상 확인

⑤ **성왕**
㉠ 사비(부여) 천도(538) : 국호를 남부여로 개칭하고 중흥 도모
㉡ 중앙 · 지방 제도 정비 : 중앙 관청을 22부로 확대, 수도와 지방을 각각 5부 · 5방으로 정비
㉢ 문화 교류 : 중국 남조와 교류 강화, 일본에 불교(노리사치계) 전파
㉣ 영토 회복 시도 : 신라 · 가야와 연합하여 고구려 남부 공격 → 한강 하류 유역 회복 → 신라에게 다시 빼앗김(553, 나 · 제 동맹 파탄) → 한강 유역 재탈환 시도(가야 · 왜와 함께 신라 공격) → 관산성(옥천) 싸움에서 전사(554) → 패배

담로
국왕의 자제나 왕족을 보내 다스리게 한 행정 구역으로, 중앙 집권적 지방 통치를 위한 거점으로 추측된다.

관산성(옥천) 싸움
성왕은 신라와 연합하여 고구려에 빼앗겼던 한강 하류 지역을 되찾았으나, 신라가 동맹을 깨고 백제를 공격하여 한강 유역을 빼앗기고 말았다(553). 성왕은 신라에 복수를 하고, 한강 유역을 되찾기 위해 신라를 총공격하였으나, 관산성(옥천)에서 전사하고 말았다(554). 이 전투에서 승리한 신라는 한강 유역에 대한 지배권을 확고히 하고, 이후 삼국 항쟁의 주도권을 장악하였다.

(3) 신라의 발전

① **눌지왕** : 백제와 나 · 제 동맹 체결, 고구려의 압박에서 벗어나려 함

② **지증왕**
㉠ 국호와 왕호의 변경 : 국호 '신라', 왕호 '왕'으로 변경(503)
㉡ 영토 확장 : 지금의 울릉도인 우산국을 정복(512)
㉢ 중앙 집권의 강화 : 전국적인 지방 제도인 주 · 군 제도를 정하고 관리를 파견
㉣ 기타 : 우경과 수리 시설 확충(농업 생산력 증가), 순장 금지(502), 동시전 설치(509)

Click !
무령왕릉은 중국 남조의 영향을 받아 만든 벽돌무덤으로 이곳에서 나온 진묘수, 오수전, 청자 육이호 역시 중국과 교류한 사실을 입증해 준다. 무덤을 지키는 돌짐승인 진묘수는 중국 남조의 무덤에서 찾아볼 수 있다.

● **무령왕릉을 통해서 본 중국과의 교류**

무령왕릉 내부

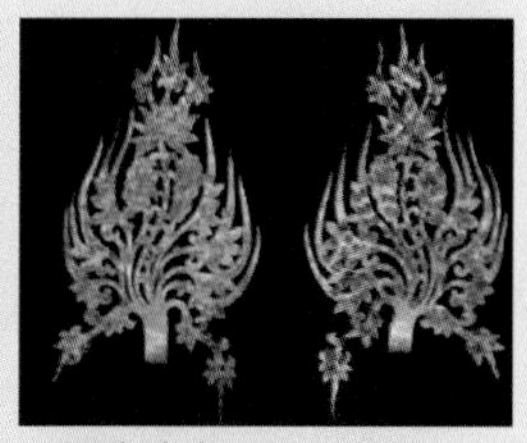
금제 관식

진묘수

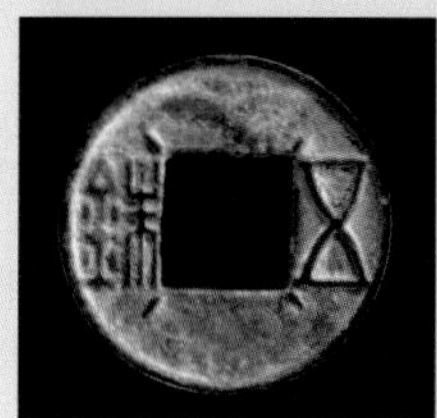
오수전

● **백제의 수도 변천**

위례성(한성, 한강 유역)
농업 · 철기 문화 발달, 선진 문화 수용에 유리

⬇

웅진(공주)
고구려 장수왕의 공격으로 한강 유역 상실

⬇

사비(부여)
왕권 강화 및 백제의 중흥 도모

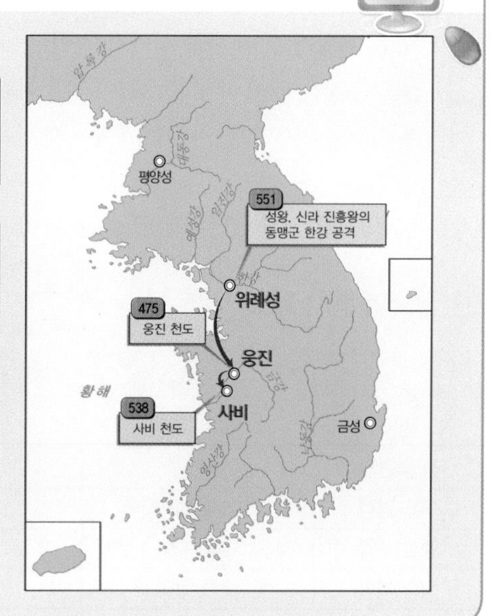

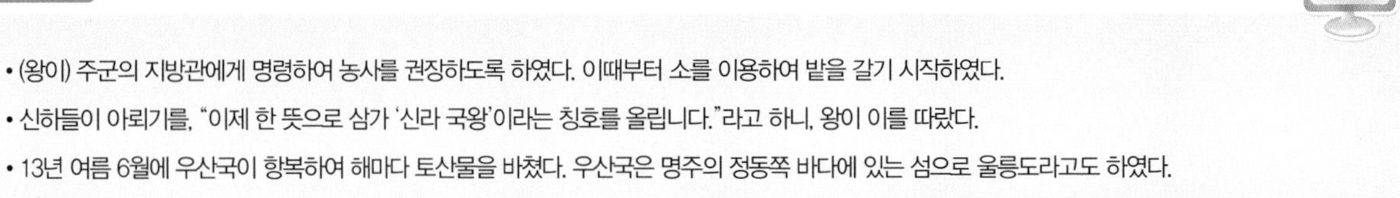
Click ! ● 지증왕의 정책

- (왕이) 주군의 지방관에게 명령하여 농사를 권장하도록 하였다. 이때부터 소를 이용하여 밭을 갈기 시작하였다.
- 신하들이 아뢰기를, "이제 한 뜻으로 삼가 '신라 국왕'이라는 칭호를 올립니다."라고 하니, 왕이 이를 따랐다.
- 13년 여름 6월에 우산국이 항복하여 해마다 토산물을 바쳤다. 우산국은 명주의 정동쪽 바다에 있는 섬으로 울릉도라고도 하였다.

③ 법흥왕

㉠ 제도 정비 : 율령 반포, 병부를 설치하여 군사 지휘권을 장악, 관리의 공복 제정, 골품 제도를 정비하고 진골 귀족 회의의 대표자인 상대등 설치(531)
(율령 반포 — 520, 관리의 공복 제정 — 520)
(상대등 : 나랏일을 총괄하고 귀족 회의의 우두머리 역할을 하여 왕권을 견제하기도 하였다.)

㉡ 연호 사용 : '건원'이라는 연호를 사용하여 중국과 대등한 나라라는 자주 의식을 나타냄

㉢ 불교 공인 : 이차돈의 순교를 통해 귀족들의 반대를 물리치고 불교 공인(527)

㉣ 영토 확장 : 김해의 금관가야를 정복(532), 낙동강 유역의 가야 땅으로 진출

불교 공인의 계기가 되었던 이차돈의 순교 모습이 새겨짐
이차돈 순교비(818)

④ 진흥왕

㉠ 불교 장려 : 자장의 건의로 황룡사를 짓고 교단 설치
(황룡사 : 진흥왕 때 세워진 신라 제일의 사찰이다. 선덕여왕 때에는 거대한 9층 목탑을 지었는데, 여기에는 주변 국가들이 모두 신라를 섬기게 될 것이라는 믿음이 담겨있다.)

㉡ 화랑도 개편 : 청소년을 양성하는 단체인 화랑도를 국가 조직으로 정비(576) → 삼국 통일에 기여

㉢ 영토 확장 : 한강 유역 확보(고구려와 백제의 연결 차단, 중국과 직접 교류 가능), 대가야 정복, 함경도 지역까지 영토 확대 → 단양 신라 적성비, 4개의 순수비 건립(북한산비, 창녕비, 마운령비, 황초령비)
(순수비 : 순수(巡狩)란 왕이 직접 나라 안을 두루 돌아다니며 정치나 민심의 동향을 살펴보는 것을 말한다. 진흥왕은 자신이 확장한 영토에 순수비를 세웠다.)

㉣ 자주 의식 표출 : 자신을 황제에 비겨 '태왕' 또는 '짐'이라 하였으며, '개국' 등의 연호를 사용

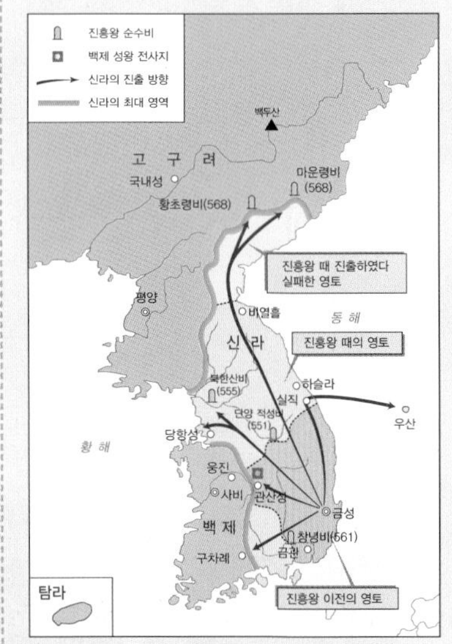

진흥왕의 영토 확장

(4) 후기 가야 연맹(맹주 : 대가야)

① **성장** : 질 좋은 철 생산과 좋은 농업 입지를 바탕으로 소백산맥 너머 호남 동부 지역까지 영역 확대 → 중국 남조와 교류 → 신라를 공격한 고구려 군대를 백제와 함께 격퇴

② **쇠퇴** : 6세기 초 백제와 신라의 침입이 계속되면서 세력이 위축되었고, 신라와 결혼 동맹을 맺어 국제적 고립에서 벗어나려 노력

③ **유적과 문화** : 고령 지산동 고분군에서 금관 출토, 가실왕 때 우륵이 가야금 제작

④ **가야의 멸망** : 신라 법흥왕 때 금관가야(532), 진흥왕 때 대가야(562) 멸망

❸ 삼국의 통치 제도

구분	고구려	백제	신라
관등	10여 · 관등	16관등	17관등
중앙 관제	·	6좌평	병부, 집사부 등 설치
최고 관직	대대로(막리지)	상좌평	상대등
행정 구역	수도 : 5부, 지방 : 5부	수도 : 5부, 지방 : 5방	수도 : 6부, 지방 : 5주
귀족 회의	제가 회의	정사암 회의	화백 회의

지산동 고분 출토 금관

❶ 삼국과 가야의 성장

- [유리왕] 고구려는 졸본성에서 국내성으로 수도(도읍)를 옮겼다.
- [태조왕] 옥저와 동예가 고구려에 복속되었다.
  - ↳ 고구려가 동옥저를 정복하였다.
- [동천왕] 고구려가 중국의 서안평을 공격하였다.
- [미천왕] 낙랑군을 축출하여(몰아내고) 영토를 확장하였다.
- [소수림왕] 율령을 반포하였다.
  - ↳ 태학을 설립하였다.
- [백제] 하남 위례성에 도읍을 정하였다.
  - ↳ 하남 위례성에 도읍을 정한 배경을 검색한다.
  - ↳ 진한의 소국으로부터 성장하였다.
- [근초고왕] 백제의 평양성 공격
  - ↳ 백제가 고구려의 (평양성을 공격하여) 고국원왕을 전사시켰다.
  - ↳ 근초고왕의 대외 진출과 군사 동원
- [침류왕] (백제가) 동진으로부터 불교를 수용하였다.
- [신라] 박, 석, 김의 3성이 교대로 왕위를 계승하였다.
  - ↳ 박, 석, 김의 3성이 교대로 왕위에 올랐다.
- [내물 마립간] 신라가 지배자의 칭호를 마립간으로 변경하였다.
  - ↳ 김씨의 왕위 세습을 확립하였다.
  - ↳ 고구려의 도움을 받아 왜를 물리쳤다.
  - ↳ [호우명 그릇] 신라와 고구려의 관계에 대해 분석한다.
- 김수로왕의 건국 이야기가 삼국유사에 전해진다.
  - ↳ 건국과 관련된 김수로왕 이야기가 있어요.
  - ↳ 김수로가 김해 지역을 중심으로 건국하였다.
- 덩이쇠를 화폐처럼 사용하다.
- 김해 대성동 고분군을 조사한다.
- 가야 연맹의 세력 확장
  - ↳ 낙랑과 왜에 철을 수출했어요.
  - ↳ 철을 생산하여 낙랑, 왜 등에 수출하였다.
- 고구려의 공격을 받아 세력이 약화되었다.

❷ 삼국과 가야의 교류와 경쟁

- [광개토 대왕] 영락이라는 연호를 사용(제정)하였다.
  - ↳ 신라에 침입한 왜를 격퇴하였다.
  - ↳ 광개토 대왕의 신라 원조와 그 결과
  - ↳ 광개토 대왕릉비가 세워진 시기를 알아본다.
- [장수왕] (고구려가) 수도를 평양으로 옮겼다.
  - ↳ 고구려의 남진 정책 추진
  - ↳ 고구려가 충주 고구려비를 건립하였다.
  - ↳ 고구려가 한강 이북 지역을 장악하는 계기가 되었다.
- [동성왕] 신라와 혼인 동맹을 맺어 고구려의 남진 정책에 대항하였다.
- [무령왕] 지방의 22담로에 왕족을 파견하였다.
  - ↳ 22담로에 왕족이 파견된 배경을 파악한다.
  - ↳ 중국 남조의 양과 친선 관계를 맺었다.
- [성왕] 백제가 수도를 사비로 옮겼다.
  - ↳ 국호를 남부여로 바꾸었다.
  - ↳ 국호를 남부여로 변경하였다.
  - ↳ 백제의 성왕이 관산성에서 전사하였다.
- [지증왕] 이사부가 우산국을 정벌하였다.
  - ↳ 우산국을 정벌하였다(복속시켰다).
  - ↳ 국호를 신라로 정하고 왕이라는 칭호를 사용하였다.
- [법흥왕] 병부와 상대등을 두었다.
  - ↳ 병부를 설치하여 군사력을 강화하였다.
  - ↳ 율령을 반포하였다.
  - ↳ 관리의 공복을 제정하였다.
  - ↳ 금관가야를 복속하였다(금관가야 병합).
  - ↳ 이차돈의 순교를 계기로 불교를 공인하였다.
- [진흥왕] 신라가 대가야를 병합하였다.
  - ↳ 대가야를 정복(복속)하여 영토를 확장(확대)하였다.
  - ↳ 진흥왕, 순수비를 세우다(북한산에 순수비를 건립하였다).
  - ↳ 한강 유역을 정복하여 영토를 확장하였다.
  - ↳ 진흥왕 재위 시기 국경선의 변화
  - ↳ 화랑도를 국가적인 조직으로 운영하였다.
  - ↳ 화랑도를 국가적인 조직으로 개편하였다.
  - ↳ 화랑도를 국가적인 조직으로 개편하여 운영하였다.
- [금관가야] 법흥왕 때 신라에 복속되었다.
- 가야 연맹의 중심지가 이동한 과정을 조사한다.
- 대가야가 신라의 공격으로 멸망하였다.
- 삼국의 지방 행정 구역 정비 과정

1 (가) 왕에 대한 설명으로 옳은 것은? [2점]

〈조사 보고서〉

국가 체제를 정비한 (가)

1. 즉위 과정 : 고국원왕이 백제와의 전쟁에서 전사한 국가 위기 상황에서 왕위에 오름
2. 정책
 - 전진에서 불교를 수용하여 사상적 통일을 꾀함
 - 국립 교육 기관인 태학을 설립하여 인재를 양성함

① 율령을 반포하였다.
② 수도를 평양으로 옮겼다.
③ 김씨의 왕위 세습을 확립하였다.
④ 신라에 침입한 왜를 격퇴하였다.

| 해설 | 고구려의 발전 과정

고구려는 4세기 중엽 고국원왕 때 선비족이 세운 전연의 침략을 받고, 백제 근초고왕의 평양성 공격으로 왕이 전사하여 큰 위기를 맞았다. 이후 4세기 후반 소수림왕은 중국 지역의 여러 나라와 평화 관계를 맺어 대외적으로도 안정적인 환경을 만들었다. 또 전진으로부터 불교를 받아들여 백성들이 믿고 있던 다양한 사상을 하나로 통합하고, 왕실의 권위를 높이고자 하였다. 나아가 교육 기관인 태학을 세워 국가에 필요한 인재를 길렀으며, 율령을 반포하여 국가의 조직을 체계적으로 정비하였다. 이러한 소수림왕의 노력은 광개토 대왕과 장수왕 때 고구려가 크게 발전하는 밑거름이 되었다.

| 오답 넘기 |

② 고구려 장수왕은 평양으로 천도하여 국내 정세를 안정시켰다(427).
③ 신라 내물왕은 왕호로 대군장이라는 뜻을 가진 마립간을 사용하였으며, 신라는 이때부터 김씨가 왕위를 계속 이어 가게 되었다.
④ 4세기 말에 즉위한 고구려의 광개토 대왕은 신라에 군대를 파견하여 왜를 격퇴하면서 한반도 남부에까지 영향력을 확대하였다(400).

정답 ①

2 밑줄 그은 '그'에 대한 설명으로 옳은 것은? [2점]

① 수도를 평양으로 옮겼다.
② 국호를 남부여로 바꾸었다.
③ 영락이라는 연호를 사용하였다.
④ 지방의 22담로에 왕족을 파견하였다.

| 해설 | 고구려의 전성기

광개토 대왕릉비는 장수왕이 아버지인 광개토 대왕의 업적을 기리기 위해 세운 비로 고구려 건국 설화와 광개토 대왕의 업적, 광개토대왕릉비의 관리에 대한 기록들이 남겨져 있다(414). 영락이란 광개토 대왕의 연호이다. 광개토 대왕은 서북쪽으로는 후연을 격파하고, 동쪽으로는 숙신과 동부여를 굴복시켜 요동 지방을 포함한 만주 남부 지방과 두만강 하류 유역까지 차지하였다.

| 오답 넘기 |

① 장수왕은 국내성을 기반으로 한 귀족 세력을 약화시키고자, 국내성에서 대동강 유역의 평양으로 수도를 옮겼다(427).
② 백제 성왕은 재위 16년인 538년에 웅진에서 사비로 천도하였으며 국호를 남부여로 바꾸었다.
④ 지방의 요지에 22개의 담로를 설치하고 왕족을 파견한 시기는 6세기 전반 백제 무령왕 때이다.

정답 ③

3 (가)에 해당하는 왕으로 옳은 것은? [2점]

① 성왕
② 온조왕
③ 의자왕
④ 근초고왕

| 해설 | 백제의 발전 과정

(가)에 들어갈 국왕은 4세기 중엽 백제의 근초고왕으로 왕위의 부자 상속을 확립하여 왕권을 더욱 강화하였다. 또한, 마한의 남은 영토를 정복하여 지금의 호남 곡창지대를 확보하고 남해안까지 진출하였으며, 남동쪽으로는 가야의 세력권이었던 낙동강 유역까지 영향력을 행사하였다. 이어 북쪽으로 고구려 평양을 공격하여 고국원왕을 전사시키고(371) 황해도 일대를 차지하기도 하였다. 이로써 백제는 황해도와 강원도 일부, 경기도 · 충청도 · 전라도를 포함하는 넓은 지역을 지배하게 되었다. 한편, 중국의 동진, 왜의 규슈 지방과 우호적인 관계를 맺었으며, 중국의 요서 지방에 진출하는 등 활발한 대외 활동을 벌였다.

| 오답 넘기 |

① 백제 성왕은 사비(부여)로 도읍을 옮기고 국호를 남부여로 고쳐 중흥을 꾀하였다(538).
② 백제의 건국 설화에 의하면 고구려를 세운 주몽(동명왕)의 아들인 비류와 온조가 각각 무리를 이끌고 내려와 미추홀(인천)과 위례성에 자리를 잡았는데, 나중에 온조 세력이 비류 세력을 병합하였다고 한다.
③ 의자왕은 백제의 마지막 왕으로 신라의 대야성을 점령한 인물이다(642).

정답 ④

4 다음 퀴즈의 정답으로 옳은 것은? [1점]

① 무왕
② 성왕
③ 고이왕
④ 의자왕

| 해설 | 백제의 중흥 노력

백제 성왕은 대외 진출이 쉬운 사비로 천도하였으며 국호를 남부여로 고치고 중흥을 꾀하였다. 성왕은 중앙 관청을 22부로 정비하고, 중국의 남조와 활발하게 교류하였다. 한편, 노리사치계를 파견하여 일본에 불교를 전파하였으며, 신라의 진흥왕과 군사 동맹을 체결하고 한강 유역을 회복하기 위하여 고구려를 공격하여 성공을 거두었으나, 신라의 배신으로 한강 유역을 빼앗기자 신라의 관산성(충북 옥천)을 공격하다가 전사하였다(554).

| 오답 넘기 |

① 백제는 무왕 때 미륵사 등 대규모 사찰을 건립하며 금마저(익산)으로의 천도 계획을 세웠으나 실패하고 말았다(7세기 전반).
③ 백제 고이왕 때에는 관리들의 공복을 정하여 중앙 집권 국가의 기틀을 갖추었다(3세기).
④ 백제의 의자왕은 신라의 대야성을 점령하였다(642).

 ②

5 다음 대화를 나눈 왕의 재위 기간에 있었던 사실로 옳은 것은? [2점]

① 이사부를 보내 우산국을 정벌하였다.
② 고구려의 도움을 받아 왜를 물리쳤다.
③ 관료전을 지급하고 녹읍을 폐지하였다.
④ 화랑도를 국가적 조직으로 개편하였다.

| 해설 | 신라의 발전 과정

대화 속의 왕은 지증왕이다. 6세기 초 지증왕 때 국호를 신라로 바꾸고, 왕호를 마립간에서 왕으로 바꾸었으며 철제 농기구와 우경을 장려하였다. 그리고 신라 지증왕은 이사부로 하여금 우산국(지금의 울릉도)을 정복하게 하였다. 또 지증왕 때에는 동시를 감독하는 동시전이 설치되었다.

| 오답 넘기 |

② 신라는 내물왕 때 왜와 백제 · 가야 연합군의 공격을 받았다. 자국의 힘으로 이를 제압하지 못한 내물왕은 고구려 광개토 대왕에게 도움을 요청하였고, 이에 광개토 대왕은 5만 군대를 신라에 보내 왜를 격퇴하였다.
③ 신라 중대 신문왕 때 관료전을 지급(687)하고 귀족의 경제 기반이었던 녹읍을 폐지(689)하였다.
④ 화랑도는 신라 진흥왕 때 국가적 조직으로 개편되어 인재 양성에 도움이 되었던 제도이다(576).

정답 ①

6 (가) 왕의 정책으로 옳은 것은? [1점]

① 대가야를 정복하였다.
② 천리장성을 축조하였다.
③ 9주 5소경을 설치하였다.
④ 독서삼품과를 실시하였다.

| 해설 | 신라의 전성기

(가)에 들어갈 국왕은 신라 진흥왕으로 고령의 대가야를 병합하여(562) 낙동강 서쪽을 장악하였으며, 북쪽으로 고구려 영토를 공략하여 함흥평야까지 진출하였다. 이 시기 신라는 확대된 영토와 경제력을 바탕으로 삼국 간 경쟁에서 유리한 위치를 차지하였다. 그리고 영토 확장을 기념하여 점령 지역에 단양 신라 적성비와 4개의 순수비를 세웠다. 또 황룡사를 지어 불교 교단을 정비하고 사상을 통합하였으며(569), 청소년 집단인 화랑도를 국가적인 조직으로 개편하여 인재를 길렀다(576).

| 오답 넘기 |

② 고구려 영류왕 때 연개소문은 당의 침입에 대비해 천리장성을 쌓았다(631~647). 그리고, 고려는 덕종 때 거란과 여진의 침략에 대비하여 나성과 천리장성을 쌓았다(1033~1044).
③ 통일 신라 신문왕은 국학 설립, 관료전 지급과 녹읍 폐지, 9주 5소경의 지방 조직과 9서당 10정의 군사 조직 정비를 통해 왕권의 전제화를 이루고자 하였다.
④ 통일 신라 원성왕은 유교 경전의 이해 수준에 따라 관리를 채용하는 독서삼품과를 실시하였다(788).

정답 ①

7 교사의 질문에 대한 학생의 답변으로 옳은 것은? [2점]

① 낙랑과 왜에 철을 수출했어요.
② 골품제라는 신분 제도가 있었어요.
③ 태학을 설립하여 인재를 양성했어요.
④ 정사암 회의에서 국가의 중대사를 결정했어요.

| 해설 | 가야 연맹의 성립

가야 연맹 중 금관가야의 고분군인 김해 대성동 고분에서 다량의 덩이쇠와 판갑옷이 출토되어 가야의 높은 철제 기술을 엿볼 수 있다. 전기 가야 연맹은 질 좋은 철을 생산하여 각종 철제 무기를 만들어 사용하였고, 철기를 만들 때 사용하는 덩이쇠를 화폐와 같은 교환 수단으로 이용하기도 하였다. 또한, 낙동강 하류의 해상 교통을 기반으로 낙랑군, 왜 등과의 중계 무역으로 성장하면서 다양한 문화를 수용하였다.

| 오답 넘기 |

② 신라는 골품제에 따라 여러 등급의 신분으로 나뉘었으며, 신분에 따라 관직의 직급, 옷의 색깔, 집의 크기, 장신구까지 차별을 받았다.
③ 고구려는 수도에 태학을 세워 유교 경전과 역사서를 가르쳤다(372).
④ 국가 중대사를 결정하였던 정사암 제도는 백제 때의 내용이다.

정답 ①

8 밑줄 그은 '이 나라'에 대한 탐구 활동으로 가장 적절한 것은? [2점]

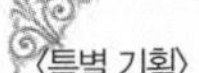

〈특별 기획〉
지산동 고분군 출토 유물전

• 기간: 2019년 ○○월 ○○일 ~○○월 ○○일
• 장소: △△박물관

〈전시 소개〉

우리 박물관에서는 이 나라가 남긴 문화유산인 고령 지산동 고분군의 출토 유물과 발굴 성과를 공개하는 특별전을 마련하였습니다. 이번에 전시되는 유물을 통해 이 나라의 수준 높은 문화를 느낄 수 있기를 바랍니다.

① 범금 8조의 내용을 찾아본다.
② 제가 회의의 역할을 분석한다.
③ 22담로에 왕족이 파견된 배경을 파악한다.
④ 가야 연맹의 중심지가 이동한 과정을 조사한다.

| 해설 | 가야 연맹의 변천 과정

고령 지산동 고분군(경북 고령)은 대가야 왕족의 무덤이 집중적으로 분포되어 있어 대가야의 국력과 왕권이 강성하였음을 알 수 있다. 지산동 고분군에서는 다양한 종류의 토기와 금동관, 철제 갑옷과 투구 등 많은 유물이 출토되었다. 가야는 초기에 해상 활동에 유리한 금관가야가 가야 연맹을 주도하였으나, 400년 광개토 대왕의 침입으로 금관가야가 큰 타격을 입게 되자 후기에는 그 주도권이 대가야로 넘어가게 되었다.

| 오답 넘기 |

① 고조선은 8조법을 만들어 사회 질서를 유지하였다.
② 고구려는 제가 회의라는 귀족 회의가 있었는데 가는 부족장을 말하고 제가란 많은 부족장이란 뜻이다.
③ 지방의 요지에 22개의 담로를 설치하고 왕족을 파견한 시기는 6세기 전반 백제 무령왕 때이다.

정답 ④

04 삼국의 경제와 사회

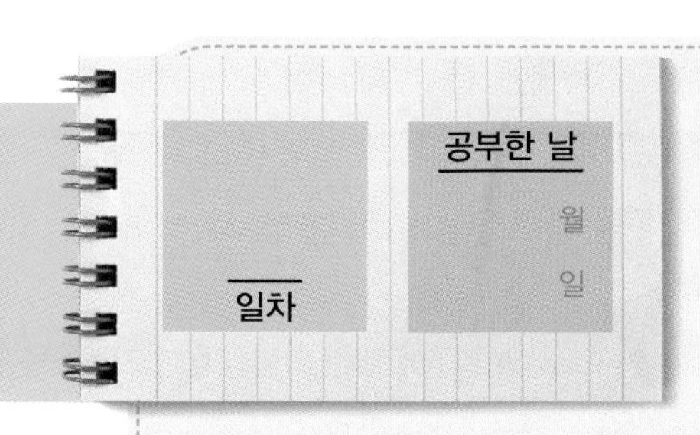

❶ 삼국 시대의 경제

① 귀족과 농민의 경제 생활

㉠ 귀족 : 식읍, 녹읍을 지급받아 대토지 소유(하호나 노비 등을 이용하여 경작), 고리대를 이용해 농민 약탈

㉡ 농민 : 자신의 토지를 경작하거나 귀족의 토지를 빌려 농사를 지음, 일부는 고리대를 갚지 못하는 경우 노비, 유랑민, 도적이 되기도 함

② 농업의 발달 : 철제 농기구의 보급, 소를 이용한 농사 장려(우경), 황무지 개간, 저수지 축조 → 농업 생산량 증가

③ 수공업 : 무기, 비단 등 수공업 제품을 생산하는 관청 설치, 농민은 옷과 농기구 등을 스스로 생산하여 사용

④ 상업 : 신라 지증왕 때 금성(경주)에 동시 열림, 동시전 설치

⑤ 수취 제도 : 재산 정도에 따라 호(戶)를 구분하여 곡물과 포 · 특산물을 징수, 15세 이상의 남자를 공사에 동원

식읍
국가에서 왕족, 공신 등에게 준 토지와 가호로서, 조세를 수취하고 노동력을 징발할 권리를 부여하였다.

녹읍
국가에서 관료 귀족에게 지급한 일정 지역의 토지로서, 조세를 수취할 뿐만 아니라 그 토지에 딸린 노동력을 징발할 수 있었다.

❷ 삼국 시대의 사회 ☆☆

(1) 신분제 사회의 성립

① 신분제의 성립 : 정복 전쟁으로 부족 통합 → 지배층 사이에 서열이 정해짐, 정복당한 지역의 백성은 노비로 전락 → 신분제 성립

② 신분 구성 : 귀족, 평민, 천민 → 혈통에 따라 자손에게 세습

(2) 삼국 시대의 사회 모습

① 고구려의 사회 모습

㉠ 자연환경 : 산간 지역으로 식량이 부족하여 대외 정복 활동이 활발, 씩씩한 기풍

㉡ 법률 : 엄격한 법률, 도둑질한 자 12배 배상

㉢ 신분

ⓐ 지배층 : 왕족(고씨), 주요 귀족(해씨 · 우씨) → 스스로 무장하여 전쟁 참가

ⓑ 평민 : 대부분 자영 농민 → 조세 납부, 병역 의무, 토목 공사 동원

ⓒ 천민(노비) : 피정복민, 반역자의 가족, 몰락한 평민 등

㉣ 풍속 : 전투력을 기르기 위한 사냥 대회 개최, 형사취수제와 서옥제(데릴사위제), 축국(공차기 놀이) · 각저(씨름)

㉤ 진대법의 실시(194) : 고국천왕 때 을파소의 건의로 가난한 농민을 구제하기 위해 먹을거리가 모자란 봄에 곡식을 빌려주었다가 가을에 추수한 것으로 갚게 하는 제도

빈민 구제와 함께 왕권을 강화하고 국가 기반을 유지하려는 목적도 있었다.

삼국 시대 귀족들의 생활 고구려의 고분 벽화로, 신분의 차이에 따라 사람의 크기를 다르게 표현하였다. 또한, 비단옷을 입은 귀족의 모습을 볼 수 있다.

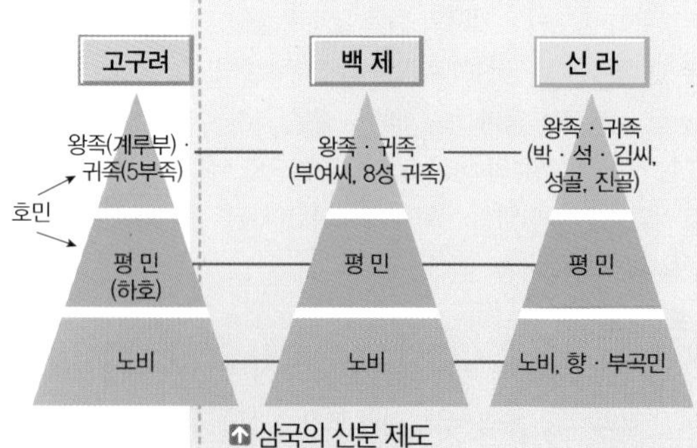

삼국의 신분 제도

화백(和白) 제도

화백 제도는 귀족들의 단결을 굳게 하고 국왕과 귀족 간의 권력을 조절하는 기능을 담당하였다. 진지왕(576 ~579)은 "정치가 어지럽고 음란하다."는 이유로 화백 회의에 의하여 폐위되었다.

신라의 골품과 관등표

등급	관등명	진골	6두품	5두품	4두품	복색
1	이벌찬					자색
2	이 찬					
3	잡 찬					
4	파진찬					
5	대아찬					
6	아 찬					비색
7	일길찬					
8	사 찬					
9	급벌찬					
10	대나마					청색
11	나 마					
12	대 사					황색
13	사 지					
14	길 사					
15	대 오					
16	소 오					
17	조 위					

② 백제의 사회 모습

㉠ 특징 : 언어 · 풍속 · 의복이 고구려와 큰 차이 없음, 일찍부터 중국과 교류하여 선진 문화 수용

㉡ 지배층 : 왕족인 부여씨와 8성의 귀족으로 구성, 한문 능숙, 실무에 밝았으며 투호, 바둑, 장기 등의 오락 즐김

㉢ 법률 : 반역한 자나 전쟁터에서 퇴각한 군사 및 살인자는 목을 베었고, 도둑질한 자는 귀양 보냄과 동시에 2배를 물게 함, 관리가 뇌물을 받거나 국가의 재물을 횡령하였을 때에는 3배를 배상하고, 죽을 때까지 금고형에 처함

③ 신라의 사회 모습

㉠ 화백 회의 : 만장일치제의 귀족 회의, 국가 중대사 논의

㉡ 골품 제도 : 부족장들을 중앙 귀족으로 편입하는 과정에서 발생

신분 구별	성골, 진골 / 6두품, 5두품, 4두품으로 구분
신분 간의 차별	• 골품은 개인의 사회, 정치, 경제 생활을 엄격하게 제약 • 관등 조직과 연관되어, 골품에 따라 승진의 상한선이 결정 • 혼인, 가옥의 크기, 의복의 빛깔과 옷감의 종류, 장신구와 그릇의 재질, 우마차의 장식 등에 신분별로 차등을 둠
중위제	골품제의 폐쇄성을 보완하기 위해 6두품 이하 계층에게 제한된 관등 범위 안에서나마 특진 기회 부여
진골의 특권	각 부의 장관인 령, 집사부의 시중, 장군은 진골만이 임명될 수 있었고 자색을 입을 수 있는 골품도 진골뿐이었음
6두품	아찬까지 승진 가능 → 학문 · 종교 분야에서 활동

㉢ 화랑도(풍월도, 국선도) : 원시 사회의 청소년 집단에서 기원

특징	구성원들의 자발적인 참여와 서약을 통해 조직, 단체의 우두머리인 화랑은 진골 귀족이, 구성원인 낭도는 진골 귀족뿐 아니라 하급 귀족과 일반 평민의 자제 모두 포함, 계급 간의 대립과 갈등 조절, 완화
활동	• 전통적 사회 규범과 사냥 · 전쟁에 관한 교육, 제천 의식을 행함 → 협동과 단결 정신 함양, 심신 연마 • 규율 : 원광대사(601) → 세속 5계(사군이충, 사친이효, 교우이신, 임전무퇴, 살생유택)

Click ! ● **임신서기석과 화랑도** — 국가적인 인재 양성 기관으로 변모하여 신라의 삼국 통일 과정에 기여하였다.

임신년 6월 16일, 두 사람이 맹세하여 쓴다. 충성의 도리를 지키고 잘못이 없기를 하늘에 맹세한다. 만약 이 약속을 어기면 하늘로부터 큰 벌을 받을 것을 맹세한다. 만약 나라가 불안하고, 세상이 크게 어지러워지면 충성을 행할 것을 맹세한다. 또 앞서 신미년 7월 22일에 크게 맹세하기를, 시, 상서, 예기, 춘추를 차례로 공부하여 익히기를 맹세하되, 3년을 기한으로 하였다(552년 또는 612년 제작 추정).

임신서기석

화랑들의 수련 장소로 추정되는 울주 천전리 바위그림

특강

삼국 시대 사람들의 생활 모습

❶ 의생활

고구려의 귀족(안악 3호분)

무용총 무용도

백제의 귀족(양직공도)

고구려의 귀족(무용총)

시종(무용총)

남녀 모두 저고리와 바지를 기본으로 하고 여성의 경우 잔주름을 넣은 치마를 덧입었다. 귀족들은 비단이나 명주로, 대부분의 백성들은 베로 만든 옷을 입었고 염색으로 다양한 무늬의 빛깔 옷을 만들었다.

❷ 식생활

부엌 모습(안악 3호분)

손님 접대 모습(씨름총)

손님 접대 모습(무용총)

음식 창고(무용총)

대부분의 백성들은 조, 수수, 콩 등의 잡곡을 먹었으며, 도토리를 갈아 가루로 만들어 쪄 먹기도 하였다. 쌀은 귀해서 일부 귀족들이나 먹을 수 있었다.

다른 인물들에 비해 크게 그려져 있어 귀족 신분에 해당함을 알 수 있음

❸ 주생활

집 모양의 토우

창고 모습 묘사도(덕흥리 고분)

통나무를 정(井)자 모양으로 쌓아 올리고 통나무 사이를 흙과 돌로 메워 만든 집을 짓거나, 나무 기둥으로 만든 틀에 볏짚이나 수수대, 흙으로 반죽하여 벽을 만든 초가집을 짓고 살았다. 귀족의 경우 기와집을 짓고 살기도 하였다.

❹ 신라인의 신앙과 생활을 보여 주는 토우

토우는 흙으로 만든 작은 인물이나 동물상으로, 우리나라의 토우는 주로 신라의 유적에서 발굴되고 있다. 토우는 각종 동물, 말을 탄 병사, 남자, 여자, 서역인, 수레 등의 모습으로 만들어져 당시의 인물 모습, 의복, 신앙과 일상생활, 서역과의 문화 교류 연구 등에 중요한 자료가 되고 있다.

✓체크체크

① 삼국 시대의 경제

- 소를 이용하여 농사를 지었다.
  - ↳ 소를 몰고 밭을 가는 농민
  - ↳ 농사에 소를 이용하였다.
- [지증왕] 시장을 감독하기 위해 동시전이 설치되었다.
  - ↳ 시장을 감독하기 위해 동시전을 설치하였다.
  - ↳ 시장 감독을 위해 동시전을 설치하였다.
  - ↳ 시장 감독관청인 동시전을 설치하였다.
  - ↳ 동시전의 감독을 받았다.
- [고구려] 중국의 남북조와 동시에 교류하였다.
- [신라] 당항성을 통해 중국과 직접 교류하였다.

② 삼국 시대의 사회

- [고구려] 빈민 구제를 위해 진대법을 실시하였다.
  - ↳ 진대법을 실시한 목적을 알아본다.
  - ↳ 진대법으로 백성을 구휼하다.
  - ↳ 고구려에는 진대법이 있었어요.

실전 자료 **진대법**

홀아비, 과부, 고아, 홀로 사는 노인, 늙고 병든 사람, 가난한 사람 등 스스로 살아갈 수 없는 사람들에게 매년 늦은 봄부터 관청의 곡식을 빌려주고, 이른 겨울에 갚게 한 제도

- [고구려] 제가 회의에서 국가 중대사를 결정하였다.
  - ↳ 제가 회의의 역할을 분석한다.
- [백제] 왕족인 부여씨와 8성의 귀족이 지배층을 이루었어요.

실전 자료 **천정대**

천정대는 백제의 귀족들이 모여 국가의 중대사를 논의하였던 정사암으로 추정되는 장소이다. 『삼국유사』에는 '재상(宰相)을 선출할 때 3~4명의 후보자 이름을 적어 상자에 넣어 밀봉한 뒤 정사암에 놓아두었다가 얼마 후에 상자를 열어 이름 위에 표시가 있는 사람을 재상으로 삼았다.'라고 기록되어 있다.

- [백제] 정사암에 모여 국가의 중대사를 결정하였다.
  - ↳ 정사암 회의에서 국가의 중대사를 결정했어요.
  - ↳ 정사암 회의에서 국가의 중대사를 결정하였다.
- [신라] 골품에 따른 신분 차별이 엄격하였다.
  - ↳ 골품제라는 신분 제도가 있었어요.
  - ↳ 골품제라는 신분제가 있었다.
  - ↳ 골품에 따라 관등 승진을 제한하였다.
  - ↳ 개인의 일상생활을 제한하였어요.

실전 자료 **골품제**

진골의 집은 길이와 너비가 24척을 넘을 수 없고, …… 6두품의 집은 길이와 너비가 21척을 넘을 수 없고, …… 4두품부터 백성에 이르기까지의 집은 길이와 너비가 15척을 넘을 수 없다. -『삼국사기』-

- 진골 귀족의 경제 기반을 파악한다.
- [신라] 화백 회의에서 나라의(국가) 중대사를 결정하였다.
  - ↳ 화백 회의에서 국가의 중대한 일을 결정하였다.
  - ↳ 국가의 중요 정책을 화백 회의에서 결정하였습니다.
  - ↳ 귀족 세력을 대표하는 상대등이 있었다.
- [화랑도] 임신서기석의 내용을 분석한다.
  - ↳ [원광] 세속 5계를 지었다.
  - ↳ 세속 5계를 만들었다.

실전 자료 **화랑도**

- **1단계** 풍월도라고도 불림
- **2단계** 대표적 인물로 김유신이 있음
- **3단계** 진흥왕 때 국가적 조직으로 정비됨

실전 자료 **세속 5계**

(귀산 등이 이르자) 원광법사가 말하기를 "지금 세속 5계가 있으니, 첫째는 임금을 충성으로 섬기는 것(사군이충)이요, 둘째는 부모를 효성으로 섬기는 것(사친이효)이요, 셋째는 벗을 신의로 사귀는 것(붕우유신)이요, 넷째는 전쟁에 임하여 물러서지 않는 것(임전무퇴)이요, 다섯째는 살아 있는 것을 죽일 때는 가려서 죽여야 한다는 것(살생유택)이니, 그대들은 이를 실행함에 소홀하지 말라."라고 하였다. -『삼국사기』-

1 (가)에 들어갈 제도로 옳은 것은? [1점]

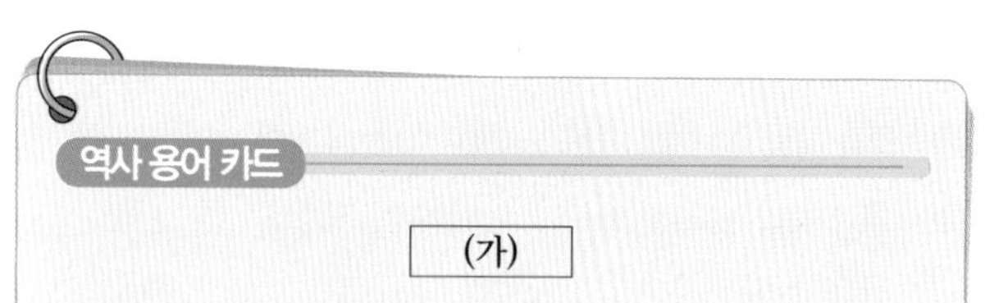

역사 용어 카드

(가)

- 시행 국가 : 고구려
- 내용 : 홀아비, 과부, 고아, 홀로 사는 노인, 늙고 병든 사람, 가난한 사람 등 스스로 살아갈 수 없는 사람들에게 매년 늦은 봄부터 관청의 곡식을 빌려주고, 이른 겨울에 갚게 한 제도

① 골품제 ② 진대법
③ 직전법 ④ 호패법

| 해설 | 고구려의 빈민 구제 제도

진대법은 고구려 고국천왕 때에 처음 실시된 제도로 을파소의 건의로 만들어졌다. 가난한 농민들에게 나라에서 거두어 놓은 곡식을 봄에 빌려 주고 가을에 추수한 후 다시 거두어들이는 제도로 국가가 평민이 몰락하여 귀족이나 세력가의 노비로 전락하지 않도록 관리하려는 과정에서 만들어졌다(194). 진대법은 고려 시대의 의창제로 계승되었다.

| 오답 넘기 |

① 신라는 골품제에 따라 여러 등급의 신분으로 나뉘었으며, 신분에 따라 관직의 직급, 옷의 색깔, 집의 크기, 장신구까지 차별을 받았다.
③ 과전법 하에서 세습되는 토지의 증가로 새로 관리가 되는 자에게 지급할 과전이 부족해지자 조선 세조 때에 이르러 현직 관리에게만 과전을 지급하고 수신전과 휼양전을 폐지하는 직전법을 실시하였다(1466).
④ 조선 태종은 전국의 인구 동태를 파악해 효과적으로 조세를 징수하고 군역을 부과하기 위해 호패법을 시행하였다(1402).

정답 ②

2 다음 지역에 도읍하였던 나라에 대한 설명으로 옳은 것은? [2점]

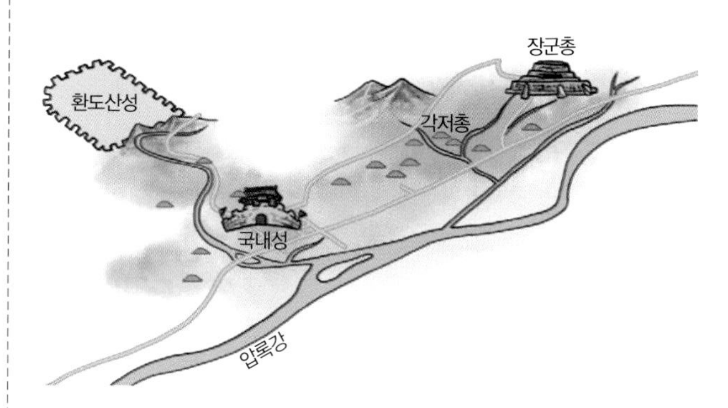

① 동맹, 서옥제 등의 풍습이 있었다.
② 골품제를 통해 신분을 엄격히 차별하였다.
③ 연맹 왕국으로 발전하지 못하고 멸망하였다.
④ 왕 아래에 마가, 우가, 구가, 저가 등이 있었다.

| 해설 | 고구려의 사회상

국내성을 수도로 삼았던 나라는 삼국 시대의 고구려이다. 고구려는 동맹이라는 제천 행사를 치렀으며, 결혼 이전에 남자가 여자의 집에서 생활하면서 노동력을 제공하는 서옥제의 풍습을 갖고 있었다. 지도의 환도산성은 평지에 위치한 국내성을 방어하기 위해 쌓은 성이었으며, 장군총은 고구려의 대표적인 돌무지무덤이다. 각저총의 각저라는 말은 한자로 씨름을 뜻하는데 이미 서역과도 교류가 있었음을 알려주는 굴식 돌방 형식의 무덤이다.

| 오답 넘기 |

② 신라는 골품제를 통해 신분을 엄격히 차별하였다.
③ 부여와 가야 등은 연맹 왕국으로 발전하지 못하고 멸망하였다.
④ 부여는 왕 아래에 마가, 우가, 구가, 저가 등이 있었다.

정답 ①

3 (가)에 들어갈 내용에 대한 설명으로 옳지 <u>않은</u> 것은? [2점]

① 도둑질한 자는 훔친 것의 12배를 물게 했습니다.
② 남조와 주로 교류하며 귀족 문화가 발전하였습니다.
③ 귀족은 정사암 회의를 통해 국가 중대사를 결정하였습니다.
④ 왕족인 부여씨와 8성의 귀족이 지배층을 이루었습니다.

4 교사의 질문에 대한 학생의 대답으로 옳은 것은? [3점]

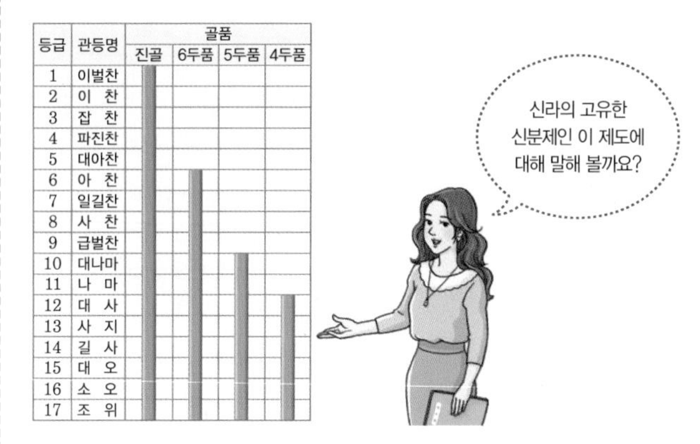

등급	관등명	골품			
		진골	6두품	5두품	4두품
1	이벌찬				
2	이 찬				
3	잡 찬				
4	파진찬				
5	대아찬				
6	아 찬				
7	일길찬				
8	사 찬				
9	급벌찬				
10	대나마				
11	나 마				
12	대 사				
13	사 지				
14	길 사				
15	대 오				
16	소 오				
17	조 위				

① 권문세족의 정치적 기반을 강화하였어요.
② 신분보다 능력을 중시하였어요.
③ 개인의 일상생활을 제한하였어요.
④ 귀족과 평민 간의 갈등을 완화하였어요.

| 해설 | 백제의 사회상

백제의 언어, 풍속, 의복은 고구려와 큰 차이가 없었다. 백제는 일찍부터 중국 남조 등과 교류하며 선진 문화를 수용하였다. 또 정사암 회의에서 국가 중대사를 의결하였는데 특히 재상 선출 방식은 정사암 회의에 참여하는 최고 귀족들의 비밀 투표로 결정한 것으로 보인다.

백제의 지배층은 왕족인 부여씨와 8성의 귀족으로 이루어져 있었으며, 반역한 자나 전쟁터에서 퇴각한 군사 및 살인자는 목을 베었고, 도둑질한 자는 귀양 보냄과 동시에 2배를 물게 하였다. 그리고 관리가 뇌물을 받거나 국가의 재물을 횡령했을 때에는 3배를 배상하고, 죽을 때까지 금고형에 처하였다.

| 오답 넘기 |

① 부여와 고구려에는 1책 12법이 있어 도둑질한 자에게 12배의 배상금을 물게 하였다.

정답 ①

| 해설 | 고대의 신분 제도

제시된 자료는 신라의 골품제에 대한 설명이다. 신라의 골품 제도는 부족 사회에서 고대 국가로 발전하는 과정에서 부족장들을 서열화하여 계층화한 것이다. 그러므로 골품은 왕족을 중심으로 혈연 관계에 있는 진골 귀족들의 특혜를 보장하고 있었다. 신라 골품제는 혈통에 따라 정치 활동뿐 아니라 사회 활동까지 여러 특권과 제약이 따랐는데, 관등과 집의 크기, 옷의 재질 및 색깔, 수레 크기까지 제한되었다. 또한, 골품에 따라 관등 승진의 상한선이 정해져 있었다.

| 오답 넘기 |

① 권문세족은 고려 시대 원 간섭기의 지배세력이다.
② 고려 시대 이후 실시된 과거제에 대한 설명이다.
④ 화랑도는 여러 계층이 같은 조직 속에서 일체감을 갖고 활동함으로써 계층 간의 대립과 갈등을 조절 완화하는 구실도 하였다.

정답 ③

5 다음 규정이 시행되었던 나라에서 볼 수 있는 모습으로 적절한 것은? [1점]

> 진골의 집은 길이와 너비가 24척을 넘을 수 없고, …… 6두품의 집은 길이와 너비가 21척을 넘을 수 없고, …… 4두품부터 백성에 이르기까지의 집은 길이와 너비가 15척을 넘을 수 없다.
> – 『삼국사기』 –

① 서옥에 들어가 사는 신랑
② 진대법 실시를 명하는 왕
③ 정사암에서 회의하는 좌평
④ 원광의 세속 5계를 배우는 화랑

| 해설 | **삼국의 신분 제도와 사회상**

제시된 자료는 신라의 골품제에 대한 설명이다. 신라의 골품 제도는 부족 사회에서 고대 국가로 발전하는 과정에서 부족장들을 서열화하여 계층화한 것이다. 그러므로 골품은 왕족을 중심으로 혈연 관계에 있는 진골 귀족들의 특혜를 보장하고 있었다. 신라 골품제는 혈통에 따라 정치 활동뿐 아니라 사회 활동까지 여러 특권과 제약이 따랐는데, 관등과 집의 크기, 옷의 재질 및 색깔, 수레 크기까지 제한되었다. 또한, 골품에 따라 관등 승진의 상한선이 정해져 있었다. 6두품은 6관등(아찬)이 승진의 상한선이어서 아무리 개인의 능력이 뛰어나도 '이벌찬~대아찬'의 최고위 관등에 오를 수 없었으므로 불만이 많았다.

④ 신라의 화랑도는 진흥왕 때 국가 조직으로 개편되어 원광의 세속 5계를 실천하며, 유교 덕목을 익히고 군사 훈련을 받았다.

| 오답 넘기 |

① 고구려에는 남자가 일정 기간 처가에서 살다가 본가로 돌아가는 서옥제라는 혼인 풍속이 있었다.
② 고구려 고국천왕 때 을파소의 건의로 시행한 진대법은 봄에 곡식을 빌려 주었다가 가을에 추수한 것으로 갚도록 한 제도였다(194).
③ 국가 중대사를 결정하였던 정사암 제도는 백제 때의 내용이다.

정답 ④

6 밑줄 그은 '신분 제도'로 옳은 것은? [2점]

이 인물들은 신라의 6두품 출신으로 알려진 학자입니다. 신라에는 엄격한 신분 제도가 있어서 6두품은 진골에 비해 차별을 받았습니다.

설총　　최치원

① 골품 제도　　② 음서 제도
③ 화랑 제도　　④ 화백 제도

| 해설 | **신라의 신분 제도**

신라는 골품제에 의해 신분에 따라 정치 활동에서부터 옷차림, 집의 크기, 수레의 크기 등 일상생활까지 규제하였다. 설총이나 최치원은 신라의 대표적 6두품 출신 학자들로 이들은 골품제로 인해 정치 진출의 제약을 크게 받았다. 이를 극복하기 위해서 6두품은 당으로 유학을 떠나 빈공과에 대거 합격하였다. 또 진골 귀족들은 화백 회의에서 국가의 중요사를 결정하였다.

| 오답 넘기 |

② 음서 제도는 고려와 조선에서 공신이나 높은 벼슬을 하고 있는 집안의 자식들이 과거를 거치지 않고 관리가 되는 제도이다.
③ 화랑 제도는 신라에서 청소년을 모아 인재를 기르던 제도이다.
④ 화백 제도는 신라에서 귀족들이 모여 국가의 중요한 일을 의논하여 결정하였던 제도이다.

정답 ①

7 다음 퀴즈의 정답으로 옳은 것은? [2점]

① 도방 ② 중방
③ 속오군 ④ 화랑도

| 해설 | 삼국의 사회 모습

신라 화랑도는 원시 사회의 청소년 집단에서 기원한 조직으로 풍월도라 불리기도 하였다. 화랑도는 귀족 자제 중에서 선발된 화랑을 지도자로 삼고, 귀족은 물론 평민까지 망라한 많은 낭도가 그를 따랐다. 여러 계층이 같은 조직 속에서 일체감을 가지고 활동함으로써 계급 간의 대립과 갈등을 조절, 완화하는 기능도 하였다. 신라 청소년은 화랑도 활동을 통하여 전통적 사회 규범을 배웠으며, 이를 통해 많은 인물들이 배출되었다. 이 과정에서 삼국 통일에 공헌하였는데 특히 김유신은 화랑 출신으로 계백의 결사대를 황산벌에서 물리쳤다. 그리고, 신라 진흥왕은 화랑도를 국가 조직으로 개편하였다(576).

| 오답 넘기 |

① 도방은 무신 집권기에 집권자의 신변 경호를 위해 설치된 사병 기관이다.
② 중방은 원래 상장군과 대장군의 합좌 기관이었다. 그러나 무신 정권이 성립되자 중방은 정치 기구의 중심체로 그 기능과 권한이 확대되었다.
③ 조선 시대의 속오군은 일종의 예비군으로 양반에서부터 노비에 이르기까지 편제하고, 평상시에는 생업에 종사하다가 외적의 침입이 있을 때에 전투에 동원되었다.

정답 ④

8 (가)에 들어갈 이름으로 옳은 것은? [2점]

① 경당 ② 별무반
③ 삼별초 ④ 화랑도

| 해설 | 삼국의 사회상

화랑도는 진골 출신의 화랑과 일반 평민인 낭도로 이루어져 있던 신라의 청소년 수련 단체이다. 이들은 산천을 돌아다니며 심신을 수련하고 무예를 닦았고, 원광의 세속 5계를 덕목으로 삼았다. 진흥왕 때 국가적인 제도로 개편되어 유능한 인재를 양성하는 데 기여하였고(576), 결국 삼국 통일을 달성하는 데 커다란 역할을 하였다.

| 오답 넘기 |

① 고구려는 각지에 경당을 설립하여 청소년에게 학문과 무예를 가르치기도 하였다.
② 별무반은 고려 시대 기병 중심의 여진에 대항하기 위해 만들어진 특별 부대이다(1104, 숙종 9).
③ 삼별초는 최우 무신 정권의 사병 집단으로 몽골과의 전쟁 중 고려 정부의 개경 환도에 반대하고 항몽 투쟁을 전개하여 고려인의 자주 정신을 보여 준 부대이다(1219~1273).

정답 ④

05 삼국의 문화와 교류

공부한 날 월 일
일차

❶ 삼국의 학문 · 종교 · 과학 기술

(1) 삼국의 유교 문화

구분	유교 교육	역사서 편찬
고구려	태학(유교 경전 · 역사서 교육)	『유기』 100권, 『신집』 5권(영양왕 때 이문진)
백제	5경 박사(유교 경전 교육), 사택지적비(한문학적 소양 반영)	『서기』(근초고왕 때 고흥)
신라	임신서기석(청소년들이 유교 경전을 공부했음을 알 수 있음)	『국사』(진흥왕 때 거칠부)

사택지적비 백제의 의자왕 때 귀족이었던 사택지적이라는 사람이 남긴 비석. 비문을 통해 백제 귀족의 정신 세계를 이해할 수 있다(654).

(2) 불교의 수용

① 삼국의 불교 수용 : 왕권 강화, 중앙 집권 체제 정비 과정에서의 국민 의식 통합 목적

고구려	백제	신라
중국 전진으로부터 전래 → 소수림왕 때 공인	중국 동진으로부터 전래 → 침류왕 때 공인	고구려로부터 전래 → 법흥왕 때 이차돈의 순교를 계기로 공인

② 불교의 발전

㉠ 고구려 : 평양 천도 전 평양에 9개 사찰 창건

㉡ 백제 : 미륵사 등 사찰 건립, 가뭄에 사찰에서 기우제 지냄

㉢ 신라 : 왕즉불 사상(불교식 왕명 사용), 원광의 세속 5계(호국 불교), 불교 행사 개최 → 업설과 미륵불 신앙

- 미륵불 신앙: 석가모니에 이어 중생을 구제할 미래의 부처인 미륵을 믿는 신앙이다.
- 업설: 왕과 귀족의 우월한 지위는 선한 공덕을 많이 쌓은 결과라는 해석을 통해 왕의 권위와 귀족의 특권을 정당화하였다.

사신도
신선 사상의 영향을 받아 청룡(동) – 백호(서) – 현무(북) – 주작(남)으로 대표되는 사방위신의 그림이다.

사신도(현무)

산수무늬 벽돌

백제 금동 대향로

(3) 도교의 전래

① 고구려 : 영류왕 때 「도덕경」 강론, 연개소문이 도교를 장려

② 백제 : 신선 사상이 지배층 사이에 상당히 퍼져 있었음

③ 신라 : 화랑을 국선, 풍월도라 표현한 점에서 도교가 있었음을 알 수 있음

④ 도교 관련 유물 : 백제(사택지적비, 산수무늬 벽돌, 백제 금동 대향로), 고구려(도교의 방위신을 그린 사신도)

(4) 과학 기술의 발달

① 천문학

㉠ 배경 : 천문 현상이 농경이나 왕의 정치와 밀접한 관련이 있다고 생각

㉡ 사례 : 고구려 고분 벽화의 별자리를 그린 천문도 → 조선 시대 천상열차분야지도에 영향, 천문 관측대인 첨성대(신라 선덕 여왕)

② 금속 기술의 발달 : 백제(칠지도, 백제 금동 대향로), 고구려(고분 벽화에 철을 단련하고 수레바퀴를 제작하는 기술자의 모습 묘사), 신라(뛰어난 금관 제작 기법)

고구려의 별자리 벽화

다양한 고구려의 벽화들

사신도(주작도)

각저총 씨름도

씨름 그림의 안쪽의 선수는 전형적인 서역인의 모습을 하고 있어 고구려에 서역인의 왕래가 있었음을 알 수 있다.

오회분 4호묘 야철신

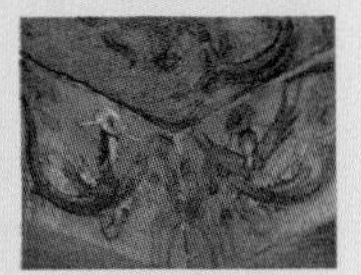
오회분 달의 신(左)과 해의 신(右)

무용총(손님맞이)

삼국의 탑파

백제 미륵사지 석탑

정림사지 5층 석탑

미륵사지 출토 유물

신라 분황사 석탑

❷ 삼국의 예술 ☆☆

(1) 고분과 고분 벽화

① 고구려의 고분

㉠ 양식 : 돌무지무덤(장군총 등) → 굴식 돌방무덤(고분 벽화 제작, 모줄임 구조 천장)

㉡ 고분 벽화 : 무덤 주인의 생활 표현(초기) → 추상적인 사신도 같은 방위신 그림(후기)

② 백제의 고분 : 계단식 돌무지무덤(서울 석촌동 고분) → 굴식 돌방무덤(송산리 고분군), 벽돌무덤(남조의 영향, 무령왕릉)

③ 신라의 고분 : 거대한 돌무지덧널무덤 제작(많은 껴묻거리, 천마총 – 천마도 등이 출토) → 굴식 돌방무덤(삼국 통일 직전)

(2) 건축과 불교 예술

구분	건축	탑	불상
고구려	안학궁(장수왕)	주로 목탑, 현존하는 것이 없음	금동 연가 7년명 여래 입상
백제	궁남지(부여), 미륵사터(무왕이 추진한 백제의 중흥 반영)	미륵사지 석탑(현존 최고, 목탑 양식) → 정림사지 5층 석탑(백제의 대표적 석탑, 미륵사지 석탑 계승)	서산 용현리 마애 여래 입상('백제인의 미소'로도 불림)
신라	황룡사(진흥왕의 팽창 의지 반영)	분황사 모전 석탑(석재를 벽돌 모양으로 만들어 쌓은 탑), 황룡사 9층 목탑(자장의 건의로 건축, 몽골의 침입 과정에서 소실)	경주 배동 석조 여래 삼존 입상

Click ! ●삼국 시대의 고분 유형

돌무지무덤: 돌을 쌓아 만든 무덤인데 청동기 시대부터 삼국 시대까지 만들어졌다.

굴식 돌방무덤: 돌로 1개 이상의 방을 만들고 그것을 통로로 연결한 무덤으로, 일반적으로 앞방과 널방으로 구분하고, 벽에 그림을 그려 넣기도 하였다.

돌무지덧널무덤: 신라에서 주로 만든 무덤으로 지상이나 지하에 시신과 껴묻거리를 넣은 나무덧널을 설치하고 그 위에 냇돌을 쌓은 다음에 흙으로 덮었다. 도굴이 어려워 많은 껴묻거리가 그대로 남아 있다.

돌무지무덤	굴식 돌방무덤	벽돌무덤	돌무지덧널무덤
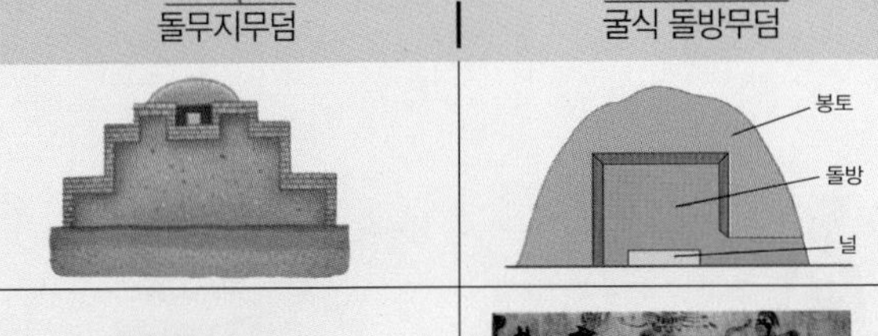		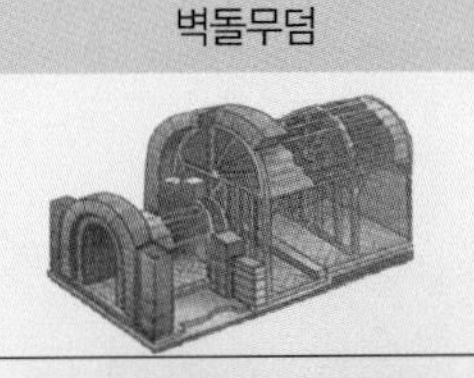	돌무지 봉토 나무덧널 나무널
장군총(고구려)	 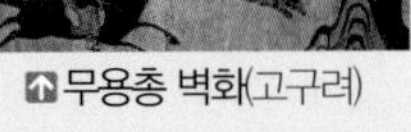 무용총 벽화(고구려)	 무령왕릉(백제)	 천마도(신라)

❸ 삼국 시대의 문화 교류

(1) 중국, 서역과의 대외 교류

구분	고구려	백제	신라
특징	중국의 북조, 북방 초원의 여러 민족과 교섭, 바다를 통해 남조와도 교류	동진을 비롯한 남조와 활발히 교류, 중국–가야–왜를 잇는 해상 교역 주도	초원길과 바다를 통해 서역과 활발히 교류
사례	• 고구려 고분 벽화 : 중국 신화에 등장하는 신이나 동물들이 많이 보임 • 우즈베키스탄의 아프라시압 궁전 벽화	• 풍납토성 : 중국 동진의 토기가 발견됨 • 무령왕릉 : 중국 남조의 영향으로 중국의 동전이 출토 • 양직공도 : 백제 사신의 모습이 보임	• 황남대총 유리잔 : 페르시아 지역에서 수입된 것으로 보임 • 처용가, 경주 괘릉 무인석 : 아라비아 상인들과 교류가 이루어졌음을 짐작할 수 있음 • 금제 장식 보검 : 수준 높은 금 세공법을 보여 줌

아프라시압 궁전 벽화는 깃털을 꽂은 모자(조우관)와 환두대도를 찬 고구려 사신이 그려져 있어 서역과의 교류를 알 수 있다.

서역에서 신라로 들어온 금제 장식 보검으로 고대 그리스, 로마, 이집트, 서아시아에서 유행하였다.

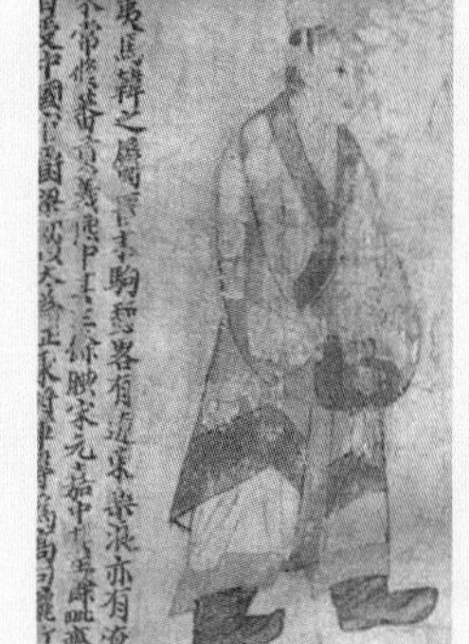
양직공도에 나타난 백제 사신의 모습

(2) 삼국 시대 문화의 일본 전파

① 고구려

㉠ 주요 인물 : 담징(종이와 먹의 제조법을 전함, 호류 사 금당 벽화 제작), 혜자(쇼토쿠 태자의 스승), 혜관(일본 삼론종의 시조) 등

㉡ 영향 : 고구려 수산리 고분 벽화와 유사한 일본의 다카마쓰 고분 벽화 발견

② 백제 : 삼국 중 백제가 삼국 문화의 일본 전수에 가장 크게 기여

㉠ 주요 인물 : 아직기(한자), 왕인(천자문, 논어), 노리사치계(불상, 불경)

㉡ 영향 : 고류 사의 목조 미륵보살 반가 사유상, 호류 사의 백제 관음상 제작, 백제 가람 양식

③ 신라 : 배 만드는 기술과 제방 쌓는 기술 전수 → '한인의 연못'이라는 이름이 생김

④ 가야 : 일본의 철기 문화와 토기 만드는 기술을 전함(일본 스에키 토기의 원류)

⑤ 문화 형성 : 아스카 문화 형성에 가장 큰 영향

삼국의 불상

금동 연가 7년명 여래 입상(고구려)

서산 용현리 마애 여래 입상(백제)

경주 배동 석조 여래 삼존 입상(신라)

Click ! ● 삼국 시대 일본과의 교류

수산리 고분 벽화(고구려)

다카마쓰 고분 벽화(일본)

금동 미륵보살 반가 사유상(삼국)

고류 사 목조 미륵보살 반가 사유상(일본)

삼국 문화의 일본 전파

체크체크

① 삼국의 학문 · 종교 · 과학 기술

- [고구려] 글을 읽고 활쏘기를 익히는 경당이 있었다.
  - ↳ 경당에서 학문과 무예를 가르쳤다.
  - ↳ 글 읽기와 활쏘기를 가르쳤다.
- [근초고왕] 태학을 설립하여 인재를 양성했어요.
  - ↳ 태학을 설립하여 유학 교육을 실시하였다.
  - ↳ (고흥이) 역사서인 서기를 편찬하였다.
- [침류왕] 백제가 동진으로부터 불교를 수용하였다.
  - ↳ 동진으로부터 불교를 수용하였다.
- [법흥왕] 이차돈이 순교하였다.
  - ↳ 이차돈의 순교로 불교가 공인되었다.

실전 자료 **이차돈의 순교**

이차돈이 아뢰기를, "바라건대 신의 목을 베어 여러 사람들의 논의를 진정시키십시오."라고 하였다. 왕이 말하기를, "본래 도를 일으키고자 함인데 죄가 없는 사람을 죽이는 것은 옳지 않다."라고 하였다. "만약 도가 행해질 수 있다면 신은 비록 죽어도 여한이 없겠습니다."라고 (이차돈이) 대답하였다.

– 『삼국사기』 –

- [진흥왕] 거칠부가 국사(역사서)를 편찬하였다.
- [불교] 삼국의 문화 발전에 기여하였다.
  - ↳ 왕권을 강화시켜 주는 데 큰 역할을 하였다.
  - ↳ 백성들의 마음을 하나로 모으는 역할을 하였다.
- [도교] 산천 숭배나 신선 사상과 결합하였다.

② 삼국의 예술

- [선덕 여왕] 황룡사 구층 목탑 건립
  - ↳ [자장] 황룡사 구층 목탑의 건립을 건의하였다.

실전 자료 **광개토 대왕릉비**

오늘은 중국 여행 마지막 날이다. 우리 일행은 고구려의 수도였던 국내성 터와 그 주변을 둘러보았다. 이곳의 고구려 유적은 유네스코 세계 유산으로 등재되어 있다. 책으로만 보던 유적을 직접 보니 느낌이 새로웠다.

실전 자료 **부여 정림사지 오층 석탑**

- **종목**: 국보 제9호
- **시대**: 삼국
- **소재지**: 충청남도 부여군
- **특징**
  - 목탑 양식을 계승
  - 당이 백제를 정벌한 사실을 탑신에 기록함

실전 자료 **익산 미륵사지 석탑**

- **시대**: 삼국 시대
- **소개**
  - 전라북도 익산시에 있는 석탑
  - 목탑 양식이 반영된 석탑
  - 복원 과정에서 금제 사리 장엄구와 봉안기가 발견됨

- 장군총의 축조 양식에 대해서 알아본다.
- [서울 풍납동 토성] 삼국 시대에 백제가 쌓은 토성이다.
- [신라] 돌무지덧널무덤이 만들어졌다.

실전 자료 **공주 공산성**

- **종목**: 사적 제12호
- **유적**: 광복루, 임류각, 연지 등
- **특징**: 백제가 웅진에 수도를 두었을 당시 웅진성이라 불렸으며, 총 길이 2.6km의 산성이다. 2015년에 유네스코 세계 유산으로 등재되었다.

③ 삼국 시대의 문화 교류

- [고구려] (혜자) 쇼토쿠 태자의 스승이 되었다.
  - ↳ (혜자) 일본 쇼토쿠 태자의 스승이 되었어요.
  - ↳ (담징) 호류사의 금당 벽화를 그렸다.
  - ↳ (담징이 일본에) 종이와 먹 만드는 법을 알려주다.
  - ↳ (왕인) 일본에 천자문과 논어를 전해 주었다.
  - ↳ 아직기와 왕인이 (일본에 한문과) 유학을 전해주었다.
- [백제] (노리사치계) 일본에 불경과 불상을 전해 주었다.
  - ↳ 처음으로 일본에 불교를 전해주었다.
  - ↳ 성왕 때 승려 노리사치계가 불교를 전해주었다.
- [신라] 배를 제작하는 기술을 전수하다.
- [가야] (일본의) 스에키 토기 제작에 영향을 주었다.

실전 문제 다잡기

1 (가)에 들어갈 문화유산으로 옳은 것은? [3점]

○○박물관 묻고 답하기

Q. 돌무지 덧널무덤에 대해 알려 주세요.

A. 나무로 방을 만들고 그 위에 돌을 쌓은 뒤 흙으로 덮은 신라의 무덤으로, 도굴이 어려워 많은 유물이 보존될 수 있었습니다.

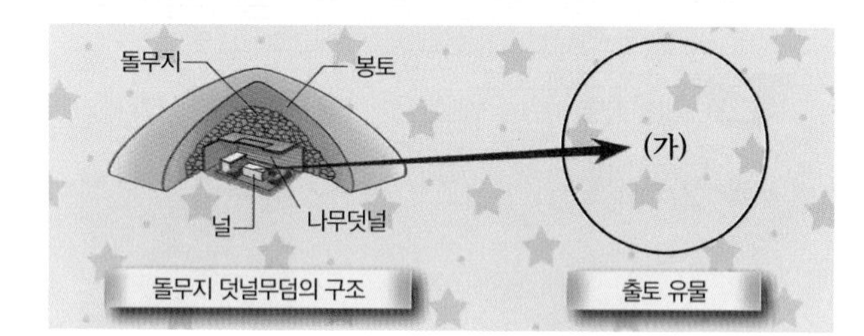

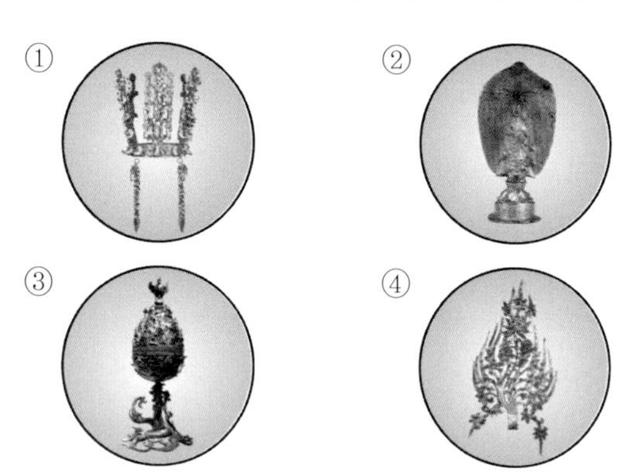

| 해설 | **고대의 고분**

제시된 그림은 신라의 대표적인 무덤 양식인 돌무지 덧널무덤의 구조이다. 돌무지 덧널무덤은 땅에 시신과 껴묻거리를 넣은 나무 덧널(관)을 설치하고 그 위에 돌을 쌓고 흙으로 덮어 둥근 모양의 봉분을 만든 것이다. 돌무지 덧널무덤은 신라만의 독특한 무덤 형태로 대개 경주 지역을 중심으로 분포되어 있다. 이 무덤은 고구려나 백제의 돌무지 무덤이나 굴식 돌방 무덤과는 달리 대개의 경우 껴묻거리가 그대로 남아 있는 경우가 많다. 이는 입구를 찾으면 도굴이 쉬운 굴식 돌방무덤과는 달리 도굴이 어려운 구조이기 때문이다.

① 천마총 금관으로 신라왕들은 특별한 행사와 장례 때에 금관을 썼으며, 왕의 무덤에 껴묻거리로도 묻었다.

| 오답 넘기 |

② 고구려의 불상으로 금동 연가 7년명 여래 입상이다(539).
③ 금동 대향로로 백제의 유물이다(7세기 초).
④ 백제 무령왕릉에서 출토된 금제 관식이다.

정답 ①

2 (가)에 들어갈 문화유산으로 옳은 것은? [2점]

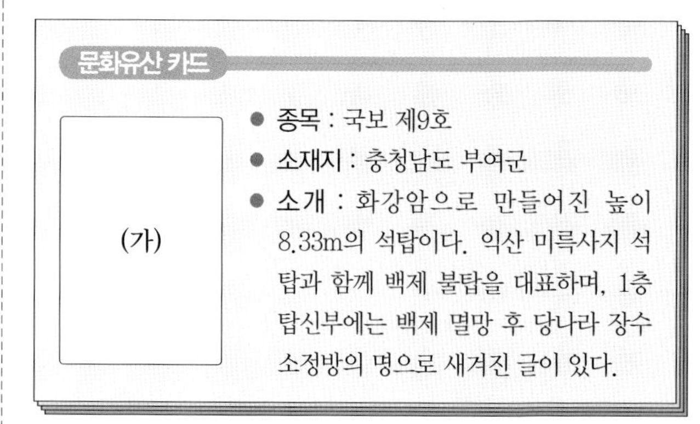

문화유산 카드

(가)

- 종목 : 국보 제9호
- 소재지 : 충청남도 부여군
- 소개 : 화강암으로 만들어진 높이 8.33m의 석탑이다. 익산 미륵사지 석탑과 함께 백제 불탑을 대표하며, 1층 탑신부에는 백제 멸망 후 당나라 장수 소정방의 명으로 새겨진 글이 있다.

| 해설 | **삼국 시대의 탑파**

백제에서는 목탑 형식을 갖춘 석탑이 주로 만들어졌는데, 익산 미륵사지 석탑(639)과 부여 정림사지 5층 석탑(7세기)이 대표적이다. 이중 부여 중앙에 위치한 정림사지에 있는 정림사지 5층 석탑은 목탑 양식을 계승한 백제 석탑으로 백제 멸망 시 사비를 점령한 당나라 장수 소정방이 남겨 놓았다는 글씨가 몸돌에 새겨져 있는 아픔을 갖고 있다.

| 오답 넘기 |

① 경주 불국사 다보탑은 통일 신라 시대에 만들어진 석탑이다.
③ 조선 세조 때 대리석으로 만든 서울 원각사지 10층 석탑은 조선 전기 석탑의 대표작이다(1467).
④ 신라 선덕 여왕 때 지어진 경주 분황사 모전 석탑은 돌을 벽돌 모양으로 만들어 쌓은 탑이다(634).

정답 ②

3 (가)에 들어갈 문화유산의 사진으로 옳은 것은? [2점]

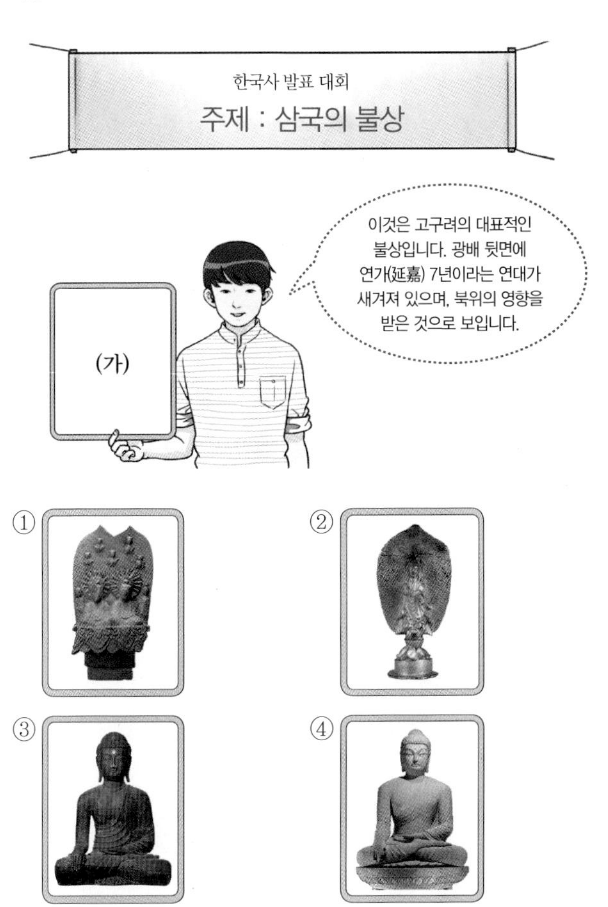

4 밑줄 그은 '이 유물'로 옳은 것은? [1점]

① 

② 

③ 

④ 

| 해설 | 삼국 시대의 불상

제시된 자료에서 설명하는 유물은 국보인 금동 연가 7년명 여래 입상이다. 이 불상은 고구려와 관련된 글이 새겨져 있는 불상으로, 옛 신라 지역인 경상남도 의령 지방에서 발견되었다. 광배(光背) 뒷면에 남아 있는 연가(延嘉)라는 연호와 고려국이라는 글씨를 통해 539년 제작된 것으로 추정하며, 삼국 초기의 고구려 불상의 특징을 잘 보여 준다.

| 오답 넘기 |

① 이불 병좌상으로 두 부처를 동일한 크기로 표현한 것으로 발해의 특징적 유물이다.
③ 고려 초에 제작된 철조 불상 중 하나로, 하남 하사창동 철조 석가여래 좌상이다. 광주 춘궁리 철불이라고도 한다.
④ 석굴암 본존불로 통일 신라 불상의 걸작이다.

정답 ②

| 해설 | 삼국의 문화유산

백제 금동 대향로는 충남 부여 능산리 무덤 근처의 절터에서 발견된, 백제의 뛰어난 공예 기술을 잘 보여주는 향로이다. 용이 몸체를 받치고 몸체의 아랫부분은 불교적 이상 세계를 상징하는 연꽃무늬를, 몸체의 윗부분은 도교적 이상 세계를 상징하는 산봉우리 · 새 · 짐승 등의 신선 세계를, 맨 위에는 봉황이 여의주를 턱에 끼고 날개를 활짝 펼치는 모습을 표현하였다. 즉 불교적 이상 세계와 도교적 이상 세계를 함께 표현하여, 백제에서 여러 종교를 두루 포용하여 믿었음을 알려 주는 유물이다.

| 오답 넘기 |

② 고려 시대 청자 상감 운학무늬 매병이다.
③ 발해의 돌사자상으로 고구려 미술의 웅장한 멋을 그대로 재현하고 있다.
④ 가야의 수레바퀴 모양 토기이다.

정답 ①

5 (가)에 해당하는 문화유산으로 옳은 것은? [3점]

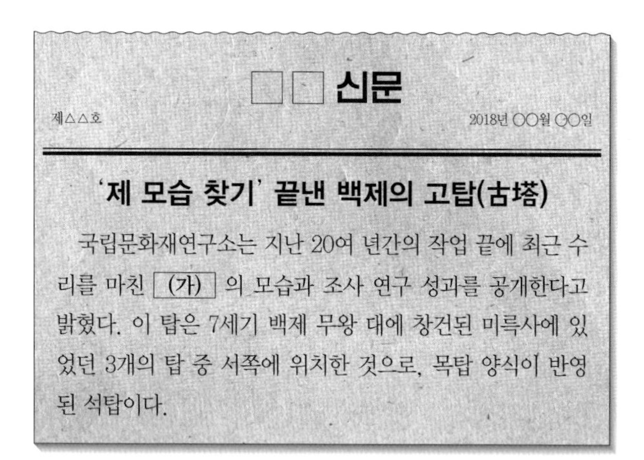

□□ 신문

제△△호 2018년 ○○월 ○○일

'제 모습 찾기' 끝낸 백제의 고탑(古塔)

국립문화재연구소는 지난 20여 년간의 작업 끝에 최근 수리를 마친 (가) 의 모습과 조사 연구 성과를 공개한다고 밝혔다. 이 탑은 7세기 백제 무왕 대에 창건된 미륵사에 있었던 3개의 탑 중 서쪽에 위치한 것으로, 목탑 양식이 반영된 석탑이다.

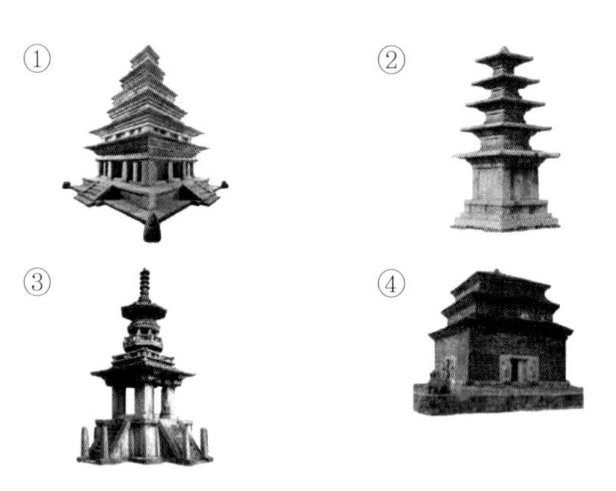

6 다음 답사에서 볼 수있는 문화유산으로 옳은 것은? [3점]

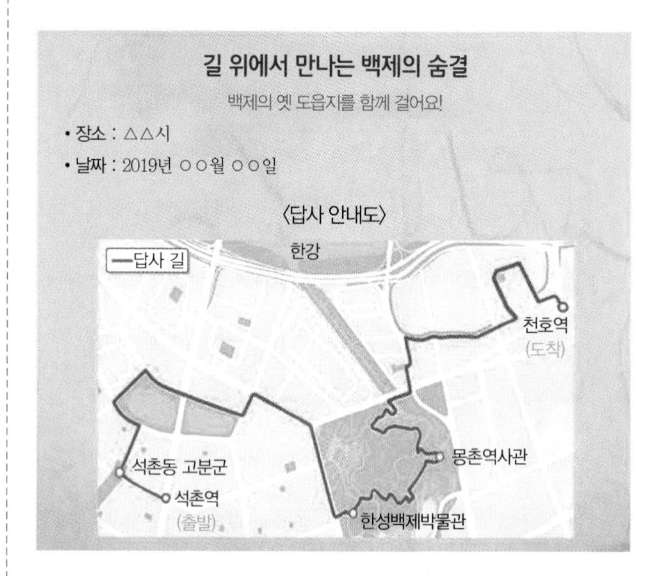

① 삼년산성 ② 항파두성 ③ 오녀산성 ④ 풍납토성

| 해설 | 삼국 시대의 탑파

익산의 미륵사지 석탑은 현존하는 석탑 중에서 가장 오래 된 것으로서, 2009년 초 미륵사지 석탑을 복원하기 위해 해체하는 과정에서 500점이 넘는 사리장엄(사리를 봉안하는 장치) 유물이 발견되었다(639).

7세기 무왕 때 세워진 미륵사는 중앙에 거대한 목탑과 동서에 석탑을 둔 형태의 웅장한 규모로 만들어져 무왕이 익산을 중심으로 중흥을 도모하려고 했음을 짐작하게 하며, 목탑 양식을 계승한 미륵사지 석탑은 9층이었을 것으로 추정되고 있다. 익산시 지역의 왕궁리 유적, 미륵사지 등으로 이들 유적은 2015년 유네스코 세계 문화유산으로 지정되었다.

① 익산 미륵사지 석탑이다.

| 오답 넘기 |

② 백제의 부여 정림사지 오층 석탑, ③ 통일 신라의 경주 불국사 다보탑, ④ 신라의 경주 분황사 모전 석탑이다.

정답 ①

| 해설 | 백제의 문화 유산

석촌동 돌무지무덤은 백제 초기 무덤으로 한성(서울)에 있다. 서울 송파구의 석촌동 고분군이나 몽촌 토성, 풍납 토성 등은 이 일대가 백제의 초기 수도인 위례성이었음을 알려 준다. 몽촌 토성은 둘레가 약 2.7㎞이고, 성벽 주위에는 외부 침입을 막기 위한 물웅덩이(해자)가 있다. 풍납 토성은 둘레가 약 4㎞로 몽촌 토성보다 규모가 크며, 백제 유물과 더불어 중국계 유물이 출토되어 3세기경 백제가 중국의 동진과 교류하였음을 보여 준다. 이외에도 서울 암사동 선사 유적은 우리나라 신석기 시대 사람들이 살았던 움집터 유적으로 이곳에서는 토기, 석기 등과 같은 유물들이 발견되었다.

| 오답 넘기 |

① 신라의 성곽, ② 고려 시대의 산성으로 삼별초 근거지, ③ 고구려의 산성이다.

정답 ④

7 다음 자료를 활용한 탐구 활동으로 가장 적절한 것은?

[2점]

우즈베키스탄 아프라시압 궁전 벽화 | 경주 98호 남분 유리병 및 잔 | 경주 계림로 보검

① 통신사의 문화 교류 활동을 분석한다.
② 고려와 송의 교역품에 대해 알아본다.
③ 백제 문화의 일본 전파 사례를 찾아본다.
④ 삼국 시대 서역과의 교류 내용을 파악한다.

| 해설 | 삼국 시대의 대외 교류

고대 삼국의 동서 교류는 매우 활발하였다. 4~5세기경 만들어진 신라 고분에서는 유리 제품이 많이 출토되는데, 모두 서역 상인을 통해 수입한 것으로 로마 제국이 원산지로 밝혀졌다. 황남대총에서 발굴된 유리병이 유리잔 또는 경주 계림로 장식 보검 역시 서역에서 신라로 들어온 것으로 추정된다. 또 원성왕릉(괘릉) 앞의 문인상은 위구르 인의 모습이며, 무인상은 페르시아 군인의 모습이다. 한편, 고구려의 씨름도에 서역인으로 보이는 인물이 그려져 있다. 또 우즈베키스탄 사마르칸트의 아프라시압 궁전 벽화에는 새의 깃털을 꽂은 모자와 환두대도를 찬 두 사람의 고구려 사신 모습이 보여 고구려가 서역과 직접 교류하였음을 알 수 있다.

| 오답 넘기 |

① 통신사는 조선시대 일본의 요청으로 파견한 외교 사절로, 일본에 선진 문화를 전파하는 문화 사절의 역할도 하였다.
② 송과의 수출품은 인삼이나 나전 칠기, 화문석이 주산물이었는데 이들은 주로 예성강 입구의 벽란도에서 교역을 하였다.
③ 삼국 중 특히, 백제는 일본 문화에 많은 영향을 미쳤는데 아직기와 왕인은 한문, 논어, 천자문을 전해 주었고, 노리사치계는 일본에 불상과 불경을 전하며 불교를 보급하였다.

정답 ④

8 (가)에 들어갈 문화유산으로 옳은 것은?

[2점]

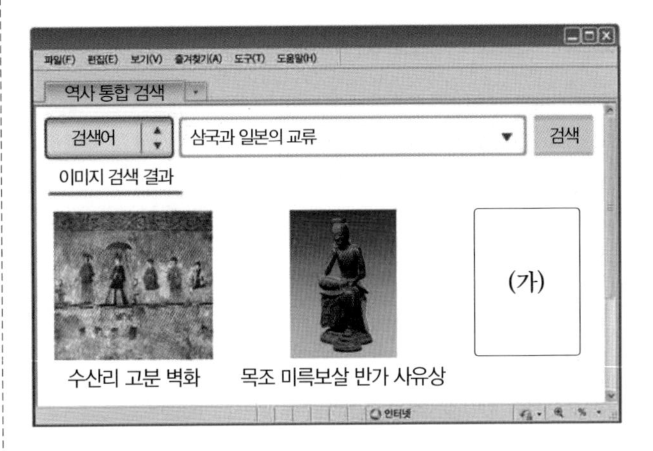

① 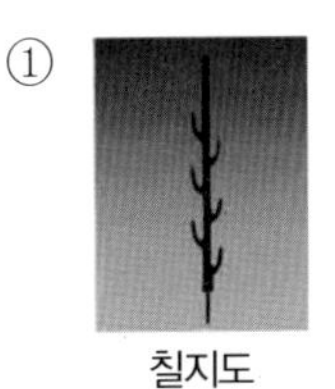
칠지도

② 청자 참외모양 병

③ 
논산 관촉사 석조 미륵보살 입상

④ 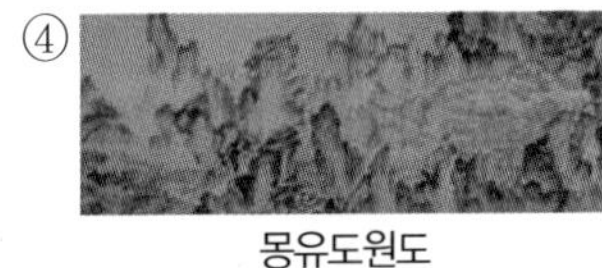
몽유도원도

| 해설 | 삼국 문화의 일본 전파

일찍부터 삼국과 가야는 왜에 선진 문화를 전해 주어 일본 고대 문화의 형성과 발전에 큰 영향을 미쳤다. 특히 백제는 삼국 중에서 일본의 문화에 많은 영향을 주었는데 일본에서는 백제 문화를 바탕으로 고류 사 미륵보살 반가 사유상과 호류 사 백제 관음상 등이 만들어졌다. 또 칠지도는 백제 근초고왕이 왜왕에게 내려 준 것으로 양쪽으로 뻗은 6개의 가지와 가운데 날을 합쳐 모두 7개의 갈래로 나뉘어 있다.

고구려에서는 7세기 초에 담징이 왜에 종이와 먹의 제조법을 전하였고, 호류 사 금당에 벽화를 남겼다. 고구려의 영향력은 다카마쓰 고분 벽화와 고구려 수산리 고분 벽화가 유사한 것에서도 찾아볼 수 있다.

정답 ①

통일 신라와 발해

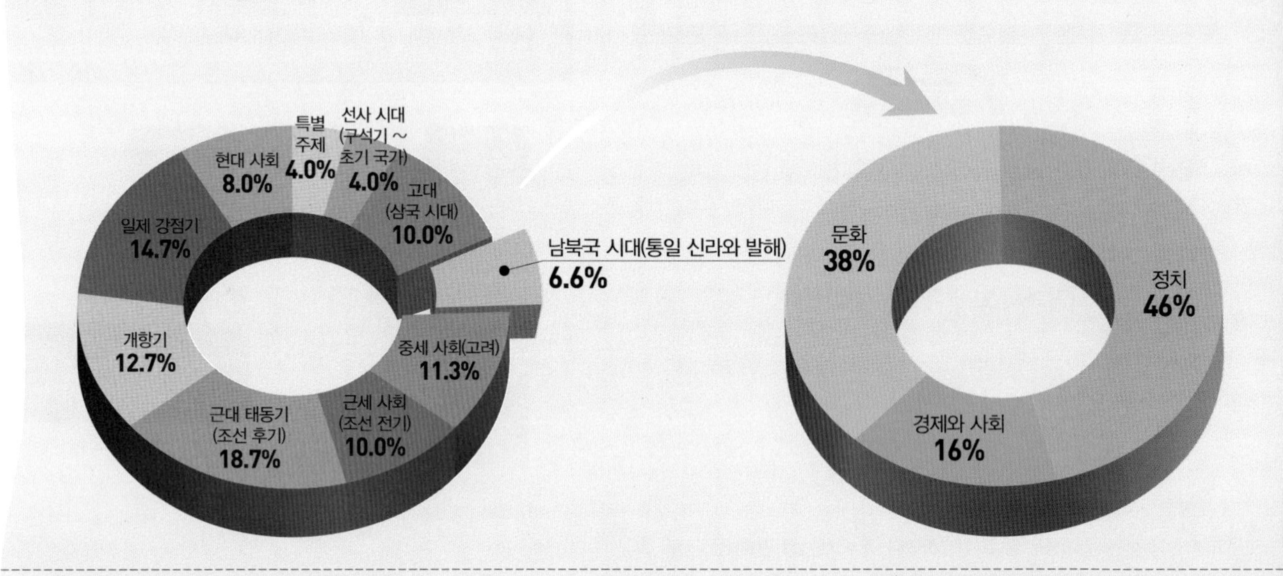

단원 들어가기

7세기에 접어들어 삼국은 치열한 대결을 하였다. 고구려는 수 · 당의 대대적인 공격을 막아 내면서 동북아시아의 강자로 군림하였다. 백제도 신라를 공격하여 영토를 빼앗았다. 위기 의식을 느낀 신라는 당과 연합하였고, 나 · 당 연합군에 의해 백제와 고구려가 멸망하였다. 당이 신라까지 지배하려고 하자, 신라는 당을 몰아내기 위한 전쟁을 치러, 마침내 대동강 이남의 땅을 차지하게 되었다.

신라의 통일 후 대동강에서 원산만 이남은 신라가 차지하고, 고구려의 옛 땅에는 발해가 건국되어 남북국의 형세를 이루었다. 신라는 무열왕계가 전제 왕권을 확립하면서 확대된 영토를 효율적으로 통치하기 위해 제도를 정비하였으며, 주변 지역과 활발한 교류를 하였다. 한편, 발해는 적극적인 대외 정책을 펴면서 나라를 정비하여 동북아시아의 강국으로 떠올랐다.

통일 신라는 삼국 문화를 종합하는 한편, 당 및 인도나 이슬람과의 교류를 넓혀 감으로써 보다 넓은 기반 위에서 새로운 민족 문화의 꽃을 피웠으며, 지방 행정 조직이 발달하고, 각처의 사원들이 지방 문화의 중심이 됨에 따라 지방 문화의 수준은 전반적으로 높아졌다. 그리고 이 시기 발해는 고구려 문화의 기반 위에 당 문화를 받아들여 그 문화가 발달하였다.

682 국학 설치

698 발해 건국

722 신라, 정전 지급

788 독서삼품과 설치

828 청해진 설치

900 견훤, 후백제 건국

901 궁예, 후고구려 건국

918 왕건, 고려 건국

926 발해 멸망

935 신라 멸망

| 연표로 흐름잡기 |

06 통일 신라와 발해의 정치적 변화

공부한 날 월 일

일차

❶ 삼국 간의 항쟁과 삼국 통일 ☆☆☆

(1) 6세기 말 동북아시아의 정세

① 신라의 고립 : 신라의 한강 유역 차지 → 고구려와 백제의 협공 → 신라의 고립

② 남북 세력과 동서 세력의 다툼 : 고구려, 백제, 왜, 돌궐을 연결하는 남북 세력과 신라, 수(당)를 연결하는 동서 세력이 대립

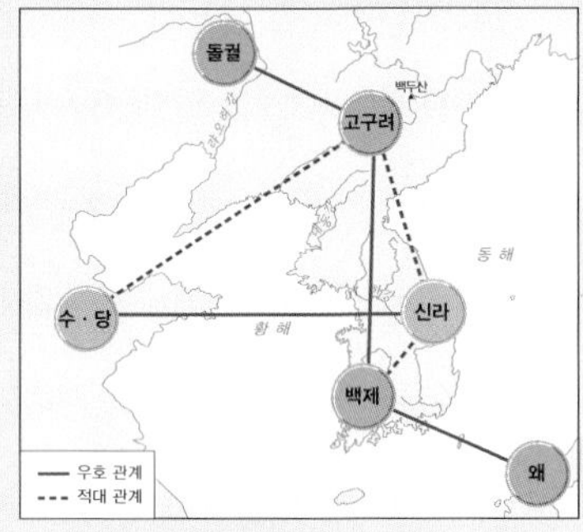

남북 세력과 동서 세력

(2) 살수 대첩

① 배경 : 수의 야욕에 맞서 고구려가 요서 지방 공격(598) → 수 문제 침입(598) → 고구려의 격퇴

② 살수 대첩 : 수 양제가 113만 대군을 동원하여 고구려 공격 → 요동성 공략 실패, 수군의 평양성 공격 실패 → 수 양제의 30만 별동대 투입 → 을지문덕이 이끄는 고구려군에 의해 살수에서 전멸(살수 대첩, 612)

(3) 안시성 싸움

① 당과의 관계 : 당 건국 초기(고구려 영류왕, 당과 우호 관계 유지) → 당 태종 즉위 후(고구려 압박, 당의 관계 악화)

② 고구려의 대응 : 천리장성 축조, 연개소문의 강경책

(천리장성: 고구려가 당의 침입에 대비하여 부여성에서 발해만의 비사성까지 국경 지역의 기존 성곽을 연결한 것으로, 631년부터 647년까지 16년에 걸쳐 완성하였다.)

③ 안시성 싸움 : 당 태종이 연개소문의 정변을 구실로 고구려 침입 → 고구려의 요동성 · 백암성 함락 → 안시성 싸움(645)으로 당군 격퇴

안시성 싸움
당은 50만 명을 동원하여 60여 일에 걸쳐 흙으로 높은 산을 쌓고 이를 발판으로 하여 성을 공격하였으나, 성주와 군민의 저항으로 끝내 함락시키지 못하였다.

(4) 수 · 당과의 전쟁에서 고구려가 승리한 원동력 : 성곽을 이용한 견고한 방어 체제, 요동 지방의 철광 지대 확보, 잘 훈련된 군대, 탁월한 전투 능력, 굳센 정신력, 청야수성(淸野守城) 전술 등

청야수성(淸野守城) 전술
산악 지형을 이용하여 전쟁 시 들판의 곡식을 거두어들이고 벌판을 태운 뒤, 산성으로 들어가는 전술 → 고구려군은 장기전 대비, 적군은 보급품 공급에 어려움

(5) 백제 · 고구려의 멸망

① 나 · 당 동맹 결성(648) : 백제 의자왕의 신라 공격 → 신라의 김춘추를 고구려에 보내 도움을 요청하였으나 동맹 시도 실패(642) → 이후 나 · 당 연합군 형성

Click ! ● 살수 대첩

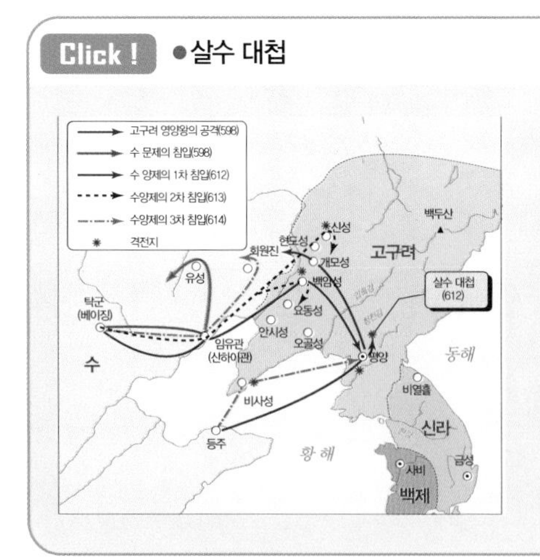

을지문덕의 시

신묘한 계책은 천문을 꿰뚫어 볼 만하고
오묘한 전술은 땅의 이치를 모조리 알도다.
전쟁에 이겨서 공이 이미 높아졌으니
만족을 알거든 그만 돌아가시구려.

–『삼국사기』–

고구려의 보루

백제와 고구려 멸망의 직접적인 원인은 나 · 당 연합군의 공격에 의한 것이지만 한편으로는 지배층 내부의 분열도 원인이 되었다.

② 백제와 고구려의 멸망

구분	백제의 멸망	고구려의 멸망
원인	정치 질서 문란, 지배층의 향락으로 국가적 일체감 상실 → 황산벌 전투 패배, 당군의 금강 하구 침입 → 사비성 함락(660)	거듭된 전쟁으로 국력 소모, 연개소문 사후 지배층의 권력 쟁탈전 → 나 · 당 연합군의 공격으로 평양성 함락(668)
부흥 운동	• 복신, 도침, 왕자 풍(주류성), 흑치상지(임존성) • 백제 지원에 나선 일본군 패배(백강 전투)와 지도층 사이의 내분으로 실패	• 검모잠(한성), 안승(금마저), 고연무(오골성) • 당과 신라의 회유 정책과 지도층 사이의 내분으로 실패

백제 · 왜 연합군은 백강 어귀(금강 하구)에서 나 · 당 연합군과 격전을 벌였으나 실패하였다.

황산벌 전투
660년 황산벌(오늘날 충남 논산)에서 백제의 계백이 이끄는 5천 명의 결사대는 김유신이 이끄는 신라군과 당나라 소정방이 이끄는 당군에 맞서 치열한 전투를 벌였으나, 패하고 말았다.

(6) 나 · 당 전쟁과 신라의 삼국 통일

① 배경 : 당의 한반도 지배 야욕 → 웅진도독부(백제), 계림도독부(신라), 안동도호부(고구려) 설치

② 전개 : 신라가 고구려와 백제 유민과 연합 → 매소성 · 기벌포 전투 승리 → 삼국 통일(676)

③ 삼국 통일의 한계와 의의

㉠ 한계 : 영토가 대동강 이남에 한정된 점(불완전한 통일), 당 세력 개입

㉡ 의의 : 당 세력을 무력으로 축출(자주적 면모), 최초의 통일로 새로운 민족 문화 형성의 계기

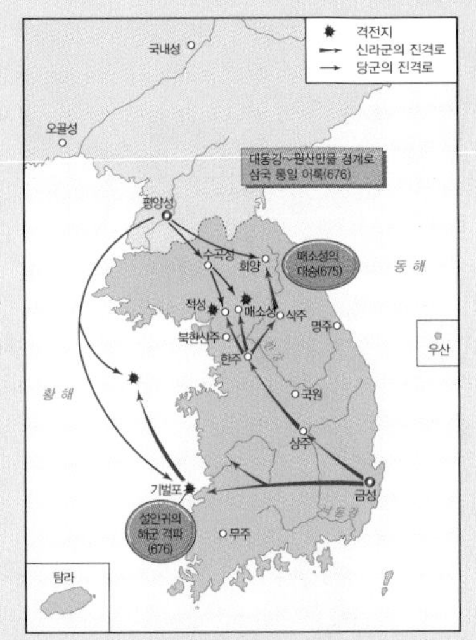

나 · 당 전쟁

❷ 통일 신라의 발전과 변화

(1) 전제 왕권의 강화

① 태종 무열왕(김춘추) : 진골 출신으로 최초의 왕(654), 무열계의 왕위 세습 시작 → 왕권 강화의 기반 마련

② 문무왕 : 삼국 통일 완성(문무대왕릉, 감은사), 옛 고구려와 백제 출신 인재 등용 → 민족 통합 시도

문무대왕릉 문무왕은 자신이 죽으면 거대한 왕릉을 조성하는 대신, 불교식으로 화장하라고 유언하였다. 이에 신하들은 화장한 문무왕의 유골을 동해의 큰 바위에 장사지냈다.

(2) 통치 체제의 개편 : 신문왕

원래 이름은 중시, 집사부의 장관으로 왕명 출납 등의 일을 담당하였다.

구분	내용
중앙 관제	• **집사부 중심의 정치 운영** : 왕권 집행 기관, 장관인 시중의 권한 강화 • **중국의 6전 제도와 비슷하게 행정을 분담** : 14관부의 중앙 행정 체제 마련 • **화백 회의의 기능 축소** : 화백 회의 의장인 상대등의 권한 약화
지방 통치 조직	• **9주 설치** : 넓어진 영토를 9주로 재편 • **5소경 설치** : 수도가 동남부에 치우침을 보완
경제 정책	• 관료전 지급(687), 녹읍 폐지(689)
국학 설립	• 국립 대학으로 유학을 정치 이념으로 수용하는 데 기여(682)
군사 조직 정비	• **9서당**(중앙군) : 서당을 편성할 때 신라인, 백제인, 고구려인, 말갈인, 보덕국인으로 편성 → 민족 융합 목적 • **10정**(지방군) : 지방 각 주에 1개의 정을 배치, 국경인 한주(한산주)에는 2개의 정을 배정
6두품의 중용	• **6두품 세력이 왕권과 결탁** : 국왕의 정치적 조언자, 행정 실무 담당
만파식적 설화	• 왕권 안정에 대한 염원과 자신감을 표출

신문왕 때 설치된 신라의 최고 교육 기관으로 박사와 조교를 두어 학생들에게 유학을 가르쳤다.

한주는 다른 주에 비해 면적이 넓고 군사적으로도 중요한 위치를 차지하고 있어 2개의 정을 배치하였다.

신비스러운 피리 '만파식적'
"이 피리를 불면, 적의 군사는 물러가고, 병은 낫고, 물결은 평온해진다." → 이 피리는 모든 정치적 불안이 진정되고 평화가 오기를 소망하는 신라인들의 염원을 담고 있음

Click ! ●통일 신라의 제도 정비

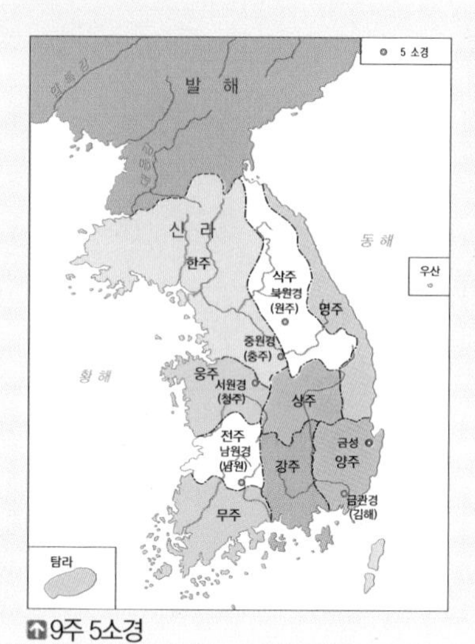

9주 5소경

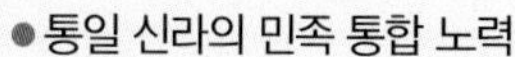
●통일 신라의 민족 통합 노력

- 백제와 고구려 귀족에게도 벼슬과 토지를 주어 살도록 하였다.
- 지방을 9주로 나누었는데, 고구려 땅에 3주, 백제 땅에 3주, 신라 땅에 3주를 균등히 두었다.
- 군사 조직인 9서당은 신라인 3서당, 고구려인 3서당, 백제인 2서당, 말갈인 1서당으로 구성되었다.
- 김유신은 "삼한을 한 집안으로 만들었고, 백성들도 두 마음이 없도다."라고 하였다.

–『삼국사기』–

통일 신라의 중앙 집권 강화
- **외사정 파견** : 지방관 감찰(673)
- **상수리 제도** : 지방 세력 견제

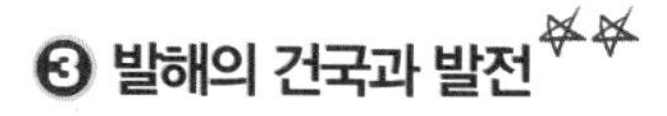

❸ 발해의 건국과 발전

(1) 발해 건국

① 배경 : 고구려 옛 땅에서 고구려 유민들의 대당 항쟁 → 당은 보장왕을 조선왕으로 봉하여 회유, 고구려 유민 요서 지방으로 강제 이주

② 건국 : 고구려 장군 출신인 대조영이 고구려 유민과 말갈인을 모아 길림성의 동모산 근처에 도읍을 정하고 발해 건국(698)

③ 발해의 성격

㉠ 남북국 시대의 시작 : 발해의 건국으로 남쪽의 신라와 북쪽의 발해가 공존하는 남북국의 형세를 이룸

㉡ 주민 구성 : 고구려인(지배층)+말갈인(피지배층)

㉢ 고구려 계승

ⓐ 고구려 영역 확보 : 발해는 영역을 확대하여 옛 고구려의 영토를 대부분 차지

ⓑ 고구려 계승 의식 : 고구려 부흥 운동 과정에서 성립, 건국 주체 세력과 지배층은 고구려계인 고씨와 대씨 중심, 일본에 보낸 외교 문서에 발해를 고려(고구려), 발해왕을 고려 국왕(고구려왕)으로 칭함

ⓒ 고구려 문화 계승 : 온돌 장치, 석등, 기와, 불상, 굴식 돌방무덤인 정혜공주 묘의 모줄임 구조 등

발해의 최대 영역 만주 동부 지역을 중심으로 확대되어 동쪽으로는 연해주, 서쪽으로는 만주 북부, 남쪽으로는 한반도 북부를 포괄하는 광대한 영토를 차지하였다.

발해를 우리 민족사에 포함시킬 수 있는 근거
- 고구려 부흥 운동 과정에서 발해 건국
- 지배층의 핵심이 고구려인
- 일본에 보낸 외교 문서
- 고구려 문화 양식 계승(온돌 장치, 연꽃무늬 기와 등)

(2) 발해의 발전

① 고왕(대조영, 8세기 초, 천통) : 국호를 진(震), 연호를 천통(天統)이라 하였으며 뒤에 국호를 다시 발해(渤海)라고 고침(713)

상경 용천부
현재 중국 헤이룽장 성에 위치해 있는 상경은 도시 외부를 둘러싼 외성의 길이가 17km에 달하여 당시 동아시아에서 당나라의 수도 장안성 다음으로 큰 도시였다.

정효 공주 묘지명 아버지인 문왕을 '황상(皇上)'으로 부른 표현이 나오는데, 발해가 대내적으로는 황제국 체제를 지향하였음을 알 수 있다.

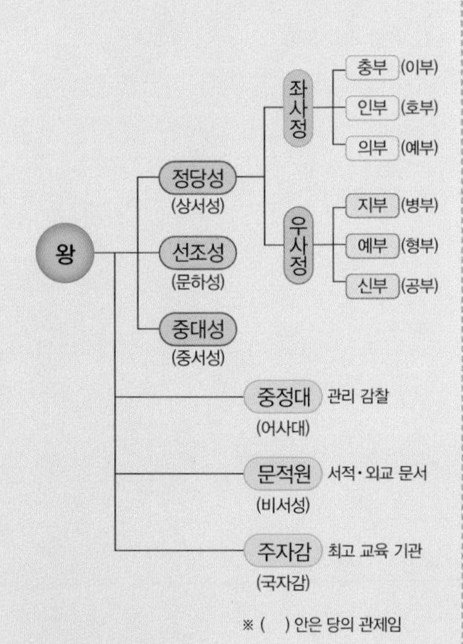

발해의 중앙 정치 기구

② 무왕(대무예, 8세기 전반, 인안)
- ㉠ 영토 확장 : 요동 지역을 포함한 고구려의 옛 땅 회복에 주력
- ㉡ 산둥 지방 공격(732) : 당이 발해 동북쪽 흑수부 말갈과 유대 강화 → 장문휴 군대 파견, 산둥 반도 공격, 돌궐 · 일본 등과 연결하여 당 · 신라 견제

③ 문왕(대흠무, 8세기 중 · 후반, 대흥)
- ㉠ 영토 확장 : 랴오허 강 유역, 연해주 지역 차지
- ㉡ 외교 관계 개선 : 당과 친선 관계 유지, 신라와 교류 → 당의 문화를 수용하여 문물 제도 정비
- ㉢ 상경 천도 : 수도를 중경에서 상경으로 천도(755년경)
- ㉣ 제도 정비 : 3성 6부의 중앙 관제를 정비
- ㉤ 독자적 연호 제정 : 중국과 대등한 지위에 있음을 대외적으로 과시하기 위하여 대흥, 보력 등의 독자적인 연호를 사용
- ㉥ 자주성 과시 : 황상(皇上)이라는 칭호를 사용하여 황제 국가의 면모를 과시

④ 선왕(대인수, 9세기 전반, 건흥)
- ㉠ 영토 확장 : 말갈 복속, 요동 진출, 신라와 국경 접함
- ㉡ 제도 정비 : 5경(京), 15부(府), 62주(州)의 지방 제도를 완비
- ㉢ 문물 교류 : 당에 유학생을 보내어 당의 제도와 문화를 받아들임
- ㉣ 해동성국 : 당이 발해를 '해동성국(海東盛國)'이라고 일컬음

'바다 동쪽의 융성한 나라'라는 뜻으로 당에서 전성기의 발해를 일컫던 말

(3) 발해의 대외 관계

① 초기의 대외 관계
- ㉠ 당 · 신라와의 관계 : 고구려를 멸망시킨 당과 신라에 대해서 적대적, 발해 무왕은 당의 산둥 지방을 공격(732)
- ㉡ 일본 · 돌궐과의 관계 : 북쪽으로 돌궐과 통하고 바다 건너 일본과 친선 관계를 맺음

② 당 · 신라와의 교류
- ㉠ 당과의 교류 : 문왕 이후에 당과의 관계는 친선 관계로 바뀌었고, 당의 제도와 문물을 수입, 발해관(발해의 사신들이 머무르던 숙소) 설치, 당나라 빈공과에 발해 지식인들이 합격하기도 함
- ㉡ 신라와의 교류 : 상설 교통로로 신라도를 개설하였으며 사신 교환과 무역이 이루어짐

(4) 발해의 통치 체제

발해의 중앙 행정은 3성 6부로 당의 제도를 그대로 수용한 것처럼 보이나, 여러 면에서 당과 다른 특징을 가지고 있다. 특히 6부의 명칭을 유교적 규범에 따라 붙인 것도 특징인데, 이는 유학을 지도 이념으로 삼아 국정을 운영하려는 발해의 의지를 보여 준다.

① 중앙 통치 조직
- ㉠ 3성 6부 : 당의 제도 수용, 6부의 명칭이나 운영 방식 등에서 독자적
- ㉡ 정당성 : 귀족들이 모여 국가의 중요한 일 결정
- ㉢ 기타 : 중정대(관리들의 비리 감찰), 문적원(서적 관리), 주자감(국립 대학)

② 지방 행정 조직 : 지방 요지에 5경 설치, 전국을 15부 62주로 구분 → 촌락은 토착 세력이 지배

③ 군사 조직 : 중앙군(10위, 왕궁과 수도의 경비), 지방 행정 조직에 따라 지방군을 편성

❹ 통일 신라의 동요와 발해의 멸망

(1) 신라 말기의 정치 변동

① **전제 왕권의 몰락** : 8세기 후반 이후 진골 귀족들의 왕위 쟁탈전(대공의 난, 96각간의 난 등) → 상대등의 권력 강화, 중앙 정부의 지방 통제력 약화(김헌창의 난, 장보고의 난)

② **호족의 성장** : 반독립적 세력으로 지방의 행정권과 군사권 장악, 사병 보유, 성주나 장군이라 자칭

③ **농민 봉기** : 진성 여왕 때 정부의 기강 문란 → 조세 납부 거부로 국가 재정 바닥 → 강압적 조세 징수 → 상주의 원종과 애노의 난을 시작으로 농민 항쟁 확산 → 지방 통제력 상실

④ **6두품 출신의 유학생과 선종 승려** : 반신라화, 골품제 사회 비판, 새로운 정치 이념 제시 → 지방의 호족 세력과 연계하여 사회 개혁 추구

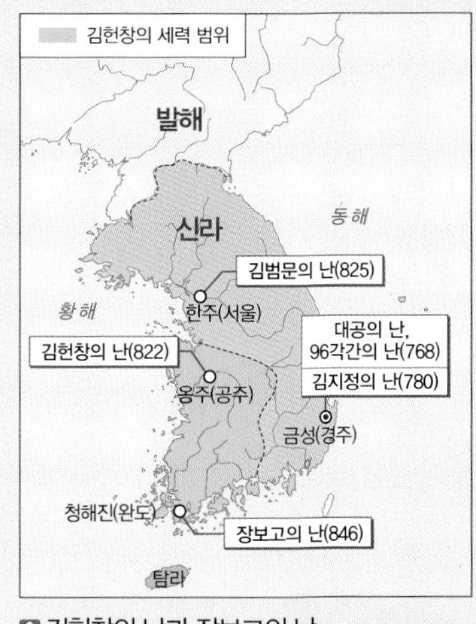

김헌창의 난과 장보고의 난

(2) 후삼국의 성립

견훤의 아버지 아자개는 상주 가은현(문경)의 농민 출신으로 후에 가업을 일으켜 장군이 되었고, 그의 어머니는 광주 지역의 호족 출신이었을 것으로 추정된다.

① **후백제의 건국(900)** : 군인 출신인 견훤이 완산주(전주)에 도읍, 차령산맥 이남의 충청도와 전라도 지역의 우세한 경제력을 토대로 군사적 우위 확보 → 신라에 적대적, 지나친 조세 수취, 호족 포섭 실패

② **후고구려의 건국(901)** : 신라 왕족의 후예인 궁예가 송악(개성)을 근거지로 건국, 철원으로 천도(국호 – 마진 · 태봉), 관제 개혁(광평성 등), 새로운 신분 제도 모색 → 지나친 조세 수취, 미륵 신앙을 이용한 전제 정치 → 신하들이 궁예 축출

신라 47대 헌안왕 또는 48대 경문왕의 아들로 전해진다. 어려서 세달사에서 출가하였다가 891년 죽주 호족 기훤의 부하가 되었으며, 892년에는 북원(원주) 호족 양길의 부하로 활약하였다.

후삼국의 성립

(3) 발해의 멸망과 발해 유민의 고려 이주

① **멸망** : 9세기 후반부터 귀족들 간의 내분으로 국력이 쇠퇴하면서 거란족에 의해 멸망(926)

② **부흥 운동** : 발해 유민들의 끈질긴 부흥 운동(후발해, 정안국, 대발해국) → 유민의 일부는 고려에 망명

Click ! ● **견훤과 궁예**

• 서쪽으로 순행하여 완산주에 이르니 주(州)이 백성들이 환영하였다. 견훤은 인심을 얻은 것에 기뻐하여 주위의 사람들에게 말하기를, "…… 이제 어찌 내가 완산에 도읍을 세워 의자왕의 쌓인 울분을 갚지 않겠는가?"라고 하였다.

• 궁예가 스스로 왕이라 일컫고 사람들에게 말하기를, "지나날 신라가 당나라에 군사를 요청하여 고구려를 깨뜨렸다. …… 내가 반드시 그 원수를 갚겠다."고 하였다. …… 스스로 미륵불이라 칭하고 머리에는 금고깔을 쓰고 몸에는 가사를 둘렀다.

–『삼국사기』–

① 삼국 간의 항쟁과 삼국 통일

- 수의 고구려 침략 배경
  - ↳ 살수에서 수의 침략군을 격퇴하였다.
  - ↳ 고구려가 살수에서 수의 대군을 격파하였다.
  - ↳ [살수 대첩] 을지문덕이 살수에서 수의 군대에 승리를 거두었다.
  - ↳ 을지문덕 장군이 활약하였다.
- [고구려] 천리장성이 축조되었다.
  - ↳ [연개소문] 천리장성 축조를 주관하였다.
- 고구려가 안시성에서 당의 대군을 물리쳤다.
  - ↳ 당이 고구려를 침략하였다.
  - ↳ [양만춘] 안시성 전투에서 크게 승리하였다.
  - ↳ 안시성 전투(싸움)에서 당의 군대를 물리쳤다.
  - ↳ 연개소문이 주도하여 당군의 침략에 맞서 싸웠다.
  - ↳ 고구려와 당 사이에 일어난 전쟁이었다.
- [김춘추] 진골 출신으로 왕위에 올랐다.
  - ↳ 당과 군사 동맹을 체결하였다.
  - ↳ 나 · 당 연합군이 결성되었다.
- [의자왕] 신라의 대야성을 빼앗았다.
  - ↳ 백제가 대야성 등 신라의 40여 성을 빼앗았다.
- 김유신이 황산벌 전투에서 승리하였다.
  - ↳ 계백의 결사대가 황산벌에서 신라군과 맞서 싸웠다.
- [백제, 고구려] 나 · 당 연합군의 공격으로 멸망하였다.
  - ↳ 신라가 당과 연합하여 백제를 공격하였다.
  - ↳ 백제를 공격하여 멸망시켰다.
  - ↳ 고구려의 평양성을 함락시켰다.
- [백제 부흥 운동] 백제 부흥군이 백강 전투에서 패배하였다.
  - ↳ 복신과 도침 등이 부여풍을 왕으로 추대하였다.
- [고구려 부흥 운동] 검모잠, 고구려 부흥 운동을 전개하다.
  - ↳ 안승이 고구려 부흥 운동을 전개하였다.
- 당이 평양에 안동 도호를 설치하는 결과를 가져왔다.
- 나 · 당 전쟁이 발발하였다.
  - ↳ 매소성과 기벌포에서 당의 군대를 물리쳤다.
  - ↳ 당 세력이 대동강 이남에서 축출되었다.
- 신라의 삼국 통일 과정
- 삼국 통일 과정에서 나타난 유민의 이동
- [문무왕] 지방관 감찰을 위해 외사정을 파견하였다.

② 통일 신라의 발전과 변화

- [신문왕] 김흠돌이 반란을 도모하였다.
  - ↳ 김흠돌의 난이 진압되었다.
- [신문왕] 9주 5소경을 설치하였다.
  - ↳ 전국을 9주로 나누고 5소경을 설치하였다.
  - ↳ 지방 행정 구역으로 9주 5소경을 두었다.
- [신문왕] 중앙군으로 9서당을 편성하였다.
  - ↳ 9서당 10정이 편성되었습니다.

③ 발해의 건국과 발전

- 대조영이 동모산(근처)에서 건국하였다.
  - ↳ (대조영) 발해를 건국하였다.
- [유득공] (발해고에서) 신라와 발해를 남북국이라 칭하였다.
- [무왕] 장문휴가 등주를 공격하였다.
  - ↳ (장문휴가) 당의 등주(산둥 반도)를 공격하였다.
  - ↳ 인안 등의 독자적 연호를 사용하였다.
- 문왕, 장안성을 본떠 도성을 만들다.
  - ↳ 3성 6부의 중앙 제도를 마련하였다.
  - ↳ (정당성) 좌사정과 우사정으로 나뉘었다.
  - ↳ 상경으로 도읍을 옮겼다.
- [선왕] 전국을 5경 15부 62주로 나누어 다스렸다.
  - ↳ 5경 15부 62주의 지방 행정 제도를 정비하였다.
  - ↳ 5경 15부 62주의 지방 행정 제도를 갖추었다.
  - ↳ [발해] 전성기에 해동성국으로도 불렸다.
  - ↳ 전성기에 해동성국이라 불리기도 하였다.
  - ↳ 전성기에 해동성국이라 불렸다.
- 거란의 침입을 받아 멸망하였다.

④ 통일 신라의 동요와 발해의 멸망

- [헌덕왕] 김헌창이 난을 일으켰다.
  - ↳ 김헌창이 반란을 일으켰다.
- [진성 여왕] 원종과 애노가 봉기하였다.
- 호족 세력의 성장 배경을 알아본다.
- 선종 사찰을 후원하는 호족
- [후고구려] 궁예가 철원으로 도읍을 옮긴 배경을 살펴본다.
  - ↳ 궁예가 국호를 태봉으로 바꾸었다.
  - ↳ 마진이 국호를 태봉으로 변경하였다.

1 다음 대화가 있었던 시기를 연표에서 옳게 고른 것은? [3점]

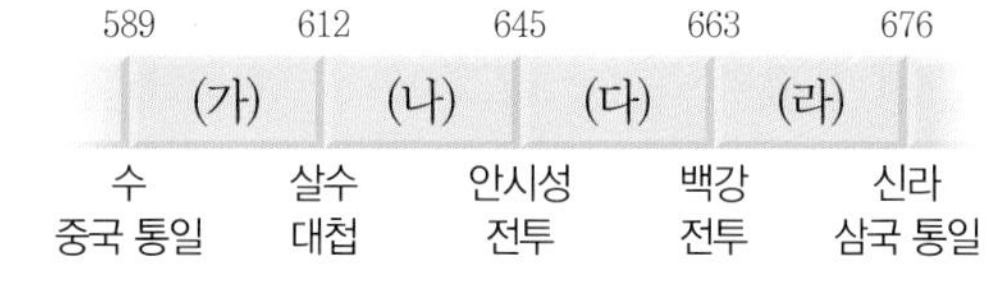

① (가) ② (나) ③ (다) ④ (라)

| 해설 | 고구려의 부흥 운동

668년 고구려가 멸망한 뒤 부흥 운동이 활발하게 전개되었다. 보장왕의 서자 안승을 받든 검모잠과 고연무 등은 고구려 유민을 이끌고 한성(황해도 재령)과 오골성을 근거지로 부흥 운동을 전개하였는데 이들은 한때 평양성을 탈환하기도 하였고, 뒤에는 신라의 도움을 받으면서 금마저(익산)를 중심으로 기세를 떨치기도 했지만 결국 실패하였다. 문무왕은 나 · 당 전쟁의 과정에서 안승을 674년에 보덕국의 왕으로 임명하였다. 따라서 (라) 시기에 해당한다.

정답 ④

2 (가), (나) 사이의 시기에 있었던 사실로 옳은 것은? [3점]

① 나 · 당 연합군이 결성되었다.
② 신라가 대가야를 병합하였다.
③ 백제가 수도를 사비로 옮겼다.
④ 백제가 동진으로부터 불교를 수용하였다.

| 해설 | 신라의 삼국 통일

제시된 대화에서 (가)는 김춘추가 원병을 요청하러 고구려에 갔다가 죽령 이북의 땅을 반환할 것을 요구하는 연개소문의 뜻을 거부하자 투옥되고 말았다는 내용이다. 이후 김춘추(무열왕)은 사신으로 다시 일본과 당에 다녀왔으며, 특히 당을 여러 차례 왕래하면서 나 · 당 동맹(648)이라는 외교적 성과를 거두고 군사 원조까지 약속받아 삼국 통일의 토대를 닦았다. 그리고, (나)의 대화는 백제 부흥 운동 세력이 왜의 수군이 합세한 백강 전투(663)를 마지막으로 모두 진압되었다는 내용이다.

| 오답 넘기 |

② 6세기 신라 진흥왕은 대가야를 정복하여 낙동강 일대를 차지하였다(562).
③ 백제 성왕은 수도를 웅진에서 대외 진출의 여건이 좋은 사비로 옮기고 (538), 국호를 일시적으로 남부여로 바꾸었다.
④ 백제는 한성 시기 384년 침류왕 때 동진으로부터 불교를 받아들였다. 참고로 공인은 아신왕 때 이루어졌다(392).

정답 ①

3 밑줄 그은 '왕'의 업적으로 옳은 것은? [2점]

> **역사신문**
>
> 제△△호 681년 ○○월 ○○일
>
> **김흠돌의 난, 진압되다**
>
> 김흠돌이 흥원, 진공 등과 함께 반란을 일으켰으나 실패하고 처형되었다. 고구려 정벌 당시 큰 공을 세운 장군이자 왕의 장인인 김흠돌이 반란을 일으킨 이유에 대해 많은 사람들이 궁금해하는 가운데, 향후 왕권 강화를 위한 정책들이 본격적으로 추진될 것으로 예상된다.

① 녹읍을 폐지하였다.
② 지방에 22담로를 두었다.
③ 독서삼품과를 실시하였다.
④ 국호를 남부여로 바꾸었다.

| 해설 | 통일 신라의 전제 왕권 강화책

신라는 신문왕 때 김흠돌의 모역 사건(681)을 계기로 귀족 세력을 숙청하면서 왕권이 전제화되었다. 신문왕은 귀족의 경제력을 약화시키기 위하여 관리에게 관료전을 지급(687)하고, 식읍을 제한하면서 귀족의 녹읍을 폐지(689)하는 정책을 추진하였다. 또 중앙 정치 기구와 9서당 10정의 군사 조직을 정비(687)하고, 9주 5소경 체제의 지방 행정 조직을 완비(685)하였을 뿐만 아니라 유교 정치 이념의 확립과 유학 교육의 진흥을 위하여 국학을 설립(682)하였다.

| 오답 넘기 |

② 백제는 6세기 초 무령왕 때 22담로를 설치하였다.
③ 통일 신라 원성왕은 유교 경전의 이해 수준에 따라 관리를 채용하는 독서삼품과를 실시하였다(788).
④ 백제 성왕은 국호를 남부여로 고치고 중흥을 꾀하였다(538).

정답 ①

4 지도와 같이 행정 구역을 편제한 국가의 군사 제도에 대한 설명으로 옳은 것은? [2점]

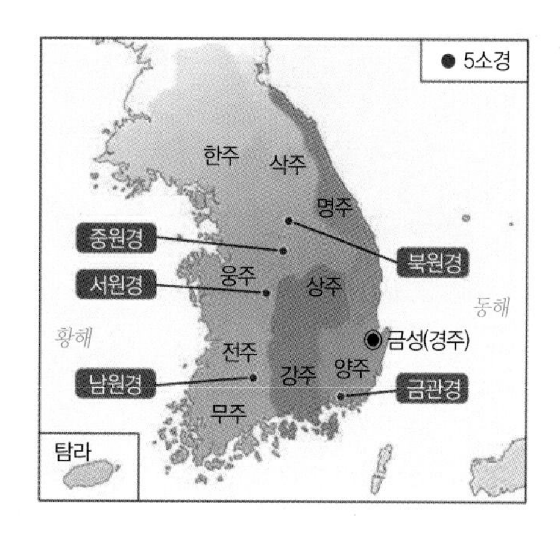

① 중앙군으로 9서당을 편성하였다.
② 왕의 친위 부대인 장용영을 설치하였다.
③ 국경 지대인 양계에 병마사를 파견하였다.
④ 삼수병으로 구성된 훈련도감을 운영하였다.

| 해설 | 통일 신라의 군사 제도

삼국 통일 후 신라는 넓어진 지역을 효율적으로 통치하기 위해 지방 행정 조직을 정비하였다. 신라는 전국을 9개의 주(전주 · 무주 · 강주 · 삭주 · 명주 등)로 나누고, 주 아래 군과 현을 두었다. 신라는 9주 외에 군사상 · 행정상의 요충지 5곳에 '작은 서울'이라는 뜻을 지닌 소경을 두었다. 소경은 수도 금성(경주)이 동남 쪽에 치우친 약점을 보완하기 위해 설치되었다. 678년에 북원경, 680년에 금관경, 685년에 서원경과 남원경을 설치하여 통일 전인 557년에 설치된 국원소경(후의 중원경)과 함께 5소경 체제를 완성하였다.

① 삼국 통일 후 신문왕은 중앙군과 지방군을 각각 9서당과 10정으로 확대 개편하였다. 특히 9서당에는 신라인은 물론 옛 고구려와 백제인, 말갈인까지 편성하여 민족의 융합을 꾀하였다.

| 오답 넘기 |

② 조선 후기 정조는 군사적 기반으로 친위 부대인 장용영을 창설하였다(1785).
③ 고려 시대 북방의 국경 지대에는 동계 · 북계의 양계를 설치하여 병마사를 파견하였다.
④ 조선 선조 때 훈련도감은 포수, 사수, 살수의 삼수병으로 편성되었다(1593).

정답 ①

5 밑줄 그은 '이 국가'에 대한 설명으로 옳은 것은? [2점]

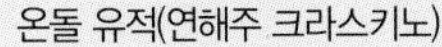

① 한의 침략을 받아 멸망하였다.
② 무왕 때 당의 등주를 공격하였다.
③ 도병마사에서 국방 문제를 논의하였다.
④ 지방 행정 구역으로 9주 5소경을 두었다.

| 해설 | 발해의 성립과 발전

발해는 고구려 문화를 바탕으로 다른 나라의 문화를 받아들여 독특한 문화를 만들어 나갔다. 특히 고구려 문화의 전통을 이어받은 온돌 장치와 불상, 기와, 석등 등이 많이 남아 있다. 발해 무왕은 동생 대문예를 보내 흑수말갈을 공격하여 당나라와 관계를 차단하려 하였으며, 장문휴를 보내 당나라 등주를 선제 공격하여 양국의 무력 대결에서 유리한 고지를 선점하려 하였다(732).

| 오답 넘기 |

① 고조선은 중국 한나라의 침략을 받아 멸망하였다(기원전 108).
③ 도병마사는 고려의 독자적인 회의 기구로 중서문하성의 재신과 중추원의 추밀이 모여 국방과 관련된 내용을 회의하는 기구였다.
④ 신라는 통일 후 신문왕 때 지방을 9주 5소경 체제로 정비하여 중앙 집권을 강화하였다(685).

정답 ②

6 (가) 국가에 대한 설명으로 옳은 것은? [2점]

○ (가) 의 세자 대광현이 무리 수만을 거느리고 투항하자, 성과 이름을 하사하여 왕계라 하고 종실의 족보에 넣었다.
– 『고려사』 –

○ 거란 동경의 장군 대연림이 대부승 고길덕을 보내 나라를 세웠음을 알리고 아울러 원조를 요구하였다. 대연림은 (가) 의 시조 대조영의 7대손으로 거란을 배반하여 국호를 흥요, 연호를 천흥이라 하였다.
– 『고려사』 –

① 지방 세력 견제를 위해 상수리 제도를 실시하였다.
② 국방력 강화를 위해 5군영을 설치하였다.
③ 특수 행정 구역인 향, 부곡, 소를 두었다.
④ 5경 15부 62주의 지방 행정 제도를 갖추었다.

| 해설 | 발해의 발전 과정

고려는 발해 유민을 적극 받아들였는데, 발해의 세자 대광현이 수만 명을 거느리고 들어오자 왕족으로 대우하고 조상에 대한 제사를 받들게 하였다(926). 따라서 (가) 국가는 발해이다.

④ 발해는 넓은 영토를 다스리기 위해 5경 15부 62주의 지방 행정 조직을 갖추었다. 5경은 중앙과 지방의 전략적 중요 지역에 설치한 특별 행정 구역으로서 중앙 정부가 지방을 다스리는 거점으로 삼았다. 그 밑에는 62주를 두었는데 중앙 정부는 이곳에까지 지방관을 파견하였다.

| 오답 넘기 |

① 상수리 제도는 신라의 지방 세력 통제 방법으로 지방 세력가의 자제 등을 중앙에 머물게 하는 제도이다.
② 임진왜란 중에 정부는 기존의 군사 제도가 제대로 운영되지 못하자 훈련도감을 설치하였고(1593), 뒤이어 국방을 강화하기 위해 총융청, 수어청, 어영청, 금위영을 설치하여 5군영 제도를 마련하였다.
③ 고려 시대 양민이면서 군현민과 구별되는 특수 행정 구역인 향, 부곡, 소에 거주한 주민은 더 많은 세금 부담을 지고 있었다.

정답 ④

7 다음 문화유산이 제작된 시기에 볼 수 있는 모습으로 적절한 것은? [2점]

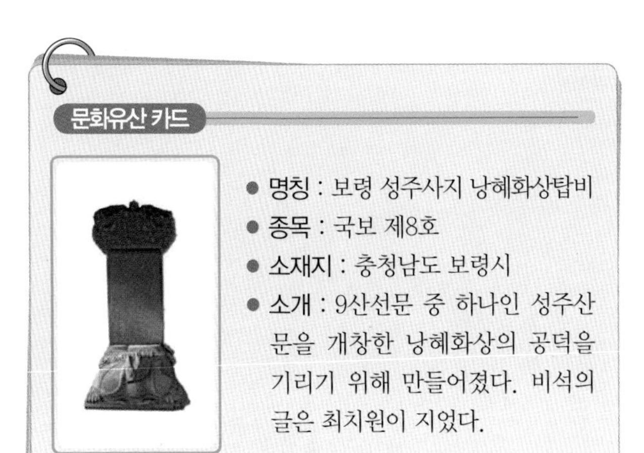
문화유산 카드

- 명칭 : 보령 성주사지 낭혜화상탑비
- 종목 : 국보 제8호
- 소재지 : 충청남도 보령시
- 소개 : 9산선문 중 하나인 성주산문을 개창한 낭혜화상의 공덕을 기리기 위해 만들어졌다. 비석의 글은 최치원이 지었다.

① 청화 백자를 만드는 도공
② 성균관에서 공부하는 학생
③ 선종 사상을 후원하는 호족
④ 금속 활자로 불경을 인쇄하는 승려

| 해설 | **신라 하대의 사회상**

자료의 낭혜화상탑비는 성주산문의 개조 무염(無染, 801~888)의 공덕을 기린 묘탑비로 최치원이 비문을 만들고, 글씨는 최언위가 썼다. 문화 유산 카드의 '9산 선문', '최치원'이라는 내용을 통해 문화유산이 제작된 시기는 신라 하대임을 알 수 있다.

신라 하대에는 선종이 널리 퍼지면서 승탑과 탑비 또한 많이 제작되었다. 선종은 참선을 통한 개인의 깨달음을 중시하고, 전통적인 권위를 부정하여 호족과 백성의 호응을 얻었다. 선종 승려들은 지방 호족과 결합하여 각 지방에 근거지를 마련하였는데, 그 중에서 대표적인 9개의 선종 사원이 9산 선문이다.

| 오답 넘기 |

① 청화 백자는 조선 후기에 유행하였다.
② 조선 시대 성균관은 조선의 최고 교육 기관으로 소과 합격자인 생원, 진사를 입학시키는 것을 원칙으로 하였다.
④ 금속 활자로 불경을 인쇄한 것은 13세기경부터의 일로 강화 천도 시기에 금속 활자로 「상정고금예문」을 편찬하였으나 오늘날 전해지지 않고 있으며, 현재 남아 있는 가장 오래된 금속 활자본은 「직지심체요절」이다(1377).

정답 ③

8 (가), (나) 인물에 대한 설명으로 옳은 것은? [3점]

> ○ 서쪽으로 순행하여 완산주에 이르니 주(州)의 백성들이 환영하였다. (가) 은/는 인심을 얻은 것에 기뻐하며 주위의 사람들에게 말하기를, "…… 이제 어찌 내가 완산에 도읍을 세워 의자왕의 쌓인 울분을 갚지 않겠는가?"라고 하였다.
>
> –『삼국사기』–
>
> ○ (나) 이/가 스스로 왕이라 일컫고 사람들에게 말하기를, "지난날 신라가 당나라에 군사를 요청하여 고구려를 깨뜨렸다. …… 내가 반드시 그 원수를 갚겠다."고 하였다. …… 스스로 미륵불이라 칭하고 머리에는 금고깔을 쓰고 몸에는 가사를 둘렀다.
>
> –『삼국사기』–

① (가) – 훈요 10조를 남겼다.
② (가) – 귀주에서 거란의 침입을 물리쳤다.
③ (나) – 청해진을 설치하였다.
④ (나) – 후고구려를 건국하였다.

| 해설 | **후삼국의 성립**

(가) 견훤은 상주 지방의 군인 출신으로, 진성 여왕 때 나라가 혼란한 틈을 타 무진주(광주)를 점령한 뒤, 완산주(전주)에 도읍을 정하고 후백제를 세웠다(900). 그는 백제 재건을 내세우며 세력 기반을 강화하였으며 중국의 오 · 월과 외교 관계를 맺고 영토를 확장하였다.

(나) 궁예는 북원(원주)에서 활동하던 양길의 부하로 있다가 세력을 키워 자립하였다. 그는 왕건 부자와 중부 지방의 호족을 세력 기반으로 삼아 송악(개성)을 도읍으로 정하고 후고구려를 세웠다(901). 후고구려(태봉)의 궁예는 스스로를 미륵불이라고 칭하며 이상 사회를 위한 개혁을 추구하였다. 또 연호를 자주 바꾸면서 왕권을 강화하고자 하였는데, 이 과정에서 부하를 자주 의심하고 살해하는 폭압 정치를 하여 점차 민심을 잃어 갔다.

| 오답 넘기 |

① 훈요 10조는 태조 왕건이 후대 왕이 지켜야 할 정책 방향을 제시한 것이다(942).
② 거란의 3차 침입 때는 강감찬이 귀주에서 거란군을 격파하였다(1019).
③ 통일 신라 시기 장보고는 완도에 청해진을 설치하였다(828).

정답 ④

07 통일 신라, 발해의 경제와 사회

공부한 날 월 일
일차

❶ 통일 신라의 경제

(1) 통일 신라의 토지 제도

① 신문왕 : 녹읍 폐지(689), 관료전 지급(687)
- 관료전: 관리들이 관직에 복무하는 대가로 받는 토지. 그 지역에서 나오는 생산물만 수취 가능
- 귀족의 영향으로부터 농민을 보호하여 국가의 농민 지배를 강화

② 성덕왕 : 농민에게 정전 지급(722) → 세금 부과 목적

③ 경덕왕 : 귀족들의 반발로 녹읍 부활(757)

(2) 통일 신라의 수취 체제 정비

① 통일 신라의 조세 제도 : 민호는 9등급 · 인구는 6등급으로 나눔, 조세(생산량의 1/10 수취), 공물(촌락 단위로 그 지역의 특산물 징수), 역(군역과 요역, 16~60세의 남자를 대상으로 부과)

② 신라 촌락 문서(민정 문서)

작성 시기	8세기경에 작성된 것으로 추정됨(경덕왕 755년경)
조사 지역	서원경(청주) 지역의 4개 촌락
기록 방식	촌주가 매년 조사하여 3년마다 문서를 다시 작성
조사 대상	• 호(가구) : 노동력의 많고 적음에 따라 상상호(上上戶)에서 하하호(下下戶)까지 9등급으로 나누어 파악 • 인구 : 남녀별로 구분, 16세에서 60세 남자의 연령을 기준으로 나이에 따라 6등급으로 구분, 3년 동안의 변동 내용도 기록 • 기타 : 수목(뽕나무 · 잣나무 · 호두나무)의 종류와 수, 가축(소 · 말 등)의 종류와 수, 특산물 등도 조사
작성 목적	조세와 공물을 수취하고 노동력을 동원하기 위해 만든 공적인 문서로 국가의 주된 목적이 토지보다 주민들에게 있었음을 알 수 있음

신라 촌락 문서 1933년 일본 도다이 사(東大寺) 쇼소인(正倉院)에서 발견된 통일 신라 때의 문서로, 당시 촌락의 경제 상황과 국가의 세무 행정을 알 수 있는 자료이다. 신라 장적, 신라 민정 문서라고도 한다.

(3) 통일 신라의 산업

① 농업 : 밭농사 중심, 휴경법, 차 재배, 영천 청제비(수문 시설 설치 기록)

② 수공업과 상업 : 왕실과 귀족이 사용하는 물품을 만드는 관청 정비, 수도 경주에 동시 외에 서시와 남시 개설

휴경법
땅에 비료를 주는 시비법이 발달하지 못해 1년 동안 농사를 지은 후 그 땅의 비옥도를 회복시키기 위해 1년 또는 2년씩 쉬게 하는 농사법이다.

(4) 통일 신라의 대외 무역

① 당과의 무역

㉠ 인적 교류 : 사신, 유학생, 승려, 상인의 왕래

㉡ 무역 활동 : 수출–금 · 은 세공품, 인삼, 명주 등, 수입–비단, 책, 향신료 등

㉢ 국제 무역항 : 울산항은 이슬람 상인까지 내왕하여 당의 산물, 서역의 상품도 거래

㉣ 활발한 교류 : 산둥 반도와 양쯔 강 하류에 신라방(마을), 신라원(절), 신라소(감독 관청) 형성

② 일본과의 무역 : 신라칼, 유기(놋그릇), 유교, 불교 등이 일본에 전파

③ 장보고의 활약 : 전남 완도에 청해진을 설치하여 해적 소탕 → 남해와 황해의 해상권 장악

신라방
중국 동해안 일대에 설치되었던 신라인의 집단 거주 지역으로 산둥 반도 일대를 중심으로 형성되었다. 이곳에는 주로 교역 상인과 사신단, 유학생, 구법승 그 밖에도 정치 · 경제적 난민이 머물고 있었다.

Click ! ●남북국 시대의 무역

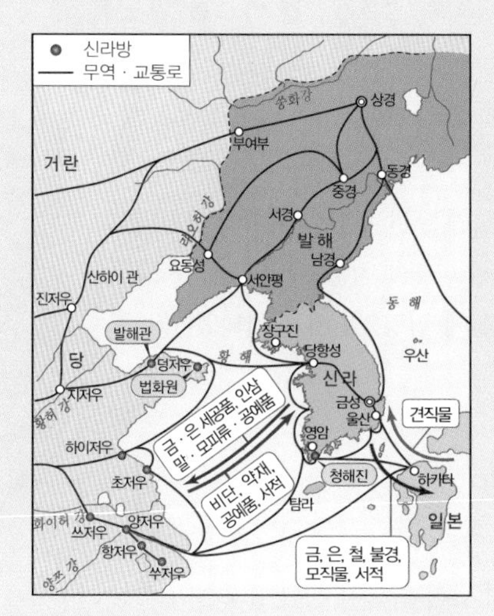

장보고가 당나라 산둥 반도에 설치한 신라인의 불교 사찰

귀하를 뵌 적은 없으나 높으신 이름을 오래 전에 들었기에 흠모하는 마음이 더욱 깊어만 갑니다. …… 부족한 이 사람은 다행히도 대사께서 세우신 이곳 법화원에 머무를 수 있었던 것을 말로 다할 수 없이 감사하게 생각합니다. 저는 은혜를 입고 있으면서도 멀리 떨어져 찾아뵙지 못하였습니다.

– 엔닌, 『입당구법순례행기』 –

일본 승려로 당나라에 머무르는 동안의 행적을 기록한 『입당구법순례행기』를 남겼다.

금입택
신라 전성기 때 경주에 있었던 부유층의 집으로, 『삼국유사』에 의하면 39개의 금입택이 있었다고 한다. 단순한 부호가 아닌 왕권에 견줄 만한 유력한 진골 귀족의 저택이었던 것으로 추측된다.

❷ 발해의 경제

(1) 수취 체제 : 조세(조 · 콩 · 보리), 공물(베 · 명주 · 가죽 등 특산물), 부역 동원

(2) 발해의 산업

① **농업** : 기후 조건에 따라 밭농사 발달(콩, 조)
② **수렵 및 목축** : 말, 모피(담비가죽), 가죽, 녹용, 사향 등 수출
③ **수공업** : 금속 가공업과 직물업, 삼채 도자기
④ **상업** : 수도인 상경 용천부를 중심으로 상업 발달

(3) 발해의 대외 무역 : 당(발해관 설치), 일본, 신라(신라도 설치) 등과 무역

당에 있던 발해 사신이 머무는 여관을 말하는데, 당으로 향하는 교통로로 해로와 육로가 만나는 등주 부근에 신라관과 함께 있었다.

안압지(월지) 문무왕 때 만들어진 인공 연못. 왕과 귀족들이 외국의 손님을 접대하거나 연회를 즐겼던 곳으로 추측된다.

❸ 통일 신라와 발해의 사회상

(1) 통일 신라의 사회 구조

① **신분제 변화의 특징** : 통일 이후 성골 소멸, 3~1두품 평민화
② **귀족** : 금입택이라 불린 저택에서 많은 노비와 사병을 거느리고 거주, 경제적 특권을 바탕으로 사치품 소비
③ **평민** : 주로 농업에 종사, 자기의 토지 및 남의 토지를 빌려 경작, 귀족에게 빌린 돈을 갚지 못하여 결국 노비가 되는 경우도 적지 않았음
④ **천민** : 왕실, 관청, 귀족, 사찰 등에 속하여 토지 경작이나 물품 생산에 종사

안압지 출토 주사위 경주 안압지를 발굴하다가 발견된 것으로 각 면마다 주사위 놀이를 하면서 받는 벌칙이 새겨져 있는데, 통일 신라 시대 귀족들의 술좌석 등에서 사용되었으리라 추측된다. 농면공과(弄面孔過 : 얼굴 간지러움을 태워도 꼼짝 않기), 자창자음(自唱自飮 : 혼자 노래 부르고 술 마시기) 등의 벌칙이 새겨져 있다.

(2) 발해의 사회 구조

① **지배층** : 대씨(왕족), 고씨(귀족) 등 고구려계가 다수 차지, 말갈계 일부
② **피지배층** : 주로 말갈인, 토착 세력이 말갈 주민 통치
③ **사회 모습** : 당의 제도와 문화를 수용(빈공과 응시), 고구려와 말갈 사회의 전통적인 생활 모습 유지, 상무적 기풍, 여성의 지위가 비교적 높음

해상 왕국 청해진

❶ 장보고, 청해진 대사로 임명

청해진은 지금의 전라남도 완도(정확하게는 완도읍 장좌리)에 설치되었던 신라의 해군 및 무역 기지이다. 신라 하대에 장보고(張保皐, ?~846)가 왕에게 요청하여 청해진 대사(大使)에 임명되면서 설치되었다(828, 흥덕왕 3).

청해진의 해상 무역로

❷ 해상 왕국으로 성장한 청해진

기록(『삼국사기』)에 따르면 장보고는 일찍이 당(唐)에 건너가 무령군 소장(武寧軍小將)이 되었으나, 신라에서 잡혀와 노비가 된 동포들의 참상을 보고 분개, 벼슬을 버리고 귀국하여 해적들의 인신매매 행위를 근절시키기 위하여 청해(淸海, 즉 완도)에 군영(軍營)을 설치할 것을 왕에게 요청한 것으로 되어 있다.

청해진이 장보고의 활약에 의해 국제 무역과 문화 교류의 중계 기지로 번영을 구가하게 되자 자연히 많은 수의 유민들과 유능한 인재들이 청해진으로 모여들었다. 그리하여 장보고는 휘하에 1만 명 이상의 군졸을 거느리고, 상선단도 소유한 독자적인 한 지방 세력으로 성장하였다.

❸ 장보고, 왕위 계승 다툼에 휘말려 피살

하지만 곧이어 장보고는 현실 정치에 휘말리게 되면서 몰락의 길을 걷고 말았다. 왕위 계승 다툼에서 패배한 김우징 일파가 도움을 구하고자 837년(희강왕 2) 청해진에 들어왔고, 장보고에게 그들에게 설득되어 함께 반란을 일으켰다. 44대 민애왕을 죽이고, 김우징은 45대 왕인 신무왕이 되었다(신무왕은 왕위에 오른 지 3개월 만에 병으로 죽고, 아들이 문성왕으로 즉위). 장보고는 반란을 성공시킨 공으로 감의군사(感義軍使)에 오르고, '약속대로' 자신의 딸을 문성왕의 왕비로 삼을 것을 요청하다가 도리어 문성왕이 보낸 자객 염장의 칼에 맞아 피살되고 말았다(846, 문성왕 8). 이후 토벌군의 공격을 받아 청해진이 함락되고 주민들은 벽골군(碧骨郡, 지금의 전라북도 김제)으로 강제 이주되었다(851, 문성왕 13). 한때 해상 왕국으로 번성하던 청해진이 사실상 장보고와 함께 운명을 같이한 셈이다.

❹ 폐허가 된 청해진, 지금도 남아 있는 장보고 이야기와 청해진 유적

청해진을 폐한 후 신라 조정은 완도에 사람이 드나드는 것을 막았다. 그로부터 5백 년이 흐르는 동안 완도는 폐허가 되고 말았다. 다시 완도에 사람이 들어와 살게 된 것은 고려 공민왕 때인 1351년의 일이다. 지금도 완도에는 장보고 이야기가 많이 남아 있다. 장좌리 서쪽에는 장보고가 돌을 던져 맞혔다는 복바위가 있는데, 지금도 돌을 맞히면 복을 받는다고 전해져 온다. 그밖에 옥당(獄堂)터, 청해정 터 등이 남아 있다.

오늘날의 청해진(전남 완도)

❶ 통일 신라의 경제

- [녹읍] 노동력의 징발을 법적으로 보장하였다.
- [신문왕] 관료전을 지급하고 녹읍을 폐지하였다.
- [성덕왕] 백성에게 정전을 나누어 주었다.
- [신라 촌락 문서] 쇼소인에서 발견된 민정 문서의 내용을 검색한다.
  - ↳ 촌락의 인구, 토산물 등을 파악하기 위해 작성되었다.
  - ↳ 민정 문서를 작성하여 촌락의 면적 등을 파악하였다.
  - ↳ 3년마다 작성되었다.
  - ↳ 조세 징수와 노동력 징발에 활용되었다.
  - ↳ 마을의 크기, 인구, 논밭의 넓이가 기록되어 있어.
  - ↳ 가축 수와 뽕나무 수도 기록되어 있어.
  - ↳ 일본에서 발견되었어.

실전 자료 **신라 촌락 문서**

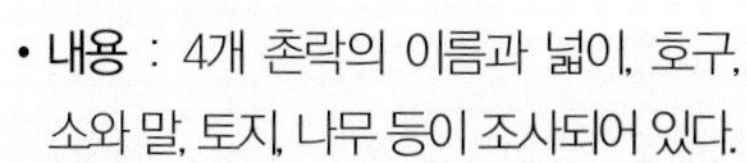

- **시대** : 통일 신라
- **소장처** : 일본 도다이 사(東大寺) 쇼소인(正倉院)
- **내용** : 4개 촌락의 이름과 넓이, 호구, 소와 말, 토지, 나무 등이 조사되어 있다.

- (장보고가 완도에) 청해진을 설치하였다.
  - ↳ 청해진을 중심으로 해상 무역이 전개되었다.
  - ↳ 청해진을 설치하여 해상 무역을 전개하였다.
  - ↳ 청해진을 중심으로 (활발한) 해상 무역(교역)이 이루어졌습니다.
  - ↳ 청해진을 거점으로 당과 해상 무역을 하였다.
  - ↳ (장보고) 중국 산둥 지역에 법화원을 세웠다.
  - ↳ 산둥반도에 법화원을 건립하였다.

실전 자료 **장보고의 활동**

- 신라 출신의 장보고는 이곳 완도를 해상 무역 거점지로 삼았어.
- 그는 해적을 소탕하여 해상 무역로를 보호하고 국제 무역을 주도하였지.

- 울산항을 통해 서역과 교류하였다.
  - ↳ 중국에 금 · 은 세공품을 수출하고 비단, 서적 등을 수입하였습니다.
- 중국의 산둥 지역에 신라방과 신라소 등이 있었습니다.
  - ↳ 신라와 당의 교역이 활발해지면서 당에 신라방이 생겼다.

실전 자료 **신라의 경제**

1. 신라 촌락 문서에 나타난 서원경 일대의 경제 상황
2. 관료전 지급과 녹읍 폐지의 목적
3. 유리 세공품을 통해 살펴본 서역과의 교류 내용
4. 청해진에서 전개된 해상 무역의 양상

❷ 발해의 경제

- (당의) 등주에 발해관이 설치되었다.
- 일본도를 경유하여 일본과 교역하였다.
  - ↳ 일본에 담비 가죽을 수출하다.

실전 자료 **발해의 경제 상황**

발해는 영주(營州)*에서 동쪽으로 2천 리 밖에 위치하며 …… 동쪽은 멀리 바다에 닿았고, 서쪽으로는 거란(契丹) 있었다. …… 귀중히 여기는 것은 태백산의 토끼, 남해의 다시마, 책성의 된장, …… 막힐의 돼지, 솔빈의 말, 현주의 베, 옥주의 면, 용주의 명주, 위성의 철, 노성의 벼, 미타호의 붕어이다. …… 이 밖의 풍속은 고구려, 거란과 대개 같다.

– 『신당서』 –

*영주(營州): 지금의 랴오닝성 차오양

❸ 통일 신라와 발해의 사회상

- [귀족] 녹읍을 경제적 기반으로 하였다.
  - ↳ 진골 귀족의 경제 기반을 파악한다.

실전 자료 **안압지**

· 통일 신라 유적에서 생활 유물 대량 출토

이곳은 통일 신라 시대에 왕자가 살았던 궁궐 근처에 조성된 연못이다. 경주 종합 개발 계획에 따른 유적 정비 사업의 일환으로 연못 바닥을 파는 공사가 진행되었는데, 그 결과 바닥에서 무려 1만 5천 점이 넘는 생활 유물이 쏟아져 나왔다. 그중에는 14면체 주사위가 발견되어 화제가 되고 있다.

- [신라] 골품에 따라 관직 승진의 제한이 있었다.
- 6두품 세력이 골품제를 비판하였다.

1 (가)에 들어갈 내용으로 가장 적절한 것은? [2점]

(수행평가 보고서)

신라의 경제

○○ 모둠

– 목차 –

1. 신라 촌락 문서에 나타난 서원경 일대의 경제 상황 … 3
2. (가) … 6
3. 유리 세공품을 통해 살펴본 서역과의 교류 내용 ……… 9
4. 청해진에서 전개된 해상 무역의 양상 ………………… 11

① 관료전 지급과 녹읍 폐지의 목적
② 은병 발행이 물자 유통에 끼친 영향
③ 모내기법의 전국적 보급과 생산력 증대
④ 담배 등 상품 작물의 재배와 농가 소득의 향상

| 해설 | 신라의 경제 생활

통일 신라 촌락 문서에는 서원경 부근 4개 촌락에 대한 민정 문서가 남아 있어 통일 신라의 촌락 경제 상황을 보여 주고 있다. 또 신라의 무덤에서는 서역의 유리그릇 과 금제 장식 보검 등 출토되어 서역과의 교류 사실을 알려준다. 그리고, 신라의 장보고는 9세기 전반에 청해진(전남 완도)을 거점으로 해상권을 장악하고 당, 신라, 일본, 동남아시아의 물품을 중계 무역하였다.

① 신라는 신문왕 때 귀족의 경제력을 약화시키기 위하여 관리에게 관료전을 지급(687)하고, 식읍을 제한하면서 귀족의 녹읍을 폐지(689)하는 정책을 추진하였다.

| 오답 넘기 |

② 고려 숙종 때에는 삼한통보, 해동통보, 해동중보 등 동전과 활구(은병)라는 은전을 만들어 강제적으로 유통시키려 하였다.
③ 조선 후기 논농사에서는 모내기법(이앙법)이 전국적으로 보급되어 쌀 생산량이 크게 늘고, 벼와 보리의 이모작이 가능해졌다.
④ 조선 후기 쌀, 목화, 채소, 담배, 약초, 인삼 등의 상품 작물은 많은 이익을 가져다주었다.

정답 ①

2 (가)~(마)에 들어갈 내용으로 적절하지 않은 것은? [3점]

고대 경제의 재조명

우리 학회에서는 고대 국가의 경제생활을 재조명하는 시간을 마련하였습니다. 많은 참여 바랍니다.

◉ 강의 주제 ◉

제1강 고구려, (가)

제2강 백제, (나)

제3강 신라, (다)

제4강 가야, (라)

• 일시 : 2017년 ○○월 ○○일 10:00~17:00
• 장소 : ◇◇ 박물관 대강당
• 주관 : □□ 학회

① (가) – 진대법으로 백성을 구휼하다
② (나) – 벽란도가 국제 무역항으로 번성하다
③ (다) – 금성에 동시를 설치하다
④ (라) – 덩이쇠를 화폐처럼 사용하다

| 해설 | 고대의 경제 생활

① 진대법은 고구려 고국천왕 때에 처음 실시된 제도로 을파소의 건의로 만들어졌다(194). 가난한 농민들에게 나라에서 거두어 놓은 곡식을 봄에 빌려 주고 가을에 추수한 후 다시 거두어들이는 제도로 국가가 평민이 몰락하여 귀족이나 세력가의 노비로 전락하지 않도록 관리하려는 과정에서 만들어졌다.
③ 신라에서는 5세기 말 금성(경주)에서 동시라는 시장이 열렸고, 6세기 초에는 감독관청인 동시전이 설치되었다(509).
④ 가야는 질 좋은 철을 생산하여 각종 철제 무기를 만들어 사용하였고, 철기를 만들 때 사용하는 덩이쇠를 화폐와 같은 교환 수단으로 이용하기도 하였다.

| 오답 넘기 |

② 벽란도는 예성강 하구에 위치한 고려의 국제 무역항이다.

정답 ②

3 밑줄 그은 '그'에 대해 설명으로 옳은 것은? [2점]

① 우산국을 정벌하였다.
② 강동 6주를 획득하였다.
③ 왕오천축국전을 저술하였다.
④ 산둥반도에 법화원을 건립하였다.

| 해설 | 통일 신라의 무역

제시된 자료에서 '당, 신라, 일본을 잇는 해상 무역권을 장악', '완도에 그의 이름을 딴 기념관' 설치 등의 내용을 통해 신라 하대 장보고에 대한 설명임을 알 수 있다. 9세기 이후 황해와 남해안 일대에 해적의 약탈 행위가 극심해지자, 장보고는 완도에 청해진을 설치하여 해적을 소탕하였다. 이후 청해진을 중심으로 당과 신라, 일본을 연결하는 해상 무역권을 장악하였다. 장보고는 산둥 반도 적산포에 법화원을 세워 신라인들에게 정신적 안정을 제공하였다.

| 오답 넘기 |

① 신라 지증왕은 이사부로 하여금 우산국(지금의 울릉도)을 정복하게 함으로써 울릉도를 우리나라 영토로 편입하였다(512).
② 거란의 1차 침입 때 서희의 담판으로 강동 6주를 회복하였다(993).
③ 인도를 기행하고 돌아온 신라 승려 혜초는 『왕오천축국전』을 저술하였다(727).

정답 ④

4 (가) 인물의 활동으로 옳은 것은? [2점]

① 청해진을 중심으로 무역 활동을 전개하였다.
② 해동 천태종을 창시하였다.
③ 왕오천축국전을 저술하였다.
④ 진성 여왕에게 시무책 10여 조를 올렸다.

| 해설 | 통일 신라의 경제

산둥 반도 적산포에 법화원을 세워 신라인들에게 정신적 안정을 제공한 인물은 장보고이다. 신라의 장보고는 9세기 전반에 청해진(전남 완도)을 거점으로 해상권을 장악하고 당, 신라, 일본, 동남아시아의 물품을 중계 무역하였다(828). 장보고의 활약을 계기로 중국 산둥 반도 연안과 대운하 연변, 창장 강 어귀 등지에는 국제 교역을 담당하는 신라 교민 사회가 형성되었다.

| 오답 넘기 |

② 고려 시대 의천은 화엄종의 입장에서 교종을 정리하고, 새로 천태종을 개창하여 선종을 통합함으로써 교 · 선의 대립을 극복하려 하였다(1097).
③ 신라 말 혜초는 인도와 중앙 아시아를 순례하고 왕오천축국전을 저술하였다(727).
④ 신라 말 최치원은 진성 여왕 8년(894)에 시무책 10여 조를 올리며 폐쇄적인 골품제 사회였던 신라를 개혁하려 하였다.

정답 ①

5 (가)에 들어갈 내용으로 가장 적절한 것은? [2점]

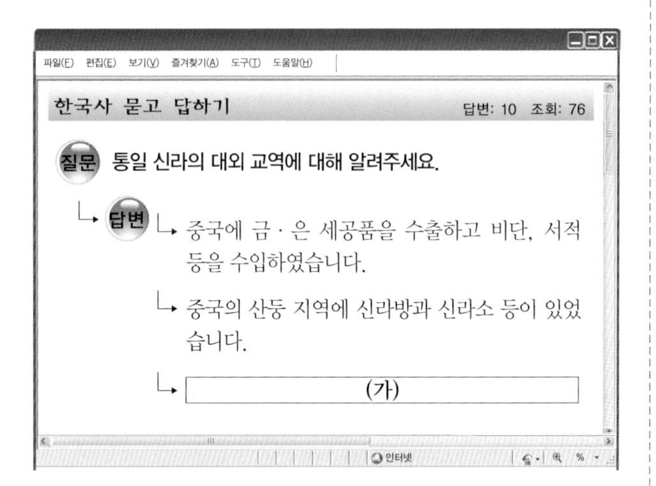

① 무역소를 설치하여 여진과 교역하였습니다.
② 개시와 후시를 통한 무역이 성행하였습니다.
③ 왜관을 통해 일본에 인삼을 수출하였습니다.
④ 장보고가 청해진을 중심으로 해상 무역을 전개하였습니다.

| 해설 | 통일 신라의 대외 무역

통일 이후 신라와 당의 교류가 활발해지자 당에는 신라 사람들이 모여 사는 마을인 신라방이 만들어지고 신라소, 신라관, 신라원 등이 생겨났다. 신라는 당에 금 · 은 세공품 등을 수출하고, 당으로부터 귀족의 사치품을 수입하였다. 일본과도 활발하게 교역하여 금속 물품과 모직물 등을 수출하고, 견직물 등을 수입하였다. 또 9세기 이후 황해와 남해안 일대에 해적의 약탈 행위가 극심해지자, 장보고는 완도에 청해진을 설치하여 해적을 소탕하였다(828). 이후 청해진을 중심으로 당과 신라, 일본을 연결하는 해상 무역권을 장악하였다.

| 오답 넘기 |

① 조선은 여진족의 귀순을 장려하고 무역소를 설치해 국경 무역을 허락하였다.
②,③ 조선 후기의 무역 활동에 대한 내용이다.

정답 ④

6 다음 검색창에 들어갈 문화유산으로 옳은 것은? [1점]

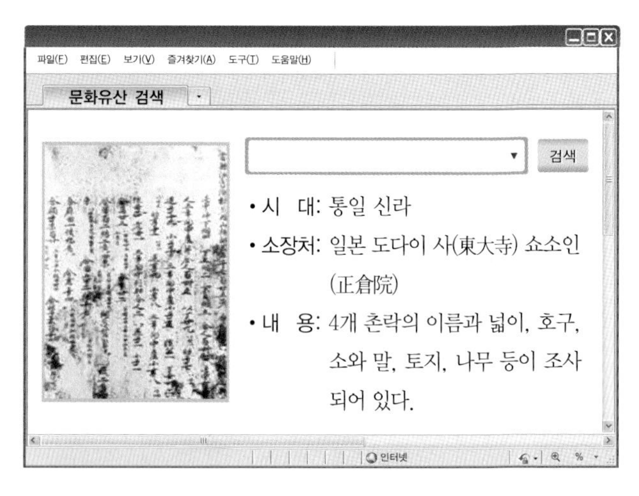

① 지계 ② 홍패
③ 공명첩 ④ 민정 문서

| 해설 | 통일 신라의 경제 정책

제시된 자료는 일본 도다이 사[東大寺] 쇼소인[正倉院]에서 발견된 통일 신라의 촌락 문서(신라 민정 문서)이다. 이 문서의 기록 중에서 3년 간에 태어난 자를 합해 인구 수를 계산한 것에서 문서가 3년마다 작성되었음을 알 수 있다. 또한 호를 구분하는 표현이 중하, 하상, 하하호 등으로 구분되고 있는 것에서 각 호(가구)의 사람이 많고 적음에 따라 상상호부터 하하호까지 9등급으로 나누어 파악하고 있음을 알 수 있다. 인구수는 정, 조자 등의 구분이 있는 것에서 남녀별, 연령별로 구분해 조사했음을 알 수 있다. 통일 신라가 이런 민정 문서를 작성한 것은 이 문서에 기록된 내용을 기준으로 조세와 공물을 징수하고 부역을 부과하기 위한 것이었다.

| 오답 넘기 |

① 광무 개혁 당시 토지 소유자에게는 근대적 토지 소유권을 인정하는 증서인 지계를 발급하였다(1899~1904).
② 홍패는 고려 · 조선 시대에 과거에 급제한 자에게 발급한 합격 증서이다.
③ 공명첩은 조선 후기에 부유한 백성들에게 돈, 곡식을 받고 팔았던 명예직 관직 임명장이다.

정답 ④

7 밑줄 그은 '이 문서'에 대한 설명으로 옳은 것을 〈보기〉에서 고른 것은? [2점]

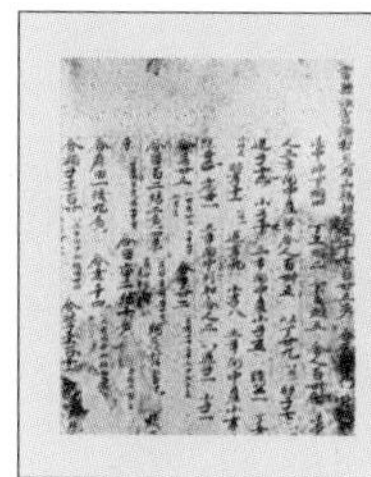

이 문서는 일본 도다이 사의 쇼소인에서 발견된 것으로, 촌락 내 인구의 수, 토지의 종류와 크기, 소와 말의 수, 뽕나무 · 잣나무의 수 등이 기록되어 있다.

보기

ㄱ. 고려 시대 문서이다.
ㄴ. 3년마다 작성되었다.
ㄷ. 최승로의 건의로 만들어졌다.
ㄹ. 조세 징수와 노동력 징발에 활용되었다.

① ㄱ, ㄴ ② ㄱ, ㄷ
③ ㄴ, ㄷ ④ ㄴ, ㄹ

| 해설 | 통일 신라의 경제 정책

밑줄 그은 '이 문서'는 신라 촌락 장적으로 일본 도다이 사 쇼소인에서 발견되었으며, '신라 촌락 문서'라고 한다. 남녀별, 연령별 인구수 및 인구 이동, 토지 면적, 소와 말, 뽕나무, 호두나무, 잣나무 등의 수량이 자세히 기록되어 있다. 촌락을 다스리는 촌주가 촌락의 상황을 조사하여 3년마다 작성하였는데, 중앙에서 조세와 노동력을 거두는 데 활용하였다.

| 오답 넘기 |

ㄱ. 통일 신라 시대의 문서이다.
ㄷ. 최승로는 고려 시대 성종에게 시무 28조의 개혁안(982)을 제안한 인물이다.

정답 ④

8 다음 사신을 파견한 국가의 대외 교류에 대한 설명으로 옳은 것은? [2점]

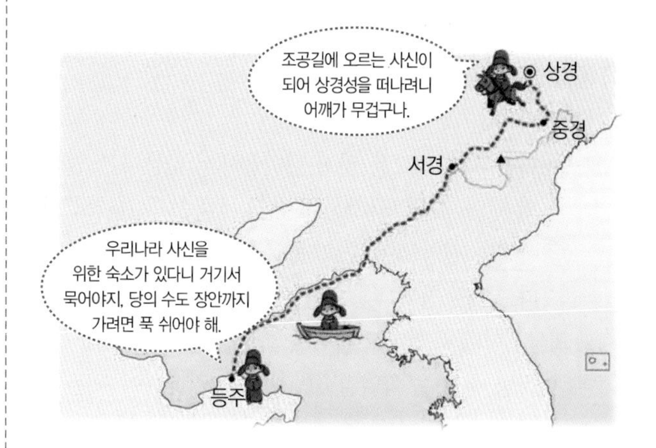

① 낙랑과 왜에 철을 수출하였다.
② 개시와 후시를 통해 무역을 하였다.
③ 일본도를 경유하여 일본과 교역하였다.
④ 청해진을 설치하여 해상 무역을 전개하였다.

| 해설 | 발해의 경제 생활

자료의 국가는 발해이다. 발해의 상경 용천부 등 도시와 교통의 요지에서는 상업이 발달하였다. 발해관은 발해 사신이 머무르던 여관이었다. 발해로부터 당으로 향하는 교통로는 육로와 해로가 있었다. 해로는 등주로 통하던 압록조공도였는데, 발해관은 바로 그 중간 기착지였던 등주부에 있었다. 또 발해는 동경에서부터 일본까지 이어지는 일본도를 통하여 일본과 교역하였다.

| 오답 넘기 |

① 변한과 가야는 철이 많이 생산되어 낙랑과 왜 등에 수출하였다.
② 조선 후기의 사상들은 중국과 개시(국가가 공식 허용한 무역) · 후시(사적으로 이루어지는 무역)를 통해 부를 축적하였다.
④ 통일 신라의 장보고는 9세기 전반(828) 청해진(전남 완도)을 거점으로 해상권을 장악하고 당, 신라, 일본, 동남아시아의 물품을 중계 무역하였다.

정답 ③

08 통일 신라와 발해의 문화

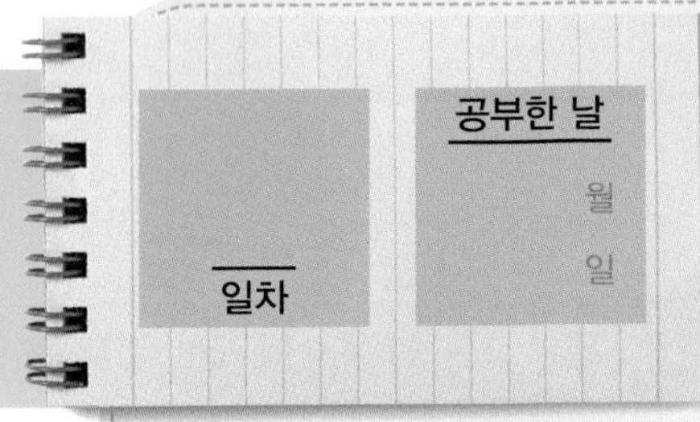

❶ 통일 신라의 사상 ☆☆☆

(1) 통일 신라의 불교 사상

① 원효

㉠ 화쟁 사상 : 모든 것이 한마음에서 나온다는 일심 사상에 근거한 불교 종파의 대립 해소, 『금강삼매경론』·『대승기신론소』 저술

㉡ 아미타 신앙(정토종) : 불교 대중화 운동 전개 → 모든 중생은 성불할 수 있다고 가르침

아미타 부처는 서방 정토의 극락세계에 있는 부처이다. 원효는 누구나 부지런히 '나무아미타불'을 외우면 내세에는 서방 정토에 태어날 수 있다고 설법하여 불교의 대중화에 이바지하였다.

② 의상 : 당에 유학하고 돌아와 화엄종 개창, 부석사 등 여러 사찰 건립

㉠ 화엄 사상 : 『화엄일승법계도』를 저술하여 모든 존재는 상호 의존적인 관계에 있으면서 서로 조화를 이루고 있다는 화엄 사상을 정립

㉡ 관음 신앙 : 관음 신앙 전파 → 현세의 고난 구원

㉢ 전제 왕권의 옹호 : 화엄 사상은 업설에 바탕을 둔 왕즉불 사상과 관련되어 신라 중대 전제 왕권 강화에 기여

③ 혜초 : 당·인도 순례, 『왕오천축국전』 저술 → 인도와 중앙아시아의 풍물 기록

④ 원측 : 당의 불교계에 영향(유식론)

신라의 불교 수용과 업설
불교 수용에 반대하던 신라 귀족들은 전생에 지은 행위의 결과를 현세에서 받는다는 불교의 업설을 유리하게 해석하여 귀족 중심의 신분 질서를 정당화하였다.

왕오천축국전
혜초가 천축(인도)국을 여행하면서 쓴 것으로 세계 4대 여행기의 하나이다. 혜초는 인도뿐만 아니라 지금의 파키스탄, 아프가니스탄, 이란, 터키, 러시아 총 6개국을 직접 답사하며 이곳의 풍물을 기록하였다(727).

(2) 선종과 풍수지리설

① 선종 : 통일 전후 전래, 신라 말기 유행

㉠ 교리 : 참선 수행을 통한 깨달음 중시, 개인적 정신 세계를 추구, 실천적 경향

㉡ 영향 : 지방 호족 세력과 결탁, 각 지방에 근거지 마련(9산 선문 성립), 지방 문화 역량의 증대, 고려 사회 건설의 사상적 바탕 마련

② 풍수지리설

㉠ 전래 : 신라 말기 도선 등 선종 승려들에 의해 전래

㉡ 내용 : 산세와 수세를 살펴 도읍, 주택, 묘지 등을 선정하는 인문 지리적 학설 → 경주 중심의 지리 개념에서 탈피하여 지방 중심의 국토 재편성을 주장

교종과 선종의 비교

구분	교종	선종
성립 시기	통일 신라 안정기	신라 말 혼란기
성격	경전 연구 중심	참선, 수양 중심
후원	왕실과 귀족들의 후원	지방 호족들의 후원
종파	5교 성립	9산 성립

(3) 통일 신라의 유학

① 국학 : 신문왕 때 설립(682), 귀족의 자제들을 입학시켜 유학 교육 → 태학감으로 명칭 변경(경덕왕), 박사와 조교 배치

② 독서삼품과 실시(원성왕) : 유교 경전의 이해에 따라 관리를 선발하는 시험(788), 골품제 때문에 큰 효과를 보지 못했으나 유학 보급에 기여

③ 대표적인 유학자

㉠ 김대문 : 『화랑세기』, 『고승전』, 『한산기』 → 신라의 전통과 문화의 주체적 인식

㉡ 6두품 출신 유학자 : 강수(외교 문서 작성), 설총(이두 정리, 「화왕계」 저술)

㉢ 최치원 : 당의 빈공과에 급제, 귀국 후 진성 여왕에게 개혁안 10여조 건의

강수
대가야 출신 6두품 유학자. 당에 보내는 외교 문서를 작성하였다.

❷ 통일 신라의 과학 기술과 예술

(1) 과학 기술의 발달

① 인쇄술과 제지술 : 불교 문화 융성 → 불국사 3층 석탑(석가탑)에서 무구정광대다라니경 발견[현존하는 세계 최고(最古)의 목판 인쇄물]

② 범종과 석조물 : 성덕 대왕 신종의 비천상, 법주사 쌍사자 석등(단아함, 균형 잡힌 걸작)

└ 비천은 천계에 머무르고 있는 신으로 초인적인 속도로 자유롭고 빠르게 날아다닐 수 있다고 한다.

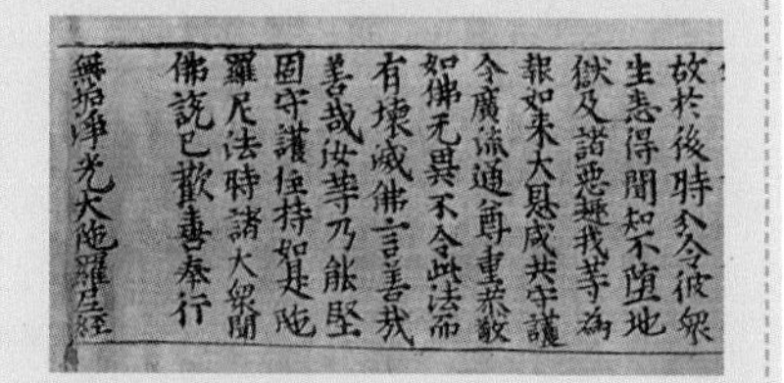
故於後時令彼衆
生悉得聞知不墮地
獄及諸惡趣我等爲
報如來大慈咸共守護
令廣流通尊重恭敬
知佛无異不令此法
有壞滅佛言善哉
善哉汝等乃能堅
固守護住持如是陁
羅尼法時諸大衆聞
佛說已歡喜奉行
無垢淨光大陁羅尼經

무구정광대다라니경

성덕 대왕 신종

(2) 통일 신라 예술의 발달

① 건축과 불교 예술

부처의 이상이 실현된 국토 ┐ (불국토)

구분	내용
건축	안압지, 석굴암(화강암으로 만든 인조 석굴), 불국사(불국토의 이상 반영)
탑	• 초기 : 이중 기단 위의 3층탑 형태[불국사 3층 석탑(석가탑), 다보탑, 감은사지 3층 석탑] • 후기 : 탑신에 부조로 불상을 새긴 형태(양양 진전사지 3층 석탑) 등 다양한 양식 등장, 승탑(선종 영향, 팔각원당형 – 쌍봉사 철감선사 승탑)
불상	석굴암 본존불상

② 고분 : 화장 유행, 둘레돌에 12지 신상 조각(김유신 묘)

Click ! ● 통일 신라의 불교 미술

불국사 3층 석탑

불국사 다보탑

불국사

석굴암 본존불상

화엄사 4사자 3층 석탑

진전사지 3층 석탑

법주사 쌍사자 석등

쌍봉사 철감선사 승탑

Click ! ● 경주 불국사

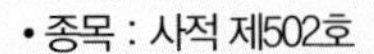

- 종목 : 사적 제502호
- 유적 : 청운교, 백운교, 다보탑, 석가탑 등
- 소개 : 8세기 중엽 김대성에 의해 조성되었다고 전해지며, 불교의 이상 세계를 지상에 건설하고자 하였던 신라인의 신앙심을 잘 보여주고 있다.

❸ 발해의 문화 ☆☆

(1) 유학과 한문학

① 유학 : 주자감 설립, 당에 유학생 파견(빈공과 다수 합격), 유교 명칭으로 6부의 명칭을 정함

② 한문학 : 수준 높은 한문학 발달(정혜 공주 · 정효 공주 묘지문, 양태사의 시 등)

(2) 불교 : 고구려 불교 계승, 귀족 중심, 문왕(불교적 성왕, 전륜성왕으로 자처), 상경에서 이불병좌상 등 출토

(3) 고분 : 굴식 돌방무덤(정혜 공주 묘, 모줄임 구조 천장), 벽돌무덤(정효 공주 묘)

(4) 건축과 불교 예술

건축	탑	불상 · 공예
• 상경성의 주작대로(장안성 모방) • 궁궐의 온돌 장치(고구려의 양식 계승)	• 영광탑(벽돌탑) → 당 문화의 영향	• 이불병좌상(고구려의 양식 계승) • 발해 자기와 석등(고구려의 양식 계승)

Click ! ● 발해의 문화

발해의 이불병좌상 / 발해 돌사자상 / 발해 석등 / 발해의 영광탑

발해의 기와 / 정효 공주 고분 벽화

빈공과(賓貢科)

중국에서 외국인을 상대로 실시한 과거이다. 당에서 처음 실시하였으며 원 때 제과(制科)로 변경되었고, 명 때 폐지되었다. 신라 말 당 유학생이 늘어나면서 빈공과에 합격하는 사람이 많아졌는데, 신라에는 당시 과거 제도가 없었고 골품제로 인한 신분상의 제약을 많이 받은 6두품 출신들이 많이 응시하였다(최치원 · 최승우 · 최언위 등).

정효 공주 묘

중국 길림성 화룡현 용두산에 있는 발해 문왕의 넷째 딸 정효 공주(757~792)의 무덤이다. 벽돌무덤으로, 고구려 양식과 같은 (모줄임 식제) 천장 구조이며 벽화가 그려져 있다. 벽돌로 무덤 벽을 쌓는 당의 양식과 돌로 공간을 줄여 나가면서 천장을 쌓는 고구려 양식이 결합되어 있는 셈이다. 널길의 동, 서벽과 널방의 동, 서, 북벽에 그려진 12명의 인물도는 처음으로 발해인의 모습을 보여주며, 무사, 시위, 내시, 악사로 빰이 둥글고 얼굴이 통통하여 당의 화풍을 반영하고 있다. 평소에 공주를 시중들던 사람들을 담고 있는 것으로 보이는데 공주의 모습은 그려져 있지 않다. 묘비(墓碑)가 완전한 모습으로 발견되었다.

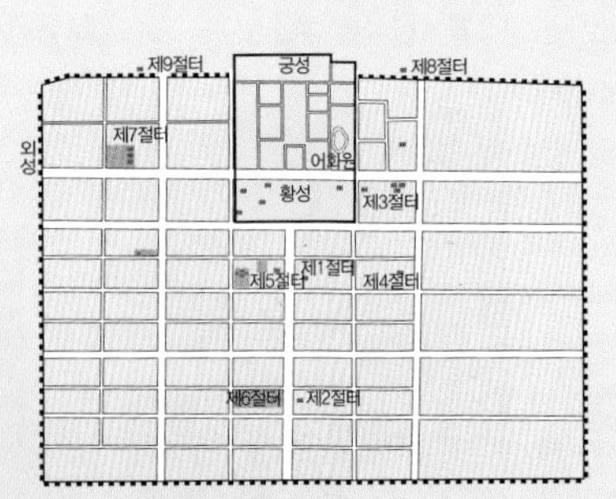

발해 상경 용천부 평면도

체크체크

① 통일 신라의 사상

- [원효] 무애가를 지었다.
  - ↳ 무애가를 만들어 불교 대중화에 힘썼다.
  - ↳ 십문화쟁론을 저술하였다.
  - ↳ 화쟁 사상을 주장하였다.

실전 자료 **원효**

원효는 당나라로 가던 중 밤에 오래된 무덤에서 잠을 자다가 물을 마시려고 일어났다. 마침 옆의 그릇에 담겨 있는 물을 마셨다. 아침에 일어나보니 밤에 자신이 마신 물그릇이 해골이었음을 알고 큰 깨달음을 얻어 그냥 되돌아왔다.

- [의상] 화엄일승법계도를 남겼다.
  - ↳ 화엄일승법계도를 지어 화엄 사상을 정리하였다.
  - ↳ 신라 화엄종을 개창하였다.
  - ↳ 화엄종을 창시하였다.
  - ↳ 의상, 부석사를 창건하다.
- [혜초] 왕오천축국전을 저술하였다.
  - ↳ 왕오천축국전을 지었다.
  - ↳ 왕오천축국전이라는 기행문을 남겼다.
- [도선] 풍수지리설을 도입하였다.
- [신문왕] 국립 교육 기관인 국학을 설치하였다.
- [원성왕] 인재 선발을 목적으로 독서삼품과를 시행하였다.
  - ↳ (인재 등용을 위하여) 독서삼품과를 마련하였다.
  - ↳ 관리 선발을 위하여 독서삼품과를 시행하였다.
  - ↳ 독서삼품과를 실시하여 관리를 등용하였다.
  - ↳ 독서삼품과의 인재 선발 기준을 파악한다.
  - ↳ 유학 실력에 따라 관리를 등용하기 위해 독서삼품과를 설치하였다.
- [김대문] 화랑세기, 고승전 등을 저술하였다.
- [설총] 이두를 정리하였다.
- [최치원] 당의 빈공과에 합격하였다.
  - ↳ 시무책 10여 조를 왕에게 올렸다.
  - ↳ 진성 여왕에게 개혁안을 올렸다.

② 통일 신라의 과학 기술과 예술

- [김대문] 불국사를 창건하였다.
- [김유신묘] 봉토의 둘레돌에 12지 신산을 조각하였다.

실전 자료 **경주 석굴암 본존상**

여름 방학을 맞이하여 가족과 함께 신라의 도읍지였던 경주에 왔다. 오늘 본 문화유산 중 가장 기억에 남는 것은 토함산 중턱에 위치한 석굴 사원이었다. 이 사원은 불국사와 함께 유네스코 세계 유산으로 지정되었다고 한다. 그 안에는 크고 아름다운 석굴암 본존상이 있었다.

③ 발해의 문화

- 유학 교육 기관으로 주자감을 설립하였다.
- 고구려의 문화를 계승하였다.
  - ↳ 온돌을 설치하여 추운 날씨를 이겨냈다.
  - ↳ 옛 발해의 땅에서 발견된 수막새, 온돌, 석등 등은 고구려의 유물과 비슷하다.

실전 자료 **발해**

사랑하는 딸에게

오늘 아빠는 6m가 넘는 멋진 석등과 대규모의 상경성터를 보면서 벅차오르는 감동을 억누를 수가 없었단다. 그러나 우리 조상들이 세웠던 발해의 역사를 터무니없이 중국의 역사로 바꾸고 있다는 이야기를 들으면서 화가 났지. '해동성국'이라고 불릴 정도로 번성했던 나라의 역사를 지키는데 우리 딸도 적극 동참했으면 좋겠구나. – 아빠가

실전 자료 **발해의 삼존 불상**

이것은 전성기에 해동성국이라고 불린 발해의 동경 용원부에서 출토된 삼존 불상입니다. 십자가 모양의 장신구를 걸고 있는 보살상을 통해 발해에서 다양한 문화 교류가 있었음을 짐작할 수 있습니다.

1 밑줄 그은 '그'에 대한 설명으로 옳은 것은? [2점]

오늘 알아볼 인물에 대해 말씀해 주세요.

오늘의 주인공은 신라 불교의 대중화를 이끈 승려입니다. 그는 무애가를 지어 부르며 백성들에게 아미타 신앙을 전파하였습니다.

① 십문화쟁론을 저술하였다.
② 화엄일승법계도를 지었다.
③ 해동 천태종을 개창하였다.
④ 수선사 결사를 제창하였다.

2 다음 인물에 대한 설명으로 옳은 것은? [3점]

① 신라 화엄종을 개창하였다.
② 왕오천축국전을 저술하였다.
③ 대각국사라는 시호를 받았다.
④ 화랑도의 규범으로 세속 5계를 제시하였다.

| 해설 | 통일 신라의 승려

모든 것은 한마음에서 나온다고 생각하는 원효의 '일심(一心)'사상은 「대승기신론(大乘起信論)소」에 의해 철학적 토대가 구축되었고, 「금강삼매경(金剛三昧經)론」을 통해 그 실천성을 부여받았으며 『화엄경소(華嚴經疏)』에 의해 완성되었다.
원효는 불교의 철학적 이해 기준을 확립하는 데 기여하였고, 종파 사이의 사상적 대립을 조화시키고 분파 의식을 극복하기 위해 화쟁 사상을 주장하여 『십문화쟁론(十門和諍論)』을 썼다. 또 무애가(無碍歌)를 만들어 부르고, 나무아미타불을 외우는 것을 강조하는 등 불교의 대중화에 힘썼다.

| 오답 넘기 |

② 의상은 『화엄일승법계도』를 저술하여 모든 존재는 상호 의존적이면서 서로 조화를 이룬다는 화엄 사상을 정립하였다.
③ 고려 중기에 의천은 화엄종을 중심으로 교종을 통합하고, 해동 천태종을 창시하여 선종을 포섭하고자 하였다.
④ 고려 시대 지눌은 수선사(송광사)를 중심으로 결사 운동을 전개하였다.

정답 ①

| 해설 | 통일 신라의 승려

통일 신라 시대 당에 유학하였던 의상은 『화엄일승법계도』를 저술하여 화엄 사상을 정립하였다. 그는 모든 존재는 상호 의존적 관계에 있으면서 조화를 이루고 있음을 강조하였는데, 삼국 통일에 따른 다양한 갈등을 치유할 사상을 제시한 것이다. 그는 부석사와 낙산사 등 사찰을 세워 불교문화의 폭을 확대 하였으며 현세에서 고난을 구제받고자 하는 관음 신앙을 전파하였다.

| 오답 넘기 |

② 인도를 기행하고 돌아온 신라 승려 혜초는 『왕오천축국전』을 저술하였다(727).
③ 고려 시대 대각국사 의천은 고려와 송 · 요 등의 대장경에 대한 해설서를 모아 '교장(속장경)'을 편찬하였다(1089~1101) 그 목록집이 『신편제종교장총록』이다.
④ 원광은 세속 5계를 지어 화랑도가 지켜야 할 행동의 규범을 제시하였다.(601)

정답 ①

3 다음 인물에 대한 설명으로 옳은 것은? [2점]

① 십문화쟁론을 지었다.
② 교관겸수를 주장하였다.
③ 화엄일승법계도를 남겼다.
④ 왕오천축국전을 저술하였다.

| 해설 | 통일 신라의 승려

혜초는 15세 되던 해에 중국으로 건너가 인도 승려인 금강지와 밀교를 연구하였고, 바닷길과 비단길을 이용해 4년간의 인도 여행 후 인도의 기행문인 『왕오천축국전』을 남겼다(727). 『왕오천축국전』은 1908년 프랑스의 동양학자 펠리오(Pelliot)가 중국 둔황 석굴 사원에서 발견하여 세상에 알려지게 되었으며 8세기의 인도와 중앙아시아에 관한 현존하는 세계 유일의 기록으로, 현재 프랑스 파리 국립 도서관에 소장되어 있다.

| 오답 넘기 |

① 원효는 일심 사상을 바탕으로 분열된 불교 종파를 융합하려는 『십문화쟁론』을 짓기도 하였다.
② 의천은 교 · 선 통합의 사상적 바탕으로 이론의 연마와 실천을 함께 강조하는 교관겸수를 제창하였다.
③ 통일 신라 시대 당에 유학하였던 의상은 『화엄일승법계도』를 저술하여 화엄 사상을 정립하였다.

정답 ④

4 (가)에 들어갈 문화유산으로 옳은 것은? [2점]

① 금산사 ② 부석사
③ 불국사 ④ 수덕사

| 해설 | 통일 신라의 문화 유산

(가)에 들어갈 문화 유산은 경주에 있는 불국사로 가장 이상적인 부처의 나라를 현실 세계에서 구현하고자한 통일 신라의 사원이다(751~774 김대성 중창).

삼국 통일 후 세워진 불국사는 청운교, 백운교 등 건축물과 3층 석탑(석가탑), 다보탑 등이 서로 조화를 이루고 있다. 특히 불국사 3층 석탑(석가탑)은 조화와 안정감을 살린 통일 신라 시대의 가장 전형적인 탑이다. 또 석굴암은 통일 신라 시대에 만들어진 대표적인 불교 건축물로, 중국의 석굴 사원의 양식을 본떠 만든 인공 석굴 사원이다. 토함산 정상 동쪽에 만들어졌는데, 직사각형의 전실과 원형의 주실 두 부분으로 이루어져 있다. 본존불이란 '석가모니불이 으뜸가는 부처'란 뜻으로 이르는 말로 석굴암의 본존불은 세련된 기법과 사실적인 표현을 이룬 불교 조각의 최고 걸작이라 할 수 있다.

석굴암과 불국사는 8세기 전후의 통일 신라 시대 불교문화를 대표하는 건축과 조각으로 유네스코 세계 유산으로 지정되어 있다.

정답 ③

5 밑줄 그은 '그'에 대한 설명으로 옳은 것은? [2점]

① 9재 학당에서 후진을 양성하였다.
② 화랑세기, 고승전 등을 저술하였다.
③ 왕오천축국전이라는 기행문을 남겼다.
④ 진성 여왕에게 시무책 10여 조를 올렸다.

6 밑줄 그은 '이 탑'으로 옳은 것은? [1점]

①

미륵사지 석탑

②
분황사 모전 석탑

③

불국사 삼층 석탑

④
정림사지 오층 석탑

| 해설 | 통일 신라의 인물

고운 최치원은 6두품 출신으로 당에 유학하여 당에서 외국인들에게 실시하는 빈공과에 합격하였으며 당에서 관리 생활을 하였다. '토황소격문'이란 우수한 문장으로 이름을 크게 떨치고 『계원필경』 등을 남겼다. 당에서 활동하다 신라로 돌아와 혼란에 빠진 신라 사회를 개혁할 10개의 조항을 써서 진성 여왕에게 건의하였으나(894) 진골 세력들의 방해로 인해 자신의 뜻대로 개혁을 추진할 수 없었다.

| 오답 넘기 |

① 고려 시대 최충은 개경에 9재 학당을 세워 교육에 힘썼으며, 훈고학적 유학에 철학적 경향을 더하여 유교 이해의 차원을 높였다.
② 김대문은 『화랑세기』, 『고승전』, 『계림잡전』 등의 저자이다.
③ 통일 신라 시대 혜초는 인도와 중앙 아시아를 순례하고 『왕오천축국전』을 저술하였다(727).

정답 ④

| 해설 | 통일 신라의 탑파

자료의 유물은 석가탑이라고도 불리는 불국사 3층 석탑이다. 불국사 3층 석탑은 조화와 균형의 미를 추구한 전형적인 통일 신라의 석탑으로 신라 중대에 만들어졌다. 무구정광대다라니경은 불국사 3층 석탑(석가탑) 탑신부에서 발견되었으며(1966), 세계에서 가장 오래된 목판 인쇄본이다. 이를 통해 신라의 높은 목판 인쇄술과 제지술의 수준을 알 수 있다.

| 오답 넘기 |

① 현존하는 백제의 가장 오래된 탑인 익산 미륵사지 석탑으로 백제 무왕이 미륵사를 창건하며 세운 것이다(639).
② 신라 선덕 여왕 때 지어진 경주 분황사 모전 석탑은 돌을 벽돌 모양으로 만들어 쌓은 탑이다(634).
④ 부여 정림사지 5층 석탑으로 백제 후기의 석탑이다(7세기).

정답 ③

7 밑줄 그은 '국가'의 문화유산으로 옳은 것은? [1점]

> 대씨는 처음에 읍루의 동모산을 지키고 있었다. …… 대조영이 도읍을 세우고 진왕(震王)이라고 자칭하였다. 바다 북쪽을 병탄하니 땅은 사방 5천 리였으며, 병사는 수십만에 달하였다. …… 5경 15부 62주를 지닌 요동의 성대한 <u>국가</u>가 되었다.
>
> -『요사』-

①
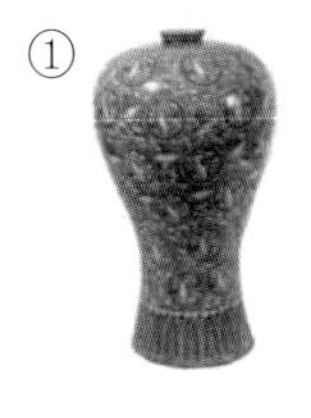

②

③
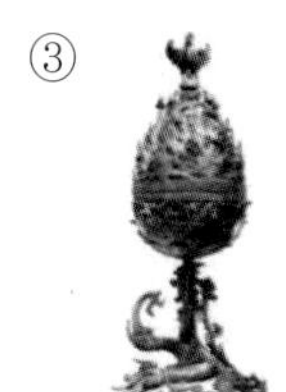

④

| 해설 | 고대의 문화 유산

제시된 자료에서 '동모산', '대조영', '5경 15부 62주' 등의 내용을 통해 밑줄 그은 '국가'는 발해임을 알 수 있다. 발해는 고구려 장수 대조영이 고구려 유민과 말갈인들을 이끌고 길림성의 동모산 근처에 세운 나라이다(698). 발해는 넓은 영토를 다스리기 위해 5경 15부 62주의 지방 행정 조직을 갖추었다(선왕 대). 5경은 중앙과 지방의 전략적 중요 지역에 설치한 특별 행정 구역으로서 중앙 정부가 지방을 다스리는 거점으로 삼았다. 그 밑에는 62주를 두었는데 중앙 정부는 이곳에까지 지방관을 파견하였다.

② 발해의 석등이다. 6m가 넘는 거대한 현무암 석등으로, 발해 목조 건축 양식을 엿볼 수 있다.

| 오답 넘기 |

① 고려 시대의 청자 상감 운학문 매병이다.

③ 백제의 금동 대향로로 도교적 이상 세계가 반영되어 있다(7세기 초).

④ 백제와 왜의 관계를 알려 주는 유물인 칠지도이다.

정답 ②

8 (가) 국가의 문화유산으로 옳은 것은? [1점]

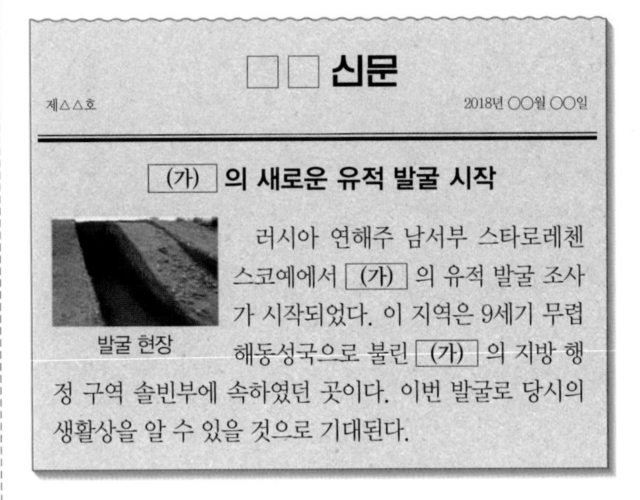

□□ 신문

제△△호 2018년 ○○월 ○○일

(가) 의 새로운 유적 발굴 시작

발굴 현장

러시아 연해주 남서부 스타로레첸스코에에서 (가) 의 유적 발굴 조사가 시작되었다. 이 지역은 9세기 무렵 해동성국으로 불린 (가) 의 지방 행정 구역 솔빈부에 속하였던 곳이다. 이번 발굴로 당시의 생활상을 알 수 있을 것으로 기대된다.

① ② ③ ④

| 해설 | 발해의 문화 유산

9세기 초 발해는 중국으로부터 '바다 동쪽의 융성한 나라'라는 의미의 해동성국이라 불리며 전성기를 이루었다(선왕 대). 그리고, 솔빈부는 발해의 지방 행정 구역인 15부 중 하나이다. 따라서 (가) 국가는 발해이다.

② 이불 병좌상은 두 부처를 동일한 크기로 표현한 것으로 발해의 특징적 유물이다.

| 오답 넘기 |

① 금동 연가 7년명 여래 입상으로 고구려의 것이다(539).

③ 삼국 시대의 금동 미륵보살 반가 사유상이다.

④ 석굴암 본존불은 통일 신라 불상의 걸작으로 균형 잡힌 모습과 사실적인 조각으로 살아 움직이는 느낌을 준다(8세기).

정답 ②

IV

고려의 성립과 발전

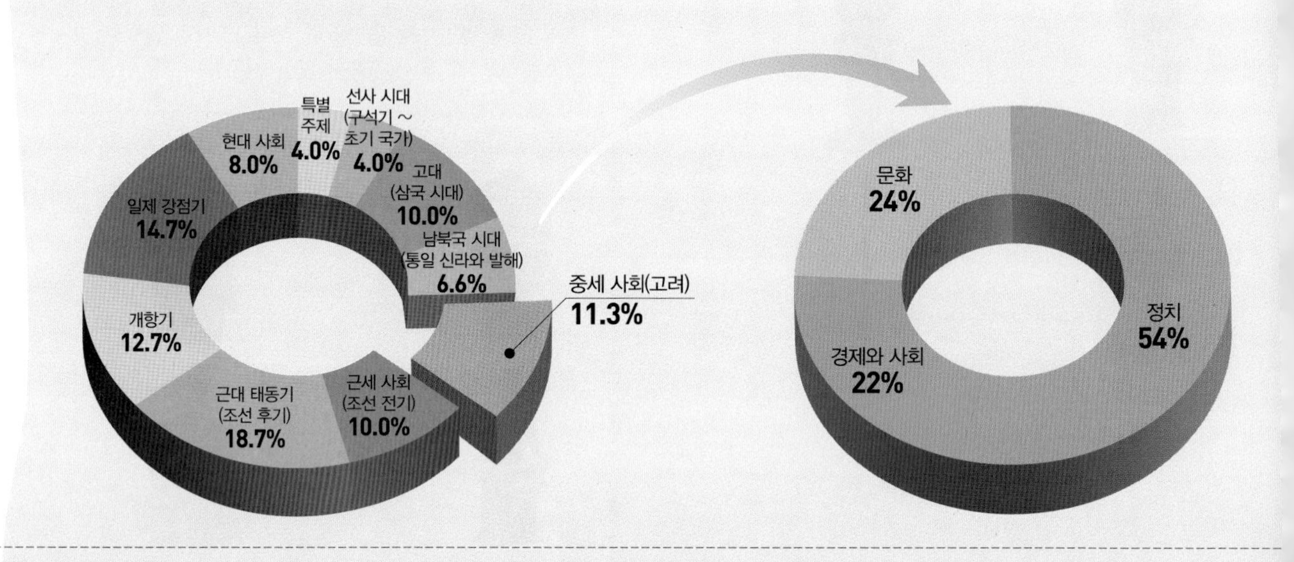

단원 들어가기

고려 태조 왕건은 후삼국 시대의 혼란을 수습한 후 통일 국가의 기반을 다지고, 사회의 안정을 위해 노력하였다. 고려는 건국 직후 북진 정책을 추진하여 고구려의 옛 땅을 수복하고자 노력하였다. 성종 때에는 유교를 정치 이념으로 내세우고 여러 가지 제도를 정비하여 중앙 집권 체제의 기반을 다졌다. 고려 중기에 이르러 여러 가지 사회 모순이 쌓이면서 정치와 사회 생활에서 많은 문제점이 나타났다. 이로 인하여 이자겸의 난, 묘청의 서경 천도 운동이 일어났으며, 마침내 무신 정변이 일어나 문벌 귀족 사회는 붕괴되었다.

사회의 동요가 미처 수습되기도 전에 고려는 몽골의 침략을 받음으로써 40여 년의 끈질긴 투쟁에도 불구하고 몽골의 간섭을 받게 되었으며, 친원파를 중심으로 한 권문세족이 새로운 지배 세력으로 등장하였다. 그러나 고려 말 공민왕은 원과 명의 교체기를 틈타 원의 세력을 물리치고 자주적인 개혁 정책을 추진하였으며, 권문세족에 대항하는 신진 사대부 세력이 대두하여 현실의 모순을 극복하고자 노력하였다.

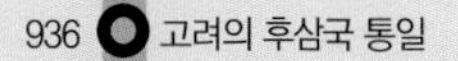

936 고려의 후삼국 통일
956 노비안검법 실시
958 과거 제도 시행
976 전시과 시행
983 12목 설치
992 국자감 설치
1009 강조의 정변
1019 귀주 대첩
1076 전시과 개정
1086 교장도감 설치
1097 주전도감 설치
1107 윤관의 여진 정벌
1126 이자겸의 난
1135 묘청의 서경 천도 운동
1145 삼국사기 편찬
1170 무신 정변
1196 최충헌 집권
1198 만적의 봉기
1231 몽골의 1차 침입
1232 강화도 천도
1234 상정고금예문 간행
1270 개경 환도
1314 만권당 설치
1359 홍건적의 침입
1377 직지심체요절 인쇄
1388 위화도 회군
1389 박위, 쓰시마 섬 정벌
1391 과전법 실시
1392 고려 멸망

| 연표로 흐름잡기 |

09 고려의 성립과 통치 체제의 정비

일차	공부한 날
	월 일

❶ 고려의 건국과 후삼국의 통일

(1) 고려의 후삼국 통일

① 고려의 건국(918) : 왕건이 궁예를 축출한 후 왕위에 즉위 → 국호 고려, 수도 송악

② 후삼국의 통일

견훤의 귀순(935.6) ➡ 신라 투항(935.11) ➡ 후백제 멸망(936.9) ➡ 후삼국 통일

(2) 왕건이 후삼국을 통일할 수 있었던 이유 : 호족적 기반이 강하였음, 신라에 대한 적극적인 우호 정책, 중국과의 외교 관계를 통한 대외적 안정 확보

❷ 국가 기틀의 마련 ☆☆☆

(1) 태조의 정책

① 민생 안정 정책 : 호족들의 지나친 세금 수취 금지, 백성의 조세 부담 경감, 빈민 구제 기구인 흑창 설치, 불교 숭상(연등회, 팔관회)

② 북진 정책 : 고구려 계승 표방, 서경(평양) 중시, 청천강~영흥 지방까지 영토 확대, 발해 유민 포섭, 거란에 대한 강경책

③ 호족 연합 정책

㉠ 회유책 : 혼인 정책, '왕'씨 성 하사, 관직 · 토지 수여

㉡ 견제책 : 기인 제도와 사심관 제도(935) 실시

- 기인 제도: 지방 세력을 견제하기 위해 호족 세력의 자제를 인질로 개경에 머물러 있게 한 제도
- 사심관 제도: 지방에 연고가 있는 고위 관직자에게 자기의 고장을 다스리도록 임명한 특수 관직

④ 정책 방향 : 『정계』, 『계백료서』(관리의 규범 제시), 훈요 10조(정책 방향 제시)

(2) 국가 기반의 확립

① 외척 세력 간의 갈등

㉠ 혜종 : 외척인 왕규의 난(왕위 계승 싸움, 945)

㉡ 정종 : 서경 천도 계획(실패), 거란의 침입에 대비하기 위해 광군사 설치(947)

고려의 발해 유민 포용

당시 고려에 온 발해 유민 가운데 관리, 장군, 학자, 승려 등 상류층 지식 계급이 상당수 있었는데, 태조는 이들을 적재적소에 임명하여 후삼국 통일에 활용하였다. 특히, 발해의 왕자 대광현을 우대하여 동족 의식을 분명히 하였다.

고려의 후삼국 통일

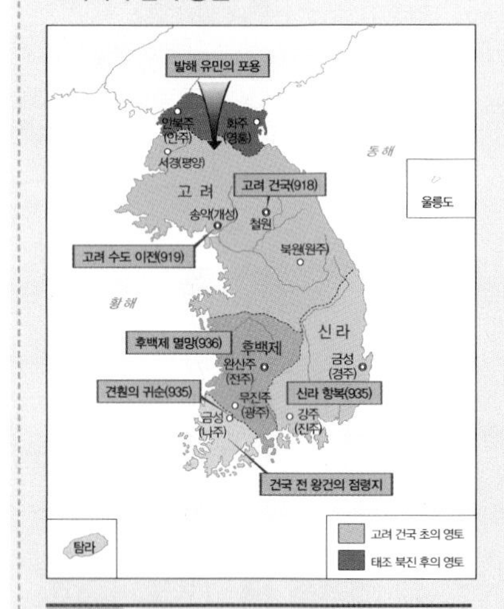

900	견훤, 후백제 건국
901	궁예, 후고구려 건국
918	궁예를 몰아내고 왕건이 고려 건국
919	고려의 도읍을 송악으로 옮김
927	공산 전투에서 후백제가 승리함
930	고창 전투에서 고려가 승리함
935	견훤, 고려로 귀순
936	고려, 후삼국 통일

Click ! ● 태조의 '훈요 10조'

제1조 불교의 힘으로 나라를 세웠으므로, 사찰을 세우고 주지를 파견하여 불도를 닦도록 할 것 ➡ 불교 중시

제2조 도선의 풍수 사상에 따라 사찰을 세우고, 함부로 짓지 말 것 ➡ 풍수지리설 중시

제3조 왕위는 맏아들이 잇는 것을 원칙으로 하되, 맏아들이 어질지 못하면 그다음 아들에게 전해주고, 그 아들이 어질지 못하면 형제 중에서 여러 사람의 추대를 받은 자에게 전해 줄 것 ➡ 왕권 강화

제4조 우리나라와 중국은 지역과 사람의 인성이 다르므로 중국 문화를 반드시 따를 필요가 없으며, 거란은 짐승과 같은 나라이므로 그들의 의관 제도는 따르지 말 것 ➡ 주체적 문화 수용, 거란 배척

제5조 서경(평양)에 1백 일 이상 머물러 왕실의 안녕을 도모할 것 ➡ 북진 정책

제6조 연등회, 팔관회 등의 불교 행사를 성실하게 지낼 것 ➡ 불교 중시

제9조 관리들의 녹봉을 함부로 가감하지 말고, 농민들의 부담을 가볍게 할 것 ➡ 민생 안정 정책

제10조 왕은 경전과 역사서를 널리 읽어 옛일을 교훈 삼아 반성하는 자세로 정사에 임할 것 ➡ 유교 정치 이념

노비안검법
956년(광종 7)에 실시한 노비안검법은 후삼국 시대의 혼란기에 불법으로 노비가 된 자를 조사하여 양인으로 해방시켜 주기 위한 법이다. 이로써 호족의 경제적 · 군사적 기반은 약화되었고 양인 수가 확보됨으로써 국가의 수입 기반이 증가하였다.

최승로
신라 6두품 출신의 유학자로서 유교 사상에 입각한 28조의 개혁안을 성종에게 건의하였는데, 그중 22조가 전해진다.

성종의 지방 제도 정비
성종은 전국의 주요 지역에 12목을 설치하고 목사를 파견하였으며, 지방의 중소 호족을 향리로 편입하여 통제하였다.

도병마사와 식목도감
고려 귀족들의 집단 협의체 역할을 했으며, 이는 고려가 귀족 사회임을 보여 준다.

② 광종의 왕권 강화

㉠ 노비안검법(956) : 불법으로 노비가 된 자를 조사해 양인으로 해방

㉡ 과거제의 실시(958) : 쌍기의 건의로 실시, 유학을 익힌 신진 인사 등용
(쌍기: 중국 후주 출신으로 고려에 사신으로 왔다가 병을 얻어 고려에 머물게 되었다. 958년 과거 제도를 건의하였다.)

㉢ 왕권 강화 : 공신과 호족 세력 제거, 광덕 · 준풍 등 독자적 연호 사용

㉣ 공복 제정(960) : 지배층의 위계질서를 확립

③ 성종의 유교 정치

㉠ 최승로의 시무 28조 채택 : 유교 정치 실현, 불교 행사 억제, 지방관 파견 제안 (982(성종 원년))

㉡ 중앙 관제 마련 : 2성 6부제의 중앙 관제 마련

㉢ 지방 제도 정비 : 지방관 파견(12목 설치), 향리 제도 마련(이상 983)

㉣ 유교 교육 진흥 : 국자감 정비(992) 및 12목에 경학박사와 의학박사 파견, 연등회와 팔관회 폐지

❸ 통치 체제의 정비

(1) 중앙 정치 제도 : 2성 6부제
(당의 3성 6부, 송의 삼사와 중추원 제도 등을 모방했으나, 2성 6부제 실시, 도병마사와 식목도감의 합의제 기구 설치 등 고려의 실정에 맞게 운영되었다.)

① 중서문하성 : 국가 주요 정책을 심의, 결정(재신＋낭사)

㉠ 재신 : 2품 이상의 고관, 백관을 통솔하고 국가의 정책을 심의 · 결정하는 기능, 재신 중 종1품 문하시중은 중서문하성의 장관으로 국정을 총괄

㉡ 낭사 : 3품 이하의 간관, 간쟁과 봉박, 서경의 기능을 맡아 보며, 정치의 잘못을 비판하는 중서문하성의 하층 구성원

② 상서성 : 6부를 하위 기관으로 두고 정책을 집행, 중서문하성에서 결정된 정책을 집행하는 실무 기관

③ 6부 : 이부, 병부, 호부, 형부, 예부, 공부로 상서성에 소속되어 실제적인 행정 업무를 분담

④ 주요 기관

㉠ 중추원 : 군사 기밀(추밀)과 왕명 출납(승선) 담당

㉡ 삼사 : 화폐와 곡식의 출납 및 회계

㉢ 어사대 : 관리 비리 감찰과 풍기 문란 행위 단속

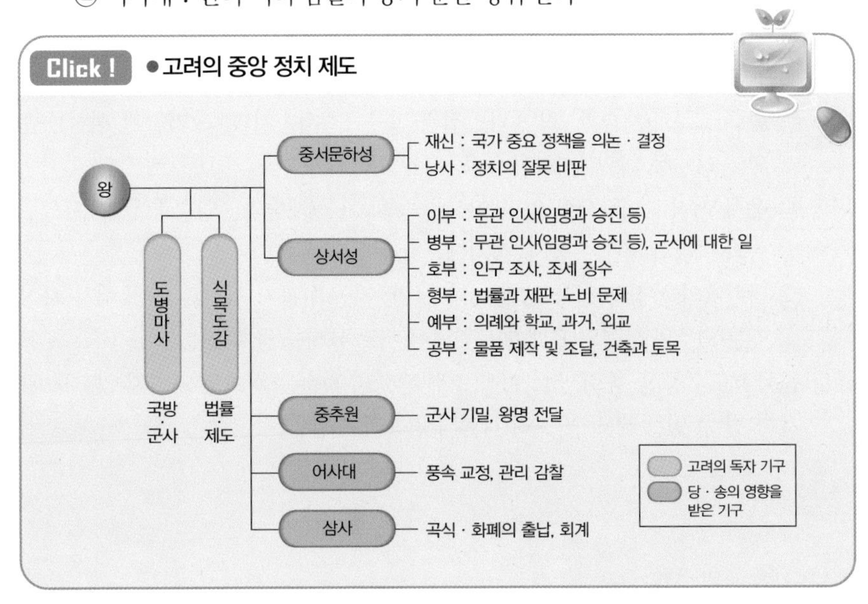

⑤ **도병마사, 식목도감** : 중서문하성의 재신과 중추원의 추밀이 국가의 중대사 결정, 고려의 독자적 정치 기구

Click ! ● **도병마사와 식목도감**

- 고려의 회의 기구로 중서문하성과 중추원의 고위 관료들이 모여 주로 국방과 군사 문제를 다루었다. 후에 그 기능과 역할이 확대되어 국정 전반의 중요 사항을 논의하였다. 충렬왕 때에 이르러 그 명칭이 도평의사사로 바뀌었다.
- 고려의 도병마사와 식목도감은 중서문하성과 중추원의 고위 관료인 재신과 추밀로 구성된 회의 기구였다. 도병마사는 국방과 군사 문제를 논의하였고, 식목도감은 법의 제정이나 각종 시행 규정을 다루었다.

⑥ **대간(대성) 제도** : 중서문하성의 낭사와 어사대의 관원으로 구성, 정책이나 관리 임용의 잘잘못 비판(간쟁 · 봉박 · 서경권)

대간의 역할과 기능
- **간쟁** : 왕의 잘못을 논하거나 올바른 정책을 제시하는 것
- **봉박** : 잘못된 왕명을 시행하지 않고 되돌려 보내는 것
- **서경** : 국왕의 재가가 있다고 하더라도 관리 임명, 법령 개폐 시 대간의 동의를 얻도록 한 제도

(2) 지방 행정 조직의 정비

① **경기** : 수도 개경과 그 주변

② **5도 양계**

㉠ 5도 : 일반 행정 구역, 중앙 관직인 안찰사가 파견되어 도내의 지방을 순찰

㉡ 양계 : 북방 국경 지대에 설치한 군사 행정 구역으로 병마사를 파견

③ **12목** : 성종 시대 지방 주요 지역에 설치

④ **주현과 속현** : 지방관이 파견된 주현보다 파견되지 않은 속현이 더 많음

⑤ **향 · 부곡 · 소** : 특수 행정 구역으로 거주 이전의 자유가 없었고, 일반 군현보다 더 많은 세금 부담을 지고 있었으나 일반 양민임

(향 · 부곡: 농업 담당 / 소: 도자기, 종이, 먹, 철 등 수공업과 광업 담당)

⑥ **고려 시대의 향리** : 신라 말기의 중소 호족 출신으로 노역 징발, 조세 징수와 같은 지방 행정 실무를 담당, 지방에서 영향력을 행사하는 실질적인 지배층

양계
양계는 북계와 동계로 북방의 여진족을 방어하기 위해 설치하였다.

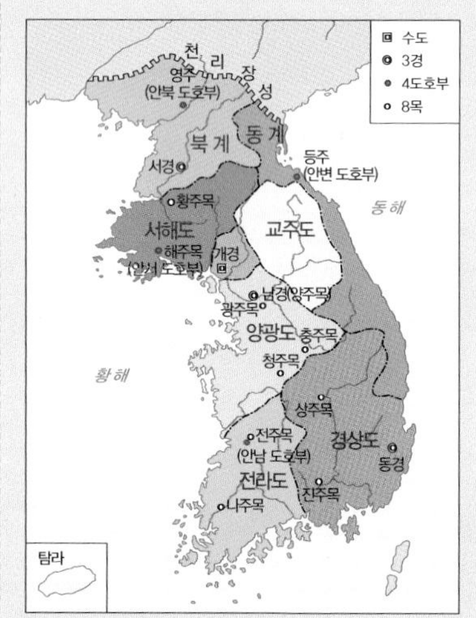

고려의 지방 행정 제도

(3) 군사 제도

① **중앙군** : 2군(국왕의 친위 부대)과 6위(수도와 국경 방어 담당), 직업 군인

② **지방군** : 지방 치안을 담당한 주현군(5도)과 국경 수비를 담당한 주진군(양계)

(4) 관리 임용 제도

(과거가 음서보다 중시되었으나, 음서 출신자가 문벌이 좋고 인사권을 독점했기 때문에 고관 진출에 유리하였다.)

① **과거 제도**

㉠ 종류 : 문과(제술과 · 명경과), 잡과(법률 · 회계 · 지리 등 기술관 선발), 승과(승려), 무과는 실시하지 않음

㉡ 응시 자격 : 법적으로 양인 이상은 응시 가능(제술과 · 명경과에는 주로 귀족과 향리의 자제가 응시, 잡과에는 농민들도 응시)

㉢ 과거제의 특징과 절차 : 3년마다 시행, 지공거(과거 시험관)와 급제자 사이에는 좌주와 문생의 관계가 성립되어 서로 유대를 굳게 맺음

② **음서 제도** : 공신, 종실, 5품 이상 고위 관료의 자손은 과거를 거치지 않고도 관료가 될 수 있는 제도 → 고려 사회의 귀족적 특성

문과의 종류
- **제술과(製述科)** : 한문학 시험으로 문학적 재능과 정책 등을 평가하였고, 과거 중 가장 중요시 됨
- **명경과(明經科)** : 유교 경전에 대한 이해 능력을 시험하여 문관을 등용

❶ 고려의 건국과 후삼국의 통일

- 호족이 고려 건국을 주도하였다.
- 왕건이 고려를 세웠다.
- 왕건이 고창 전투에서 승리하였다.
- 대광현 등 발해의 유민을 받아들였다.
  - ↳ 대광현이 발해 유민을 이끌고 투항하였다.
- 신검의 군대가 일리천 전투에서 패배하였다.
- (왕건이) 후삼국을 통일하였다.

실전 자료 **태조 왕건**

- 877년 송악 출생
- 918년 고려 건국
- 930년 고창 전투 승리
- 934년 대광현 등 발해 유민 포용
- 936년 후삼국 통일

❷ 국가 기틀의 마련

- [태조] 빈민 구제를 위해 흑창을 처음으로 설치하였다.
  - ↳ 빈민 구제를 위해 흑창을 두었다.
  - ↳ 기인 제도를 실시(시행)하였다.
  - ↳ 정계와 계백료서를 지었다.
  - ↳ 훈요 10조를 남겼다.
  - ↳ [훈요 10조] 팔관회를 중시한 이유를 살펴본다.
- [광종] 노비안검법을 실시하였다.
  - ↳ 노비안검법이 시행되었습니다.
  - ↳ 쌍기의 건의로 과거 제도를 도입하였다.
  - ↳ (후주 출신) 쌍기의 건의를 받아들여 과거제를 실시하였다.
  - ↳ 광덕[준풍]이라는 독자적인 연호를 사용하였다.
- [성종] (주요 지역에) 12목에 지방관을 파견하였다.
  - ↳ 최승로가 지방관 파견을 건의하였다.
  - ↳ 지방에 12목을 설치하였다.
  - ↳ 유교적 정치 이념을 채택하다.
  - ↳ 흑창을 개편하여 의창으로 운영하였다.
  - ↳ 국자감을 설립하여 인재를 양성하였다.
  - ↳ 2성 6부제를 마련하였어요.
  - ↳ 연등회와 팔관회를 폐지하였다.
- [현종] 지방 제도를 5도 양계로 정비하였다.

❸ 통치 체제의 정비

- 2성 6부를 비롯한 중앙 통치 조직을 정비하였다.
  - ↳ 2성 6부를 토대로 중앙 통치 조직을 정비하였다.
- [중서문하성] 국정을 총괄하고 정책을 결정하였다.
  - ↳ 국정을 총괄하고 정책을 결정하였어요.
- [중추원] 군사 기밀과 왕명의 출납을 관장하였다.
  - ↳ 군사 기밀을 담당하고 왕명을 출납하였어요.
- [도병마사] 국방과 군사 문제를 처리하였다.
  - ↳ 중서문하성과 중추원의 고관이 참여하였다.

실전 자료 **도병마사와 식목도감**

고려의 도병마사와 식목도감은 중서문하성과 중추원의 고위 관료인 재신과 추밀로 구성된 회의 기구였다. 도병마사는 국방과 군사 문제를 논의하였고, 식목도감은 법의 제정이나 각종 시행 규정을 다루었다.

- [어사대] 관리의 부정과 비리를 감찰하였다.
  - ↳ 관리의 비리를 감찰하고 풍기를 단속하였어요.
- [삼사] 재정의 출납과 회계 업무를 담당하였다.
  - ↳ 화폐와 곡식의 출납에 대한 회계를 맡았다.
- 지방을 5도와 양계로 나누었다.
  - ↳ 각 도를 감찰하기 위해 안찰사를 파견하였다.
  - ↳ 지방관이 파견되지 않은 속현이 주현보다 많았다.
- 향, 부곡, 소 등의 특수 행정 구역이 있었어요.
  - ↳ 특수 행정 구역인 향, 부곡, 소를 두었다.
- [중앙군] 2군 6위가 편성되었다.
  - ↳ 중앙군으로 2군 6위를 두었다.
- 국경 지대인 양계에 병마사를 파견하였다.
- [주진군] 국경 지대인 동계와 북계에 배치되었다.
- [홍패] 과거에 급제한 사람에게 주었던 증서의 일종 입니다.

실전 자료 **과거제**

- 관리 선발 시험이에요.
- 광종 때 처음 실시했어요.
- 제술과와 명경과를 통해 문관을 뽑았어요.
- 승려를 대상으로 한 승과도 있었어요.

1 다음 가상 뉴스 보도 이후에 전개된 사실로 옳은 것은? [3점]

① 김헌창이 난을 일으켰다.
② 거칠부가 역사서를 편찬하였다.
③ 궁예가 국호를 태봉으로 바꾸었다.
④ 신검의 군대가 일리천 전투에서 패배하였다.

| 해설 | 후삼국 통일 과정

후삼국 시대 고려는 신라 왕실과 대호족을 우대하여 세력을 넓히고, 후백제와는 무력으로 대립하는 가운데 고창(안동) 전투(930.12)에서 승리한 이후 세력의 우위를 지켰다. 한편, 후백제에서는 내분이 일어나 견훤이 아들 신검에게 왕위를 빼앗기고 금산사에 유폐되어 있다가 고려에 귀순하였다(935.6). 이러한 상황에서 신라 경순왕은 나라를 유지할 수 없을 것이라 판단하여 스스로 고려에 항복하였다(935.11). 이후 고려는 일리천 전투(936.9)에서 견훤의 아들 신검의 항복을 받아 마침내 후삼국 시대 최후의 승자가 되었다.

| 오답 넘기 |

① 김헌창의 반란은 헌덕왕 때 일어난 진골 귀족들의 왕위 다툼 과정을 보여 주는 사건이다(822).
② 신라는 진흥왕 때 거칠부가 『국사』를 지었다(545).
③ 후고구려를 세운 궁예는 나라 이름을 마진으로 고쳤다가 911년에 다시 태봉으로 고치고 국가 체제를 정비해 나갔다.

정답 ④

2 다음 정책을 시행한 왕의 업적으로 옳은 것은? [2점]

> ○ 명주의 순식이 무리를 이끌고 조회하러 오니, 왕씨 성을 내려주고 대광으로 임명하였으며, ……관경에게도 왕씨 성을 내려주고 대승으로 임명하였다.
> – 『고려사절요』 –
>
> ○ 가을 7월, 발해국의 세자 대광현이 무리 수만을 거느리고 와서 항복하자, 성명을 하사하여 '왕계(王繼)'라 하고 종실의 족보에 넣었다.
> – 『고려사』 –

① 12목에 지방관을 파견하였다.
② 관학 진흥을 목적으로 양현고를 두었다.
③ 신돈을 등용하여 전민변정도감을 설치하였다.
④ 지방 호족을 통제하기 위하여 사심관을 임명하였다.

| 해설 | 고려 태조의 정책

자료의 순식은 지방의 호족이다. 왕건은 지방의 호족 세력을 포섭하기 위해 자신과 같은 성씨를 내려 주며 이들을 특별한 우대하였다. 그리고, 두번째 자료의 대광현은 발해의 왕족으로 발해 멸망 후 고려로 귀화하였다(934). 고려는 민족 통합 정책의 일환으로 그에게 성씨를 부여하고 우대하였다.
사심관(事審官)은 중앙의 고위 관직으로 올라온 지방 세력을 그 출신 지역의 사심관으로 임명하여 지방을 통제하도록 한 제도이다. 이는 935년 고려 태조가 고려에 항복한 신라의 마지막 왕인 경순왕(김부)을 경주 사심관으로 삼아 부호장 이하의 향직을 다스리게 한 데에서 비롯되었다. 그 뒤 다른 공신들을 각각 해당 출신 지역의 사심관으로 임명하면서 이 제도가 널리 시행되었다. 이는 국가의 지방 통치력이 불완전한 가운데 개경에 거주하는 호족들을 통해 지방을 간접 통치하고자 한 것이다.

| 오답 넘기 |

① 12목을 설치하고 지방관을 파견한 것은 고려 성종 때이다(938).
② 고려 시대에는 양현고라는 장학 재단을 두어 관학의 경제 기반을 강화하였다(1119).
③ 고려 공민왕은 전민변정도감을 설치하여 권문세족이 빼앗은 토지를 원래 주인에게 돌려주고, 불법으로 노비가 된 자들은 양민 신분을 회복시켜 주었다(1366).

정답 ⑤

3 (가) 왕의 정책으로 옳은 것은? [2점]

이것은 과거제를 도입한 (가) 에게 대사(大師) 법계를 받고 금광선원 등에서 활동한 승려 지종(智宗)의 탑비이다. (가) 은/는 승과를 통해 지종 등 여러 승려들을 선발하였는데, 그들 중 일부는 훗날 왕사 또는 국사의 지위에 올랐다.

① 삼국사기를 편찬하였다.
② 병부와 상대등을 두었다.
③ 9주 5소경을 설치하였다.
④ 노비안검법을 시행하였다.

| 해설 | 고려 광종의 왕권 강화책

제시된 자료에서 '과거제를 도입'했다는 내용으로 보아 (가) 왕이 고려 광종임을 알 수 있다(958).
고려 광종은 노비안검법을 실시하여 호족의 세력을 약화시키고 국가의 수입 기반을 확대하였다(956). 이어 쌍기가 제안한 과거 제도를 시행하여, 유학을 익힌 신진 인사를 등용하고 신구 세력의 교체를 도모하였다. 특히 광종 때부터 승과 제도를 실시하여 합격한 자에게는 품계를 주고 승려의 지위를 보장하였으며, 국사와 왕사 제도를 두어 이들로 하여금 왕실의 고문 역할을 맡도록 하였다. 또 공신과 호족 세력을 제거하여 왕권을 강화하였다. 그리고 국왕의 권위를 높이기 위하여 황제를 칭하고, 광덕 · 준풍 등 독자적인 연호를 사용하기도 하였다.

| 오답 넘기 |

① 고려 인종의 명을 받아 1145년에 김부식이 편찬한 삼국사기는 현존하는 우리나라 최고(最古)의 역사책으로 본기, 열전, 지, 연표 등을 갖춘 기전체 역사서이다.
② 신라 법흥왕은 상대등과 병부 설치, 율령 반포, 공복 제정 등을 통하여 통치 체제를 정비하였다.
③ 통일 후 신문왕은 중앙 정치 기구와 군사 조직을 정비하고, 지방 행정 조직도 9주 5소경 체제로 정비(685)하였다.

정답 ④

4 밑줄 그은 '정책'으로 옳은 것은? [2점]

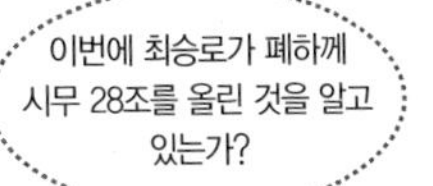

① 별무반을 창설하였다.
② 해동통보를 발행하였다.
③ 12목에 지방관을 파견하였다.
④ 노비안검법을 실시하였다.

| 해설 | 고려 성종의 유교 정치

고려 성종은 최승로의 시무 28조를 수용하여 통치 체제를 정비하였다(982). 성종은 전국의 주요 지역에 12목을 설치하고 목사를 파견하였으며, 지방의 중소 호족을 향리로 편입하여 통제하였다(983). 또 중앙 관제를 마련하는 등 여러 제도를 정비하고, 불교 행사를 억제하여 재정 낭비를 줄이는 데에도 힘썼다.

| 오답 넘기 |

① 고려 숙종 때 윤관은 여진족의 침입에 대항하여 별무반을 편성한 다음(1104) 동북 9성을 개척하였다(1107).
② 고려 숙종 때에는 삼한통보, 해동통보, 해동중보 등 동전과 활구(은병)라는 은전을 만들어 강제적으로 유통시키려 하였다.
④ 광종은 노비안검법을 처음 시행하여 억울한 노비를 해방시켰다(956).

정답 ③

5 다음 퀴즈의 정답으로 옳은 것은? [1점]

① 도방 ② 도병마사
③ 어사대 ④ 홍문관

| 해설 | 고려의 중앙 정치 제도

제시된 퀴즈의 정답은 고려 시대의 독자적인 정치 기구인 도병마사이다. 도병마사는 중서문하성의 재신과 중추원의 추밀이 모여 국방과 관련된 내용을 회의하는 기구로, 조선 전기의 비변사와 유사한 기능을 가지고 있었다. 도병마사는 고려 초기에는 임시 회의 기구였으나, 후기에 도평의사사로 개편되면서 구성원이 확대되고, 국정 전반에 걸친 중요 사항을 담당하는 최고 정무 기구로 발전하였다.

| 오답 넘기 |

① 도방은 무신 집권기에 집권자의 신변 경호를 위해 설치된 사병 기관이다.
③ 어사대는 정치의 잘잘못을 논하고 관리들의 비리를 감찰하는 임무를 맡았다.
④ 조선 시대 홍문관은 왕의 정치 자문 역할과 왕명의 대필 등을 담당하였다.

정답 ②

6 다음 가상 대화가 이루어진 시대의 지방 제도로 옳은 것은? [2점]

① 5도와 양계를 두었다.
② 9주 5소경을 설치하였다.
③ 5경 15부 62주를 두었다.
④ 전국을 5방으로 나누었다.

| 해설 | 고려의 지방 통치 제도

중국 송나라 시기는 우리나라 고려에 해당되며 문하시중은 고려 시대 정책의 입안과 심의를 담당하는 중서문하성의 최고 책임자이다. 또 고려 시대 6부 중 예부는 외교와 교육 및 과거를 담당하였다. 고려의 지방 행정 조직은 성종 초부터 정비되기 시작하여 전국을 5도와 양계, 경기로 크게 나누었다. 양계에는 병마사가 파견되었고 5도에는 안찰사가 파견되었으며, 지방관이 파견되지 않았던 속군과 속현이 존재하였다.

| 오답 넘기 |

② 통일 신라의 지방 행정 제도이다.
③ 발해의 지방 행정 제도이다.
④ 백제는 수도를 5부, 지방을 5방으로 나누어 통치하였다.

정답 ①

7 (가) 국가의 군사 제도에 대한 설명으로 옳은 것은? [3점]

> (가) 의 도병마사와 식목도감은 중서문하성과 중추원의 고위 관료인 재신과 추밀로 구성된 회의 기구였다. 도병마사는 국방과 군사 문제를 논의하였고, 식목도감은 법의 제정이나 각종 시행 규정을 다루었다.

① 중앙군으로 2군 6위를 두었다.
② 국왕 친위 부대인 장용영을 조직하였다.
③ 개화 정책의 일환으로 별기군을 창설하였다.
④ 포수, 사수, 살수로 구성된 훈련도감을 설치하였다.

| 해설 | 고려의 군사 제도

중서문하성의 재신과 중추원의 추신은 고려의 독자성을 보여 주는 기관인 도병마사와 식목도감에서 회의를 열어 정책을 결정하였다. 이러한 회의 기구의 존재는 고려 귀족 정치의 특징을 보여 준다. 고려의 군사 제도는 중앙군과 지방군으로 구성되었다. 중앙군은 국왕의 친위 부대인 2군과 수도와 국경의 방어를 담당하는 6위가 있었다. 중앙군은 상당수가 직업 군인으로 군적에 올라 군인전을 지급받고, 직역을 자손에게 세습하였다. 지방군은 5도 지역의 일반 군현에 주둔하는 주현군과 국경 지대인 양계에 주둔하는 주진군으로 구성되었다.

| 오답 넘기 |

② 조선 후기 정조는 친위 부대인 장용영을 설치하여 군사적 기반을 확보하였다(1785).
③ 개항기에는 개화 정책의 일환으로 신식 군대인 별기군이 창설되어 일본인 교관에게 근대식 훈련을 하였다(1881).
④ 훈련도감은 임진왜란 중에 설치되었는데 포수, 살수, 사수의 삼수병으로 편제되었고, 직업 군인으로 조직된 상비군이었다(1593).

정답 ①

8 밑줄 그은 '음서'에 대한 설명으로 옳은 것은? [3점]

> (이자겸의 사촌인) 이자덕은 자가 관지로 …… <u>음서</u>로 경시서승에 임명된 이후 여러 차례 승진하여 중서시랑 평장사가 되었다. 이자겸이 패망하자 연좌되어 황주사로 좌천되었다가 뒤에 다시 평장사로 임명되었다.
>
> –『고려사』–

① 쌍기의 건의로 처음 실시되었다.
② 원칙적으로 3년마다 시행되었다.
③ 합격자를 생원 또는 진사라 불렀다.
④ 5품 이상 관료의 자손 등을 대상으로 하였다.

| 해설 | 고려의 인재 등용 제도

고려는 과거 이외에 음서를 통해서도 관리가 될 수 있었다. 공신과 종실의 자손, 5품 이상의 관료의 자손 등은 과거를 거치지 않고도 관료가 될 수 있는 음서의 혜택을 누려 관료로서의 지위를 세습하기도 하였다. 이는 공음전과 함께 고려의 관료 체제가 귀족적 특성을 지녔음을 보여 주는 것이다.

| 오답 넘기 |

① 과거 제도는 쌍기의 건의로 고려 광종 때 실시되었다(958).
② 조선 시대 과거는 3년마다 시행하는 정기 시험과 나라에 경사가 있거나 특별한 일이 있을 때 수시로 실시하는 특별 시험이 있었다.
③ 조선 시대의 소과는 생원시와 진사시로 구성되어 있었는데 생원시의 합격자를 생원이라 불렀으며 진사시의 합격자를 진사라 불렀다.

정답 ④

10 문벌 귀족 사회와 무신 정권

공부한 날 월 일

일차

❶ 문벌 귀족 사회의 발전과 변화

(1) 문벌 귀족 사회의 형성

① 형성 : 지방 호족 출신 중앙 관료와 신라 6두품 계통의 유학자 출신이 여러 대에 걸쳐 중앙 고위 관직 차지

② 특징 : 과거와 음서를 통해 관직 독점, 과전과 공음전의 혜택, 문벌 귀족 사이의 혼인을 통해 권력 기반 강화, 왕실과 혼인 관계를 맺어 권력 장악

(2) 이자겸의 난(인종, 1126)

① 배경 : 왕실과의 중첩된 혼인으로 경원 이씨 가문 성장, 권력 독점

② 전개 : 이자겸의 권력 확대 → 인종의 이자겸 제거 시도 → 이자겸과 척준경이 인종 감금(이자겸의 난) → 인종이 척준경을 이용하여 이자겸 제거 → 척준경 숙청

③ 결과 : 문벌 귀족 세력의 동요, 왕실 권위 추락

(3) 묘청의 서경 천도 운동(인종, 1135)

① 배경 : 이자겸의 난 이후 왕실의 권위 추락, 특정 가문의 정치 독점에 대한 반성, 금과 사대의 예를 맺은 것에 대한 불만, 풍수지리설의 유행

문벌 귀족
여러 대에 걸쳐 중앙의 고위 관료를 배출한 가문을 말한다. 대표적 문벌 귀족으로는 경원 이씨(이자겸), 파평 윤씨(윤관), 경주 김씨(김부식) 등이 있다.

척준경
이자겸의 아들 이지원의 장인. 그의 동생과 아들이 이자겸 반대파에 의해 제거되자 이자겸과 함께 난을 일으켰으나, 왕실의 회유에 넘어가 이자겸을 배신하였다.

Click ! ● 문벌 귀족 사회

● 경원 이씨와 왕실의 혼인 관계

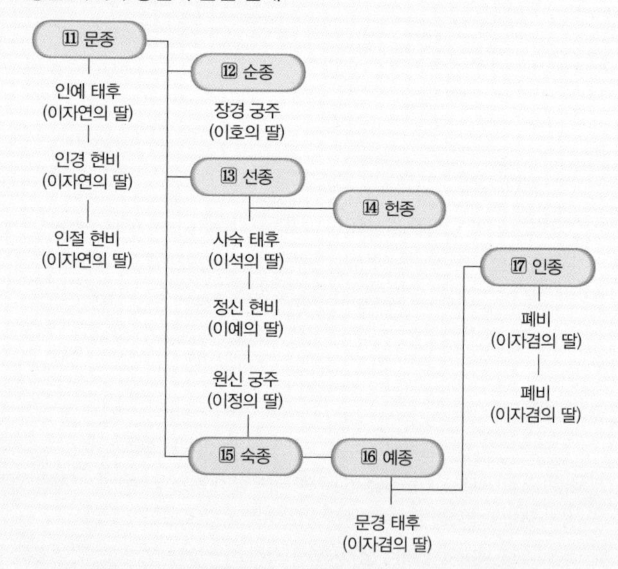

- 경원 이씨는 왕실과 거듭된 혼인을 통해 7대 80여 년 동안 정권 장악
- 이자겸은 예종의 측근들을 몰아내고 인종이 왕위에 오를 수 있게 하면서 세력이 막강해짐

● 문벌 귀족들의 생활

이자겸의 생활

이자겸은 경원 이씨로서 예종의 장인이고, 인종의 외조부였다. 당시 고려의 대표적인 외척 세력으로서 정치적으로 막강한 역할을 했던 그는 매우 사치스러운 생활을 하였다. …… 심지어 이자겸의 경우는 "뇌물이 공공연하게 행해져 사방에서 바치는 물건이 넘쳐 썩은 고기가 항상 수만 근이었고 ……"라고 『고려사』에 전하고 있다.

귀족들의 화려한 생활을 보여 주는 잔과 받침

② 원인 : 서경 세력과 개경 세력의 대립

구분	서경파	개경파
중심 인물	묘청, 정지상 등 지방 출신의 개혁적 관리	김부식 등 보수적 귀족 세력
성격	개혁적	보수적
대외 정책	북진주의 표방 (금국 정벌, 칭제 건원, 서경 천도)	사대주의 강조 (금과 외교)
사상	전통적 풍수지리 사상	보수적 유교 정치 사상
계승 의식	고구려 계승 의식	신라 계승 의식

묘청의 주장
서경의 지세를 보니 풍수가들이 말하는 연꽃 모양의 터입니다. 여기에 궁궐을 지어 거처하면 천하를 아우를 수 있고, 금나라가 스스로 항복할 것이며, 서른여섯 나라가 신하 노릇을 할 것입니다.

③ 경과 : 묘청의 서경 천도 추진 → 개경 세력의 반대로 서경 천도 좌절 → 묘청 세력이 서경에서 반란(국호 '대위', 연호 '천개') → 김부식의 관군에 의해 진압
④ 결과 : 문벌 귀족 사회 내부의 분열, 북진 정책 좌절
⑤ 평가 : 단재 신채호는 "조선 역사상 일천년래 제일대 사건"으로 묘청의 자주성을 높이 평가

Click ! ● 묘청의 서경 천도 운동

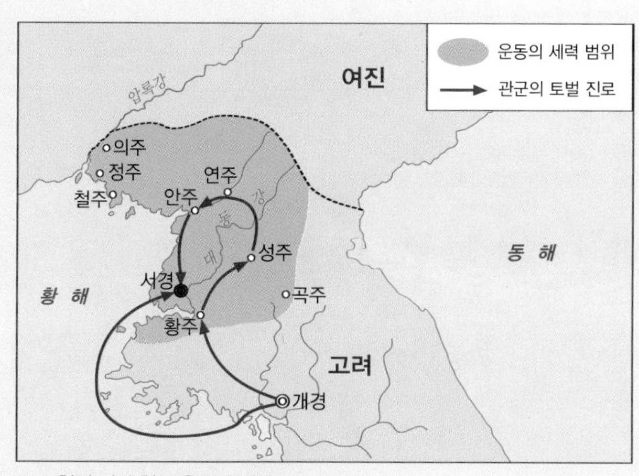

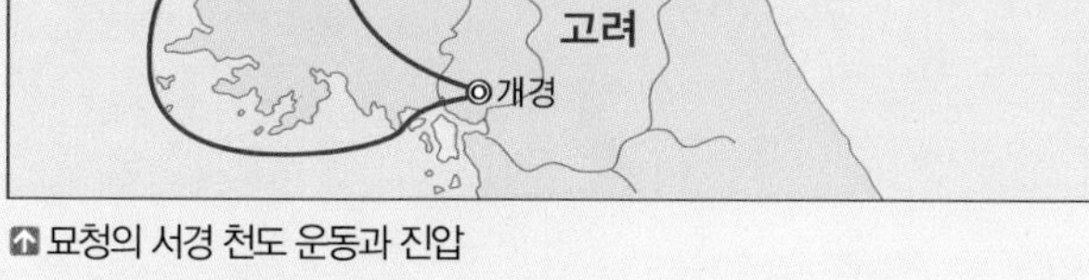

묘청의 서경 천도 운동과 진압

이 싸움은 불교 대 유교의 싸움이며, 국풍파 대 한학파의 싸움이며, 독립당 대 사대당의 싸움이며, 진취 사상 대 보수 사상의 대결이다. 묘청은 전자의 대표요, 김부식은 후자의 대표였다. 묘청의 서경 천도 운동에서 묘청이 패하고 김부식이 이겼으므로 조선사가 사대적, 보수적, 속박적 사상인 유교 사상에 정복되고 말았다. 만약 김부식이 패하고 묘청이 이겼더라면, 조선사가 독립적, 진취적으로 발전하였을 것이니 이것이 어찌 일천년 이래 가장 큰 사건이라 하지 않으랴.

– 신채호, 『조선사연구초』 –

❷ 무신 정권의 성립과 붕괴

(1) 무신 정변(1170)

의종이 보현원 행차 때 수박 경기를 열었는데, 대장군 이소응이 젊은 문신 한뢰에게 뺨을 맞는 모욕을 당하였다.

① 배경 : 의종의 거듭된 실정, 문신 우대와 무신 차별 대우
② 과정 : 수박 경연 과정에서 무신 차별에 불만을 가진 정중부, 이의방 등이 정변 → 중방을 통한 권력 행사, 토지와 노비 소유 확대 → 무신 간의 권력 투쟁 전개 (1170~1196)

고려 시대 중앙의 군사 조직이었던 2군 6위에 각각 최고 지휘관인 상장군과 대장군을 1명씩 두어 총 16명으로 구성한 회의 기구

③ 무신 정권 초기의 상황 : 사회 혼란 가중, 중방 중심으로 권력 행사, 고위 관직 독점, 대토지 소유 확대

수박희 손을 써서 상대를 공격하거나 수련하는 우리나라 전통 무예

(2) 최씨 무신 정권의 성립

① **최충헌의 집권** : 사회 개혁안(봉사 10조, 1196) 제시, 농민 봉기 진압, 교정도감을 설치(1209)하여 국정을 총괄, 도방의 부활(신변 경호)

> 교정도감: 최고 책임자인 교정별감을 무신 정권의 최고 집권자가 겸임하며 국정을 총괄하였다.

② **최우의 집권** : 정방을 설치하여 인사권 행사, 삼별초의 조직(최씨 정권의 군사적 기반 역할)

③ **무신 정권의 붕괴** : 몽골과의 전쟁 직후 개경으로 환도하면서 붕괴(1270)

> 봉사 10조: 최충헌은 봉사 10조라는 개혁안을 올려 무신 정권 초기의 혼란을 수습하려고 하였으나, 제대로 시행되지 못하였다.

Click !

● **무신 정권기의 지배 기구**

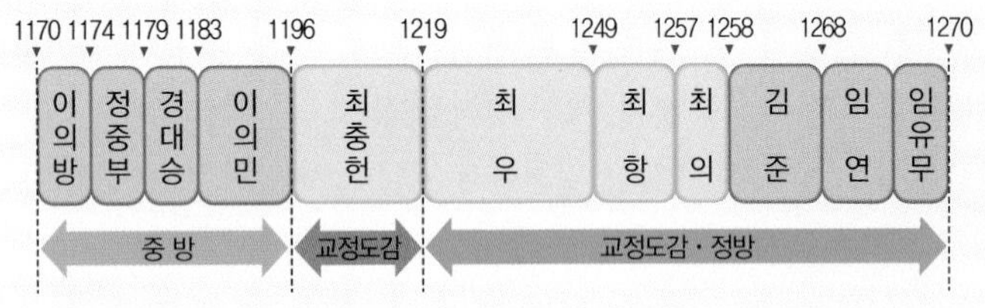

● **최충헌의 봉사 10조(일부)**

선왕의 제도에 의하면 토지는 공전을 제외하고 신민에게 차등 있게 나누어 주었는데, 벼슬자리에 있는 자들이 탐욕스러워서 공전과 사전을 빼앗아 겸병하여 한 집이 가진 기름진 옥토가 몇 고을에 걸치게 되었습니다. 그 결과 나라의 조세 수입이 저하되고 군사들이 결핍을 겪게 되었으니, 원컨대 폐하는 해당 기관에 명령하여 공문서를 검증하고, 강탈당한 것은 전부 본래 주인들에게 돌려주도록 하십시오.

–『고려사』–

❸ 무신 정권기의 사회 동요

(1) 배경 : 무신 정변으로 신분제 동요, 국가 통제력 약화, 무신들의 농장 확대로 수탈 강화

(2) 기득권층의 반발 : 서경 유수 조위총의 난, 동북면 병마사 김보당의 난, 교종 승려의 난

> 조위총의 난: 개경 무신 집권자들의 탐학과 수탈에 대한 반발로 일어난 사건으로, 이 난은 당시 사회 · 경제적 혼란에 대한 서북면 민중의 봉기였다는 측면에서 민란의 성격도 가진다.

> 김보당의 난: 의종의 복위를 꾀하며 일으킨 난

(3) 농민 봉기

> 무신 정변 이후 일어난 여러 봉기 중에서도 특수 행정 구역인 소에서 일어났다는 점이 특징이다. 이들의 항쟁은 이후 특수 행정 구역이 소멸되는 데 큰 영향을 끼쳤다.

① **망이 · 망소이의 봉기(1176)** : 공주 명학소의 주민들이 무거운 조세 부담에 반발 → 한때 충청도 일대 점령, 충순현으로 승격

② **김사미와 효심의 봉기(1193)** : 경상도의 운문(청도)과 초전(울산)을 중심으로 봉기

(4) 천민 봉기 : 신분 해방 운동의 성격

① **전주 관노비의 봉기(1183)** : 지방관의 가혹한 수탈에 반발(일명 '죽동의 난')

② **만적의 봉기(1198)** : 최충헌의 사노비인 만적이 '천민을 없애자'라는 구호 아래 신분 해방 운동 주도 → 사전에 발각되어 실패

(5) 삼국 부흥 운동 : 신라 부흥 운동(이비 · 패좌), 고구려 부흥 운동(최광수), 백제 부흥 운동(이연년 형제)이 일어나 왕조 자체를 부정하는 급진성을 보여줌

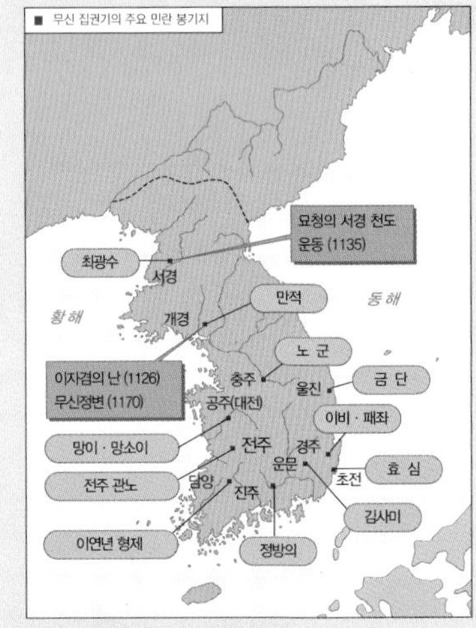

무신 집권기 하층민의 봉기

만적의 봉기

정중부가 난을 일으킨 이래로 고관들이 천민과 노비에서 많이 나왔다. 장수와 재상의 씨가 어찌 따로 있으랴. …… 각자 그 주인을 죽이고 노비 문서를 불살라서 우리나라에 천인을 없게 하면 공경장상을 우리가 모두 할 수 있다.

–『고려사』–

V 체크체크

❶ 문벌 귀족 사회의 발전과 변화

- 문벌 귀족이 형성되었다.

실전 자료 **문벌 귀족**

이자겸, 최고의 권력자가 되기까지

고려 왕실과의 거듭된 혼인으로 세력을 키워 왔던 경원 이씨 집안은 대표적인 문벌 귀족이다. 특히 이자겸은 예종과 인종에게 딸들을 시집보내어 최고의 권력자가 되었다.

- 이자겸이 금의 사대 요구를 받아들였다.

실전 자료 **이자겸의 금 요구 수용**

왕이 백관을 불러 금나라를 섬기는 문제에 대한 가부를 의논했는데 모두 섬길 수 없다고 하였다. 그런데 이자겸과 척준경 둘만이 말하기를, "금나라가 날로 강해질 뿐 아니라 우리 국경과 인접해 있어 섬기지 않을 수 없습니다. 또 작은 나라가 큰 나라를 섬기는 것은 옛날 제왕이 취한 도리니, 마땅히 사신을 먼저 보내 방문해야 합니다."라고 하니 그대로 따랐다.

－『고려사』－

- [인종] 이자겸이 난을 일으켰다.

실전 자료 **이자겸의 난**

내시지후 김찬과 내사녹사 안보린이 동지추밀원사 지녹연, 상장군 최탁, 오탁, 대장군 권수, 장군 고석 등과 함께 이자겸과 척준경을 암살하려고 시도하였으나 이루지 못하였다. 이자겸과 척준경이 군사를 동원하여 궁궐을 침범하였다.

－『고려사』－

- 서경 천도 운동이 일어났다.
  - ↳ 묘청이 서경 천도를 주장하였다.
  - ↳ (묘청이 서경 천도와) 칭제건원을 주장하였다.
  - ↳ 금국 정벌을 주장하였다.
  - ↳ 서경에 대위국이 수립되는 계기가 되었다.
  - ↳ 김부식이 이끄는 관군에게 진압되었다.
- [개경파] 김부식이 서경 천도 운동을 진압하였다.
  - ↳ [김부식] 묘청 등이 서경에서 일어난 난을 진압하였다.

❷ 무신 정권의 성립과 붕괴

- 무신이 권력을 장악하였다.
  - ↳ 최충헌이 대표적 인물이었다.
- 고려에는 중방이 있었어요.
  - ↳ 중방을 기반으로 세력을 강화하였다.
- 최충헌이 봉사 10조의 개혁안을 제시하였다.
- [최충헌] 교정도감을 설치하였다.
  - ↳ 교정도감이 설치되었다.
- [최우] 정방을 설치하였다.
  - ↳ 정방을 설치하고 인사권을 행사하였다.
  - ↳ 정방을 두어 인사권을 장악하였다.
- [최우] 좌 · 우별초와 신의군으로 삼별초를 조직하였다.

❸ 무신 정권기의 사회 동요

- 무신 정권기에 발생한 봉기에 대해 조사한다.
- 망이 · 망소이가 반란을 일으켰다.
  - ↳ 명학소에서 봉기하였다.

실전 자료 **망이 · 망소이의 난**

망이가 이르기를, "이미 우리 고향을 현(縣)으로 승격시키고 또 수령을 두어 위로하다가 다시 군대를 일으켜 토벌하러 오다니, 차라리 칼날 아래 죽을지언정 끝까지 굴복하지 않고 반드시 개경까지 간 후에야 그만둘 것이다."라고 하였다.

- 김사미와 효심의 난이 일어났다.
- [만적의 난] 무신 집권기에 발생하였다.
  - ↳ 만적이 개경에서 반란을 도모하였다.
  - ↳ 만적이 신분 해방을 위해 난을 도모하였다.
  - ↳ 무신 집권기 신분 차별에 대항하여 봉기를 모의함.

실전 자료 **만적의 난**

개경 북산에서 나무하던 노비들이 변란을 모의하였다. …… 약속한 날이 되어 노비들이 모였으나 그 수가 수백 명에 불과하였다. 모의가 성공하지 못할 것을 염려하여 보제사(普濟寺)에서 다시 모이자고 약속하였다. …… 한충유의 노비인 순정이 주인에게 변란을 고하자 한충유가 최충헌에게 알렸다. 마침내 만적 등 100여 명을 체포하여 강에 던져버렸다.

1 다음 상황 이후에 전개된 사실로 옳은 것은? [2점]

> 내시지후 김찬과 내사녹사 안보린이 동지추밀원사 지녹연, 상장군 최탁, 오탁, 대장군 권수, 장군 고석 등과 함께 이자겸과 척준경을 암살하려고 시도하였으나 이루지 못하였다. 이자겸과 척준경이 군사를 동원하여 궁궐을 침범하였다.
>
> –『고려사』–

① 전시과가 제정되었다.
② 묘청이 서경에서 난을 일으켰다.
③ 김흠돌의 난이 진압되었다.
④ 원종과 애노가 봉기하였다.

| 해설 | 고려 문벌 귀족 사회의 동요

고려 문벌 귀족 중 경원 이씨는 문종 대부터 인종 대까지 80여 년 동안 5명의 왕에게 10명의 왕비를 들여 가장 유력한 외척 가문이 되었다. 경원 이씨 세력은 인종이 즉위하자, 신진 세력을 대대적으로 숙청하였다. 반대파를 제거한 이자겸이 왕위 계승에도 영향력을 행사하여 정치권력을 독점하려 하자, 왕실이나 다른 귀족들과 충돌하면서 자료와 같이 이자겸 일당을 없애려는 시도가 나타났다. 이에 이자겸 일파는 이들을 공격하고 궁궐에 불을 질렀다(이자겸의 난, 1126). 이자겸의 권세는 곧 몰락하였으나 이후에도 여전히 개경을 중심으로 하는 문벌 귀족이 권력을 독차지하였다.

⑤ 이자겸의 난 이후 서경 출신의 정지상과 묘청 등은 자주적인 개혁 정치와 금 정벌을 주장하였고, 고려가 어려움을 겪게 된 것은 수도인 개경의 지덕이 약해졌기 때문이라고 하며 서경 천도를 주장하였다.

| 오답 넘기 |

① 고려의 토지 제도인 전시과가 제정된 것은 고려 경종 때이다(976).
③ 통일 신라 신문왕은 김흠돌의 난을 진압하고 왕권을 강화하였다(681).
④ 신라 말 진성 여왕 때에는 원종과 애노의 난(889)을 시작으로 농민의 항쟁이 전국적으로 확산되었다.

정답 ②

2 다음 가상 뉴스에서 보도하고 있는 사건이 일어난 시기를 연표에서 옳게 고른 것은? [2점]

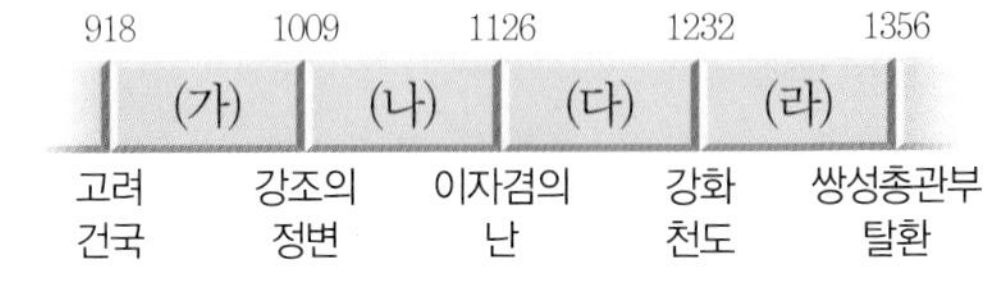

① (가) ② (나) ③ (다) ④ (라)

| 해설 | 고려 시대의 주요 사건 발생 시기

제시된 자료는 1135년에 발생한 묘청의 서경 천도 운동을 나타낸 것이다. 인종은 이자겸의 난(1126) 이후 약화된 왕권을 회복하고 국정을 개혁하기 위해 묘청, 정지상 등의 서경 세력을 등용하였다. 묘청 세력은 풍수지리설을 바탕으로 서경 천도와 칭제건원(황제 칭호와 연호 사용), 금 정벌 등을 주장하였다. 그러나 유교 사상을 바탕으로 한 김부식 등 개경 귀족들이 반대하고 나서자, 이들은 서경에서 반란을 일으켰다가 진압되었다. 따라서 (다) 시기에 해당한다.

정답 ③

3 (가), (나) 인물에 대한 설명으로 옳은 것을 〈보기〉에서 고른 것은? [2점]

보기
ㄱ. (가) – 금국 정벌을 주장하였다.
ㄴ. (가) – 수선사 결사를 제창하였다.
ㄷ. (나) – 칭제건원에 반대하였다.
ㄹ. (나) – 중방을 기반으로 세력을 강화하였다.

① ㄱ, ㄴ　② ㄱ, ㄷ　③ ㄴ, ㄷ　④ ㄴ, ㄹ

| 해설 | 고려 시대의 인물

자료의 (가)는 묘청이고, (나)는 김부식이다. 인종은 이자겸의 난(1126) 이후 약화된 왕권을 회복하고 국정을 개혁하기 위해 묘청, 정지상 등의 서경 세력을 등용하였다. 묘청 세력은 풍수지리설을 바탕으로 서경 천도와 칭제건원(황제 칭호와 연호 사용), 금국 정벌 등을 주장하였다. 그러나 유교 사상을 바탕으로 한 김부식 등 개경 귀족들이 반대하고 나서자, 이들은 서경에서 반란을 일으켰다가 진압되었다.

| 오답 넘기 |

ㄴ. 고려 시대 지눌은 수선사(송광사)를 중심으로 결사 운동을 전개하였다.
ㄹ. 중방은 원래 상장군과 대장군의 합좌 기관이었다. 그러나 무신 정권이 성립되자 중방은 정치 기구의 중심체로 그 기능과 권한이 확대되었다.

정답 ②

4 다음 사건이 일어난 시기를 연표에서 옳게 고른 것은? [2점]

정중부의 종이 금령(禁令)을 어기고 자주색 비단 적삼을 입고 다니자, 어사대 관리가 사람을 시켜 옷을 벗기려 하였다. 그 종이 이를 거부하고 달아나다가 붙잡혔다. 다음 날 중승(中丞) 송저 등이 그를 포박하고 문초하니, 정중부가 화를 내며 병사를 거느리고 어사대로 와서 송저 등을 죽이려 하였다. 그러자 명종은 정중부를 두려워하여 송저를 파직하였다.

918		1009		1104		1170		1270
	(가)		(나)		(다)		(라)	
고려 건국		강조의 정변		별무반 편성		무신 정변		개경 환도

① (가)　② (나)　③ (다)　④ (라)

| 해설 | 고려 시대의 주요 사건 발생 시기

제시된 자료는 정중부의 종이 법을 범하였으므로 어사대 관리인 송저가 잡아 처벌하니 정중부가 노하여 파직하였다라는 내용이다. 이를 통해 무신 정변 이후 정중부의 집권 시기(1174~1179)임을 알 수 있다.
고려 시대의 무신들은 오랫동안 계속되어 온 차별 대우와 문신 위주의 정치에 대해 불만을 품고 있었다. 그리고 낮은 대우와 각종 잡역에 시달린 하층 군인들의 불만도 컸다. 의종이 개경 부근의 보현원에서 놀이를 즐길 때를 이용하여 정중부, 이의방 등의 무신들은 정변을 일으켜 실권을 잡았다(1170). 따라서 연표의 (라) 시기에 해당한다.

정답 ④

5 다음 글이 작성된 당시의 상황으로 옳은 것은? [2점]

> 엎드려 보건대, 적신(賊臣) 이의민은 성품이 사납고 잔인하여 윗사람을 업신여기고 아랫사람을 능멸하였습니다. 임금 자리를 흔들고자 하니, 재앙의 불길이 커져 백성이 살 수 없으므로 신(臣) 최충헌 등이 폐하의 위령(威靈)에 힘입어 일거에 소탕하였습니다. 원컨대 폐하께서는 옛 정치를 고쳐 새로운 정치를 도모하시고, 태조의 바른 법을 행하여 빛나게 중흥하소서. 삼가 봉사 10조를 올립니다.

① 무신이 권력을 장악하였다.
② 6두품이 국왕을 보좌하였다.
③ 호족이 고려 건국을 주도하였다.
④ 친원 세력이 대농장을 경영하였다.

6 다음 대화 이후에 전개된 사실로 옳은 것은? [2점]

① 최승로가 시무 28조를 건의하였다.
② 만적이 개경에서 반란을 도모하였다.
③ 윤관이 별무반을 이끌고 여진을 정벌하였다.
④ 대광현이 발해 유민을 이끌고 투항하였다.

| 해설 | 최씨 무신 정권의 성립

명종 26년(1196)에 최충헌은 동생 최충수와 함께 이의민을 제거하고 무신 집권 당시의 여러 가지 모순을 해결하자는 개혁안인 봉사 10조를 제시하여 자신의 집권을 합리화하였다. 무신 집권기 무신 집권자들은 백성들에게 과도한 세금을 거두며 수탈하였다. 이에 무신 집권기에는 하층민의 봉기가 끊이지 않았다. 또한 무신 집권이 수립된 후 노비 출신에서 최고 권력자가 나오기도 하자 신분 질서가 흔들리면서 신분 상승에 대한 기대감으로 봉기가 일어나기도 하였다. 만적의 봉기는 개경에서 사노비 만적이 중심이 되어 일어난 신분 해방 운동이다(1198).

| 오답 넘기 |

② 신라 중대 6두품은 신분의 제약으로 중앙과 지방의 장관 자리에는 오를 수 없었지만, 학문적 식견과 실무 능력을 바탕으로 국왕을 보좌하였다.
③ 신라 말의 호족은 고려의 건국을 주도하였다.
④ 원 간섭기에는 친원 세력이 대농장을 경영하며 권문세족으로 성장하는 경우가 적지 않았다.

정답 ①

| 해설 | 무신 집권기의 사회상

명종 26년(1196)에 최충헌은 동생 최충수와 함께 이의민을 제거하고 무신 집권 당시의 여러 가지 모순을 해결하자는 개혁안인 봉사 10조를 제시하여 자신의 집권을 합리화하였다. 무신 집권기 무신 집권자들은 백성들에게 과도한 세금을 거두며 수탈하였다. 이에 무신 집권기에는 하층민의 봉기가 끊이지 않았다. 또한 무신 집권이 수립된 후 노비 출신에서 최고 권력자가 나오기도 하자 신분 질서가 흔들리면서 신분 상승에 대한 기대감으로 봉기가 일어나기도 하였다. 만적의 봉기는 개경에서 사노비 만적이 중심이 되어 일어난 신분 해방 운동이다(1198).

| 오답 넘기 |

① 고려 성종 때 최승로는 시무 28조를 올려 유교 진흥을 건의하였다(982).
③ 별무반은 여진족을 정벌하기 위해 만든 부대로서 고려 예종 때 윤관은 이를 이끌고 여진족을 정벌한 후 동북 지방에 9성을 쌓았다(1107).
④ 고려 태조는 발해의 세자 대광현이 수만 명을 거느리고 들어오자 왕족으로 대우하였다(934).

정답 ②

7 다음 사건에 대한 탐구 활동으로 가장 적절한 것은?[2점]

> 개경 북산에서 나무하던 노비들이 변란을 도모하였다. …… 약속한 날이 되어 노비들이 모였으니 그 수가 수백 명에 불과하였다. 모의가 성공하지 못할 것을 염려하여 보제사(普濟寺)에서 다시 모이자고 약속하였다. …… 한충유의 노비인 순정이 주인에게 변란을 고하자 한충유가 최충헌에게 알렸다. 마침내 만적 등 100여 명을 체포하여 강에 던져버렸다.

① 진대법을 실시한 목적을 알아본다.
② 임술 농민 봉기의 결과를 분석한다.
③ 천리장성이 축조된 배경에 대해 살펴본다.
④ 무신 집권기에 발생한 봉기에 대해 조사한다.

| 해설 | 만적의 난

무신 정권기에 무신들의 수탈이 심해지고 이의민처럼 노비 출신의 집권자가 나타나자 신분 질서가 흔들리면서 노비들의 의식이 점차 성장하였다. 이러한 변화는 노비들이 신분 해방을 요구하는 봉기로 이어졌다.
그중 무신 집권자 최충헌의 사노비였던 만적의 봉기가 대표적이었으나 이 봉기는 다른 노비의 밀고로 인해 실현되지는 못하였다. 만적의 봉기는 중앙 정부에서 봉기를 일으킨 100여 명을 죽일 정도로 큰 사건이었다(1198). 비록 실패하였으나 이 봉기는 이후 많은 영향을 끼쳐 30년간 이와 비슷한 신분 해방 운동이 전국 각지에서 일어났다.

| 오답 넘기 |

① 고구려의 진대법은 국가가 평민이 몰락하여 귀족이나 세력가의 노비로 전락하지 않도록 관리하려는 과정에서 제정된 법으로서 중앙 집권력이 향상되면서 나타난 제도이다(194).
② 철종 때 남부 지방 전역에 걸쳐 일어난 임술 농민 봉기의 원인이 되었던 삼정의 문란을 바로잡기 위해 삼정이정청을 설치하였다(1862).
③ 고구려는 당의 침입에 대비하여 국경 지역에 천리장성을 쌓고 군사력을 강화하였다(631~647). 또 고려는 거란과 여진의 침략에 대비하여 나성과 천리장성을 쌓았다(1033~1044).

정답 ④

8 다음 사건에 대한 탐구 활동으로 가장 적절한 것은?[2점]

> 망이가 이르기를, "이미 우리 고향을 현(縣)으로 승격시키고 또 수령을 두어 위로하다가 다시 군대를 일으켜 토벌하러 오다니, 차라리 칼날 아래 죽을지언정 끝까지 굴복하지 않고 반드시 개경까지 간 후에야 그만둘 것이다."라고 하였다.

① 특수 행정 구역인 소에 대한 차별을 조사한다.
② 개경 나성의 축조 과정을 파악한다.
③ 호족 세력의 성장 배경을 알아본다.
④ 삼전도비 건립 당시의 상황을 찾아본다.

| 해설 | 망이 · 망소이의 봉기

무신 정변으로 고려 전기의 신분 제도가 동요되어 하층민에서 권력층이 된 자가 많았다. 이러한 분위기 속에서 당시의 백성들은 종래의 소극적 저항에서 벗어나 대규모의 봉기를 일으키기 시작하였다. 망이 · 망소이(1176), 김사미 · 효심(1193) 등 농민 항쟁이 계속되었으며, 최충헌의 사노비인 만적 등이 천민의 신분 해방 운동을 벌이기도 하였다.
특히 자료의 망이 · 망소이의 난은 1176년(명종 6) 공주 명학소를 중심으로 일어난 사건으로 특수 행정 구역인 소(所)에서 일어났다는 특징이 있다. 소 지역은 고려 시대에 향 · 부곡 지역과 함께 다른 지역에 비해 세금을 더 많이 납부하는 등의 차별이 있던 지역이다. 이 사건은 특수 행정 구역이 소멸되는 데 영향을 주었다.

| 오답 넘기 |

② 고려는 덕종 때 거란과 여진의 침략에 대비하여 나성과 천리장성을 쌓았다(1033~1044).
③ 신라 말 사회가 혼란해지면서 지방에서는 호족 세력이 성장하여 일정한 지역에 독립적인 지배권을 행사하였다.
④ 병자호란 당시 청 태종은 자신의 공덕을 새긴 기념비를 세우도록 조선에 강요했는데 그 결과 삼전도비가 세워졌다(1639).

정답 ①

11 고려의 대외 관계와 고려 후기의 정치 변화

일차

공부한 날 월 일

❶ 고려 전기의 대외 관계

(1) 동북아시아의 정세

① 10세기 : 송, 거란, 고려 등이 각 지역의 통일 왕조로 등장 → 다원적 국제 질서 형성

② 고려의 대외 정책

㉠ 친송 정책 : 송은 정치적 · 군사적 목적으로 고려와 제휴하여 거란을 견제, 고려는 송의 발전된 문물 수입 및 경제적 실리 도모

㉡ 북진 정책 : 태조는 거란의 친교 제의를 거절(만부교 사건)하고 발해 유민을 포섭

㉢ 국방 강화 : 광군 조직(거란 대비, 947), 국경 지대에 성 구축

거란이 화친의 뜻으로 낙타 50마리와 사신을 보내오자, 야만의 나라라고 하여, 사신을 섬으로 귀양보내고, 낙타를 개경의 만부교 다리 아래에서 굶어 죽게 하였다.

광군
고려 정종 시대에 거란을 막을 목적으로 조직된 군대(947). 지방 호족의 세력을 이용해 조직한 농민 예비군으로 그 수는 약 30만 명에 달했다.

(2) 거란의 침입과 격퇴

① 거란과의 관계 악화 : 고려의 발해 유민 포용, 북진 정책, 친송 정책

② 거란의 침입

시기	1차 침입(성종, 993)	2차 침입(현종, 1010)	3차 침입(현종, 1018)
원인	송 공격에 앞서 송과 친한 고려 공격 필요	강조의 정변, 고려와 송의 관계 차단	고려의 강화 약속 위반 (강동 6주 반환 거부)
과정	거란의 정안국 정벌 → 소손녕의 고려 침략 → 서희의 외교적 타협	40만 대군 침략 → 개경 함락 → 양규의 항전 → 강화	소배압의 침입 → 강감찬의 귀주 대첩 승리(1019)
결과	강동 6주 획득, 송과 외교 관계 단절 (비공식적 교류는 지속)	고려왕의 거란 방문 약속, 강동 6주 반환 약속 → 모두 지켜지지 않음	전쟁 중단, 화친 성립 (고려의 실질적 승리)

강조의 정변
목종의 모후인 천추태후와 김치양이 불륜 관계를 맺고 왕위를 빼앗으려 하자 강조가 군사를 일으켜 김치양 일파를 제거한 후 목종을 폐위하고 현종을 옹립한 사건(1009)

Click! ●고려 전기의 대외 관계

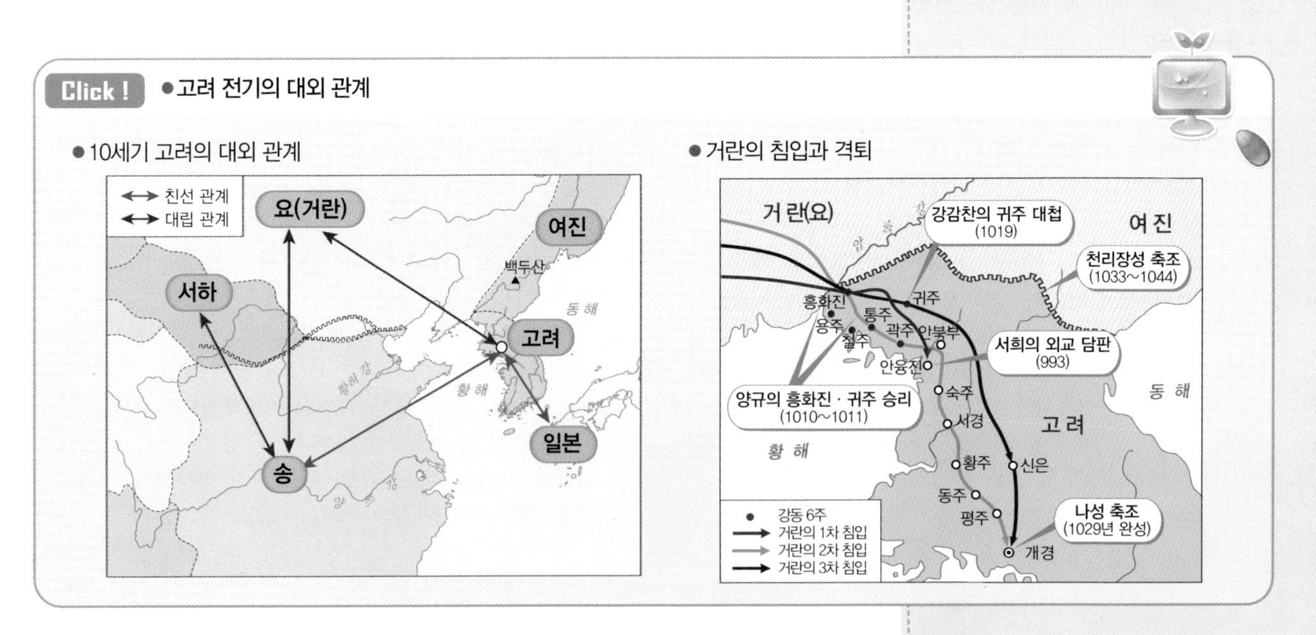

③ 영향 : 고려 – 송 – 거란(요) 사이에 세력 균형 유지, 강감찬의 건의로 개경 주위에 나성 축조, 천리장성 축조(압록강 ~ 도련포), 초조대장경 조판

(3) 여진과의 관계(12세기)

① 여진의 성장 : 12세기 초 완옌부 중심으로 여진족 통일, 고려 침공

② 여진 정벌 : 윤관의 건의, 별무반 편성 → 동북 지방 일대에 9성 축조(1107)

윤관이 여진의 기병에 대항하기 위해 편성한 특수 부대. 신보군(보병), 신기군(기병), 항마군(승병)으로 구성되었다(1104).

③ 여진의 강성 : 금 건국(1115) → 고려에 군신 관계 요구 → 이자겸이 금의 요구 수용(1126)

금의 사대 요구에 신하 대부분은 반대하였으나, 권력을 장악하고 있던 이자겸이 정권을 유지하고 전쟁을 막기 위해 독단적으로 사신을 보내 사대 관계를 수립하였다.

동북 9성
지금의 함경도 지역으로 추정된다. 고려는 이 지역을 획득했으나, 북방의 국경 지대인 까닭에 방어가 어렵고, 농사가 제대로 되지 않아 결국 여진에 반환했다.

척경입비도(拓境立碑圖) 윤관이 9성을 개척하고 비석을 세우는 장면을 조선 후기에 그린 것이다.

❷ 고려 후기의 대외 관계

(1) 13세기 동북아시아의 정세

① 국제 정세의 변화 : 칭기즈칸의 몽골 제국 건설 → 금 공격 → 동아시아 지역으로 세력 확장

② 강동성 전투 : 거란족이 몽골군에 쫓겨 고려에 침입 → 몽골군과 연합하여 강동성에서 거란족 격퇴(1219)

③ 결과 : 고려와 몽골의 공식적인 외교 관계 수립

(2) 몽골과의 전쟁

① 1차 침입(1231)

㉠ 원인 : 몽골의 무리한 공물 요구 → 몽골 사신 피살 → 외교 관계 단절

㉡ 전개 : 백성과 관군이 함께 항전 → 귀주성에서 박서의 저항

② 2차 침입(1232)

㉠ 원인 : 최씨 정권(최우)의 장기 항전을 위한 강화도 천도

㉡ 전개 : 처인성 전투에서 김윤후와 처인 부곡민이 몽골군 사령관 살리타 사살

㉢ 초조대장경 소실 : 경상도까지 침략한 몽골군에 의해 대구 부인사에 보관되어 있던 초조대장경이 불태워짐

처인 부곡
몽골군의 2차 침공 때 승장 김윤후가 적장 살리타를 사살하여 승리로 이끈 대첩에서 처인 부곡민들이 관군 못지않게 처인성 대첩을 승리로 이끄는 데 기여하였다.

③ 3~6차 침입 : 몽골은 금을 정복한 후 고려를 적극적으로 공격 → 충주성에서 김윤후와 노비들이 항전(1253)

④ 최씨 정권의 붕괴 : 주화파가 득세하면서 엄청난 희생을 치르면서도 항전을 고집하던 최씨 정권이 무너지고, 몽골과의 강화 성립, 개경 환도(1270)

⑤ 전쟁의 결과 : 문화재 소실(대구 부인사 대장경 판목, 경주 황룡사 9층 목탑 등), 인명 및 토지 상실, 팔만대장경 조판(부처의 힘으로 몽골군 격퇴 기원)

용장성(전남 진도 군내면) 삼별초의 대몽 항전지로 1270년 이후 축성

⑥ 삼별초의 항쟁(1270~1273)

㉠ 배경 : 정부의 개경 환도에 반대하여 배중손의 지휘 아래 대몽 항쟁 지속

㉡ 과정 : 강화도 → 진도 → 제주도로 옮겨 가며 항쟁 → 여 · 몽 연합군에 의해 진압

㉢ 활동 : 서남해안 도서 지방 점령, 일본에 외교 문서 발송

㉣ 삼별초 관련 유적지 : 진도 용장산성, 제주도 항파두리 유적지와 항몽 순의비

㉤ 의의 : 고려인의 자주 정신을 보여 줌

항몽 순의비(제주)

Click !

● 몽골의 침략과 항쟁

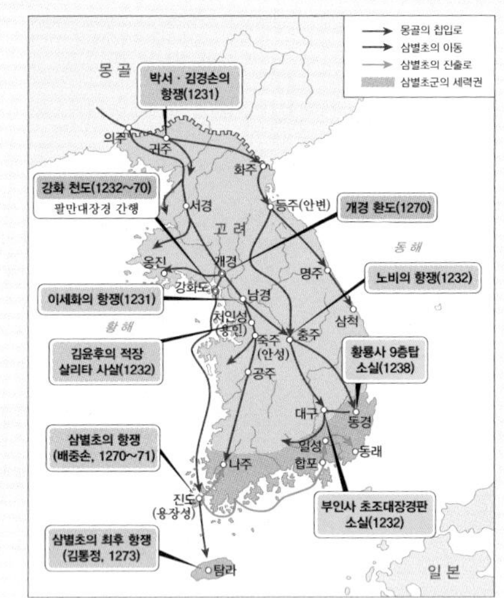

● 김윤후의 충주성 전투

몽골군이 오자 우종주와 유홍익과 양반 별초 등은 모두 성을 버리고 달아나고 오직 노비군과 잡류 별초가 힘을 합하여 이를 물리쳤다. 몽골군이 물러가자 우종주 등이 고을에 돌아와 관가와 개인 집에서 사용하던 은그릇을 검사하였다. 노비군이 몽골군이 빼앗아 갔다고 말하자 호장 광립 등이 비밀리에 노비군의 우두머리를 죽이려고 하였다.

-『고려사』-

❸ 고려 후기의 정치 변동 ☆☆☆

(1) 원 간섭기의 변화

> 고려 왕은 원의 사위가 되어 왕위에 오른 뒤에도 자주 원의 수도인 연경에 드나들었고, 고려 왕의 임명 또한 철저히 원의 뜻에 따라 결정되었다. 심지어 고려 왕의 폐위와 복위도 원이 멋대로 결정하였다.

① 부마국 체제 성립 : 고려 국왕을 통한 간접 지배, 왕자는 원에서 교육을 받고 원의 공주와 결혼

② 일본 원정 시도 : 몽골은 국호를 원(元)으로 바꾸고 두 차례에 걸친 일본 원정을 단행(1274 · 1281), 정동행성 설치(1280)

③ 영토 상실 : 쌍성총관부(철령 이북), 동녕부(자비령 이북), 탐라총관부(제주도) 설치 등

④ 통치 조직 개편 및 왕실 용어 격하

기관	원 간섭기 이전	원 간섭기
왕의 묘호	조, 종(태조, 광종, 성종)	충(忠)으로 시작해서 왕(王)을 붙임(충렬왕, 충선왕, 충목왕)
왕실 용어	짐, 폐하, 태자	고, 전하, 세자
관제	도병마사	도평의사사
	중서문하성, 상서성	첨의부
	6부	4사로 축소

⑤ 내정 간섭 : 정동행성 유지, 만호부(고려의 군사 조직에 영향력 행사) 설치, 다루가치(감찰관) 파견

> 매를 잡고 길러서 몽골에 보내기 위해 설치한 특수 기구이다.

⑥ 경제적 수탈 : 인삼, 매(응방에서 담당), 호랑이 가죽 등의 특산물 수탈, 공녀 강요에 따라 결혼도감 · 과부도감 등을 설치(조혼의 풍습 유행)

⑦ 원과의 교류 증가

㉠ 문화 교류

ⓐ 고려양 : 고려의 옷과 음식 등이 몽골에서 유행

ⓑ 몽골풍 : 변발, 몽골식 의복, 연지 · 곤지, 몽골어, 몽골 음식 등 유행

↑ 대몽 항쟁기의 강화도

↑ 고려 궁궐터(강화)

일본 원정
쿠빌라이가 일본에 6차례 사신을 파견하여 항복을 요구하였으나, 일본이 이에 불응하자 대규모의 원정군을 2차례 파견하였다.

정동행성
고려 충렬왕 때 원의 쿠빌라이가 일본을 정벌하려고 개경에 설치하였다가 정벌 계획을 그만둔 뒤로 원의 관리를 두어 고려의 내정을 간섭하였다.

다루가치
다루가치는 관청의 책임자를 뜻하는 몽골어이다. 점령지에 다루가치를 두어 행정을 감독하고 감시하였다.

㉡ 인적 교류 : 원(전쟁 포로, 공녀, 귀화, 상인 등), 고려(몽골인, 중국인, 색목인 등이 왕래)

㉢ 새로운 문물 : 화약 제조, 수시력 등 과학 기술, 성리학 · 라마교 등 새로운 사상과 종교 유입

Click ! ● 몽골풍

구분	내용
복장	변발, 몽골식 복장인 호복(철릭), 족두리, 연지 · 곤지 등
음식	소주, 고기만두 등
언어	• 궁중 용어 : 마마(궁중 어른에게 붙이는 존칭), 수라(왕의 음식), 무수리(궁중에서 일하는 궁녀) • 사람을 가리킬 때 '치'라는 말을 붙임 : 벼슬아치, 장사치

소줏고리

연지 · 곤지와 족두리

변발(몽골족의 머리 모양)

(2) 권문세족의 성장과 신진 사대부

① **권문세족의 성장** : 종래 문벌 귀족 가문, 무신 집권기에 새로 등장한 가문, 원의 세력을 등에 업으면서 새롭게 성장한 가문(군인, 역관, 환관 출신 인물이나 그 친족들)

② **권문세족의 횡포** : 음서 등을 통해 관직 독차지, 도평의사사 장악, 대농장 경영, 양민을 노비로 삼아 경제력 확대 → 왕권 약화, 국가 재정 부실, 국방력 약화, 농민 생활 피폐

③ **충선왕의 개혁** : 권문세가들의 농장 몰수, 사림원 설치, 만권당 설치(1314), 민생 안정 등 → 권문세족의 반발, 원의 반대, 개혁 세력이 성장하지 못하여 실패

만권당
왕위에서 물러난 충선왕은 1314년 원나라에서 만권당을 설치하여, 이제현 등 고려 유학자와 조맹부 등 한족 출신 유학자들을 불러 모아 서로 교류하게 하였다. 이를 통해 고려의 학문과 사상이 발전하는 기틀이 마련되었다.

④ **신진 사대부의 등장**

㉠ 출신 : 대부분 지방 향리 출신으로 과거를 통해 관직에 진출 → 이색, 정몽주, 정도전 등

㉡ 활동 : 권문세족과 대립, 불교의 폐단 비판, 유교 원리에 입각한 국가 운영 주장

(3) 공민왕의 개혁 정치

① **배경** : 원 · 명의 교체기(14세기 중반)

② **개혁의 내용**

㉠ 반원 자주 정책 : 기철 등 친원 세력 숙청, 정동행성 이문소 폐지, 원 간섭기 이전의 관제 복구, 몽골 풍속 금지, 쌍성총관부 공격(철령 이북 영토 수복, 1356), 고구려의 옛 땅을 되찾기 위해 요동 지방 공략

㉡ 왕권 강화 정책

ⓐ 정방 폐지(왕의 인사권 회복), 성균관 정비, 유학 교육 강화 → 신진 사대부 진출 촉진

ⓑ 전민변정도감 설치(1366) : 신돈 등용 → 불법적인 농장을 폐지하고 농장의 노비들을 양인으로 해방시킴

전민변정도감
고려 후기에 권문세족들이 토지와 노비를 늘려 국가 기반이 크게 약화되자, 이를 시정하기 위하여 설치한 특별 기구

고려 후기의 승려로, 공민왕의 신임을 얻어 전민변정도감을 설치하고 스스로 판사가 되어, 부당하게 빼앗긴 토지와 강압에 의해 노비가 된 백성들을 원래의 상태로 되돌려 놓는 개혁을 단행하였다.

③ 결과 : 홍건적과 왜구의 침입, 권문세족의 반발, 공민왕 시해 → 개혁 중단

Click !

● **공민왕의 영토 수복**

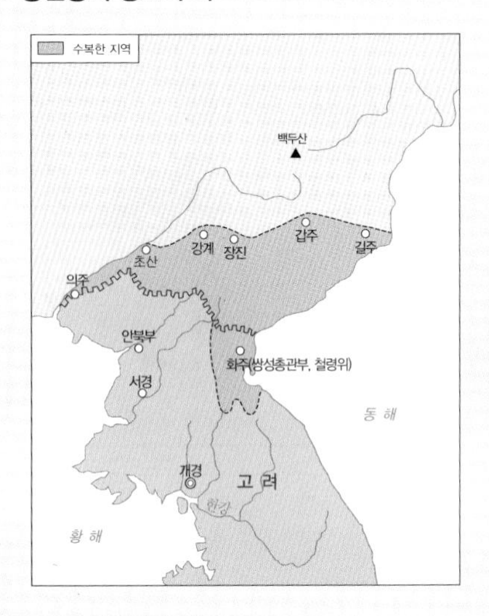

● **권문세족의 횡포**

당시 권문세족 중에는 좋은 토지를 가진 사람이 있으면 자신의 노비를 시켜 물푸레나무로 때리고 땅을 빼앗는 경우가 많았다. 땅 주인이 비록 관가에서 인정한 정식 소유 문서인 문권을 가지고 있더라도 함부로 항변하지 못하였다. 이 때문에 당시 사람들은 물푸레나무 몽둥이가 공식 문서와 같다고 하였다.

–『고려사절요』–

● **전민변정도감의 설치**

신돈이 왕에게 전민변정도감의 설치를 청하여 스스로 판사가 되었다. 전국에 방을 붙여 알리기를, "…… (백성이) 대대로 지어 내려오던 땅을 힘 있는 가문들이 거의 다 빼앗아 버렸다. 이미 땅 주인에게 돌려주라고 판결을 내렸는데도 그대로 가지며, 때로는 백성을 노비로 삼았다. …… 이에 도감을 설치하여 이를 바로잡고자 한다."라고 하였다.

● **몽골풍 금지**

공민왕의 원의 제도를 써서 변발을 하고 호복(몽골의 옷차림)으로 전상에 앉았으니 이연종이 간(諫)하고자 하여 문밖에서 후문하므로 왕이 사람을 시켜 물으니 말하기를, "임금님 앞에 나아가 직접 대면해서 말씀 드리기를 원하나이다."라고 하였다. 이미 들어와서는 왕의 측근을 물리치고 말하기를, "변발과 호복은 선왕(先王)의 제도가 아니오니 원컨대 전하는 본받지 마소서."라고 하였다. 왕이 기뻐하여 곧 변발을 풀고 옷과 요를 하사하였다.

–『고려사』–

홍건적
중국 원 말기에, 허베이(河北)에서 한산동(韓山童)을 두목으로 하던 도둑의 무리를 가리킨다. 머리에 붉은 수건을 쓴 까닭에 이렇게 불렀다. 1359년, 1361년 두 차례에 걸쳐 고려에까지 침범하였다. 홍두적이라고도 부른다.

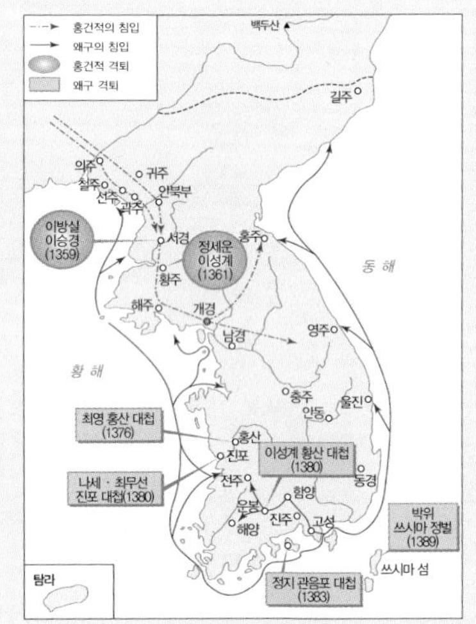

고려 말 이민족의 침입과 격퇴

(4) 고려 후기의 대외 관계

원 말기에 백련교도가 중심이 되어 봉기한 한족의 농민 반란군으로, 머리에 붉은 수건을 둘러 홍건적이라 하였다.

① **홍건적의 침입** : 고려에 두 차례 침입(1359 · 1361), 2차 침입 때 공민왕이 안동으로 피난(안동 놋다리밟기의 유래)

② **왜구의 침입** : 해안 및 내륙까지 약탈, 개경 근처 위협 → 조운선이 끊기고 서남부 해안 초토화 → 최영, 이성계, 최무선, 박위 등이 왜구 토벌

홍산 대첩	우왕	최영이 홍산(부여)에서 왜구 격퇴(1376)
진포 대첩	우왕	최무선이 화통도감을 설치하고 화포를 만들어 진포에서 격퇴(1380)
황산 대첩	우왕	이성계가 운봉 황산에서 남해안 일대의 왜구를 섬멸(1380)
관음포 대첩	우왕	정지가 왜구 토벌(1383)
쓰시마 섬 정벌	창왕	박위가 전함 100척을 이끌고 쓰시마 섬 정벌(1389)

놋다리밟기 고려 공민왕이 공주와 함께 청주를 거쳐 안동 지방에 파천(播遷)하였을 때, 마침 개울을 건너게 되었는데 마을의 소녀들이 나와 등을 굽히고 그 위로 공주를 건너게 한 데서부터 시작됨

① 고려 전기의 대외 관계

■ [거란 1차] (서희) 강동 6주를 획득하였다.
↳ 서희가 외교 협상을 통하여 강동 6주를 획득하였다.
↳ 압록강 유역의 강동 6주를 차지하였다.

■ [거란 2차] 강조가 정변을 일으켰다.
↳ 거란의 침입을 물리치기 위해 대장경이 제작되었다.

■ [거란 3차] 강감찬이 귀주에서 적을 크게 물리쳤다.
↳ 강감찬이 귀주에서 (거란군에게) 승리하였다.
↳ (강감찬이) 귀주에서 거란군을 물리쳤다.

■ 개경 나성의 축조 과정을 파악한다.

■ 천리장성이 축조되었다.
↳ 천리장성이 축조된 배경에 대해 살펴본다.

■ [숙종] (윤관의 건의로) 별무반을 창설하였다.
↳ 별무반을 편성하였다.
↳ 신기군, 신보군, 항마군으로 구성되었다.

■ [예종] 별무반을 편성하여 여진을 정벌하였다.
↳ 윤관이 별무반을 이끌고 여진을 정벌하였다.
↳ 윤관이 동북 9성을 축조하였다.

② 고려 후기의 대외 관계

■ 몽골 사신 저고여가 귀국길에 피살되었다.

■ 최우가 장기 항전을 위해 강화도로 천도하였다.

■ 김윤후가 처인성에서 몽골군을 물리쳤다.
↳ 처인성에서 적장 살리타를 사살하였다.

■ [3차 침입] 8만대장경을 조판하였다.
↳ 황룡사 구층 목탑이 소실되었다.

■ [충주성 전투] 노비를 비롯한 하층민이 충주성에서 몽골군을 물리쳤다.

■ 삼별초가 항쟁하였다.
↳ 몽골의 침략에 맞서 끝까지 항쟁하였다.
↳ 배중손이 삼별초를 이끌었다.
↳ 배중손이 진도에서 항쟁하였다.

실전 자료 — 충주성 전투

몽골군이 쳐들어와 70여 일간 충주성을 포위하니 군량이 거의 바닥났다. 김윤후가 군사들을 북돋우며 말하기를, "너희들이 힘을 다해 싸운다면 귀천을 가리지 않고 모두 관직을 제수할 것이다."라고 하였다. 그러고는 관노(官奴) 문서를 불사르고, 소와 말도 나누어 주었다. 이에 모두 죽음을 무릅쓰고 싸워 몽골군을 물리쳤다.

③ 고려 후기의 정치 변동

■ [원 간섭기] 정동행성이 설치되었다.
↳ 쌍성총관부가 설치되었다.
↳ 다루가치라는 감찰관이 파견되었다.

■ [충선왕] (원의 수도에) 만권당을 두었다.

■ [몽골풍] 지배층을 중심으로 변발과 호복이 유행하였다.

■ [권문세족] 친원 세력이 대농장을 경영(소유)하였다.
↳ [공민왕] 친원 세력인 기철 등이 숙청되었다.

■ [공민왕] 쌍성총관부를 수복하였다.
↳ 쌍성총관부를 공격했어.
↳ 철령 이북의 땅을 공격했어.
↳ 정방을 폐지하였다.
↳ 신돈을 등용하고 전민변정도감을 운영하였다.
↳ 전민변정도감을 설치하였다.
↳ 몽골식 풍습을 금지하였다.

■ [신진 사대부] 성리학을 이념적(사상적) 기반으로 삼았다.

실전 자료 — 신진 사대부

• 성리학을 이념으로 하여 고려 사회를 개혁하려고 한 새로운 정치 세력이다.
• 조선 건국의 중심이 된 세력이다.

■ 홍건적(과 왜구)을 격퇴하면서 신흥 무인 세력이 성장하였다.
↳ [홍산 대첩] 최영이 홍산에서 왜구에 승리하였다.
↳ [황산 대첩] 이성계가 황산에서 왜구를 격퇴하였다.
↳ [최무선] 화통도감을 설치하고 화약과 화포를 제조하였다.

1 다음 시나리오의 상황 이후에 전개될 사실로 옳은 것은? [2점]

#39. 고려 서경 궁궐

신하 1 : 소손녕이 항복을 요구하니 서경 이북의 땅을 거란에게 떼어주는 것이 좋을 듯합니다.
성 종 : 경의 뜻을 따르겠소. 그렇다면 적이 군량미로 사용하지 못하도록 서경의 곡식을 대동강에 버리는 것이 어떻겠소?
신하 2 : 식량은 백성들의 생명인데 어찌 강에다 버리려 하십니까? 땅을 떼어주는 것 또한 만세의 치욕이니 그들과 싸워본 뒤에 다시 의논하셔도 늦지 않습니다.

① 견훤이 후백제를 건국하였다.
② 왕건이 고창 전투에서 승리하였다.
③ 원종과 애노가 사벌주에서 봉기하였다.
④ 서희가 외교 담판으로 강동 6주를 획득하였다.

| 해설 | 거란의 1차 침입

소손녕이 이끄는 거란군이 쳐들어오자 당시 고려에서는 서경 이북 지방을 내주고 화의를 맺자는 주장이 나왔다. 이때 서희가 외교 협상에 나서 고려가 고구려를 계승하였음을 주장하고, 여진이 차지한 압록강 동쪽의 땅을 돌려준다면 송과의 관계를 끊기로 약속하였다. 그 결과 거란이 물러났고, 고려는 여진족을 몰아내고 압록강 동쪽의 강동 6주를 차지하였다(993).

| 오답 넘기 |

① 견훤은 전라도 지방의 군사력과 호족 세력을 토대로 완산주(전주)에 도읍을 정하고 후백제를 세웠다(900).
② 고창 전투(930)는 군대를 정비한 왕건이 후백제를 치기 위해 직접 군대를 거느리고 고창(안동)으로 향하여 견훤의 후백제군을 크게 물리친 사건이다.
③ 신라 말에는 원종과 애노의 난(889)을 시작으로 농민의 항쟁이 전국적으로 확산되었다.

정답 ④

2 (가), (나) 사이의 시기에 있었던 사실로 옳은 것은? [3점]

(가) 거란군이 귀주를 통과하자 강감찬 등이 동쪽 들판에서 맞아 싸우니, …… 적의 시체가 들을 덮었고 사로잡은 포로, 노획한 말과 낙타, 갑옷, 병장기를 다 셀 수 없을 지경이었다.

(나) 충주성이 몽골에 포위를 당한 것이 무릇 70여 일이 되었으며, …… 김윤후가 병사와 백성들을 독려하며 말하기를, "만약 힘을 다해 싸운다면 귀천을 막론하고 모두 관직과 작위를 제수하겠다."라고 하였다.

① 장문휴가 등주를 공격하였다.
② 윤관이 동북 9성을 축조하였다.
③ 이사부가 우산국을 정벌하였다.
④ 최영이 홍산에서 왜구에 승리하였다.

| 해설 | 거란의 침입과 격퇴

(가) 제3차 침략 때 거란은 10만여 군사를 동원하였으나 강감찬이 이끈 고려군은 이를 격파하고 대승을 거두었다(귀주 대첩, 1019). (나) 몽골의 2차 침입 당시 처인성에서는 승려 김윤후가 살리타를 활로 쏘아 죽임으로써 기세를 높여 많은 몽골군을 포로로 잡았다. 이 전투에는 사회적으로 차별 대우를 받던 처인부곡 사람들도 적극 가담하였다(처인성 전투, 1232).
그 뒤, 충주성을 지키는 관리가 된 김윤후는 몽골의 침입을 맞아 노비 문서를 불태우고 공을 세운 사람에게 신분을 가리지 않고 포상할 것을 약속하여 사기를 북돋아 몽골군을 물리쳤다(충주성 전투, 1253).
(가)와 (나) 시기 사이 12세기 초 통일된 여진족이 고려를 자주 침략하자 고려는 윤관의 건의에 따라 신기군(기병), 신보군(보병), 항마군(승려)의 별무반을 편성(1104)하여 백정 농민은 물론 승려, 상인, 노비까지 동원하여 여진 정벌을 단행하였다. 그리고, 동북 지방에 9성을 쌓았다(1107).

| 오답 넘기 |

① 당이 발해 동북쪽의 흑수 말갈과 유대를 강화하여 발해를 견제하려 하자, 무왕은 장문휴가 지휘하는 군대로 산둥 반도를 공격하기도 하였다(732).
③ 울릉도와 독도는 삼국 시대 이전부터 우산국으로 불렸으며, 『삼국사기』에는 신라 지증왕 때 이사부가 우산국을 복속시켰다고 기록되어 있다(512).
④ 고려 말 최영은 부여, 경주 등을 공격한 왜구를 홍산(부여)에서 격퇴하였다(1376).

정답 ②

3 (가) 국가의 침입에 대한 고려의 대응으로 옳은 것은? [2점]

① 동북 9성을 축조하였다.
② 화통도감을 설치하였다.
③ 초조대장경을 조판하였다.
④ 처인성에서 적장 살리타를 사살하였다.

| 해설 | 몽골과의 항쟁

제시된 자료에서 '최우가 강화 천도를 주장', '속히 개경을 떠나라는 명령' 등의 내용을 통해 (가) 국가는 몽골임을 알 수 있다. 무신 집권기 최우는 몽골의 침략을 받아 1232년에 강화도로 천도하였다. 그리고, 몽골의 2차 침입 당시 처인성에서는 승려 김윤후가 살리타를 활로 쏘아 죽임으로써 기세를 높여 많은 몽골군을 포로로 잡았다. 이 전투에는 사회적으로 차별 대우를 받던 처인부곡 사람들도 적극 가담하였다(처인성 전투, 1232). 그 뒤, 충주성을 지키는 관리가 된 김윤후는 몽골의 침입을 맞아 노비 문서를 불태우고 공을 세운 사람에게 신분을 가리지 않고 포상할 것을 약속하여 사기를 북돋아 몽골군을 물리쳤다(충주성 전투, 1253).

| 오답 넘기 |

① 동북 9성은 고려 예종 때 윤관의 별무반이 여진족을 북방으로 밀어내고 쌓은 성이다(1107).
② 고려 우왕 때에는 화통도감을 설치하여 화약과 화포를 제작하였다(1377).
③ 고려 현종 때에는 부처의 힘을 빌려 거란을 물리치기 위해 초조대장경을 간행하였다(1011~1031).

정답 ④

4 다음 상황이 나타난 시기를 연표에서 옳게 고른 것은? [3점]

> 우종주는 양반 별초(兩班別抄)를, 유홍익은 노군 잡류 별초(奴軍雜類別抄)를 이끌었다. 두 사람은 서로 시기하다가 몽골군이 다다르자 양반 등과 함께 모두 성을 버리고 달아나니 오직 노군(奴軍)과 잡류(雜類)만이 힘을 합하여 몽골군을 물리쳤다.
>
> －『고려사』－

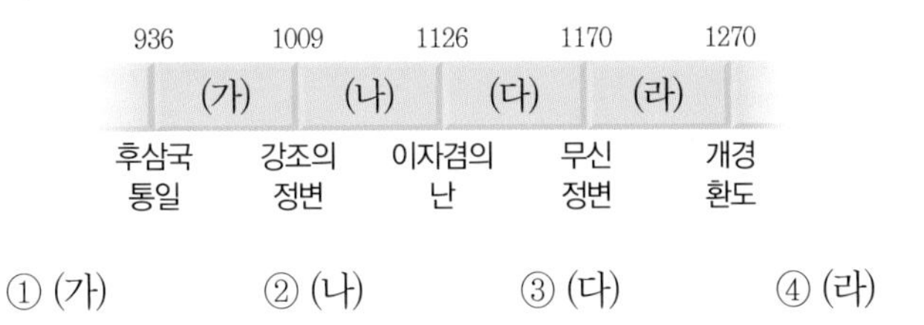

① (가) ② (나) ③ (다) ④ (라)

| 해설 | 몽골의 침입과 격퇴

강화도로 천도한 이후 40년 가까이 지속된 대몽 항쟁의 주역은 스스로 살 길을 찾아 나선 백성들과 사회적으로 천대받던 노비 · 부곡민 등이었다. 귀주 부근 마산 초적, 관악산 지역의 초적들은 관군과 협력하여 몽골군을 물리쳤다. 충주성을 지켜낸 것은 노군 · 잡류 · 별초였고, 처인 부곡민이나 충주성의 관노들은 김윤후의 지휘를 받으며 몽골군을 격퇴하였다. 반면 강화도로 들어간 왕과 귀족들은 화려한 생활을 유지였다. 따라서 (라) 시기에 해당한시기다.

정답 ④

5 (가)~(다)를 일어난 순서대로 옳게 나열한 것은? [2점]

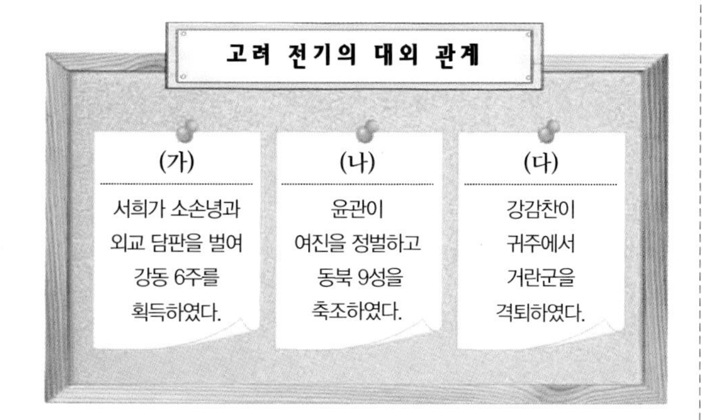

① (가) – (나) – (다)
② (가) – (다) – (나)
③ (나) – (가) – (다)
④ (나) – (다) – (가)

| 해설 | **고려의 대외 관계 순서**

(가) 993년 소손녕이 이끄는 거란군이 쳐들어오자 당시 고려에서는 서경 이북 지방을 내주고 화의를 맺자는 주장이 나왔다. 이때 서희가 외교 협상에 나서 고려가 고구려를 계승하였음을 주장하고, 여진이 차지한 압록강 동쪽의 땅을 돌려준다면 송과의 관계를 끊기로 약속하였다. 그 결과 거란이 물러났고, 고려는 여진족을 몰아내고 압록강 동쪽의 강동 6주를 차지하였다.
(다) 1018년 거란의 3차 침입이 일어나 강감찬이 귀주 대첩에서 큰 승리를 거둔 후 거란과 고려는 평화 조약을 맺었다.
(나) 12세기 초 통일된 여진족이 고려를 자주 침략하자 고려는 윤관의 건의에 따라 신기군(기병), 신보군(보병), 항마군(승려)의 별무반을 편성(1104)하여 백정 농민은 물론 승려, 상인, 노비까지 동원하여 여진 정벌을 단행하였다. 그리고, 동북 지방에 9성을 쌓았다(1107).
따라서 (가)-(다)-(나) 순이다.

정답 ②

6 다음 상황이 있었던 시기의 사실로 옳은 것은? [3점]

> 대장군 인후와 장군 고천백이 원(元)의 사신 탑납과 함께 원에서 돌아왔다. 탑납이 도착하자 옹진 등 여러 현에서 점심을 대접하였는데, 어떤 사람이 탑납에게 말하기를, "우리 고을 사람들이 대부분 응방에 예속되어 있으니, 나머지 가난한 백성들로 어떻게 공억*을 감당하겠습니까? 차라리 죽음을 기다리는 것이 낫겠습니다."라고 하였다.
>
> *공억(供億): 음식물을 준비하여 접대하는 것

① 골품에 따라 관등 승진을 제한하였다.
② 광덕이라는 독자적인 연호를 사용하였다.
③ 문중을 중심으로 서원과 사우를 건립하였다.
④ 지배층을 중심으로 변발과 호복이 유행하였다.

| 해설 | **원 간섭기의 사회상**

몽골과 강화를 맺은 후 원은 일본 원정을 위해 설치(1280)하였던 정동행성을 계속 남겨 두고 내정 간섭 기구로 삼았다. 또 고려는 금, 은, 베를 비롯하여 인삼, 약재 등을 원에게 공물로 바쳤으며, 원 황실에서 일할 환관과 공녀를 보내기도 하였다. 또한 고려의 지배층을 중심으로 변발과 호복이 유행하였고, 원이 사냥용 매를 요구해 이를 공급할 목적에서 응방이라는 관청이 설치되기도 하였다. 이에 따라 고려는 농민들의 생활이 어려워지는 등 많은 어려움을 겪었다.

| 오답 넘기 |

① 신라는 골품제에 따라 여러 등급의 신분으로 나뉘었으며, 신분에 따라 관직의 직급, 옷의 색깔, 집의 크기, 장신구까지 차별을 받았다.
② 광종은 광덕, 준풍 등 독자적 연호를 사용하여 국가의 위상을 높였다.
③ 조선 후기에는 문중을 중심으로 서원을 세우지 못하는 경우에는 제사 기능만을 담당하는 사우를 세우기도 하였다.

정답 ④

7 밑줄 그은 '왕'의 정책으로 옳은 것은? [2점]

역사신문

제△△호 1356년 ○○월 ○○일

고구려, 옛 영토를 되찾다

왕의 명에 따라 쌍성총관부를 공격한 고려의 군사들이 승전보를 전했다. 고려군은 화주 · 등주 · 정주 · 장주 · 예주 · 고주 · 문주 · 의주 및 선덕진 · 원흥진 · 영인지 · 요덕진 · 정변진 등지를 원으로부터 되찾았다고 조정에 알렸다. 이는 상실했던 옛 영토를 100여 년 만에 되찾은 것이다.

① 별무반을 편성하여 여진을 정벌하였다.
② 쌍기의 건의로 과거 제도를 도입하였다.
③ 신돈을 등용하고 전민변정도감을 운영하였다.
④ 빈민 구제를 위해 흑창을 처음으로 설치하였다.

| 해설 | 공민왕의 개혁 정치

제시된 자료에서 '쌍성총관부를 공격', '상실하였던 옛 영토를 100여 년만에 되찾은 것' 등의 내용을 통하여 밑줄 그은 '왕'은 고려 공민왕임을 알 수 있다. 고려 공민왕은 1356년 무력으로 쌍성총관부를 공격하여 철령 이북의 영토를 탈환하고 고구려의 옛 땅인 요동 지방을 공략하였다.
공민왕은 또 관제를 복구하고 몽골풍도 금지하였다. 그리고, 내정 개혁을 추진하여 승려 신돈을 기용하고 전민변정도감을 설치하여 권문세족이 불법적으로 빼앗은 농토를 원래 주인에게 돌려주고, 노비로 전락한 양민의 신분을 되돌려 주었다(1366).

| 오답 넘기 |

① 별무반은 고려 숙종 때 여진을 정벌하기 위해 위해 윤관의 건의에 따라 편성한 특수 부대이다(1104).
② 고려 광종은 후주에서 귀화한 쌍기의 건의를 받아들여 과거제를 시행하였다(958).
④ 고려 태조는 빈민을 구제하기 위한 기구로 흑창을 설치하기도 하였다(918).

정답 ③

8 다음 사건 이후에 전개된 사실로 옳은 것은? [2점]

12월 정묘. 홍건적 우두머리로 평장(平章)을 사칭한 모거경이 무리 40,000명을 거느리고 얼어붙은 압록강을 건너와 의주를 함락시킨 후 부사(副使) 주영세와 백성 1,000여 명을 살해하였다.

－『고려사』－

① 최우가 정방을 설치하였다.
② 강감찬이 귀주에서 승리하였다.
③ 서희가 강동 6주를 획득하였다.
④ 이성계가 위화도에서 회군하였다.

| 해설 | 고려 말 이민족의 침입

제시된 자료는 고려말 홍건적의 침입에 대한 내용이다. 홍건적은 한족의 나라를 세우기 위해 원과 대결하면서 세력을 넓혀 나갔고, 이 과정에서 두 차례에 걸쳐 고려를 침입하였다. 1차 침입 때(1359)에는 서경이 함락되었으나 곧 세력을 만회하고 적을 물리쳤다. 2차 침입 때(1361)에는 개경까지 쳐들어와 공민왕이 복주(경북 안동)로 피란을 가는 사태가 발생하였다.
④ 고려 말 이성계는 요동 정벌에 반대하였지만 최영의 지시로 군대를 이끌고 정벌에 나섰다. 그러나 압록강 근처의 위화도에서 회군하여 개경을 장악한 뒤 최영을 제거하고 정권을 잡았다(1388).

| 오답 넘기 |

① 무신 정권기 최충헌을 이은 최우는 자신의 집에 정방을 설치하여 관리의 인사 행정을 담당하게 하였다(1225).
② 고려 초기 강감찬이 이끄는 고려군이 귀주에서 거란군을 거의 전멸시키는 큰 승리를 거두었다(귀주 대첩, 1019).
③ 고려 초기 거란의 1차 침략 당시 서희는 외교 담판을 통해 거란의 침략을 물리치고 강동 6주를 획득했다(993).

정답 ④

12 고려의 경제와 사회

일차

공부한 날

월 일

❶ 고려의 경제 정책과 경제 구조

(1) 수취 체제의 확립

① 국가 재정의 운영

㉠ 호부 : 호적과 양안(경작지의 소유자와 크기를 적은 토지 대장)을 만들어 이를 바탕으로 조세, 공물, 부역을 부과

㉡ 삼사 : 호부가 파악한 재정 수입에 대한 회계 업무를 담당

② 수취 제도의 운영

㉠ 부세의 종류 : 전세(수확량의 1/10 징수), 공납(호를 기준으로 특산물 징수), 역(16~59세의 정남에게 부역 징발)

㉡ 담당 : 세금 거두는 일은 수령의 책임, 실무는 향리들이 담당

㉢ 조운 : 지방에서 걷은 조세와 공물을 조창(조운할 곡식을 모아 보관하는 창고)까지 옮긴 다음, 조운을 통해 개경으로 운반

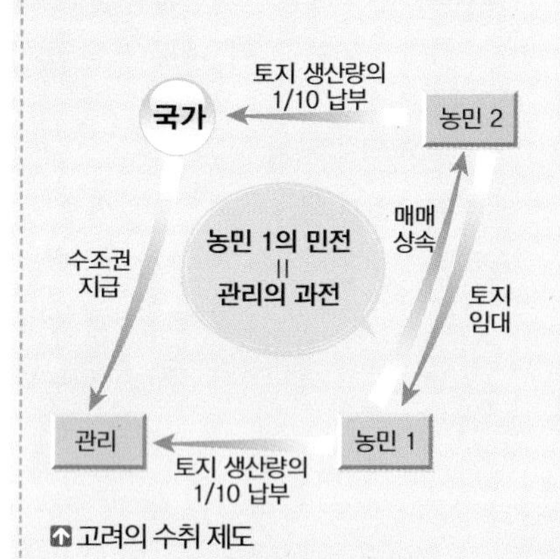

⬆ 고려의 수취 제도

(2) 토지 제도

① 역분전(태조) : 후삼국 통일 과정에서 공을 세운 사람들에게 토지 지급(공로와 인품, 논공행상적, 940)

② 전시과 제도 : 관직 복무와 직역에 대한 대가로 문무 관리, 군인, 한인에게 전지와 시지의 수조권(토지에서 일정량의 곡식(租)을 세금으로 징수할 수 있는 권리) 지급 → 죽거나 관직에서 물러날 때 반납해야 함

㉠ 전시과 제도의 정비 과정

구분	내용
시정 전시과(경종)	관직(공복 제도)과 인품 반영(976)
개정 전시과(목종)	관직만 고려하여 전·현직 관리에게 토지 지급(998)
경정 전시과(문종)	현직 관리에게만 토지 지급, 무인에 대한 차별 폐지, 군인에 대한 대우 개선(1076)

㉡ 전시과의 종류

구분		내용
과전		문·무반 관료에게 지급한 토지로서 세습이 불가능함
영업전(세습 가능 토지)	공음전	5품 이상의 귀족들에게 지급되던 토지. 세습 가능 → 귀족의 경제적 특권
	군인전	군역의 대가로 지급된 토지인데, 직역이 세습됨으로써 자손에게 세습됨
	외역전	향리에게 지급하던 토지로 향직이 세습되었기 때문에 사실상 세습됨
	내장전	왕실의 비용 충당을 위한 토지
한인전		6품 이하의 하위 관리의 자제로서 관직이 없는 자들에게 주던 토지
구분전		관리나 군인의 유가족에게 지급하던 토지
공해전		관청의 비용 충당을 위한 토지

③ 민전 : 농민의 사유지, 소유권이 보장되어 매매·상속·임대 등이 가능, 국가에 일정한 세금을 납부

④ 전시과의 붕괴 : 귀족들의 토지 세습, 농장 확대 → 무신 집권기, 원 간섭기에 가속화 → 신진 관료의 생계 유지를 위해 녹과전 지급(1271) → 위화도 회군 이후 과전법 마련(1391)

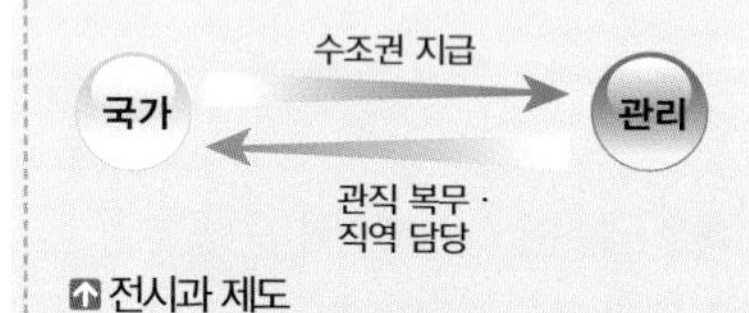

⬆ 전시과 제도

전시과의 운영

전시과 제도는 경종 때 처음 만들어졌다. 관료에게 줄 토지가 부족해지면서 지급량을 줄이고, 문종 때에는 지급 대상을 현직 관료로 제한하였다.

고려 시대 토지의 구분

고려 시대의 토지는 소유권이 누구에게 있느냐에 따라 공전(公田)과 민전(民田)으로 구분되었으며, 수조권을 누가 갖느냐에 따라 공전(公田)과 사전(私田)으로 구분되었다.

❷ 경제 활동의 진전

(1) 경제 생활

① 귀족의 경제 생활 : 상속받은 토지, 과전, 녹봉(곡식 · 베 · 비단 등), 고리대 · 개간 등으로 호화로운 생활

② 농민의 경제 생활

㉠ 개간 활동 : 본인 소유의 민전이나 다른 사람의 소유지, 국 · 공유지 경작, 개간 · 간척 장려, 개간지에 면세, 농번기에 잡역 동원 금지, 12세기 이후 저습지 · 간척지 개간

㉡ 농업 기술의 발달

ⓐ 농업 기술의 변화 : 소를 이용한 깊이갈이(심경법)의 일반화, 시비법 발달, 2년 3작의 윤작법 보급, 고려 말 남부 일부 지방에 이앙법(모내기) 보급

ⓑ 농업 기술의 연구 진척 : 원 간섭기에 중국 농서인 「농상집요」 소개(이암)

ⓒ 생산 작물 : 목화(문익점이 원에서 목화씨를 가져와 재배 성공), 인삼(인공 재배가 14세기 말에 개경에서 본격화)

(2) 수공업

① 전기 : 관청 수공업(공장안에 등록된 기술자들이 왕실 · 관청의 필요 물품 생산), 소 수공업(금 · 은 · 종이 등)

(공장안: 국가에서 필요한 물품 생산에 동원할 수 있는 기술자를 조사하여 기록한 장부)

② 후기 : 민간 수공업(농촌 가내 수공업 중심), 사원 수공업(승려와 노비를 이용하여 제품 생산) 발달

(3) 상업과 금융

① 도시의 상업 : 개경에 시전 설치, 경시서 설치(매점매석과 같은 상행위 감독), 개경, 서경(평양), 동경(경주) 등의 대도시에 관영 상점 설치

② 지방의 상업 : 관아 근처에 임시 시장 설치(행상 활동), 사원의 상행위, 조운로를 따라 교역 활발, 여관인 원(院)이 상업 활동의 중심지가 됨

③ 화폐 유통

㉠ 성종 : 건원중보(최초의 철전, 996)

㉡ 숙종 : 의천의 주전론에 의해 주전도감이 설치(1097)되어 삼한통보 · 해동통보 · 해동중보 · 활구(은병) 제작(1101~1102)

㉢ 화폐 정책 결과 : 유통 부진 → 도시의 주점과 다점 등에서만 제한적 사용, 일반적인 거래는 주로 곡식과 삼베 사용

Click ! ● 고려 시대의 화폐

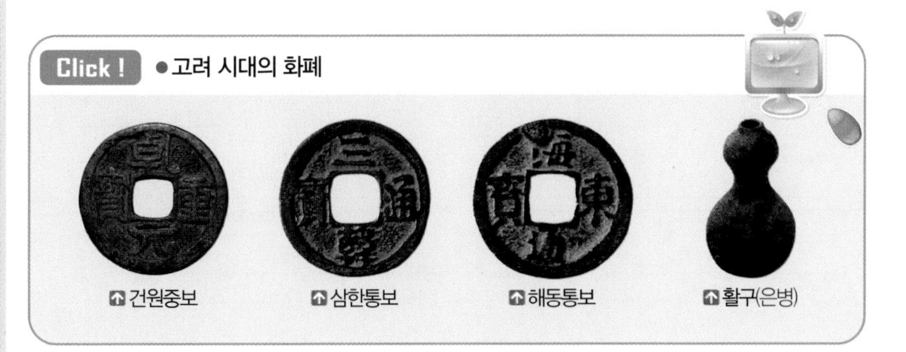

건원중보 / 삼한통보 / 해동통보 / 활구(은병)

불공을 드리는 고려의 귀족(수월관음도 부분)

시비법의 발달

밭을 묵혀서 그 밭에 자란 풀을 태우거나 갈아엎어 비료를 주던 방식에서 들의 풀이나 갈대를 베어 와 태우거나 갈아엎은 녹비에 동물의 똥오줌을 풀이나 갈대와 함께 사용하는 퇴비가 만들어졌다.

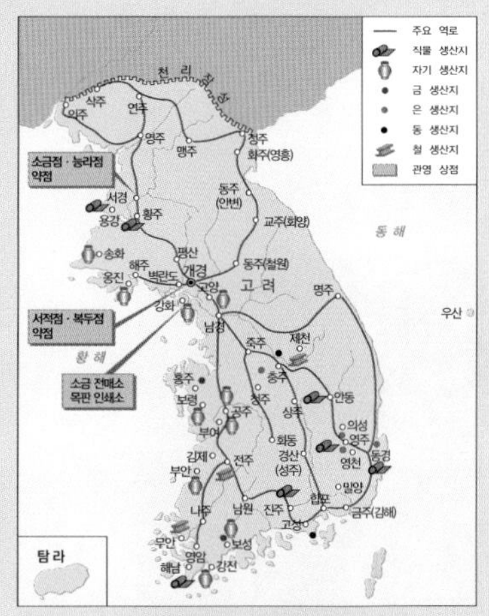

고려 시대 상업과 수공업의 발달

활구(은병)

우리나라의 지형을 본떠서 은 1근으로 만든 고가의 화폐로서 은병 하나의 값은 포100여 필이나 되었다.

고려 시대 고리대의 폐해

왕이 명을 내리기를 '민간에서 사채를 빌려 주고 이자를 받는 자는, 원금과 이자가 서로 같으면 이자는 다시 받지 말라.'고 하였다.

－『고려사절요』－

④ 보(寶)의 발달
  ㉠ 보의 출현 : 일정한 기금을 만들어 그 이자를 공적인 사업의 경비로 충당
  ㉡ 보의 종류 : 학보, 경보, 팔관보, 제위보 등

(4) 대외 무역의 발달

① 특징 : 공무역 발달, 주로 외국 상인들이 고려에 오는 방식으로 전개
② 국제 무역항 : 벽란도(개경에 이르는 예성강 하구, 아라비아 상인도 왕래)
  └ 외국으로 나가거나 개경으로 들어오기 위하여 반드시 거쳐야 하는 고려의 관문 역할을 하였기 때문에, 외교적으로도 중요한 곳이었다.
③ 송과의 무역
  ㉠ 수출 : 나전 칠기, 화문석, 금, 은, 인삼, 종이, 먹 등 수공업품과 토산물
  ㉡ 수입 : 비단, 서적, 약재, 자기 등 왕실과 귀족의 수요품
  ㉢ 범선 주조 : 송과의 해상 무역이 활발해짐에 따라 배를 만드는 기술도 발달하여 대형 범선이 제작됨, 대형 범선은 조운 체계가 확립되면서 조운선으로 이용되기도 함
④ 거란과 여진 무역 : 은 · 모피 · 말 등 수입, 농기구 · 식량 등 수출 → 북방의 안전 도모
⑤ 일본 무역 : 정식 국교가 맺어지지 않아 민간 상인들이 내항하며 무역 활동 전개(수은 · 황 등 수입, 식량 · 인삼 · 서적 등 수출)
⑥ 대식국(아라비아) : 수은, 향료, 산호 등 수입 → 고려 이름이 서양에 '코리아'로 알려짐

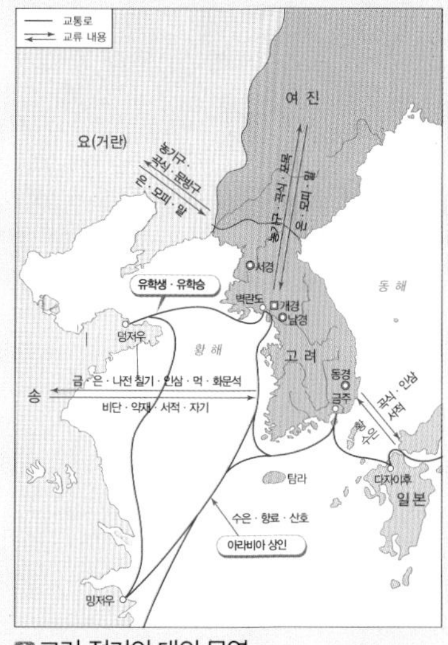

고려 전기의 대외 무역

❸ 고려 사회의 신분 구조

(1) 귀족 : 왕족, 문무 고위 관료(5품 이상)

① 특징 : 개경에 거주하며 음서나 공음전의 혜택을 받는 특권층, 대토지 소유, 중첩된 혼인 관계
② 지배층의 변천 : 호족, 6두품 → 문벌 귀족 → 무신 → 권문세족 → 신진 사대부

아집도 대련 고려 귀족들이 정원에 모여 시를 짓고 그림을 감상하며 한가롭게 여가를 즐기는 모습을 그린 그림

Click ! ● 고려 시대의 귀족 세력 비교

구분	문벌 귀족(전기)	권문세족(후기)	신진 사대부
대두	성종 이후	무신 정권의 붕괴 이후	공민왕 시기
출신	• 호족 계열 • 개국 공신 계열 • 6두품 계열	• 문벌 귀족 가문 • 무신 집권기에 대두한 가문 • 친원 세도 가문	• 하급 관리 출신 ⇨ 행정 실무에 밝음 • 향리(중소지주층)
정치 성향	관직의 독점 (과거, 음서)	• 고위 관직 독점 • 도평의사사 장악(음서) ⇨ 귀족 연합 정치 추구	• 왕도 정치 • 민본 정치의 추구 • 왕권 강화의 추진
경제 기반	• 공음전 • 과전(전시과)	• 개경 거주 지주 • 대농장 소유	• 지방 중소 지주 • 소규모의 농장
정계 진출	대부분 음서	대부분 음서	과거 ⇨ 학자적 관료(士大夫)
학문	훈고학	훈고학(유학 미비)	성리학

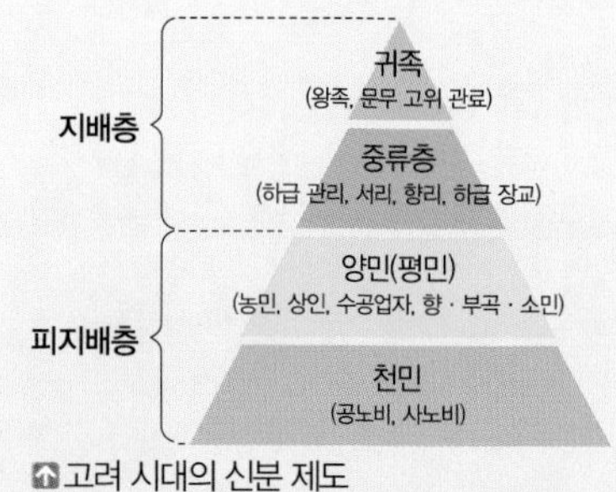

고려 시대의 신분 제도

(2) 중류층

① **특징** : 지배층과 피지배층 사이에서 지배 기구의 말단 행정직으로 존재, 대개 직역 세습, 직역의 대가로 국가에서 토지 지급

② **유형** : 잡류(중앙 관청의 말단 서리), 남반(궁중 실무 관리), 향리(지방 행정의 실무 담당), 군반(직업 군인인 하급 장교), 역리[지방의 역(驛)을 관리]

(3) 양민

고려 시대 농민을 가리키는 말이다. 조선 시대에 점차 도살업, 유기 제조업에 종사하는 부류의 사람들을 가리키는 말로 뜻이 변하였다.

① **구성** : 농민(백정), 상민, 수공업자, 특수 집단민(향 · 소 · 부곡민, 역 · 진의 주민)

② **농민** : 대부분 농민인 백정(白丁)으로 법제적으로 과거 응시 제약 없음, 자신의 민전이나 남의 땅을 빌려 농사, 조세 · 공납 · 역 부담

③ **특수 행정 구역민** : 향 · 부곡(농업), 소(수공업, 광업) → 양민(평민)이지만 천민처럼 차별받음, 국가에 더 많은 세금 부담, 다른 지역으로의 이주 금지, 과거 응시 불가능

미륵변상도 곡식을 베고 옮기는 농민들의 모습이 묘사되어 있으며, 농민을 감시하는 지주의 모습도 보인다.

(4) 천민

주인과 따로 사는 노비로서 독립된 경제 생활을 영위할 수 있었다.

① **구성** : 공노비(입역 노비, 외거 노비), 사노비(솔거 노비, 외거 노비)

② **노비** : 매매 · 증여 · 상속 가능, 부모 중 한 명이 노비이면 자식도 노비[일천즉천(一賤則賤)]

❹ 고려 시대의 사회 시설과 생활 모습

(1) 사회 시책

① **권농 정책** : 적전(국왕이 친히 갈아 농사의 모범을 보임), 황무지의 개간을 장려

② **사회 제도** : 의창(빈민 구제,986), 상평창(개경, 서경, 12목에 설치하여 물가 안정 도모, 993), 개경에 동 · 서 대비원(병원), 혜민국(약국)을 설치하여 환자 치료, 재해에 대비하여 구제도감 · 구급도감 설치(임시 기구), 제위보(기금 마련하여 이자로 빈민 구제)

의창	흑창에서 의창으로 개칭(성종, 986), 흉년 등의 어려운 시기에 곡식을 대여
상평창	물가 조절 기관, 쌀로 기금을 마련하였다가 흉년이 들어 쌀값이 오르면 시가보다 싼값으로 내다 팔아 가격을 조절(성종, 993)
(동 · 서) 대비원	의료 사업은 물론 의탁할 곳이 없는 어려운 사람을 돌보아 주는 구제 기관(문종, 1049)
혜민국	서민의 질병 치료를 위하여 설치한 의료 기관(예종, 1112) → 조선 시대에 혜민서로 명칭 변경
구제도감(구급도감)	병자의 치료와 빈민의 구제를 목적으로 설치한 기관, 상설 기구가 아니고 필요에 따라 임시적으로 설치
제위보	빈민의 구호 및 질병 치료를 맡은 기관(광종, 963)

고려 형벌의 종류

태	볼기를 치는 매질
장	곤장형
도	징역형
유	멀리 유배 보내는 형
사	사형으로, 교수형과 참수형의 두 가지가 있음

(2) 법률과 풍속

① **법률** : 중국의 당률 참고, 대부분 관습법 적용, 반역죄 · 불효죄는 중벌, 지방관이 사법권 행사

② **장례** : 화장(불교 영향, 지배층 중심), 매장(풍수지리설 영향)

③ **결혼 제도** : 여자는 18세, 남자는 20세 전후에 혼인, 왕실에서 근친혼 성행, 일부일처제가 일반적

사천 매향비 1387년 향나무를 묻고 세운 것으로, 내세의 행운과 국태민안(國泰民安)을 기원하는 내용을 담고 있다.

④ 국가 제전

㉠ 연등회 : 전국에서 개최한 불교 행사, 부처의 공덕에 대한 공양의 덕을 쌓는 행사

민속 신앙과 불교의 팔관재계가 어우러진 신라와 고려 시대의 국가적 행사. 팔관에서 '관'은 금지한다는 뜻으로 살생 · 도둑질 · 음행 등의 여덟 가지 죄를 뜻한다.

㉡ 팔관회 : 토속 신앙(제천 행사)과 불교가 융합된 행사로 개경(11월)과 서경(10월)에서 개최, 송 · 여진 · 아라비아 상인들이 진상품을 바치며 국제 무역이 이루어짐, 훈요 10조에서 강조

팔관회

(3) 향도 : 농민의 공동 조직

① **향도의 조직** : 공동 노동과 일상 의례를 통해 공동체 의식을 다짐

② **매향 활동** : 위기가 닥쳤을 때 향나무를 땅에 묻는 활동을 통해 미륵을 만나 구원받고자 하는 염원에서 시작

③ **발전** : 불상, 석탑, 절을 지을 때 주도적 역할 → 신앙적 조직에서 공동의 이익을 위한 농민 조직으로 변화(노역, 혼례와 상장례)

(4) 여성의 지위 : 경제 · 가정 생활에서 여성은 남성과 거의 동등

① **재산 상속** : 부모의 유산은 자녀에게 골고루 분배되는 자녀 균분 상속

② **호적 기재** : 여성이 호주가 될 수 있었고, 호적에서 남녀 간에 차별을 두지 않고 태어난 차례대로 기록

③ **제사** : 아들이 없는 경우 양자를 들이지 않고 딸이 제사를 모심, 상복 제도에서도 친가와 외가의 차이가 크지 않았음

④ **재가 허용** : 여성의 재가는 비교적 자유롭게 이루어졌고 그 소생 자식의 사회적 진출에도 차별이 없었음

⑤ **기타** : 사위가 처가에 입적하여 처가 생활을 하기도 함(남귀여가혼), 사위와 외손자까지 음서 혜택 부여, 공을 세운 사람은 부모와 함께 장인, 장모도 상을 받음

자녀 균분 상속

고려조의 옛 풍습에 혼인 예법은 남자가 여자 집에 가서 자손을 낳으면 외가에서 자라므로, 외친(外親)의 은혜가 무거워서 외조부모와 처부모의 장례 시에는 모두 30일 동안 휴가를 주었다. －『태종실록』－

Click ! ● 고려 시대 여성의 지위

• 재상 박유가 충렬왕에게 우리나라는 본래 남자가 적고 여자가 많으니 부인 외에 첩을 두게 하는 것을 청하였다. 연등회 날 저녁에 박유가 왕을 따라 거리를 지나가자 한 노파가 길에서 그를 가리키며 "첩을 두자고 청한 사람이 저 늙은이다."라고 하니 듣는 사람이 서로 전하여 가리키며 거리마다 여자들이 손가락질하였다. 당시 재상 중에 부인을 무서워하는 자들이 있었기 때문에 그 건의를 정지하고 결국 실행하지 못하였다. －『고려사』－

• 어머니가 큰아들에게 노비 40구를 별도로 상속하려 하자, "한 아들이 다섯 딸 사이에 끼어 있는데, 어떻게 차마 재산을 더 받아서 여러 자식에게 고르게 나누어 주려는 어머니의 사랑에 누를 끼치게 하겠습니까?"라고 말하였다. －『고려사』－

• 지금은 처를 취함에 남자가 여자 집으로 가니 무릇 자기의 필요한 것을 다 처가에 의지하여 장인 · 장모의 은혜가 부모의 은혜와 같다. － 이규보, 『동국이상국집』－

❶ 고려 경제 정책과 경제 구조

- [역분전] 인품과 공로를 토지 지급 기준으로 삼았다.
- 전시과가 제정되었다.
  - ↳ 전시과가 마련되었다.
  - ↳ 관료에게 토지를 지급하는 전시과 제도를 마련하였다.
  - ↳ 품계에 따라 전지와 시지가 지급되었다.
  - ↳ 토지를 전지와 시지로 나누어 지급하고자 하였다.

> **실전 자료** — **전시과**
> - 고려 시대 토지 제도임
> - 경종 때 처음 실시됨
> - 등급에 따라 관료에게 토지를 나누어 줌

- [경종] 전시과가 제정되었다.
  - ↳ [시정 전시과] 관리의 인품과 관품에 따라 수조권을 지급하였다.
- [문종] 경정 전시과를 실시하였다.
  - ↳ 현직 관리에게만 수조권이 지급되었다.
- [전시과] 사원에 토지를 지급하고자 하였다.
  - ↳ 세습이 가능한 공음전이 있었다.

❷ 경제 활동의 진전

- 우경이 널리 보급되었다.
- [이암] 농법을 집대성한 농상집요를 처음 들여왔다.
- 목화가 (처음) 재배되었다.
  - ↳ 원에서 목화씨를 들여왔다.
  - ↳ 목화를 재배하여 솜옷과 솜이불을 만들었어요.
  - ↳ 목화 재배에 성공하여 의생활에 큰 변화가 일어났다.
- 절에서 종이와 기와를 만들어 팔았습니다.
  - ↳ 백성들은 기와나 종이를 사러 절에 가기도 합니다.
  - ↳ 여행자를 위한 숙소를 운영하였습니다.
  - ↳ 땅과 곡식을 빌려주고 대가를 받았습니다.
- [성종] 건원중보가 주조되어 유통되었다.
- [숙종] 해동통보를 발행하였다.
  - ↳ 해동통보와 삼한통보 등이 제작되었다.
  - ↳ 활구라고도 불리는 은병이 제작되었다.
  - ↳ 호리병 모양의 화폐인 은병을 사용하였어요.
  - ↳ [은병] 은으로 만든 호리병 모양의 화폐이다.
- 건원중보와 해동통보가 주조되었다.
- 벽란도가 국제 무역항으로 번성하였다.
  - ↳ 벽란도를 통해 송의 상인과 교역하였다.
  - ↳ 벽란도에서 송과의 교역이 성행하였다.
  - ↳ 송에 인삼, 나전 칠기 등을 수출했어요.
  - ↳ 나전 칠기, 화문석, 종이 등을 수출하였어요.
  - ↳ 벽란도를 통해 아라비아 상인들과 교역하였다.
  - ↳ 아라비아 상인은 고려의 벽란도에서 무역 활동을 하였다.

> **실전 자료** — **고려의 경제 모습**
>
> 왕이 명령을 내리기를, "동 · 철 · 자기 · 종이 · 먹 등을 제작하는 여러 소(所)에서 별공으로 바치는 물품의 징수가 극도로 과중하므로 장인들이 매우 고통스러워하여 도피한다. 담당 관청에서는 각각의 소에서 바치는 별공 및 상공 물품 수량의 많고 적음을 헤아려 정하고, 아뢰어 재가를 받도록 하라."라고 하였다.

❸ 고려 사회의 신분 구조

- 특수 행정 구역인 소에 대한 차별을 조사한다.

❹ 고려 시대의 사회 시설과 생활 모습

- [태조] 빈민 구제를 위해 흑창을 처음으로 설치하였다.
  - ↳ 빈민 구제를 위해 흑창을 두었다.
  - ↳ 흑창이 설치되었다.
- [광종] 제위보 설치
- [성종] 상평창을 운영하였어.

> **실전 자료** — **상평창**
> - 설치: 고려 성종 12년
> - 기능: 풍년에는 곡물을 사들이고, 흉년에는 곡물을 풀어서 물가를 조절함

- [향도] 불교 신앙을 바탕으로 조직되었다.
  - ↳ 상호 부조를 위한 공동체로 발전하기도 하였다.
  - ↳ 불교 신앙과 관련된 공동체로 매향 활동을 주도하였다.
- 자녀를 태어난 순서대로 호적에 기재하였다.
- 부모의 유산을 자녀에게 골고루 분배하였다.

특강

고려의 국제 무역항, 벽란도

❶ 벽란도, 국제 무역항으로 발전

개경에서 30리 떨어진 황해안에 위치한 벽란도는 원래 예성항으로 불렸으나 그 곳에 있던 벽란정(碧瀾亭)의 이름을 따서 벽란도라고 이름하였다. 고려 전기의 대외 무역은 송을 비롯하여 요·금·일본 등 주변 나라와 행해지고 있었으며 멀리 아라비아의 대식국(大食國)과도 교역할 만큼 그 대상이 광범위하였다. 각국의 해상 선단이 개경의 문호인 예성강 하구의 벽란도를 중심으로 몰려옴으로써, 벽란도는 명실공히 국제 무역항으로 번창하였다.

❷ '코리아'라는 이름 해외 전파

벽란도(대동여지도)

특히 송과의 무역은 매우 중요했는데 이때 주된 통로로 남북 항로가 이용되었다. 북선 항로는 산동 등주(登州) 방면에서 동북 직선로에 의해 대동강 어구를 거쳐 옹진항 또는 예성강에 이르는 항로였고, 남선 항로는 명주(明州)에서 동북으로 흑산도에 이르고 다시 동북행하여 서해안 도서를 거쳐 예성강에 이르는 항로였는데, 문종 대까지는 주로 북선 항로가, 이후에는 주로 남선 항로가 발달하였다. 상행위 뿐 아니라 중국의 사신이 올 때에도 우벽란정에 조서(詔書)를 안치하고, 좌벽란정에서 사신을 대접하였으며, 이곳에서 개경까지는 동서로 도로를 만들어 놓는 등 외교에서도 아주 중요한 역할을 하였다. '코리아(Korea)'라는 이름이 국제적으로 알려진 것도 벽란도를 통해서였다.

❸ 국제적 행사로 치러진 팔관회

팔관회는 551년(진흥왕 12)에 처음 행해졌는데, 이때 행해진 팔관회는 호국적이고 복을 비는 성격이 짙었다(『삼국사기』). 고려 시대에 들어와 팔관회는 국가적 정기 행사로 자리잡게 되었는데, 개경에서는 11월 15일 즉 중동(仲冬)에, 서경에서는 10월 15일에 팔관회가 베풀어졌다. 이때 송 상인이나 여진 및 탐라 등의 사절이 벽란도를 통해 입국하여 축하 선물을 바치고 무역을 크게 행하는 등 국제적 행사로 치러졌다.

오늘날의 벽란도(오른쪽)

『고려사』에 따르면 팔관회 예식에는 소회일(小會日)과 대회일(大會日)이 있었는데, 대회 전날인 소회일에는 왕이 법왕사(法王寺)에 가는 것이 통례였으며 궁중 등에서는 군신의 헌수(獻壽), 지방관의 선물 봉정 및 가무백희(歌舞百戲)가 행해졌다. 팔관회 의식이 이뤄지는 곳은 사방에 향등을 달고 2개의 채붕(綵棚)을 세워 장엄하게 장식하였다(불교와 민속적 요소가 합치).

고려의 사회 시책

❶ 의창, 빈민 구제를 위한 곡식 저장 창고

평상시에 곡식을 저장하였다가 흉년이 들었을 때, 저장한 곡식으로 빈민[농민]을 구제하였던 구호기관이다. 각 지방에 설치되었다. 고려 태조가 흑창(黑倉)이라 한 것(918)을 성종이 재위 5년인 986년에 흑창의 진대곡을 1만 석 더 보충하여 이를 의창이라 하였다. 하지만 무신 집권과 몽골의 침략 등으로 1356년 공민왕의 반원 운동이 일어나기 전까지 쇠퇴하였다. 조선 시대까지 그대로 존속 시행되었다.

❷ 대비원, 국립 의료기관

대비원은 병자나 굶주린 사람, 행려자를 치료하고 음식과 의복 제공한 일종의 국립 의료기관이다. 개경의 동쪽과 서쪽 두 곳에 있었다고 하여 보통 동 · 서 대비원(東西大悲院)이라고 불렸다. 서경(西京)에도 분사(分司)가 설치되어 있었다. 개경의 경우 정종 2년인 1036년에 '동 대비원(東大悲院)을 수리하여 배고프고 헐벗었거나 병들어 갈 데 없는 사람을 살게 하고는 옷 입히고 밥 먹여 주었다'는 기록이 있는 것으로 미루어 보아 이미 그 이전에 설치되어 있었음을 알 수 있다. 대비원은 의료와 함께 의탁할 곳이 없는 어려운 사람들을 돌보는 구제기관으로서도 큰 몫을 담당하였다.

❸ 혜민국, 의약 전담 의료기관

혜민국은 서민의 질병 치료를 위하여 설치한 의료기관이다. 예종 7년인 1112년에 설치되었으며 충선왕 때에는 사의서(司醫署)에 예속되었다가, 공양왕 3년(1391) 혜민전약국으로 이름을 바꾸었다. 조선 시대에는 혜민서로 명칭을 바꾸었다.

❹ 제위보, 구호와 의료를 담당한 상설 기관

제위보는 광종 14년인 963년에 설치된 빈민의 구호 및 질병 치료를 맡은 기관이다. 상약국, 태의감 등이 왕실과 관리를 위한 의료기관이라고 한다면 제위보는 백성들을 위한 구호 및 의료기관이었다. 동 · 서 대비원, 구제도감과 유사한 기능의 기관으로 볼 수 있다. 또 일종의 재단인 보(寶)라는 말이 붙인 것에서 알 수 있듯이 제위보는 구호와 의료를 담당하는 상설기관이었다. 중기 이후로는 그 기능이 약화되고 급기야 공양왕 3년(1391)에 폐지되고 말았다.

❺ 구제도감, 재해 시 설치된 임시 기구

구제도감은 병자의 치료와 빈민의 구제를 목적으로 설치한 기관으로, 상설 기구가 아니고 필요에 따라 임시적으로 설치되었다. 가령 예종 4년(1109) 5월에 개경에 전염병이 크게 유행하여 다수의 사망자가 발생하고 시체가 거리에 방치되는 사태가 발생하자 구제도감을 설치하여 문제를 처리하였다. 또 유사한 기구로서 예종 원년(1106)에 설치된 동 · 서 제위도감(東西濟危都監), 충목왕 4년(1348)에 설치된 진제도감(賑濟都監), 공민왕 3년에 설치된 진제색(賑濟色)이 있었다.

1 (가)에 들어갈 제도로 옳은 것은? [1점]

• 경종 원년 11월에 처음으로 직관(職官) · 산관(散官) 각 품의 (가) 을/를 제정하였다. …… 자삼(紫衫) 이상은 18품으로 나누었다.

-『고려사』-

• 문종 30년, 양반 (가) 을/를 다시 고쳤다. 제1과는 중서령, 상서령, 문하시중으로 전지 100결과 시지 50결을 주며, …… 제18과는 한인(閑人), 잡류(雜類)로 전지 17결을 주었다.

-『고려사』-

① 과전법 ② 역원제
③ 전시과 ④ 관수 관급제

2 다음 대화에 나타난 제도가 시행된 국가의 경제 상황으로 옳은 것은? [3점]

① 일본의 요청으로 3포가 개항되었다.
② 벽란도가 국제 무역항으로 번성하였다.
③ 담배, 고추 등의 상품 작물이 재배되었다.
④ 청해진을 중심으로 해상 무역이 전개되었다.

| 해설 | 고려의 토지 제도

고려의 전시과는 문무 관리, 군인, 한인을 18등급으로 나누어 곡물을 수취할 수 있는 전지와 땔감을 얻을 수 있는 시지를 주는 제도였다.

경종 때 처음 시행된 전시과는 관직과 인품을 기준으로 지급 되었는데, 인품이라는 주관적 요소에 문제점이 드러나면서 목종 때에 오직 관직만을 기준으로 토지를 지급하도록 규정을 바꾸었다. 전답과 임야를 지급하던 전시과는 전 · 현직 관리 모두에게 지급되었으므로 점차 토지 부족 현상이 나타나 신진 관리들이 토지를 지급받지 못하게 되었다. 결국 문종 때 현직 관리에게만 수조지를 지급할 수 있도록 규정을 바꾸었다

| 오답 넘기 |

① 고려 말 공양왕 때 문란해진 토지 제도를 바로 잡기 위해 과전법을 마련하였다(1391).
② 역원제도는 조선 시대에 도성과 지방을 연결하던 교통 및 통신 제도이다.
④ 조선 성종 때 직전법이 폐지되고 지방 관청에서 그해의 생산량을 조사하여 거두고 이를 관리에게 나누어 주는 관수 관급제의 방식으로 바꾸었다(1370).

정답 ③

| 해설 | 전시과 제도와 무역

전시과는 고려 시대에 국가에 봉사하는 대가로 관료에게 나누어 준 토지로, 국가는 문무 관리로부터 군인, 한인에 이르기까지 18등급으로 나누어 곡물을 수취할 수 있는 전지와 땔감을 얻을 수 있는 시지를 주었다. 이때, 지급된 토지는 수조권만 가지는 토지로, 관직 복무와 직역에 대한 대가로 지급되었으므로 토지를 받은 자가 죽거나 관직에서 물러날 때에는 토지를 국가에 반납하도록 하였다.

② 고려 시대 벽란도는 국제 무역항으로 크게 번성하였다.

| 오답 넘기 |

① 대마도 정벌 이후 일본이 다시 교역을 요청하자 조선은 세종 시기에 부산포(부산 동래), 제포(창원 진해), 염포(울산)의 3포를 개방하고, 대마도주와 계해약조(1443)를 맺어 제한된 범위 내에서만 교역을 허락하였다.
③ 조선 후기에는 새로운 농작물이 많이 전래되었는데, 감자, 고구마, 담배, 땅콩, 토마토, 고추 등이 중국이나 일본을 통해 들어왔다.
④ 장보고는 신라 말의 해상 세력으로, 완도에 청해진을 설치하고 해외 무역을 통해 이름을 떨쳤다(828).

정답 ②

3 다음 자료에 나타난 시기의 경제 상황으로 옳은 것은?

[3점]

> 우왕 7년 8월, 도성의 물가가 폭등하여 상인들이 사소한 이익을 둘러싸고 다투었다. 최영이 이를 매우 싫어하여, 모든 시장의 물건에 대해 감독관청에서 가격을 정하고 세금을 납부하였다는 도장을 찍은 후 비로소 매매할 수 있도록 허락하였다.

① 목화가 재배되었다.
② 당백전이 발행되었다.
③ 고추, 담배가 전래되었다.
④ 등주에 발해관이 설치되었다.

| 해설 | 고려의 경제 생활

제시된 자료 중 '우왕', '최영'이라는 내용을 통하여 고려 말의 상황임을 알 수 있다. 고려 말 최영은 개경에 있는 시장의 물가를 조작하는 상인들을 통제하고자 하였다. '모든 시장의 물건에 대해 감독관청에서 가격을 정하고 세금을 납부'라는 내용에서 고려 시대 경시서의 역할이 물가 조절과 관련이 있음도 알 수 있다.

① 고려 말 문익점은 사신으로 원나라에 갔다가 목화씨를 가지고 고려로 돌아왔는데 장인과 함께 목화 재배 연구를 하여 재배에 성공하였다(1364~1366). 목화솜은 부드러우며 보온성이 뛰어나 솜옷과 솜이불 등을 만들어 겨울을 따뜻하게 보낼 수 있었다.

| 오답 넘기 |

② 조선 후기 흥선 대원군은 경복궁 중건을 위한 비용을 확충하기 위해 당백전을 발행하고 원납전을 거두었다(1865).
③ 조선 후기에는 새로운 농작물이 많이 전래되었는데, 감자, 고구마, 담배, 땅콩, 토마토, 고추 등이 중국이나 일본을 통해 들어왔다.
④ 발해는 문왕 때 당과의 교류가 활발해지자 산둥 반도의 덩저우에 발해관을 설치하였다.

정답 ①

4 다음 자료에 나타난 시기의 경제 모습으로 옳은 것은?

[3점]

> 왕이 명령을 내리기를 "동 · 철 · 자기 · 종이 · 먹 등을 제작하는 여러 소(所)에서 별공으로 바치는 물품의 징수가 극도로 과중하므로 장인들이 매우 고통스러워하여 도피한다. 담당 관청에서는 각각의 소에서 바치는 별공 및 상공 물품 수량의 많고 적음을 헤아려 정하고, 아뢰어 재가를 받도록 하라."라고 하였다.

① 상평통보가 널리 유통되었다.
② 이앙법이 전국적으로 확산되었다.
③ 벽란도가 국제 무역항으로 번성하였다.
④ 덕대가 광산을 전문적으로 경영하였다.

| 해설 | 고려의 경제 생활

지문의 '소(所)'라는 내용을 통하여 자료에 나타난 시기가 고려 시대임을 알 수 있다. 고려 시대 '소(所)'에서는 금, 은, 철, 구리, 실, 각종 옷감, 종이, 먹, 차, 생강 등을 생산하여 공물로 납부하였다.

③ 대외 교류에 개방적이었던 고려는 송, 거란, 여진 등과 교류하였다. 상업이 안정되면서 무역이 더욱 활발해져 개경과 가까운 예성강 하구의 벽란도가 국제 무역항으로 번성하였다.

| 오답 넘기 |

① 조선 후기에는 상공업이 발달하면서 동전인 상평통보가 전국적으로 유통되었다(1678).
② 조선 후기 논농사에서는 모내기법(이앙법)이 전국적으로 보급되어 쌀 생산량이 크게 늘고, 벼와 보리의 이모작이 가능해졌다.
④ 덕대는 현재의 전문 경영인과 같은 사람으로 조선 후기 민영 광산이 발달하면서 등장하였다.

정답 ③

5 (가)에 들어갈 화폐로 옳은 것은? [2점]

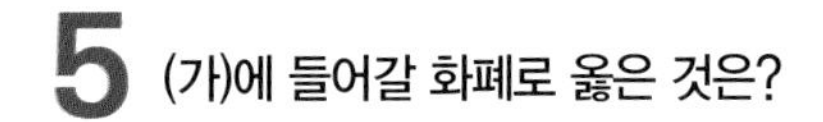

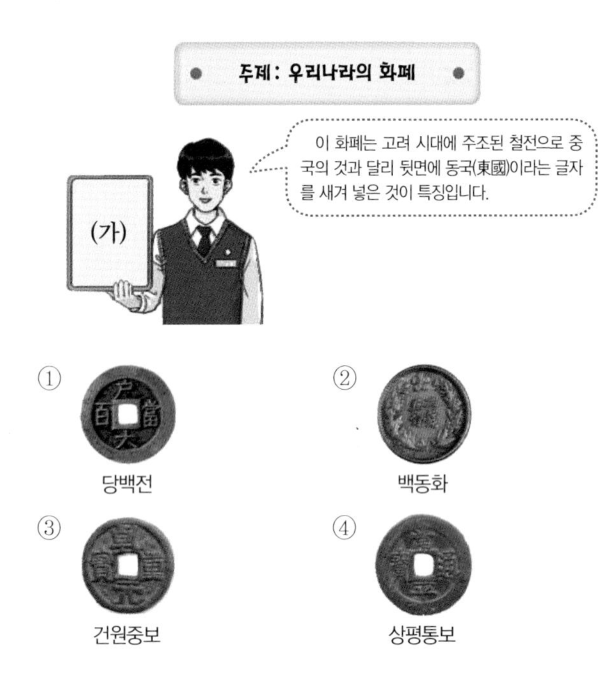

① 당백전
② 백동화
③ 건원중보
④ 상평통보

6 (가)에 들어갈 내용으로 옳지 않은 것은? [3점]

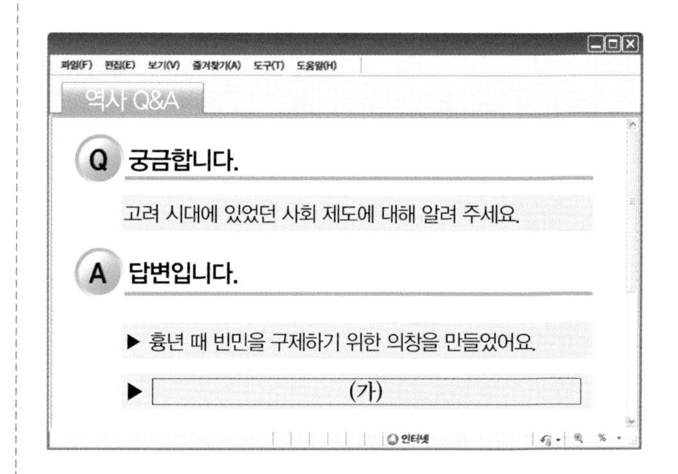

① 물가를 조절하는 기구로 상평창을 두었어요.
② 빈민을 구휼한 목적으로 제위보를 조성했어요.
③ 환곡의 폐단을 막기 위해 사창제를 시행했어요.
④ 백성들에게 약을 제공하는 혜민국을 설치했어요.

| 해설 | 고려 시대의 화폐

고려 시대 대도시 시장에는 관영 상점인 서적점, 약점, 다점, 주점, 지점 등이 있어 책, 약, 차, 술, 종이 등을 팔았다. 상업 활동이 활발해지자 국가는 건원중보, 삼한통보, 해동통보 등의 화폐를 발행하였다(숙종 대, 12세기 초). 이들 화폐는 널리 유통되지 못하고 상인과 백성은 곡식과 삼베를 화폐 대신 사용하였는데, 지문은 건원중보를 설명하고 있다. 건원중보는 고려 성종 때 주조된 우리나라 최초의 화폐이다(996). 철전(鐵錢)과 동전의 두 종류가 있으며, 외형은 둥글고 가운데에는 네모의 구멍이 있다.

| 오답 넘기 |

① 흥선 대원군은 경복궁 중건을 위한 비용을 확충하기 위해 당백전을 발행하고 원납전을 거두었다(1865).
② 백동화는 1892년에 주조되어 1904년까지 사용된 화폐로 전환국뿐만 아니라 민간인도 면허세를 납부하면 주조할 수 있도록 하였으며, 왕실의 수입 확보를 위해 일부 특정인에게도 주조를 허용하였다.
④ 17세기 후반에는 상평통보가 발행되었고(1678), 이후 전국적으로 유통되었다.

정답 ③

| 해설 | 고려의 사회 제도

(가)에 들어갈 내용은 고려 시대의 사회 제도이다. 고려 시대 개경과 서경 및 각 12목에는 상평창을 두어 물가의 안정을 꾀하여 백성들이 안심하고 생업에 종사할 수 있도록 하였다. 또 평시에 곡물을 비치하였다가 흉년에 빈민을 구제하는 기관인 의창이 있었는데, 이는 고구려의 진대법을 발전시킨 제도였다.

이외에도 가난한 백성이 의료 혜택을 받도록 개경에 동 · 서 대비원을 설치하여 환자 진료 및 빈민 구휼을 담당하게 하였으며, 혜민국을 두어 의약을 전담케 하였다. 그리고, 각종 재해가 발생하였을 때 구제도감이나 구급도감을 임시 기관으로 설치하여 백성의 구제에 힘썼으며 기금을 마련한 뒤 이자로 빈민을 구제하는 제위보를 설치하였다.

| 오답 넘기 |

③ 조선 후기 흥선 대원군은 삼정 중 가장 문제가 많았던 환곡 대신 지역민이 스스로 운영하는 사창제를 실시하였다(1866).

정답 ③

7 다음과 같은 비석을 세운 사회 조직에 대한 설명으로 옳은 것을 〈보기〉에서 고른 것은? [2점]

사천 흥사리 매향비

> ……
> 이에 빈도*와 여러 사람들은 한마음으로 발원하여 향나무를 묻고 …… 나라가 태평하고 백성이 평안하기를 기원합니다.
>
> *빈도 : 승려가 자기를 낮추어 이르는 말

보기

ㄱ. 불교 신앙을 바탕으로 조직되었다.
ㄴ. 중앙에서 교수나 훈도가 파견되었다.
ㄷ. 상호 부조를 위한 공동체로 발전하기도 하였다.
ㄹ. 선현에 대한 제사와 양반 자제의 교육을 담당하였다.

① ㄱ, ㄴ ② ㄱ, ㄷ
③ ㄴ, ㄷ ④ ㄴ, ㄹ

| 해설 | **고려 시대의 향도**

사천 매향비는 고려 시대에 매향 활동을 하는 무리인 향도가 매향 의식을 치른 뒤 세운 비석이다. 향도는 미륵을 만나 구원받기 위해 향나무를 바닷가에 묻는 매향 활동을 하면서 대규모 인력이 동원되는 일에 주도적인 역할을 하였다. 고려 후기 이후 점차 신앙적인 향도에서 마을 노역, 혼례, 상장례, 마을 제사 등의 공동체 생활을 주도하는 농민 조직으로 발전하였다.

| 오답 넘기 |

ㄴ. 관학 교육기관인 향교는 그 규모와 지역에 따라 중앙에서 교관인 교수 또는 훈도를 파견하기도 하였다.
ㄹ. 조선 시대 서원은 양반 자제의 교육을 담당하고 선현을 제사지낸다는 설립 목적이 있었다.

정답 ②

8 다음 자료의 모습이 나타난 시기의 사실로 옳은 것은? [2점]

> 우리나라의 자녀들이 뽑혀서
> 서쪽(원나라)으로 들어가기를 거른 해가 없었다.
> 비록 왕실 친족같이 귀한 신분이라도
> (자식을) 숨길 수 없고,
> 어미와 자식이 한 번 이별하면
> 아득하게 만날 기약이 없었다.
> 슬픔이 골수에 사무치고
> 심지어 병들어 죽는 이도 한둘이 아니었으니,
> 천하에 지극히 원통한 일로
> 이보다 더한 것이 어디 있겠는가?
> – 수령옹주 묘지명 중에서

① 여성의 수절이 강요되고 열녀문이 많이 세워졌다.
② 결혼도감을 통해 어린 여성들이 공녀로 보내졌다.
③ 여자 정신 근로령으로 여성들이 강제 동원되었다.
④ 재혼한 여성의 자녀는 과거 응시에 제한을 받았다.

| 해설 | **고려 시대 여성의 지위**

원에 바친 여자를 공식적으로 공녀라고 불렀는데, '조공품으로 바치는 여자'라는 뜻이다. 자료의 묘지명에 보이는 것처럼 원은 고려에 계속 공녀를 보내 줄 것을 요구하였고, 조정에서는 이 일을 위해 결혼도감을 설치하였다(1274). 끌려간 공녀의 대부분은 궁녀가 되거나, 제왕후비의 심부름꾼으로 배치되었다. 그런데 궁녀들 중에는 황제의 사랑을 받아 황후의 자리에 오른 경우도 있었다. 한편, 고려 조정의 빈번한 공녀 징발로 민간에서는 조혼(早婚)을 하는 풍속이 생겼다.

| 오답 넘기 |

③ 일제 강점기 여자 정신 근로령으로 여성들이 강제 동원되었다(1944.8).

정답 ②

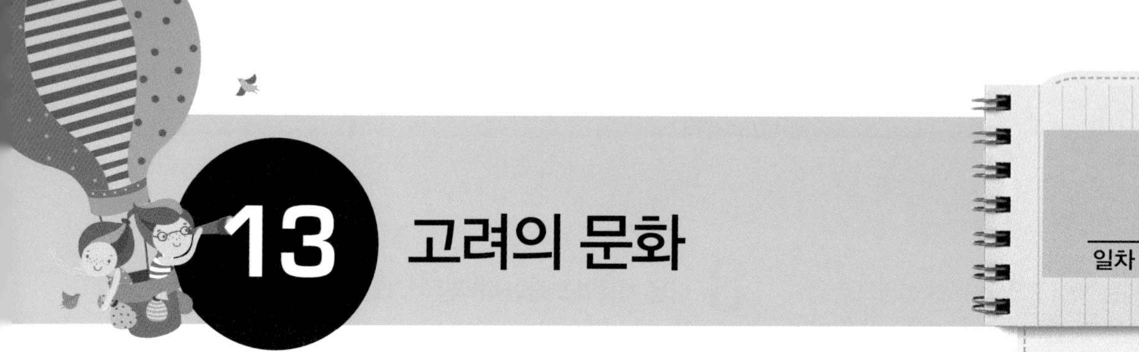

❶ 유학의 발달과 역사서의 편찬

(1) 유학의 발달

① 특징 : '유교는 치국(治國)의 도(道), 불교는 수신(修身)의 도(道)' → 유교와 불교가 함께 발전

② 유학의 발달

구분	특징
초기 (자주적, 주체적)	• 태조 : 신라 6두품 계열의 학자들 활약(최언위, 최응, 최지몽) • 광종 : 과거 제도 실시 → 유학에 능숙한 신진 관료 등용 • 성종 : 유교 사상과 유교 교육 기관 정착 → 최승로의 활약(주체적 유학 정착)
중기 (보수적, 사대적)	• 최충 : 해동공자, 문헌공도 설립 → 훈고학적 고려 유학에 철학적 성격 가미 • 김부식 : 보수적 · 현실적 성격의 유학 대표, 『삼국사기』 집필
원 간섭기	문벌 귀족의 몰락으로 유학 위축
고려 말	신진 사대부가 현실 사회의 모순을 개혁할 사상으로 성리학 수용

문헌공도(文憲公徒)
문종 때 최충이 세운 9재 학당으로, 사학 12도 중에서 가장 번성하여 명성이 높았으며, 최충이 사망한 후 그의 시호인 문헌을 이름으로 붙였다.

(2) 유학 교육 기관의 발달

① 개경 : 국자감 설치(성종) → 유학부와 기술학부로 구분
   ㉠ 유학부(국자학, 태학, 사문학) : 문무관 7품 이상 관리의 자제, 신분 중시
   ㉡ 기술학부(율학, 서학, 산학) : 8품 이하 관리 자제와 서민 자제

② 지방(향교) : 지방 관리와 서민의 자제 교육

③ 사학(중기 이후) : 최충의 문헌공도 등 사학 12도 발달 → 관학 교육 위축

④ 관학 진흥책
   ㉠ 교육 지원 : 국자감에 서적포(서적 간행)와 7재(전문 강좌) 설치(1109), 궁중에 도서관 겸 학문 연구소 설치
   ㉡ 장학 재단 설치 : 양현고(1119), 섬학전(1304)

섬학전: 양현고의 부실을 보충하기 위하여 설립한 교육 재단이다.

⑤ 국학(국자감)의 지위 향상 : 성균관으로 개칭(충렬왕 대, 1298)하고 순수 유교 교육 기관으로 개편(공민왕 대, 1367)

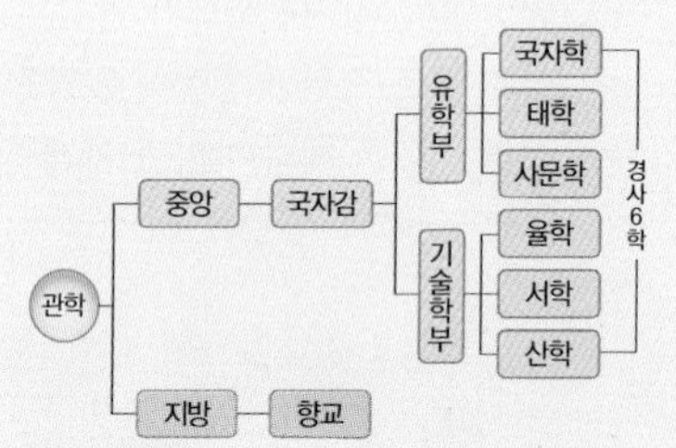

고려 시대의 교육 기관

(3) 성리학의 전래

① 의미 : 인간의 심성과 우주의 원리 문제를 철학적으로 탐구하는 새로운 유학

② 특징 : 실천적 기능 강조, 소학과 주자가례 중시, 권문세족과 불교 폐단 비판 → 성리학이 새로운 국가 이념으로 대두

③ 전래 : 충렬왕 때 안향이 처음 소개 → 이제현(만권당에서 원의 학자들과 교류) → 이색, 정몽주, 정도전 등(성리학 확산)

이제현(1287~1367) 이제현은 충선왕이 원에 설치한 만권당에서 조맹부 등 한족 출신 문인들과 교류하며 학문과 식견을 넓혔다. 그의 제자 이곡 · 이색에 이르러 성리학은 한층 발전하였다.

삼국사기와 삼국유사

삼국사기	삼국유사
김부식이 저술(인종 때)	일연이 저술(충렬왕 때)
유학(유교 사관의 합리성)	불교, 풍수지리설
관찬의 정사	사찬의 야사(우리 고유 문화와 전통을 중시)
기전체 사서	기사본말체(야사체) 사서
신라 역사 의식 계승	고조선 역사 의식 계승(단군 신화 기록)

교관겸수

부처의 가르침과 깨달음을 위한 수행을 함께 중시하는 것. 교는 교종을, 관은 선종을 각각 의미한다.

천태종과 조계종

구분	천태종(의천)	조계종(지눌)
융성 시기	고려 전기	고려 후기
중심 사찰	국청사	송광사
후원 세력	문벌 귀족	무신 정권, 지방민
중심 사상	교관겸수, 지관 중시	정혜쌍수, 돈오점수
특징	교종 위주로 선종의 교단 통합	선종 위주로 교종의 교리 통합
결사 운동	백련 결사(요세)	수선 결사(지눌)

(4) 역사서의 편찬

구분	내용
초기	왕조실록, 7대 실록(태조 ~ 목종, 편년체) → 전하지 않음
중기	『삼국사기』 편찬[현존하는 우리나라 최고(最古)의 역사책, 1145]
후기	• 민족적 · 자주적 역사서 편찬 • **각훈의 『해동고승전』**: 삼국 시대 승려들의 일대기(1215) • **이규보의 『동명왕편』**: 고구려 건국의 영웅인 동명왕의 업적을 칭송한 일종의 영웅 서사시 → 고구려 계승 의식 표현(1193) • **일연의 『삼국유사』**: 불교사 중심으로 고대 민간 설화나 전래 기록을 수록하여 우리의 고유 문화와 전통 중시, 단군의 건국 이야기 수록(1281) • **이승휴의 『제왕운기』**: 단군 조선 계승, 우리 역사를 중국사와 대등하게 파악(1287)
말기	• 성리학적 유교 사관에 입각하여 정통 의식과 대의 명분 강조 • **이제현의 『사략』**: 성리학적 유교 사관, 왕권 중심의 질서 회복 의지(1357)

❷ 불교 사상과 신앙 생활 ☆☆☆

(1) 초기의 불교 정책

① 태조 : 사원 건립, 불교 숭상과 연등회, 팔관회 강조(훈요 10조)

② 광종 : 승과 제도 실시, 국사 · 왕사 제도 실시, 사원에 토지 지급, 승려들에게 면역 혜택

(2) 천태종의 성립

① 고려 초기 : 호족의 지원으로 선종 번창(초기) → 문벌 귀족의 지원으로 교종(화엄종, 법상종) 유행

② 고려 중기 : 대각국사 의천의 불교 통합 운동

㉠ 교리 : 교관겸수(敎觀兼修) 제창(이론과 함께 실천 강조)

㉡ 해동 천태종 창시 : 숙종의 후원으로 국청사 창건 → 교종 중심의 선종 통합 운동

㉢ 한계 : 불교의 폐단에 대한 시정 대책 미흡 → 의천 사후 교단 분열, 귀족 중심의 불교 지속

Click ! • 의천의 교관겸수(敎觀兼修)

의천

문종의 넷째 아들로, 승려가 된 후 송에 유학하여 불교를 연구하였다.

교(敎)를 배우는 자가 내(內 : 마음)를 버리고 외(外 : 대상)를 구하며, 선(禪)을 익히는 사람들이 인연 이론(因緣理論)을 잊어버리고 내조(內照)만 좋아하나니, 이 모두가 치우친 것이다. "관(觀)을 배우지 않고 경(經)만 배우면 비록 오주(五周)의 인과(因果)를 들었더라도 삼중(三重)의 성덕(性德)에는 통하지 못하며, 경을 배우지 않고 관만 배우면 비록 삼중의 성덕을 깨쳤으나 오주의 인과를 분별하지 못한다. 그런즉 관도 배우지 않을 수 없고 경도 배우지 않을 수 없다."고 하였다. 내가 교관에 마음을 쓰는 까닭은 다 이 말에 깊이 감복하였기 때문이다.

– 『대각국사문집』 –

고려 후기 불교계가 세속적인 이익만을 추구하는 데서 벗어나고자 추진한 혁신 운동

(3) 고려 후기의 불교 결사 운동

① 결사 운동의 발생 : 불교의 타락에 대한 반성과 자각

② 보조국사 지눌 : 수선사 결사 제창(송광사 중심)

㉠ 특징 : 선종을 중심으로 교종 통합 운동 → 조계종 확립

㉡ 교리 : 정혜쌍수(定慧雙修), 돈오점수(頓悟漸修)

③ 혜심 : 유불 일치설 주장, 심성의 도야 강조 → 성리학 수용의 사상적 토대 마련

④ 요세 : 백련 결사 조직, 법화 신앙을 내세우며 불교의 혁신과 민중 교화에 노력, 수선사와 양립(고려 후기 불교계 선도)

정혜쌍수와 돈오점수
정혜쌍수(定慧雙修)는 선과 교학을 나란히 수행하되, 선을 중심으로 교학을 포용하자는 이론이며, 돈오점수(頓悟漸修)는 단번에 깨닫고 꾸준히 실천하자는 주장을 일컫는다.

Click !

● 지눌의 정혜결사문

지금의 불교계를 보면, 아침저녁으로 행하는 일들이 비록 부처의 법에 의지하였다고 하나, 자신을 내세우고 이익을 구하는 데 열중하며, 세속의 일에 골몰한다. 도덕을 닦지 않고 옷과 밥만 허비하니, 비록 출가하였다고 하나 무슨 덕이 있겠는가? …… 하루는 같이 공부하는 사람 10여 인과 약속하였다. 마땅히 명예와 이익을 버리고 산림에 은둔하여 같은 모임을 맺자. 항상 선을 익히고 지혜를 고르는 데 힘쓰고, 예불하고 경전을 읽으며 힘들여 일하는 것에 이르기까지 각자 맡은 바 임무에 따라 경영한다. 인연에 따라 성품을 수양하고 평생을 호방하게 고귀한 이들의 드높은 행동을 좇아 따른다면 어찌 통쾌하지 않겠는가? –『권수정혜결사문』–

● 혜심의 유불 일치설

나는 옛날 공(公)의 문하에 있었고, 공은 지금 우리 사중(社中)에 들어 왔으니, 공은 불교의 유생이요, 나는 유교의 불자입니다. 그 이름만을 생각한다면 불교와 유교가 아주 다르지만, 그 실지를 알면 유교와 불교가 다르지 않습니다. –『진각국사어록』–

부처의 설법, 부처가 정한 규칙, 설법과 규칙에 대한 논술 등을 모두 모은 것

(4) 대장경의 간행

① 간행 목적 : 불력으로 외적을 격퇴하려는 염원과 불교 사상 정리

② 초조대장경 : 거란을 물리치기 위해 간행 → 몽골 침략 때 소실(1232)

③ 교장 : 의천이 흥왕사에 교장도감을 설치하여 간행(1091~1102)

④ 재조대장경(팔만대장경) : 몽골을 물리치기 위해 간행, 세계 기록유산[강화도에서 조판(1236~1251), 합천 해인사에 보관]

대장경에 대한 연구 해석서

팔만대장경을 보관하고 있는 해인사 장경판전 내부

(5) 도교와 풍수지리설

① 도교 : 불로장생과 현세구복 추구 → 초제 거행(나라의 안녕과 왕실의 번영 기원), 도교 사원 건립, 팔관회(도교와 민간 신앙, 불교가 어우러짐) 등

② 풍수지리설 : 도참 사상과 결합하여 고려 시대 크게 유행, 서경 길지설(서경 천도, 북진 정책) → 한양 명당설(한양의 남경 승격)

❸ 과학 기술의 발달

구분	내용
천문학과 역법	• 사천대(서운관) 설치(천체와 기상 관측) • 당의 선명력 사용(초기), 원의 수시력 사용(후기)
의학	『향약구급방』: 현존하는 가장 오래된 의학 서적, 각종 질병에 대한 처방과 국산 약재 소개(1236~1251)
인쇄술	• 목판 인쇄술 : 한 종류의 책을 다량으로 인쇄하는 데 적합 → 대장경 조판 • 『상정고금예문』: 금속 활자를 이용한 최초의 책이나, 현재 전하지 않음(1234) • 『직지심체요절』: 프랑스 파리에서 발견되어 현존하는 세계에서 가장 오래된 금속 활자본, 청주 흥덕사에서 간행(1377), 유네스코 세계 기록 유산
기술 개발	화통도감(1377)에서 화약과 화포를 개량[최무선, 진포 싸움(1380)에서 이용)]

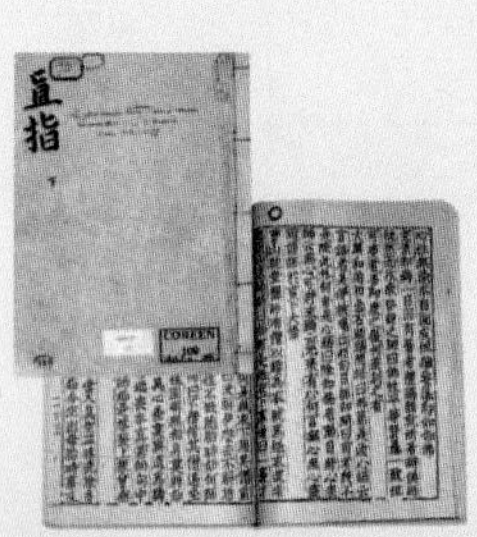

직지심체요절 우왕 3년(1377)에 인쇄한 것으로 상 · 하권으로 되어 있었다. 현재 프랑스 파리의 국립 도서관에 하권이 보관되어 있다.

❹ 귀족 문화의 발달

(1) 건축과 조각

① 고려 전기 : 현화사, 흥왕사 등(모두 전하지 않음)

② 목조 건축 : 주심포 양식에서 다포 양식으로 발전

㉠ 주심포 양식 : 기둥 위에만 공포(栱包)를 짜올리는 방식, 안동 봉정사 극락전(현존 최고), 영주 부석사 무량수전(배흘림 기둥), 예산 수덕사 대웅전

㉡ 다포 양식 : 기둥 위뿐 아니라 기둥 사이에도 공포를 짜올리는 방식, 사리원 성불사 응진전, 심원사 보광전 등 → 조선 시대의 건축에 영향을 줌

주심포 양식

다포 양식

Click ! ● 고려의 건축물

봉정사 극락전

수덕사 대웅전

부석사 무량수전

성불사 응진전

배흘림기둥과 균형 잡힌 모습으로 잘 알려진 이 건물은 장식적인 요소가 적고, 주심포 양식의 기본 수법을 가장 잘 남기고 있는 대표적인 건물이다.

③ 석탑 : 다각 다층탑이 많음, 안정감은 부족하나 자연스러움

㉠ 월정사 팔각 9층 석탑 : 다각 다층탑

㉡ 경천사 10층 석탑 : 원의 영향, 조선의 원각사지 10층 석탑으로 계승, 일본으로 불법 반출되었다가 반환되어 현재는 국립 중앙 박물관에 배치

㉢ 승탑(탑비) : 고달사지 승탑(신라의 팔각원당형 계승), 법천사 지광국사 현묘탑

④ 불상

㉠ 특징 : 시기와 지역에 따라 독특한 모습, 초기에는 대형 철불 다수 조성, 사람들이 자주 다니는 길목에 건립, 인체 비례가 균형을 이루지 못하였고 조형미도 신라에 비해 퇴화

Click ! ● 고려 시대의 석탑

불일사 5층 석탑

무량사 5층 석탑

현화사 7층 석탑

월정사 8각 9층 석탑

경천사 10층 석탑

고달사지 승탑

법천사 지광국사 현묘탑

㉡ 종류 : 하남 하사창동 철조 석가여래 좌상(대형 철불), 논산 관촉사 석조 미륵보살 입상(자유분방하고 향토적 특색), 안동 이천동 마애여래 입상(지역 특색이 잘 드러남), 부석사 소조 여래 좌상(신라 시대 양식 계승), 파주 용미리 마애이불 입상 등

Click ! ● **고려 시대의 불상**

하남 하사창동 철조 석가여래 좌상

부석사 소조 여래 좌상

관촉사 석조 미륵보살 입상

파주 용미리 마애이불 입상

안동 이천동 마애여래 입상

(2) 청자와 공예

① **고려 자기** : 11세기경 고려 자기의 독특한 미 완성

㉠ 발달 과정 : 비취색의 순청자(11세기) → 상감 청자(12세기 중엽) → 14세기 무신 정변 이후 쇠퇴

㉡ 상감 청자 : 그릇 표면을 파낸 자리에 백토 · 흑토를 메워 무늬를 내는 방법인 상감법을 자기에 활용, 12세기 중엽~ 13세기 중엽까지 주류 형성 → 원 간섭기 이후 퇴조, 전라도 강진과 부안에서 널리 제작

청자 상감 운학무늬 매병

청동제 은입사 포류수금무늬 정병

Click ! ● **상감 청자**

- 고려의 독창적인 기술로 만들어짐
- 그릇의 겉 표면에 무늬를 파내고, 그 자리에 흰 흙이나 붉은 흙을 채워 넣어 무늬를 낸 후 유약을 발라 구워냄

② **공예**

㉠ 은입사 기술의 발달 : 청동 바탕에 은으로 장식 무늬를 넣음(송의 영향)

㉡ 나전 칠기 : 옻칠한 바탕에 자개를 붙여 무늬를 나타내는 것, 고려 시대에 가장 발달, 중국으로의 대표적 수출품

수월관음도

(3) 글씨, 그림과 음악

① **글씨** : 전기에는 유신, 탄연 등(구양순체 유행) → 후기에는 이암 등(송설체 유행)

② **그림**

㉠ 천산대렵도(공민왕) : 원대 북화의 영향을 받아 사냥 장면 등 묘사

㉡ 불화 : 고려 후기에는 왕실과 권문세족의 구복적 요구에 따라 불화가 많이 그려짐, 혜허의 '관음보살도'가 대표적임

③ **음악** : 향악(전통 음악), 아악(송의 대성악 발전)

❶ 유학의 발달과 역사서의 편찬

- [국자감] 유학부와 기술학부가 있었다.
  - ↳ [예종] 전문 강좌인 7재를 개설하였다.
- 문헌공도 등의 사학 12도가 있었다.
  - ↳ 최충에 의해 (처음) 설립되었다.
  - ↳ 9재 학당에서 후진을 양성하였다.
- [예종] 장학 기금을 마련하고자 양현고를 설치하였다.
  - ↳ 관학 진흥을 목적으로 양현고를 두었다.
- [안향] 고려에 성리학을 처음 소개하였다.
- [이제현] 만권당에서 원의 학자들과 교류하였다.
  - ↳ 역옹패설을 저술하였다.
- 성균관에서 공부하는 학생
- [김부식] 삼국사기를 편찬하였다.
  - ↳ [삼국사기] 기전체 형식으로 서술되었다.
  - ↳ 유교 사관에 기초하여 기전체로 서술되었어요.
  - ↳ 세가, 지, 열전 등으로 구성되었다.
- [삼국유사] 단군의 고조선 건국 이야기가 수록되었다.
  - ↳ 단군의 고조선 건국 이야기가 기록되었어요.
  - ↳ 단군에 관한 내용이 기록되어 있다.
  - ↳ 불교사를 중심으로 고대 민간 설화 등이 수록되었어요.

❷ 불교 사상과 신앙 생활

- (의천이 교종 중심의) 해동 천태종을 개창하였다.
  - ↳ [의천] 해동 천태종을 창시하였다.
  - ↳ 교관겸수를 주장하였다.
  - ↳ 대각국사라는 시호를 받았다.

실전 자료 — **대각국사 의천**

- 교종을 중심으로 불교 통합 운동을 전개함
- 개경 흥왕사에 교장도감을 설치하고 교장을 간행함
- 화폐를 만들어 유통시킬 것을 주장함

- [지눌] 수선사 결사를 제창하였다.
  - ↳ 돈오점수를 강조하였다.
  - ↳ 정혜쌍수와 돈오점수를 강조(주장)하였다.
- [요세] 백련사 결사를 통해 불교 정화 운동을 전개하였다.
- [혜심] 유불 일치설을 주장하였다.

실전 자료 — **보조국사 지눌**

불교 경전 공부와 함께 참선을 통해 '마음이 곧 부처'임을 깨닫고 꾸준히 수행하여 깨달음을 계속 확인할 것을 강조하였다. 선종을 중심으로 교종을 통합시키기 위해 노력하였다.

- [현종] 초조대장경을 조판하였다.
  - ↳ 초조대장경이 간행되었습니다.
- [고종] 팔만대장경판을 제작하였습니다.
  - ↳ 팔만대장경 조판에 참여하는 승려
  - ↳ [팔만대장경] 몽골의 침략을 물리치기 위해 제작되었다.

실전 자료 — **팔만대장경판**

보고 싶은 딸에게

아빠는 합천 해인사에 왔어. 여기에는 고려 시대에 부처의 힘으로 외적을 물리치고자 만들었던 팔만대장경판이 수백 년 동안 잘 보관되어 있어. 그 이유는 온도와 습도가 자연스럽게 조절되도록 만들어진 건물 덕분이야. 참 신기하지 않니? 다음에 우리 가족 다 같이 오자. 아빠가

❸ 과학 기술의 발달

- [충렬왕] 새로운 역법으로 수시력이 도입되었어요.
- 금속 활자로 불경을 인쇄하는 승려
- [직지심체요절] 현존하는 가장 오래된 금속 활자본이다.
- [우왕] 화통도감을 설치하였다.
  - ↳ [최무선] 화약 제조법을 터득하였다.

❹ 귀족 문화의 발달

실전 자료 — **논산 관촉사 석조 미륵보살 입상**

부모님과 함께 논산에 있는 관촉사에 다녀왔다. 그곳에는 '은진 미륵'이라고도 불리는 18m나 되는 큰 불상이 있었다. 이 불상은 조각이 섬세하지는 못한 것 같았다. 돌아오는데 멀리서 잘 가라는 듯 담장 너머로 내다보는 불상의 모습이 참 정겨워 보였다.

- 상감 기법으로 다양한 무늬를 표현한 상감 청자
- 희망에 넘친 현실 생활을 노래한 경기체가
- 동동, 한림별곡 등의 노래가 유행하였습니다.

1 (가)에 들어갈 용어로 옳은 것은? [1점]

역사 용어 사전

(가)

992년 세워진 국립 교육 기관으로 유학부와 기술학부가 있었다. 유학부에서는 논어와 효경 등 유교 경전을 공부하고, 기술학부에서는 율학, 서학, 산학 등의 과목을 공부하였다.

① 경당　　② 4부 학당
③ 서원　　④ 국자감

2 밑줄 그은 '정책'으로 옳은 것은? [3점]

① 수도에 4부 학당을 두었다.
② 유학 교육기관으로 주자감을 설립하였다.
③ 초계문신을 선발하여 학문 연구를 장려하였다.
④ 장학 기금을 마련하고자 양현고를 설치하였다.

| 해설 | 고려 시대의 교육 기관

고려 시대에는 관리 양성과 유학 교육을 위하여 많은 학교를 세우고 교육을 장려하였다. 중앙에는 국립 대학으로 국자감(국학)이 설치되었다(992). 국자감에는 국자학, 태학, 사문학과 같은 유학부와 율학, 서학, 산학 등의 기술학부가 있었다. 유학부에는 문무관 7품 이상의 관리의 자제가, 기술학부에는 8품 이하 관리나 서민의 자제가 입학하였다.

| 오답 넘기 |

① 고구려는 각지에 경당을 설립하여 청소년에게 학문과 무예를 가르치기도 하였다.
② 조선 시대 한양에는 중등 교육 기관으로 4부 학당이 있었다.
③ 조선 시대 서원은 덕망 높은 유학자를 제사지내고 지방 양반 자제들을 교육하는 민간 교육 기관의 역할을 수행하여 지방 문화 발달에 이바지하였다.

정답 ④

| 해설 | 고려 시대의 관학 진흥책

자료는 최충의 문헌공도 등 사학 12도의 융성을 설명하는 글로, 고려 중기에는 최충의 문헌공도를 비롯한 사학 12도가 융성하였다. 이렇듯 고려 중기에 사학이 발달하여 관학이 위축되자 정부는 학문 연구소인 청연각, 보문각, 7재(1109), 양현고(1119) 등을 설치하고 경사 6학을 정비하여 관학을 진흥시키려 노력하였다.

| 오답 넘기 |

① 조선 시대 관학으로는 한양에 최고 학부인 성균관과 4부 학당이 있었고, 각 지방의 군현에는 향교가 있었다.
② 발해는 국립 대학인 주자감을 설치하여 귀족 자제들에게 유교 경전을 가르쳤다.
③ 정조는 규장각을 자신의 권력과 정책을 뒷받침하는 정치 기구로 육성하였으며, 초계문신제(1781)를 통해 신하들을 재교육하려 하였다.

정답 ④

3 (가)에 해당하는 책으로 옳은 것은? [2점]

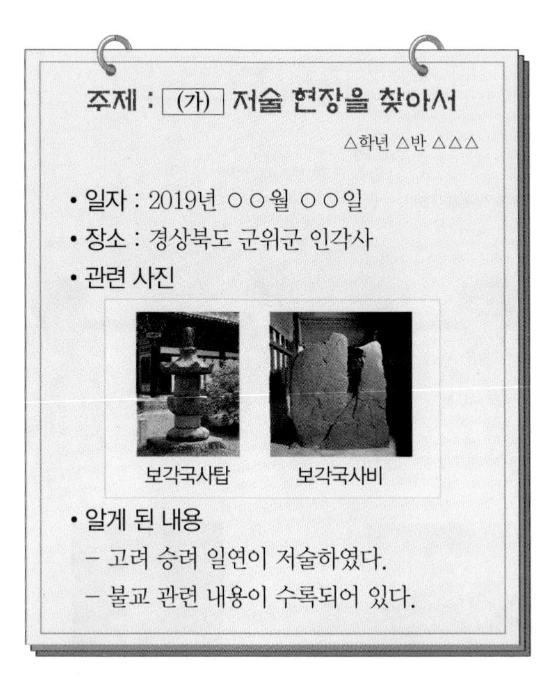

주제 : (가) 저술 현장을 찾아서

△학년 △반 △△△

- 일자 : 2019년 ○○월 ○○일
- 장소 : 경상북도 군위군 인각사
- 관련 사진

보각국사탑 보각국사비

- 알게 된 내용
  - 고려 승려 일연이 저술하였다.
  - 불교 관련 내용이 수록되어 있다.

① 동의보감
② 삼국사기
③ 삼국유사
④ 직지심체요절

| 해설 | 고려의 역사 서술

보각국사탑 및 비가 위치한 경북 군위군 인각사는 고려 시대의 승려 일연이 만년을 보내며 『삼국유사』를 집필한 곳이다. 일연이 지은 『삼국유사』에 처음으로 단군의 건국 이야기를 기록하여 단군을 우리 민족의 시조로 여겼으며, 불교사를 중심으로 예로부터 전해 내려오는 고대의 민간 설화나 전래 기록을 수록하여 우리의 고유 문화와 전통을 중시하였다(1281).

| 오답 넘기 |

① 조선 후기 허준이 저술한 의학 서적인 『동의보감』은 동아시아 의학을 집대성한 것으로 평가받는다(1610).
② 『삼국사기』는 현존하는 우리나라 최고(最古)의 역사책으로 본기, 열전, 지, 연표 등을 갖춘 기전체 역사서이다(1145).
④ 현재 남아 있는 가장 오래된 금속 활자본이 『직지심체요절』이다(1377).

정답 ③

4 (가) 인물에 대한 설명으로 옳은 것은? [2점]

월간 역사

2019년 8월호

특집 대각국사 (가) 의 활동

- 화폐 주조 및 유통 주장
- 교장도감 설치와 교장 간행
- 불교 통합 운동과 해동 천태종 창시

① 무애가를 지었다.
② 불국사를 창건하였다.
③ 교관겸수를 주장하였다.
④ 수선사 결사를 제창하였다.

| 해설 | 고려 시대의 승려

제시된 자료에서 '대각국사', '화폐 주조 및 유통을 주장', '교장도감 설치와 교장 간행', '해동 천태종 창시' 등의 내용을 통해 (가) 인물은 의천임을 알 수 있다. 의천은 교 · 선 통합의 사상적 바탕으로 이론의 연마와 실천을 함께 강조하는 교관겸수를 제창하였다.

| 오답 넘기 |

① 통일 신라 원효는 무애가를 지어 불교 대중화에 노력하였다.
② 통일 신라 시대 김대성은 불국사를 중창하였다(751~774).
④ 고려 시대 지눌은 당시 불교계의 타락상을 비판하며 승려 본연의 자세로 돌아가 독경과 선 수행, 노동에 고루 힘쓰자는 수선사 결사 운동을 전개하였다.

정답 ③

5 (가)에 들어갈 인물로 옳은 것은? [1점]

① 서희 ② 양규
③ 정중부 ④ 최무선

| 해설 | 고려 시대의 과학 기술과 인물

고려 말 최무선은 원나라 사람 이원으로부터 화약 제조 방법에 대한 정보를 듣고, 고려에서 나는 재료를 이용해 화약을 만들어 냈다. 그는 나라에 건의하여 화약 무기를 개발하는 화통도감을 설치(1377)하고 우수한 무기들을 개발하여 진포에서 왜구를 물리치는 데 큰 공을 세웠다(1380).

| 오답 넘기 |

① 거란의 1차 침입 당시 고려는 서희가 협상에 나서 강동 6주를 확보하게 되었다(993).
② 거란의 2차 침입 당시 양규가 이끄는 고려 군사들이 화의를 맺고 돌아가는 거란군에 큰 피해를 입히기도 하였다(1010~1011).
③ 의종이 개경 부근의 보현원에서 놀이를 즐길 때를 이용하여 정중부, 이의방 등의 무신들은 무신정변을 일으켰다(1170).

정답 ④

6 다음 대화에 해당하는 문화유산으로 옳은 것은? [1점]

①

논산 관촉사 석조 미륵보살 입상

②

경주 석굴암 석굴 본존불상

③

고창 선운사 동불암지 마애여래 좌상

④

서산 용현리 마애여래 삼존상

| 해설 | 고려의 불교 문화 유산

대화 속의 문화 유산은 논산 관촉사 석조 미륵보살 입상으로, 고려 불상의 여러 특징들을 보여 준다. 관촉사 석조 미륵 보살 입상과 같은 거대한 불상은 사람들이 많이 다니는 길목에 조성되었다. 선종이 유행하던 시기에 지방 호족의 재정적 지원을 받아 조성되어 토착적이고 지역적 특색이 반영되었다.

| 오답 넘기 |

② 경주 석굴암 본존불로 통일 신라 불상의 걸작이다.
③ 조선 시대 마애불인 고창 선운사 동불암지 마애여래 좌상이다.
④ 서산 용현리 마애여래 삼존상은 백제의 대표적인 마애불로 '백제의 미소'로 불린다.

정답 ①

7 다음 기행문의 소재가 된 탑으로 옳은 것은? [2점]

OOOO년 OO월 OO일

삼촌을 따라 강원도 여행을 다녀왔다. 가장 기억에 남는 것은 국보 제 48-1호로 지정된 고려 시대의 석탑이다. 삼촌께서는 이 탑처럼 고려 시대에는 다각형의 다층 석탑이 많이 만들어 졌다고 알려 주셨다. 탑을 향해 두 손을 모은 석조 보살 좌상을 보며, 탑에 어떤 의미가 담겨 있을지 생각해 보았다.

석조 보살 좌상

① 불국사 다보탑
② 정림사지 오층 석탑
③ 월정사 팔각 구층 석탑
④ 감은사지 삼층 석탑

| 해설 | 고려 시대의 탑파

고려 전기의 석탑은 다각 다층탑이 유행하였다. 평창 월정사 8각 9층 석탑은 기단이나 탑신이 팔각형이고 여러 층으로 이루어진 점 등에서 고려 시대에 유행한 다각 다층 석탑의 대표적인 예로 유명하다.

| 오답 넘기 |

① 불국사 다보탑은 통일 신라 시대에 만들어진 이형 석탑이다.
② 부여 정림사 터에 남아 있는 백제 정림사지 5층 석탑은 목탑의 모습을 많이 지니고 있는 석탑이다.
④ 통일 신라 신문왕이 건립한 감은사지 삼층 석탑은 불국사 3층 석탑과 함께 이중 기단에 3층의 탑신을 쌓은 전형적인 신라 석탑의 모습을 보여 준다.

정답 ③

8 (가)에 들어갈 문화유산으로 옳은 것은? [2점]

① 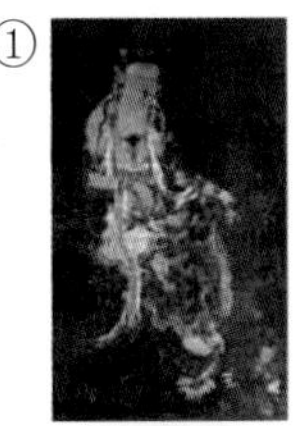
수월관음도

② 씨름도

③ 
자화상

④ 
고사관수도

| 해설 | 고려 시대의 회화

고려 시대에는 논산 관촉사 석조 미륵보살 입상과 같은 거대한 불상은 사람들이 많이 다니는 길목에 조성하였는데, 고려 불상의 여러 특징들을 보여 준다. 이 불상들은 선종이 유행하던 시기에 지방 호족의 재정적 지원을 받아 조성되어 토착적이고 지역적 특색이 반영되었다. 또 고려 후기에 지은 주심포 양식의 목조 건물은 현재 일부 남아 있는데, 안동 봉정사 극락전, 영주 부석사 무량수전, 예산 수덕사 대웅전 등이 대표적이다. 그리고 평창 월정사 8각 9층 석탑은 고려 초기의 다각 다층탑이다.

① 고려 시대의 수월관음도로, 관음 보살의 모습이 매우 풍만하고 우아하여 고려 시대 귀족의 모습을 연상시킨다.

| 오답 넘기 |

② 조선 후기 김홍도의 '씨름', ③ 18세기 윤두서의 '자화상', ④ 조선 전기 강희안의 '고사관수도'이다.

정답 ①

V

조선의 성립과 발전

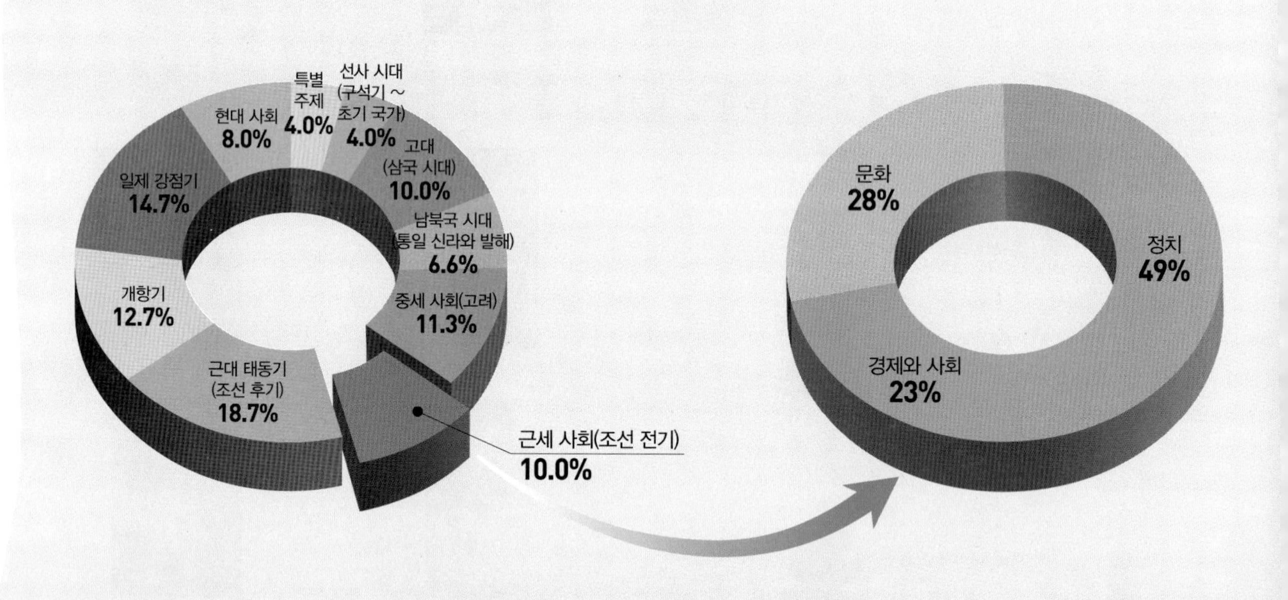

단원 들어가기

이성계를 중심으로 한 신흥 무인 세력과 정도전 등의 신진 사대부 세력은 조선을 건국한 후 한양에 도읍을 정하였다. 조선은 건국 후 약 100년간에 걸쳐 여러 가지 제도를 정비하여 중앙 집권 국가로 발전하였다. 이로 인해 정치와 사회가 안정되어 훈민정음을 창제, 반포하고 편찬 사업을 활발히 하는 등 민족 문화의 꽃을 피울 수 있었다.

사림은 15세기 말부터 중앙의 정치 무대에 등장하기 시작하여 언관직을 차지하고 훈구 세력의 횡포를 비판하였다. 이에 훈구 세력은 사화를 거듭 일으켜 정치적으로 사림에게 큰 타격을 주었다. 그러나 사림은 향촌에서 서원과 향약을 기반으로 학문을 연구하고 후진 양성에 힘을 기울이며 세력을 키워 나갔다. 그리하여 16세기 후반에는 사림이 중앙의 정치 무대에서 주도권을 잡게 되었다.

1592년 왜군의 조선 침략으로 임진왜란이 일어났다. 그러나 조선은 수군의 승리와 의병의 활약으로 7년 만에 왜군을 이 땅에서 몰아내었다. 광해군 때에는 명과 후금 사이에서 중립 외교 정책을 펴 국제 정세의 변화에 적절히 대처하였으나, 인조 때에는 친명 배금 정책으로 두 차례의 호란을 겪었다. 호란 후에 조선은 북벌 운동을 추진했지만 결국 실현하지 못하였다.

1388 위화도 회군
1389 박위, 쓰시마 섬 정벌
1391 과전법 실시
1392 조선 건국
1394 한양 천도
1412 시전 설치
1413 호패법 실시
1419 이종무, 쓰시마 섬 정벌
1441 측우기 발명
1446 훈민정음 반포
1466 직전법 실시
1485 경국대전 완성
1498 무오사화
1504 갑자사화
1506 중종반정
1519 기묘사화
1543 백운동 서원 건립
1545 을사사화
1592 임진왜란
1597 정유재란
1623 인조반정
1624 이괄의 난
1627 정묘호란
1636 병자호란

| 연표로 흐름잡기 |

14 조선의 건국과 발전

공부한 날 월 일

일차

❶ 조선의 건국과 유교 정치 ☆☆☆

(1) 조선의 건국

① 조선 건국 과정 : 명이 철령 이북의 땅 요구 → 요동 정벌 추진 → 위화도 회군(4불가론 주장) → 과전법 시행 → 정몽주 등 온건 개혁파 제거

② 신진 사대부의 분화

구분	중심 인물	내용
혁명파 사대부	정도전, 권근, 조준 등	역성 혁명(易姓革命) 추진, 전면적 토지 개혁 주장
온건파 사대부	정몽주, 이색, 길재 등	고려 왕조의 유지, 전면적 토지 개혁 비판

③ 과전법 제정(1391) : 권문세족의 경제력 약화 → 국가 재정 확보, 신진 사대부의 경제적 기반 마련

④ 조선 건국(1392) : 국호 '조선'(고조선 계승 의미), 한양 천도(1394.10)

(2) 유교 정치의 실현

① 태조

㉠ 정책 : 국호를 '조선'으로 선포, 한양 천도, 성리학을 통치 이념으로 확립

한반도의 중앙에 위치하여 수로 교통이 편리하고 방어에 유리하였다.

㉡ 한양 천도와 도시 계획 : 정궁으로 경복궁을 짓고, 사직단을 세움, 4대문 설치, '육조 거리'라 불리는 관청가 형성

국토의 신인 '사(社)'와 곡식의 신인 '직(稷)'에게 제사를 드리는 장소

4대문은 흥인지문(동대문), 돈의문(서대문), 숭례문(남대문), 숙정문(북대문)으로 유교의 덕목에 따라 이름을 지었다.

㉢ 정도전의 활약 : 「조선경국전」 저술, 재상 중심의 정치 주장, 억불 정책 주장(「불씨잡변」), 요동 정벌 추진

② 태종

㉠ 즉위 과정 : 1, 2차 왕자의 난을 통해 개국 공신인 정도전과 세자 제거

㉡ 정책 : 사병 폐지, 왕이 직접 6조를 관할하는 6조 직계제 실시(1414), 사간원 독립, 신문고 설치, 사원 소유의 토지 몰수, 양전 사업, 호패법 실시(16세 이상 양인 남성, 1402)

③ 세종

㉠ 유교 정치 실현 노력 : 집현전 설치(1420), 국가 행사를 오례에 따라 거행, 사대부에게도 주자가례 시행 장려

유교 경전과 역사를 강론하고 임금에게 자문을 행하던 기구

㉡ 왕권과 신권의 조화 추구 : 6조에서 올라오는 일들을 의정부의 합의를 거쳐 왕에게 보고하는 의정부 서사제 다시 실시(1418)

㉢ 민족 문화의 성장 : 훈민정음 창제(1443), 측우기, 자격루, 앙부일구 제작(장영실)

㉣ 경제 정책 : 풍흉과 토지의 비옥도에 따라 조세를 부과하는 세법 정비(공법, 1444)

㉤ 국방 강화 : 여진족을 몰아내고 4군 6진 설치(오늘날 국경선 확정, 1433 · 1434), 쓰시마 섬 정벌(이종무, 1419)

이성계의 4불가론

1. 작은 나라가 큰 나라를 공격하는 것은 옳지 않다.
2. 지금과 같은 여름철에는 군사들을 동원할 수 없다.
3. 요동을 공격하는 동안 남쪽에서 왜구가 공격해 올 것이다.
4. 장마철이라 활이 늑어 제대로 쓸 수 없고, 병사들 사이에 전염병이 돌기 쉽다.

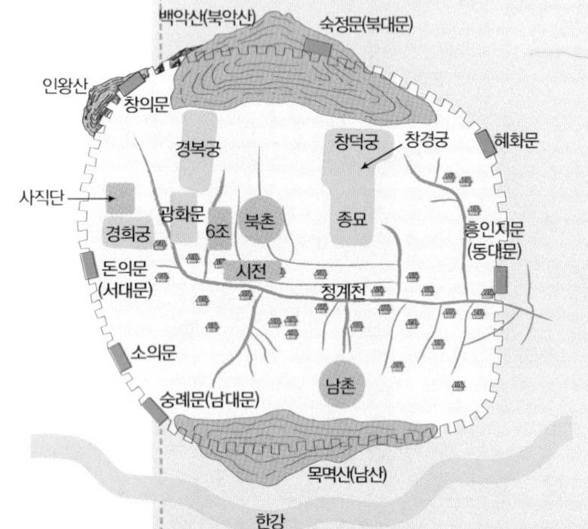

조선의 수도 '한양'

정도전의 정치 사상

정도전은 훌륭한 재상을 선택하여 재상에게 정치의 실권을 부여하여, 위로는 임금을 받들어 올바르게 인도하고, 아래로는 백관을 통괄하고 만민을 다스리는 중책을 부여하자고 주장하였다.

호패

Click ! ● 6조 직계제와 의정부 서사제

● 6조 직계제

의정부의 서사를 나누어 6조에 귀속시켰다. …… 처음에 왕(태종)은 의정부의 권한이 막중함을 염려하여 이를 혁파할 생각이 있었지만, 신중하게 여겨 서두르지 않다가 이때에 이르러 단행하였다. 의정부가 관장한 것은 사대문서와 중죄수의 심의뿐이었다. -『태종실록』-

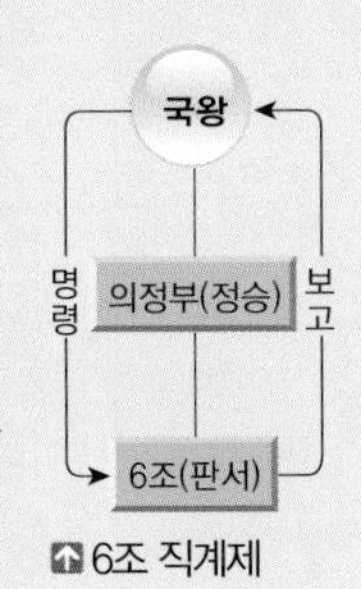

6조 직계제

● 의정부 서사제

6조는 각기 모든 직무를 먼저 의정부에 품의하고, 의정부는 가부를 헤아린 뒤에 왕에게 아뢰어 (왕의) 전지를 받아 6조에 내려 보내어 시행한다. 다만, 이조 · 병조의 제수, 병조의 군사 업무, 형조의 사형수를 제외한 판결 등은 종래와 같이 각 조에서 직접 아뢰어 시행하고 곧바로 의정부에 보고한다. 만약 타당하지 않으면, 의정부가 맡아 심의, 논박하고 다시 아뢰어 시행토록 한다. -『세종실록』-

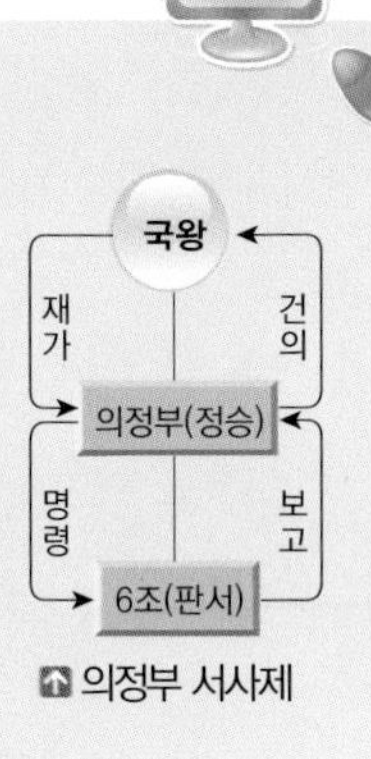

의정부 서사제

④ 세조 : 조카인 단종을 몰아내고 즉위, 6조 직계제 실시, 집현전과 경연 제도 폐지, 직전법 실시, 『경국대전』 편찬 시작

⑤ 성종 : 『경국대전』(조선 시대의 기본 법전) 반포(1485), 홍문관(옥당) 설치(1478), 경연 부활, 관수 관급제 실시(1470)

경연: 왕이 신하들과 함께 학문을 토론하는 자리

경복궁 근정전 국가의 주요 의식이 치뤄진 곳으로, '근정'의 의미는 임금의 부지런함을 강조한 것이다.

Click ! ● 조선의 궁궐

덕수궁	• 왜란 이후 선조가 기거하기 위해 만든 이궁으로 광해군 때 경운궁이라 이름 지었음 • 1907년 순종이 즉위하면서 궁궐의 기능을 잃고 덕수궁으로 이름이 바뀜.
경복궁	1395년 태조 4년에 창건된 법궁으로 왜란 시 소실되었다가 고종 때 재건
운현궁	흥선 대원군의 사저
창덕궁	1405년 태종 5년에 지어진 이궁으로 왜란 후 경복궁이 복원될 때까지 법궁 역할을 하였음
창경궁	태종의 거처였던 수강궁을 성종이 수리한 것으로 일제 때 창경원으로 격하되었다가 1983년 창경궁의 이름을 되찾았음

이궁: 화재나 정변 등의 상황을 대비한 예비 궁궐

법궁: 국왕이 머물고 있는 궁궐

❷ 조선 전기 통치 체제의 확립

(1) 중앙 정치 체제 : 『경국대전』으로 법제화

의정부		최고 관부, 영의정 · 좌의정 · 우의정으로 구성	6조	이 · 호 · 예 · 병 · 형 · 공조 → 업무의 분업화와 전문화 추구
3사	사간원	간쟁과 봉박 담당	의금부	왕 직속의 사법 기관
	사헌부	풍기 문란 행위와 감찰 담당	승정원	왕명 출납, 왕명 전달, 기밀 관리, 궁궐 숙위 담당
	홍문관	정책 자료 제시, 학문 연구 기관, 경연 담당		
			한성부	한양의 행정과 치안 담당
춘추관		실록 편찬과 보관, 사고 관리	성균관	국립 대학

조선의 중앙 정치 기구
승정원과 의금부는 왕권을 뒷받침하였고, 삼사는 언론 기관으로서 왕권을 견제하는 역할을 하였다.

(2) 지방 행정 조직

① 지방 행정 조직의 구조 : 전국을 8도로 구분(관찰사 파견) → 군 · 현 설치(수령 파견), 6방이 실무 담당

군 · 현: 고을의 인구와 토지의 크기에 따라 부 · 목 · 군 · 현으로 구획, 그에 따라 수령의 품계에도 차등이 있었다.

6방
이방, 호방, 예방, 병방, 형방, 공방으로 구성되며, 이방이 수석이다. 향리들은 고을 업무에 대해 전문 분야별로 실무를 맡았는데, 수령권이 강해짐에 따라 점차 수령 아래의 말단 사무원으로 전락하였다.

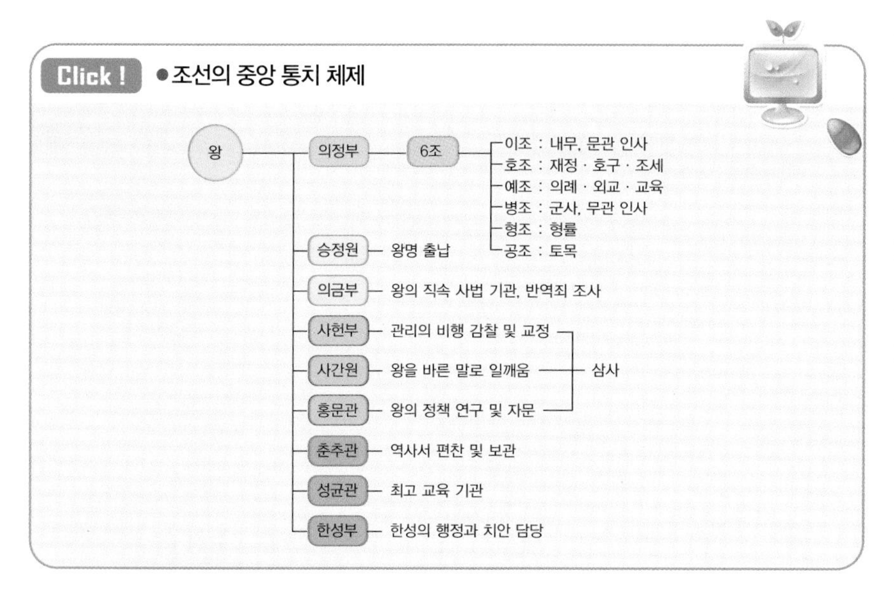

② 지방 행정 제도의 특징

㉠ 속현 폐지, 향 · 부곡 · 소를 일반 군현으로 승격

㉡ 모든 군현에 수령 파견, 수령의 권한 강화(지방의 행정 · 사법 · 군사 업무 담당), 향리의 지위 격하(수령의 행정 실무 보좌)

㉢ 상피 제도 : 수령이나 관찰사는 자기 출신 지역에 부임 금지(권력 집중과 부정 방지)

③ 향촌 자치와 중앙 집권의 조화

㉠ 유향소(향청) : 양반들의 자치 조직(좌수, 별감을 선출), 향회를 통해 여론 수렴, 백성 교화, 수령 보좌 및 향리 감찰(오늘날의 지방 의회와 비슷한 역할)

㉡ 경재소 : 현직 관료로 하여금 연고지의 유향소를 통제하게 하는 제도, 유향소와 정부 사이 연락 담당

유향소(향청): 양반들의 자치 조직으로 마을 기강을 바로잡고, 수령의 통치를 도와주는 역할을 하였으나, 때로는 수령의 권한을 넘어서기도 하였다.

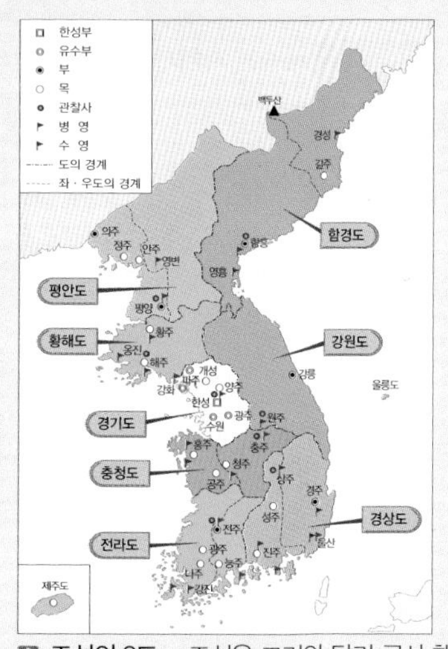

조선의 8도 조선은 고려와 달리 군사 행정 구역을 따로 설치하지 않았고, 향 · 부곡 · 소가 사라졌으며 모든 군현에 지방관을 파견하였다.

(3) 군역 제도와 교통 · 통신 제도

① 군역 제도

㉠ 양인개병제 : 현역에 복무하는 정군과 정군의 비용을 부담하는 보인으로 구성

㉡ 중앙군 : 5위(궁궐 · 수도 방어), 갑사, 특수병으로 구성

㉢ 지방군 : 육군, 수군(영 · 진 소속)

㉣ 잡색군 : 평소에는 본업에 종사하다가 유사시에 향토 방위에 동원

갑사: 간단한 시험을 거쳐 선발된 일종의 직업 군인(군무 기간에 따라 품계와 녹봉을 받음)

② 방어 체제 : 세조 이후 전국 군현을 지역 단위의 방위 체제인 진관 체제로 편성

③ 교통 · 통신 제도 : 역원 제도(물자 수송, 통신 담당), 봉수제(국경 지역의 위급 사태 연락 목적)

진관 체제
지역 단위의 방위 체제. 병영 아래에 몇 개의 거진을 설치하여 거진의 수령이 그 지역의 군대를 통제한다.

(4) 관리 등용 제도 : 과거 · 음서 · 천거

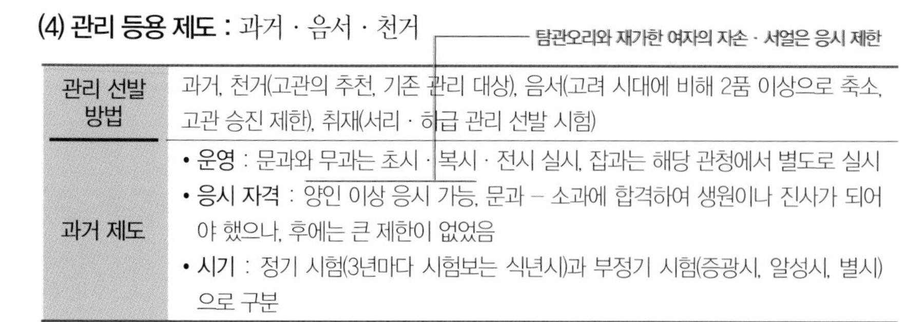

관리 선발 방법	과거, 천거(고관의 추천, 기존 관리 대상), 음서(고려 시대에 비해 2품 이상으로 축소, 고관 승진 제한), 취재(서리 · 하급 관리 선발 시험)
과거 제도	• 운영 : 문과와 무과는 초시 · 복시 · 전시 실시, 잡과는 해당 관청에서 별도로 실시 • 응시 자격 : 양인 이상 응시 가능, 문과 – 소과에 합격하여 생원이나 진사가 되어야 했으나, 후에는 큰 제한이 없었음 • 시기 : 정기 시험(3년마다 시험보는 식년시)과 부정기 시험(증광시, 알성시, 별시)으로 구분

탐관오리와 재가한 여자의 자손 · 서얼은 응시 제한

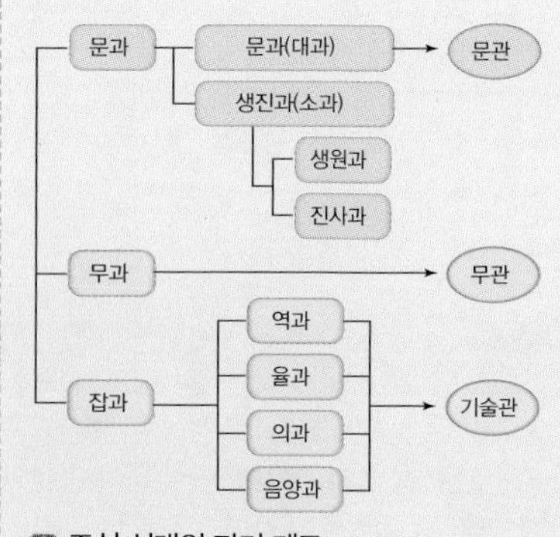

조선 시대의 과거 제도

❶ 조선의 건국과 유교 정치

- [우왕] 최영이 요동 정벌을 추진하였다.
- (이성계가) 위화도에서 회군하였다.
- [정도전] 조선경국전을 저술하였다.
  - ↳ 불씨잡변을 지어 불교 교리를 비판하였다.

실전 자료 **삼봉 정도전**

고려 말, 조선 초의 정치가이며 학자이다. 호는 삼봉(三峯)이며, 조선의 개국 1등 공신이다. 판의홍삼군부사, 경상 · 전라 · 양광 삼도도총제사를 역임하였다. 재상 중심의 정치 체제를 지향하였다.

- [태조] 한양으로 천도하였다.
  - ↳ 도읍을 한양으로 정하였어요.
  - ↳ 나라 이름을 고조선을 계승한다는 뜻에서 조선이라 했어요.
  - ↳ 유교가 국가 통치의 근본 이념이었어요.
- [정종] 도평의사사가 폐지되었다.
- [태종] 호패법을 실시하였다.
  - ↳ 전국을 8도로 나누었다.
  - ↳ 신문고를 처음 설치하였다.
  - ↳ 사병을 혁파하였다.
- [세종] (학문 연구 기관인) 집현전을 설치하였다.
  - ↳ 집현전을 설립하였다.
  - ↳ 집현전을 설치하여 인재를 육성하였다.
- [세조] 계유정난을 통해 권력을 장악하였다.
  - ↳ 6조 직계제를 부활하였습니다.
  - ↳ 집현전이 폐지되었다.
- [성종] 경국대전을 편찬하였다.
  - ↳ 경국대전이 완성(반포)되었다.
- [사직단] 땅의 신과 곡식의 신에게 제사를 지내던 곳이다.

❷ 조선 전기 통치 체제의 확립

- 의정부에서 중요 정책을 심의하였다.
  - ↳ [의정부] 국정 운영을 총괄하는 최고 통치 기관이다.
- [호조] 재정의 출납과 회계를 맡았다.
- 국왕의 비서 기관으로 승정원을 두었다.
  - ↳ [승정원] 왕명 출납을 담당하였다.
  - ↳ 왕명을 전달하는 비서 기관이다.
- [사헌부, 사간원] 5품 이하의 관원에 대한 서경권을 가졌다.

실전 자료 **사헌부**

이조(吏曹)의 한 고위 관리가 뇌물을 받고 인사 부정을 저지르고 있다는 정보를 입수하였다. 그래서 나는 우리 관청의 수장인 대사헌에게 보고하고, 그 경위에 대해 조사할 것을 요청하였다.

- [홍문관] 사헌부, 사간원과 함께 3사라 불렸다.
  - ↳ [3사] 비판과 견제의 기능을 담당한 언론 기관이다.

실전 자료 **홍문관**

학술 · 언론 기관으로서 왕의 자문에 응하고 경연을 담당하였으며 궁궐 내의 경전과 서적을 관리하였다. 대제학, 부제학 등의 관직을 두었고, 옥당 · 옥서라는 별칭이 있다. 사헌부 · 사간원과 함께 삼사라고 하였다.

- [의금부] 반역죄, 강상죄 등을 범한 중죄인을 다루었다.
- [한성부] 수도(한양)의 행정과 치안을 맡았다.
- [사역원] 외국으로 가는 사신의 통역을 전담하였다.
- [수령] 지방의 행정 · 군사 · 사법권을 행사하였다.

실전 자료 **수령**

이들은 '사또' 또는 '원님'이라고 불렸으며, 조선 시대에는 왕명으로 8도의 부, 목, 군, 현에 파견되었다. 경국대전에는 이들이 해야 할 일로 농업과 양잠을 성하게 하는 일, 호구를 늘리는 일, 학교를 흥하게 하는 일, 군정(軍政)을 잘 다스리는 일, 부역을 고르게 하는 일, 소송을 간소화하는 일 등이 제시되어 있다.

- [역] 공무 여행자에게 마필을 제공하였다.
- [과거제] 무관을 선발하는 무과가 있었습니다.

실전 자료 **유향소**

- 조선 시대 향촌의 양반들로 구성된 향촌 자치 기구이다. 수령을 보좌하고 향리를 감찰하는 역할을 하였다. 좌수와 별감 등의 향임직을 두었다. 향사당 · 향청이라는 별칭이 있다.

1 다음 인물에 대한 설명으로 옳은 것은? [2점]

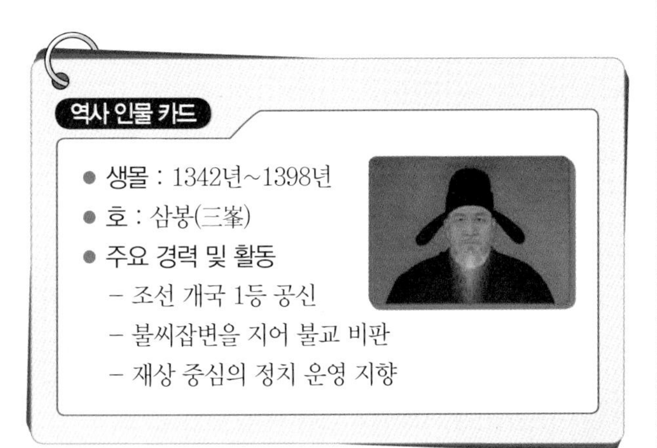

① 거중기를 설계하였다.
② 조선경국전을 저술하였다.
③ 소격서 폐지를 주장하였다.
④ 고려에 성리학을 처음 소개하였다.

| 해설 | 조선 시대의 인물

자료의 인물은 조선 초창기의 문물 제도를 갖추는 데 크게 공헌한 '삼봉 정도전'이다. 진도는 독특한 전술과 부대 편성 방법의 내용으로 정도전이 저술하였다. '조선 개국 1등 공신'인 정도전은 명의 요동정벌을 계획하고 자신의 진도에 의해 군사훈련을 하던 중 이방원의 습격으로 죽음을 당했다. 정도전은 민본적 통치 규범을 마련하고, 『불씨잡변』을 통해 불교를 비판하였으며, 성리학을 통치 이념으로 확립시켰다. 또 그는 『조선경국전』을 통해 군주는 상징적으로 군림하고, 실제 정치는 재상에게 맡기는 것이 이상적이라는 재상 중심의 정치를 강조하였다.

| 오답 넘기 |

① 조선 후기 정약용은 『기기도설』을 참고하여 거중기를 설계하였다.
③ 조선 중종 때 조광조는 도교의 행사를 집행하는 기구인 소격서 폐지를 주장하였다.
④ 고려에 성리학을 처음 소개한 사람은 충렬왕 때 안향이었다.

정답 ②

2 다음 인터넷 방송의 소재가 된 왕의 정책으로 옳은 것은? [2점]

① 대동법을 시행하였다.
② 훈민정음을 창제하였다.
③ 경국대전을 반포하였다.
④ 6조 직계제를 실시하였다.

| 해설 | 조선 태종의 정치

'두 차례 왕자의 난'이라는 내용을 통해 조선 태종임을 알 수 있다(1398 · 1400). 태종은 사간원을 독립시켜 대신들을 견제하였고, 호패법을 실시(1402)하여 호구 파악에 노력하였으며, 사병 제도를 없애고 자신의 군사권을 강화시켰다. 또 의정부를 약화시키고 직접 6조의 보고를 받고 지시하는 6조 직계제를 실시하였는데(1414), 이는 국왕 중심의 통치를 강화하기 위한 목적이었다. 그리고, 태종은 신문고를 통해 백성의 고충을 들어주었다.

| 오답 넘기 |

① 대동법은 광해군 때 이원익의 건의로 경기도에서 처음 시작되었다(1750).
② 조선 세종은 훈민정음을 창제하였다(1443).
③ 성종 때 『경국대전』이 반포됨으로써 조선은 유교적 통치 체제를 확립하였다(1485).

정답 ④

3 밑줄 그은 '왕'의 업적으로 옳은 것은? [1점]

□□ 신문

제△△호 ○○○○년 ○○월 ○○일

특집 기획 조선 과학 기술의 보고(寶庫), 흠경각

경복궁 흠경각

흠경각은 장영실이 왕의 명을 받아 제작한 옥루(玉漏)가 설치되었던 전각이다. 옥루는 물의 흐름을 통해 각종 기계 장치가 자동으로 작동되면서 시각을 알려 주도록 고안되었다. 이와 함께 흠경각에는 천문 관측기구인 혼의와 해시계인 앙부일구 등도 보관되었다고 한다.

① 호포제를 실시하였다.
② 한양으로 천도하였다.
③ 훈민정음을 창제하였다.
④ 나선 정벌을 단행하였다.

| 해설 | 조선 세종의 업적

특집 기획의 내용 중 '장영실', '혼의', '앙부일구' 등을 통해 밑줄 그은 '왕'이 세종임을 알 수 있다. 조선 세종 때를 전후하여 과학 기술이 크게 발전하였는데 기존의 전통문화를 계승하면서 서역과 중국의 과학 기술을 수용하여 종합하고, 장영실, 이천, 이순지 등 능력 있는 기술자들의 발탁에 공을 들였다. 이 시기에는 천체 관측 기구로는 혼의, 간의 등을 제작하였으며, 해시계와 물시계 등을 만들었다.

③ 세종은 집현전을 설치(1420)하여 젊은 학자들의 학문 연구를 장려하였으며, 훈민정음을 창제 · 반포하였다.

| 오답 넘기 |

① 흥선 대원군은 호포제를 시행하였는데(1871), 종래 상민에게만 거두어들이던 군포를 양반에게도 징수하여 세금 부담을 공평히 하기 위한 목적이었다.
② 조선을 건국한 후 이성계는 한양으로 천도하였다(1394).
④ 조선 효종 때 청의 요청에 따라 조총 부대를 파견한 나선 정벌이 추진되었다(1654 · 1658).

정답 ③

4 (가)에 들어갈 내용으로 옳은 것은? [3점]

합천 해인사에 보관된 초상화

① 속대전을 반포하였습니다.
② 2군 6위를 설치하였습니다.
③ 수원 화성을 건설하였습니다.
④ 6조 직계제를 부활하였습니다.

| 해설 | 세조의 업적

자료 중 '조카인 단종을 몰아내고 즉위한 왕', '왕권을 강화하기 위해 경연을 폐지' 등의 내용을 통해 (가)에 들어갈 인물은 세조임을 알 수 있다.

세종 이후 문종이 일찍 세상을 떠나고 나이 어린 단종이 즉위하면서 정치의 실권은 김종서, 황보인 등 재상에게 넘어갔다. 이에 수양 대군은 계유정난(1453)을 일으켜 조카인 단종을 몰아내고 왕위를 차지하였다(1455). 세조는 강력한 왕권을 행사하기 위해 통치 체제를 6조 직계제로 고치고 의정부의 권한을 축소하였다. 그리고 언관들의 활동을 견제하기 위해 집현전을 없애고 경연도 열지 않았다.

| 오답 넘기 |

① 영조는 『속대전』, 『동국문헌비고』 등을 편찬하여 문물제도 정비에도 힘을 기울였다.
② 2군 6위는 고려의 중앙군이다.
③ 정조는 수원에 자신의 개혁 정치의 표상인 화성을 건설하기도 하였다(1794~1796).

정답 ④

5 (가)에 들어갈 왕이 추진한 정책으로 옳은 것은? [2점]

① 영정법을 시행하였다.
② 한양으로 천도하였다.
③ 관수 관급제를 실시하였다.
④ 나선 정벌을 단행하였다.

| 해설 | 조선 성종의 업적

(가)에 들어갈 국왕은 조선 성종으로 훈구와 사림 세력의 조화와 협력을 추구하면서 문물 정비 사업을 마무리 지었다. 집현전을 계승한 홍문관을 두어 관원 모두에게 경연관을 겸하게 하였고 경연에 참여할 수 있는 관리의 범위도 확대하였다(1478). 그리고, 『경국대전』의 편찬을 완료하고 반포하여 이후 조선 사회의 기본적인 통치 방향과 이념을 제시하였다. 또한 국가의 여러 행사에 필요한 의례를 정비하여 『국조오례의』를 편찬(1474)하였으며, 『악학궤범』이 편찬(1493)되어 궁중 음악이 집대성되었다.

⑤ 조선 성종 때 관수 관급제가 실시되면서 세금을 거둘 권리를 가진 수조권자가 직접 전조(田租)를 걷는 방식은 사라지고 국가의 토지 지배권은 강화되었다(1470).

| 오답 넘기 |

① 인조 때 영정법은 풍흉에 관계없이 전세를 토지 1결당 4두로 고정시킨 것이었다(1635).
② 조선 태조는 국호를 '조선'으로 제정한 후 한양으로 천도하였다(1394).
④ 조선 효종 때 조선의 조총 부대가 러시아군과 교전한 나선 정벌이 추진되었다(1654 · 1658).

정답 ③

6 다음 퀴즈의 정답으로 옳은 것은? [1점]

| 해설 | 조선의 중앙 통치 제도

홍문관은 성종 때에 집현전을 대체하여 설치된 기구로, 주로 경연을 담당하였는데 사간원, 사헌부와 더불어 3사라 하였고, 국왕의 자문에 응하는 일을 본다고 하여 일명 옥당(玉堂)이라고도 하였다. 조선 성종이 홍문관을 두어 관원 모두에게 경연관을 겸하게 함으로써 경연은 왕과 신하들이 함께 모여 정책을 토론하고 심의하는 중요한 자리가 되었다(1478).

| 오답 넘기 |

① 관리 감찰 기관인 사헌부는 사간원과 더불어 양사, 대간을 형성하여 하위 관리 임명에 서경권을 행사하였다.
② 승정원은 국왕 직속 기구로 왕의 명령을 출납하였고, 은대 · 대언사라고 불리기도 하였다.
③ 조선 시대에 역사서 편찬과 보관을 담당한 기구는 춘추관이다.

정답 ④

7 다음 명령에 따라 시행된 정책에 대한 설명으로 옳은 것은? [1점]

① 공인이 등장하는 계기가 되었다.
② 왕권 강화를 목적으로 시행되었다.
③ 후주 출신 쌍기의 건의로 도입되었다.
④ 국정과 왕실 사무의 분리를 가져왔다.

| 해설 | **6조 직계제**

수양 대군 세조는 계유정난(1653)을 일으켜 김종서 등을 몰아내고 왕위를 차지하였다. 유교 정치의 법도에 어긋나는 세조의 왕위 찬탈은 많은 신하들의 반발을 받았다. 세조는 강력한 왕권을 행사하기 위해 통치 체제를 형조의 사형수에 관한 일 외에 모든 업무를 6조에서 왕에게 직접 보고하는 6조 직계제로 고치고 의정부의 권한을 축소하였다. 그리고 언관들의 활동을 견제하기 위해 집현전을 없애고 경연도 열지 않았으며, 그동안 정치 참여가 제한되었던 종친들을 등용하기도 하였다.
한편, 세조는 역대의 법전과 각종 명령 등을 종합하여 『경국대전』을 편찬하기 시작하였다.

| 오답 넘기 |

① 대동법, ③ 과거 제도, ④ 갑오개혁에 대한 설명이다.

정답 ②

8 밑줄 그은 '이들'에 대한 설명으로 옳은 것은? [3점]

> 이들은 '사또' 또는 '원님'이라고 불렸으며, 조선 시대에는 왕명으로 8도의 부, 목, 군, 현에 파견되었다. 경국대전에는 이들이 해야 할 일들로 농업과 양잠을 성하게 하는 일, 호구를 늘리는 일, 학교를 흥하게 하는 일, 군정(軍政)을 잘 다스리는 일, 부역을 고르게 하는 일, 소송을 간소화하는 일 등이 제시되어 있다.

① 지방의 행정 · 사법 · 군사권을 행사하였다.
② 외국으로 가는 사신의 통역을 전담하였다.
③ 차별 철폐를 위해 형평 운동을 전개하였다.
④ 유향소의 우두머리로 향회에서 선출되었다.

| 해설 | **조선의 지방 통치 제도**

조선 시대 정부는 8도에 관찰사를 파견하여 수령을 지휘 · 감독하게 하였다. 군현에 파견한 수령은 국왕의 대리인으로 지방의 행정권 · 사법권 · 군사권을 가지고 있었다.
제시된 자료 중 '이들이 할 일'은 경국대전에 제시된 조선 시대 수령의 임무로 이른바 수령 7사이다. 지방관 수령은 임금의 분신으로서 농업 발전 · 교육 진흥 · 공평한 부세 수취 · 치안 확보 · 공정한 재판 · 인구 증식 · 군대 정비 등의 임무를 수행하였다. 수령의 지방 통치는 지방민의 생활을 안정시켰으며, 수령은 상피제의 적용에 따라 자기 출신지에는 부임하지 못하였으며, 관찰사에 의하여 근무 평가를 받았다.

| 오답 넘기 |

② 역관은 중인 신분으로 외국 사신의 통역을 전담하였다.
③ 일제 강점기 백정들은 일제 식민 통치하에서 차별을 거부하고 백정들의 신분 평등을 요구하는 형평 운동을 전개하였다.
④ 지방 양반들로 구성된 유향소의 좌수와 별감 등은 중인 신분인 향리(아전)를 규찰하였다.

정답 ①

15 조선 전기의 정치 변화와 양 난

일차

공부한 날 월 일

❶ 훈구파와 사림파

(1) 훈구와 사림

구분	훈구파(관학파)	사림파(사학파)
출신 배경	혁명파 신진 사대부	온건파 신진 사대부
대표 인물	정도전, 조준, 권근	정몽주, 이색, 길재
정치 이념	• 역성 혁명 찬성(적극적 개혁) • 중앙 집권 • 부국강병 중시	• 역성 혁명 반대(소극적 개혁) • 향촌 자치 • 의리와 명분 중시
사상 정책	성리학 이외 불교, 도교도 수용	성리학 이외 다른 사상 배격
집권기	15세기	16세기

(2) 사림의 정치적 성장

① 사림의 형성

㉠ 연원 : 조선 건국에 반대하였던 정몽주, 길재 등의 학통을 이어받아 지방에서 학문과 교육에 힘씀

㉡ 특징 : 중소 지주층, 도덕과 의리 중시, 왕도 정치, 향약 중시

㉢ 중앙 진출 : 15세기 말 성종 때 김종직과 더불어 중앙 정계에 진출

② 훈구 세력과 대립 : 주로 언론 기관인 삼사로 진출하면서 훈구 세력의 비리와 문제점 비판

(3) 사화의 발생

① 원인 : 성종 사후 사림 세력에 대한 훈구 세력의 반격

② 전개 과정 : 무오사화 → 갑자사화 → 기묘사화 → 을사사화

(갑자사화: 사림 세력뿐만 아니라 한명회 등 훈구 세력까지 화를 입었다.)

㉠ 무오사화(1498) : 김종직이 쓴 세조를 비방한 '조의제문'을 구실 삼음, 유자광 등의 훈구파가 김일손 등 사림파 제거

㉡ 갑자사화(1504) : 연산군의 어머니 윤씨(尹氏)의 복위 문제를 둘러싸고 사림 세력 제거

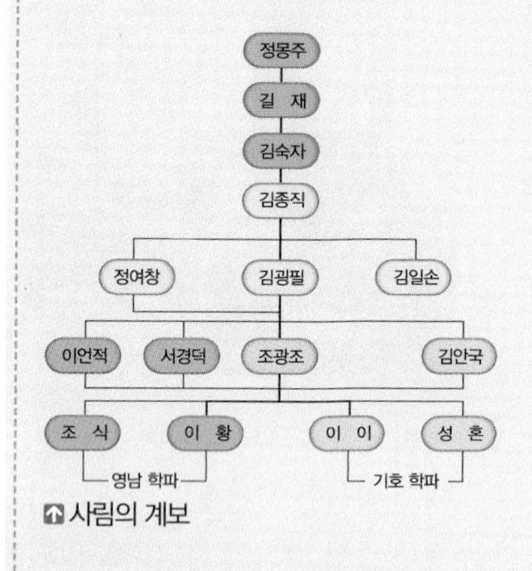

사림의 계보

왕도 정치
도덕을 바탕으로 백성을 교화시키고자 하는 덕치주의에 입각한 정치 형태

조의제문(弔義帝文)
김종직의 제자인 김일손이 사관으로 있으면서 김종직의 '조의제문'을 사초에 올렸는데, 이 '조의제문'은 김종직이 단종을, 항우에게 죽임을 당한 의제에 비기어 그 죽음을 슬퍼하고 세조의 찬탈을 비난한 내용의 글이다(1457).

Click ! ● 사화

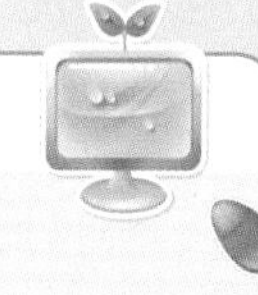

● 무오사화

유자광이 하루는 소매 속에서 한 권의 책자를 내놓았는데, 바로 김종직의 문집이었다. 그 중에서 조의제문(弔義帝文)과 술주시(述酒詩)의 내용을 지적하면서 여러 추관들에게 "이는 다 세조를 지목한 것이다. 김일손의 악은 모두가 김종직이 가르쳐서 이루어진 것이다."라고 하였다.

– 『연산군일기』 –

● 기묘사화(현량과)

지난번 조광조가 아뢴 바 천거로 인재를 뽑는 일은 여럿이 의논한 일입니다. 각별히 천거하는 것은 한의 현량과와 효렴과를 따르는 것이 가합니다. …… 혹 뒤에 폐단이 있을까 염려되고, 혹 공평하지 못할까 염려되기는 하나, 대체로 좋은 일이니 비록 한두 사람이 천거에 빠진다 하더라도 주저할 것 없이 시행해야 합니다. …… 어찌 한두 사람에게 잘못이 있을 것을 염려하여 좋은 일을 폐지하겠습니까?

– 『중종실록』 –

ⓒ 기묘사화(1519)

ⓐ 내용 : 조광조 등의 급진적인 개혁에 왕과 훈구 세력 반발

ⓑ 조광조의 혁신 정치 : 현량과(사림과 성균관의 유생들을 정치에 참여시키기 위한 추천제), 위훈 삭제(공신들의 토지, 노비의 삭감), 소격서(도교 행사 기관) 폐지, 균전론 주장, 공납제의 폐단을 시정, 향약 실시, 소학 교육 및 주자가례 장려, 경연 강화

ⓔ 을사사화(1545) : 명종 때 외척 간(대윤과 소윤)의 대립

③ 결과 : 사림이 큰 피해를 입음 → 지방으로 낙향 → 서원과 향약을 바탕으로 향촌에서 꾸준히 성장 → 16세기에 사림이 정국 주도

현량과
초야에 묻혀 있는 학자나 성균관에서 재질이 뛰어나나 과거에 떨어진 자를 구제한다는 명목에서 실시되었는데 사림파 확대에 이용되었다.

❷ 붕당 정치의 성립

(1) 붕당 형성의 배경

① 붕당의 의미 : 같은 학통과 성향을 가진 무리

② 출현 배경 : 선조의 문치주의 정치 → 사림이 정치 주도

(2) 붕당 정치의 전개

① 대립의 원인 : 삼사의 관리 인사를 좌우하는 이조 전랑의 임명 문제(동인과 서인의 형성)

구분	출신	척신 정치 청산	성향	대표자
동인	신진 사림 (김효원 등)	개혁에 적극적	자기 수양 중심, 지배자의 도덕적 절제 강조	이황, 조식, 서경덕
서인	기성 사림 (심의겸 등)	개혁에 소극적	백성 통치 중심, 제도 개혁을 통한 부국안민	이이, 성혼

② 붕당의 성격 : 정파적 성격과 학파적 성격 가짐, 상호 견제와 비판

이조 전랑
이조의 정랑과 좌랑을 함께 부르는 말. 이조 전랑은 삼사 관리의 인사권을 가지고 있었고, 자신의 후임자를 추천할 수도 있었다.

Click ! ● 붕당의 성립

김효원이 알성 과거에 장원으로 합격하여 (이조) 전랑의 물망에 올랐으나, 그가 윤원형의 문객이었다 하여 심의겸이 반대하였다. 그 후에 (심의겸의 동생) 심충겸이 장원 급제하여 전랑으로 천거되었으나, 외척이라 하여 효원이 반대하였다. 이 때, 양편 친지들이 각기 다른 주장을 내세우면서 서로 배척하여 동인, 서인의 말이 여기서 비롯하였다. 효원의 집이 동쪽 건천동에 있고 의겸의 집이 서쪽 정동에 있기 때문이었다. -『연려실기술』-

❸ 조선 초기의 대외 관계

(1) 명과의 관계 : 사대 관계

① 초기 : 정도전의 요동 수복 계획 추진 문제 등으로 대립, 명에서는 조선 국왕의 승인을 지연시키기도 함

② 태종 이후 : 친선 관계 유지(경제적 · 문화적 실리 추구), 조공을 바침(사대 외교) → 왕권 안정과 국제적 지위 확보를 위한 자주적 실리 외교

③ 16세기 이후 : 지나친 친명 정책(존화주의)의 경향 대두

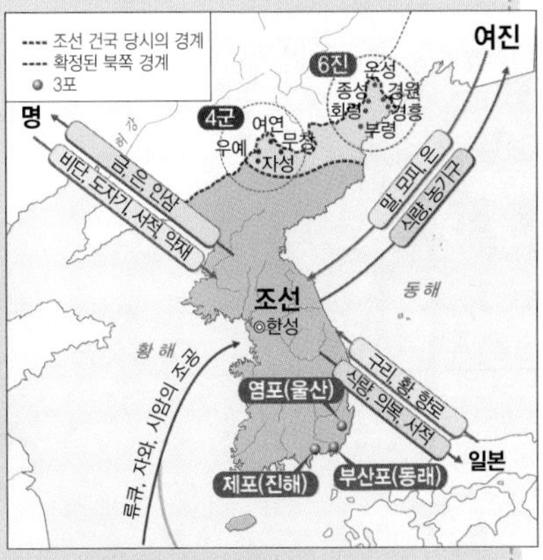

조선 초기의 대외 관계

(2) **여진, 일본과의 관계 :** 교린 관계

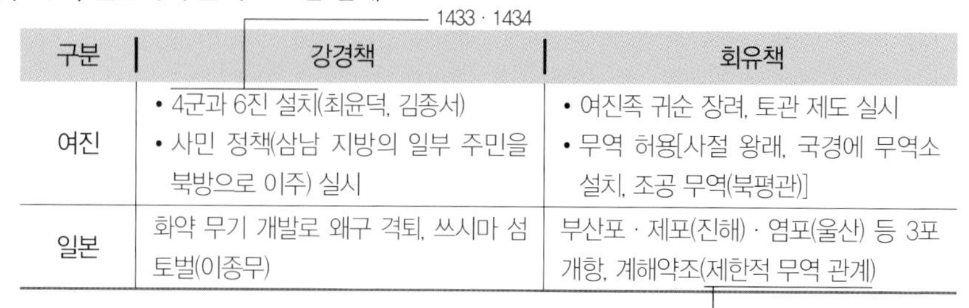

구분	강경책	회유책
여진	• 4군과 6진 설치(최윤덕, 김종서) (1433 · 1434) • 사민 정책(삼남 지방의 일부 주민을 북방으로 이주) 실시	• 여진족 귀순 장려, 토관 제도 실시 • 무역 허용[사절 왕래, 국경에 무역소 설치, 조공 무역(북평관)]
일본	화약 무기 개발로 왜구 격퇴, 쓰시마 섬 토벌(이종무)	부산포 · 제포(진해) · 염포(울산) 등 3포 개항, 계해약조(제한적 무역 관계)

세종 8년(1426)에 3포를 개방하여 왜관에서만 무역을 허용하였고, 세종 25년(1443)에 일본에 사신으로 파견되었던 변효문이 귀국길에 대마도 도주 소사다모리와 계해약조를 체결해 세견선 50척, 세사미두 200석 등으로 무역 규모를 제한하였다.

(3) **동남아시아와의 관계 :** 류큐, 시암, 자와(자바) 등과 교역

조총을 이용한 전투 모습 오랜 전란을 치르는 과정에서 일본의 군사력이 크게 향상되었다.

❹ 일본의 침략과 극복

(1) 임진왜란의 발발(1592.4)

① 조선과의 마찰 : 16세기 정부의 무역 통제 강화 → 3포 왜란(1510, 중종), 을묘왜변(1555, 명종) → 비변사 설치, 일본에 사신 파견(정세 시찰)

② 왜군의 침입 : 전국 시대 혼란을 수습한 일본이 조총으로 무장한 20만 대군으로 침략, 명을 정벌하러 가는 길을 빌려달라는 구실[정명가도(征明假道)]

③ 왜군의 북상 : 부산진과 동래성 함락 → 충주 방어선 붕괴(신립의 충주 전투 패배) → 한양 점령 → 선조 피란(의주) → 평양과 함경도까지 북상

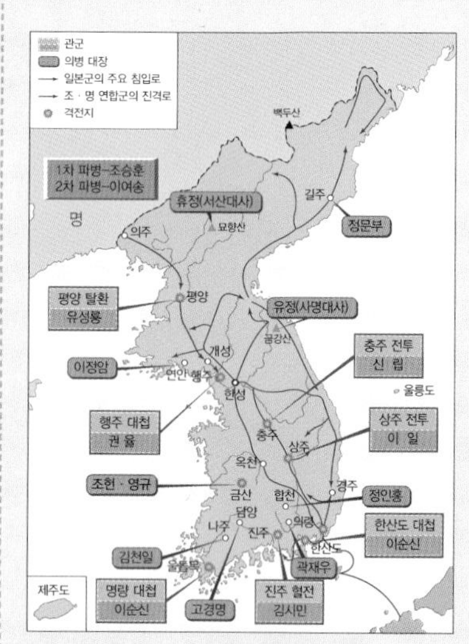

임진왜란 당시 관군과 의병의 활동

(2) 전란의 극복과 전개 과정

① 조선의 방어

수군의 활약	• **이순신의 활약** : 옥포, 사천(최초로 거북선 사용), 당포, 한산도(최대의 승리, 학익진법), 부산 등지에서 승리 • **서남 해안의 제해권 장악** : 전라도와 충청도의 곡창 지대 보존, 왜군의 물자 보급선 차단
의병의 활약	• **구성** : 전직 관리와 양반 계층이 주도, 일반 백성과 승려 등이 자발적으로 참여 • **활약** : 향토 지리를 이용한 전술과 전략 개발로 적에게 큰 피해를 입힘 • **대표적 의병장** : 곽재우(의령, 최초로 기병), 조헌(금산), 고경명(담양), 정문부(길주, 업적을 기려 북관대첩비 건립), 휴정(서산대사, 묘향산), 유정(사명대사, 금강산)
명의 원군	대륙으로 진출하려는 일본을 조선에서 막으려 함 → 조 · 명 연합군 평양 탈환(평양성 전투)

Click ! ● 임진왜란

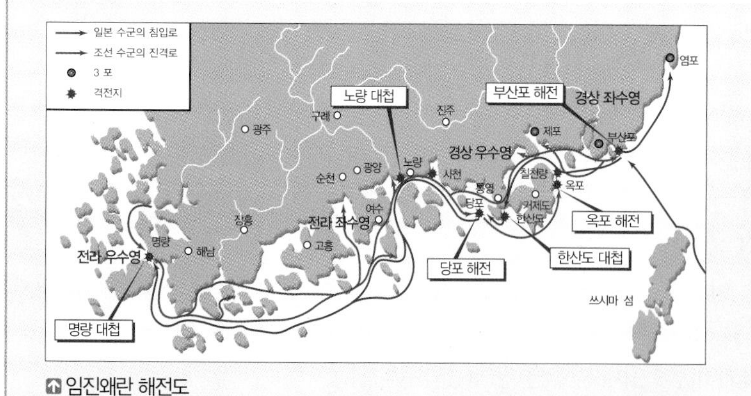

임진왜란 해전도

판옥선 판옥선에는 노 젓는 공간과 전투 공간이 분리되어 있었기 때문에 넓은 전투 공간을 확보할 수 있었다. 또한, 판옥선의 뛰어난 좌우 선회력은 섬과 암초가 많은 조선의 연안에 적합하였다.

임진왜란에 대한 서적

- **징비록** : 유성룡이 지은 책으로 임진왜란 당시 일본과의 관계와 이순신의 활약 등 전쟁 상황을 기록한 책이다.
- **난중일기** : 왜란 중에 이순신이 쓴 7년간의 일기로, 개인사뿐만 아니라 전쟁 상황까지 상세하게 적어 왜란 연구에 귀중한 자료로 평가받고 있다.

임진왜란 주요 일지

일시	주요 사건
1592.4	임진왜란 발발
1592.5	한양 함락 이순신, 옥포 해전
1592.6	평양 함락 명의 지원군 도착
1592.7	이순신, 한산도 대첩 의병 활동 시작
1592.8	강화 교섭 시작
1592.10	김시민, 진주 대첩
1593.1	관군, 의병, 명군의 평양성 탈환
1593.2	권율, 행주 대첩
1596.9	강화 교섭 최종 결렬
1597.1	정유재란 발발
1597.9	이순신, 명량 대첩
1598.9	일본군, 철수 시작
1598.11	이순신, 노량 해전(마지막 전투)

② **휴전 협상** : 행주 대첩(권율, 신기전 활용), 진주 대첩(김시민) 등 조선의 거센 반격에 일본이 휴전 제의 → 3년간의 협상 결렬

③ **정유재란(1597.1)** : 3년간의 휴전 협상 결렬 → 일본의 재침(정유재란) → 조·명 연합군의 왜군 격퇴, 이순신의 명량 해전 승리(1597.9) → 도요토미 히데요시 사망 → 왜군 철수 → 노량 해전에서 왜군 격멸(이순신 전사) → 전쟁 종결(1598)

(3) 왜란의 결과

① **조선의 피해** : 국토의 황폐화(경지 면적의 감소), 신분 제도의 붕괴(노비 문서의 소실, 신분제의 동요), 문화재의 피해(경복궁, 실록을 보관한 사고의 소실, 문화재 약탈 등)

전주 사고를 제외한 나머지 사고들이 불타 실록 등이 소실되었다.

② **일본에 미친 영향** : 정권 교체, 성리학과 도자기 등 조선의 선진 문물 전래 → 문화 발전

③ **중국** : 명의 쇠퇴, 만주에서 여진족의 성장(후금 건국)

❺ 광해군의 중립 외교와 인조반정

(1) 광해군의 전후 복구 사업

① **국가 재정 확보** : 북인 정권은 토지 대장과 호적을 새로 작성, 대동법 실시

② **국방 강화** : 성곽과 무기 수리, 군사 훈련 실시

③ **의학 정리** : 허준에게 『동의보감』을 편찬하게 하여 질병으로 고통받는 백성 구제

동양 의학서로는 최초로 2009년에 유네스코 세계 기록 유산으로 등재되었다(1613년 간행).

(2) 광해군의 중립 외교 정책

① **배경** : 명의 쇠퇴, 여진족의 성장 → 실리를 추구하는 중립 외교 정책 추진

② **광해군의 대응** : 후금과 명에 대한 중립 외교(명의 출병 요청에 대해 강홍립을 출병시켜 정세를 파악하여 대처하도록 지시) → 외침을 피함

③ **서인의 인조반정(1623)**

㉠ 배경 : 광해군의 중립 외교 정책과 인목 대비 폐위, 영창 대군 살해에 대한 반발

㉡ 결과 : 광해군이 물러나고 인조가 즉위 → 서인의 정권 장악, 친명 배금 정책 추진(명에 대한 의리와 명분 강조)

Click ! ●광해군의 중립 외교

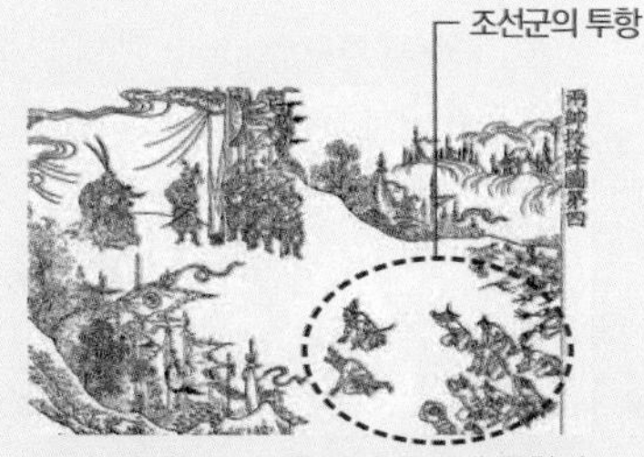

⬆양수투항도 강홍립이 후금에 투항하여 조선군의 출병이 어쩔 수 없었음을 설명하고 있다.

- 강홍립이 오랑캐에게 있으면서 장계하기를 "…… 신 등이 …… 부득이 화해를 청하여 오랑캐 장수에게 말하기를 '우리나라와 귀국이 혐의나 원한이 없고, 금번 군사 출동도 원래 우리나라의 의사가 아니다. 서로 싸우기로 한다면 우리 군사는 죽음을 각오하였으니, 귀국에 무슨 이득될 것이 있겠는가? 강화하는 것만 못하다.' 하였더니, 오랑캐 장수가 승낙하고……"
- 어제 강홍립의 글을 보니 저 적이 우리를 침범할 계획을 훤히 알아볼 수 있었다. 전후에 여러 차례 전교하였는데, 하루 이틀 날만 보내고 끝내 잘 처리하지 아니하여 앉아서 종묘사직을 위태하고 망할 지경에 이르게 하니, 경들은 과연 안심이 되는가? …… 홍립 등의 죄가 중하지마는, 만일 군사를 멈추게 하여 화를 면할 수 있다면 또한 가긍(可矜)*하게 여길 만하다. –『대동야승』–

* 가긍(可矜) : 불쌍하고 가엾다.

❻ 청의 침략과 극복

(1) 정묘호란(1627.1)

인조 2년(1624), 이괄은 인조반정에 공을 세웠으나 2등 공신이 된 것에 불만을 품고 난을 일으켰다.

① 원인 : 인조반정 후 친명 배금 정책(명에 대해 친선 정책, 후금 배척), 이괄의 난

② 경과 : 후금의 침입 → 인조는 강화도로 피란, 의병 활약(정봉수, 이립) → 일단 화의를 맺고 돌아감(1627.3)

(2) 병자호란(1636.12)

① 원인 : 후금이 국호를 '청'으로 고친 후 군신의 예를 요구하며 재침

② 주전파(척화파)와 주화파의 대립

㉠ 주전파(척화파) : 여진족에 대한 문화적 우위를 강조하는 화이론 입장(명분론), 윤집 등

㉡ 주화파 : 명분보다 국제 정세의 현실과 국가 이익 중시(내정 개혁론), 최명길 등

㉢ 척화 주전론의 득세 : 조선 정부의 군신 관계 요구 거절

③ 전개 : 청 태종의 침입 → 인조는 남한산성으로 피란하여 45일간 항전 → 청의 군신 관계 수용(삼전도의 굴욕, 1637.1.30)

인조는 삼전도에서 청 태종에게 나아가 세 번 절하고, 절할 때마다 3번씩 모두 9번 땅바닥에 머리를 조아리는 굴욕적인 항복 의식을 행하였다.

④ 결과 : 두 왕자(소현 세자와 봉림 대군)와 대신들이 청에 인질로 끌려감, 서북 지역에 큰 피해를 입음

남한산성 병자호란 때 인조와 신하들이 피신했던 곳으로 2014년 유네스코 세계 문화 유산으로 등재되었다.

삼전도의 비 서울 송파구 소재, 청 태종의 요구로 그의 공덕을 새긴 비석이다.

Click ! ● 삼전도비

청의 침략으로 인조 때 발발한 이 전쟁은 남한산성에서 있었던 45일간의 항전에도 불구하고 조선의 패배로 끝이 났다. 그로부터 3년이 지나 인조가 항복의 예를 올린 자리에 비석이 세워졌다. 청의 강요로 만들어진 이 비석은 치욕의 역사를 되새기게 할 것으로 보인다.

Click ! ● 병자호란 당시의 주화론과 주전론

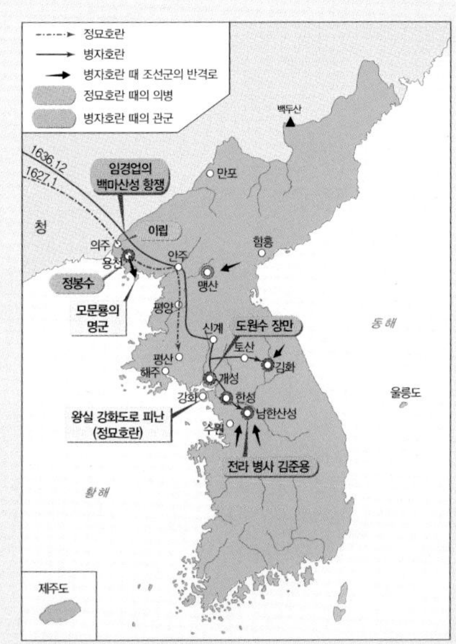

정묘호란과 병자호란

(가) 우리의 국력은 현재 바닥나 있고 오랑캐의 병력은 강성합니다. 정묘년(1627)의 맹약을 아직 지켜서 몇 년이라도 화를 늦추시고, 그동안을 이용하여 인정을 베풀어서 민심을 수습하고 성을 쌓으며, 군량을 저축하여 방어를 더욱 튼튼하게 하되, 군사를 집합시켜 일사분란하게 하여 적의 허점을 노리는 것이 우리로서는 최상의 계책일 것입니다. -『지천집』-

(나) 중국(명)은 우리나라에 있어서 곧 부모요, 오랑캐(청)는 우리나라에 있어서 곧 부모의 원수입니다. 신하된 자로서 부모의 원수와 형제가 되어서 부모를 저버리겠습니까? 하물며 임진왜란의 일은 터럭만한 것도 황제의 힘이어서 우리나라가 살아 숨쉬는 한 은혜를 잊기 어렵습니다.…… 차라리 나라가 없어질지라도 의리는 저버릴 수 없습니다. -『인조실록』-

➡ (가)는 최명길이 주장한 주화론이며, (나)는 윤집이 주장한 주전론이다. 청이 조선에 대하여 군신 관계를 요구하자, 이에 대한 대책을 둘러싸고 조정에서는 청의 사대 요구에 굴복하지 말고 전쟁까지 불사해야 한다는 주전론(척화론)과 외교적 교섭을 통하여 문제를 해결하고 군사적 충돌을 피하자는 주화론으로 나뉘어 대립하였다.

❶ 훈구파와 사림파

■ 훈구 세력이 중앙 정계를 주도하였다.

■ [성종] 사림이 중앙 관직에 진출하기 시작하였다.
↳ 주로 언관에 진출하여 훈구파를 비판하였다.

■ 조의제문이 빌미가 되어 무오사화가 일어났다.
↳ [김종직] 조의제문을 작성하였다.

■ [갑자사화] 폐비 윤씨 사사 사건이 원인이 되었어요.

■ [중종] 현량과가 실시되었다.
↳ [조광조] 현량과 실시를 건의하였다.
↳ 신진 인사를 등용하기 위해 현량과를 실시하였다.
↳ [조광조] 소격서 폐지를 건의하였다.
↳ 소격서 폐지의 배경을 분석한다.

■ [기묘사화] 위훈 삭제를 계기로 발생하였어요.
↳ [훈구] 위훈 삭제를 주장한 조광조 일파를 축출하였어.

■ 외척 간의 다툼으로 을사사화가 일어났어요.
↳ 외척 간의 다툼으로 을사사화가 발생하였다.

❷ 붕당 정치의 성립

■ (이조 전랑 임명을 둘러싸고) 사림이 동인과 서인으로 나뉘었다.

■ [서인] 이이와 성혼의 문인을 중심으로 형성되었어.

❸ 조선 초기의 대외 관계

■ [명] 동지사, 성절사 등 사절단을 보냈다.

■ 무역소를 설치하여 국경 무역을 허락하였다.
↳ 무역소를 설치하여 여진과 교역하였습니다.

■ [세종] 4군 6진을 개척하였다.
↳ 4군 6진을 설치하였다.
↳ 국경 지역에 4군 6진이 개척되었다.
↳ [김종서] 6진을 개척하여 영토를 확장하였다.
↳ 최윤덕을 보내 압록강 지역에 4군을 설치하였다.

■ [세종] 이종무가 대마도를 정벌하였다.
↳ 쓰시마 섬을 토벌하였다.
↳ 이종무로 하여금 대마도를 정벌하게 하였다.

■ 일본의 요청으로 3포가 개항되었다.
↳ 일본의 요청을 받아들여 3포가 개항되었다.
↳ 일본과의 무역을 위해 3포를 개항하였어요.

■ 계해약조를 체결하여 일본과 교역하였다.

■ 3포 왜란의 발생 원인을 살펴본다.

■ [신숙주] 일본에 다녀와서 해동제국기를 편찬하였다.

❹ 일본의 침략과 극복

■ 신립이 탄금대에서 항전하였다.
↳ 신립이 탄금대에서 전투를 벌였다.

■ (왜군이) 한성을 점령하여 왕이 의주로 피신하였다.

■ 권율이 행주산성에서 왜군을 (크게) 물리쳤다.

■ 이순신이 한산도 해전에서 대승을 거두었다.

■ 의병이 왜군의 침략에 맞서 각지에서 일어났다.
↳ 곽재우, 고경명 등이 의병장으로 활약하였다.

■ 진주성에서 적을 물리치는 김시민

■ 명의 원군과 함께 평양성을 탈환하였다.

■ 이순신이 명량 해전에서 승리하였다.
↳ 조선 수군이 명량 해전에서 승리하였다.

■ 기유약조가 체결되었다.
↳ 기유약조를 맺고 교역을 재개하였습니다.

❺ 광해군의 중립 외교와 인조반정

■ [광해군] 명과 후금 사이에서 중립적 외교를 추진하였다.

■ [광해군] 동의보감 간행

❻ 청의 침략과 극복

■ (서인 정권이) 친명배금 정책을 추진하였다.

■ [이괄의 난] 공신 책봉에 불만을 품고 이괄이 주도하여 일으켰다.

■ 정묘호란이 일어났다.

■ 병자호란이 발발하였다.
↳ 임경업이 백마산성에서 항전하였다.
↳ 인조가 남한산성으로 피신하였다.
↳ 국왕이 남한산성에서 항전하였다.

■ 삼전도비 건립 당시의 상황을 찾아본다.

1 밑줄 그은 '이들'에 대한 설명으로 옳은 것은? [2점]

① 친원 세력으로 대농장을 소유하였다.
② 정방을 설치하고 인사권을 행사하였다.
③ 골품에 따라 관직 승진에 제한이 있었다.
④ 주로 언관직에 진출하여 훈구파를 비판하였다.

| 해설 | 조선 시대 사림의 특징

향촌에 거주하면서 세력을 유지하였던 사림은 성종 대에 이르러 김종직을 시작으로 중앙관직에 등장하였다. 훈구 세력의 비대화를 견제하려는 성종은 이들을 전랑이나 3사의 언관직에 등용하여 훈구 세력을 견제하고자 하였다.

| 오답 넘기 |

① 고려 후기 원의 영향력이 커지자 다양한 친원 세력이 성장하여 권문세족이라는 새로운 지배 세력이 등장하였다.
② 무신 집권기 최우는 자신의 집에 정방을 설치하여 관리의 인사 행정을 담당하게 하였다(1225).
③ 6두품 이하는 골품에 따라 사회적 제약이 있었다.

정답 ④

2 다음 자료를 활용한 탐구 활동으로 가장 적절한 것은? [2점]

> 조광조가 귀양 간 지 한 달 남짓 되어도 왕의 노여움은 아직 풀리지 않았으나, 그를 죽이자고 청하는 사람이 없으므로 흔쾌히 결단하지 못하였다. 생원 황이옥 등이 상소하여 조광조를 헐뜯었다. 왕이 상소를 보고 곧 조광조 등에게 사약을 내리고, 황이옥 등을 칭찬하며 술을 내려 주라고 명하였다.

① 기해예송의 결과를 조사한다.
② 기묘사화의 전개 과정을 살펴본다.
③ 훈련도감의 설치 목적을 알아본다.
④ 임술 농민 봉기의 배경을 분석한다.

| 해설 | 조선 전기의 정치

제시된 자료에 나타난 인물은 정암 조광조로, 왕도 정치의 실현을 강조하며 소격서 폐지, 지방의 유능한 인물을 과거 시험 없이 등용하는 현량과 실시, 위훈 삭제 등의 개혁을 주도하였다. 이에 반발한 훈구 세력이 기묘사화를 일으켜 조광조를 제거하고 사림을 축출하였다(1519).

| 오답 넘기 |

① 1659년 효종이 사망하였을 때 기해 예송(1차 예송)이 벌어졌는데 이때 조대비가 1년 상복을 입어야 된다는 서인의 주장이 받아들여졌다.
③ 훈련도감은 임진왜란 중에 설치되었다(1593). 왜군의 조총에 대항하기 위해 포수, 살수, 사수의 삼수병으로 편제되었고, 직업군인으로 조직된 상비군이었다.
④ 세도 정치 시기에 삼정의 문란으로 임술 농민 봉기가 일어났다(1862).

정답 ②

3 (가) 인물에 대한 설명으로 옳은 것은? [2점]

① 혼천의를 제작하였다.
② 성학집요를 저술하였다.
③ 조의제문을 작성하였다.
④ 현량과 실시를 건의하였다.

4 (가)에 들어갈 내용으로 옳은 것을 〈보기〉에서 고른 것은? [3점]

보기
ㄱ. 인조반정으로 몰락하였어.
ㄴ. 예송 논쟁에서 남인과 대립하였어.
ㄷ. 이이와 성혼의 문인을 중심으로 형성되었어.
ㄹ. 위훈 삭제를 주장한 조광조 일파를 축출하였어.

① ㄱ, ㄴ ② ㄱ, ㄷ
③ ㄴ, ㄷ ④ ㄴ, ㄹ

| 해설 | 조광조의 개혁 정치

제시된 자료는 조선 중종 시기의 조광조에 대한 내용이다. 연산군을 폐위시키고 왕위에 오른 중종은 유교 정치를 일으키기 위해 당시 명망이 높았던 조광조를 중용하였다. 조광조는 천거제의 일종인 현량과를 통해 사림을 대거 등용시키면서 급진적인 개혁을 추진하였다. 이들의 개혁으로는 경연의 강화, 언론 활동의 활성화, 위훈 삭제, 소격서의 폐지, 소학의 보급, 방납의 폐단 시정 등을 주요 정책으로 하였다.

| 오답 넘기 |

① 혼천의를 제작한 인물로는 조선 전기에는 장영실, 후기에는 홍대용이 있다.
② 이이가 저술한 『성학집요』는 현명한 신하가 성학을 군주에게 가르쳐 그 기질을 변화시켜야 한다는 내용을 담고 있다(1575).
③ 김종직이 쓴 '조의제문'(1457)은 세조가 단종을 죽인 사실을 항우가 회왕(의제)을 죽인 것에 비유하였다고 해서 문제가 되었다.

정답 ④

| 해설 | 붕당 정치의 전개 과정

ㄴ. 조선 후기 예송 논쟁 과정에서 왕도 사대부의 예를 적용해 효종이 차남이므로 조대비가 1년 상복을 입어야 된다는 입장(서인)과 왕은 장남이 아니라도 일단 대권을 잡으면 종통을 이은 셈이므로 조대비도 3년 상복을 입어야 한다는 입장(남인)으로 대립하였다(1659 · 1674).
ㄷ. 붕당은 같은 스승에게서 공부한 제자들을 중심으로 이루어짐으로써 학파적 성격을 띠었다. 동인은 이황과 조식, 서경덕의 학문을 계승한 사람들을 중심으로 다수의 신진 세력이 참여하였고, 서인은 이이와 성혼의 문인이 가담하였다.

| 오답 넘기 |

ㄱ. 광해군 때는 임진왜란 때 공을 세운 북인이 정권을 잡았으며, 인조반정(1623)으로 광해군과 북인을 몰아 내고 서인이 정권을 잡았다.
ㄹ. 중종반정(1506) 당시 공신으로 허위 기재된 사람들을 공신 명단에서 삭제하는 '위훈 삭제' 사건을 계기로 훈구 세력이 사림인 조광조 세력을 숙청하는 기묘사화가 발생하였다(1519).

정답 ③

5 밑줄 그은 '이 나라'에 대한 조선의 대외 정책으로 옳은 것은? [2점]

해동제국기

「해동제국기」는 신숙주가 이 나라에서의 사행(使行) 경험을 바탕으로 외교 관례를 정리하여 왕명으로 편찬한 책이다. 3포 개항과 계해약조 이후 이 나라로부터 왕래하는 사람들의 수가 급증함에 따라 통교 체제와 규정을 정비할 필요에서 편찬되었다.

① 동북 지방에 9개의 성을 쌓았다.
② 동지사, 성절사 등 사절단을 보냈다.
③ 강경책의 일환으로 4군 6진을 개척하였다.
④ 이종무로 하여금 대마도를 정벌하게 하였다.

| 해설 | 조선의 대외 정책

해동제국기는 성종 때 신숙주가 일본의 정치 · 외교 · 사회 · 풍속 · 지리 등을 종합적으로 정리하여 기록한 책이다(1471). 따라서 자료의 '이 나라'는 일본이다. 조선 세종은 이종무로 하여금 왜구의 소굴인 쓰시마 섬(대마도)을 토벌하게 하였다(1419). 대마도 정벌 이후 일본이 다시 교역을 요청하자 조선은 세종 시기에 부산포(부산 동래), 제포(창원 진해), 염포(울산)의 3포를 개방하고, 대마도주와 계해약조(1443)를 맺어 제한된 범위 내에서만 교역을 허락하였다.

| 오답 넘기 |

① 고려 시대 윤관은 별무반을 이끌고 천리 장성을 넘어 여진족을 북방으로 쫓아 버리고, 동북 지방 일대에 9성을 쌓아 방어하였다(1107).
② 조선 시대에 중국에 보내던 사신은 동지사, 성절사, 천추사, 하정사 등이 있었다.
③ 조선 세종 때에는 여진족을 몰아내고 4군과 6진을 개척하여 오늘날과 같은 북쪽 국경선을 확정하였다(1433 · 1434).

정답 ④

6 다음 상황 이후에 전개된 사실로 옳은 것은? [2점]

명 제독 이여송이 많은 군대를 거느리고 평양성 밖에 이르러 여러 장군에게 부대를 나누어 성을 포위하게 하였다. 이에 왜적들이 성 북쪽의 모란봉으로 올라가 함성을 지르며 총포를 쏘았다. 명군의 한 부대는 조선의 관군과 함께 함구문으로 들어가고, 한 부대는 보통문으로 들어가고, 또 다른 한 부대는 밀덕의 적성에 올라가 사방에서 공격하여 왜적들을 무너뜨렸다.

① 배중손이 진도에서 항쟁하였다.
② 이종무가 대마도를 정벌하였다.
③ 신립이 탄금대에서 항전하였다.
④ 이순신이 명량 해전에서 승리하였다.

| 해설 | 임진왜란

'명 제독 이여송이 평양성을 포위한 후 왜적을 공격'한다는 내용을 통해 제시된 자료가 임진왜란 시기 발생한 평양성 전투임을 알 수 있다. 임진왜란 당시 평양성 전투(1593.1)는 명의 지원군이 도착하면서 관군도 본격적인 반격을 시작해 조 · 명 연합군이 크게 승리한 전투로 평양을 탈환함으로써 임진왜란의 흐름을 바꾼 중요한 계기로 평가된다.

④ 명량 해전은 휴전 회담이 결렬되자 왜군이 다시 침입한 정유재란 당시 이순신이 왜선 133척을 대파하면서 왜군의 서해로의 진출을 좌절시켜 정유재란의 대세가 바뀌는 계기가 된 전투이다(1597.9).

| 오답 넘기 |

① 고려가 몽골과 강화 협상을 하고 개경으로 환도하자 배중손이 이끄는 삼별초는 강화도에서 진도로 옮겨 항전하였다(1270).
② 조선 세종 때 이종무는 왜구를 토벌하기 위하여 대마도를 정벌하였다(1419).
③ 임진왜란 발발 초기에 신립이 탄금대에서 항전하였으나 크게 패배하였다(1592.4).

정답 ④

7 다음 왕의 재위 기간에 있었던 사실로 옳은 것은? [2점]

① 과전법 실시 ② 별기군 설치
③ 경국대전 반포 ④ 동의보감 완성

| 해설 | 광해군의 전후 복구 노력

광해군은 명분보다는 실리를 앞세운 외교 정책을 펴 일본이 관계 회복을 요구해 오자 국교를 맺고 교역을 재개하였다. 또 1609년 또한 여진족이 성장하여 후금을 세우고 명을 공격하는 정세 속에서 조선이 전쟁에 휩쓸리지 않도록 대처하였다. 왜란 당시 명의 도움을 받은 조선은 명이 원병을 요구하자 일단 받아들였다. 하지만 광해군의 명령을 받은 강홍립이 후금에 항복함으로써 전쟁을 피할 수 있었다.

임진왜란 이후 광해군은 허준에게 『동의보감』을 편찬하게 하는 등 서적의 간행에도 노력하였다(1613). 허준이 저술한 의학 서적인 『동의보감』은 동아시아 의학을 집대성한 것으로 평가받으며, 2009년에 의학 서적으로는 처음으로 세계 기록유산으로 등재되었다.

| 오답 넘기 |

① 고려 말 공양왕 때 문란해진 토지 제도를 바로 잡고 신진사대부들의 경제적 기반을 마련하기 위해 과전법을 마련하였다(1391).
② 개항 이후 정부는 1881년 신식 군대인 별기군을 신설하였다.
③ 조선 성종은 조선 시대의 기본 법전인「경국대전」을 완성하였다(1485).

정답 ④

8 밑줄 그은 '이 전쟁' 중에 있었던 사실로 옳은 것은? [2점]

① 조선 수군이 명량 해전에서 승리하였다.
② 황룡사 구층 목탑이 소실되었다.
③ 국왕이 남한산성에서 항전하였다.
④ 신립이 탄금대에서 전투를 벌였다.

| 해설 | 병자호란

심양일기는 조선 인조 때 병자호란을 겪고 청나라에 인질로 잡혀 간 소현 세자와 봉림대군(효종) 등의 선양 체류 일기이다. 정묘호란 이후 세력이 더욱 강해진 후금은 나라 이름을 '청'으로 고치고 조선에 군신 관계를 요구했지만, 조선이 이를 거부하면서 병자호란이 발생했다(1636). 인조는 남한산성에서 청군에 대항했지만 결국 청에 굴복하고 말았다.

남한산성은 북한산성과 함께 한양 도성을 지키기 위해 쌓은 산성이다. 1624년(인조 2)부터 4개의 성문과 행궁 등 주요 시설이 만들어짐에 따라 현재의 모습을 갖추게 되었는데 세계 문화 유산으로 등록되어 있다.

| 오답 넘기 |

① 명량 해전은 이순신 장군이 지금의 진도 앞바다 명량(울돌목)에서 왜군 함선 133척을 맞아 해류의 변화를 이용하여 왜군은 남해안 일대로 퇴각하게 만든 전투이다(1597.9).
② 황룡사 9층 목탑은 신라 선덕 여왕 때에 조성된 목탑으로 고려 후기에 몽골 침입으로 소실되었다(1238).
④ 임진왜란 당시 신립은 충주의 탄금대에서 왜군에 맞서 싸웠으나 결국 막아내지 못하였다(1592.4).

정답 ③

16 조선 전기의 경제와 사회

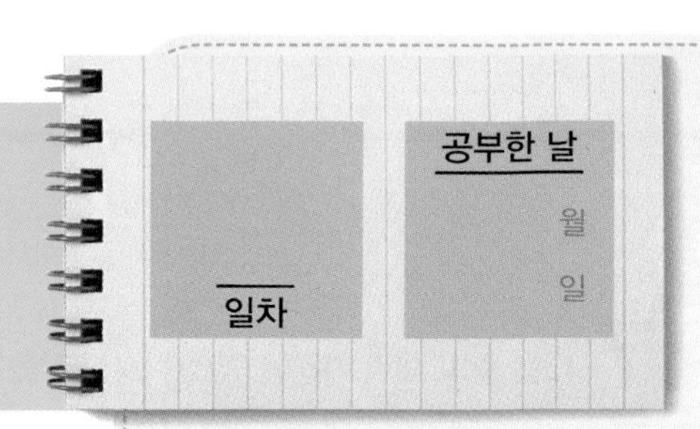

❶ 경제 정책과 경제 구조

(1) 경제 정책 : 중농 정책(토지 개간 장려, 양전 사업 실시), 상공업 정책(사농공상의 직업적 차별 강조)

(2) 조선의 토지 제도 변화

구분	과전법	직전법	관수관급제	녹봉제
시기	공양왕(1391)	세조(1466)	성종(1470)	명종(1556)
배경	권문세족의 불법적 토지 겸병으로 인한 재정 악화	수신전, 휼양전의 이름으로 토지 세습 → 지급할 토지 부족	과전 경작 농민에 대한 과도한 수취(수조권 남용)	과전법 체제 붕괴
목적	신진 사대부의 경제적 기반 마련	토지 부족의 보완 → 국가 재정 안정	국가의 토지 지배권 강화	관리들의 생활 수단 마련
원칙	전·현직 관리에게 수조권 지급, 전지 지급(경기도에 국한)	현직 관리에게만 지급	국가에서 수조권 행사(지방 관청에서 수조권 대행)	현물 녹봉만 지급
영향	농민 경작권 인정	훈구파 농장 확대	농장 확대 가속화와 지주 전호제의 확대	

지주가 소작인에게 토지를 나누어 주고 소작료를 수취하는 토지 경영 방식이다.

Click ! ●과전법의 시행

공양왕 3년 5월, 도평의사사가 글을 올려 과전(科田)을 지급하는 법을 정할 것을 요청하니 왕이 따랐다. 경기는 사방의 근본이니 마땅히 과전을 설치하여 사대부를 우대한다. 무릇 경성에 거주하여 왕실을 시위하는 자는 직위의 고하에 따라 과전을 받는다(18등급으로 나누어 150~10결까지 지급). …… 토지를 받은 자가 죽은 후, 그의 자식이 있고 수신하는 자는 남편의 과전을 모두 물려받고, 자식이 없이 수신하는 자의 경우는 반을 물려받는다. 부모가 모두 사망하고 그 자손이 유약한 자는 휼양전으로 아버지의 과전을 전부 물려받고, 20세가 되면 본인의 과에 따라 받는다. -『고려사』 식화지 -

(3) 수취 체제의 확립과 문란

① 전세 : 토지를 경작하는 대가로 납부

㉠ 조선 초기 : 토지를 경작하여 수확량의 1/10을 납부, 1결당 최대 30두 징수

㉡ 세종 때 공법 시행(1444) : 전분6등법 · 연분9등법 실시, 1결당 4~20두

② 공납 : 토산물을 군현에 부과 → 각 군현은 가호에 다시 할당하여 거둠, 전세(조세)보다 훨씬 부담이 컸음

③ 역 : 16~60세의 정남에게 부과, 군역(정군, 보인)과 요역(토지 8결마다 1인씩 동원)의 의무

④ 16세기 수취 체제 문란 : 공납(방납의 폐단 발생), 군역(대립 · 방군수포 성행), 환곡(수령과 아전의 고리대 수단으로 변질) → 유민의 일부가 도적화(임꺽정)

토지 제도 변천

경기도 지방에 한정하여 지급된 과전은 관리가 죽으면 반납해야 했지만, 수신전 · 휼양전 등의 명목으로 미망인과 자식에게 세습되었다. 이에 신진 관리에게 줄 과전이 부족해지자 세조 때에는 현직 관리에게만 지급하는 직전법으로 바꾸었다. 그 후 성종 때에 관리들이 수조권을 남용하여 백성을 수탈하자 관수관급제를 실시하여 관에서 조를 거두어 관리에게 지급하였다.

과전법에서 토지의 종류

과전	관리에게 분급, 반환 원칙
공신전	공신에게 분급, 세습 가능
공해전	중앙 관부 예산 지급
늠전	지방 관아 경비 지급
학전	성균관, 4부 학당, 향교 소속
사원전	사원 소속 토지

전분6등법

토지의 비옥도에 따라 1~6등전으로 나누어 전세를 징수한 제도

연분9등법

전세를 풍흉에 따라 9등급으로 나누어 4~20두까지 납부하게 한 제도

Click !

● 조선 시대의 수취 제도

각 도의 수전(水田), 한전(旱田)의 소출 다소를 자세히 알 수가 없으니, 공법(貢法)에서의 수세액을 규정하기가 어렵습니다. 지금부터는 전척(田尺)으로 측량한 매 1결에 대하여, 상상(上上)의 수전에는 몇 석을 파종하고 한전에서는 무슨 곡종 몇 두를 파종하여, 상상년에는 수전은 몇 석, 한전은 몇 두를 수확하며, 하하년에는 수전은 몇 석, 한전은 몇 석을 수확하는지, 하하(下下)의 수전에서는 역시 몇 두를 파종하고 한전에서는 무슨 곡종을 몇 두를 파종하여, 상상년에는 수 · 한전 각기의 수확이 얼마며, 하하년에는 수 · 한전 각기의 수확이 얼마인지를, …… 각 관의 관둔전에 대해서도 과거 5년간의 파종 및 수확의 다소를 위와 같이 조사하여 보고토록 합니다. – 『세종실록』 –

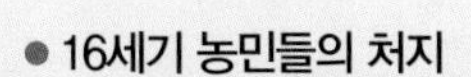

● 16세기 농민들의 처지

• 백성으로 농지를 가진 자가 없고, 농지를 가진 자는 오직 부유한 상인과 사족(士族)의 집뿐입니다.
– 『중종실록』 –

• 근래 도적이 벌 떼처럼 일어나 공공연하게 노략질을 하며 양민을 죽이고 방자한 행동을 거리낌없이 하여도 주현에서 막지 못하고 병사(兵使)도 잡지 못하니, 그 형세가 점점 커져서 여러 곳으로 퍼지고 있습니다. 심지어 서울에서도 떼로 일어나 빈 집에 진을 치고 밤이면 모였다가 새벽이면 흩어지고 칼로 사람을 다치게 합니다.
– 『명종실록』 –

• 지방에서 토산물을 공물로 바칠 때, (중앙 관청의 서리가) 공납을 일체 막고 본래 값의 백 배가 되지 않으면 받지도 않습니다. 백성이 견디지 못하여 세금을 못 내고 도망하는 자가 줄을 이었습니다.
– 『선조실록』 –

조선 8도와 조운 · 조창
우리나라는 산지와 하천이 많을 뿐 아니라 육상 운송 수단도 발달하지 못하여 조선 시대에는 세곡을 운반하는 데 주로 조운을 이용하였다. 조창은 세곡의 출발지와 도착지에 설치한 창고 및 기관이다. 조선은 영산강과 한강 등의 강가에는 수운창, 해변에는 해운창을 설치하여 세곡을 모으고 중앙의 경창으로 수송하였다.

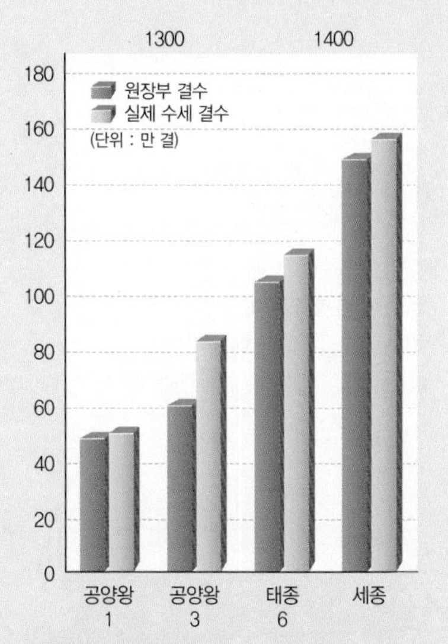

농경지의 확대 조선 건국 초에 약 100만 결에 지나지 않던 농토가 세종 때에는 약 160만 결로 늘어났다.

(4) 조운 제도

① **의미** : 군현에서 현물 조세를 징수하여 조창으로 운반 → 경창으로 운송

② **운송 경로** : 전라도 · 충청도 · 황해도는 바닷길로, 강원도는 한강, 경상도는 낙동강과 남한강을 통하여 이동

③ **잉류 지역** : 평안도 · 함경도(세곡을 한양으로 운반하지 않고 해당 지역에서 군사비나 사신 접대비로 사용), 제주도(운반의 어려움으로 목장 경비로 사용)

❷ 조선 전기의 경제 활동

(1) 농업의 진흥

① **중농 정책** : 개간 장려, 수리 시설 확충

② **농업 기술의 혁신** : 조 · 보리 · 콩의 2년 3작 확대, 목화 재배 확대, 일부 지역에 모내기법 보급, 휴경지 소멸

③ **농서의 간행** : 농업 생산력을 높이기 위하여 세종 때 『농사직설』(우리나라 풍토에 맞는 농법과 농민의 실제 경험 종합) 간행(1429)

(2) 상업과 수공업

① **관영 수공업 체제** : 장인을 공장안에 등록하고 각 관청에 소속시켜 물품 제작, 책임량을 초과한 생산품은 세금 납부 후 판매 가능 → 16세기 이후 장인들의 관청 동원 기피, 관영 수공업 쇠퇴

② **상업과 장시** : 시전 상인 중심으로 한양 천도와 함께 종로에 상점가 건설 → 특히 육의전은 왕실이나 관청에 물품을 공급하고 특정 상품에 대한 독점 판매권 행사, 경시서(불법적인 상행위 통제, 물가 조절) 설치, 15세기 후반부터 장시 등장(16세기 중엽 장시 전국 확대, 보부상 성장)

(육의전: 명주, 종이, 어물, 모시, 삼베, 무명을 파는 점포)

③ **화폐 보급** : 조선 초기에 저화 · 조선통보 등을 만들어 보급했으나 유통 부진, 화폐 대신 쌀 · 무명 사용

❸ 사회 구조와 향촌 사회

(1) 신분 제도

법제상	실제상	내용
양인	양반	• **의미** : 본래 문반과 무반을 함께 부르던 명칭이었으나 문 · 무반 관리의 가족이나 가문까지로 확대 • **특징** : 경제적 지주층, 정치적 관료층, 유학자로서의 소양과 자질 함양 • **특권** : 각종 법률과 제도를 통해 양반의 신분적 특권 제도화 → 각종 국역 면제 (각각의 신분이 부담해야 할 국역으로, 신역이라고도 한다.)
	중인	• **의미** : 양반과 상민의 중간 신분 계층(넓은 의미), 기술관(좁은 의미) • **구성** : 서리 · 향리 · 기술관(직역 세습, 같은 신분끼리 혼인, 전문 기술이나 행정 실무 담당, 관청과 가까운 곳에 거주), 서얼(양반 첩에게서 출생, 중인과 같은 신분적 처우, 문과 응시 금지, 간혹 무반직에 등용)
	상민	• **의미** : 대부분의 농민, 수공업자, 상인을 지칭 • **사회적 지위** : 조세 · 공납 · 부역의 의무를 지님, 법적으로 과거 응시 가능(현실적으로 어려움) • **신량역천(身良役賤)** : 신분은 양인이나 천역을 담당한 계층으로 수군, 조례(관청의 잡역 담당), 나장(형사 업무 담당), 일수(지방 고을 잡역), 봉수군(봉수 업무), 역졸(역에 근무), 조졸(조운 업무) 등 힘든 일에 종사한 일곱 가지 부류
천인	천민	• **천민** : 대부분 노비, 백정 · 광대 · 무당 등도 천민 • **노비의 처지** : 재산으로 취급(매매 · 상속 · 증여의 대상), 부모 중 한쪽이 노비이면 그 자녀도 노비[일천즉천(一賤則賤)]가 일반적임 • **노비의 종류** : 국가에 속한 공노비, 개인에게 속한 사노비(솔거 노비, 외거 노비)

Click ! ● 서얼

서얼은 양반 사대부의 자손이지만, 첩의 자식이라 하여 아버지를 아버지라 부르지 못하고 가문의 대를 이을 수 없었다. 관직에 나아간다 해도 승진할 수 있는 품계가 제한되어 있었다. 이로 말미암아 서얼에 대한 차별 철폐 요구는 조선 시대 내내 이어졌다.

(2) 향약의 보급

① **의미** : 상부상조의 전통과 유교 윤리가 결합된 향촌의 자치 규약

② **보급** : 중종 때 조광조가 처음 시행(여씨 향약) → 16세기 후반 전국적으로 보급(이황의 예안 향약, 이이의 해주 향약 전파)

(여씨 향약: 중국 송대에 산시성 출신의 학자인 여씨 형제가 향촌을 교화하고 선도하기 위해 만든 향촌 자치 규약)

③ **기능** : 향촌 사회의 풍속 교화, 질서 유지 및 치안 담당 등

④ **사림의 역할** : 향약의 조직과 운영 주도, 향약 중심으로 향촌 사회 장악, 작은 사건의 경우 재판권까지 행사 → 지방관보다 더 큰 영향력을 행사하기도 함

(3) 사회 제도 : 환곡제(의창과 상평창에서 운영), 사창제(양반 중심의 향촌 질서 유지 목적), 혜민국과 동 · 서 대비원(수도권 서민 환자의 구제와 약재 판매)

(4) 법률

① **운영** : 『경국대전』과 『대명률』로 대표되는 법전에 근거 → 형벌과 민사에 관한 사항 규율

② **사법 기관** : 사헌부, 의금부, 형조, 한성부, 장례원(노비 문제 전담), 각 도 관찰사와 수령

양인과 천인
• **양인** : 과거에 응시하고 벼슬길에 오를 수 있는 자유민으로서 국역의 의무를 졌음
• **천인** : 비자유민으로서 개인과 국가에 소속되어 천역을 담당

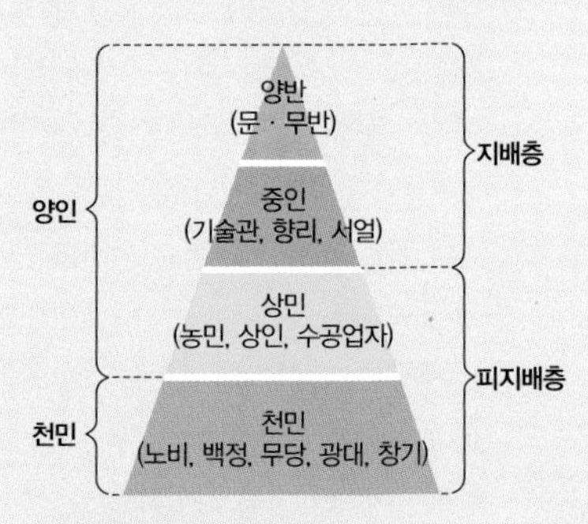

조선 시대의 신분 구성

고려 시대와 조선 시대의 백정 비교
• **고려** : 직역을 부담하지 않는 일반 백성
• **조선** : 소나 돼지를 잡던 일을 담당하던 천민

향약
향규, 향헌, 동약 등으로 불렸다. 유교 예속을 보급하며, 농민의 토지 이탈을 막고 공동체로 결속시키려는 목적으로 실시되었으며, 이를 주도한 사림의 향촌 자치와 영향력 확대를 위한 것이기도 하였다.

동 · 서 대비원
서울 안에 거주하는 병들고 의지할 곳이 없는 사람을 모두 이곳에 모아 놓고 죽이나 밥과 국 등 먹을거리를 제공하고 필요한 약재를 주었다. 아울러 옷과 이부자리를 주어 보호해 주었고, 만일 죽는 이가 있으면 잘 묻어 주었다.

✓체크체크

❶ 경제 정책과 경제 구조

■ [고려 공양왕] 과전법이 시행되었다.
↳ 과전법을 시행하였다.

실전 자료 **과전법**

1391년(공양왕 3)에 피폐해진 농민 생활을 안정시키고 부족한 국가 재정을 확보하기 위해 시행되었다. 전 · 현직 관리에게 경기 일대 토지에 대한 수조권 지급을 원칙으로 하였다. 관리가 죽거나 반역하면 국가에 반환하도록 하였으나 수신전, 휼양전 등의 이름으로 세습이 이루어지는 경우도 있었다.

■ [직전법] 현직 관리에게만 (토지의) 수조권을 지급하였다.
↳ [세조] 직전법을 실시하였다.
↳ 현직 관리에게 수조권을 지급하는 직전법을 실시하였다.
↳ [명종] 직전법을 폐지하였다.

실전 자료 **조선 전기의 토지 제도**

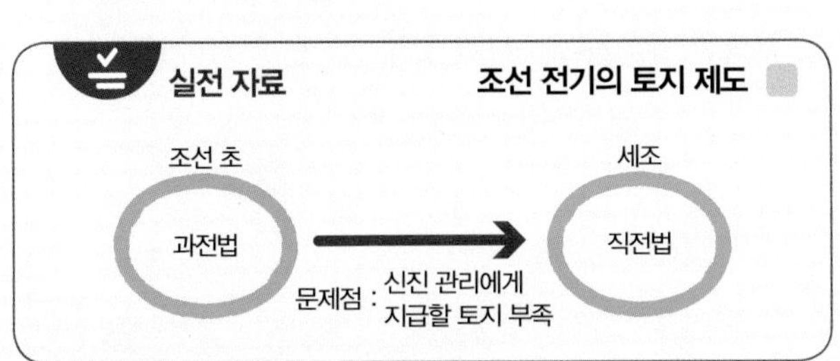

■ [성종] 관수 관급제를 실시하였다.
↳ 관청에서 조세를 거두어 관리에게 지급하였다.

■ [세종] (전분6등법) 비옥도에 따라 토지를 6등급으로 나누었다.
↳ 연분9등법을 시행하였다.
↳ 풍흉에 따라 9등급으로 나누어 전세를 부과하였다.
↳ 풍흉에 따라 조세를 차등 부과하였다.

■ [호적 대장] 요역을 부과하기 위해 만들어졌다.

❷ 조선 전기의 경제 활동

■ [시전 상인] 금난전권을 통해 사상(私商)을 억압하였다.
↳ 대표적으로 육의전 상인이 있었다.

❸ 사회 구조와 향촌 사회

■ [양반] 직역의 대가로 국가로부터 토지를 지급받았다.
↳ 과거 시험을 치를 수 있었다.
↳ 향교에 입학하여 공부할 수 있었다.

■ [중인] 향리직을 세습하였다.
↳ 의관이나 역관 등 전문직에 종사하였다.
↳ [역관] 외국에 가는 사신의 통역을 전담하였다.
↳ 도화서에서 그림을 그리는 화원이 있습니다.

실전 자료 **노비**

- 조선 시대의 이들은 심부름을 하고, 음식을 만드는 등 주인의 여러 가지 시중을 들었다. 주인과 떨어져 독립적인 생활을 하기도 하였다.
- 가장 낮은 천민 신분에 속하였어.
- 나라 또는 개인의 재산으로 여겨졌어.
- 매매나 상속이 가능하였어.

■ [상민] 농업, 어업, 상공업 등에 종사하였다.
↳ 법적으로는 과거에 응시할 수 있었다.

■ [노비] 최하층인 천인 신분이었다.
↳ 재산과 같이 여겨져 사고 팔리기도 하였다.
↳ [천민] 노비가 대부분을 차지하였다.
↳ [천민] 가축을 잡아 고기를 파는 백정이 있습니다.

실전 자료 **향약**

향약은 사림 세력이 향촌의 전통 위에 유교 윤리를 더하여 만든 향촌의 자치 규약이다. 중종 때의 문신 조광조 등이 향약을 『소학』과 함께 보급하였다. 향촌의 풍속 교화와 자치 기능을 담당하였다.

실전 자료 **조선 전기 여성의 사회적 지위**

- 자식에게 재산을 똑같이 나누어줌
- 아들이 없으면 딸이나 사위가 제사 지냄
- 혼인 후 일반적으로 신랑이 처가에서 생활
- 재가를 해도 크게 차별 받지 않음
- 대표 여성: 신사임당(1504~1551)과 허난설헌(1563~1589). 신사임당은 율곡 이이의 어머니로, 글씨를 잘 쓰고 그림을 잘 그렸다. '현모양처'로 불린다. 허난설헌은 홍길동전을 지은 허균의 누이로, 시를 잘 써서 중국, 일본에서 높은 평가를 받았다.

1 (가)에 들어갈 용어로 옳은 것은? [1점]

역사 용어 해설

(가)

1391년(공양왕 3)에 피폐해진 농민 생활을 안정시키고 부족한 국가 재정을 확보하기 위해 시행되었다. 전 · 현직 관리에게 경기 일대 토지에 대한 수조권 지급을 원칙으로 하였다. 관리가 죽거나 반역하면 국가에 반환하도록 하였으나 수신전, 휼양전 등의 이름으로 세습이 이루어지는 경우도 있었다.

① 사창제 ② 호포제
③ 전시과 ④ 과전법

| 해설 | 조선의 토지 제도

고려 말 공양왕 때 만들어진 과전법은 국가 재정 기반과 조선의 건국에 참여한 신진 사대부 세력의 경제적 기반을 확보하기 위한 것이다(1391).
과전은 경기도의 토지에 국한하여 수조권을 지급한 것인데, 받은 사람이 죽거나 반역을 하면 국가에 반환하도록 되어 있었다. 그러나 죽은 관리의 가족들이 생계를 유지할 수 있도록 수신전, 휼양전의 이름으로 과전의 일부를 지급함으로써 실질적으로 세습이 가능하였고, 공신전도 세습할 수 있었다.

| 오답 넘기 |

① 흥선 대원군은 삼정 중 가장 문제가 많았던 환곡 대신 지역민이 스스로 운영하는 사창제를 실시하였다(1867).
② 흥선 대원군은 호포제를 시행하였는데, 종래 상민에게만 거두어들이던 군포를 양반에게도 징수하여 세금 부담을 공평히 하기 위한 목적이었다(1871).
③ 고려 시대 전시과는 문무 관리로부터 군인, 한인에 이르기까지 18등급으로 나누어 전지와 시지를 지급하였다.

정답 ④

2 밑줄 그은 '이 법'에 대한 설명으로 옳은 것은? [3점]

역사신문

제△△호 ○○○○년 ○○월 ○○일

수신전과 휼양전 부활 주장 대두

수신전과 휼양전의 지급이 중단되고 이 법이 실시되면서 죽은 남편과의 의리를 지키려고 하는 여자들이나 부모의 제사를 모시려는 자손들이 때때로 경제적으로 어려운 처지에 놓이게 되었다. 이에 따라 일각에서는 수신전과 휼양전을 부활시키자는 주장이 대두되고 있다.

① 현직 관리에게만 수조권을 지급하였다.
② 노동력의 징발을 법적으로 보장하였다.
③ 인품과 공로를 토지 지급 기준으로 삼았다.
④ 부족한 재정을 보충하기 위해 결작을 부과하였다.

| 해설 | 조선의 토지 제도 변천

제시된 내용에서 수신전 · 휼양전을 폐지했다는 내용을 토대로 직전법이라는 것을 알 수 있다(1466). 고려 말에 시행된 과전법은 경기 지방의 토지를 지급하였는데, 받은 사람이 죽거나 반역을 하면 국가에 반환하도록 하였다. 그러나 수신전과 휼양전을 통해 세습이 가능하도록 하였고, 공신전도 세습이 가능하게 되자, 새로 관직에 나간 관리에게 줄 토지가 부족하게 되었다. 이러한 문제를 해결하기 위해 세조는 직전법으로 바꾸어 현직 관리에게만 수조권을 지급하였다. 수조권을 받은 자는 스스로 그 해의 생산량을 조사하여, 1/10을 농민에게 세금으로 거두었다.

| 오답 넘기 |

② 녹읍은 조세 수취뿐만 아니라 그 지역 농민들에 대한 노동력을 징수할 수 있는 특권적 제도였다.
③ 시정 전시과는 관직의 높고 낮음 뿐 아니라 인품을 반영하여 토지를 지급하였다(976).
④ 균역법으로 감소된 재정을 보충하기 위해 결작 및 어염선세, 선무군관포 등을 징수하였다(1750).

정답 ①

3 (가)~(다) 화폐를 처음 발행된 순서대로 옳게 나열한 것은? [1점]

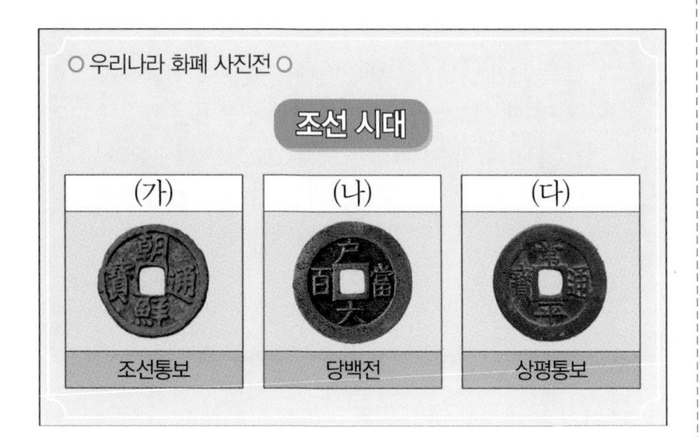

① (가) – (나) – (다)　② (가) – (다) – (나)
③ (나) – (가) – (다)　④ (나) – (다) – (가)

| 해설 | 조선 시대의 화폐

(가) 조선 전기(세종 대)에는 조선통보를 발행하였으나 널리 유통되지는 못하였다. (다) 상평통보는 조선 인조 때 처음 발행되었으며, 1678년(숙종 4)에 허적(許積)의 건의에 따라 상평통보를 국가의 유일한 법화로서 주조 유통하게 되었다. (나) 당백전, 당오전은 경복궁 중건을 위해 발행되었다(1866). 따라서 (가)–(다)–(나) 순이다.

정답 ②

4 밑줄 그은 '이들'에 대한 설명으로 옳은 것은? [2점]

① 각지에 송방이라는 지점을 두었다.
② 의주에 근거지를 두고 청과 교역하였다.
③ 금난전권을 통해 사상(私商)을 억압하였다.
④ 여러 장시를 하나의 유통망으로 연계시켰다.

| 해설 | 조선시대의 상인

조선은 건국 후 종로 거리에 상점가를 만들고 개경에 있던 시전 상인을 한양으로 이주시켜 장사하게 하는 대신 점포세와 상세를 거두었다. 시전 상인은 왕실이나 관청에 물품을 공급하는 대신 특정 상품에 대한 독점 판매권을 부여받았는데, 대표적으로는 육의전이 있다. 조선은 이들의 불법적인 상행위를 억제하기 위해 경시서를 두었다.
일찍부터 상업을 독점해 왔던 시전 상인들은 정부로부터 금난전권을 얻어내어 사상들의 활동을 억압하려 하였다. 그러나 사상들은 이에 대항하여 종루, 이현, 칠패 등에서 상행위를 계속해 갔다. 18세기 말에 이르러서는, 정부로서도 더 이상 사상의 성장을 막을 수 없게 되었고, 그리하여 결국 육의전을 제외한 나머지 시전의 금난전권을 철폐하였다(1791, 신해통공).

| 오답 넘기 |

① 조선 후기에 성장한 송상은 개성을 중심으로 활동하면서 전국에 송방이라는 지점을 설치하였다.
② 조선 후기 의주의 만상은 중국과 개시 · 후시 무역을 통해 부를 축적하였다.
④ 조선 후기 보부상은 지방의 장시를 떠돌면서 장시를 하나의 유통망으로 연계시킨 상인이다.

정답 ③

5 (가)에 대한 설명으로 옳은 것을 〈보기〉에서 고른 것은? [3점]

> (가) 은/는 양반 사대부의 자손이지만, 첩의 자식이라 하여 아버지를 아버지라 부르지 못하고 가문의 대를 이을 수도 없었다. 관직에 나아간다 해도 승진할 수 있는 품계가 제한되어 있었다. 이로 말미암아 (가) 에 대한 차별 철폐 요구는 조선 시대 내내 이어졌다.

보기

ㄱ. 호족 세력과 연계하여 사회 개혁을 추구하였다.
ㄴ. 정조 때 규장각 검서관으로 발탁되기도 하였다.
ㄷ. 청요직 진출을 주장하는 통청 운동을 전개하였다.
ㄹ. 사회적 차별을 타파하고자 조선 형평사를 조직하였다.

① ㄱ, ㄴ　② ㄱ, ㄷ
③ ㄴ, ㄷ　④ ㄴ, ㄹ

| 해설 | **조선의 신분 제도**

자료의 첩의 자식이라는 문장으로 보아 (가)에 들어갈 용어는 '서얼'이다. 서얼은 중인과 같은 신분적 처우를 받았으므로 중서라고도 불렸으며 서얼의 역사를 다룬 책이『규사』이다. 서얼 출신인 유득공, 박제가 등은 정조 때 규장각 검서관으로 등용되기도 하였다. 서얼에 대한 차별은 임진왜란 이후 완화되기 시작하였는데, 재력을 가지고 있는 서얼은 납속과 공명첩을 이용해 관직에 나아갈 수 있게 되었다. 또 꾸준히 통청 운동을 전개하여 철종 때 청요직 진출이 가능해졌다.

| 오답 넘기 |

ㄱ. 신라말 6두품의 일부는 지방의 호족 세력과 뜻을 함께하여 신라 사회를 개혁하고자 하였다.
ㄹ. 조선 형평사를 조직한 사람들은 백정들이다(1923).

정답 ③

6 (가)에 대한 설명으로 옳은 것은? [1점]

> 무릇 (가) 을/를 매매할 때는 관청에 신고하여야 하며 사사로이 합의하여 매매한 경우에는 관청에서 (가) 와/과 대가로 받은 물건을 모두 몰수한다.
> 나이 16세 이상 50세 이하는 가격이 저화 4천 장, 15세 이하 51세 이상은 3천 장이다.
> -『경국대전』-

① 향리직을 세습하였다.
② 서얼이라 불리기도 하였다.
③ 최하층인 천인 신분이었다.
④ 법적으로는 과거에 응시할 수 있었다.

| 해설 | **조선의 신분 제도**

조선 시대 천민 중에서 대부분을 차지하는 것은 노비였다. 노비는 비자유민으로 교육받거나 벼슬길에 나아갈 길이 막혀 있었다. 노비는 재산으로 취급되었으므로 매매, 상속, 증여의 대상이었다. 부모중 한쪽이 노비일 경우 그 소생 자녀도 자연히 노비가 되는 제도가 일반적으로 시행되었다.
조선 시대 노비에는 고려와 마찬가지로 국가에 속한 공노비와 개인에게 속한 사노비가 있었다. 사노비는 주인집에서 함께 사는 솔거 노비와 주인과 떨어져 독립된 가옥에서 사는 외거 노비가 있었다. 외거 노비는 주인에게 노동력을 제공하는 대신 신공을 바쳤으며, 공노비도 국가에 신공을 바치거나 관청에 노동력을 제공하였다.

| 오답 넘기 |

① 중인 중 중앙과 지방에 있는 관청의 서리와 향리 및 기술관은 직역을 세습하고 같은 신분 안에서 혼인하였으며 관청에서 가까운 곳에 거주하였다.
② 서얼은 중인과 같은 신분적 처우를 받았으므로 중서라고도 불리었다. 이들은 문과에 응시하는 것이 금지되었고 간혹 무반직에 등용되기도 하였다.
④ 상민은 법적으로 과거에 응시하여 관직에 진출할 수 있었다.

정답 ③

7 (가)에 들어갈 내용으로 옳은 것은? [1점]

① 흑창을 두었어.
② 서빙고를 만들었어.
③ 혜민서를 설치하였어.
④ 양현고를 설립하였어.

| 해설 | 조선의 사회 제도

조선 시대에는 각종 재해를 당한 농민에게는 조세를 덜어 주기도 하였다. 이러한 시책에도 불구하고 농민의 생활이 자주 어려움을 당하자 국가에서는 의창, 상평창 등을 설치하고 환곡제를 실시하여 이들을 구제하였다. 의창은 평상시에 곡물을 모아 두었다가 흉년에 가난한 사람들을 도와주었던 빈민 구제 기관이다(986).

의료 시설로는 혜민서, 동 · 서 대비원, 제생원, 동 · 서 활인서 등이 있었다. 혜민서와 동 · 서 대비원은 수도권 안에 거주하는 서민 환자의 구제와 약재 판매를 담당하였고, 제생원은 지방민의 구호 및 진료를 담당하였다. 동 · 서 활인서는 유랑자의 수용과 구휼을 담당하였다.

| 오답 넘기 |

① 고려 태조는 민생 안정을 위해 빈민 구제 기관인 흑창을 설치하였다(918).
② 서빙고는 조선 시대에 얼음의 채취 · 보존 · 출납을 맡아보던 관아이다.
④ 고려 예종 때에는 국자감을 재정비하여 7재라는 전문 강좌를 설치하고, 양현고라는 장학 재단을 두어 관학의 경제 기반을 강화하였다.

정답 ③

8 다음 퀴즈의 정답으로 옳은 것은? [1점]

이것은 원래 송에서 향촌 사회를 교화할 목적으로 만든 것입니다. 조선에서는 중종 때 전국적인 실시를 추진하였고, 이황과 이이 등은 우리나라 실정에 맞게 만들기도 하였습니다. 이것은 무엇일까요?

① 

② 

③ 

④ 

| 해설 | 조선 시대의 사회

퀴즈의 정답은 조선 시대 향약이다. 본래 향촌에서는 마을 단위로 공동체 생활을 하면서 어려운 일을 당하면 서로 돕는 풍습이 있었는데, 향약은 이러한 전통적 공동 조직과 미풍양속을 계승하면서 유교 윤리를 가미하여 교화 및 질서 유지에 알맞게 구성한 것이다. 향약은 지방 사족을 중심으로 향촌 사회를 운영하기 위한 향촌 자치 조직으로, 보급 결과 지방 사림의 지위가 강화되었다. 또 중종 때 조광조가 처음 시행한 이후 이황과 이이 등에 의해서 전국적으로 확산되었다.

정답 ②

17 조선 전기의 문화

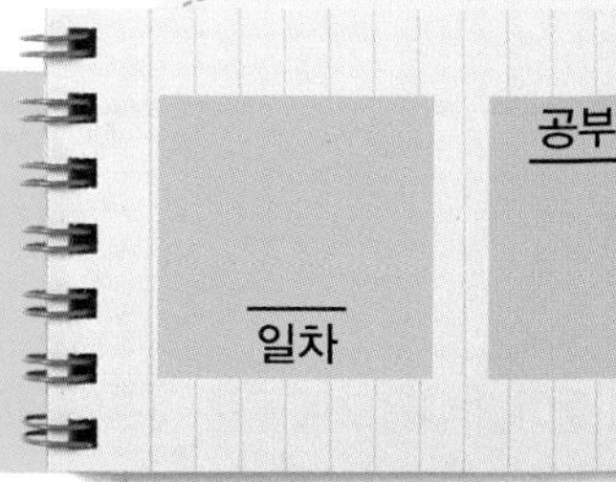

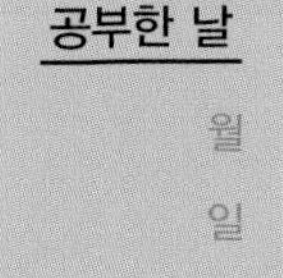

❶ 조선 전기 민족 문화의 발달

(1) 민족 문화 발달의 배경 : 당시 집권층이 과학 기술과 실용적 학문 중시(민생 안정과 부국강병 목적), 성리학 이외의 학문과 사상도 수용 → 민족적 · 자주적 성격의 민족 문화 발달

(2) 훈민정음 창제

① **훈민정음 창제(1443, 세종) :** 우리 문자의 필요성, 피지배층의 도덕적 교화에 필요

② **훈민정음 반포(1446) :** 세종이 집현전 학자들과 더불어 창제, 반포 → 용비어천가, 삼강행실도, 월인천강지곡 등 편찬

③ **의의 :** 백성들도 문자 생활 가능, 민족 문화 발전의 기반 마련

(3) 편찬 사업

① **역사서 :** 성리학적 통치 규범 정착, 조선 왕조의 정당성과 통치 이념 보급 목적

㉠ 고려사 정리 : 『고려사』(김종서 · 정인지 등, 기전체), 『고려사절요』(김종서 등, 편년체)

㉡ 『동국통감』 : 서거정이 편찬한 편년체 통사로 단군 조선부터 고려 말까지 서술

㉢ 『조선왕조실록』 : 사초, 각 관청의 문서를 모아 만든 시정기 등을 종합 · 정리하여 편찬, 사고에 나누어 보관, 유네스코에서 세계 기록 유산으로 지정(1997)

㉣ 16세기의 사서 : 『동국사략』(박상, 단군~삼국), 『기자실기』(이이) → 사림의 정치 · 문화 의식 반영

Click ! ●『고려사』 서문

듣건대 도끼 자루를 다듬을 땐 헌 도끼 자루를 표준으로 삼고, 뒤 수레는 앞 수레가 넘어지는 것을 보고 교훈으로 삼는다고 합니다. 대개 지난 시기 흥망이 앞날의 교훈이 되기에 이 역사책을 편찬하여 올리는 바입니다. …(줄임)… 이 책을 편찬하면서 범례는 사마천의 사기에 따랐고, 기본 방향은 직접 왕에게 물어서 결정했습니다. '본기'라고 하지 않고 '세가'라고 한 것은 대의명분의 중요함을 보인 것입니다. 신우, 신창을 세가에 넣지 않고 열전으로 내려 놓은 것은 왕위를 도적질한 사실을 엄히 밝히려 한 것입니다. 충신과 간신, 부정한 자와 공정한 자를 다 열전을 달리해 서술했습니다. 제도 문물은 종류에 따라 나눠 놓았습니다.

② **법전**

㉠ 초기 : 『조선경국전』(1394), 『경제문감』(1395) 편찬 → 정도전이 편찬

㉡ 『경국대전』 : 조선 시대의 기본 법전

ⓐ 편찬 과정 : 세조 때 편찬에 착수하여 성종 때 완성(1485)

ⓑ 구성 : 이전 · 호전 · 예전 · 병전 · 형전 · 공전의 6전으로 구성된 종합 법전

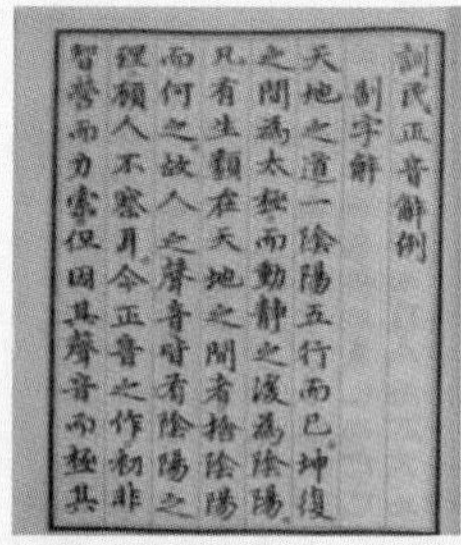

훈민정음(해례본) 훈민정음 원본으로서 국보 70호로 지정되었고, 유네스코 세계 기록 유산으로도 등록되었다(1997).

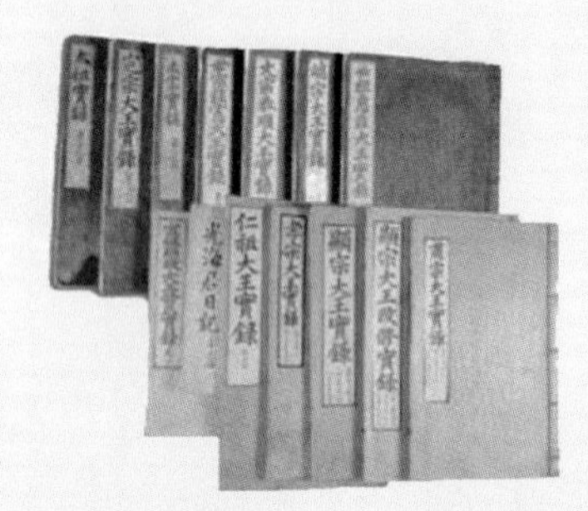

조선왕조실록

사고 실록을 비롯한 국가의 중요한 서적과 문서를 보관하던 곳

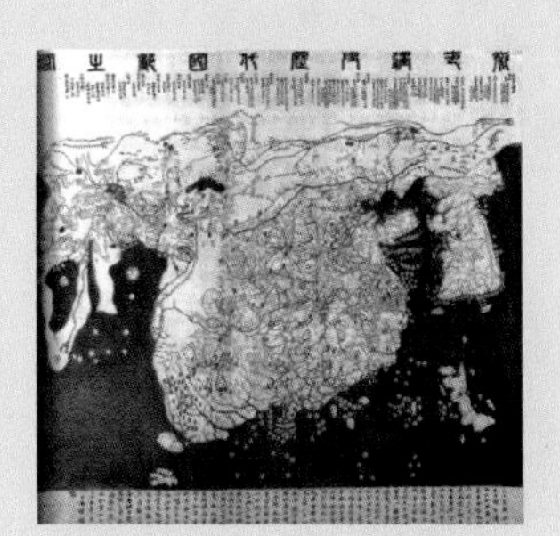
혼일강리역대국도지도(1402)

Click ! ● 경국대전

- 재산 상속은 아들과 딸에게 균등하게 한다. 〈호전〉
- 혼인이 가능한 연령은 남자 15세, 여자 14세이다. 〈예전〉
- 70세 이상의 노부모를 모시는 자는 군역을 면제한다. 〈병전〉
- 인사 청탁을 한 자는 파면하고, 곤장을 100대 때린 후 유배를 보낸다. 〈형전〉

③ 지도 · 지리서

㉠ 편찬 목적 : 전국의 지리를 파악하여 중앙 집권적 통치를 강화

㉡ 지도 : 혼일강리역대국도지도(태종, 현존하는 것 중 동양에서 가장 오래된 세계 지도), 팔도도(세종, 전국 지도), 동국지도(세조), 조선방역지도(16세기)

㉢ 지리지 : 『세종실록』 지리지, 『동국여지승람』(성종) 등 편찬

- 지리지: 당시의 지리책은 단순히 지리적인 부분만이 아니라 경제, 국방 등 전반적인 내용을 담고 있었다.
- 『동국여지승람』: 군현의 연혁, 지세, 인물, 풍속, 산물, 교통 등이 자세히 수록

④ 윤리 · 의례서

㉠ 『삼강행실도』(세종) : 설순이 편찬, 중국과 우리의 역사 중에서 삼강오륜의 모범이 되는 충신 · 효자 · 열녀들의 행실을 그림으로 그리고 해설(1434)

㉡ 『국조오례의』(성종) : 국가의 여러 행사에 필요한 의례를 정비하여 편찬한 의례서(1474)

- 『국조오례의』: 국가의 제사 의식, 사대 예법을 비롯한 국왕과 왕실의 혼례 의식, 사신 접대 의식, 군사 의식, 장례 의식에 관련된 다섯 가지 의례를 정리한 책이다.

Click ! ● 삼강행실도

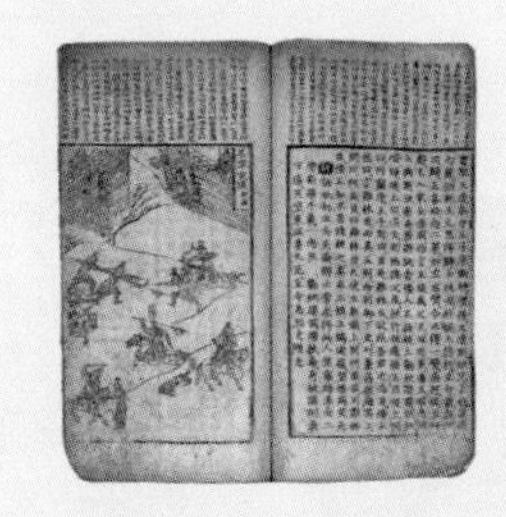

- 『삼강행실도』 : 세종 때 모범이 될 만한 효자, 충신, 열녀를 각각 35명씩 모두 105명을 뽑아 그 행적을 그림과 글로 칭송한 도덕서
- 성종 12년(1481)에 한글로 번역되어 간행됨
- 편찬 목적 : 유교 윤리를 일반 백성들에게 보급하여 성리학적 통치 기반을 확립하고자 함

성균관 대성전

(4) 교육 제도

① 국립 교육 기관 : 성균관(최고 학부), 중앙의 4부 학당, 지방의 향교(성현에 대한 제사, 유생 교육, 지방민 교화 목적, 중앙에서 교수 또는 훈도 파견)

② 사립 교육 기관

㉠ 서당 : 초등 교육 담당, 『천자문』과 『동몽선습』 등 교육

㉡ 서원

ⓐ 기원과 역할 : 백운동 서원이 시초(1542), 향음주례, 인재 양성, 선비나 공신 추모

ⓑ 국가의 지원(사액 서원) : 토지 · 노비 · 서적 등 지급, 면세 특권 부여

③ 기술 교육 : 해당 관청이 담당, 대개 중인을 대상으로 함, 전의감(의학), 사역원(외국어), 관상감(천문 · 지리), 호조(산학), 형조(율학), 도화서(화원) 등

향음주례
향촌의 선비나 유생들이 학덕과 연륜이 높은 이를 주가 되는 손님으로 모시고 술을 마시며 잔치를 하는 의례(儀禮)의 하나로, 어진 이를 존중하고 노인을 봉양하는 의미를 지닌다.

(5) 조선 전기의 과학 기술

① 천문학 발달

천문도	태조 때 고구려의 천문도를 바탕으로 '천상열차분야지도' 제작
천체 관측 기구	천체의 위치를 측정하는 '혼천의'와 이를 간소화한 '간의'를 제작
역법	세종 때 중국(원)과 아라비아의 회회력을 참고하여 우리 실정에 맞는 『칠정산』 편찬(1444) (우리나라 역사상 최초로 한양을 기준으로 천체 운동을 정확하게 계산하였다.)
시간 측정 기구	물시계인 자격루(노비 출신의 과학 기술자인 장영실이 제작)와 해시계인 앙부일구, 일성정시의(낮과 밤의 시간을 재는 데 사용) 등

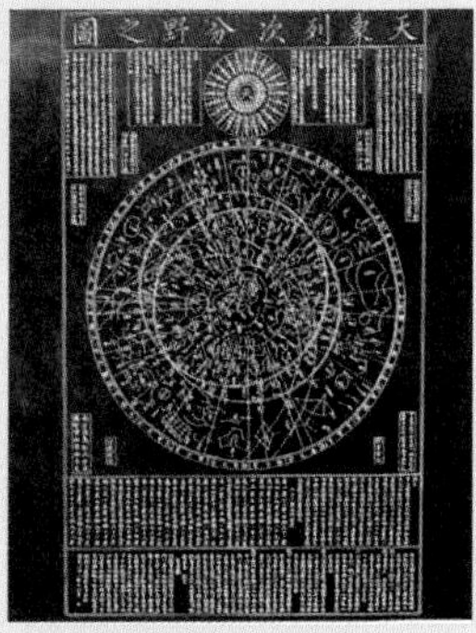
천상열차분야지도(1395)

② 농업 기술 및 의술의 발달

㉠ 농서 : 『농사직설』(씨앗 저장법, 모내기법 등 농부들의 영농 경험을 수록하여 우리의 실정에 맞는 독자적인 농법 정리, 1429), 『금양잡록』(시흥 지방의 농업 기술 기록, 1492)

㉡ 농업 관련 기구 : 측우기(강우량 측정), 인지의 · 규형(토지 측량) 제작

㉢ 의학 : 『향약집성방』(우리 풍토에 맞는 약재와 치료 방법 개발, 1433), 『의방유취』(의학 백과사전, 1445)

③ 인쇄술 : 고려의 금속 활자를 개량하여 계미자(태종, 1403), 갑인자(세종, 1434) 주조

④ 병서 · 무기

㉠ 병서 : 『총통등록』(세종, 화약 무기 제작과 사용법 정리), 『동국병감』(문종, 고조선~고려 말까지 전쟁사 정리), 『병장도설』(군사 훈련 지침서)

㉡ 무기 : 거북선, 비거도선, 신기전, 바퀴가 달린 화차 등 신무기와 병선 제조 기술 발달, 화약 제조

신기전과 화차 바퀴가 달린 화차를 이용하여 화살을 최대 100개까지 잇달아 발사할 수 있었다.

Click ! ● 세종 시기의 과학 발명품

① 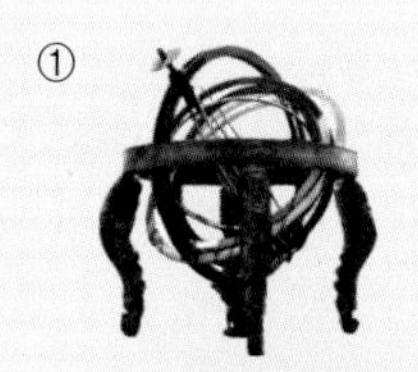

② 

③ 

④

⑤

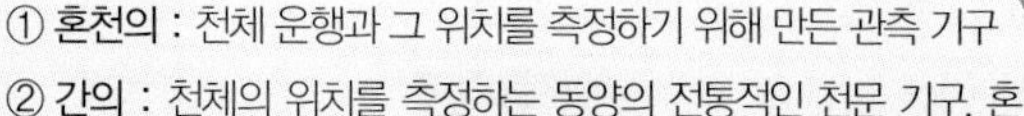

① 혼천의 : 천체 운행과 그 위치를 측정하기 위해 만든 관측 기구

② 간의 : 천체의 위치를 측정하는 동양의 전통적인 천문 기구. 혼천의를 간소화함

③ 자격루 : 종, 북, 징을 쳐서 자동으로 시간을 알려 주는 물시계

④ 앙부일구 : 해의 그림자를 이용하여 시간을 측정한 해시계. 시간뿐만 아니라 절기까지도 정확하게 측정

⑤ 측우기 : 빗물을 그릇에 받아 강우량을 측정하는 기구. 세계 최초의 우량계

❷ 성리학적 사회 질서의 확산

(1) 성리학의 융성

① 특징 : 16세기 인간 심성 연구에 따른 이기론 발달

② 주요 인물

㉠ 서경덕 : 이보다 기를 중심으로 세계를 이해(주기론), 불교와 노장 사상 포용

㉡ 이언적 : 기보다 이를 중심으로 자신의 이론을 전개(주리론)

이기론
일반적으로 이(理)란 인간의 심성을 포함한 모든 사물의 생성 변화를 가능하게 하는 원리이고, 기(氣)는 이의 원리가 현실로 구체화되는 데 필요한 현상적 요소로 이해된다. 어느 것을 중시하느냐에 따라 주리론과 주기론으로 구분된다.

성학십도와 성학집요 비교
「성학십도」에서는 군주 스스로가 성학을 따를 것을 제시한 반면, 「성학집요」에서는 현명한 신하가 성학을 군주에게 가르쳐 그 기질을 변화시켜야 한다고 주장하였다.

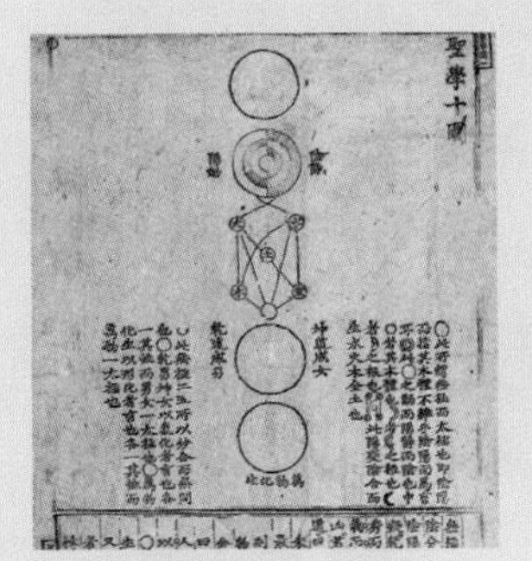
성학십도(이황)

정여립 모반 사건
정여립은 본래 서인이었으나 이후 동인의 편에 들어갔다. 이로 인해 그는 벼슬을 버리고 고향인 전라도로 돌아갔다. 이곳에서 정여립은 사람들을 모아 반역을 꾀한다는 의심을 받아 관군에 잡히기 전에 자살하였다. 이로 인해 동인이 박해를 당하였다

분청사기 철화 어문병

순백자병

㉢ 이황 : 『주자서절요』(1561) · 『성학십도』(1568) 저술, 원리적 문제 중시 → 신분 질서 강화를 위한 도덕 규범 확립, 일본 성리학 발전에 영향

㉣ 이이 : 『동호문답』(1569) · 『성학집요』(1575) 저술, 경험적 세계 중시 → 현실 개혁을 위한 진보적 개혁 사상의 원류

이이는 대공수미법의 실시, 향약의 전국적 확대 등 16세기의 사회 모순을 극복하기 위한 다양한 개혁 방안을 제시하였다.

(2) 학파의 형성과 대립

① 동인 : 정여립 모반 사건(1589)을 계기로 북인과 남인으로 분당
㉠ 북인(서경덕 · 조식 학파) : 광해군 때 집권, 중립 외교 정책
㉡ 남인(이황 학파) : 서인과 함께 인조반정 일으킴

② 서인 : 이이 학파와 성혼 학파 → 인조반정으로 정국 주도, 서경덕과 조식 사상 · 양명학 · 노장 사상 배척 → 남인과 함께 의리 명분론 강화, 반청 정책 추진 → 병자호란 초래

(3) 예학의 발달 : 17세기 이후 유교 질서 회복을 위한 노력, 예학 연구 심화(전례 논쟁 → 예송 발생)

❸ 종교와 민간 신앙

(1) 불교의 정비

① 건국 초기 : 사원전과 노비 회수, 도첩제 실시(출가 제한)
② 세종 : 교단 정리(선교 양종의 36개 절만 인정)
③ 성종 이후 : 사림의 불교 비판, 불교의 사회적 위상 약화 → 산간 불교

(2) 도교와 민간 신앙

① 도교 : 소격서 설치, 마니산 참성단에서 초제 시행(단군 신앙과 연결)
② 풍수지리설과 도참 사상 : 한양 천도, 양반 사대부의 묘지 선정에 작용(명당 선호)

❹ 조선 전기의 문학과 예술

(1) 문학 : 서거정(『동문선』), 김시습(『금오신화』), 허난설헌, 황진이 등

(2) 자기

① 분청사기(15세기) : 청자에 백토의 분을 칠한 것으로 고려 자기의 기법을 계승한 회청색 자기
② 백자(16세기) : 16세기 이후, 선비의 취향(담백하며 순백의 고상함)

(3) 회화

구분	15세기	16세기
특징	중국 역대 화풍을 선택적으로 수용 → 독자적 화풍 개발 → 일본의 무로마치 시대의 미술에 영향	다양한 화풍, 선비들의 정신 세계를 사군자로 표현
사례	• 안견의 몽유도원도(화원 소속) : 현실 세계와 이상 세계 표현 • 강희안의 고사관수도(문인 화가) : 무념 무상의 모습, 대담하게 세부 묘사 생략, 과감한 필치, 인물의 내면 세계 표현	• 이상좌 : 노비 출신으로 화원 발탁, '송하보월도'로 유명 • 신사임당 : 풀과 벌레를 소박하고 섬세하게 표현한 '초충도' • 황집중(포도), 이정(대나무), 어몽룡(매화) → 고매한 정신 세계를 생동감 있게 표현

세종의 아들인 안평 대군이 꿈속에서 본 무릉도원을 전문 화가인 안견에게 설명하여 그리게 한 그림이다.

Click ! ● **조선 전기의 회화**

몽유도원도(안견)

초충도(신사임당)

고사관수도(강희안)

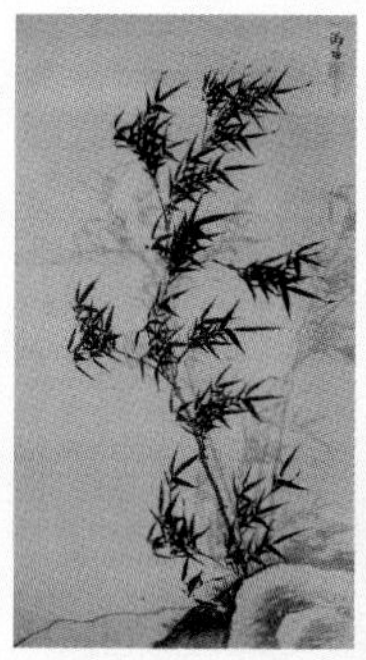
묵죽도(이정)

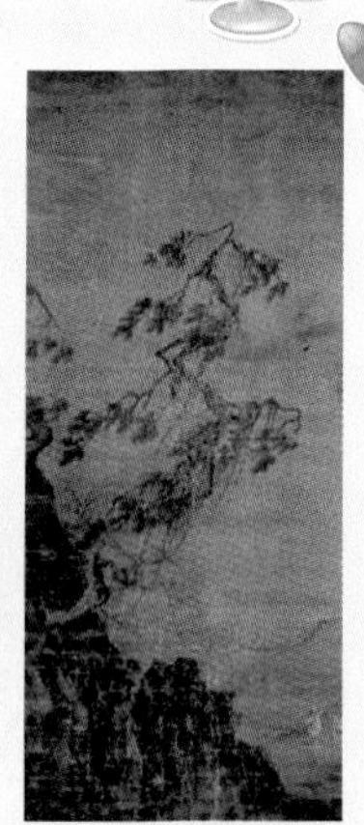
송하보월도(이상좌)

(4) 음악 : 세종 때 아악 정리, 종묘제례악 완성(유네스코 인류 무형 문화유산으로 등재), 성종 때 「악학궤범」 편찬(1493)

(5) 건축

구분	15세기	16세기
특징	궁궐, 관아, 성문, 학교 건축 중심(건물주의 신분에 따라 크기와 장식 제한)	사림 집권 → 서원 건축 중심(소박함, 자연미와 조화)
사례	• 경복궁, 창덕궁, 숭례문, 돈화문 건립 → 왕조의 위엄 과시 • **불교 건축** : 무위사 극락전, 해인사 장경판전, 원각사지 10층 석탑 등	• **서원** : 산과 하천 근처의 한적한 곳에 위치, 강당, 사당과 기숙 시설인 동재와 서재로 구성, 가람 배치 양식과 주택 양식이 실용적으로 결합 • **사례** : 옥산 서원, 도산 서원 등

원각사지 10층 석탑

백운동 서원의 강학당 유생들이 강의를 듣는 강학당에는 명종이 친필로 쓴 현판이 걸려 있다.

Click ! ● **조선의 5대 궁궐**

경복궁	조선 왕조의 정궁(법궁)으로, 가장 먼저 세워짐, '왕과 백성이 태평성대를 누릴 큰 복을 빈다.'는 뜻으로, 정도전이 이름을 정함, 임진왜란 때 불탔으나 흥선 대원군 때 중건됨, 대표 건물로 광화문, 근정전, 경회루, 향원정 등이 있음
창덕궁	태종 때 세워졌으며, 임진왜란 이후 경복궁을 대신해 정궁의 역할을 함, 경복궁의 동쪽에 위치하여 창경궁과 함께 '동궐'로도 불림, 후원에 정조 때 세운 규장각(주합루)이 있음, 궁궐 중 유일하게 유네스코 세계 문화유산에 등재
창경궁	성종 때 수강궁을 중건한 것으로, 별궁으로 사용됨, 일제 강점기 이후에는 동물원이 들어서 '창경원'으로 불리다가 1983년에 다시 이름을 고침
경희궁	광해군 때 세워져 조선의 별궁으로 사용됨
경운궁(덕수궁)	본래 성종의 형인 월산 대군의 사저(私邸)였으나 임진왜란 때 해궁으로 활용되어 궁궐이 됨, 대한 제국 서포 이후 정궁으로 사용되었으며, 서양식 건물인 석조전이 있음

❶ 조선 전기 민족 문화의 발달

- [세종] 훈민정음을 창제하였다.
  - ↳ 훈민정음이 반포되었다.
  - ↳ 훈민정음이 사용되기 시작하였다.

> **실전 자료** **훈민정음**
>
> 우리나라 말과 글이 중국과 달라서 한자로 서로 통하지 못한다. 이에 백성들이 말하고 싶은 바가 있어도 그 뜻을 펼치지 못하는 이가 많다. 내가 이것을 딱하게 여겨 28자를 만들었으니 백성들이 쉽게 익혀 편리하게 사용할 수 있도록 하려고 한다.

- [정도전] 조선경국전을 저술하였다.
- [동국통감] 고조선에서 고려 말까지의 역사를 편년체로 서술하였다.
  - ↳ [서거정] 역사서인 동국통감을 저술하였다.
- [조선왕조실록] 사초와 시정기를 바탕으로 제작되었다.
  - ↳ 사초, 시정기를 바탕으로 편찬되었어요.
- 혼일강리역대국도지도, 천상열차분야지도, 동국지도, 팔도총도, 곤여만국전도
- [팔도지도] 현존하는 지도 중 가장 오래되었다.
- [동국여지승람] 각 지방의 산천, 인물, 풍속 등이 담겨져 있다.
  - ↳ 백과사전 형식의 지리책
- [삼강행실도] 효자, 충신, 열녀의 모범 사례를 제시하였다.
  - ↳ 모범이 되는 충신, 효자, 열녀의 이야기를 모은 책
- [성균관] 최고의 교육 기관으로 성현에 대한 제사도 지냈다.
- 수도에 4부 학당을 두었다.
- [향교] 중앙에서 교수나 훈도를 임명하였다.
  - ↳ 중앙에서 교수나 훈도가 파견되었다.
  - ↳ 지방의 고을에는 향교가 있었어.
- 서당에서는 기초적인 교육을 담당하였다.
- 사림들이 세운 서원도 있었어.
- [천체 관측 기구] 혼천의를 제작하였다.
- [세종] 칠정산을 편찬하였다.
  - ↳ 칠정산이 간행되었다.
- [세종] 농사직설을 편찬하였다.
  - ↳ 농사직설을 간행하여 우리 풍토에 맞는 농사법을 보급하였다.
  - ↳ [농사직설] 각 지역 농부들의 경험을 수집하여 우리 풍토에 맞는 농사법을 서술한 책이다.
- [장영실] 해시계인 앙부일구 제작에 참여하였다.
- [세종] 강수량을 재기 위해 측우기를 만들었다.
  - ↳ 강우량 측정을 위한 측우기가 만들어졌다.

> **실전 자료** **측우기**
>
> 조선은 백성의 생활을 안정시키기 위해 농사를 중요시하였다. 비의 양을 재기 위한 기구를 만들었고, 이를 통해 농사에 도움을 주고자 하였다.

- 화약을 이용한 신무기 신기전
- 스스로 시간을 알리는 물시계 자격루
- 천체 운행을 관측하는 기구 – 혼의, 간의

❷ 성리학적 사회 질서의 확산

- [이황] 성학십도를 저술하였다.
  - ↳ [성학십도] 군주의 도를 도식으로 설명하였다.
- [이황] 백운동 서원의 사액을 청원하였다.
  - ↳ [주세붕] 백운동 서원을 건립하였다.
- [이이] 성학집요를 저술하였다.
  - ↳ 기자실기 – 사림의 역사의식 반영

❸ 조선 전기의 문학과 예술

- [동문선] 서거정의 주도로 편찬되었다.
- [안견] 몽유도원도를 그렸다.
  - ↳ 안평 대군의 꿈을 소재로 그린 안견의 몽유도원도
- [경복궁] 태조 때 한양으로 천도하면서 창건되었다.
  - ↳ 임진왜란 때 불탔으나 흥선 대원군이 다시 지었다.
  - ↳ 광화문이 정문이며 남쪽에 육조거리가 있었다.
- [창덕궁] 왕실 도서관인 규장각이 있었던 곳이다.
- [경운궁(덕수궁)] 서양식 건축물인 석조전이 있는 궁궐이다.
- [한양도성] 유교 이념을 적용하여 4대문의 이름이 지어졌다.

1 다음과 같은 과정을 거쳐 제작된 책에 대한 설명으로 옳은 것은? [2점]

① 세가, 지, 열전 등으로 구성되었다.
② 시정기와 사초를 바탕으로 제작되었다.
③ 현존하는 우리나라 최고(最古)의 역사서이다.
④ 불교사 중심으로 고대 민간 설화 등을 수록하였다.

| 해설 | 조선의 역사 서술

조선은 한 국왕이 죽으면 다음 국왕 때 춘추관을 중심으로 실록청을 설치하고 연월일 순서에 따라 편년체로 실록을 편찬하였다. (조선왕조)실록은 사관이 국왕 앞에서 기록한 사초, 각 관청의 문서를 모아 만든 시정기 등을 종합, 정리하여 편찬하였는데 사건을 사실대로 바르게 쓸 수 있도록 하기 위해 왕이라 해도 그 내용을 함부로 볼 수 없었다. 사고는 실록을 보관하는 창고로 임진왜란 이전에는 춘추관, 전주, 성주, 충주에 있었고, 임진왜란 이후에는 춘추관, 오대산, 강화도의 정족산, 묘향산, 태백산에 설치되었다.

| 오답 넘기 |

① 세가(世家), 지(志), 열전은 기전체 서술로 대표적인 역사서는 『고려사』이다(1451).
③ 『삼국사기』는 현존하는 우리나라 최고(最古)의 역사책으로 본기, 열전, 지, 연표 등을 갖춘 기전체 역사서이다(1145).
④ 일연이 쓴 『삼국유사』는 불교사를 중심으로 고대의 민간 설화나 전래 기록을 수록하는 등 우리의 고유 문화와 전통을 중시하였다(1281).

정답 ②

2 (가)에 대한 설명으로 옳은 것은? [2점]

① 문헌공도라고 불리기도 하였다.
② 중앙에서 교수나 훈도를 임명하였다.
③ 공무 여행자에게 마필을 제공하였다.
④ 외국에 가는 사신의 통역을 전담하였다.

| 해설 | 조선 시대의 교육 기관

조선 시대 향교는 지방의 중등 교육 기관으로 평민층의 자제도 입학할 수 있었다. 그리고, 성현에 대한 제사와 유생의 교육, 지방민의 교화를 위해 부 · 목 · 군 · 현에 각각 하나씩 설립되었는데 그 규모와 지역에 따라 중앙에서 교관인 교수 또는 훈도를 파견하였다. 향교는 내부에 문묘 명륜당 및 중국과 조선의 선현을 제사지내는 동무, 서무와 기숙사격인 동재, 서재가 있었다.

② 조선의 중등 교육 기관으로는 중앙의 4학과 지방의 향교가 있었다. 향교에서는 성현에 대한 제사와 유생 교육 등을 수행하였다.

| 오답 넘기 |

① 고려 중기에는 최충의 문헌공도를 비롯한 사학 12도가 융성하였다.
③ 조선 시대 공무 여행자에게 마필을 제공한 기관은 역(驛)이다.
④ 고려 · 조선 시대의 번역 · 통역 및 외국어 교육 기관은 사역원이다.

정답 ②

3 (가)에 들어갈 책으로 옳은 것은? [2점]

이달의 책

(가)

우리나라 역사상 최초로 한양을 기준으로 천체 운동을 계산한 역법서이다. 세종의 명으로 정인지, 정초 등이 원의 수시력 등을 참고하여 편찬하였다. 그 결과 일식과 월식, 날짜와 계절의 변화 등을 이전보다 정확하게 알 수 있게 되었다.

①

농사직설

②

동의보감

③
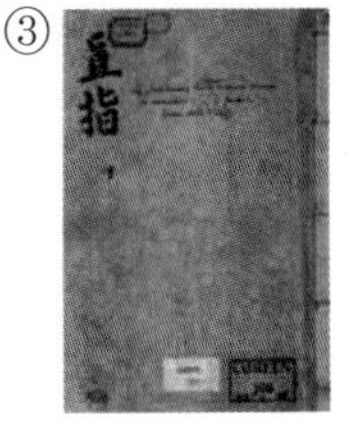

직지심체요절

④
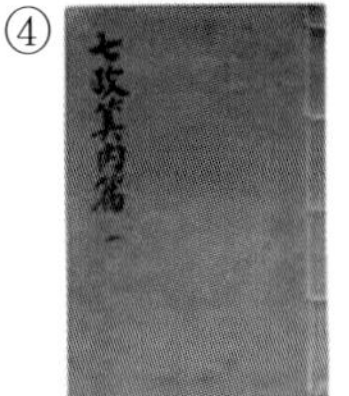

칠정산 내편

| 해설 | 조선 초기의 과학 기술

세종 때 중국의 수시력과 아라비아의 회회력을 참고하여 「칠정산」을 만들었는데 우리나라 역사상 최초로 서울을 기준으로 천체 운동을 정확하게 계산한 것이다(1444). 또한 천체 관측 기구로 혼천의를 제작하고, 시간 측정 기구로 물시계인 자격루와 해시계인 앙부일구 등을 만들었다. 또 측우기를 만들어 전국 각지의 강우량을 측정하였으며, 토지 측량 기구인 인지의와 규형을 만들어 토지 측량과 지도 제작에 활용하였다.

| 오답 넘기 |

① 현존하는 우리나라 최초의 농서로 조선 세종 때 편찬되었다(1429).
② 광해군 때 허준이 저술한 의학 서적인 『동의보감』은 동아시아 의학을 집대성한 책이다(1610년 집필, 1613년 간행).
③ 『직지심체요절』은 청주 흥덕사(興德寺)에서 인쇄되었으며 현존하는 세계에서 가장 오래된 금속 활자본이다(1377).

정답 ④

4 (가)에 들어갈 책으로 옳은 것은? [2점]

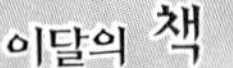

(가)

세종의 명으로 정초, 변효문 등이 편찬한 농서이다. 각지의 연륜이 있는 농부들에게 농사에 대한 경험을 묻고 이를 바탕으로 우리 풍토에 맞는 농법을 기록하였다. 세종은 여러 군현에 이 책을 나누어 주었다.

①

택리지

②

농가집성

③

농사직설

④
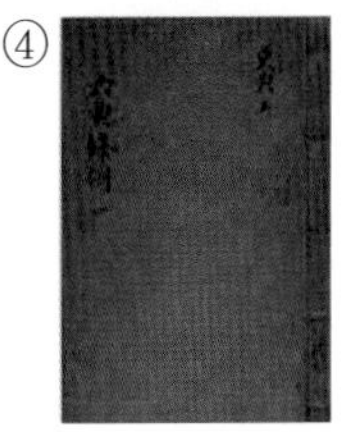
육전조례

| 해설 | 조선 전기의 편찬 사업

자료 속 농서는 정초와 변효문이 체제를 갖추고 순서를 정리하여 만들어낸 『농사직설』이다(1429). 『농사직설』은 세종 때 편찬된 현존하는 우리나라 최초의 농서로 중국의 농업 기술을 수용하면서도 우리 실정에 맞는 독자적인 농법을 정리하였는데 경험 많은 농부들의 실제 경험을 바탕으로 우리나라의 농토와 현실에 맞는 농사짓는 법을 소개한 것이다. 특히 그 시기 대부분의 농서는 밭농사와 관련이 있는 책들이라는 한계를 갖고 있었는데 『농사직설』은 남부 지방을 중심으로 발달하고 있던 이앙법(모내기법) 등 벼농사 기술을 담고 있다.

| 오답 넘기 |

① 이중환의 『택리지』는 우리나라 최초의 과학적인 지리서로 평가받고 있으며, 각 지방의 지리적 특성을 인간과 자연과의 상호 연관성을 통해 종합적으로 설명하였다.
② 『농가집성』은 효종대 신속이 편찬한 농서이다(1655).
④ 『육전조례』는 고종 시기 육조 각 관아의 사무 처리에 필요한 행정 법규와 사례를 편집한 행정 법전이다(1867).

정답 ③

5 (가), (나) 인물에 대한 설명으로 옳은 것은? [3점]

① (가) – 성학십도를 저술하였다.
② (나) – 강화 학파를 형성하였다.
③ (나) – 백운동 서원의 사액을 청원하였다.
④ (나) – 만권당에서 원의 학자들과 교류하였다.

| 해설 | 조선의 성리학자

자료의 (가) 인물은 '안동에서 태어난 풍기 군수', '일본 성리학에 영향' 등의 내용을 통해 볼 때 퇴계 이황이다. 그리고, (나) 인물은 '강릉 오죽헌', '수미법의 시행을 제안' 등의 내용을 통해 율곡 이이임을 알 수 있다.

① 이황은 중종 때부터 선조 때까지 활동한 정치인이자 성리학자로 영남 사림의 대표 주자였다. 일본에서는 그의 학문적 영향을 받아 '동방의 주자'라고 불렀다. 이황의 대표적 저서로는 열 개의 그림으로 된 도식으로 성리학의 핵심 원리를 설명한 『성학십도』가 있다(1568). 그는 여기서 왕이 인격과 학식을 수양하기 위해 스스로 부단히 노력해야 한다는 점을 강조하여 왕권의 강화를 인정하였다.

| 오답 넘기 |

② 강화 학파는 양명학자인 하곡 정제두의 학문을 계승한 학파였다.
③ 백운동 서원은 이황의 건의로 소수 서원으로 사액되어 국가에서 면세의 특권을 받았다.
④ 고려 후기 이제현은 만권당에서 원의 유학자들과 교류하면서 성리학에 대한 이해를 심화하였다(1314).

정답 ①

6 밑줄 그은 '이 지도'로 옳은 것은? [2점]

① 동국지도 ② 혼일강리역대국도지도
③ 곤여만국전도 ④ 천상열차분야지도

| 해설 | 조선 전기의 지도

혼일강리역대국도지도는 태종 때에 만들어진 세계 지도이다(1402). 이 지도의 필사본이 일본에 현존하고 있는데, 지금 남아 있는 세계 지도 중 동양에서 가장 오래된 것이다. 중국과 일본의 지도를 바탕으로 태종 때에 김사형, 이무, 이회가 제작하였는데 당시 중국 외에 다른 세계가 존재함을 인식하고 있었고, 부정확하나마 세계라는 개념이 존재했음을 알 수 있다.
지도에는 중국이 중앙에 가장 크게 그려져 있고, 우리나라가 다음으로 크게 그려져 있다. 특히 한반도의 모습이 오늘날의 지도 모습과 매우 유사하다. 그러나 두 나라를 제외한 다른 지역에 대한 지리적 정보는 매우 빈약하다. 특히 일본은 지리적 위치가 부정확하게 나타나 있고, 크기도 우리나라보다 아주 작게 그려져 있다. 아프리카, 유럽은 매우 빈약하게 그려져 있다.

| 오답 넘기 |

① 정상기는 동국지도에서 100리 척을 처음 사용하였다(1740년대).
③ 곤여만국전도는 청에 선교사로 온 마테오 리치가 제작한 세계 지도이다(1602, 1708년에 모사).
④ 천상열차분야지도는 고구려의 천문도를 바탕으로 조선 태조 때 만든 것이다(1395).

정답 ②

7 다음 퀴즈의 정답으로 옳은 것은? [1점]

조선 시대 국가 행정을 체계화하기 위해 국가 조직, 재정, 의례, 군사 제도 등 통치 전반에 걸친 법령을 종합하여 만든 법전입니다. 세조 때 편찬을 시작하여 성종 때 완료하고 반포한 이것은 무엇일까요?

| 해설 | 조선 시대의 법전

『경국대전』은 세조 때부터 성종에 걸쳐 완성된 조선의 기본 법전으로 통치 기구의 구성과 기능, 관리의 등용과 행정법에 대한 내용으로 구성되어 있다(1485). 조선 시대의 『경국대전』은 정치, 경제, 문화, 사회의 기본적인 규범을 다룬 종합적인 법전으로 조선을 다스리는 기준이 되었다. 『경국대전』에는 백성들의 일상생활에 대한 구체적인 내용이 나와 있었는데, 지문의 내용 외에도 자식에게 재산이 있다면 부모가 진 빚을 자식이 갚아야 한다는 내용 등이 구체적으로 들어가 있었다.

| 오답 넘기 |

② 정조는 왕조의 통치 규범을 전반적으로 재정리하기 위해 법전인 『대전통편』을 편찬하였다(1785).
③ 고종 때 간행된 『대전회통』은 각종 조례 등을 수집하여 『대전통편』을 보완한 법전이었다(1865).
④ 조선 초기 정도전은 혁명파 사대부로 『조선경국전』(1394)과 『경제문감』(1395)과 같은 법전을 제정하였다.

정답 ①

8 (가)에 해당하는 탑으로 옳은 것은? [3점]

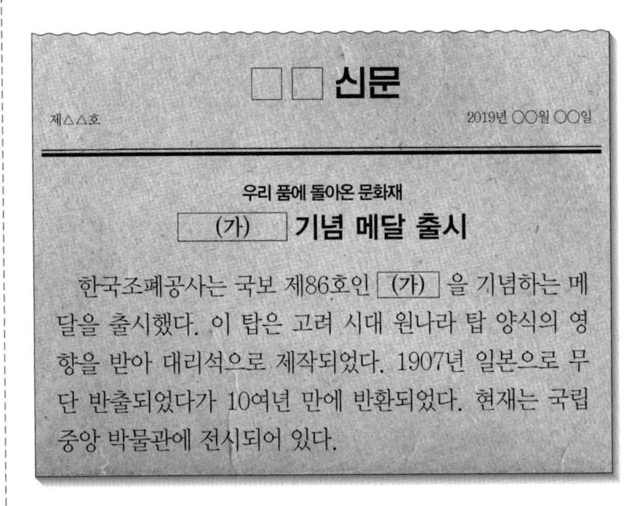
□□ 신문

제△△호 2019년 ○○월 ○○일

우리 품에 돌아온 문화재

(가) 기념 메달 출시

한국조폐공사는 국보 제86호인 (가) 을 기념하는 메달을 출시했다. 이 탑은 고려 시대 원나라 탑 양식의 영향을 받아 대리석으로 제작되었다. 1907년 일본으로 무단 반출되었다가 10여년 만에 반환되었다. 현재는 국립 중앙 박물관에 전시되어 있다.

① 감은사지 삼층 석탑
② 경천사지 십층 석탑
③ 월정사 팔각 구층 석탑
④ 화엄사 사사자 삼층 석탑

| 해설 | 조선 전기의 문화 유산

개성 경천사지 10층 석탑은 원래 개성 경천사터에 있던 것을 경복궁에 옮겨 세웠다가 보존의 어려움으로 해체한 후 다시 복원하여 2005년부터 국립 중앙 박물관에서 전시하고 있다. 이 탑은 충목왕 4년(1348) 에 만든 대리석탑으로 기단이 좁고 표면이 정교하며, 원의 영향을 받아 제작된 것으로 보인다. 조선 세조 때 제작된 원각사지 10층 석탑의 제작에 영향을 주었다.

| 오답 넘기 |

① 통일 신라 신문왕이 건립한 경주 동 · 서 감은사지 삼층 석탑은 불국사 3층 석탑과 함께 이중 기단에 3층의 탑신을 쌓은 전형적인 신라 석탑의 모습을 보여 준다.
③ 평창 월정사 8각 9층 석탑은 고려 초기의 다각 다층탑이다.
④ 구례 화엄사 4사자 3층 석탑은 8세기 중엽의 이형(異形) 석탑이다.

정답 ②

VI

조선 사회의 변동

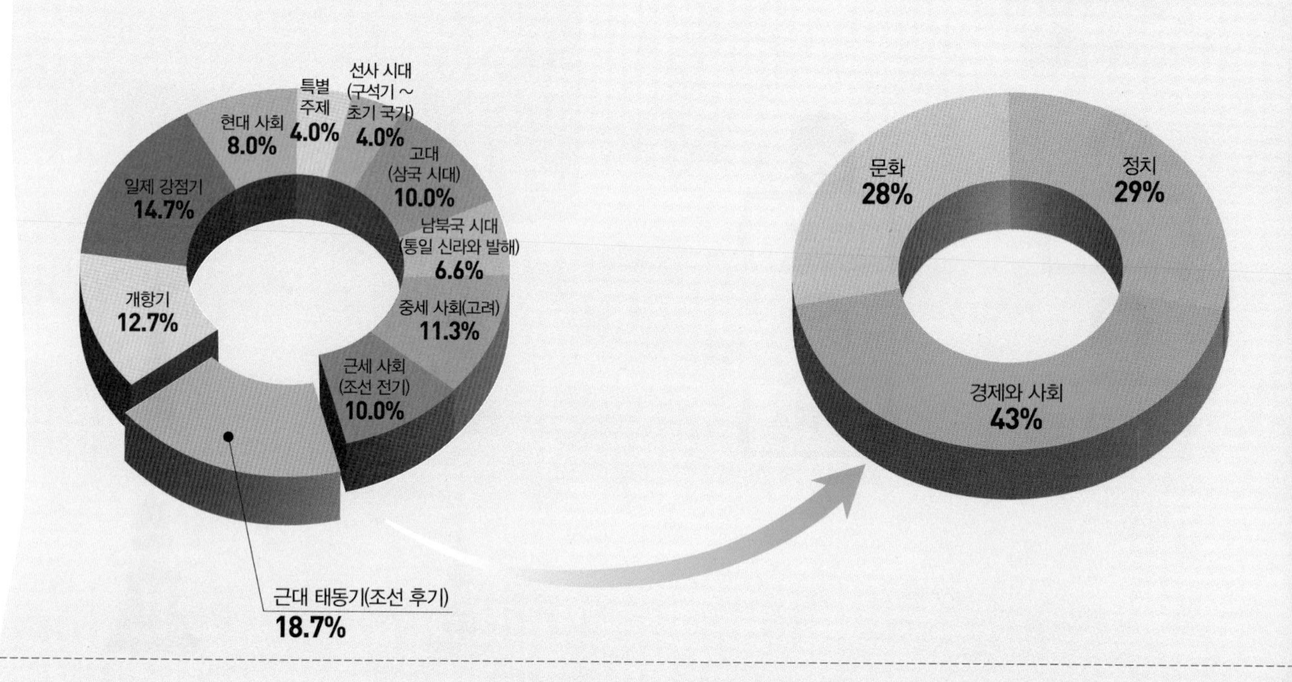

단원 들어가기

조선 후기 영조와 정조 때에는 붕당 정치의 폐단을 바로잡기 위하여 탕평책을 실시하고 여러 가지 개혁을 단행하였다. 이러한 개혁 정치로 영조와 정조 때에는 어느 정도 사회가 안정되고 경제가 발전하였으며, 문물 제도가 새롭게 정비되었다. 이 시기에 실학자들은 민생을 안정시키고 나라를 부강하게 하기 위한 여러 가지 방안을 모색하였다.

그러나 세도 정치가 행해지면서 정치 기강이 무너지고, 벼슬을 사고파는 일이 성행하였으며, 탐관오리가 기승을 부렸다. 이로 말미암아 삼정이 극도로 문란해져 농민들이 몹시 고통을 받았다. 이러한 가운데 농민들의 의식이 점차 성장하면서 지배층에 대한 불만이 농민 봉기로 폭발하였으며, 천주교와 동학이 농촌 사회와 민중들 사이에 널리 전파되었다.

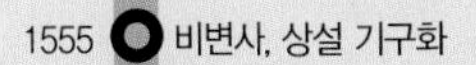

- 1555 비변사, 상설 기구화
- 1608 경기도에 대동법 시행
- 1609 기유약조 체결
- 1623 인조반정
- 1627 정묘호란
- 1636 병자호란
- 1653 시헌력 채택
- 1708 대동법 전국 시행
- 1712 백두산 정계비 건립
- 1763 고구마의 전래
- 1776 정조, 규장각 설치
- 1785 대전통편 완성
- 1801 신유박해
- 1811 홍경래의 난
- 1831 천주교 조선 교구 설치
- 1839 기해박해
- 1860 동학 창시
- 1862 임술 농민 봉기

| 연표로 흐름잡기 |

18
조선 후기의 정치 변동

19
조선 후기의 경제와 사회 변동

20
조선 후기 문화의 새 기운

18 조선 후기의 정치 변동

공부한 날	
일차	월 일

❶ 통치 체제의 개편 ☆☆☆

(1) 통치 기구의 변화

3포 왜란을 계기로 국방 문제를 논의하기 위한 임시 기구로 설치하였으며, 을묘왜변을 계기로 상설 기구화되었다.

① 비변사의 기능 강화 : 국방 문제를 담당하던 임시 회의 기구 → 양 난을 거치면서 기능 확대

㉠ 역할 : 외교 · 재정 · 인사 등 국정을 총괄하는 최고 정치 기구가 됨

㉡ 결과 : 왕권 약화, 의정부와 6조의 유명무실화

② 군사 제도 변화

㉠ 중앙군 : 5군영(훈련도감, 어영청, 총융청, 수어청, 금위영)

훈련도감은 포수, 사수, 살수의 삼수병으로 편제되었으며, 이들은 장기간 근무를 하고 급료를 지급받는 상비군이었다.

㉡ 지방군

ⓐ 방어 체제 : 진관 체제 → 제승방략 체제 → 진관 복구, 속오군 체제

ⓑ 속오군 : 양반에서 노비까지 모든 신분으로 구성, 유사시 지역 방어

Click ! ● 비변사의 기능 확대

요즘 큰일이건 작은 일이건 모두 비변사에서 처리합니다. 의정부는 이름만 남았고, 6조는 할 일을 모두 빼앗기고 말았습니다. 이름은 '변방 방비를 담당하는 것'이라고 하면서 과거 시험에 대한 판정, 왕비나 세자빈 간택까지도 모두 여기에서 합니다.

–『효종실록』–

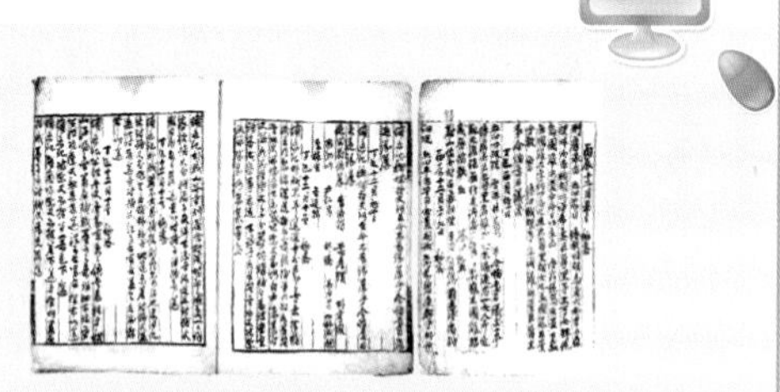

비변사등록 『비변사등록』은 비변사에서 한 일을 작성한 것으로 국방, 외교, 재정, 인사, 의례, 행정 등에 대한 사항이 담겨 있어 조선 후기 정치 상황을 알 수 있는 중요한 사료이다.

(2) 수취 체제의 개편

① 목적 : 국가 재정 확충, 농민 생활 안정

② 종류

구분	내용
영정법 (1635)	연분9등법을 폐지하고 풍흉에 관계없이 전세를 토지 1결당 미곡 4~6두 수취
대동법 (1608 ~ 1708)	• 배경 : 방납의 폐해로 농민 부담 가중, 농촌 경제의 파탄 • 내용 : 집집마다 부과하던 토산물 대신 토지를 기준으로 쌀(토지 1결당 쌀 12두), 삼베, 무명, 돈 등으로 선혜청에서 징수 • 영향 : 관청에서 필요로 하는 물품을 구입해 주는 공인 등장, 지주의 부담은 늘고, 농민들의 부담은 줄어듦 → 상품 화폐 경제 발달
균역법 (1750)	• 배경 : 모병제 제도화 → 군대에 가지 않는 대신 군포 납부 → 군포 부담 커짐 • 내용 : 1년에 2필씩 내던 군포를 1필만 내도록 함 → 부족분은 결작(토지 1결당 미곡 2두 부담), 어장세 · 선박세 등으로 충당, 일부 부유층에게 선무군관 칭호를 주고 군포 1필을 내도록 함 • 결과 : 농민의 부담 감소와 양반 지주의 부담 증가 → 이후 군적의 문란으로 농민 부담 가중

비변사

조선 시대에는 군사 행정을 병조에서 담당하였다. 그런데 외적이 자주 침입하자 위기 상황을 해결하기 위해 여러 기구의 관리들이 모인 임시 회의 기구로서 비변사를 두었다.

제승방략 체제

유사시 필요한 방어처에 각 지역의 병력을 동원하여 중앙에서 파견하는 장수가 지휘하게 하는 방어 체제

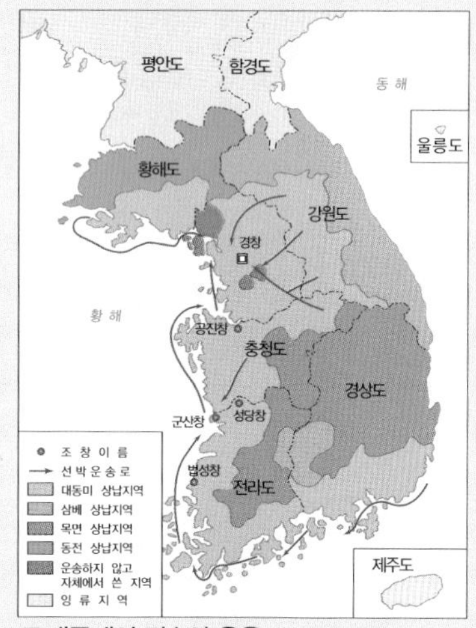

대동세의 징수와 운용

공인

대동법의 실시로 쌀, 삼베 등으로 받은 세금을 다시 각종 현물로 바꾸기 위해 국가가 고용한 상인을 말한다. 국가로부터 미리 비용을 지급받아 국가 수요품을 대량으로 구매하는 일을 하였고, 많은 자본을 움직일 수 있었으므로 독점 상인(도고)으로 성장하기도 하였다.

❷ 붕당 정치의 변화와 탕평 정치

(1) 붕당 정치의 전개

① 광해군 때 : 의병 활동에 적극 참여한 북인이 정치 주도권 장악

② 인조반정 : 서인이 우세한 가운데 남인이 참여, 서인은 후금과의 항쟁 과정에서 북벌 운동을 위한 국방력 강화에 주력하여 어영청 · 총융청 등을 설치

(2) 붕당 정치의 변질

선조(동서, 남북 붕당) → 광해군(북인 주도) → 인조(인조반정, 서인 주도, 남인 견제) → 현종(예송 논쟁) → 숙종(잦은 환국, 서인 집권)

① 예송 논쟁(현종) : 서인과 남인의 대립이 치열해짐

예송
왕실의 의례인 상복 입는 기간을 둘러싸고 일어난 학문적 논쟁이자 정치적 다툼을 말한다. 여기에는 차남으로 왕위를 이은 효종의 정통성 문제가 깔려 있었다.

구분	1차 예송(기해예송, 1659)	2차 예송(갑인예송, 1674)
계기	효종의 사망에 대한 자의대비의 복제 문제	효종 비의 사망에 대한 자의대비의 복제 문제
주장	서인(1년설) vs 남인(3년설)	서인(9개월설) vs 남인(1년설)
결과	서인 승리	남인 승리

② 환국 정치(숙종) : 일당 전제화 추세

㉠ 환국의 의미 : 정국을 주도하는 붕당과 견제하는 붕당의 교체로 인한 정국의 급격한 전환

㉡ 전개 과정

ⓐ 경신환국(1680) : 제2차 예송으로 밀려난 서인은 숙종 때 남인이 역모를 시도하였다고 공격하여 정권을 장악한 후 남인의 다수를 숙청, 서인 집권

ⓑ 서인의 분화 : 남인 역모 사건(경신환국) 이후 남인에 대한 처벌을 놓고 서인이 강경파(노론)와 온건파(소론)로 분리, 경종 · 영조의 왕위 계승을 둘러싸고 대립

ⓒ 기사환국(1689) : 서인이 지지하던 인현왕후가 아들을 낳지 못하자 장희빈의 소생을 세자로 하는 문제로 남인이 정권 장악, 인현왕후가 폐위되었으며, 희빈 장씨가 왕비로 책봉, 송시열을 중심으로 한 서인이 몰락함

ⓓ 갑술환국(1694) : 폐비 민씨 복위 문제로 소론 · 노론 재집권, 희빈 장씨의 인현왕후 저주 사건이 발각되면서 희빈 장씨에게 사약을 내려 사사(賜死), 남인이 완전히 축출됨

▲ 강한사(경기 여주)　송시열의 제사를 지내는 사우로 송시열에 대한 존칭인 대로를 따서 대로사라고도 한다. 송시열은 서인의 우두머리로서 당시의 조선이 '송시열의 나라'라고 불릴 만큼 정치적 · 사상적으로 큰 영향을 발휘하였다.

㉢ 노론의 일당 전제화 : 서인이 노론과 소론으로 나뉘어 대립 → 노론이 정권을 독점하는 일당 전제화

㉣ 결과 : 상대 붕당의 존재를 인정하지 않음, 붕당의 힘이 커지면서 왕권이 약화됨

(3) 탕평 정치의 전개 과정

① 탕평론(蕩平論)의 대두

㉠ 탕평의 의미 : 붕당 간의 세력 균형 유지 → 왕권 강화, 정국 안정 도모

㉡ 숙종의 탕평론 제시 : 인사 관리를 통해 세력 균형 유지 → 실제로는 편당적 인사로 환국의 빌미 제공

② 영조의 탕평 정치

㉠ 탕평책 실시 : 붕당에 관계없이 능력에 따른 인재 등용, 탕평파 육성, 탕평비 건립, 붕당의 근거지인 서원 대폭 정리, 이조 전랑의 권한 약화

이조와 전랑이 갖고 있던 권한으로, 직접 자신의 후임자 천거권, 각 사의 당하관에 대한 인사권을 말한다.

㉡ 영조의 개혁 정치

ⓐ 민생 안정 정책 : 균역법 실시(1750), 가혹한 형벌 폐지, 사형수에 대한 삼심제 시행, 노비종모법 확정(1731)

(노비종모법: 아버지가 노비 신분이라도 어머니가 양인인 경우 그 자녀는 양인이 됨)

ⓑ 문물 정비 : 『동국문헌비고』, 『속대전』, 『속오례의』 편찬, 군영 정비, 신문고 부활

ⓒ 청계천 준설 : 백성의 자발적인 협조를 얻어 청계천을 준설하여 도시를 재정비(1760)

탕평채 각 붕당의 조화를 통해 정국을 안정되게 이끌어가고자 했던 영조의 의지가 반영되어 있다는 음식

Click !

● 영조의 탕평책 실시

탕평비

붕당의 폐단이 요즈음보다 심한 적이 없었다. 처음에는 사문(유교)에 소란을 일으키더니, 지금은 한쪽 사람을 모조리 역적으로 몰고 있다. 근래에 들어 그 사람을 임용할 때 모두 같은 붕당의 사람들만 등용하고자 한다. 이와 같이 하고도 하늘의 이치에 합하고 온 세상 마음을 복종시킬 수 있겠는가? …… 관리의 임용을 담당하는 해당 부서에서는 탕평의 정신을 받들어 사람들을 거두어 쓰라. -『영조실록』-

● 붕당 정치의 폐해

붕당은 싸움에서 생기고, 싸움은 이해 관계에서 생긴다. 이해 관계가 절실하면 붕당이 깊어지고, 이해 관계가 오래될수록 붕당이 견고해진다. 이렇게 되는 이유는 무엇인가? 지금 열 사람이 함께 굶주리고 있는데 한 그릇의 밥을 같이 먹게 되면 그 밥을 다 먹기도 전에 싸움이 일어날 것이다. …… 조정의 붕당도 이와 다르지 않다. …… 과거를 자주 보아 인재를 너무 많이 뽑았고, 총애하고 미워함이 치우쳐서 승진과 퇴직이 일정하지 못했기 때문이다.

– 이익, 『곽우록』 –

영조 어진

③ 정조의 탕평 정치

㉠ 탕평책 실시

ⓐ 특징 : 적극적인 탕평책 실시, 노론과 소론 일부 · 남인(시파) 등용

ⓑ 결과 : 붕당 간의 대립 완화 → 왕권 강화

㉡ 왕권 강화 정책

ⓐ 규장각 육성(1776) : 학술 연구소인 규장각을 창덕궁에 설치, 붕당의 비대화를 막고 자신의 권력과 정책을 뒷받침할 수 있는 강력한 정치 기구로 육성

ⓑ 장용영 설치(1785) : 친위 부대로 각 군영의 독립적 성격을 약화시키고 병권을 장악

ⓒ 수원 화성 건설(1794.2~1796.9) : 정조의 이상 정치 실현을 위한 상징적 종합 도시로 건설, 정약용 등의 실학자들로 하여금 거중기 · 녹로 등을 제작해 이용, 『화성성역의궤』 편찬

ⓓ 초계문신 제도(1781) : 유능한 인사 재교육

(초계문신: 신하들에게 규장각에 마련된 교육 연구 과정을 거치게 한 제도로, 재능 있는 인물을 의정부에서 선발해 국왕에게 보고한(초계) 후 규장각에 소속시켜 학문을 연마하게 하였다(문신).)

ⓔ 수령의 권한 강화 : 수령의 향약 주관

규장각
정조 즉위 직후 일종의 왕실 도서관으로 설립되었다. 정조는 이를 강력한 정치 기구로 육성하고자 비서실 기능을 부여했고, 과거 시험과 관료 교육까지 담당하게 하였다.

정조의 꿈이 깃든 수원 화성
수원 화성은 군사적 방어 기능과 상업적 기능이 함께 고려되었고, 동서양의 축성술이 집약되어 있는 과학적이고 실용적인 구조를 뽐낸다. 1997년 유네스코의 세계 문화유산으로 지정되었다.

㉢ 문물 제도 정비

ⓐ 신분 차별 완화 : 서얼에 대한 차별을 완화하여 능력 있는 인재를 등용, 규장각 검서관으로 박제가, 유득공, 이덕무 등 서얼 출신이 진출

ⓑ 신해통공(1791) : 육의전을 제외한 금난전권 폐지

ⓒ 편찬 사업 : 『대전통편』(법전), 『탁지지』, 『무예도보통지』 등

정조의 명에 따라 호조의 모든 사례를 정리해 편찬한 책

Click ! ● 수원 화성 관련 문화재

서북공심돈

장안문

서장대

화성 행궁

팔달문

거중기

화성 행차도

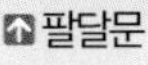

❸ 세도 정치의 전개

(1) 세도 정치

① 의미 : 왕실과 혼인 관계를 맺은 특정 가문이 권력을 독점하는 정치 형태

② 등장 배경 : 정조 사후에 나이 어린 왕 즉위 → 외척의 권력 장악

③ 전개 : 순조(안동 김씨), 헌종(풍양 조씨), 철종(안동 김씨)의 3대 60여 년간 정권 장악 → 비변사의 고위 관직 독점, 군영 장악

(2) 세도 정치의 폐단

① 정치 기강 문란 : 세도 가문이 권력을 남용해 경제적 이권과 부 축적, 과거 제도 문란, 매관매직 성행

② 삼정의 문란

㉠ 전세 : 농경지에 부과된 세금 → 정해진 양의 몇 배 이상 수탈

㉡ 군포 : 군역을 대신해서 군포를 냄 → 불법 징수(인징, 족징, 백골징포, 황구첨정)

㉢ 환곡 : 춘대 추납의 빈민 구제 제도 → 환곡의 세금화, 환곡의 고리대화

(3) 결과 : 부정부패로 나라 혼란, 농민 피해 커짐 → 농민 봉기

세도 정치의 폐단

가을에 한 늙은 아전이 대궐에서 돌아와 처와 자식에게 "요즘 이름 있는 관리들이 모여서 하루 종일 이야기를 하여도 나랏일에 대한 계획이나 백성에 대한 걱정은 전혀 하지 않는다. 오로지 각 고을에서 보내오는 뇌물의 많고 적음과 좋고 나쁨 만에 관심을 가지고, 어느 고을의 수령이 보내온 물건은 극히 정묘하고, 또 어느 수령이 보낸 물건은 매우 넉넉하다고 말한다. 이름 있는 관리들이 말하는 것이 이러하다면, 지방에서 거둬들이는 것이 반드시 늘어날 것이다. 나라가 어찌 망하지 않겠는가?"하고 한탄하면서 눈물을 흘려 마지않았다.

– 정약용, 『목민심서』 –

Click ! ● 세도 정치의 전개

순조(1800~1834)		헌종(1834~1849)		철종(1849~1863)
안동 김씨	➡	풍양 조씨	➡	안동 김씨
순원 왕후 (김조순의 딸)		신정 왕후 (헌종의 어머니, 조만영의 딸)		명순 왕후 (김문근의 딸)

❹ 조선 후기의 대외 관계

(1) 청과의 관계

구분	내용
북벌 추진	청에 당한 치욕을 씻고 명과의 의리를 지킨다는 명분을 내세움(효종, 송시열, 송준길, 이완 등)
북학론	18세기 이후 실학자 중심, 청의 선진 문물 수용해 부국강병 추구
국경 분쟁	• **배경** : 청의 만주 지역 성역화(봉금 정책), 조선인의 만주 이주와 정착 증가 → 청과의 국경 분쟁 발생 • **백두산정계비 건립**(1712) : 조선과 청의 두 나라 대표가 백두산 일대를 답사하고 국경 확정 → 정계비 건립(서쪽으로는 압록강, 동쪽으로는 토문강을 경계로 함) → 일본이 간도 협약(1909)으로 청에 넘김
나선 정벌	청과 러시아의 충돌 → 청의 요청으로 두 차례 조총 부대 파견(1654 · 1658)

Click ! ● 백두산정계비

송화강, 간도, 토문강, 오구강, 두만강, 무산, 백두산, 정계비, 소백산, 압록강, 함경북도, 혜산, 허천강, 함경남도

오라총관 목극등이 국경을 조사하라는 교지를 받들어 이곳에 이르러 살펴보고 서쪽은 압록강으로 하고 동쪽은 토문강으로 경계를 정하여 강이 갈라지는 고개 위에 비석을 세워 기록하노라.

– 강희 51년(1712, 숙종 38) –

(2) 일본과의 관계

1609년(광해군 1)에 일본과 국교를 재개하기 위해 대마도주와 맺은 조약이다. (기유약조)

구분	내용
국교 재개	왜란으로 국교 단절 → 에도 막부의 국교 재개 간청
기유약조	부산포에 왜관 설치 → 제한된 범위에서 무역 허용
통신사 파견	막부의 요청으로 선진 문물 수용, 막부의 권위를 인정받기 위한 목적, 일본에서는 국빈으로 예우, 외교 사절, 선진 문화의 일본 전파 역할
울릉도와 독도	• 삼국 시대 이래 우리의 영토 → 일본 어민의 잦은 침범으로 충돌 • **숙종 때** : 안용복이 울릉도에 출몰하는 일본 어민 축출 → 일본에 건너가 울릉도와 독도가 조선의 영토임을 확인받음(1693 · 1696) • **19세기 말** : 정부의 적극적인 울릉도 경영(주민의 이주 장려, 군 설치, 관리 파견) → 독도까지 관할

북학파의 청 배척
북학파는 청의 문물을 배울 것을 주장했지만, 이것이 청에 대한 복종을 의미하는 것은 아니었다. 북학파들의 주장은 청의 강점을 배워서 그들을 물리쳐야 한다는 생각을 밑바닥에 두고 있었다.

통신사의 행로

통신사 행렬도 통신사의 파견은 왜란 후 일본의 요청으로 이루어져 1607년부터 1811년까지 총 12회 파견되었다. 통신사 일행이 일본에 머무르는 동안 일본의 학자, 예술인들이 찾아와 조선의 선진 문물을 배우고자 하였다.

❶ 통치 체제의 개편

- 비변사가 상설 기구로 변화되었다.
  - ↳ (임진왜란 이후) 비변사의 기능이 강화되었다.
- [유성룡] 훈련도감 설치를 건의하였다.
  - ↳ [임진왜란] 삼수병으로 편제된 훈련도감을 설치하는 계기가 되었다.
  - ↳ 포수, 살수, 사수로 구성되었다.
- 국방력 강화를 위해 (중앙군으로) 5군영을 설치하였다.
  - ↳ [숙종] 금위영이 창설되었다.
- 지방군을 속오군 체제로 개편하였다.
- [인조] 영정법을 시행하였다.
  - ↳ 1결당 쌀 4~6두로 납부액을 고정하였다.
- [대동법] 방납의 폐단을 해결하고자 실시하였다.
  - ↳ 공납의 부과 기준을 가호에서 토지 결수로 바꾸었다.
  - ↳ 관청에 물품을 조달하는 공인의 등장 배경이 되었다.
- [영조] 군역 부담을 줄여주기 위해 균역법을 실시하였다.
  - ↳ 1년에 2필씩 걷던 군포를 1필로 줄였다.
  - ↳ 지주에게 1결 당 2두의 결작을 부과하였다.
  - ↳ 부족한 재정을 보충하기 위해 결작을 부과하였다.

❷ 붕당 정치의 변화와 탕평 정치

- 정여립 모반 사건이 일어났다.
  - ↳ 정여립 모반 사건을 계기로 남인과 북인으로 나뉘었다.
- [북인] 광해군 때 정국을 주도하였다.
  - ↳ 인조반정으로 몰락하였다.
- [예송] 예를 둘러싼 논쟁이라는 뜻이에요.
  - ↳ (예송으로) 서인과 남인이 대립했어요.
  - ↳ 효종 사후와 효종비 사후에 일어났어요.
  - ↳ 자의 대비의 복상 기간이 문제가 되었어요.
  - ↳ [기해예송] (남인) 자의 대비 복상 기간에 대해 3년설을 주장하였다.
- [서인] 예송 논쟁에서 남인과 대립하였어.
  - ↳ 인조반정을 계기로 정국을 주도하였다.
  - ↳ 송시열을 중심으로 결집하여 대의명분을 중시하였다.
- [숙종 대] 환국 정치가 전개되었다.
  - ↳ 경신환국을 계기로 서인이 집권하였다.
  - ↳ 서인이 노론과 소론으로 나뉘어졌다.
- [서인] 갑술환국을 통해 권력을 장악하였다.
- [탕평 정치] 붕당 간 대립을 배경으로 실시되었다.
- [영조] 탕평비가 건립되었다.
  - ↳ 속대전을 반포하였습니다.
- [정조] 초계문신제를 시행하였다.
  - ↳ 초계문신을 선발하여 학문 연구를 장려하였다.
  - ↳ 대전통편이 편찬되었다.
  - ↳ 국왕의 친위 부대인 장용영을 창설하였다.
  - ↳ 수원 화성을 건설하였습니다.

정조의 탕평 의지

'탕평'의 의지, 도장에 담다

정조는 규장각을 통해 학문 연구를 장려하였다. 독서를 좋아하였고, 자신의 책에 개인 도장을 찍는 것을 즐겼다. 그중에는 탕평의 뜻을 새긴 도장도 있었는데, 할아버지 영조를 이어 탕평책을 추진하려는 의지를 담은 것이다.

❸ 세도 정치의 전개

- 안동 김씨 등 소수의 가문이 권력을 독점하였어요.
- 벽파와 시파의 대립이 심화되었다.
- 삼정의 문란으로 농민 봉기가 발생하였다.
  - ↳ 수령과 향리의 수탈로 삼정이 문란해졌다.
  - ↳ 임술 농민 봉기의 계기가 되었다.

❹ 조선 후기의 대외 관계

- 송시열이 북벌론을 내세웠다.
- [숙종] 백두산정계비를 세웠다.
- [효종] 나선 정벌을 위해 조총 부대를 파견하였다.
  - ↳ 북벌 운동을 주도하였다.
- (조선) 통신사가 (일본에) 파견되었다.
  - ↳ 조선과 일본 간의 문화 교류 역할을 하였다.
  - ↳ 에도 막부의 요청으로 파견되었다.

1 다음 퀴즈의 정답으로 옳은 것은? [1점]

① 

② 

③ 

④ 

2 (가)에 들어갈 군사 조직에 대한 설명으로 옳은 것은? [2점]

> **역사 신문**
>
> 제 △△호 1594년 ○○월 ○○일
>
> **(가), 왜군을 무찌를 점병으로 기대감 높아**
>
> 조정은 유성룡의 건의에 따라 (가) 을/를 편제하기로 하였다. 신분에 관계없이 병사를 모집하여 매월 쌀로 급료를 지급할 예정이다. 또한 우수한 병사에게는 양인의 경우 국왕의 친위군인 금군으로 발탁될 기회가, 천인의 경우 면천의 혜택이 주어진다고 한다. 한 관계자는 "모집에 응하는 자가 사방에서 모여들 것"이라고 기대감을 드러내었다.

① 동북 9성을 축조하였다.
② 대마도 정벌에 참여하였다.
③ 국경 지역인 동계와 북계에 배치되었다.
④ 포수, 살수, 사수로 구성되었다.

| 해설 | 조선 후기의 정치 기구

제시된 퀴즈의 정답은 비변사로, 비국(備局), 주사(籌司)라고도 불렸다. 비변사는 원래 16세기 중종 초에 여진족과 왜구의 침략에 대비하기 위해 설치한 임시 회의 기구로 1517년에 설치되어 을묘왜변(1555)을 계기로 상설화 되었다. 그리고, 임진왜란을 거치면서 그 역할이 중요시되어 국가의 중요 관원들로 구성원이 확대되었고, 그 기능도 외교, 재정, 인사 문제 등 거의 모든 정무를 총괄하게 되었다. 이에 따라 의정부의 기능이 유명무실해졌다.

| 오답 넘기 |

② 의정부는 영의정, 좌의정, 우의정 3정승의 합좌 기관으로 비변사의 권한이 확대되면서 권한이 약화되었다.
③ 교정도감은 고려 시대 최충헌이 설치한 정치 기구이다(1209).
④ 도병마사는 고려의 독자적인 회의 기구로 중서문하성의 재신과 중추원의 추밀이 모여 국방과 관련된 내용을 회의하는 기구였다.

정답 ①

| 해설 | 조선 후기의 군사 제도

자료의 (가)는 훈련도감이다. 훈련도감은 유성룡의 건의에 따라 조직된 임진왜란 중에 설치된 중앙 군사 조직으로 직업적 상비군의 성격을 지닌 삼수병을 훈련시켰다(1593). 삼수병은 포수, 사수, 살수로 구성되었는데 일정한 급료를 받는 상비군이었다. 훈련대장은 각 군영 대장과 함께 비변사 회의에 참석하였다.

| 오답 넘기 |

① 고려 시대 윤관은 별무반을 조직해 여진족을 몰아내고 동북 9성을 개척했다(1107).
② 조선 세종 때에는 이종무에 의해 쓰시마 섬(대마도) 정벌이 이루어졌다(1419).
③ 주진군은 5도 양계의 고려 시대 지방 행정 단위 가운데 북쪽의 국경 지역과 맞닿아 있던 양계 지역에 주둔하던 상비군이었다.

정답 ④

3 (가) 제도에 대한 설명으로 옳은 것은? [2점]

이 그림은 (가) 의 시행을 관장한 선혜청을 그린 것입니다. (가) 은/는 토지 결수를 기준으로 공납을 부과하여 특산물 대신 쌀, 베, 동전 등으로 납부하게 한 제도입니다.

① 양반에게도 군포를 부과하였다.
② 방납의 폐단을 해결하고자 실시하였다.
③ 1결당 쌀 4~6두로 납부액을 고정하였다.
④ 비옥도에 따라 토지를 6등급으로 나누었다.

| 해설 | 조선 후기의 수취 제도

'선혜청', '토지 결수를 기준으로 공납을 부과', '특산물 대신 쌀, 베, 동전 등으로 납부'의 내용의 내용을 통해 자료의 (가) 제도는 대동법임을 알 수 있다(1608~1708).

조선 시대 공납은 집집마다 토산물을 공물로 납부하는 것으로 운송과 보관에 불편함이 많았다. 이 때문에 중앙 관청의 서리가 공물을 대신 내고 대가를 챙기는 방납이 행해졌다. 그런데 16세기에 들어와 백성이 직접 공물을 내지 못하도록 방해하거나 방납의 대가를 지나치게 많이 챙기는 폐단이 생겨났다. 정부는 방납의 폐단을 고치기 위해 논의한 끝에 먼저 경기도에서 대동법을 실시하였다(1608). 그 뒤 점차 지역을 넓혀 평안도와 함경도, 제주도를 제외한 전국에 대동법을 적용하였다. 이로써 토지를 가진 농민들은 1결당 미곡 12두 또는 삼베나 무명, 동전을 납부하면 되었다.

| 오답 넘기 |

① 흥선 대원군은 호포제를 실시하여 양반에게도 군포를 징수하였다(1871).
③ 영정법은 연분 9등법이 폐지된 이후 시행된 제도로 풍흉에 관계없이 매년 1결당 4두를 전세로 부과하였다(1635).
④ 조선 세종은 토지의 비옥도에 따라 조세를 징수하는 전분6등법을 실시하였다(1444).

정답 ②

4 다음 논쟁이 전개된 이후의 사실로 옳은 것은? [3점]

효종 대왕께서는 둘째 아들이시므로, 대왕대비께서는 1년 간 복상을 하여야 합니다.

효종 대왕께서는 왕위를 계승하셨으므로 장자에 준한다고 보아, 대왕대비께서는 3년 간 복상을 하여야 합니다.

송시열

허목

① 정여립 모반 사건이 일어났다.
② 묘청이 서경 천도를 주장하였다.
③ 경신환국으로 서인이 집권하였다.
④ 외척 간의 다툼으로 을사사화가 발생하였다.

| 해설 | 조선 후기의 정치 변동

제시된 말풍선에서 '송시열', '허목', '1년간 복상', '3년간 복상' 등의 내용을 통해 조선 현종 때 일어난 예송임을 알 수 있다. 예송은 효종과 효종비의 국상(國喪)에서 인조의 계비인 자의 대비가 상복을 입는 기간을 두고 일어난 논쟁이다(1659 · 1674). 즉 효종이 차남으로서 왕위에 오른 것을 둘러싸고 그 정통성을 인정하느냐 마느냐의 문제로 일어난 논쟁이다.

상복 문제를 둘러싸고 일어난 예송은 유교 질서의 회복을 위한 예학 발달과 국정 운영의 주도권에 대한 붕당 간의 견해 차이로 인해 나타난 것이다. 서인은 효종의 정통성을 부정하여 1년설과 9개월설을 주장하였고, 남인은 효종의 정통성을 인정하여 3년설과 1년설을 주장하였다.

③ 경신환국은 2차 예송 이후 권력을 잡은 남인의 영수였던 허적이 왕실의 물품을 함부로 사용하는 사건이 발생하자 서인이 이 사건을 빌미로 남인을 몰아내고 정권을 재장악한 사건이다(1680).

| 오답 넘기 |

① 선조 때 정여립 모반 사건을 계기로 동인은 북인과 남인으로 나누어졌다(1589).
② 서경 천도 운동은 풍수지리설의 영향을 받아 서경 길지설을 주장하며 고려 시대 묘청 등이 일으킨 사건이다(1135).
④ 을사사화는 명종의 외척인 윤원형을 비롯한 소윤이 인종의 외척인 대윤에게 타격을 가한 사건으로 사림들이 피해를 입었다(1545).

정답 ③

5 밑줄 그은 '왕'의 재위 기간에 있었던 사실로 옳은 것은? [2점]

① 대전통편이 편찬되었다.
② 전민변정도감을 두었다.
③ 대동여지도가 제작되었다.
④ 백두산정계비가 건립되었다.

| 해설 | 조선 후기의 정치

'장희빈을 왕비로 책봉', '환국을 통해 정국을 주도' 등의 내용을 통해 밑줄 그은 '왕'은 조선 숙종임을 알 수 있다. 환국은 집권 붕당이 급격히 교체되는 정치 상황을 뜻한다. 노론이 정국을 이끌어 가던 중 숙종은 남인계 후궁인 장희빈이 낳은 왕자(경종)를 세자로 책봉할 것을 고집하면서 이에 반대하는 노론 세력을 몰아내고 남인 정권을 성립시켰다(기사환국, 1689).

④ 숙종 때 조선은 청과의 국경 분쟁 문제를 해결하기 위하여 백두산에 정계비를 설치하였다(1712).

| 오답 넘기 |

① 법전인 『대전통편』을 편찬한 왕은 정조이다(1785).
② 공민왕은 전민변정도감을 설치하여 권문세족이 부당하게 빼앗은 토지와 노비를 본래의 소유주에게 돌려주거나 양민으로 해방시켰다(1366).
③ 조선 후기 철종 때 김정호는 이전까지의 지도 제작 성과를 바탕으로 대동여지도를 완성하였다(1861).

정답 ④

6 밑줄 그은 '왕'의 업적으로 옳은 것은? [1점]

① 균역법을 실시하였다.
② 별무반을 편성하였다.
③ 농사직설을 편찬하였다.
④ 신해통공을 시행하였다.

| 해설 | 영조의 개혁 정치

'조선에서 가장 오래 재위한 왕', '탕평책'로 보아 영조의 업적을 묻는 문제이다. 영조는 붕당의 폐해를 인식하고 탕평책을 제시하였는데, 붕당을 없애자는 논리에 동의하는 노론과 소론의 강경파를 배제하고 온건파(탕평파)를 중심으로 육성시켜 정국을 운영하였으며, 붕당의 뿌리를 제거하기 위해 공론의 주재자로서 인식되는 산림의 존재를 인정하지 않고 그들의 본거지인 서원을 대폭 정리하였다. 아울러 이조 전랑의 권한을 약화시키기 위하여 그들이 자신의 후임자를 천거하고, 3사의 관리를 선발할 수 있게 해 주던 관행을 없앴다. 각 붕당의 의리 자체보다 붕당 타파가 더 중요하다고 주장했던 정치 집단 입장의 사람들을 대거 등용했기 때문에 이를 완론 탕평책이라고 한다. 또한 당시 농민의 큰 부담이었던 군역의 문제점을 시정하기 위해 균역법을 시행하고(1750), 『속대전』을 만들었으며(1746) 사형수에 대한 삼심제를 엄격하게 시행하는 등 민생 안정에서도 여러 개혁을 추진하였다.

| 오답 넘기 |

② 고려 시대 윤관은 별무반을 조직해 여진족을 몰아내고 동북 9성을 개척했다(1107).
③ 『농사직설』은 세종 때 편찬된 농서로 우리나라의 농토와 현실에 맞는 농사짓는 법을 소개한 것이다(1429).
④ 정조의 신해통공 조치로 육의전을 제외한 시전 상인들의 금난전권이 폐지되어 난전 상인을 비롯한 사상들이 도성에서 영업을 자유롭게 할 수 있게 되었다(1791).

정답 ①

7 (가) 왕의 정책으로 옳은 것은? [2점]

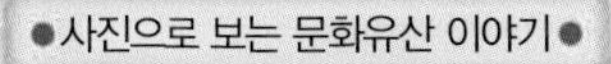
●사진으로 보는 문화유산 이야기●

창덕궁 주합루

(가) 이/가 창덕궁 후원에 세운 주합루에는 왕실 도서를 보관하는 규장각이 있었다. (가) 은/는 규장각에 학술 및 정책 연구 기능을 부여하고 서얼 출신인 이덕무, 유득공 등을 검서관으로 등용하였다.

① 한양으로 천도하였다.
② 집현전을 설치하였다.
③ 초계문신제를 시행하였다.
④ 직전법을 실시하였다.

| 해설 | 정조의 개혁 정치

제시된 자료의 '규장각', '서얼 출신인 이덕무, 유득공 등을 검서관으로 등용'을 통해 (가) 국왕은 조선 정조임을 알 수 있다. 조선 후기 정조는 창덕궁 주합루에 규장각을 설치하여 정책 자문 기구로 삼고(1776), 신진 인물이나 중·하급 관리 중에서 유능한 인재를 재교육하는 초계문신제를 실시하여 개혁 세력을 육성하였다(1781). 한편, 서얼 출신인 유득공, 박제가 등을 규장각 검서관으로 등용하기도 하였다.

| 오답 넘기 |

① 조선 태조는 국호를 조선으로 하고 한양으로 천도하였다(1394).
② 집현전은 세종 때 설치된 학문과 정책의 연구 기관이다(1420).
④ 조선 세조 때 직전법이 실시되어 현직 관리에게만 과전이 지급되고 그 양도 줄어들었다(1466).

정답 ③

8 다음 대화가 있었던 시기의 사실로 옳은 것은? [1점]

① 임술 농민 봉기가 발생하였다.
② 최영이 요동 정벌을 추진하였다.
③ 김사미와 효심의 난이 일어났다.
④ 임꺽정이 지배층의 횡포에 저항하였다.

| 해설 | 세도 정치 시기의 사회상

자료의 대화 시기는 세도 정치기로 '외척인 안동 김씨 가문이 여전히 비변사의 요직을 장악', '세도 가문' 등의 내용을 통해 알 수 있다. 순조, 헌종, 철종의 3대 60여 년간 왕실과 혼인 관계를 맺은 몇몇 가문이 정권을 장악하면서 특정 가문이 권력을 독점하는 정치 형태인 세도 정치가 전개되었다.

① 세도 정치 아래에서 농민들은 곳곳에서 봉기하며 본격적으로 저항하였다. 대표적인 사건으로는 전국 각지로 퍼진 임술 농민 봉기를 꼽을 수 있다(1862). 특히 진주 농민들은 몰락 양반 유계춘을 중심으로 경상우도 병마절도사 백낙신의 수탈에 맞서 봉기하여 한때 진주성을 점령하였다.

| 오답 넘기 |

② 고려 말에는 명이 철령위를 설치하고 철령 이북의 땅을 지배하겠다고 알려오자 최영의 지휘 하에 요동 정벌군이 편성되었다(1388).
③ 무신 집권기 경상도 지역에서는 운문(청도)의 김사미와 초전(울산)의 효심이 무리를 모아 봉기하여 큰 세력을 이루었다(1193).
④ 16세기 중엽 조선 명종 때 수취 제도가 문란해지자 임꺽정이 지배층의 횡포에 저항하였다.

정답 ①

19 조선 후기의 경제와 사회 변동

일차

공부한 날 월 일

❶ 조선 후기의 경제적 변화 ☆☆☆

(1) 농촌 사회의 변화

① 농업 생산력의 증대

㉠ 농사 기술 개발 : 농기구와 시비법 개량, 밭고랑 파종법(견종법)의 보급, 제언 · 보 · 저수지 등의 신설 및 보수 등

㉡ 모내기법의 도입과 영향

ⓐ 김매기에 필요한 노동력 절감 : 농업 생산력 증대

ⓑ 벼와 보리의 이모작 : 생산량 증대 → 농민 소득 증대

ⓒ 1인당 경작 면적 확대(광작 현상 대두) : 농민층의 분화(부농과 임노동자 발생)

② 작물 재배의 변화

㉠ 상품 작물 재배 : 인삼, 담배, 면화 등 상품 작물을 재배하여 수입 늘림

㉡ 구황 작물 : 기근에 대비, 고구마 · 감자 등 재배

(2) 지주 전호제의 변화 : 신분적 관계보다 경제적 관계 강화, 소작인의 지위 향상, 지대의 변화(타조법 → 도조법)

지대 납부 방식이 타조법에서 도조법으로 점차 바뀌어가면서 지주와 소작인의 전통적이고 신분적인 관계가 계약 관계로 바뀌었으며, 소작인의 이윤을 늘릴 수 있는 조건이 마련되었다.

모내기법

모내기법은 볍씨를 논에 바로 뿌리지 않고 모판에서 길러 나중에 옮겨 심는 방식으로 고려 말부터 남부 지방에 보급되기 시작하였다. 모내기철에는 반드시 논에 물이 차 있어야 하므로 수리 시설이 필요하였다. 이에 국가는 가뭄을 우려하여 모내기법을 금지하기도 하였다.

소작료(지대) 납부 방식

- **타조법** : 정률 지대로 대체로 수확량의 절반을 내는 방식이다.
- **도조법** : 정액 지대로 이후 점차 화폐로 내는 경향이 나타났다.

Click ! ● 모내기법의 보급

논갈이와 모내기

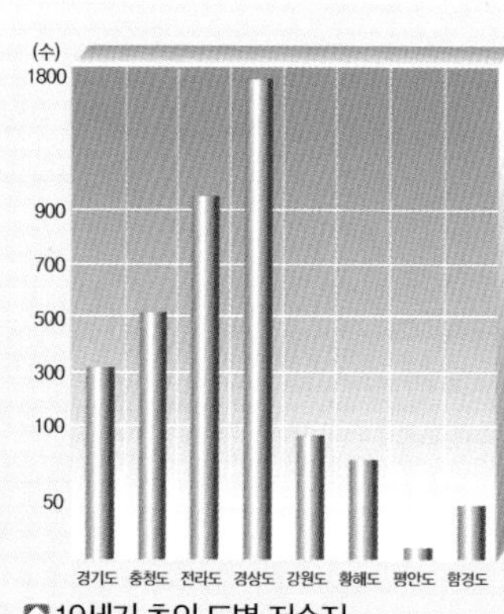

19세기 초의 도별 저수지

- 이앙(모내기)을 하는 이유는 김매기의 노력을 더는 것이 첫째요. …… 어떤 사람들은 큰 가뭄을 만나면 모든 노력이 헛되어 버리니 위험하다고 하나 벼를 심는 논은 반드시 하천이 있어 물을 끌어들일 수 있으니 그렇지 않다.
  – 『임원경제지』 –
- 모내기의 이로움은 봄보리를 갈아먹고 물을 갈아 모내기를 하여 벼를 수확하니 1년에 두 번 농사지음이 그것이다.
  – 『비변사등록』 –

❷ 상공업의 발달 ☆☆☆

(1) 민영 수공업의 발달

① **배경** : 도시 인구 증가, 대동법 실시, 상품 화폐 경제 발달 → 민간 수공업 발달

② **내용** : 18세기 말 장인 등록제(공장안)가 폐지되고, 장인세만 납부하면 자유롭게 자신의 제품을 만들어 직접 판매할 수 있게 됨

장인세: 수공업자인 장인에게 부과하는 세금

③ **형태** : 상인에게 미리 자금과 원료를 제공받아 제품 생산(선대제 수공업)

선대제(先貸制)

상인이 수공업자에게 생산에 필요한 원료나 도구를 미리 빌려 주고 생산을 하게 한 뒤 일정한 대가를 치르고 그 제품의 공급을 독점하는 형태의 가내 수공업

Click ! ● 민영 수공업의 발달

대장간(김홍도)

3월에 삼씨 뿌려 7월에 삼을 쪄서
닷새 동안 실 잇고 이어 열흘 동안 씻고 씻어
가는 손에 북을 들고 가는 베 짜냈더니
잠자리 날개 같아 한줌 안에 담뿍 들 듯
아깝게도 저 모시, 남쪽 장사치에 다 주고
베 값이라 미리 받은 돈은 관청 빚에 다 털렸는데
베 짜는 저 아가씬 언제 보나 석새 삼베
그나마 너무 짧아 정강이도 채 못가리누나

-『이계집』-

덕대
광산의 주인과 계약을 맺고 광물을 채굴하여 광산을 경영하는 사람

(2) 광업의 발달

① **과정** : 조선 초기 국가가 광산 경영 독점 → 17세기 중엽 개인에게 광산 개발 허용, 세금 수취 → 17세기 말 일본에서 반입되는 은의 감소로 광산 개발 촉진
② **잠채 성행** : 광산으로 농민 집중 → 세율 인상, 공개적인 채굴 금지로 관청 몰래 채취하는 잠채 성행
③ **은광, 금광 등의 개발 확대** : 민영 수공업의 발달(원료 수요 급증), 대청 무역으로 은의 수요 증가
④ **광산 운영 방식의 변화** : 광산 개발에 필요한 많은 인력과 대자본을 동원할 수 있는 상인이 덕대에게 경영 위임(덕대제) → 자본과 경영 분리

17세기 중반 설점수세제, 17세기 후반 별장제, 18세기 후반 수령수세제 시행

(3) 상업의 발달

① **배경** : 농업 생산력 증대, 수공업의 발달, 대동법 실시(공인의 활동, 조세의 금납화 등), 금난전권 폐지(신해통공) 등 → 상품 화폐 경제 발달, 도시 인구 증가

1791

② **장시의 발달**
㉠ 장시의 확대 : 18세기 중엽 전국에 1,000여 개소로 확대
㉡ 형태 : 보통은 5일장 형태의 정기시, 특산물에 대해 연 1회 열리는 연시 → 일부는 상설 시장으로 발전

③ **관허 상인과 사상의 성장**
㉠ 관허 상인
ⓐ 중앙 : 시전 상인, 공인(대동법 실시로 등장, 관청과 결탁한 어용 상인)
ⓑ 지방 : 보부상(여러 장시를 하나의 유통망으로 연계, 장날의 차이를 이용해 전국의 장시를 무대로 활동)
㉡ 사상의 성장
ⓐ 사상(난전 상인)의 대두 : 17세기 후반 이후 종루(종로 근처), 이현(동대문 안), 칠패(남대문 밖), 누원(도봉산 입구) 등지에 근거지를 마련하여 금난전권의 철폐를 계기로 성장

금난전권
난전(사상이 운영하는 가게)의 상업 행위를 금지시킬 권리라는 뜻으로, 시전 상인들이 가지고 있었던 특권을 말한다.

등짐장수(권용정)

사상
국가의 허가를 받지 않고 상행위를 하는 상인으로 도시에서는 '난전'이라고 불리기도 하였다.

ⓑ 사상의 종류

구분	활동 지역	활동
경강 상인	한강	운송업에 종사, 미곡 · 소금 · 어물 등 판매
송상	개성	대청 · 대일 무역 중계, 인삼 판매, 송방이라는 지점 설치
만상	의주	대청 무역 주도
내상	동래(부산)	대일본 무역 주도

④ **다양한 상업 활동** : 포구에서 선상(운송업), 객주 · 여각(상품 매매 중개)의 활약

⑤ **화폐 유통**

㉠ 상평통보 유통 : 18세기 후반 전국적으로 유통되어 조세와 지대의 금납화가 가능해짐

㉡ 전황 : 지주나 대상인들이 화폐를 고리대나 재산 축적에 이용하여 유통 화폐 부족 현상이 발생

⑥ **무역 활동**

㉠ 대청 무역 : 17세기 중엽부터 개시(공무역)와 후시(사무역)가 활발

㉡ 대일 무역 : 17세기 이후 왜관 개시를 통해 활발한 무역 전개

㉢ 사상들의 무역 활동

구분	무역의 형태(주담당)	수출품	수입품
대청 무역	개시와 후시(만상)	은, 종이, 무명, 인삼	비단, 약재, 문방구
대일 무역	왜관 개시, 후시(내상)	인삼, 쌀, 무명	은, 구리, 황, 후추
중계 무역	주로 송상이 담당 ⇨ 자본 축적		

상평통보

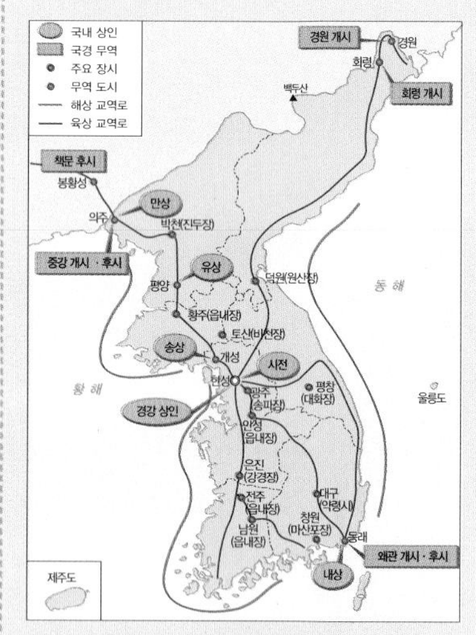

조선 후기의 상업과 무역 활동

❸ 사회 구조의 변동 ★★★

(1) 신분제의 동요

① **양반층의 분화**

㉠ 배경 : 붕당 간 정치적 갈등으로 일당 전제화 전개

㉡ 양반층의 분화 : 권력을 잡은 일부 양반을 제외한 다수 양반의 몰락 → 향반, 잔반

② **중간 계층의 성장**

㉠ 서얼의 성장 : 임진왜란 후 차별 완화, 납속책과 공명첩으로 관직 진출, 관직 진출 제한 철폐 상소(서얼 통청 운동), 정조 때 유득공, 이덕무, 박제가 등이 규장각 검서관으로 등용

(납속책: 신분에 따라 미곡을 바치면 그에 해당하는 특권을 주는 것)

㉡ 중인의 성장 : 대규모 소청 운동 전개(철종 때), 외래 문물 수용에서 역관이 선구적 역할 수행

③ **상민의 신분 상승** : 지위 상승 및 군역의 부담 모면 목적, 납속 · 공명첩 및 족보 매매 · 위조 등을 이용하여 양반으로 상승

④ **노비의 해방**

㉠ 신분 상승 방법 : 납속, 군공, 도망 등을 통해 양인으로 신분 상승

㉡ 정부의 노비 정책 변화 : 국가 재정 확보를 위해 공노비 해방(순조, 1801)

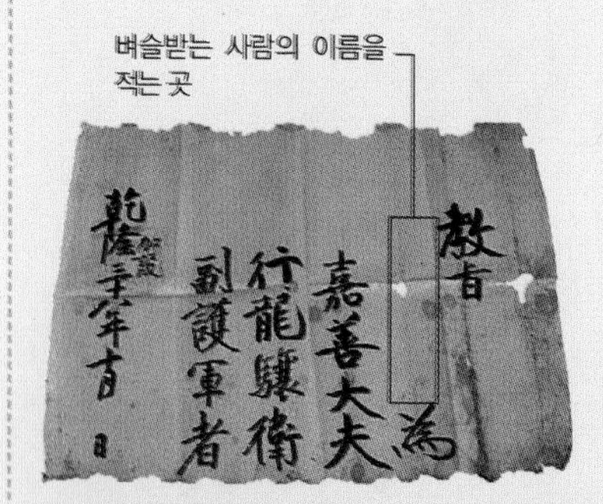

공명첩 나라의 재정을 보충하기 위하여 부유층으로부터 돈이나 곡식을 받고 팔았던 명예직 관리 임명장

Click ! • 조선 후기 신분제의 동요 — 조선 후기에는 하층민의 신분 상승으로 양반 수가 증가하고 상민과 노비의 수는 감소하였다.

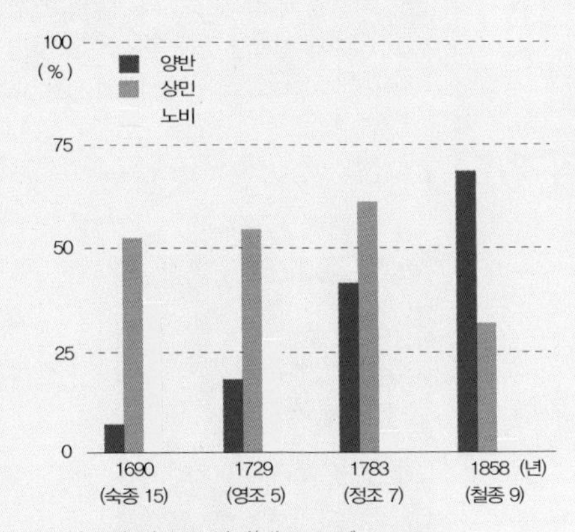

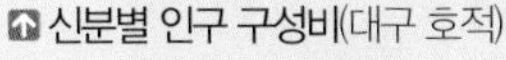
신분별 인구 구성비(대구 호적)

• 옷차림은 신분의 귀천을 나타내는 것이다. 그런데 어찌된 까닭인지 근래 이것이 문란해져 상민 · 천민들이 갓을 쓰고 도포를 입는 것이 마치 조정의 관리나 선비와 같이 한다. 진실로 한심스럽기 짝이 없다. 심지어 시전 상인들이나 군역을 지는 상민들까지도 서로 양반이라 부른다.

–『일성록』–

• 근래 아전의 풍속이 나날이 변하여 하찮은 아전이 길에서 양반을 만나도 절을 하지 않으려 한다. 아전의 아들 · 손자로서 아전의 역을 맡지 않은 자가 고을 안의 양반을 대할 때 맞먹듯이 너, 나 하며 자(字)를 부르고 예의를 차리지 않는다.

–『목민심서』–

(2) 향촌 질서의 변화

① **배경** : 부농층이 수령 등 관권과 결탁하여 향안에 이름을 올리고 향회 장악 노력, 정부의 부세 제도 운영에 참여, 향임직 진출

② **전개** : 기존 양반층의 반발 → 구향(기존 재지 사족)과 신향의 갈등으로 향전 발생

(3) 가족과 혼인 제도의 변화

① **부계 중심 가족 제도 강화** : 친영(親迎) 제도, 장자 중심의 상속과 제사, 부계 위주의 족보 편찬, 서얼 차별 → 문과 응시 금지, 제사 · 재산 상속 차별

(친영: 남자가 여자를 자신의 집으로 데리고 와서 혼례를 올리고 남자 집에서 생활하는 혼인 형태)

② **결혼 제도의 변화** : 일부일처제 기본(축첩 가능), 과부의 재가 금지

신행(김홍도) 신부가 혼례식을 마치고 신랑 집으로 가는 의식을 그린 것이다.

④ 사회 변혁의 움직임 ★★

(1) 예언 사상의 유행

① **배경** : 세도 정치하에서 서민 생활 피폐(삼정의 문란), 초월적인 힘에 의지하여 정신적 구원을 얻으려는 경향이 나타남

② **예언 사상 유행** :『정감록』이 널리 유행하여 이씨 왕조 몰락을 예언

③ **무격 · 미륵 신앙 확산** : 미륵불을 자처하는 무리 등장(선운사 도솔암 마애불 등)

선운사 도솔암 마애불

(2) 천주교의 수용과 확산

① **서학 연구** : 중국으로부터 서양 문물 전래 → 서학 연구의 활발 → 천주교 연구 → 천주교 신앙 활동으로 발전

② **천주교 전래** : 정조 때 이승훈이 청에서 세례를 받고 돌아옴 → 조선 교회 창설

③ **천주교 확산** : 남인 양반 · 중인 중심 → 서민층과 여성에게 확산

④ **천주교 전래의 특징** : 학문적 연구를 통해 자발적으로 수용

⑤ **천주교 박해** : 유교 제사 의식 거부, 인간 평등 사상, 내세 사상 등으로 사교로 규정 → 순조 즉위 후 대대적인 탄압(신유박해, 1801), 황사영 백서 사건

(황사영 백서 사건: 순조 때 황사영이 프랑스 군사력을 동원하여 신앙의 자유를 얻게 해 달라는 글을 보내려다 발각된 사건으로 대대적인 천주교 탄압의 원인이 되었다.)

(3) 동학의 성립

① **창시** : 경주 출신의 최제우가 창시(1860)

② **교리** : 유 · 불 · 선에 민간 신앙 결합, 시천주(侍天主) · 인내천(人乃天) 사상(인간 평등 사상)

최제우가 세운 동학의 근본 사상으로 천주(한울님)를 모신다는 뜻이다.

③ **박해** : 혹세무민(惑世誣民)의 종교라 하여 탄압 → 교조 최제우 처형

④ **동학의 성장** : 2대 교주 최시형의 노력으로 농촌 사회에 확산 → 교단 조직 갖춤, 「동경대전」(경전)과 「용담유사」(포교문 · 주문 · 가사) 간행

동학의 발생

사람이 곧 하늘이라. 그러므로 사람은 평등하며 차별이 없나니, 사람이 마음대로 귀천을 나눔은 하늘을 거스르는 것이다. 우리 도인은 차별을 없애고 선사의 뜻을 받들어 생활하기를 바라노라. –최시형의 최초 설법–

(4) 농민 봉기의 확산

① **홍경래의 난(1811)**

㉠ 원인 : 세도 정치로 인한 정치 혼란, 평안도 지방 사람들에 대한 부당한 차별 대우

㉡ 중심 세력 : 몰락 양반 홍경래의 지휘 아래 영세 농민, 중소 상인, 광산 노동자 합세

㉢ 경과 : 청천강 이북의 여러 고을 점령 → 정주성 싸움에서 진압됨

㉣ 영향 : 농민들이 각성하는 계기, 19세기 농민 봉기의 선구적 역할

② **임술 농민 봉기(1862)**

㉠ 원인 : 세도 정치기 삼정의 문란과 탐관오리 경상 우병사 백낙신의 횡포

㉡ 주도 세력 : 몰락한 양반 유계춘이 주도, 농민 중심

㉢ 의의 : 전국적으로 농민 봉기 확산

③ **정부의 대응** : 삼정이정청 설치, 암행어사 파견 등

1862년 농민 봉기의 수습 방안 마련책으로 제기된 삼정의 폐단을 시정하기 위한 임시 관청

순무영진도 홍경래가 이끄는 봉기군과 관군이 대치하고 있는 모습을 그린 것이다.

Click ! ● **조선 후기의 농민 봉기**

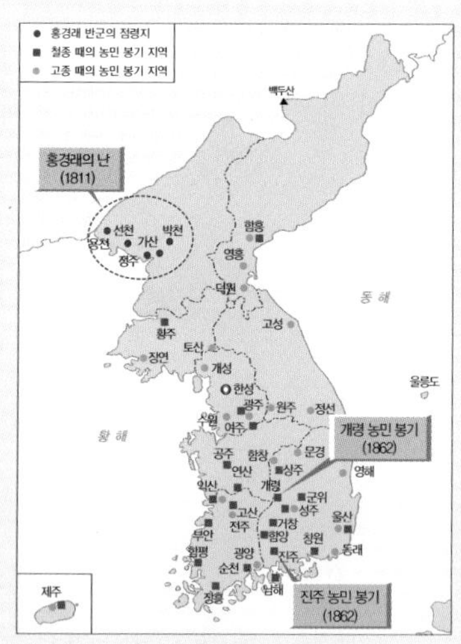

19세기의 농민 봉기

● **홍경래의 난**

평서대원수는 급히 격문을 띄우노니 관서(평안도 지역)의 사람들은 모두 이 격문을 들어라. 예부터 관서는 벼슬아치가 많이 나오고 문물이 발전한 곳이다. 그러나 조정에서는 이곳을 더러운 흙과 같이 여겨 노비들마저 이곳 사람을 평안도 놈이라 일컫는다. 지금 나이 어린 임금이 있어서 권신들의 간악한 짓은 날이 갈수록 더 심해지고, 김조순, 박종경의 무리가 국가의 권력을 제멋대로 하니 이곳 관서에서 병사를 일으켜 의로운 깃발을 들어 백성들을 구하고자 한다. – 홍경래, 농민군의 격문 –

● **임술 농민 봉기**

임술년(1862) 2월 19일, 진주민 수만 명이 머리에 흰 수건을 두르고 손에는 몽둥이를 들고 무리를 지어 진주 읍내에 모여 서리들의 가옥 수십 호를 불사르고 부수어, 그 움직임이 결코 가볍지 않았다. 병사(백낙신)가 해산시키고자 장시에 나가니, 흰 수건을 두른 백성들이 그를 빙 둘러싸고는 백성들의 재물을 횡령한 조목, 아전들이 세금을 포탈하고 강제로 징수한 일들을 면전에서 여러 번 문책하는데, 그 능멸하고 핍박함이 조금도 거리낌이 없었다.

–『임술록』–

① 조선 후기의 경제적 변화

- 모내기법이 널리 행해졌다.
  - ↳ 모내기법이 전국적으로 확산되었다.
  - ↳ 농법의 개량으로 광작이 성행하였다.

> **실전 자료** **이앙법**
>
> 이앙법은 노동력을 크게 덜어주기 때문에 지금은 삼남 지방 외에 다른 도에서도 모두 이를 본받아 이미 풍속을 이루었다.
>
> –『증보문헌비고』–

- 고추, 담배가 전래되었다.
  - ↳ 담배, 고추 등의 상품 작물이 재배되었다.
  - ↳ 고추, 인삼을 상품 작물로 재배하는 농민
- 구황 작물인 감자와 고구마 재배를 장려하였다.

② 상공업의 발달

- 독점적 도매상인인 도고가 활동하였다.
- 관청에 물품을 조달하는 공인이 활동하였다.
- 덕대가 광산을 경영하였다.
  - ↳ 덕대가 광산을 전문적으로 경영하였다.
- [정조] 신해통공을 시행하였다.
- 장시가 전국적으로 확산되었다.
- 정기 시장인 장시가 전국 각지에서 열렸다.
  - ↳ [보부상] 여러 장시를 하나의 유통망으로 연계시켰다.
  - ↳ 보부상단을 만들어 결속을 다졌다.
- [객주와 여각] 주로 위탁 판매업, 숙박업 등에 종사하였다.
- [숙종] 상평통보 발행
  - ↳ 상평통보가 전국적으로 통용되었다.
- 송상, 만상이 대청 무역으로 부를 축적하였다.
  - ↳ [송상] 전국에 송방이라는 지점을 설치하였다.
  - ↳ [내상] 왜관을 중심으로 대외 무역을 전개하였다.
  - ↳ [만상] 책문 후시를 통해 청과의 무역을 주도하였다.
  - ↳ 청과의 무역으로 부를 축적한 만상

③ 사회 구조의 변동

- [조선 후기] 양반의 수가 증가하였습니다.
  - ↳ 몰락한 양반도 있었다.
- 돈으로 신분을 사기도 하였다.
  - ↳ [공명첩] 재정 부족 문제를 해결하기 위해 발급되었다.
  - ↳ 국가의 재정을 보충하기 위해 팔았던 관직 임명장입니다.
  - ↳ 벼슬을 받는 사람의 이름을 비워 둔 임명 문서
- [서얼] 정조 때 규장각 검서관으로 발탁되기도 하였다.
  - ↳ 청요직 진출을 주장하는 통청 운동을 전개하였다.
  - ↳ [박제가, 유득공, 이덕무] 서얼 출신으로 규장각 검서관에 등용되어 활동하였다.

④ 사회 변혁의 움직임

- 정감록의 영향을 받아 일어났다.
- [미륵 신앙] 미륵불이 내려와 세상을 구제한다고 주장하였다.
- [천주교] 서학이라 불리는 학문으로 소개되었다.
  - ↳ 황사영 백서 사건이 발생하였다.
  - ↳ 신유박해로 희생된 인물들을 검색한다.
- [동학] 최제우가 동학을 창시하였다.
  - ↳ 동경대전과 용담유사를 정전으로 삼았다.
- [홍경래의 난] 홍경래가 난을 일으켰다.
  - ↳ 세도 정치 시기의 수탈과 지역 차별에 반발하여 일어났다.

> **실전 자료** **홍경래의 난**
>
> **서북 지방에 대한 차별을 없애라!**
>
> 서북 지방에서 지역 차별과 세도 정치를 비판하며 봉기가 일어났다. 가난한 농민, 상인, 수공업자, 광산 노동자 등 다양한 계층의 사람들이 봉기에 참여하였다.

- [삼정의 문란] 임술 농민 봉기의 원인이 되었다.
  - ↳ 임술 농민 봉기의 배경을 분석한다.
  - ↳ 임술 농민 봉기가 발생하였다.
  - ↳ 세도 정치기 경상우병사 백낙신의 부정부패에 분노하여 봉기함
  - ↳ 사건의 수습을 위해 박규수가 안핵사로 파견되었다.
  - ↳ 삼정이정청을 설치하였습니다.

1 다음 자료에 나타난 시기의 경제 모습으로 옳은 것은? [2점]

> 허적, 권대운 등의 대신들이 동전을 만들어 통용할 것을 청하였다. 왕이 여러 신하에게 물으니, 신하들이 모두 그 편리함을 말하였다. 왕이 그 말에 따라 호조 등에 명하여 상평통보를 주조하고, 동전 4백 문(文)을 은 1냥 값으로 정하여 시중에 유통하게 하였다.

① 벽란도에서 송의 상인과 교역하였다.
② 활구라고도 불리는 은병이 제작되었다.
③ 관청에 물품을 조달하는 공인이 활동하였다.
④ 시장을 감독하기 위해 동시전이 설치되었다.

| 해설 | 조선 후기의 경제

제시된 자료에서 '상평통보를 주조', '시중에 유통'의 내용을 통하여 이 시기가 조선 후기 경제 모습을 묻는 문제임을 알 수 있다. 상평통보는 조선 인조 때 처음 발행되었으며, 1678년(숙종 4)에 허적(許積)의 건의에 따라 상평통보를 국가의 유일한 법화로서 주조 유통하게 되었다.

③ 조선 후기 대동법의 시행으로 공인이 등장함에 따라 관청에서 공가를 미리 받아 물품을 납부하는 대량 구매 활동으로 상품 화폐 경제가 발달하게 되었다(1608~1708).

| 오답 넘기 |

① 고려 시대 벽란도는 국제 무역항으로 크게 번성하였다.
② 고려 숙종은 1097년 주전도감을 설치하고 은으로 된 화폐인 은병(활구)을 주조하였다.
④ 신라 지증왕 때에는 동시를 감독하는 관청으로 동시전이 설치되었다(509).

정답 ③

2 다음 그림이 그려진 시기의 경제 모습으로 옳은 것은? [2점]

그림으로 역사를 읽다

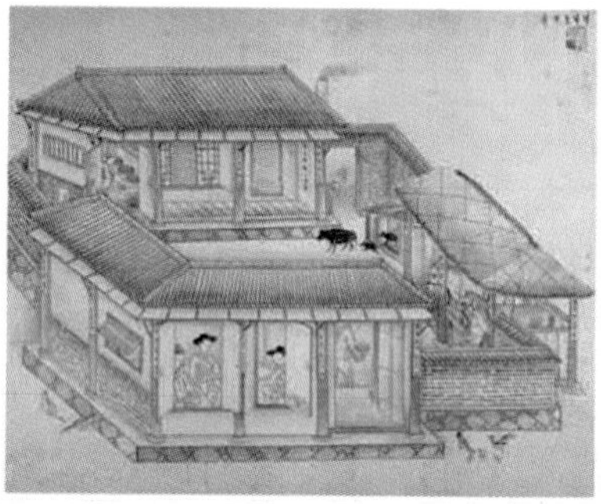

이 작품은 김준근이 객주의 모습을 그린 것입니다. 주인이 담뱃대를 물고 갓을 쓴 사람들과 대화를 나누는 듯 합니다.

① 빈민 구제를 위해 흑창을 두었다.
② 서양 면직물이 수입되어 유통되었다.
③ 벽란도를 통해 송의 상인과 교역하였다.
④ 시장 감독을 위해 동시전을 설치하였다.

| 해설 | 조선 후기의 경제상

객주의 모습이 담긴 『기산풍속도첩』은 김준근이 개항장인 원산 · 부산 · 제물포 등지에서 외국의 상인이나 선교사에게 판매할 기념품으로 제작한 풍속화이다(1880년대~1900년대 초). 객주는 선상과 행상의 위탁을 받아서 물건을 매매한 중개 상인이 18세기 이후 포구와 장시에서 활동하였으며, 개항이 되자 출현하여 일본인 무역상과 조선인 소비자 사이에서 영국산 면제품과 쌀을 교환해주는 역할을 수행하였다. 개항장의 객주는 내외국 상인들의 위탁 판매를 통해 수수료를 받았으며, 어음의 인수와 할인을 통한 금융업까지 하면서 자본을 축적하였다.

| 오답 넘기 |

① 고려 태조는 민생 안정을 위해 흑창을 설치하였다(918).
③ 고려 시대 벽란도는 국제 무역항으로 크게 번성하였다.
④ 지증왕은 6세기 초에 시장을 감독하는 관청인 동시전을 설치하였다(509).

정답 ②

3 다음 자료에 나타난 시기의 경제 상황으로 옳지 않은 것은? [2점]

> 모시, 삼[麻], 오이, 참외 등 온갖 채소와 약재 농사도 잘 지으면 밭 한 고랑에서 얻는 이익이 헤아릴 수 없이 크다. 한성 내외 및 번화한 도시의 파 밭, 마늘 밭, 배추 밭, 오이 밭 10무(畝) 넓이에서 거두는 수입이 수 만 전(錢), 즉 수백 냥을 헤아린다. 황해도 · 평안도의 담배 밭, 함경도의 삼[麻] 밭, 한산의 모시 밭, 전주의 생강 밭, 강진의 고구마 밭, 황주의 지황(地黃) 밭에서 얻는 이익은 상상(上上) 등급의 논에 비해 10배에 달한다.
>
> -『경세유표』-

① 덕대가 광산을 경영하였다.
② 모내기법이 전국적으로 확산되었다.
③ 벽란도에서 송과의 교역이 성행하였다.
④ 독점적 도매 상인인 도고가 활동하였다.

| 해설 | 조선 후기의 경제상

제시된 자료는 조선 후기에 나타난 상품 작물의 재배와 관련된 것이다. 조선 후기에는 쌀, 목화, 채소, 담배, 약초, 인삼 등의 상품 작물이 널리 재배되어 농민들에게 많은 이익을 가져다주었다. 이 시기에는 광산 경영 전문가인 덕대가 상인 물주에게 자본을 조달받아 광물을 채굴하였으며, 모내기법 등의 보급으로 광작이 성행하였다. 또 장시가 전국적으로 확대되었으며, 상품을 매점매석하는 상인인 도고(都賈)가 등장하였다.

| 오답 넘기 |

③ 고려 시대 예성강 하구의 벽란도는 당시의 국제 무역항으로 크게 번성하였다.

정답 ③

4 다음 조치가 내려진 시기를 연표에서 옳게 고른 것은? [3점]

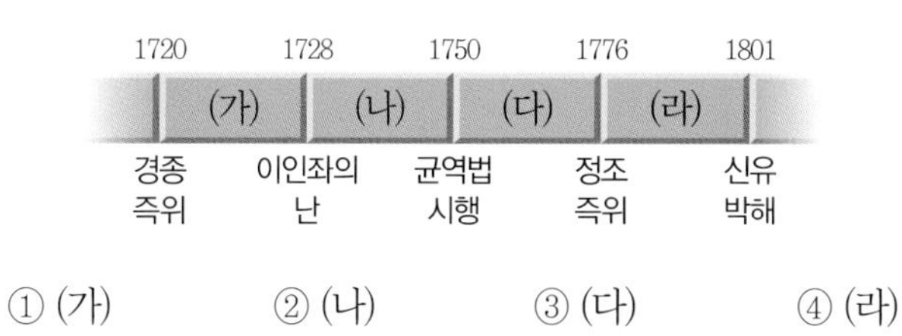

① (가) ② (나) ③ (다) ④ (라)

| 해설 | 조선 후기의 상업

조선 정부는 시전 상인에게 관청에서 필요한 물품을 공급하게 한 대가로 특정 상품에 대한 독점 판매권을 주었다. 금난전권은 육의전을 비롯한 시전이 서울 도성 안과 도성 아래 10리 이내의 지역에서 난전의 활동을 규제하고, 특정 상품에 대한 전매 특권을 지킬 수 있도록 정부로부터 부여받았던 특권을 가리킨다. 그러나, 조선 후기에 상업이 발전하면서 금난전권의 폐단이 나타나자 정조는 신해통공을 취하여 육의전(비단, 명주, 무명, 모시, 종이, 어물)을 제외한 나머지 시전 상인의 금난전권을 폐지하였다(1791).
따라서 연표의 (라) 시기에 해당한다.

정답 ④

5 다음 대화가 이루어진 시기에 볼 수 있는 모습으로 적절하지 않은 것은? [2점]

① 팔만대장경 조판에 참여하는 승려
② 나루터에서 탈춤 공연을 벌이는 광대
③ 시사(詩社)를 조직하여 활동하는 중인
④ 고추, 인삼을 상품 작물로 재배하는 농민

| 해설 | 조선 후기의 향촌 사회

조선 후기에 경제력을 갖춘 부농층은 수령을 중심으로 한 관권과 결탁하여 향안에 이름을 올리기도 하였다. 조선 후기에 와서 부를 축적한 농민이 양반 신분을 사거나 족보를 위조하여 양반으로 행세하는 경우가 많았기 때문에 양반의 수가 크게 증가하였고, 이는 양반의 사회적 권위 자체를 떨어뜨리는 작용을 하였다.

② 조선 후기 장시에서 공연되었던 탈춤에는 양반들의 위선적인 모습을 비판하고, 사회의 부정과 비리를 풍자, 고발하는 내용이 많았다.
③ 조선 후기 중인층은 시사(詩社)를 결성하고 『소대풍요』와 『해동유주』 같은 시문집을 간행하였다.
④ 조선 후기에는 쌀, 목화, 채소, 담배, 약초, 인삼 등의 상품 작물이 널리 재배되었다.

| 오답 넘기 |

① 팔만대장경(재조대장경)은 고려 시대 몽골의 침입을 물리치기 위해 만든 대장경이다.

정답 ①

6 (가) 종교에 대한 설명으로 옳은 것은? [2점]

근일에 요사스런 흉패한 (가) 이/가 열화(烈火)같이 치열해져서 형제의 위급합니 하늘을 뒤덮고 있으니, 진실로 국가의 화급한 근심이 되었습니다. …… 그런데 아! 저 정약전 · 정약용 형제는 정약종의 동기(同期)로서, 몰래 이승훈에게 요사스러운 책을 받아 밤낮으로 탐혹하여 유교를 어지럽히고 윤리를 멸절시켰다고 세상에서 지목받은 지 여러 해가 되었습니다.

– 『순조실록』 –

① 중광단을 북로 군정서로 발전시켰다.
② 산천 숭배나 신선 사상과 결합시켰다.
③ 서학이라 불리는 학문으로 소개 되었다.
④ 만세보를 발간하여 민중 계몽에 힘썼다.

| 해설 | 조선 후기의 종교

자료 속 종교는 천주교로 17세기에 중국을 왕래하던 사신들을 통해 서학으로 소개되어 학문으로 연구되다가 18세기 후반 남인 계열의 일부 실학자들에 의해 신앙으로 받아들여지기 시작하였다.
1800년 정조가 죽은 후 정권을 장악한 벽파는 남인계의 시파를 제거하기 위해 신유박해(1801)를 일으켰다. 신유박해로 인해 천주교 전래에 앞장섰던 이승훈, 정약종 등 남인 학자와 청나라 신부 주문모 등이 처형되었고, 정약전, 정약용 등이 유배되었다. 이를 계기로 많은 수의 양반 계층이 교회를 떠나게 되었다.

| 오답 넘기 |

① 중광단은 대종교도였던 서일 등이 만든 단체이다(1911).
② 삼국 시대 도교는 산천 숭배 신앙이나 불로장생을 추구하는 신선 사상과 결합하여 주로 귀족 사회를 중심으로 널리 전파되어 유행하였다.
④ 만세보는 천도교의 기관지이다(1906).

정답 ③

7 (가)에 대한 탐구 활동으로 가장 적절한 것은? [2점]

역사신문

제△△호 ○○○○년 ○○월 ○○일

(가), 농민 사이에서 급속도로 확산

교조 최제우의 처형 이후에도 (가) 은/는 교세가 줄지 않고 있다. 제2대 교주 최시형이 교리와 교단을 정비하고 '사람이 곧 하늘'임을 강조하면서, 지배층의 폭정에 시달리는 농민들 사이에서 급속히 확산되고 있다.

① 소격서 폐지의 배경을 분석한다.
② 팔관회를 중시한 이유를 살펴본다.
③ 신유박해로 희생된 인물들을 검색한다.
④ 동경대전과 용담유사의 내용을 조사한다.

8 (가) 사건에 대한 설명으로 옳은 것은? [3점]

① 세도 정치 시기의 수탈과 지역 차별에 반발하여 일어났다.
② 사건의 수습을 위해 박규수가 안핵사로 파견되었다.
③ 공신 책봉에 불만을 품고 이괄이 주도하여 일으켰다.
④ 삼수병으로 편제된 훈련도감을 설치하는 계기가 되었다.

| 해설 | 조선 후기의 종교

동학의 2대 교주인 최시형은 어려서 고아가 되어 머슴살이를 하는 등 어렵게 생활하다가 동학에 입교하였다. 1863년 7월에 경북의 북부 지역을 포교하는 접주로 임명되어 포교 활동을 시작 하였고, 최제우가 체포되기 직전인 8월 14일에 대주인(大主人)이 되어 도통을 이어받았다.
동학의 2대 교주 최시형은 『동경대전』과 『용담유사』를 펴내 교리를 정리하고 교단을 재정비하였다. 그 결과 동학의 교세는 1880년대에 영남 지방을 벗어나 호남 · 충청 · 경기 지방까지 확대되었고, 1890년대에는 삼남 지방을 거의 포괄할 정도로 성장할 수 있었다.

| 오답 넘기 |

① 도교의 행사를 집행하는 기구인 소격서는 중종 때인 1518년에 폐지되었다가 1525년에 복설되었다. 그러다 임진왜란 뒤에 다시 폐지되었다.
② 고려는 나라의 발전과 개인의 행복을 기도하는 팔관회와 연등회 등의 행사를 열었다.
③ 홍경래의 난이 발생하기 전인 신유년(1801) 노론 강경파인 벽파가 집권하면서 천주교에 대한 대대적인 탄압이 가해졌는데 이를 신유박해라 한다.

정답 ④

| 해설 | 조선 후기의 농민 봉기

자료는 홍경래의 난과 관련된 것이다. 평안도 지역에서 지역 차별과 순조 재위 이후의 세도 정치에 저항하여 몰락 양반 홍경래를 중심으로 일어난 농민 봉기는 19세기에 일어난 대규모 농민 봉기의 시작이었다.
당시 평안도 지역은 중국 무역의 통로로 상공업이 크게 발달하였다. 이에 신흥 상공업자가 증가하고, 광산촌에는 토지를 잃고 떠돌아다니던 농민들이 모여들었다. 이러한 상황에서 정부가 평안도민을 차별하고 수탈을 늘리자 이 지역 주민들의 불만이 커졌다. 몰락 양반인 홍경래와 서얼 출신 우군칙 등은 광산 노동자 등을 모아 평안도 가산에서 봉기하였다(1811). 관군에게 패한 후 정주성에서 저항하였으나 5개월 만에 진압되었다.

| 오답 넘기 |

② 임술 농민 봉기 당시 정부에서는 박규수를 안핵사로 파견하여 조사하였다(1862).
③ 이괄은 인조반정 때의 공신이었으나, 적절한 대우를 받지 못한 것에 불만을 품고 반란을 일으켰다(1624).
④ 임진왜란 중에 기존의 군사 제도가 제대로 운영되지 못하자 1593년에 유성룡의 건의로 훈련도감이 설치되었다.

정답 ①

20 조선 후기 문화의 새 기운

일차

공부한 날 월 일

❶ 성리학계의 동향과 양명학의 수용 ☆

(1) 성리학의 절대화 경향

① 성리학의 절대화 : 서인의 의리 명분론 강화, 주자 성리학 절대화(송시열이 뒷받침)

② 성리학에 대한 비판 : 윤휴(유교 경전의 독자적 해석), 박세당(주자 학설 비판) → 6경과 제자백가 중시, 서인(노론)이 이들을 사문난적(斯文亂賊)으로 배척

(2) 이기론 논쟁 : 남인과 노론 사이에 전개

① 주리론 : 이황 학파를 계승한 남인 주장, 기(氣)보다 이(理) 중시

② 주기론 : 이이 학파를 계승한 노론 주장, 이(理)보다 기(氣) 중시

(3) 호락 논쟁 : 노론 내부의 논쟁

① 충청도 노론(호론) : 인간과 사물의 본성이 다르다는 인물성이론(人物性異論) → 위정척사 사상으로 계승되어 서양과의 수교 반대

② 경기도 노론(낙론) : 인간과 사물의 본성이 같다는 인물성동론(人物性同論) → 북학 사상으로 계승되어 서양과의 수교에 융통적임

(4) 양명학의 수용과 강화학파의 형성

(양명학 : 명의 왕양명에 의해 정립된 새로운 경향의 유학으로, 이론보다 현실과 실천을 중시하였다.)

① 수용 : 정권에서 소외된 소론 계열의 학자들이 주로 수용

② 특징 : 지행합일(知行合一), 치양지(致良知)의 실천 강조 → 성리학의 절대화 비판

③ 학파 형성 : 18세기 정제두에 의해 강화학파 형성 → 집안의 후손과 인척을 중심으로 하여 계승, 한말 정인보 · 박은식 등에 영향

❷ 실학 사상의 발달 ☆☆☆

(1) 실학의 등장과 성격

① 등장 배경 : 양반 사회의 모순 심화, 성리학의 현실 문제 해결 능력 부족, 고증학과 서양 과학 전래

② 실학의 선구자

㉠ 이수광 : 『지봉유설』에서 중국과 우리나라의 문화 · 전통을 폭넓게 정리, 『천주실의』 등을 소개

㉡ 김육 : 시헌력의 채용과 상평통보의 주조를 건의, 대동법의 확대 실시 주장

(2) 농업 중심의 개혁론과 상공업 중심의 개혁론

① 중농학파(경세치용학파) : 농촌 사회 안정을 위해 토지 제도 개혁 주장

② 중상학파(이용후생학파) : 상공업 진흥과 기술 혁신으로 부국강병, 청 문물 수용(북학파라고도 불림)

6경
시경, 서경, 역경, 예기, 춘추의 5경에 악기(樂記)를 추가하여 6경이라 한다.

사문난적
유학의 반역자(실학 · 천주교 · 동학도 사문난적으로 배척됨)

치양지(致良知)
양명학의 핵심 교리로 양지를 충분히 발휘하는 것을 말한다. 인간의 마음에 선천적으로 갖추어진 천리(天理)로서의 도덕성에 의하여 옳고 그름을 바르게 깨닫는 마음 작용을 양지라 한다.

고증학
청나라에서 발전한 유학으로 문헌에 근거하여 실증적으로 사실을 규명하려는 특징을 지녔다.

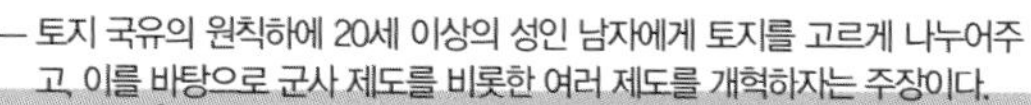

토지 국유의 원칙하에 20세 이상의 성인 남자에게 토지를 고르게 나누어주고, 이를 바탕으로 군사 제도를 비롯한 여러 제도를 개혁하자는 주장이다.

중농학파	중상학파
• 유형원 : 『반계수록』 저술, 균전론 주장, 양반 문벌 제도 · 노비 제도 · 과거 제도 비판 • 이익 : 『성호사설』 저술, 성호학파 형성, 한전론 주장(영업전 이외 토지 매매), 나라를 좀먹는 여섯 가지 폐단 지적 • 정약용 : 여전론(후에 정전제) 주장, 과학 기술과 상공업 발달에도 관심, 『목민심서』(지방 행정 개혁), 『경세유표』(중앙 행정 개혁), 『흠흠신서』 등 500여 권 저술	• 유수원 : 『우서』 저술, 상공업의 진흥과 기술 혁신 강조, 사농공상의 직업 평등과 전문화 주장 • 홍대용 : 『의산문답』, 『임하경륜』 저술, 기술 혁신, 신분제 철폐, 성리학 극복, 지전설, 무한 우주론 주장 • 박지원 : 『열하일기』 저술, 수레와 선박의 이용과 화폐 유통 주장, 양반 문벌 제도의 비생산성 비판 • 박제가 : 『북학의』 저술, 청 문물의 적극 수용, 생산의 자극을 위한 소비 권장(생산과 소비의 관계를 우물물에 비유)

무한 우주론: 지구가 우주의 중심이 아니라는 홍대용의 이론으로 당시에는 대담한 주장이었다.

다산 초당 (전남 강진) 정약용이 유배 생활을 하던 곳

Click ! ● 중농주의 실학과 중상주의 실학

정약용의 여전론

농사를 짓는 사람에게는 토지를 갖게 하고, 농사를 짓지 않는 사람에게는 토지를 갖지 못하게 하려면 여전제를 실시하여야 한다. …… 1여는 내 땅 네 땅의 구분이 없이 공동으로 소유하게 하며, …… 백성이 공동으로 경작하도록 한다. …… 여장(여의 우두머리)은 매일 개개인의 노동량을 장부에 기록하여 두었다가 가을이 되면 수확물을 …… 국가에 바치는 세금과 여장의 봉급을 제하고, 그 나머지를 노동량에 따라 여의 백성에게 분배한다.

– 정약용, 『여유당전서』 –

➡ 토지를 공동 소유 · 공동 노동 · 공동 경작하고, 생산물을 노동량에 따라 공동 분배하여 농민의 경제적 평등을 지향한 일종의 공동 농장 제도

박제가의 소비관

비유하건대 재물은 대체로 우물과 같은 것이다. 퍼내면 차고, 버려 두면 말라 버린다. 그러므로 비단옷을 입지 않아서 나라에 비단 짜는 사람이 없게 되면 여인네들의 길쌈과 바느질도 쇠퇴하고, 쭈그러진 그릇을 싫어하지 않고 기교를 숭상하지 않아서 공장(수공업자), 대장간 등이 도야(기술을 익힘)하는 일이 없게 되면 기예가 망하게 되며, 농사가 황폐해져서 그 법을 잃게 되므로 사농공상의 사민이 모두 곤궁하여 서로 구제할 수 없게 된다.

– 박제가, 『북학의』 –

(3) 국학 연구의 확대

① 배경 : 민족적 전통과 현실에 대한 관심이 고조되면서 국학 연구가 활발해짐

② 국사 연구

이익	실증적 · 비판적 역사 서술 제시, 중국 중심의 역사관 탈피	안정복	이익의 제자, 『동사강목』(고조선~고려 말까지의 역사) 저술, 삼한 정통론 주장
한치윤	『해동역사』(중국 및 일본의 역사서 500여 종 참고) 저술	이종휘	『동사』(고구려의 역사 연구) 저술
유득공	『발해고』(발해를 우리 역사로 편입, 남북국 시대 명명) 저술	이긍익	『연려실기술』(조선 시대의 정치와 문화 정리) 저술
김정희	『금석과안록』, 북한산비가 진흥왕 순수비임을 밝힘		

동사강목
삼한 정통론을 내세워 단군과 기자, 마한을 정통 국가로 내세우고 위만 조선과 한의 군현을 제외하였다.

남북국 시대
발해를 우리 역사로 인식하여 발해를 북국, 통일 신라를 남국으로 불러야 한다는 주장

택리지
택리지는 각 지역의 자연 환경과 물산, 풍속, 인심 등을 서술하고 어느 지역이 살기 좋은 곳인가를 논한 책이다.

③ 지리서 : 『동국지리지』, 『택리지』(풍수지리 바탕, 각 지역의 인문 지리적 특성 제시)

④ 지도 : 정상기의 동국지도(100리 척 사용), 김정호의 대동여지도(산맥 · 하천 · 도로망 표시 정밀, 10리마다 눈금 표시, 목판 인쇄)

100리 척: 100리를 1척으로 정한 지도 제작 방식

⑤ 언어 : 신경준의 『훈민정음운해』, 유희의 『언문지』, 이의봉의 『고금석림』

⑥ 백과사전류 : 『지봉유설』(이수광), 『성호사설』(이익), 『청장관전서』(이덕무), 『임원경제지』(서유구), 『오주연문장전산고』(이규경), 『동국문헌비고』(역대 제도와 문물 정리)

Click !

● **유득공의 역사 인식**

부여씨가 망하고 고씨가 망한 다음, 김씨가 남방을 차지하고 대씨(발해)가 북방을 차지하고는 발해라 했으니, 이것을 남북국이라 한다. 남북국에는 남북국의 사서가 있었을 텐데, 고려가 편찬하지 않은 것은 잘못이다. 저 대씨가 어떤 사람인가. 바로 고구려 사람이다. 그들이 차지하고 있던 땅은 어떤 땅인가. 바로 고구려 땅이다.

－『발해고』－

● **김정호의 대동여지도**

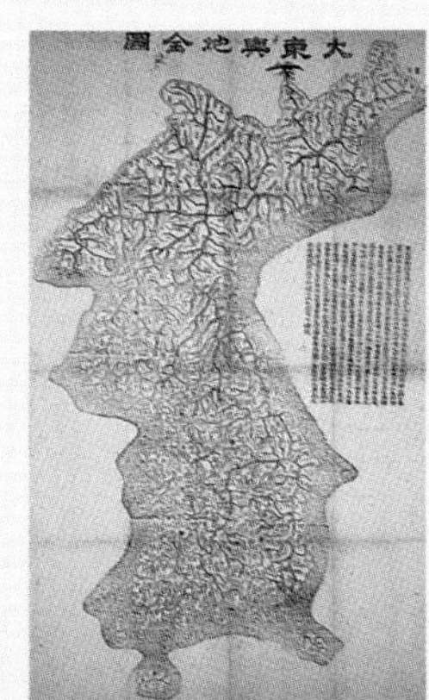
대동여지전도(김정호)

대동여지도는 전체 22첩으로 만들어진 목판 지도이다. 즉, 70여 장의 목판으로 만들어진 지도를 이어 붙인 전체 크기는 대략 가로 2.7m, 세로 6.4m인데, 접어서 책처럼 들고 다닐 수 있었다. 산맥, 하천, 포구, 도로망의 표시가 정밀하여 물자 운송 등과 관련한 당시 사회·경제적 요구를 잘 반영하고 있음을 알 수 있다.

(4) 실학의 의의와 한계

① 의의 : 실증적·민족적·근대 지향적 성격 → 개화 사상가들에게 영향

② 한계 : 주로 정권에서 소외된 몰락 지식인층의 주장으로 국가 정책에 반영되지 못함, 학문적 연구에 그침

❸ 과학과 기술의 발달☆☆

(1) 서양 문물의 수용

① 수용 : 중국을 왕래하던 소현세자, 정두원, 홍대용, 박지원 등이 화포·천리경·자명종 등의 서양 문물을 접하고 이에 대한 이해의 폭을 넓힘

② 서양인의 표류(17세기) : 벨테브레이(서양식 대포 제조법, 조총법 전수), 하멜(『하멜 표류기』 저술)

└ 17세기 중엽 네덜란드인 하멜이 제주도에 표착했다가 서양 사람들에게 조선을 소개한 최초의 책이다.

소현세자
소현세자는 대청 외교를 담당하면서 청나라의 힘을 파악한 후, 청과의 타협을 꾀하였고 청과 서양 문물을 수용하고자 하였다. 그러나 이러한 소현세자의 태도는 인조와 서인의 반감을 사게 되었다.

Click !

● **성리학적 세계관의 변화**

홍대용이 만든 혼천의

중국은 서양과 180도 경도 차이가 있다. 중국인은 중국을 중심으로 삼고, 서양을 변두리로 삼으며, 서양인은 서양을 중심으로 삼고 중국을 변두리로 삼는다. 그러나 실제에 있어서는 …… 중심도 변두리도 없이 모두가 중심이다. …… 하늘의 입장에서 보면 무슨 안팎의 차별이 있겠는가. 그러므로 저마다 제 국민을 사랑하고 제 임금을 존중하고 제 나라를 지키고 제 풍습을 좋아하는 것은 중국과 오랑캐가 다 마찬가지이다.

－『의산문답』－

● **서양 문물의 도입**

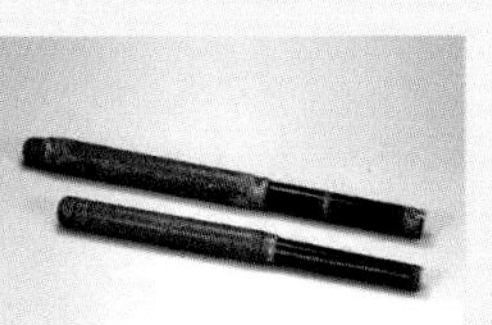
천리경

자명종

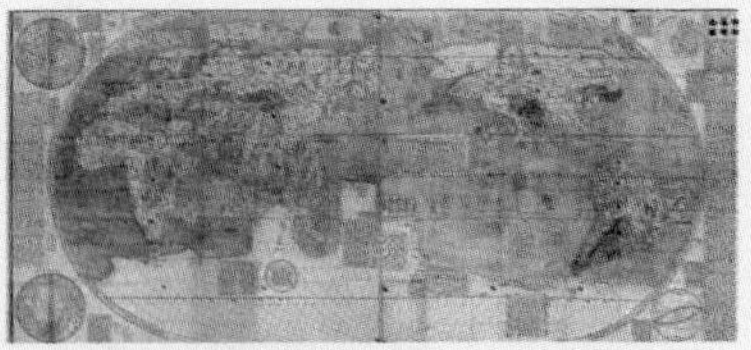
곤여만국전도

시헌력
태음력에 태양력의 원리를 부합시켜 24절기의 시각과 하루의 시각을 정밀히 계산하여 만든 역법

사상 의학
이제마의 체질 의학을 말하는데, 이제마는 태양인, 태음인, 소양인, 소음인으로 구분하여 같은 질병이라도 체질에 따라 처방 방법이 다르다고 주장하였다.

거중기

판소리
광대가 한 편의 이야기를 창 · 아니리 · 발림으로 연출하며, 고수와 관중이 추임새로 함께 어울리는 전통 예술이다. 2003년 유네스코 인류 무형 문화유산으로 등재되었다.

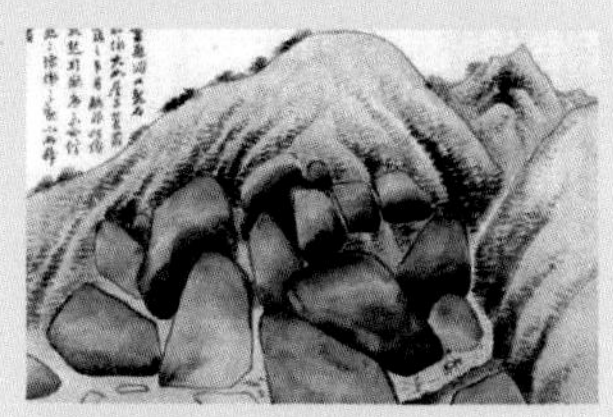
영통골입구도(강세황)

까치와 호랑이(민화)

(2) 천문학과 지도 제작 기술의 발달

① **천문학** : 지전설 주장(김석문, 홍대용) → 성리학적 세계관을 비판하는 근거

② **역법** : 김육의 노력으로 시헌력 도입(효종 대, 1653)

③ **지도** : 서양 선교사가 만든 곤여만국전도(세계 지도) 전래(1708) → 조선인의 세계관 확대

(3) 의학과 기술의 발달

① 의학의 발달

저서	저자	의의
동의보감	허준	우리나라의 전통 한의학을 체계적으로 정리, 유네스코 세계 기록유산으로 등재
침구경험방	허임	자신의 경험을 바탕으로 침구술을 집대성
마과회통	정약용	홍역에 관한 지식 집대성, 박제가 등과 함께 종두법 실험
동의수세보원	이제마	체질 의학 이론인 사상 의학 확립

② **기술의 발달** : 정약용의 거중기 제작과 배다리 설계

(4) 농서의 편찬 : 『농가집성』(신속, 이앙법 보급, 1655), 『색경』(박세당, 1676), 『임원경제지』(서유구, 농촌 생활 백과사전, 1827)

❹ 서민 문화의 발달 ☆☆☆

(1) 조선 후기 문화의 성격

① **발달 배경** : 상품 화폐 경제의 발달, 서민의 경제력 확대, 서당 교육의 보급

② **특징** : 인간 감정의 솔직한 표현, 양반의 비리나 위선 고발, 사회 비리 풍자

(2) 문학과 공연 예술

① **한글 소설** : 허균의 『홍길동전』, 『흥부전』, 『춘향전』 등

② **한문학** : 박지원의 『양반전』과 『호질』 등

③ **시사(詩社)** : 중인층과 서민층의 시인 동우회 결성

④ **공연 예술**

㉠ **판소리** : 하층민과 양반 모두에게 호응(춘향가, 적벽가, 심청가, 토끼 타령, 흥부가 등 유행), 신재효(19세기 후반 판소리 사설 창작 · 정리)

㉡ **탈놀이** : 향촌에서 마을 굿의 일부로서 공연

(3) 회화와 서예의 새 경향

① **진경 산수화** : 중국 남종과 북종 화법 수용, 우리 풍토에 맞춘 화법 창안(실경 산수화의 전통 토대), 정선('인왕제색도', '금강전도')

② **풍속화**

㉠ **단원 김홍도** : 소탈하고 익살스러운 필치로 서민 생활 묘사

㉡ **혜원 신윤복** : 주로 양반과 부녀자의 생활과 유흥, 남녀 사이의 애정 등을 감각적이고 해학적으로 묘사

③ **서양 화법의 도입** : 강세황이 원근법과 명암법을 이용('영통골입구도')

④ **민화** : 민중의 미적 감각, 소박한 정서 표현 → 생활 공간 장식

⑤ **서예** : 이광사(동국진체), 김정희(추사체 창안)

Click ! ● 진경 산수화와 풍속화의 유행

● 진경 산수화

인왕제색도(정선)

금강전도(정선)

● 김홍도의 풍속화

씨름(김홍도)

● 신윤복의 풍속화

단오 풍정(신윤복)

Click ! ● 김정희의 추사체와 금석학

추사 김정희는 고금의 필법을 깊이 연구하여 독특한 필체로 이름난 추사체를 창안하여 한국 서예사의 새로운 경지를 열었다. 또한 고증학에도 조예가 깊어 북한산 순수비가 신라 진흥왕에 의해 세워졌다는 사실을 처음으로 밝혔다. 이것과 황초령비를 판독, 고증한 내용을 합쳐 『금석과안록』으로 편찬하였다(1852년 완성).

(4) 건축의 변화

① 17세기 : 김제 금산사 미륵전, 구례 화엄사 각황전, 보은 법주사 팔상전 → 불교의 사회적 지위 향상과 양반 지주층의 경제적 성장 반영, 규모가 큰 다층 건물로 내부는 하나로 통하는 구조

② 18세기 : 논산 쌍계사 · 부안 개암사 · 안성 석남사(부농과 상인의 지원으로 건립), 수원 화성(종합적인 도시 계획으로 건설)

③ 19세기 : 경복궁의 근정전과 경회루

(5) 공예

① 자기 : 백자가 민간에까지 널리 사용되었고, 흰 바탕에 푸른 유약으로 그림을 그리는 다양한 형태의 청화 백자가 유행

② 옹기 : 음식 저장용 그릇으로서 서민들이 많이 사용

청화 백자

Click ! ● 조선 후기의 건축

김제 금산사 미륵전

보은 법주사 팔상전

우리나라 유일의 목조 5층탑으로 법주사 경내에 있는 팔상전은 부처님의 생애를 담은 팔상도가 그려져 있다.

논산 쌍계사

경복궁 경회루

❶ 성리학계의 동향과 양명학의 수용

- [정제두] 강화 학파를 형성하였다.
  - ↳ 지행합일을 강조한 양명학을 체계화하였다.

❷ 실학 사상의 발달

- [유형원] 반계수록에서 균전론을 제시하였다.
  - ↳ 신분에 따른 토지 차등 분배 방안을 제시하였다.
- [유형원, 이익] 자영농을 확보하고자 하였다.
- [정약용] 마을 단위의 토지 분배와 공동 경작을 제안하였다.
  - ↳ 토지 제도 개혁안으로 여전론을 주장하였다.
  - ↳ 여전론과 정전론 비교
  - ↳ 목민심서에서 수령의 덕목을 제시하였다.
- [박제가] 북학의를 저술하였다.
  - ↳ 북학의에서 소비의 중요성을 주장하였다.
  - ↳ [북학의] 재물은 샘과 같은 것이다. 퍼서 쓰면 차고, 버려 두면 말라 버린다.
  - ↳ 청 문물의 수용을 주장하였다.
- [홍대용] 혼천의를 제작하였다.
  - ↳ 지전설 주장의 배경
- [박지원] 열하일기에서 수레 이용을 강조하였다.

> **실전 자료** **열하일기**
>
> • **지은이**: 박지원
> • **지은 시기**: 1780년
> • **내용**: 청에서 보고 들은 것을 기록한 책이다. 청의 발달된 문물과 기술을 소개하고, 이를 적극적으로 받아들이자고 주장하고 있다.

- [박제가] 북학의에서 소비의 중요성을 주장하였다.
- [안정복] 동사강목을 저술하여 고조선부터 고려까지의 역사를 정리하였다.
- [유득공] 발해고를 집필하였다.
  - ↳ 발해고에서 신라와 발해를 남북국이라 칭하였다.
  - ↳ 남북국이라는 용어가 처음 사용되었어요.
- [김정희] 북한산비가 진흥왕 순수비임을 고증하였다.
- [정상기] (100리 척을 이용하여) 동국지도를 제작하였다.
- [김정호] 대동여지도를 제작하였다.

❸ 과학과 기술의 발달

- [김육] (중국으로부터) 시헌력을 도입하였다.
- [이제마] (동의수세보원) 사상 의학을 확립하였다.
  - ↳ 사람의 체질을 연구하여 사상 의학을 정립하였다.
- [정약용] 기기도설을 참고하여 거중기를 설계하였다.

❹ 서민 문화의 발달

- 홍길동전을 읽는 여성
  - ↳ 사회 모순을 비판한 한글 소설
  - ↳ 한글 소설이 서민들 사이에 널리 읽혔습니다.
  - ↳ 홍길동전, 춘향전 등 한글 소설이 널리 읽혔다.
  - ↳ 저잣거리에서 이야기책을 읽어주는 전기수
- 기존의 시조 형식에서 벗어난 사설시조가 성행했어요.
- [한문학] (양반전) 양반의 무능과 허례를 비판하였다.
  - ↳ 양반의 위선과 무능을 비판한 박지원의 양반전
  - ↳ [박지원] 양반전을 저술하였다.
- 시사(詩社)를 조직하여 활동하는 중인
- 심청가 등의 판소리가 유행했어요.
  - ↳ 심청가, 흥보가 등 판소리가 유행하였다.
- 광대가 장시에서 탈춤 공연을 벌였어요.
  - ↳ 나루터에서 탈춤 공연을 벌이는 광대
  - ↳ 양반 사회를 풍자하는 탈놀이가 성행하였다.
  - ↳ 양반의 위선을 해학적으로 풍자한 탈춤
- [정선] 인왕제색도를 그렸다.
  - ↳ 인왕산의 진경을 묘사한 정선의 인왕제색도
  - ↳ 조선의 고유한 자연을 표현한 인왕제색도를 남겼다.
  - ↳ [진경 산수화] 우리나라의 산천을 사실적으로 표현했어요.
- 서민의 정서와 해악이 담긴 민화가 그려졌다.
- [김정희] 추사체를 창안하였다.
  - ↳ 조형미가 뛰어나고 독창적인 김정희의 추사체
  - ↳ 세한도를 그렸다.
- 청화 백자를 만드는 도공

1 다음 자료의 주인공에 대한 설명으로 옳은 것은? [1점]

호는 사암, 당호는 여유당인데 '주저하기를 겨울에 개울을 건너듯, 조심하기를 이웃을 두려워하듯'이란 뜻에서 지었다. …… 화성 쌓는 일을 끝마쳤을 때 임금이 말씀하시기를, "다행히 기중가(起重架)*를 사용하여 4만 냥의 비용을 절약했다."라고 하셨다.

-『자찬묘지명(自撰墓誌銘)』-

* 기중가(起重架): 거중기를 다르게 이르는 말.

① 세한도를 그렸다.
② 목민심서를 저술하였다.
③ 동국지도를 제작하였다.
④ 현량과 실시를 건의하였다.

| 해설 | 조선 후기의 실학

제시된 자료에서 '여유당', '기중가(거중기)를 사용', '화성' 등으로 조선 후기의 실학자 다산 정약용임을 알 수 있다. 정약용은 과학 기술에 관심을 가져 배다리를 설계하고, 거중기를 고안하였으며 천주교를 믿었다는 이유로 전남 강진에서 유배 생활을 하였다.

정약용은 이 시기에 방대한 양의 저술을 하였는데, 대표적으로 지방 수령들의 필독서가 되었다는 『목민심서』와 『흠흠신서』, 『경세유표』 등이 있다. 또 중농학파의 대표적 인물로서 농지의 공동 소유, 공동 경작, 공동 분배를 주장하였으며 실학을 집대성하였다.

| 오답 넘기 |

① 조선 후기 김정희는 지조 있는 선비의 이념 세계를 표현한 문인화인 세한도를 그렸다.
③ 정상기의 동국지도는 우리나라에서 최초로 축척 개념을 사용한 것으로 보고 있다(1740년대).
④ 백운동 서원은 중종 때 풍기 군수 주세붕이 세운 최초의 서원이다(1542).

정답 ②

2 (가) 인물에 대한 설명으로 옳은 것은? [2점]

① 기기도설을 참고하여 거중기를 설계하였다.
② 북한산비가 진흥왕 순수비임을 고증하였다.
③ 사람의 체질을 연구하여 사상 의학을 정립하였다.
④ 서얼 출신으로 규장각 검서관에 등용되어 활동하였다.

| 해설 | 조선 후기의 실학

제시된 자료의 『북학의』, '청 문물 도입', '소비 촉진을 통한 생산력 증대' 등의 내용을 통해 볼 때 (가) 인물은 조선 후기 실학자 박제가이다. 박제가는 서얼 출신으로 1779년에 유득공, 이덕공, 서이수와 함께 규장각 검서관에 등용되었다.

박제가는 연행 경험을 바탕으로 『북학의』를 저술하고, 상공업을 육성하고 선박, 수레, 벽돌 등 발달된 청 기술을 적극적으로 수용하자고 제안하였다. 또 생산력을 높이고자 소비를 권장해야 한다고 주장하였다. 아울러 서구의 상선들이 청에 왕래하는 것처럼 조선도 대형 선박을 건조하여 국제 무역에 적극 나서야 한다고 강조하였다.

| 오답 넘기 |

① 정약용은 서양 선교사가 중국에서 펴낸 『기기도설』을 참고하여 거중기를 만들었는데 이 거중기는 수원 화성을 만들 때 사용되었다.
② 김정희는 『금석과안록』을 지어 북한산비가 진흥왕 순수비임을 밝혔다(1852).
③ 19세기에 이제마는 『동의수세보원』에서 사상 의학을 확립하였다(1894).

정답 ④

3 밑줄 그은 '이 책'으로 옳은 것은? [2점]

> 이중환이 지은 이 책은 사민(四民) 총론, 팔도 총론, 복거(卜居) 총론, 총론으로 구성되어 있다. 각 지방의 자연환경, 풍속, 인물 등을 자세히 수록하였으며, 특히 취락과 거주지의 이상적인 조건으로는 지리, 생리(生利), 인심, 산수를 제시하였다.

①
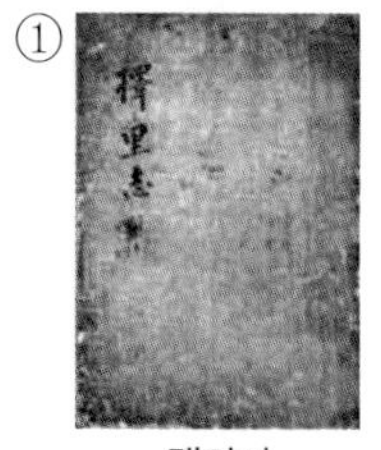
택리지

②

금석과안록

③

목민심서

④
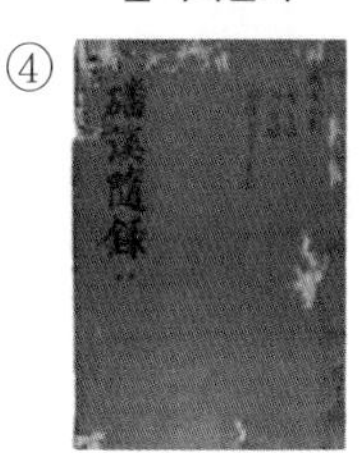
반계수록

| 해설 | 조선 후기 국학의 연구

조선 후기 지리 분야의 이중환은 『택리지』에 우리나라 각 지방의 자연환경과 풍속, 인물 등을 자세히 수록하였다. 『택리지』는 사민총론, 팔도총론, 복거총론, 총론으로 나누어져 기술되어 있는 지리지이다.

팔도총론에서는 당시의 행정 구역인 전국 8도의 역사와 지리적 특색을 기술하였고, 복거총론에서는 사람이 살만한 곳을 지리(地理), 생리(生利), 인심(人心), 산수(山水) 측면에서 설명하였다.

| 오답 넘기 |

② 김정희는 『금석과안록』에서 북한산비가 진흥왕 순수비임을 밝혔다(1852).
③ 『목민심서』는 정약용이 저술한 책으로 목민관(지방관)의 덕목에 대한 내용이 기록되어 있다.
④ 실학자 유형원은 『반계수록』에서 토지 제도 개혁을 주장하였다.

정답 ①

4 교사의 질문에 대한 학생의 답변으로 옳지 않은 것은? [2점]

① 심청가 등의 판소리가 유행했어요.
② 광대가 장시에서 탈춤 공연을 벌였어요.
③ 새로운 역법으로 수시력이 도입되었어요.
④ 홍길동전 등의 한글 소설이 널리 읽혔어요.

| 해설 | 조선 후기의 문화

조선 후기에는 중인층과 서민층의 문학 창작 활동이 활발해지면서 동호인들이 모여 시사(詩社)를 조직하거나 역대 시인들의 시를 모아 시집을 간행하였다.

이외에도 조선 후기에는 서당 교육을 통해 글자를 읽고 쓸 줄 아는 서민들이 늘어나면서 이들의 의식이 성장하였고 서얼 차별을 비판하는 내용의 『홍길동전』을 비롯하여 『흥부전』, 『춘향전』, 『심청전』 등의 한글 소설이 널리 읽혔다. 또 사설시조, 판소리, 양반의 위선을 풍자하는 탈놀이 등을 통해 자신들을 표현하는 문화 활동을 하였다.

| 오답 넘기 |

③ 수시력은 고려 후기 충선왕 때 채용된 역법으로 이슬람 역법까지 수용하여 만들어 오늘날의 역법과 거의 차이가 나지 않는 정교한 역법이었다.

정답 ③

5 (가)에 들어갈 그림으로 가장 적절한 것은? [1점]

한 · 일 회화 특별전

우리 박물관은 17세기 이후 한국과 일본에서 나타난 회화의 새로운 경향을 엿볼 수 특별전을 마련하였습니다.

- 기간 : 2019년 ○○월 ○○일~○○월 ○○일
- 장소 : △△박물관 특별 전시실

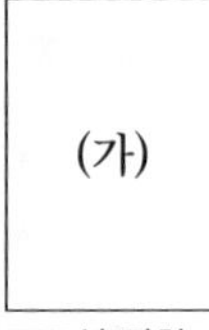

조선 민화

일본 우키요에

① 
② 
③ 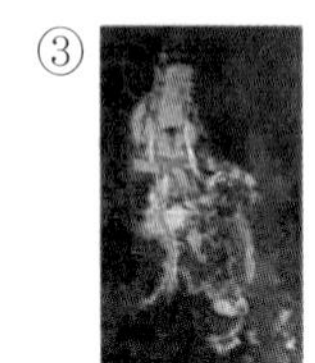
④ 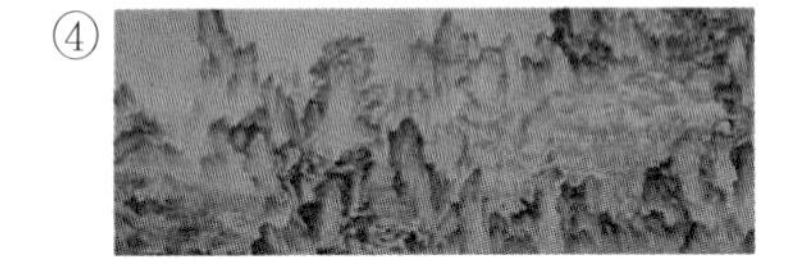

| 해설 | 조선 후기의 회화

우키요에는 일본의 무로마치 시대부터 에도 시대 말기에 서민 생활을 기조로 하여 제작된 회화를 말한다. 제시된 특별전의 (가) 그림은 조선 후기의 민화인 '까치와 호랑이'이다. 민화는 해, 달, 나무, 꽃, 동물, 물고기 등의 다양한 소재를 민중의 미적 감각에 맞게 표현한 그림으로, 민중의 소원을 반영하고 생활 공간을 장식하였다.

| 오답 넘기 |

② 고사관수도로 조선 전기 강희안의 작품이다.
③ 고려 시대 수월관음도로 관음보살의 모습이 매우 풍만하고 우아하여 고려 시대 귀족의 모습을 연상시킨다.
④ 세종의 셋째 아들 안평 대군의 꿈을 그린 것은 안견의 몽유도원도이다.

정답 ①

6 (가) 인물의 작품으로 옳은 것은? [1점]

① 
② 
③ 
④ 

| 해설 | 조선 후기의 회화

조선 후기 유행한 풍속화를 대표하는 화가로 김홍도와 신윤복이 있다. 단원 김홍도는 단순하고 강직한 필치로 농사짓는 모습, 지붕을 올리는 풍경 및 대장간의 풍경 등 평범한 서민들의 일상생활을 그렸다. 반면 혜원 신윤복은 섬세하고 세련된 필치로 양반과 기생의 풍류 생활을 주제로 한 파격적인 그림을 많이 그렸다. 특히 신윤복의 『혜원풍속도첩』은 당시 남녀의 애정 행각이나 향락적 생활 문화를 속속들이 담고 있다.
③ 신윤복의 월하정인이다.

| 오답 넘기 |

① 김홍도의 씨름, ② 조선 전기 강희안의 고사관수도, ④ 김득신의 노상알현도이다.

정답 ③

7 밑줄 그은 '이 지도'에 대한 설명으로 옳은 것은? [2점]

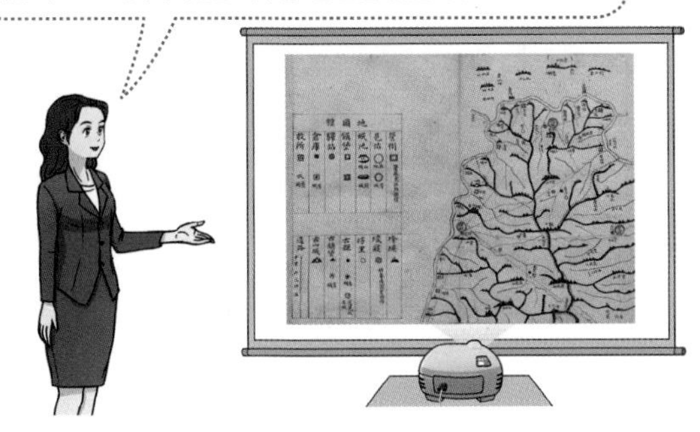

① 최초로 100리 척이 적용되었다.
② 총 22첩의 목판본으로 제작되었다.
③ 유네스코 세계기록유산으로 등재되었다.
④ 각 지방의 산천, 인물, 풍속 등이 담겨 있다.

| 해설 | 조선 후기의 지도

제시된 자료는 조선 후기 철종 때 김정호가 만든 대동여지도이다(1861). 김정호는 이전까지의 지도 제작 성과를 바탕으로 산맥, 하천, 포구, 도로망 등을 자세히 표시한 대동여지도를 완성하였다.

대동여지도는 도로 위에 10리마다 방점을 찍어 거리를 알 수 있게 하였으며, 지도표라는 범례를 만들어 기호를 사용하였다. 그리고 전체 지도를 22첩으로 분할하여 휴대하기 편리하게 제작되었다. 또 목판본으로 만들어 여러 장 인쇄 가능하여 지도의 대중화를 가능하게 하였다.

| 오답 넘기 |

① 조선 후기 정상기의 동국지도는 우리나라에서 최초로 축척 개념(100리 척)을 사용한 것으로 보고 있다(1740년대).
③ 대동여지도는 유네스코 세계 문화유산에 등재되어 있지 않다.
④ 조선 성종 때 간행된 『동국여지승람』에는 군현의 연혁 · 지세 · 인물 · 풍속 · 산물 · 교통 등이 자세히 수록되어 있다(1486).

정답 ②

8 (가)에 해당하는 문화유산으로 옳은 것은? [2점]

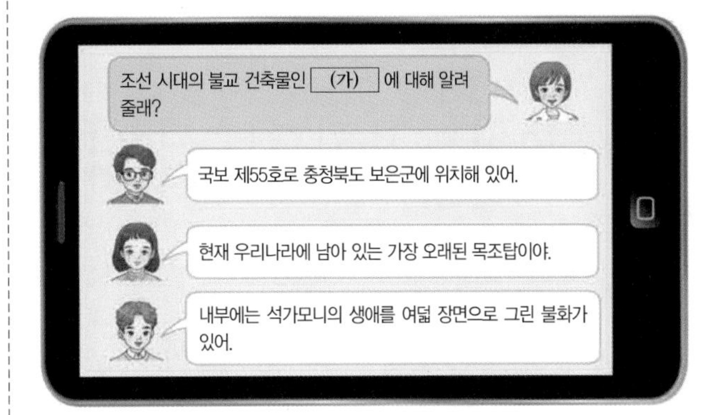

① 
법주사 팔상전

② 
화엄사 각황전

③ 
무량사 극락전

④ 
마곡사 대웅보전

| 해설 | 조선 후기의 건축

충청북도 보은군에 위치한 (가) 법주사 팔상전은 법주사의 건물 중 하나로, 정유재란 때 불탄 법주사를 재건하면서 다시 세워졌다. 현존하는 우리나라 유일의 목조 5층탑이다. 팔상전이란 석가모니의 전생부터 열반에 이르기까지의 일대기를 8장면으로 그린 팔상도를 모시고 석가여래를 기리는 곳을 말한다.

법주사 팔상전은 1968년에 해체하여 정밀 조사한 결과 각층마다 제각기 다른 구조를 갖고 있어 한 시대에 만들어진 건물이라기보다는 중건 과정에서 경비 절감을 위해 폐기된 건물들을 뜯어 그 재목을 활용해서 적절히 조합하였던 것으로 추정되고 있다.

정답 ①

VII

근대 사회의 전개

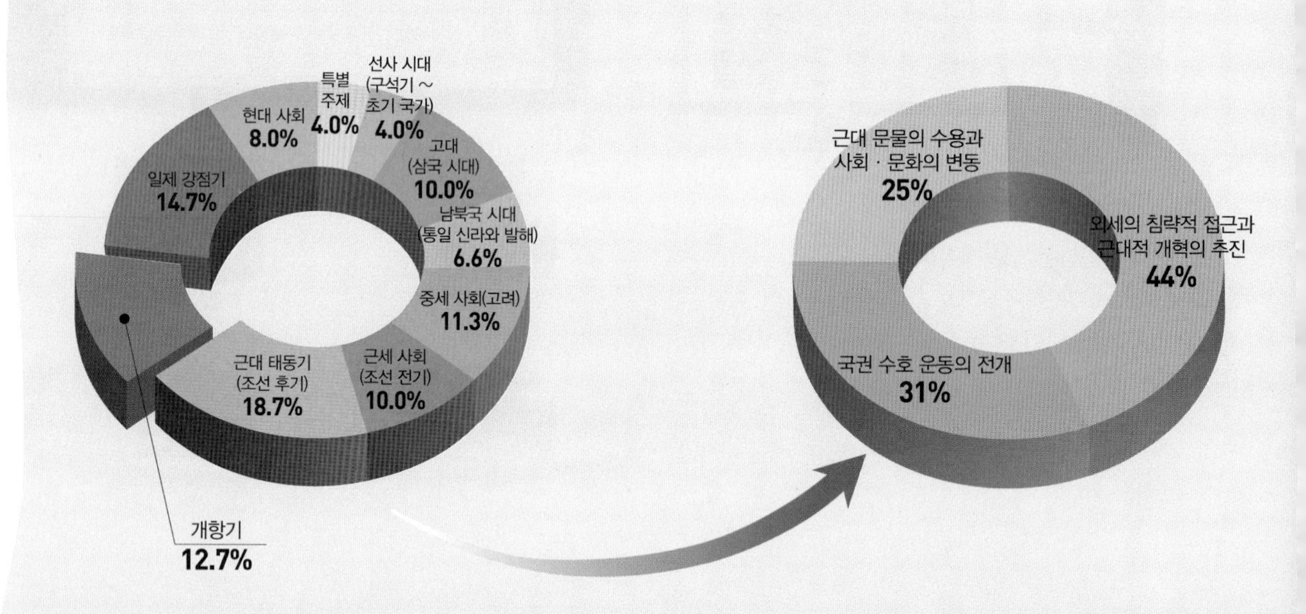

단원 들어가기

19세기 중엽 서양 열강에 대한 위기감이 높아질 때, 조선에서는 통상을 거부하는 주장과 문호를 개방하고 개화를 추진하자는 주장이 서로 대립하였다. 이러한 상황 속에서 임오군란, 갑신정변이 일어났다. 한편, 혼란한 정치가 계속되면서 새로운 사회를 꿈꾸는 동학 농민 운동이 일어났으며, 이들의 요구는 갑오개혁에 반영되기도 하였다. 대한 제국 수립 이후 일제에 의한 국권 침탈이 본격화되자 항일 의병 전쟁, 애국 계몽 운동 등 국권 수호 운동이 이어졌다.

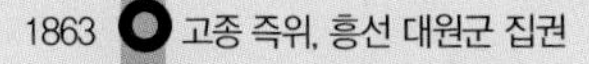

- 1863 고종 즉위, 흥선 대원군 집권
- 1866 병인박해, 제너럴 셔먼호 사건, 병인양요
- 1868 남연군 묘 도굴 미수 사건
- 1871 신미양요, 척화비 건립
- 1882 조 · 미 수호 통상 조약, 임오군란
- 1884 우정국 설치, 갑신정변
- 1885 거문도 사건, 광혜원 설립
- 1886 노비 세습제 폐지
- 1889 함경도 방곡령 실시
- 1894 교정청 설치, 군국기무처 설치(갑오개혁 시작), 홍범 14조
- 1895 삼국 간섭, 을미사변, 을미개혁
- 1896 태양력 사용, 아관 파천, 독립 협회 설립
- 1897 대한 제국 선포
- 1898 만민 공동회 개최, 독립 협회 해산
- 1899 대한국 국제 반포, 경인선 개통
- 1902 서울~인천 간 전화 개통, 경의선 철도 기공식, 하와이 이민 시작
- 1904 한 · 일 의정서 체결
- 1905 을사조약 체결
- 1907 국채 보상 운동, 군대 해산, 고종 퇴위(헤이그 특사)
- 1908 의병, 서울 진공 작전
- 1909 간도 협약, 안중근 의사의 이토 히로부미 처단
- 1910 국권 피탈

| 연표로 흐름잡기 |

21
외세의 침략적 접근과 근대적 개혁의 추진

22
국권 수호 운동의 전개

23
근대 문물의 수용과 사회 · 문화의 변동

21 외세의 침략적 접근과 근대적 개혁의 추진

공부한 날 월 일

일차

❶ 서양 열강의 침략과 흥선 대원군의 정책

(1) 통치 체제의 정비

① 19세기 국내외 정세

본래 '모양이 다른 배'란 뜻으로 우리나라에 통상을 요구하며 나타난 서구 열강의 배를 가리킨다.

㉠ 국내 : 세도 정치, 삼정의 문란으로 인한 농민 봉기, 동학과 천주교의 확산

㉡ 국외 : 이양선의 출몰과 통상 요구, 영국과 프랑스가 청의 베이징 점령, 러시아의 남하(연해주 차지)

② 흥선 대원군의 개혁 정책

㉠ 왕권 강화 정책

경국대전 → 속대전(영조) → 대전통편(정조) → 대전회통(고종)

ⓐ 인재 등용 쇄신 : 안동 김씨 축출 → 능력에 따른 고른 인재 등용

ⓑ 정치 기구 개편 : 비변사 기능 축소, 폐지 → 의정부의 기능 강화

ⓒ 법전 편찬 : 『대전회통』, 『육전조례』 편찬

ⓓ 경복궁 중건 : 원납전 징수, 토목 공사에 농민 동원, 당백전 발행(1866)

㉡ 재정 확보 정책

양반에게 군포 징수

국가 기관이 운영하는 환곡과 달리 주민 자치적으로 운영한 구휼 제도이다.

ⓐ 삼정의 문란 시정 : 양전 사업, 호포제 · 사창제 실시

ⓑ 서원 철폐 : 면세 · 면역의 특권을 누리던 서원을 47개소만 남기고 없앰

이양선

당백전 상평통보의 100배 가치를 가지는 화폐로, 이를 대량으로 발행한 결과 화폐의 가치가 떨어지고 물가가 크게 올랐다.

Click ! ● 서원 철폐와 호포제의 실시

서원 철폐

대원군이 크게 노하여 말하기를, "진실로 백성에게 해가 되는 것이 있으면 비록 공자가 다시 살아난다 하더라도 나는 용서하지 않겠다. 하물며 지금 서원은 훌륭한 학자를 제사하는 곳인데도 도둑의 소굴이 되지 않았더냐."라고 하였다. 그리고는 형조와 한성부 병사들을 풀어서 대궐 문 앞에서 호소하려는 선비를 강 건너로 몰아냈다.

호포제의 실시

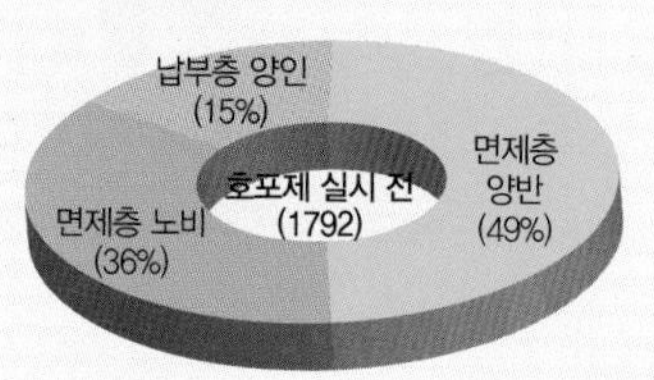

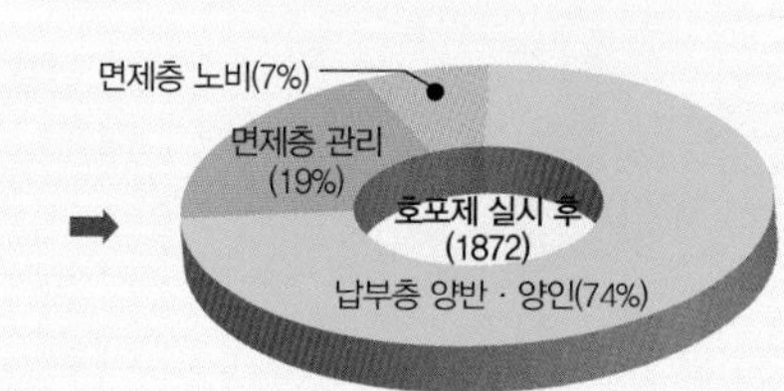

"나라 제도로서 인정(人丁)에 대한 세를 신포라 하였는데 충신과 공신의 자손에게는 모두 신포가 면제되어 있었다. 대원군은 이를 수정하고자 동포(洞布)를 제정하였다. …… 이 때문에 예전에 면제된 자라도 신포를 바치지 않을 수 없게 되었다."

(2) 통상 수교 거부 정책

외규장각 도서는 대부분 프랑스 파리 국립 도서관에 소장되어 있었는데 반환을 두고 한국과 마찰이 있다가 2011년 4월 반출된지 145년 만에 영구임대의 형식으로 귀환하였다.

① 서양 세력의 침략 과정 및 척화비 건립

㉠ 병인박해(1866.2) : 8천여 명의 신자와 프랑스 선교사 9명 처형(~1871)

㉡ 병인양요(1866.10) : 프랑스 선교사의 죽음 → 프랑스 함대가 강화도에 침입 → 정족산성(양헌수 부대)에서 프랑스군 격퇴 → 퇴각 중 외규장각의 도서와 많은 문화재를 약탈해 감

㉢ 오페르트 도굴 사건(1868.5) : 독일 상인 오페르트가 대원군의 아버지 남연군의 묘를 도굴하려다 실패하고 달아남 → 통상 수교 거부 정책의 강화

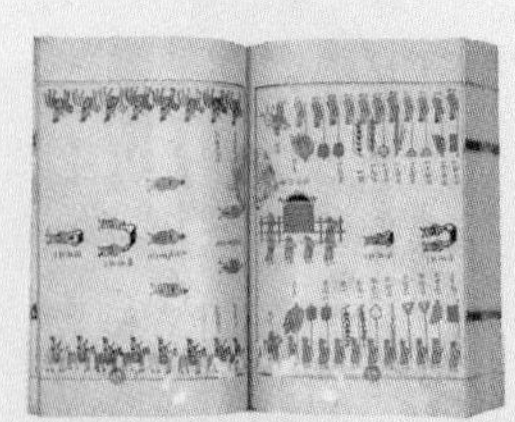

외규장각 의궤 조선시대에 국가에서 거행한 주요 행사를 기록이나 그림으로 정리한 보고서 형식의 책

어재연 수자기 '수(帥 : 장수)' 자를 적어 대장의 지휘권을 상징한다. 광성보에서 퇴각하던 미군이 수자기를 가져갔다.

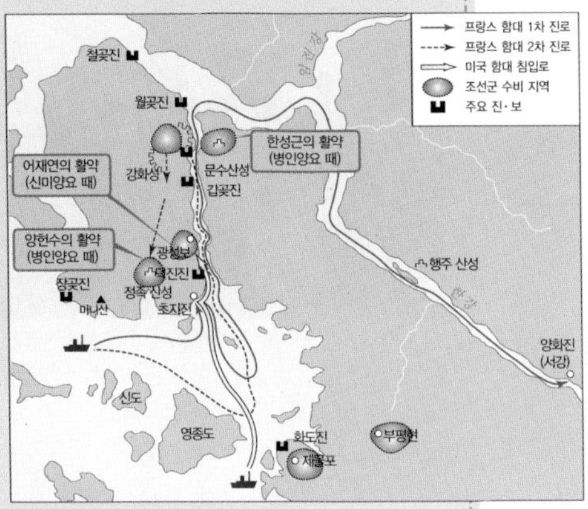

병인양요와 신미양요

척화비(斥和碑) 1871년 대원군이 양인(洋人) 배척을 목표로 전국의 요충지에 세우게 한 비로, 비문의 내용은 '洋夷侵犯 非戰則和 主和賣國(서양 오랑캐가 침입하는데, 싸우지 않으면 화친하는 것이니, 화친을 주장함은 나라를 파는 것이다.)'으로 되어 있다.

㉣ 신미양요(1871.5) : 제너럴 셔먼호 사건(1866.8) 구실 → 미국 함대의 강화도 침략 → 어재연 부대의 강력한 저항(광성보 전투) → 미군 퇴각

㉤ 척화비 건립 : 흥선 대원군이 통상 수교 거부 의지를 알림(1871.5)

② 통상 수교 거부 정책에 대한 평가

㉠ 의의 : 서양 세력의 침략을 막아 내고 자주성을 지킴

㉡ 한계 : 조선의 근대화가 늦어지는 결과를 초래함

❷ 문호 개방과 근대 사회의 개막 ★★★

(1) 문호 개방의 배경

① 흥선 대원군의 하야 : 고종의 친정 체제 성립 → 통상 개화론의 대두

② 운요호 사건(1875.9) : 일본이 조선에 문호 개방을 요구하며 강화도에 불법으로 침입

(2) 개항과 불평등 조약 체제

① 강화도 조약(1876.2, 조 · 일 수호 조규)

㉠ 내용 : 청의 간섭 배제, 3개 항구 개항, 해안 측량권, 영사 재판권(치외 법권) 등 인정

㉡ 의의 : 최초의 근대적 조약, 불평등 조약 → 일본의 경제적 침략 발판 마련

(치외 법권: 외국에 있으면서 그 나라 법률의 적용을 받지 않고, 자기 나라의 주권을 행사할 수 있는 권리)

② 부속 조약의 체결

㉠ 조 · 일 수호 조규 부록(1876.8) : 조선에서 일본 외교관의 여행의 자유 보장, 개항장에서 10리까지 일본인의 거주지 설정[간행이정(間行里程)], 개항장에서 일본 화폐 유통

(간행이정: 조선 내에서 일본인 여행 허용 지역의 범위를 말함)

㉡ 조 · 일 무역 규칙(1876.8) : 일본의 수출입 상품에 대한 무관세 허용, 양곡의 무제한 유출 허용

(3) 서양 열강과의 수교

① 조 · 미 수호 통상 조약(1882.5) : 서양 국가와 맺은 최초의 조약, 불평등 조약

㉠ 배경 : 미국의 통상 시도, 청의 알선, 황준헌의 「조선책략」(러시아의 남하에 대응하기 위한 대책으로 친중국 · 결일본 · 연미국 주장) 유포

㉡ 내용 : 거중조정(居中調整) 마련, 치외 법권, 최혜국 대우, 협정 관세 등 인정

(최혜국 대우: 통상, 항해 조약 등에서 한 나라가 가장 유리한 대우를 상대국에도 부여하는 것)

(거중조정: 양국 중 한 나라가 제3국과 분쟁이 있을 경우 다른 한 나라가 두 나라 사이에서 분쟁을 조정하는 것을 말한다.)

Click ! ● 조 · 일 수호 조규

제1관 조선은 자주국이며 일본과 똑같은 권리를 갖는다. ➡ 청의 종주권을 부정하여 일본의 침략을 용이하게 함

제5관 경기, 충청, 전라, 경상, 함경 5도 연해 가운데 통상에 편리한 항구 2개를 개항한다. ➡ 부산 이외에 원산, 제물포(인천) 추가 개항(정치적 · 군사적 침략 의도)

불평등 조약:

제7관 조선국 연해의 도서와 암초를 조사하지 않아 매우 위험하다. 일본국 항해자가 자유로이 해안을 측량하도록 한다. ➡ 침략 의도(해안 측량권 인정)

제10관 일본국 인민이 조선국 항구에서 죄를 지었거나 조선국 인민에게 관계되는 사건은 모두 일본국 관원이 심판한다. ➡ 치외법권 인정

(부록) 제7관 일본국 인민은 본국에서 통용되는 여러 화폐로 조선국 인민이 보유하고 있는 물자와 교환할 수 있다.

② 각국과의 조약 체결 : 영국(1882), 독일(1883), 이탈리아(1884), 러시아(1884, 직접 수교), 프랑스(1886, 천주교 포교 인정)

❸ 개화 정책의 추진과 반발

(1) 개화파의 형성 : 박규수, 유홍기로부터 개화 사상을 배운 김옥균, 박영효, 김윤식 등을 중심으로 개화파 형성 → 정치 세력으로 성장

(2) 개화파의 두 흐름

구분	온건 개화파	급진 개화파
중심 인물	김홍집, 어윤중, 김윤식 등	김옥균, 박영효, 홍영식, 서광범
정치적 입장	친청 사대 정책, 민씨 정권과 결탁	청의 간섭 반대, 민씨 정권에 비판적, 입헌 군주제 추구
개혁 방안	동도서기론, 청의 양무 운동 모방, 점진적 개혁 추진	일본의 메이지 유신 모방, 급진적 개혁 추진

(3) 개화 정책의 추진 : 개화파가 정부의 개화 정책 주도, 근대적 개혁 방향 모색

① **통리기무아문 설치 :** 정부의 개화 정책을 주관하는 최초의 근대적 행정 기구

② **군제 개편 :** 종래 5군영을 무위영 · 장어영 등 2영으로 편제, 신식 군대인 별기군 창설

③ **해외 시찰단 파견**

㉠ 일본 : 수신사[김기수(1876), 김홍집(1880)], 조사 시찰단(1881) → 일본 정부 기관과 산업 시설 시찰

㉡ 청 : 영선사(1881, 유학생) → 근대 무기 제조 기술과 군사 훈련법을 배워 옴

㉢ 미국 : 보빙사(1883.7) → 조 · 미 수호 통상 조약 체결 후 공사 파견에 대한 답례로 민영익 · 홍영식 · 서광범 등 파견

(4) 개화와 척사의 대립

① **개화파 :** 적극적인 개화 정책의 추진을 통해 나라를 발전시키자고 주장

② **위정척사파 :** 유생 중심 → 서양 여러 나라 및 일본과의 수교 반대, 우리 고유의 유교 문화와 질서를 지켜야 한다고 주장

③ **위정척사(衛正斥邪) 운동의 전개**

위정: 정학(正學)으로서 성리학과 성리학적 질서를 지키고 외래의 것은 사악(邪惡)한 것이니 배척하자는 주장이다.

시기	1860년대	1870년대	1880년대	1890년대
배경	• 이양선 출몰 • 병인양요	• 신미양요 • 강화도 조약	• 『조선책략』 유포 • 서양 열강과 수교	• 을미사변 • 단발령
주장	통상 반대 (척화주전론)	개항 반대 (왜양일체론)	• 개화 정책 반대 • 서양과 수교 반대 • 영남 만인소(1881)	항일 의병 운동
인물	이항로, 기정진	최익현, 유인석	이만손, 홍재학	유인석, 이소응

지금 국론이 수교하자는 입장과 싸우자는 입장 두 가지로 갈리어 있습니다. 서양 오랑캐를 공격하자는 것은 우리쪽 사람 주장이고, 서양 오랑캐와 화친하자는 것은 저쪽 사람의 주장입니다. 전자를 따르면 우리 전통을 지킬 수 있지만 후자를 따르면 금수(禽獸)에 빠질 것입니다. 이것이 바로 서양 오랑캐와 싸우지 않으면 안 되는 까닭입니다. 타고난 천성을 조금이라도 지닌 사람이라면 다 알 수 있습니다. 하물며 밝은 덕을 가진 전하께서 어찌 오랑캐가 침입하는 것을 용납하리이까(이항로, 『화서집』).

박규수(1807~1876) 박규수는 연암 박지원의 손자로서 청의 변화된 모습을 보고 개화의 필요성을 절실히 느껴 외국과의 통상 개화를 주장하였다. 김옥균, 박영효 등 개화파를 가르쳤다.

보빙사 보빙은 답례로 외국을 방문한다는 의미로, 조 · 미 수호 통상 조약 체결(1882)에 따라 미국에 파견한 사절단이다. 이들 중 일부는 유럽을 방문하고 돌아와 조선의 근대화에 영향을 주었다.

조선책략

조선의 땅은 실로 아시아의 요충을 차지하고 있어 형세가 반드시 다투게 마련이며, 조선이 위태로우면 중국도 위급해질 것이다. …… 그렇다면 오늘날 조선의 책략은 러시아를 막는 일보다 더 급한 것이 없을 것이다. 러시아를 막는 책략은 무엇인가? 중국과 친하고[親中國], 일본과 맺고[結日本], 미국과 이어짐[聯美國]으로써 자강을 도모해야 한다.

– 황준헌, 『조선책략』 –

영남만인소

수신사 김홍집이 가지고 와서 유포한 황준헌의 조선책략이라는 책자를 보노라면 어느새 머리카락이 곤두서고 쓸개가 떨려서 크게 소리 내어 울며 북받치는 눈물을 그칠 수 없습니다. …… 러시아, 미국, 일본은 모두가 오랑캐들이어서 어느 누구를 후하게 대하거나 박하게 대하기가 어렵습니다. 만일 저들이 일본에서 미국이 조약을 맺어 하던 예를 따라서 토지를 요구하면서 살려고 들어오거나 통상을 요구하여 오면 전하는 장차 어떻게 이를 막으려 하십니까.

–『영남만인소』–

별기군 신무기를 도입하고 일본인 교관을 초빙하여 신식 훈련을 받게 하였다.

태극기의 제작 제물포 조약 체결을 위해 박영효가 일본으로 파견되었다. 이때 배 위에서 태극기가 제작되어 국기로 처음 사용되었다.

(5) 임오군란(1882.6)

개화 정책 추진으로 5군영이 2군영으로 통합되는 과정에서 많은 구식 군인이 실직하였고, 악화된 재정과 별기군 창설에 따른 비용 증가로 오랫동안 급료를 주지 못하여 불만이 고조되었다.

① **배경** : 구식 군대와 별기군(신식 군대)의 차별 대우

② **전개 과정** : 구식 군인들의 봉기 → 도시 하층민들의 가담 → 민씨 일파와 일본인 교관 살해, 일본 공사관 습격 → 흥선 대원군 재집권 → 청군이 파견되어 흥선 대원군 납치 → 민씨 세력의 재집권

③ **결과**

㉠ 청의 내정 간섭 강화 : 군대 주둔, 고문 파견(마젠창, 묄렌도르프), 조·청 상민 수륙 무역 장정 체결(조선이 청의 속국임을 명기, 치외 법권, 내지 통상권 등)

㉡ 제물포 조약 체결 : 일본에 배상금 지불, 일본군의 서울 주둔 허용

(6) 갑신정변(1884.12)

① **배경** : 임오군란 후 청의 내정 간섭 심화, 민씨 세력의 소극적인 개화 정책에 대한 급진 개화파 세력의 불만

② **중심 세력** : 김옥균, 박영효, 서광범, 홍영식 등 급진 개화파 인사

③ **전개** : 우정국 개국 축하연을 이용하여 정변을 일으킴 → 개화당의 정권 장악, 새 정부 구성 → 근대 국가 수립을 위한 개혁 실시(14개조 정강) → 청군의 개입으로 3일 만에 실패(3일 천하) → 김옥균, 박영효 등은 일본으로 망명

④ **실패 원인** : 민중의 지지 부족(토지제의 개혁 요구 외면), 일본에 의존한 개혁 추진, 청군의 개입

⑤ **결과** : 청의 내정 간섭 심화, 일본과 한성 조약 체결(일본에 대한 사죄와 배상금 지불), 청과 일본이 톈진 조약 체결(청과 일본 군대의 동시 철수 및 동시 파견)

Click! ● **갑신정변 개혁 정강 14개조**

01. 흥선 대원군을 빨리 귀국시키고 종래 청에 대해 행하던 조공의 허례를 폐지한다.
➡ 청에 대한 사대 관계 폐지

02. 문벌을 폐지하고 인민 평등권을 제정하여 능력에 따라 관리를 임명한다.
➡ 양반 신분 제도 · 문벌 제도 폐지, 능력에 따른 관리 등용

03. 지조법을 개혁하여 관리의 부정을 막고 백성을 보호하며 재정을 넉넉히 한다. ➡ 조세 제도 개혁

05. 탐관오리 중에서 그 죄가 심한 자는 처벌한다.

08. 급히 순사를 두어 도둑을 방지한다. ➡ 근대적 경찰 제도 시행

12. 모든 재정은 호조에서 관할한다. ➡ 재정 일원화

13. 대신과 참찬은 의정부에 모여 정령을 의결하고 반포한다. ➡ 내각 중심의 입헌 군주제

갑신정변의 주역들

(7) 갑신정변 이후의 국내외 정세

① **거문도 사건(1885.4~1887.2)** : 영국이 러시아의 남하를 견제하기 위해 거문도 불법 점령 → 한반도 긴장 고조화

② **조선의 중립화론 대두** : 열강의 대립이 심해지자 유길준과 독일 공사 부들러는 조선의 중립화를 주장함(1885)

거문도를 불법 점령한 영국군 병사의 모습

❹ 동학 농민 운동과 갑오개혁 ☆☆☆

(1) 동학 농민 운동의 전개

① **방곡령** : 개항 직후 일본으로의 곡물 유출 증가, 흉년 → 국내 쌀 부족(쌀값 폭등) → 함경도, 황해도 등 일부 지역의 지방관들이 방곡령 선포 → 철회

② **동학의 보급**

㉠ 동학의 교세 확장 : 교리 정비(『동경대전』, 『용담유사』), 최시형의 교단 조직 정비(포접제)

㉡ 교조 신원 운동 : 공주, 삼례에서 집회(1892.11) → 서울 복합 상소(1893.2, 교조 신원과 포교 자유 요구) → 보은 집회(1893.3, 종교적 요구 및 탐관오리 숙청, 외세 배척 등 정치적 요구 제기)

③ **고부 농민 봉기(1894.1)** : 전라도 고부 군수 조병갑의 부정과 비리 → 전봉준이 농민들을 이끌고 고부 관아 습격

농민들에게 노역을 시켜 새 저수지 만석보를 만들게 하고 물세를 비싸게 받았으며, 새로 개간한 논에도 강제로 세금을 거두고, 자기 부친의 선정비를 세운다고 2만 냥을 거두어들였다.

④ **대규모의 농민 봉기**

명칭	원인	발전	결과
1차 봉기(1894.3)	• 안핵사 이용태가 1월 농민 봉기 관련자들을 역적으로 규정 • 전라, 충청 지역 동학 교도 탄압	• 전봉준, 손화중, 김개남 등을 중심으로 봉기(사발통문 작성) • 고부 황토현, 장성 황룡촌 전투 승리, 전주성 점령(4.27)	• 전주 화약 체결 후 자진 해산(1894.5.8) • 집강소 설치와 폐정 개혁 실시 • 조선 정부는 교정청을 설치해 자주적인 개혁을 추진하고 청·일 양국군 철수 요구(1894.6.11)
2차 봉기(1894.9)	• 일본의 철군 거부와 경복궁 무력 점거(1894.6.21)	• 일본의 내정 간섭에 대항하기 위해 농민군 재봉기 → 논산 집결(10.9)	• 공주 우금치에서 일본군에 패배(11.9~11.15) • 전봉준, 손화중 등을 비롯한 지도자 피검

⑤ **의의와 영향** : 반봉건 · 반외세 민족 운동 → 안으로는 갑오개혁, 밖으로는 청 · 일 전쟁 발발에 영향

Click ! ● **동학 농민 운동 폐정 개혁안 12개조**

01. 동학과 정부 사이의 반감을 없애고 정치에 협력한다.
02. 탐관오리의 죄상을 조사하여 이를 엄중히 처벌한다. ➡ 반봉건
03. 횡포한 부호들을 엄중히 처벌한다. ➡ 반봉건
04. 불량한 유림과 양반들을 징계한다. ➡ 반봉건
05. 노비 문서를 불태워 없앤다. ➡ 반봉건(신분제 폐지)
06. 모든 천인들의 대우를 개선하고 백정이 쓰는 패랭이를 없앤다. ➡ 반봉건
07. 젊은 과부의 재혼을 허락한다. ➡ 반봉건(봉건적 악습 철폐)
08. 규정 이외의 모든 세금을 폐지한다.
09. 관리의 채용은 문벌을 타파하고 인재를 등용한다. ➡ 반봉건
10. 일본인과 몰래 통하는 자는 엄벌한다. ➡ 반외세
11. 공 · 사채는 물론이고, 농민이 이전에 진 빚은 모두 무효로 한다. ➡ 반봉건
12. 토지는 골고루 나누어 경작한다. ➡ 반봉건

-『동학사』-

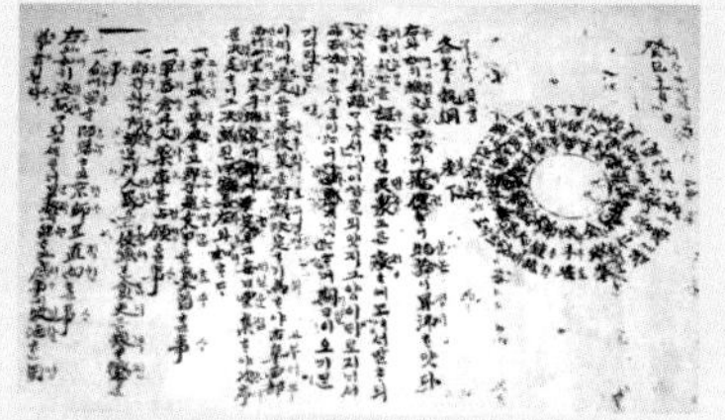

사발통문 사발을 뒤집어 놓고 거사에 동의하는 사람들의 이름을 원을 그리면서 써 넣었다.

집강소
동학 농민군이 호남 지방 각 군현에 설치하였던 농민 자치 기구로서 그 지역의 치안 유지와 폐정 개혁안의 실천을 담당하였다.

농민군이 중앙 정부군과 벌인 최초의 대규모 전투로, 황토현 전투에서 800여 명의 관군을 살상하고 총 600정을 얻는 등 큰 승리를 거두었다.

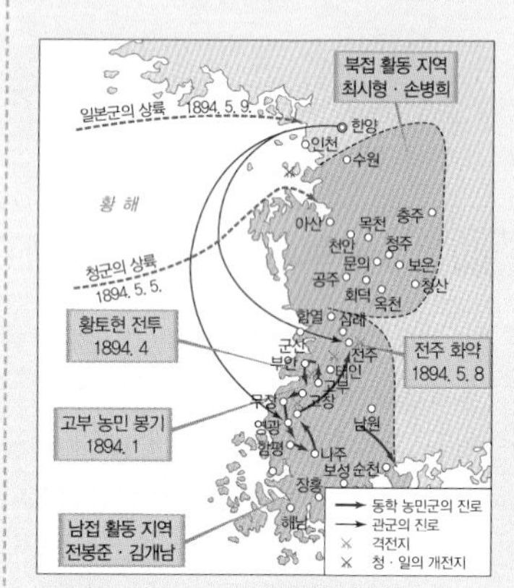

동학 농민군의 1차 봉기

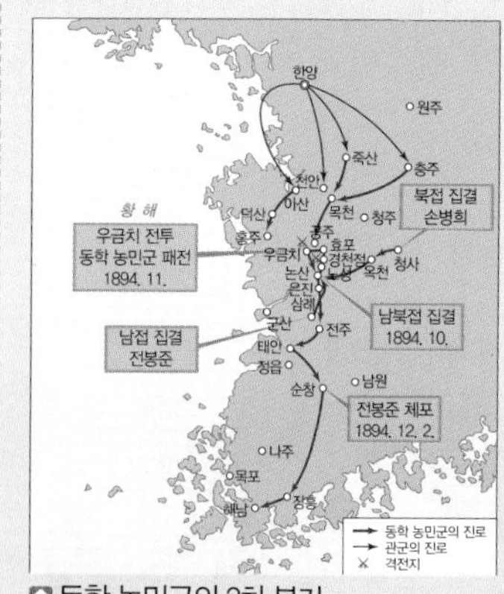

동학 농민군의 2차 봉기

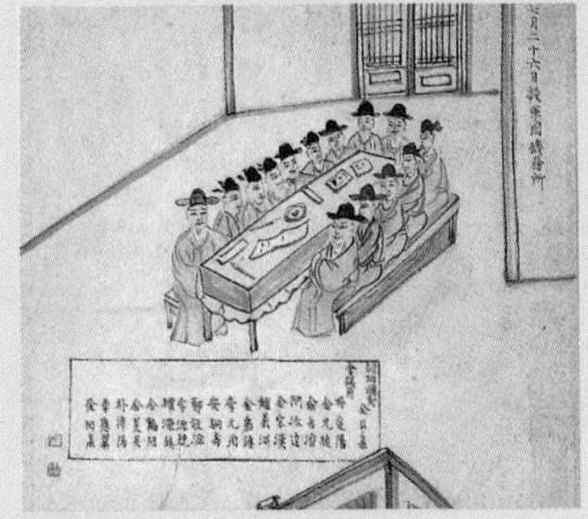
⬆ 군국기무처의 회의 모습

연좌제
죄를 지은 사람의 가족과 친지를 함께 벌하는 제도이다. 전근대 사회의 왕조 국가에서 주로 시행되었다.

삼국 간섭(1895)
청·일 전쟁에서 승리한 일본이 랴오둥 반도를 차지하자 러시아가 독일, 프랑스와 함께 일본에 압력을 가해 이를 청에 반환하게 한 사건

종두법
민간에서 '마마'라고 부르던 악성 전염병인 천연두의 면역성을 갖게 하기 위해 실시한 예방 접종으로, 내무아문에 위생국을 두고 전염병 예방 및 종두 사무를 맡게 하였다.

(2) 갑오개혁(1894.7)

① **군국기무처 설치** : 갑오개혁을 추진하기 위한 초법적 기구, 정치·경제·사회 등 국가의 주요 정책에 대한 개혁을 추진

② **홍범 14조 반포(1895.1)** : 청에 대한 사대 관계 청산하고 자주적인 개혁 추진

③ **주요 개혁 내용**

1894년은 개국 503년, 청에 대한 사대 관계의 폐지를 의미한다.

구분	제1차 갑오개혁 (1894.7~1894.12)	제2차 갑오개혁 (1894.12~1895.8)
정치	개국 기년 사용, 왕실 사무와 정부 사무 분리(의정부와 궁내부 설치), 6조를 8아문으로 개편, 과거제 폐지, 경무청 설치	의정부·8아문을 내각·7부로 개편, 지방 행정 구역을 8도에서 23부로 개편, 사법권을 행정권으로부터 분리(재판소 설치)
경제	재정의 일원화(탁지아문), 왕실과 정부 재정 분리, 은 본위 화폐 제도 실시, 조세의 금납화, 도량형 통일	탁지아문 아래 관세사와 징세사 설치(징세 사무 담당)
사회	신분 제도 철폐(노비 제도 폐지, 인신 매매 금지), 과부의 재가 허용, 조혼 금지, 고문과 연좌법 폐지	교육 입국 조서에 따라 한성 사범 학교, 외국어 학교 관제 반포

④ 의의와 한계

㉠ 의의 : 근대적 개혁 운동, 갑신정변과 동학 농민군의 개혁 요구 반영

㉡ 한계 : 일본에 의존, 토지 제도의 개혁 외면, 국방력 강화와 관련된 개혁 소홀

Click ! ● **갑오개혁 당시 홍범 14조**

04. 왕실 사무와 국정 사무를 나누어 서로 혼동하지 않는다.
➡ 왕실 사무와 행정 사무 분리, 의정부와 궁내부 분리
06. 납세는 법으로 정하고 함부로 세금을 징수하지 않는다. ➡ 조세 법정주의
07. 조세의 징수와 경비 지출은 모두 탁지아문의 관할에 속한다. ➡ 재정의 일원화
09. 왕실과 관부의 1년 회계를 예정하여 재정의 기초를 확립한다. ➡ 예산 제도
10. 지방 제도를 개정하여 지방 관리의 직권을 제한한다.
➡ 지방의 행정권과 사법권의 분리, 지방관 권한 축소
13. 민법, 형법을 제정하여 인민의 생명과 재산을 보전한다. ➡ 법치주의를 통한 국민의 기본권 보호
14. 문벌을 가리지 않고 인재 등용의 길을 넓힌다. ➡ 문벌 폐지, 능력에 따른 인재 등용

(3) 을미사변과 아관 파천

① **을미사변(1895.10)** : 삼국 간섭 이후 조선의 친러 정책에 대한 일본의 불만 → 명성 황후 시해 → 김홍집 내각 수립 → 을미개혁(1895.8~1896.2) 단행(건양 연호 사용, 단발령, 태양력 사용, 종두법 실시, 친위대·진위대 설치, 우편 사무 재개, 소학교 설치 등)

② **을미의병(1895)** : 을미사변과 단발령 시행에 반발한 유생들이 항일 의병 운동 전개(유인석, 이소응 등)

③ **아관 파천(1896.2)** : 을미사변 이후 신변의 위협을 느끼던 고종이 러시아 공사관으로 처소를 옮김

⑤ 독립 협회의 활동과 대한 제국

(1) 독립 협회(1896~1898)의 창립과 활동

① 설립 : 서재필과 개화파 지식인들이 중심이 되어 조직한 단체 → 자주 독립, 자유 민권, 자강 개혁 추진

② 독립 협회의 활동

㉠ 독립문 건립(1897.11), 독립신문 창간(1896.4), 토론회 · 연설회 개최, 만민 공동회 개최, 자유 민권 운동

㉡ 관민 공동회 개최(헌의 6조 제시) → 근대적 의회 설립 추진

③ 해산 : 독립 협회가 만민 공동회에서 정부 비판 → 정부가 황국 협회를 이용하여 해산

황국 협회: 황실의 고위 관료들이 지원하여 조직한 보부상 중심의 상인 단체로 독립 협회와 대립

만민 공동회 1차	1898.3.10/3.12	10일 한성 종로 백목전 부근 / 12일 서울 남촌 평민 수만 명이 개최
만민 공동회 2차	1898.4.25~10.12	10.1~10.12. 사이 철야 시위
관민 공동회	1898.10.13~11.4	정부 대신 참여, 헌의 6조 제출
만민 공동회 3차	1898.11.5~12.26	6조 거리에서 철야 장작불 집회

(2) 대한 제국과 광무개혁

① 대한 제국의 수립(1897.10.12) : 고종이 경운궁(덕수궁)으로 환궁 → 국호를 '대한 제국', 연호를 '광무'로 정하고 환구단에서 황제 즉위식 거행

② 광무개혁 : 구본신참(舊本新參)의 원칙

정치	대한국 국제 발표(1899.8) → 황제에게 모든 권한이 집중됨
지방 행정	23부에서 13도제로 변경
군사	황제권 강화를 위한 군제 개혁(원수부 설치, 1899.6) → 황제가 직접 군인 통솔, 서울의 시위대와 지방의 진위대를 보강
경제	• 양전 사업 실시 → 지계 발급(1899~1904) • 산업 발전 진흥 → 섬유, 운수, 철도 등의 근대적 회사 설립 지원
교육	외국에 유학생 파견, 각종 실업 학교, 의학교, 외국어 학교 설립
외교	간도 지역의 영토 편입 노력 → 간도 관리사(이범윤) 파견(1903)

양전 사업: 대한제국 정부에서 실시하였던 토지 조사 및 소유권 증서 발부 사업으로, 이를 통해 근대적인 토지 소유권이 확립되고 국가 재정이 개선될 수 있는 토대가 마련되었다.

③ 결과 : 전제 군주제 강화, 지배층의 보수적 성향, 외세의 간섭을 극복하지 못함

독립문

독립신문

독립신문 1897년 서재필과 국내 개화파 지식인들이 국민 계몽을 목적으로 창간한 우리나라 최초의 민간 신문이며, 국문과 영문 4면으로 편집하여 발간되었다. 오늘날 독립신문이 창간된 4월 7일을 '신문의 날'로 기념하고 있다.

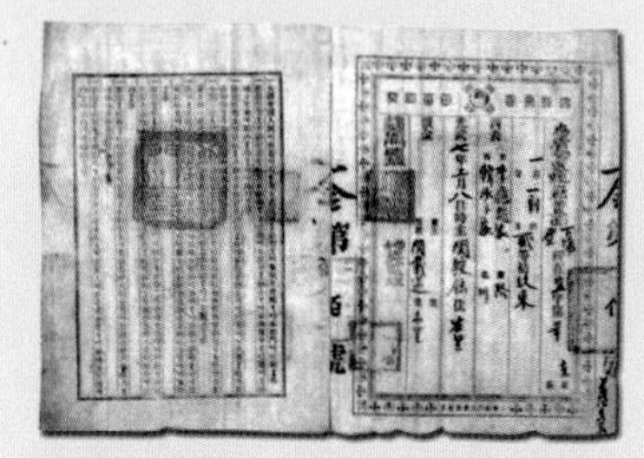

지계 근대적 토지 소유권 증명서로, 대한제국은 지계를 발급하여 조세 수입원을 정확히 파악하고 조세 수입을 늘리고자 하였다.

Click !

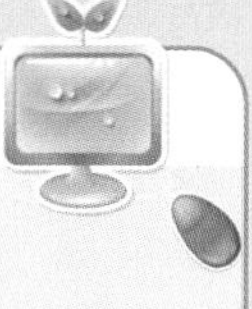

● 환구단과 황궁우

환구단은 황제가 하늘에 제사를 지내는 제단이고, 황궁우는 일월성신 등 모든 신령의 위패를 모신 곳이다. 환구단에서는 고종의 황제 즉위식이 거행되었다. 일제는 1913년 환구단을 허물고 그 자리에 호텔을 지어 지금은 황궁우만 남아 있다.

● 대한국 국제

제1조 대한국은 세계 만국이 공인한 자주 독립 제국이다.

제2조 대한국의 정치는 만세불변의 전제 정치이다.

제3조 대한국 대황제는 무한한 군권(군주권)을 누린다.

제5조 대한국 대황제는 육 · 해군을 통솔하고 군대의 편제를 정하며 계엄을 명한다.

제6조 대한국 대황제는 법률을 제정하며 그 반포와 집행을 명하고 대사 · 특사 · 감형 · 복권 등을 명한다.

❶ 서양 열강의 침략과 흥선 대원군의 정책

- [비변사] 흥선 대원군이 집권한 시기에 혁파되었다.
  ↳ 만동묘가 철폐되었다.
  ↳ [서원] 흥선 대원군 집권기에 대부분 혁파되었다.
  ↳ [호포제] 양반에게도 군포를 부과하였다.
- [흥선 대원군] 경복궁 중건을 추진하였다.
  ↳ 당백전이 발행되었다.
- [흥선 대원군] 전국 각지에 척화비를 건립하였다.
- [신미양요] 제너럴 셔먼호 사건의 영향을 조사한다.

❷ 문호 개방과 근대 사회의 개막

- 운요호 사건이 발생하였다.
  ↳ 강화도 조약 체결의 배경이 되었다.
- 최익현이 왜양일체론을 주장하며 개항에 반대하였다.
- [강화도 조약] 영사 재판권 인정
- [조일 통상 장정] 방곡령 시행 규정을 포함하였다.
- 조미 수호 통상 조약이 체결되었다.
  ↳ 거중 조정 조항을 명시하였다.
  ↳ 최혜국 대우 적용

❸ 개화 정책의 추진과 반발

- 통리기무아문이 설치되었다.
- 신식 군대인 별기군이 창설되었다.
- 황준헌이 지은 조선책략이 국내에 처음 소개되었다.
  ↳ 조선이 미국과 외교 관계를 맺어야 한다고 제안하였다.
- [김윤식, 기기창] 영선사가 파견되었다.
- 보빙사가 파견되었다.
- 이만손이 주도하여 영남만인소를 올렸다.
- 구식 군인들이 임오군란을 일으켰다.
  ↳ 선혜청을 습격하는 무위영의 군인들
- [조청 상민 수륙 무역 장정] 임오군란을 계기로 체결되었다.
  ↳ 내지 통상권 허용
- 제물포 조약을 체결하는 결과를 가져왔다.
- [갑신정변] 우정총국에서 정변을 일으키는 개화파
  ↳ 김옥균 등이 갑신정변을 주도하였다.
  ↳ 청군의 개입으로 3일 만에 실패하였다.
  ↳ [한성 조약] 배상금 지급 규정
- 함경도에서 방곡령이 선포되었다.
  ↳ 일본으로의 미곡 유출을 금지하였다.
- 영국이 거문도를 불법으로 점령하였다.
- 유길준이 조선 중립화론을 주장하였다.
  ↳ 조선 중립화론을 주장하였다.

❹ 동학 농민 운동과 갑오개혁

- 교조 신원 운동에 참석하는 동학 교도
  ↳ 보국안민, 제폭구민을 기치로 내세웠다.
  ↳ 전주성을 점령한 동학 농민군
  ↳ 집강소를 운영하였습니다.
- [동학 농민군] 우금치에서 일본군과 전투를 벌였다.
  ↳ 우금치에서 관군과 일본군에 의해 진압되었다.
- [갑오개혁] 군국기무처가 설립되었다.
  ↳ 탁지아문을 두었습니다.
  ↳ 신분제 폐지
- 고종이 홍범 14조를 반포하였다.
- [을미개혁] 태양력 사용

❺ 독립 협회의 활동과 대한 제국

- [아관 파천] 고종이 러시아 공사관으로 거처를 옮겼다.
  ↳ 러시아 공사관으로 처소를 옮기는 고종
- [독립 협회] 독립문을 건립하였다.
  ↳ 서재필, 이상재 등이 주도하였다.
  ↳ 러시아의 절영도 조차 요구를 저지하였다.
  ↳ 대중 집회인 만민 공동회를 개최하였다.
  ↳ [관민 공동회] 정부에 헌의 6조를 건의하였다.
  ↳ 의회식 중추원 관제를 마련하였습니다.
- 대한 제국 수립이 선포되었다.
  ↳ 원수부를 창설하였다.
  ↳ 지계아문이 설치되어 지계가 발급되었다.
  ↳ 대한국 국제가 제정되었다.

1 다음 상황이 전개되던 시기의 사실로 옳은 것은? [1점]

어제와 오늘 이틀 사이에 모인 원납전이 10만 냥에 달하고 종친들이 보조한 돈도 몇 만 냥이 넘는다고 한다. …… 도성의 백성들이 원납한 것도 이러하다고 하니 지방 사람의 마음이라고 해서 어찌 그와 다를 리 있겠는가. 의정부에서 전국 각지에 공문을 보내어 모든 마을의 부유한 백성들에게 일일이 잘 일러 주도록 하라.

① 속대전을 편찬하였다.
② 4군 6진을 개척하였다.
③ 강동 6주를 획득하였다.
④ 경복궁을 중건하였다.

| 해설 | 흥선 대원군의 정책

제시된 자료의 '원납전'이라는 내용을 통해 상황이 전개되던 시기가 흥선 대원군 집권기임을 알 수 있다(1865).

④ 흥선 대원군은 왕실의 권위를 회복하기 위해 경복궁을 중건하였다(1865~1868). 그러나 중건 비용을 마련하는 과정에서 원납전을 거두었고, 당백전을 발행하여 물가가 크게 오름으로써 경제 혼란을 초래하였다. 또한, 공사에 백성을 강제로 동원하였고, 부족한 목재를 확보하기 위해 양반의 묘지림을 벌목하였다. 경복궁은 공사 시작 8년 만에 완공되었지만 무리한 중건으로 인해 양반과 백성의 원성을 사기도 하였다.

| 오답 넘기 |

① 조선 영조 때에는 새롭게 마련된 제도들을 정리하기 위하여 『속대전』을 편찬하였다(1746).
② 조선 세종은 여진족을 몰아내고 4군 6진을 개척하였다(1433 · 1434).
③ 거란의 1차 침입 당시 서희는 외교 담판을 벌여 강동 6주를 확보하였다(993).

정답 ④

2 다음 상황이 나타난 배경으로 옳은 것은? [2점]

① 보빙사가 파견되었다.
② 운요호 사건이 일어났다.
③ 갑오개혁이 추진되었다.
④ 조선책략이 유입되었다.

| 해설 | 문호 개방과 불평등 조약

제시된 자료에서 '일본측에서 요구하는 수호 통상 조약', '접견대관 신헌에게 알리도록 하라' 등의 내용을 통하여 대화속의 시기는 강화도 조약 체결 직전임을 알 수 있다.

⑤ 1875년 9월 일본은 조선의 강화도에 운요호를 보내 통상 요구를 하며 무력 시위를 벌였다(운요호 사건). 이로 인해 군사적 충돌이 일어나자 이듬해 일본은 이를 구실로 조선과 조 · 일 수호 조규(강화도 조약)를 체결하였다(1876.2). 이 조약에 따라 조선은 부산을 비롯한 3개 항구를 열고, 일본의 조선 해안 측량권과 영사 재판권 등을 허용하였다. 또한, 추가로 체결된 부속 조약에 의해 무관세 무역, 일본 화폐 유통 등이 허용되었다.

| 오답 넘기 |

① 정부는 미국과 수교한 후 공사 파견에 대한 답례로 미국에 보빙사를 파견하였다(1883.6).
③ 1894년 6월 김홍집 내각은 군국기무처를 신설하고 제1차 갑오개혁을 추진하였다.
④ 김홍집이 제2차 수신사로 일본에 갔다가 가져온 책이 『조선책략』이다(1880.9).

정답 ②

3 다음 서술형 평가의 답안에 들어갈 내용으로 옳은 것은? [3점]

서술형 평가

○학년 ○반 이름 : ○○○

◎ (가), (나) 조약이 체결된 공통적인 배경을 서술하시오.

(가) 제3관 조선국이 지불한 5만 원은 피해를 입은 일본 관원의 유족 및 부상자에게 지급하여 특별히 돌보아 준다.

⋮

제5관 일본 공사관에 일본군 약간 명을 두어 경비를 서게 한다.

(나) 제4조 규정에 따라 조선 상인이 북경에서 교역하는 경우의 중국 상인이 조선의 양화진과 서울에 들어가 영업소를 개설하는 경우를 제외하고, 각종 화물을 내지로 운반하여 상점을 차리고 파는 것을 허락하지 않는다.

답안	

① 고종이 홍범 14조를 반포 하였다.
② 구식 군인들이 임오군란을 일으켰다.
③ 김옥균 등이 갑신정변을 주도했다.
④ 영국이 거문도를 불법으로 점령하였다.

| 해설 | 임오군란의 결과

제시된 자료에서 '조선국이 지불한 5만원', '일본 공사관에 일본군 약간명을 두어 경비' 등의 내용으로 보아 (가) 조약은 제물포 조약(1882.8)이다. (나) 조약은 조 · 청 상민 수륙 무역 장정(1882.8)이다. 이라는 부분을 통해 알 수 있다. 임오군란은 1882년 6월 정부의 개화 정책에 불만을 품은 구식 군인들이 신식 군대인 별기군과의 차별 대우를 계기로 봉기한 것이다. 조선은 일본과 제물포 조약을 체결하여 배상금을 지불하고 일본 공사관의 경비병 주둔을 인정하여 자주권이 침해당하게 되었다. 또 임오군란 이후 청 상인은 조 · 청 상민 수륙 수륙 무역 장정을 통해 내지 통상권을 얻었다.

| 오답 넘기 |

① 1895년 1월 발표된 홍범 14조는 갑오개혁의 핵심을 담고 있는 일종의 헌법이다.
③ 1884년 12월 김옥균 등 급진 개화파는 우정총국 개국 축하연을 이용하여 갑신정변을 일으켰다.
④ 1885년 4월 영국은 러시아를 견제하기 위해 조선의 거문도를 불법으로 점령하였다(~1887.2).

정답 ②

4 밑줄 그은 '이 사건'에 대한 설명으로 옳은 것은? [2점]

① 청군의 개입으로 3일 만에 실패하였다.
② 보국안민, 제폭구민을 기치로 내세웠다.
③ 제물포 조약을 체결하는 결과를 가져왔다.
④ 신식 군대인 별기군이 창설되는 배경이 되었다.

| 해설 | 갑신 정변

1884년 12월 김옥균 등 급진 개화파는 우정총국 개국 축하연을 이용하여 수구 사대당 요인들을 살해하였고, 김옥균, 박영효, 홍영식, 서광범, 서재필 등을 중심으로 하는 개화당 정부를 수립한 뒤, 군사권과 재정권을 장악하고 개혁 정강을 제정하여 발표하였다.

갑신정변의 실패로 실현되지는 못했지만, 이 중 14개의 정령이 김옥균의 『갑신일록』에 적혀 있다. 개혁 정강의 내용은 청에 대한 의례적 사대 관계의 청산, 문벌 폐지와 인민 평등권의 확립, 능력에 따른 인재의 등용, 지조법(地租法)의 개혁, 탐관오리 처벌, 백성들이 빚진 환상미(還上米)의 면제, 모든 재정의 호조 관할(재정의 일원화), 경찰 제도의 실시, 내각 중심 정치의 실시, 혜상공국(惠商公局)의 혁파 등이었다. 하지만 일본에 의존하고 지나치게 급진적 방식을 택하여 백성과 관료층의 지지를 받지 못하였고, 결국 청의 개입으로 3일 만에 실패하였다.

| 오답 넘기 |

② 동학 농민군은 보국안민과 제폭구민, 척왜양창의(일본과 서양 세력을 배척하여 의병을 일으킨다) 등을 내세웠다(1894).
③ 개항 이후 조선에서 외국 군대의 주둔을 처음 허용한 조약은 임오군란을 계기로 체결된 제물포 조약이다(1882.8).
④ 개항 이후 정부는 군제도 개편하여 전통적인 5군영을 무위영과 장어영으로 합쳤으며, 신식 군대를 양성하기 위해 별기군을 창설하였다(1881.4).

정답 ①

5 다음 연극에서 볼 수 있는 장면으로 적절하지 않은 것은? [3점]

〈연극 제작 기획안〉

제목 : 새야 새야 파랑새야

1. 기획 의도
탐관오리의 폭정에서 백성을 구하고 외세의 간섭으로부터 나라를 지키고자 했던 동학 농민군의 열망과 노력을 연극으로 재구성하여 대중에게 알린다.

2. 장면
#1. 고부에서 봉기를 이끄는 전봉준
……

① 정주성을 점령하는 홍경래
② 농민군과 전주 화약을 체결하는 정부 관리
③ 조선에서 청군을 기습 공격하는 일본군
④ 집강소에서 폐정 개혁을 추진하는 농민군

| 해설 | 동학 농민 운동

전봉준은 조선 후기 발생한 동학 농민 운동의 지도자로서 부패한 관리를 처단하고 시정 개혁을 도모하였다. 전라도 지방에 집강소를 설치하여 동학의 조직 강화에 힘썼으며 일본의 침략에 맞서 싸우다가 체포되어 교수형을 당하였다.

1차 농민 봉기(1894.3) 이후 동학농민군은 전라도 각지에 자치 기구인 집강소를 설치하고 정부에 제시한 폐정 개혁안을 실천하는 데 힘썼다. 개혁안에는 횡포한 양반과 탐관오리 처벌, 신분제 폐지, 봉건적 폐습 타파, 세금 제도 개혁 등 근대 사회를 지향하는 방안이 담겨 있었다.

전주 화약 후 정부는 청과 일본에게 군대 철수를 요청하였지만 일본군이 오히려 경복궁을 점령하고 청과 전쟁을 일으켰다. 이러한 상황에서 농민군은 서울로 올라가 일본군을 물리치고자 다시 봉기하였다(제2차 봉기, 1894.9). 그러나 농민군은 공주 우금치에서 관군과 일본군에게 패배하고, 전봉준을 비롯한 지도부도 체포되어 처형되었다.

| 오답 넘기 |

① 홍경래의 난은 관군에게 패한 후 정주성에서 저항하였으나 5개월 만에 진압되었다(1811).

정답 ①

6 다음 검색창에 들어갈 기구로 옳은 것은? [1점]

역사 인물 검색

검색어 | 검색

↳ 검색 결과

행정권과 입법권을 함께 가진 기구로서 1894년 6월 설치되었다. 발족 당시 총재 1명, 부총재 1명, 20명 이하의 회의원으로 구성되었다. 신분제 폐지 등의 개혁안을 심의하고 통과시켰다.

① 비변사 ② 선혜청
③ 중추원 ④ 군국기무처

| 해설 | 갑오 개혁

갑오개혁의 추진 기구인 군국기무처에서는 먼저, 중국 연호 사용을 폐지하고 독자적인 연호를 사용하였다. 국가 기구를 의정부와 궁내부로 이원화하여 왕권을 제한하고 의정부 중심의 국정 운영 체계를 구축하려고 하였다. 국가 재정을 탁지아문으로 일원화한 것도 이를 뒷받침하기 위한 것이었다. 또한, 과거제를 폐지하고 일본식 관료 제도를 도입하려 하였다.

경제 면에서는 해묵은 과제였던 삼정 문제를 해결하기 위해 수많은 조세 항목을 지세와 호세로 통합하였으며, 조세의 금납화를 추진하기 위해 은본위 화폐제를 도입하려 하였다. 도량형의 통일도 삼정 문제를 해결하기 위한 정책 가운데 하나였다.

노비 제도의 혁파, 인신 매매 금지 등을 통해 신분적 차별을 철폐하였으며, 조혼을 금지하고 과부의 재가를 허용하는 등 봉건적 악습도 철폐하였다.

| 오답 넘기 |

① 비변사는 국방과 군사 문제를 논의하던 임시 회의 기구였으나, 임진왜란 이후 모든 국가 업무를 총괄하는 최고 정치 기구가 되었다.
② 선혜청은 대동법을 운영하기 위해 세운 관청이다.
③ 1898년 독립 협회는 최초의 근대적 민중 집회인 만민 공동회를 개최하고, 중추원 관제 개편을 통해 의회를 설립하고자 하였다. 또 중추원은 일제 강점기에 총독부의 자문 기관으로 변모하였다.

정답 ④

7 다음 퀴즈의 정답으로 옳은 것은? [1점]

①

②

③

④

| 해설 | 독립 협회의 활동

독립 협회는 1896년 7월 서재필, 윤치호 등의 주도로 창립되었다. 독립문을 세워 독립 자주 의식을 고취하고자 하였던 독립 협회는 최초의 근대적 민중 집회인 만민 공동회를 개최하고, 중추원 관제 개편을 통해 의회를 설립하고자 하였다. 또한 국권 수호와 민권 보장 및 국정 개편을 내용으로 하는 헌의 6조를 결의하여 국왕의 재가를 받았다.

독립 협회는 러시아의 절영도 조차 요구를 저지하였으며, 러시아의 군사 교련단과 재정 고문단을 철수시켰다. 또한 한·러 은행을 폐쇄하였으며, 프랑스와 독일의 광산 채굴권 요구를 저지하기도 하였다. 독립 협회가 시민과 함께 정부를 강하게 비판하자 정부는 황국 협회 소속의 보부상과 군대를 동원하여 만민 공동회와 독립 협회를 강제로 해산하였다(1898.12).

| 오답 넘기 |

① 신간회의 자매 단체로 근우회가 결성된 뒤(1927.5) 기관지로 『근우』를 발간(1929.5)하였다.
② 국채 보상 운동을 전개한 단체가 국채 보상 기성회이다(1907.2).
④ 황국 협회는 독립 협회를 탄압한 어용 단체이다(1898.6).

정답 ③

8 다음 자료에 나타난 상황 이후에 전개된 사실로 옳은 것은? [3점]

> 지금 자주 독립의 위치에서 조칙(詔勅)으로 명령을 내리고 연호를 쓰고 있으니 이미 황가(皇家)의 제도를 시행한 것입니다. …… 자주적인 우리나라는 마땅히 황제라고 칭해야 하는데, 어찌하여 폐하께서는 황제의 자리에 오르지 않으십니까?
>
> -『고종실록』-

① 영선사가 파견되었다.
② 운요호 사건이 발생하였다.
③ 대한국 국제가 제정되었다.
④ 신식 군대인 별기군이 창설되었다.

| 해설 | 대한 제국의 성립

제시된 자료에서 '이미 황가(皇家)의 제도를 시행', '마땅히 황제하고 칭해야'라는 부분을 통해 대한 제국의 수립과 관련된 상황임을 알 수 있다. 1897년 2월 고종은 덕수궁으로 돌아온 후 동년 10월에 국호를 '대한 제국', 연호를 '광무'로 정하고 환구단에서 황제 즉위식을 거행하였다.

이후 대한 제국은 대한국 국제를 통해 황제에게 육해군 통수권, 입법권, 사법권, 행정권, 외교권 등 모든 권한을 집중시켰다(1898.8). 또한, 원수부를 설치하여 대원수로서 황제가 국방과 군사에 관한 명령을 직접 장악하게 하였다(1899.6).

| 오답 넘기 |

① 개항 후 조선 조정은 영선사를 1881년 9월 청에 파견하였으며, 근대 무기 제조법과 군사 훈련법을 배워오게 하였다.
② 일본은 조선에 통상을 요구하기 위해 운요호 사건을 일으켰다(1875.9).
④ 개항 이후 정부는 1881년 4월 신식 군대인 별기군을 신설하였다.

정답 ③

22 국권 수호 운동의 전개

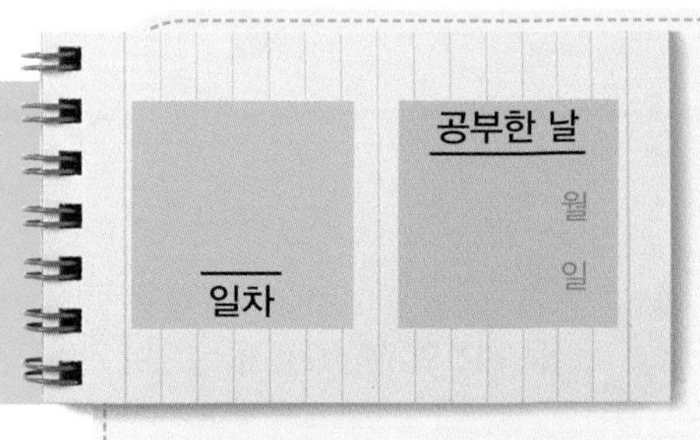

❶ 일제의 국권 침탈

(1) 러 · 일 전쟁의 발발과 을사늑약

① 러 · 일 전쟁(1904.2~1905.9) : 만주와 한반도를 둘러싼 러시아와 일본의 대립 심화 → 영 · 일 동맹 체결 → 러 · 일 전쟁 발발(1904.2) → 일본의 승리 → 러시아와 포츠머스 조약 체결(1905.9)

② 한 · 일 의정서와 제1차 한 · 일 협약의 체결(1904)

㉠ 한 · 일 의정서 체결(1904.2) : 일본이 전쟁 수행에 필요한 지역을 임의로 사용하는 권리 확보

㉡ 제1차 한 · 일 협약(1904.8) : 일본이 추천한 외교 고문(스티븐스), 재정 고문(메가타) 고용

③ 을사늑약의 강요(1905.11)

㉠ 을사늑약의 체결 : 외교권 박탈, 통감부 설치(1906.2) → 초대 통감 이토 히로부미가 내정 전반 장악

㉡ 을사늑약에 대한 저항 : 학생들의 자진 휴학, 상인들의 철시, 유생들의 상소, 민영환의 순국 자결, 의병 봉기와 의거 활동, 장지연이 황성신문에 항일 논설인 '시일야방성대곡'을 실음

㉢ 고종의 외교 노력 : 헤이그 만국 평화 회의에 특사 파견(이준, 이상설, 이위종) → 을사늑약이 무효임을 국제 사회에 알리고자 하였음(1907.4)

일본의 한국에 대한 권리를 인정한 조약들
미국은 일본의 한국 지배를 인정하는 가쓰라 · 태프트 비밀 협약(1905.7)을 통해, 영국은 한국에 대한 일본의 독점적 지배권을 인정하는 제2차 영 · 일 동맹(1905.8)을 통해 일본의 한국에 대한 권리를 인정하였다.

헤이그에 파견된 특사들 1907년 네덜란드 헤이그에서 만국 평화 회의가 개최되자 고종이 을사늑약의 부당함을 알리기 위해 파견한 사절(왼쪽부터 이준, 이상설, 이위종)이었는데, 일제의 방해로 성과를 거두지 못하였다.

Click ! ● 장지연의 '시일야방성대곡'

슬프다, 저 개돼지보다 못한 이른바 우리 정부의 대신이라는 자들이 부귀영화를 바라보고 위협에 눌려 물러서거나 두려워하면서 나라를 파는 역적이 되는 것을 달게 받아들여 4천 년 강토와 5백 년 종사를 남에게 바치고 2천만 국민을 노예로 만들었으니, 아 분하다. 우리 2천만 국민이 하룻밤 사이에 갑자기 멸망하고 만단 말인가.

(2) 고종의 강제 퇴위와 한 · 일 병합

① 고종의 강제 퇴위 : 헤이그 특사 파견을 구실로 일본이 고종을 강제 퇴위시킴

② 한 · 일 신협약(정미 7조약, 1907.7) : 통감의 내정 간섭 권한 강화, 군대 해산, 차관 및 지방 관리를 일본인으로 임명

③ 국권 피탈 : 기유각서(1909.7, 사법권 박탈) 체결 → 경찰권 위탁 각서(1910.6, 경찰권 박탈) → 일진회의 합방 청원서 제출 → 한국 병합 조약 발표(1910.8)

연도	과정
1904	한 · 일 의정서
	제1차 한 · 일 협약
1905	을사늑약(을사조약) (제2차 한 · 일 협약)
1907	고종 강제 퇴위
	한 · 일 신협약 (정미 7조약)
	군대 강제 해산
1909	사법권 강탈
1910	경찰권 강탈
	한 · 일 병합 조약

일제의 국권 피탈 과정

(3) 독도 침탈과 간도 협약

① 간도 문제

㉠ 백두산정계비로 국경선 확정(1712, 숙종) → 19세기 이후 청과 분쟁 → 간도를 함경도의 행정 구역으로 편입(대한 제국)

㉡ 간도 협약(1909.9) : 일본이 만주 철도 부설권을 얻는 대가로 청의 영토로 인정

② 독도 문제

㉠ 역사 : 안용복이 독도가 우리 영토임을 일본 정부로부터 확인(조선 숙종) → 울릉도에서 독도를 관할하도록 함(대한 제국) → 일본이 러 · 일 전쟁 중 불법으로 자국 영토에 편입

㉡ 독도 침탈 : 러 · 일 전쟁 기간 중 강제로 편입함(1905.2)

(4) 열강의 경제적 침탈

① 일본 상인들의 침투

㉠ 개항 초기 : 거류지 무역, 중개 무역(영국산 면직물 판매)

㉡ 일본과 청의 무역 경쟁

ⓐ 임오군란 후 : 조 · 청 상민 수륙 무역 장정 체결(1882.8)로 청 상인의 내륙 진출 → 일본과 청 상인의 무역 경쟁 심화

ⓑ 청 · 일 전쟁 후 : 일본 상인이 조선의 상권 독점

② 열강의 이권 침탈

자원	• 광산 채굴권 : 운산 금광(미국)이 대표적, 영국 · 일본 등도 채굴권 차지 • 삼림 채벌권 : 압록강 · 두만강 · 울릉도 삼림 채벌권(러시아)
교통 · 통신	• 철도 부설권 : 경인선(미국 → 일본), 경의선(프랑스 → 일본), 경부선(일본) • 전화 · 전등 · 전차 가설권 : 미국
기타	러시아의 절영도 조차 시도와 한 · 러 은행 설치

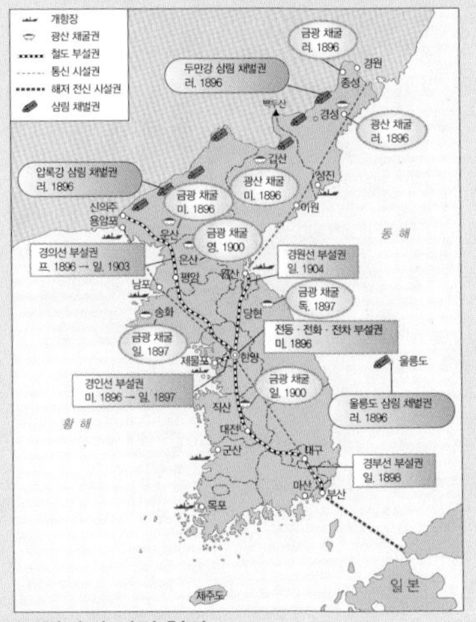

⬆ 열강의 이권 침탈

③ 화폐 정리 사업(1905.7~1909.12)

㉠ 내용 : 일본인 재정 고문 메가타의 주도로 당시의 조선 화폐인 백동화와 엽전 등을 일본 제일 은행권으로 교환 → 상공업자와 민간 은행 타격

㉡ 문제점 : 교환 기간이 짧고 질이 나쁜 백동화는 교환 불가

㉢ 결과 : 일본 상인들은 사전에 정보를 알고 대비, 사업에 필요한 자금을 일본 차관으로 조달 → 거액의 국채 발생

일제는 근대화를 위한 사업이라는 명목으로 대한 제국에 차관을 강요하였다. 대한 제국은 채무국이 되었지만, 정작 들어온 돈의 대부분은 통감부에서 사용되었다.

화폐 정리 사업

제1조 본위 화폐를 금으로 하기 때문에 이전에 발행한 통화는 아래의 각 조에 의거하여 신 화폐와 교환하거나 환수한다.

제2조 구화 은 10냥은 신화 금 1환에 맞먹는 비율로 점차로 교환하거나 환수한다.

제4조 구 백동 화폐의 교환을 끝내는 기한은 만 1년 이상으로 탁지부 대신이 정한다.

제5조 교환 기한이 끝난 후에는 그 통용을 금지한다.

❷ 국권 수호 운동의 전개 ☆☆☆

(1) 항일 의병 운동과 의거 활동

① 항일 의병 운동의 전개

㉠ 을미의병(1895)

배경	일제의 명성 황후 시해(을미사변), 단발령 강제 실시(1895.11)
활동	위정척사 사상을 지닌 보수적 양반 유생층(유인석, 이소응 등), 동학 농민군의 잔여 세력 참여 → 개화 정책을 추진하는 지방 관아 공격, 친일 관리 처단, 일본 수비대 공격
해산	아관 파천(1896.2) 이후 단발령 철회, 고종의 해산 권고 조칙 발표로 해산 → 활빈당 활동

㉡ 을사의병(1905)

평민 출신 의병장으로 강원도, 경상도의 경계 지역과 울진 등 동해안을 근거지로 태백산의 험준한 지형을 이용하여 유격 전술을 펼쳤다.

배경	을사늑약 강요 → 일제의 침략 규탄, 을사늑약 폐기 운동
활동	민종식, 최익현 등 유생 및 전직 관료, 평민 의병장 등장(신돌석), 활빈당 세력 참여 → 유격전으로 전술 변화

⬆ 정미의병의 모습

㉢ 정미의병(1907)

군대 해산에 반발하여 시위대 제1대대장이었던 박승환이 자결하였고, 이를 계기로 시위대는 서울 시내에서 일본군과 시가전을 벌였다.

배경	고종의 강제 퇴위(1907.7), 군대 해산(1907.8)
특징	해산 군인의 합류로 전투력 강화 → 의병 전쟁으로 확대
활동	• 의병의 조직력과 화력 강화, 13도 창의군 결성(총대장 이인영, 참모장 허위, 12월) • 서울 진공 작전(1908.1) : 양주에 집결 → 선발대가 서울 동대문 밖 30리까지 진격, 독립군 표방하며 서울 주재 각국 공사관에 서신을 보내 국제법상 교전 단체 승인 요구

② **의거 활동** : 나철, 오기호(5적 암살단 조직, 을사 5적 처단 시도), 전명운 · 장인환의 스티븐스 사살(1908.3), 안중근의 이토 히로부미 저격(1909.10) 등

조약 체결에 찬성한 학부대신 이완용, 군부대신 이근택, 내부대신 이지용, 외부대신 박제순, 농상공부대신 권중현을 을사오적이라 한다.

안중근 근대적 지식을 가지고 애국 계몽 운동 · 의병 운동에 참여했으며, 한 · 중 · 일 삼국의 협력과 평화를 구상한 동양 평화론의 주창자로서 한국을 침략하여 동양 평화를 해치는 상징적 인물인 이토 히로부미를 처단하였다.

Click ! ● **법정에 선 안중근 의사**

• **3막** 뤼순의 관동도독부 지방 법원
일본인 판사와 검사 앞에 주인공이 당당하게 서 있다.

검사 : (고압적인 태도로 주인공을 노려보며) 피고가 범행을 저지른 이유가 무엇인가?

주인공 : (결의에 찬 표정으로) 나는 대한 제국 의용군 참모중장으로서 독립 전쟁의 일환으로 이토 히로부미를 사살하였다. 개인적인 원한 때문이 아니라 우리 민족의 독립과 동양 평화를 위해서이다.

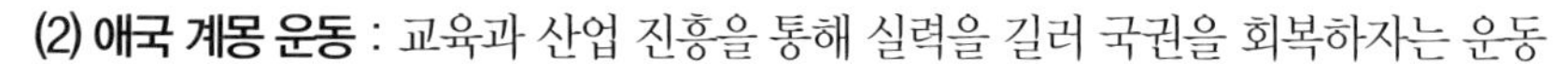

(2) 애국 계몽 운동 : 교육과 산업 진흥을 통해 실력을 길러 국권을 회복하자는 운동

① **애국 계몽 운동 단체의 활동**

㉠ 보안회(1904.7) : 일제의 황무지 개간권 요구를 저지

㉡ 헌정 연구회(1905.5) : 독립 협회 계승, 입헌 정치 수립 운동을 전개

㉢ 대한 자강회(1906.4) : 헌정 연구회 계승, 「대한 자강회 월보」 간행, 고종 황제 퇴위 반대 운동 전개 → 일제 탄압으로 해산(1907.8)

국채 보상 운동 기념비

② **국채 보상 운동과 신민회의 결성**

㉠ 국채 보상 운동(1907.2)

ⓐ 배경 : 일본이 조선 정부에 차관 강요 → 대한 제국이 일본에 많은 빚을 지게 됨

ⓑ 과정 : 대구에서 시작(서상돈) → 국채 보상 기성회를 중심으로 언론(대한매일신보)과 다양한 계층이 참여하면서 전국으로 확산 → 통감부의 방해와 탄압으로 실패

ⓒ 의의 : 국민의 힘으로 나라의 빚을 갚아 경제적 자주성을 지키고자 함

대성 학교(1908.9)

㉡ 신민회의 활동(1907~1911)

조직	정치 활동에 대한 통감부의 탄압을 피하기 위해 비밀 단체로 조직(1907.4)
중심 인물	안창호, 이승훈, 양기탁 등이 중심
활동 목표	국권 회복과 공화 정치 체제의 국민 국가 건설
활동 내용	• 민족 교육의 추진 : 대성 학교(평양), 오산 학교(정주) 설립 • 민족 산업의 육성 : 자기 회사, 태극 서관 운영 • 민족 문화의 계발 : 대한매일신보를 통해 국민 계몽에 앞장섬 • 독립 운동 기지 건설 : 만주 삼원보에 신흥 학교 · 군사 학교 설립
해체	일제가 조작한 105인 사건으로 와해(1911.9)

도산 안창호

체크체크

① 일제의 국권 수탈

- [제1차 한일 협약] 스티븐스가 외교 고문으로 임명되었다.
- 가쓰라 · 태프트 밀약이 체결되었다.
- 을사늑약이 체결되었다.
  - ↳ 조선이 외교권을 박탈당하였다.
  - ↳ [덕수궁 중명전] 을사늑약이 체결되었어요.
  - ↳ 민영환, 조병세 등이 자결하였다.
  - ↳ 통감부가 설치되었다.

실전 자료 **을사늑약**

이토 히로부미 후작의 강압으로 대궐에서 회의가 소집되었다. 대신들은 조약에 찬성할 것을 강요당하였고, 그런 다음에 가장 강하게 반대하던 세 명의 대신이 일본 장교들에 의해 한 명씩 끌려 나갔다. …… 일본이 세계에 공표한 것과는 달리, 이 조약은 황제가 결코 서명하지 않았고 합법적으로 조인되지도 않았다.

- 고종이 헤이그에 특사를 파견하였다.
  - ↳ 고종이 강제 퇴위를 당하였어요.
  - ↳ 대한 제국의 군대가 해산되었다.
- [송병준, 윤시병] 일진회를 조직하였다.
- [기유약조] 일제가 사법권을 강탈하였다.
- 청 상인과 일본 상인 간의 경쟁이 치열해졌다.
- 상권 수호 운동을 전개하였다.
  - ↳ 황국 중앙 총상회를 중심으로 전개되었다.
- 메가타의 주도로 화폐 정리 사업이 실시되었다.
  - ↳ 메가타, 화폐 정리 사업을 주도하다.

② 국권 수호 운동의 전개

- [을미의병] 유인석이 단발령에 반발하여 의병을 일으켰다.
  - ↳ 을미사변과 단발령에 반발하여 일어난 의병
  - ↳ 고종의 조칙에 따라 대부분 해산하였다.
- [보안회] 일제의 황무지 개간권 요구를 철회시켰다.
  - ↳ 일제의 황무지 개간권 요구 저지
  - ↳ 보안회가 개최한 집회에 참석한 상인
  - ↳ 외국의 토지 침탈을 막고자 농광 회사가 설립되었다.
- [을사의병] 최익현, 신돌석 등이 의병을 일으켰다.
- [정미의병] 해산된 군대의 군인 중 일부가 합류하였다.
  - ↳ 해산당한 군인들이 합류하였다.
- 13도 창의군이 서울 진공 작전을 추진하였다.
  - ↳ [허위] 13도 창의군을 이끌고 서울 진공 작전을 전개하였다.
  - ↳ 서울 진공 작전을 추진하였다.
- 나철 등이 5적 처단을 위해 자신회를 결성하였다.
- [장인환] 친일 인사인 스티븐스를 사살하였다.
- [안중근] 이토 히로부미를 사살하였다.
  - ↳ 안중근이 하얼빈에서 이토 히로부미를 저격하였어요.
- [이재명] 이완용을 습격하였다.
  - ↳ 이완용을 습격하여 중상을 입혔다.
- [국채 보상 운동] 대구에서 시작되어 전국으로 확산되었다.
  - ↳ 김광제, 서상돈 등의 제창으로 확산되었다.
  - ↳ 대한매일신보의 후원을 받았다.
  - ↳ 국채 보상 운동을 취재하는 대한매일신보 기자
  - ↳ 국채 보상 기성회에 성금을 내는 여성
  - ↳ 통감부의 방해와 탄압으로 실패하였다.

실전 자료 **국채 보상 노래**

대한 2천만 민중에 서상돈만 사람인가.
단천군 이곳 우리들도 한국 백성 아닐런가.
외인 부채 해마다 이식 불어나니 그 많은 액수 어이 감당하리.
…
국채 다 갚는 날 오면 기쁘고 즐겁지 않을 손가.
힘씁시다. 힘씁시다. 우리 단천의 여러분이여.

- [대한 자강회] 고종 강제 퇴위 반대 운동을 주도하였다.
  - ↳ 대한 자강회를 중심으로 전개되었다.
- [이상설] 서전서숙을 설립하였다.
- [신민회] 태극 서관, 자기 회사를 설립하였다.
  - ↳ 태극 서관, 자기 회사를 설립한 단체를 조사한다.
  - ↳ 오산 학교와 대성 학교 설립
  - ↳ 국외 독립 운동 기지 건설
  - ↳ 105인 사건으로 해체되었다.

1 밑줄 그은 '조약'에 대한 저항으로 옳지 않은 것은? [2점]

> 이토 히로부미 후작의 강압으로 대궐에서 회의가 소집되었다. 대신들은 조약에 찬성할 것을 강요당하였고, 그런 다음에 가장 강하게 반대하던 세 명의 대신이 일본 장교들에 의해 한 명씩 끌려 나갔다. …… 일본이 세계에 공표한 것과는 달리, 이 조약은 황제가 결코 서명하지 않았고 합법적으로 조인되지도 않았다.

① 민영환, 조병세 등이 자결하였다.
② 고종이 헤이그에 특사를 파견하였다.
③ 최익현, 신돌석 등이 의병을 일으켰다.
④ 이만손이 주도하여 영남만인소를 올렸다.

| 해설 | 일제의 국권 침탈에 대한 저항
제시된 자료의 '이토 히로부미 후작의 강압', '찬성할 것을 강요', '황제가 결코 서명하지 않았고 합법적으로 조인되지도 않았다'는 내용으로 보아 밑줄 그은 '조약'은 을사늑약이다(1905.11).
영국과 미국의 지원으로 러 · 일 전쟁에서 승리한 일본은 고종과 정부 대신들을 위협하여 을사늑약을 강요한 후 통감부를 설치하였다. 이에 고종은 자신이 비준하지 않았음을 들어 무효화를 선언하고 백성들에게 항전할 것을 촉구하였으며, 전국 각지에서 다양한 형태의 저항 운동이 전개되었다. 민영환, 조병세는 자결하였으며, 나철, 오기호 등은 5적 암살단을 조직하여 친일 조직이었던 일진회를 습격하였다.
이러한 상황에서 항일 의병 전쟁도 다시 일어나 신돌석, 최익현 등이 의병 투쟁을 전개하였다. 한편, 고종은 을사늑약의 부당함을 널리 알리고자 이준, 이위종, 이상설을 헤이그 만국 평화 회의에 특사로 파견하였으나 냉혹한 국제 질서에서 받아들여지지 않았다(1907.4).

| 오답 넘기 |
④ 김홍집이 제2차 수신사로 일본에 갔다가 가져온(1880.9) 『조선책략』이 유포되자 이만손을 비롯한 유생들에 의해 영남만인소가 올려졌다(1881.2).

정답 ④

2 밑줄 그은 '시도'에 대한 설명으로 옳은 것은? [2점]

① 원수부를 창설하였다.
② 홍범 14조를 선포하였다.
③ 독립 의군부를 조직하였다.
④ 헤이그에 특사를 파견하였다.

| 해설 | 을사늑약 반대 운동
을사늑약이 강요되자, 고종은 조약의 무효를 선언하고 일제의 불법적인 국권 강탈을 폭로하여 국제 사회의 지원을 받고자 하였다. 이에 1907년 6월 네덜란드 헤이그에서 열리는 제2회 만국 평화 회의에 이상설, 이준, 이위종을 특사로 파견하였다(1907.4). 그러나 이들은 일본 등의 방해로 성과를 거두지 못하였고, 일본은 외교권이 없는 상태에서 특사를 보냈다는 이유 등으로 고종을 강제 퇴위시키고 순종을 즉위시켰다(1907.7).

| 오답 넘기 |
① 광무 개혁 당시 고종은 경운궁 안에 원수부를 설치하고 대원수에 취임하여 군의 통수권을 직접 장악하였다(1899.6).
② 1895년 1월 발표된 홍범 14조는 갑오개혁의 핵심을 담고 있는 일종의 헌법이다.
③ 독립 의군부는 1912년 9월 고종의 밀명을 받은 임병찬이 전국의 의병장과 유생들을 모아 만든 비밀 결사 단체이다.

정답 ④

3 밑줄 그은 '장정'에 대한 설명으로 옳은 것은? [3점]

역사신문

제△△호 ○○○○년 ○○월 ○○일

〈논설〉

청 상인의 내지 통상을 우려한다

최근 조선과 청 사이에 맺어진 장정으로 청 상인은 허가만 받으면 개항장 밖 내지에서도 활동할 수 있게 되었다. 이들의 활동 범위가 넓어진다면 조선 상인들의 상권은 크게 위협받을 수밖에 없다. 이러한 상황이 지속되면 조선의 상업이 무너지는 것은 시간문제이다. 따라서 정부는 한성, 양화진 이외 지역에서 청 상인들의 내지 통상을 불허해야 한다.

① 거중 조정 조항을 명시하였다.
② 임오군란을 계기로 체결되었다.
③ 방곡령 시행 규정을 포함하였다.
④ 임술 농민 봉기의 원인이 되었다.

4 밑줄 그은 '이 조치'에 대한 탐구 활동으로 가장 적절한 것은? [2점]

1905년 이 조치에 따라 상평통보, 백동화 등 기존 화폐 대신 일본의 제일 은행에서 발행한 화폐의 사용이 정식으로 공인되었다. 이를 통해 일본은 대한 제국의 금융과 재정을 장악해갔다.

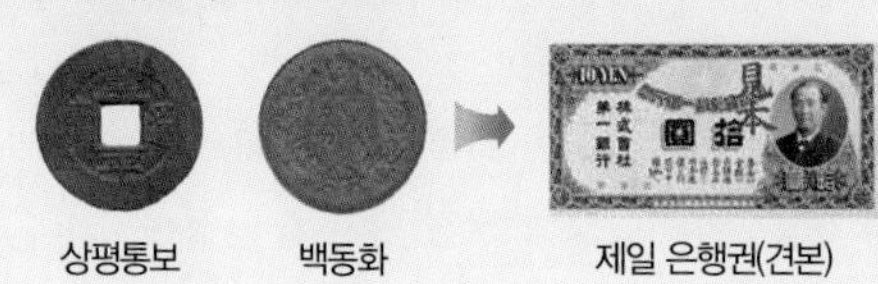

① 보안회 설립의 목적을 파악한다.
② 재정 고문 메가타의 활동을 조사한다.
③ 독립 협회의 이권 수호 운동 과정을 살펴본다.
④ 동양 척식 주식회사의 주요 업무를 알아본다.

| 해설 | 임오군란의 결과

임오군란 후 청은 조선에 불평등 조약인 조·청 상민 수륙 무역 장정의 체결을 강요하여 개항장이 아닌 서울 양화진에 청국인이 점포를 개설할 수있는 권리, 호조(일종의 여행 증명서)를 가진 자에게는 개항장 밖의 내륙 통상권과 연안 무역권까지 인정하였다(1882.8). 그 결과 청 상인들이 개항장 밖 내륙까지 진출하여 상업 활동을 하게 되었고, 최혜국 대우 규정을 내세운 다른 나라 상인들도 내륙에 진출할 수 있게 되었다. 이러한 상황을 배경으로 중개 무역을 주도하던 개항장의 객주, 여각 등이 큰 피해를 입었으며, 조선의 상권을 둘러싼 청·일의 대립이 본격화되었다.

| 오답 넘기 |

① 조·미 수호 통상 조약에는 최혜국 대우, 치외법권, 거중 조정권 등이 포함되어 있다(1882.5).
③ 방곡령에 대한 규정을 포함하고 있는 것은 1883년에 체결된 개정 조·일 통상 장정이다(1883.7).
④ 1862년에 진주 농민들이 몰락 양반 유계춘을 중심으로 경상우도 병마절도사 백낙신의 수탈에 맞서 봉기하였다(임술 농민 봉기).

정답 ②

| 해설 | 화폐 정리 사업

제시된 자료의 '이 조치'는 1905년 7월에 실시된 화폐 정리 사업이다(~1909.12). 일제는 대한 제국의 재정과 금융을 장악하기 위해 화폐 정리 사업을 실시하였다. 조선의 국가 재정을 담당하는 탁지부의 고문인 메가타가 주도하여 일본 제일 은행권을 본위 화폐로 삼고, 새로운 보조 화폐를 발행하여 대한 제국의 화폐 발행권을 빼앗자 국내의 화폐 유통 체계는 혼란에 빠져 상인과 회사들이 많은 손실을 입었다. 또 화폐 정리 사업 과정에서 조선 상인이 보유한 백동화 상당수가 병으로 판정받아 사용이 불가능해 통화량이 줄어드는 현상이 발생하였다.

| 오답 넘기 |

① 보안회는 일제가 황무지 개간권을 요구해오자 반대 운동을 전개하여 이를 저지하는 데 성공하였다(1904.7).
③ 독립 협회는 러시아의 절영도 조차 요구를 반대하였다(1898.2).
④ 동양 척식 주식회사는 일본이 조선의 식민지 경영을 위해 1908년에 설립한 한·일 합작 회사였다.

정답 ②

5 다음 의병에 대한 설명으로 옳은 것은? [1점]

항일 의병 운동

○○ 의병

- 계 기 : 고종의 강제 퇴위와 군대 해산
- 의병장 : 이인영, 허위 등
- 특 징 : 해산된 군인의 합류로 전투력이 향상됨
- 활 동 : 국제법상의 교전 단체로 인정해 줄 것을 요구함

① 정부와 전주 화약을 체결하였다.
② 쌍성보에서 일본군을 크게 물리쳤다.
③ 동양 척식 주식회사에 폭탄을 투척하였다.
④ 13도 창의군을 결성하여 서울 진공 작전을 전개하였다.

| 해설 | 의병 전쟁

의병 투쟁이 확산되자 의병 간 연합 전선이 결성되었다. 의병 유생 지도자들은 1만여 명의 13도 연합 부대(13도 창의군)를 편성(1907.12)하고 이인영을 총대장, 허위를 군사장으로 하여 서울 진공 작전을 전개하였다(1908.1).
이들은 각국 영사관에 국제법상의 교전 단체로 인정해 달라고 요구하고 국외 동포에게도 격문을 보냈다. 허위가 이끄는 선발대가 동대문 밖 30리 지점까지 진격하기도 하였으나, 일본군의 선제공격으로 패하면서 작전은 실패로 끝났다. 이후 의병들은 다시 흩어져서 싸우면서 전국 각지에서 끈질긴 투쟁을 벌여 나갔는데, 특히 강원도와 호남 지역에서 평민 출신 의병장들의 활약이 두드러졌다.

| 오답 넘기 |

① 동학 농민군은 청군과 일본군의 개입으로 생길 혼란을 막기 위해 외국 군대 철수와 폐정 개혁을 조건으로 관군과 전주 화약을 맺고 전주성에서 물러났다(1894.5).
② 한국 독립군(총사령 지청천)은 중국의 호로군과 연합하여 북만주의 쌍성보, 대전자령, 동경성 등에서 일본군을 격퇴하였다(1930년대 전반).
③ 나석주는 의열단의 단원으로, 동양 척식 주식회사와 식산 은행에 폭탄을 던졌다(1926.12).

정답 ④

6 밑줄 그은 '이 부대'의 활동으로 옳은 것은? [3점]

□□ 신문

제△△호 2018년 ○○월 ○○일

해외 거주 독립 유공자 후손 31명, 대한민국 국적 취득

해외 거주 독립 유공자 후손 31명이 대한민국 국적을 취득하였다. 취득 대상자 중에는 건국 훈장(대한민국장)을 받은 의병장 허위의 후손이 포함되어 있다. 허위는 1907년 대한 제국 군대가 강제 해산된 후, 이인영의 주도로 각 도의 의병이 모여 조직한 이 부대에 참여하였다. 당시 의병들은 자신들의 활동이 독립 전쟁이므로 국제법상 교전 단체로 인정되어야 한다고 주장하였다.

① 독립 공채를 발행하였다.
② 서울 진공 작전을 전개하였다.
③ 공화정 수립을 목표로 하였다.
④ 국채 보상 운동을 추진하였다.

| 해설 | 의병 전쟁

'이인영의 주도로 각 도의 의병이 모여 조직', '국제법상 교전 단체로 인정되어야 한다고 주장' 등의 내용으로 보아 자료의 밑줄 그은 '이 부대'는 정미 의병 당시의 13도 창의군이다(1907.12).
② 전국의 의병 부대들은 13도 창의군을 결성하고 경기 양주에 집결하였다. 의병 1만여 명은 총대장으로 이인영, 군사장으로 허위를 선출하고 서울 진공 작전을 시도하였다. 이에 앞서 이인영은 외국 영사관에 연락하여 의병 부대를 국제 공법상의 교전 단체로 인정해 줄 것을 요청하기도 하였다.

| 오답 넘기 |

① 대한민국 임시 정부는 독립 공채를 발행하거나 국민 의연금을 모금하여 군자금을 마련하였다.
③ 신민회는 국권 회복과 공화정 수립을 목표로 다양한 활동을 전개하였다.
④ 국채 보상 운동 기성회는 국채 보상 운동을 주도하였다(1907~1908).

정답 ②

7 (가)에 들어갈 내용으로 옳은 것은? [2점]

〈주제 : 애국 계몽 운동〉

1. 목적 : 실력 양성을 통한 국권 수호
2. 주요 단체의 활동
   - 보안회 : (가)
   - 헌정 연구회 : 근대적 입헌 정치 추구
   - 대한 자강회 : 교육과 산업의 진흥 강조 고종 강제 퇴위 반대 운동 전개

① 브나로드 운동 전개
② 일제의 황무지 개간권 요구 저지
③ 국외 독립운동 기지 건설
④ 오산 학교와 대성 학교 설립

| 해설 | 애국 계몽 운동

을사늑약 강요를 전후하여 개화 지식인과 개혁적 성향의 유학자를 중심으로 교육과 산업 진흥을 통해 민족의 실력을 키워 국권을 수호하려는 애국 계몽 운동이 전개되었다.

보안회는 일본의 황무지 개간권 요구를 철회시켰고, 헌정 연구회는 입헌 정치 체제 수립을 목표로 활동하였다. 헌정 연구회를 계승한 대한 자강회는 민중 계몽에 힘썼지만, 고종 황제의 강제 퇴위를 반대하는 운동을 전개하다가 일제에 의해 강제 해산되었다.

통감부의 탄압이 심해지자 안창호, 양기탁 등은 비밀 단체인 신민회를 조직하였다(1907.4). 신민회는 국권 회복과 공화정 수립을 목표로 다양한 활동을 전개하였다. 오산 학교, 대성 학교를 설립하여 민족 교육을 실시하고, 자기 회사, 태극 서관 등 민족 기업을 육성하였다. 또한 만주 삼원보에 독립운동 기지를 건설하고, 신흥 강습소를 설립하여 독립군을 양성하였다. 그러나 105인 사건으로 조직이 드러나면서 해체되었다(1911.9).

| 오답 넘기 |

① 동아일보는 1931년부터 농촌 계몽 운동인 브나로드 운동을 전개하였다(~1934).
② 신민회는 대성 학교(1908.9)와 오산 학교(1907.12)를 세워 민족 교육과 신교육을 실시하며 민중을 계몽하였다.
③ 신민회는 만주 삼원보에 한인촌을 조성하고 신흥 학교를 세우는 등 독립운동 기지 건설에 앞장섰다(1911.6).

정답 ②

8 (가)에 해당하는 단체로 옳은 것은? [1점]

판결문

주문

피고 윤치호, 양기탁, 이승훈, …… 6명을 각 징역 10년에 처한다.

이유

피고 이승훈은 오산 학교를 창립하고 …… 안창호 등과 서로 호응하여 (가) 라 칭하는 한편으로 구(舊) 청국 영토 내에 있던 서간도에 무관 학교를 설립하고 청년에게 군사 교육을 실시하여 …… 국권 회복에 이바지하는 것을 목적으로 비밀 단체를 조직하였다.

① 신민회
② 대한 광복군 정부
③ 헌정 연구회
④ 북로 군정서

| 해설 | 애국 계몽 운동

제시된 판결문에서 '피고 윤치호, 양기탁, 이승훈', '오산학교', '서간도에 무관 학교를 설립', '비밀 단체' 등의 내용을 통해 (가) 단체는 신민회임을 알 수 있다. 을사조약 체결 이후 합법적인 계몽 운동에 한계를 느낀 안창호, 양기탁 등은 비밀결사인 신민회를 결성하였다(1907.4).

이들은 국권 회복과 공화 정체를 바탕으로 실력을 키워 근대 국민 국가를 건설할 것을 목표로 삼았다. 이에 평양에 대성 학교, 정주에 오산 학교 등을 세워 민족 교육을 실시하였으며, 자기 회사와 태극 서관을 설립하여 문화 활동과 민족 산업을 육성하고자 노력하였다. 일제의 탄압이 심해지고 경제 · 문화적 차원의 실력을 키우는 것만으로는 독립을 이루기가 어렵다고 판단되자, 신민회는 서간도의 삼원보 지역에 독립운동 기지를 마련하였다.

| 오답 넘기 |

② 대한 광복군 정부는 1914년 이상설, 이동휘를 정 · 부통령으로 하여 연해주 블라디보스토크에서 설립되었다.
③ 헌정 연구회는 입헌 정치 체제 수립을 목표로 활동한 애국 계몽 단체이다(1905.5).
④ 북로 군정서군은 대종교도가 중심이 되어 만든 조직이다(1919.9).

정답 ①

공부한 날 월 일

일차

23 근대 문물의 수용과 사회 · 문화의 변동

❶ 사회 제도의 변화와 민권 의식의 성장

(1) 평등 사회로의 이행

① 갑신정변(1884) : 문벌 폐지, 인민 평등권 확립, 능력에 따른 관리 등용 주장

② 노비 세습제 폐지(1886) : 노비 소생의 매매 금지와 자동적으로 양인이 될 수 있는 것을 법적으로 보장

③ 동학 농민 운동 폐정 개혁안(1894) : 노비 문서의 소각을 주장하며 신분제 폐지를 주장

④ 갑오개혁(1894) : 공 · 사노비 제도의 폐지를 통해 평등 사회가 실현되었을 뿐만 아니라 고문, 연좌제 폐지, 여성 지위 향상(과부 재가 허용, 조혼 금지)이 이루어짐

⑤ 아관 파천 이후(1896) : 호적 제도가 개편되어 신분 대신 직업을 기재

관민 공동회에서 백정 출신 박성춘의 개막 연설

"나는 우리나라에서 가장 천대받는 사람이고 아무 것도 모르는 사람이지만, 지금 나라에 이롭고 백성이 편안할 길은 관민이 합심해야 이룩될 수 있소. 저 천막에 비유하건대, 한 개의 장대로 받치면 역부족이지만 많은 장대를 합치면 그 힘이 매우 공고해집니다. 존귀하신 관민 여러분, 합심하여 우리 성덕에 보답하고 황제 폐하의 나라를 오래 부강하게 합시다."

(2) 근대 교육의 시작

① 개항 초기 학교의 설립

1880년 원산이 개항되자 원산 주민들은 근대 교육의 필요성을 느꼈다. 마침 덕원 부사였던 정현석은 개화파 인물로서, 원산 학사를 세우는 데 도움을 주었다.

원산 학사(1883.8)	개항 이후 함경도 덕원 주민들이 설립한 최초의 근대적 사립 학교, 근대 학문과 무술 교육
동문학(1883.8)	정부가 외국어 통역관을 양성하고자 설립
육영 공원(1886.9)	최초의 근대적 공립 학교, 상류층 자제에게 근대 학문 교육, 미국인 교사 초빙
사립 학교 설립	개신교 선교사들에 의해 배재 학당(1885, 아펜젤러), 이화 학당(1886, 스크랜튼), 경신 학교 등 설립
갑오개혁(1894) 이후	• 학무아문 설치와 교육입국 조서 반포(1895) → 근대적 교육 제도 마련 • 각종 관립 학교 설립 : 소학교, 한성 사범 학교, 외국어 학교 등

육영 공원에서 사용했던 영어 교재

② 헐버트의 활동 : 육영 공원에 초빙된 미국인 교사로 을사늑약 체결 후 고종의 친서를 미국에 전달하기도 함, 대한 제국 멸망사 등 한국 관련 도서 집필

교육입국 조서의 핵심 내용은 '국가의 부강은 국민의 교육에 있다.'는 것으로 이에 따라 각종 관제가 공포되어 관립 학교가 설립되었다.

헐버트

(3) 언론 · 출판 활동

한성순보	박문국에서 발행, 최초의 신문(관보), 순 한문(1883)
한성주보	1주일에 한 번 간행된 신문으로서 상업 광고를 게재하기도 함(1886)
독립신문	우리나라 최초의 민간 신문, 한글과 영문으로 간행(1896)
황성신문	국 · 한문 혼용체, 장지연의 '시일야방성대곡' 논설 게재(1898)
제국신문	서민층과 부녀자를 대상으로 한글로 간행 → 자주 독립과 개화 강조(1898)
만세보	천도교 기관지, 국 · 한문 일간지(1906)
대한매일신보	영국인(베델)이 발행인으로 참여 → 일제 비판 기사 게재 → 독립 의식 고취

양기탁과 함께 1904년 '대한매일신보'를 창간하고 발행인으로 활동, 을사늑약의 무효를 주장하며 일본의 침략 행위를 폭로하는 항일 언론 활동을 벌임

대한매일신보와 베델

오호라, 어떻게 하면 우리 이천만 동포의 귀에 항상 애국이란 한 글자가 울리게 할까. 가로되 오직 역사로써 할지니라. 오호라, 어떻게 하면 우리 이천만 동포의 눈에 항상 애국이란 단어가 어른거리게 할까. 오직 역사로써 해야 할 것이다.

– 신채호, 「역사와 애국심과의 관계」 –

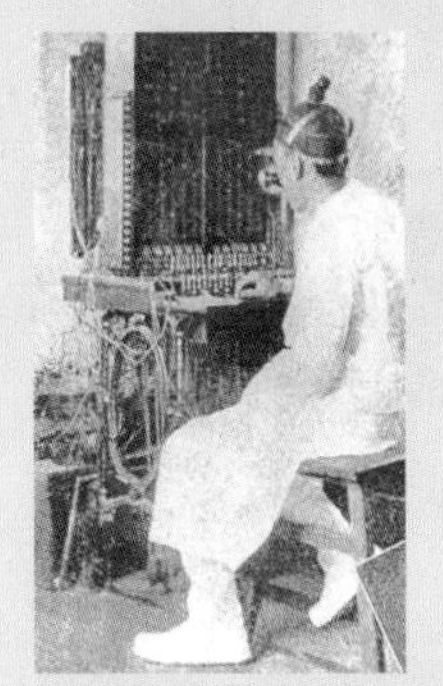

전화 교환원의 모습

전차 서울의 전차는 처음에는 서대문 ~ 청량리를, 이어서 종로 ~ 용산을 연결하는 노선이 개통되었다. 각지에서 사람들이 전차를 타기 위해 서울로 몰려왔다.

드레스를 입은 엄비

(4) 국학 운동

① 역사 연구 : 민족 의식 고취, 민족 문화 수호

㉠ 신채호의 『독사신론』: 대한매일신보에 게재, 민족을 역사 서술의 주체로 설정하여 민족주의 역사학의 연구 방향 제시(1908.8~12)

㉡ 구국 위인 전기 간행(『을지문덕전』, 『이순신전』, 『강감찬전』 등), 외국의 흥망사 번역(『미국독립사』, 『월남망국사』, 『이태리건국 삼걸전』)

㉢ 조선 광문회 조직(1910) : 박은식, 최남선 등이 고전의 정리 · 간행에 노력

② 국어 연구 : 국한문 혼용체 보급, 일부 신문이 순 한글 사용, 국문 연구소 설립 (1907.7)

③ 유길준의 활동 : 최초의 국어 문법서인 『대한문전』 저술, 최초의 일본 유학생, 보빙사의 일원으로 미국에 가 유학, 『서유견문』 집필, 조선 중립화론을 제기

❷ 근대 문물의 수용과 사회 · 문화의 변화 ☆☆☆

(1) 근대 시설의 도입

근대 시설	기기창(1883, 신식 무기 개발), 전환국(1883, 화폐 발행), 박문국(1883, 인쇄, 한성순보)
통신	전신(1885, 서울~인천), 전화(1896, 경운궁), 우편(1884, 우정국)
교통	• 전차 : 한성 전기 회사, 서대문~청량리(1899) • 철도 : 경인선(1899, 노량진~제물포, 일본), 경부선(1905, 일본), 경의선(1906, 일본)
의료	광혜원(1885, 최초의 근대식 병원), 광제원(지석영의 종두법), 대한 의원, 자혜 의원, 세브란스 병원(개신교)
건축	독립문, 명동 성당(고딕식), 덕수궁 석조전(르네상스식)
전기	전등(1887, 경복궁에 가설)

Click ! ● 개항기의 새로운 건축물

덕수궁 중명전 덕수궁에 딸린 접견소 겸 연회장으로 지어진 건물로 1905년에 이곳에서 을사늑약이 강제로 체결되었다.

덕수궁 정관헌 고종은 이곳에서 외빈을 초대하여 연회를 열거나 다과를 드는 등 휴식 공간으로 이용하였다.

덕수궁 석조전 르네상스식 건축 양식으로, 광복 이후 미 · 소 공동 위원회가 개최되기도 하였다.

(2) 생활 모습의 변화

① 의생활

㉠ 남성 복장 : 양복과 양장을 입음, 일부 상류층과 개화 인사들은 상투를 자르고 단발하였으며, 갓 대신 모자를 쓰는 사람이 늘어남, 예전처럼 바지와 저고리 차림의 한복이었는데, 저고리 위에 마고자와 조끼를 입는 풍습이 새로이 생겨남

㉡ 여성 복장 : 서양 여선교사의 양장을 본떠 만든 개량 한복이 신여성의 옷차림으로 자리 잡아 갔으며 얼굴을 가리던 장옷과 쓰개치마 등이 점차 사라지고 양산이 이를 대신하기도 함

② **식생활** : 서양 음식 유행(커피, 홍차 등), 중 · 일 음식(호떡, 만두, 우동, 어묵 등), 식사 문화의 변화(겸상의 풍습)

③ **주생활** : 민간에서도 서양식 건축물의 이점을 살려 한옥과 양옥을 절충한 건축물들이 지어지기 시작, 일본식 목조 주택 등 보급

러시아 공사관

손탁 호텔

(3) 근대 문물의 도입과 관련된 인물들

알렌	• 한국명은 안연 • 1884년(고종 21년) 의료 선교사로 한국에 왔다가 갑신정변 때 부상당한 민영익을 치료한 것이 인연이 되어 광혜원을 설립하고 의료 사업에 진력 • 1887년 가을에 주 워싱턴 한국 공사관 고문으로 전직되었다가 한국 주재 미국 총영사를 역임
지석영	• 1879년 부산에 있는 일본 병원인 제생의원에서 종두법을 배워 우리나라 최초로 종두를 실시 • 국문에도 관심을 보여 1905년 국문학 체계의 통일안을 작성해 정부의 재가를 받고 발표하였고, 이 통일안을 계기로 설치된 국문 연구소의 위원으로 활약
사바틴	• 조선에서 활동한 최초의 서양인(러시아인) 건축가 • 유럽의 전통 양식에 한국적 특색을 가미한 여러 건축물들을 설계 – 덕수궁의 여러 건물들을 설계 및 건축 – 독립문과 러시아 공사관 건립 – 인천의 세창 양행과 해관 청사, 손탁 호텔(최초의 서양식 호텔) 등을 설계 • 명성 황후 시해 사건의 목격자로 그 실상을 증언하기도 함

금수회의록 동물들의 회의에 빗대어 당시 인간 사회를 비판하는 내용을 다룬 책으로 일제에 의해 금서로 지정되었다.

(4) 문학과 예술의 새로운 경향

문학	• **신소설** : 금수회의록(안국선), 자유종(이해조), 혈의 누(이인직) • **신체시** : '해에게서 소년에게' (최남선) → 1908년 잡지 '소년'에 발표
예술	• **음악** : 서양식 악곡 도입(창가 유행), 판소리 정리(신재효) • **연극** : 최초의 서양식 극장인 원각사 건립(1908)

(5) 종교계의 변화

천주교 · 개신교	의료 사업과 교육 사업 전개(고아원 설립, 교육 기관 설립)
천도교	손병희가 동학을 천도교로 개칭(1905), 인쇄소 운영(만세보 발행)
대종교	나철 · 오기호 등이 창시(1909), 단군 신앙을 체계화, 간도 · 연해주 등지에서 활발한 독립운동 전개(중광단 → 북로 군정서)
유교	• 개신 유학자들의 유교 개혁 주장 • 박은식의 유교 구신론(1909) : 실천적인 유교 정신의 회복을 주장
불교	한용운이 '조선 불교 유신론'을 내세워 불교의 혁신과 자주성 회복 주장

한용운은 불교계 대표로 3 · 1 운동에 참여하였으며, 이후 조선 불교 유신회를 조직하여 불교계의 혁신을 주장하고, 승려 교육을 통해 민족 정신을 고취하려 하였다.

더 구체적으로 말하면 첫째, 민중이 중심이 되는 유교로 개혁되어야 할 것, 둘째, 포교하지도 않고 앉아서 찾아와 믿어주기만을 바라는 것은 어리석은 것이니 찾아다니며 알려야 한다는 것, 셋째, 관념적인 이론 중심의 성리학이 아니라 쉽고 정확한 양명학과 같이 실천을 강조하며 배우기 쉬운 유교로 개혁해야 할 것을 주장하였다.

원각사 1908년에 건립된 우리나라 최초의 서양식 사설 극장으로, 처음에는 판소리를 주로 공연하다가 나중에 연극을 상연하는 장소로 고정되었다. 당시 신연극이라는 이름으로 상연된 최초의 신극은 이인직의 소설을 원작으로 한 '은세계'였다.

❶ 사회 제도의 변화와 민권 의식의 성장

- [원산 학사] 최초의 근대식 학교가 설립되었다.
  - ↳ 덕원 관민에 의해 원산 학사가 설립되었다.
- 통역관 양성을 위한 동문학이 설립되었다.
- [헐버트] 육영 공원에서 학생(들)을 가르쳤다.
  - ↳ [육영 공원] 양반 자제들을 교육하기 위하여 세웠다.

실전 자료 **육영 공원**

- 외국인 3명을 교사로 초빙한다.
- 문벌 가문의 인재를 선발하여 서양어도 공부하게 한다.
- 월말, 연말 등에 정기적으로 시험을 본다.
- 섣달 말과 한여름에는 방학을 한다.

- [아펜젤러] 배재 학당을 설립하였다.
- [스크랜턴] (여성 교육 기관인) 이화 학당을 설립하여 근대식 교육을 보급하였다.
  - ↳ [배재 학당, 이화 학당] 외국인 선교사가 설립하였다.
- [한성 사범 학교] 소학교 교사 양성을 위하여 설립되었다.
- [한성순보] 순한문으로 간행하였다.
- [독립신문] 한글판과 영문판을 간행하였다.

실전 자료 **독립신문**

- 창간 시기 : 1896년
- 창간 인물 : 서재필 등
- 주요 특징 :
  - 정부의 지원으로 창간함
  - 한글판과 영문판으로 발행함
  - 나라 안팎의 소식을 백성들에게 알림

- [황성신문] 시일야방성대곡이란 논설을 게재하였다.
- 베델, 양기탁과 함께 대한매일신보를 창간하다.
  - ↳ [대한매일신보] 국채 보상 운동을 지원하였다.
- [주시경] 국문 연구소를 설립하였다.

❷ 근대 문물의 수용과 사회 · 문화의 변화

- [전신] 한성 전보 총국에서 운영하였다.
  - ↳ 전화를 걸고 있는 관리
- 우편물을 배달하는 우체부
- [경인선] 최초의 철도가 부설되었다.
  - ↳ 우리나라 최초로 개통되었다.
- [전차] 서대문과 청량리 구간에서 운행이 시작되었다.
  - ↳ 전차를 타고 있는 신사

실전 자료 **전등**

- 우리나라에서 이것을 처음 사용한 곳은 궁궐이었다(경복궁 건청궁).
- 이것은 '물불', '묘화', '건달불'이라 불렸다.

- [알렌] 최초의 서양식 병원인 광혜원 설립을 주관하였다.
  - ↳ 알렌, 최초의 서양식 병원인 광혜원 설립을 제안하다.
  - ↳ 아픈 곳을 치료하고 싶다면! 제중원

실전 자료 **광혜원**

조선, 서양식 병원을 세우다!

1885년 ○○월 ○○일
서양식의 병원 광혜원이 문을 열었다. 이 병원은 미국인 알렌의 건의로 설립된 것이다.
서양 의술의 보급이 백성들의 삶에 도움이 되기를 기대해 본다.

- [박문국] 한성순보를 발행하였다.
  - ↳ 신문을 통해 세상을 보아요! 박문국
- 화폐 발행을 위한 전환국이 설치되었다.
  - ↳ 화폐와 함께 새로운 미래로! 전환국
- [덕수궁] 서양식 건물인 석조전이 있다.
- [금수회의록] 동물들의 입을 빌려 인간 사회를 풍자하였다.
- [천로역정] 천국을 향해 가는 순례자의 여정을 묘사하였다.
- 원각사에서 은세계를 관람하는 청년
- [천도교] 기관지인 만세보를 발행하였다.
  - ↳ 만세보를 발간하여 민중 계몽에 힘썼다.
- [나철] 대종교를 창시하였다.
  - ↳ [대종교] 단군 숭배를 통하여 민족의식을 높였다.
- [유교] 박은식이 유교 구신론을 내세웠다.

1 밑줄 그은 '이곳'으로 옳은 것은? [1점]

역사 신문

제 △△호 1883년 ○○월 ○○일

덕원 관민의 노력, 교육 기관 설립으로 이어져

최근 함경도 덕원 지역에 설립된 한 교육 기관이 세간의 화제가 되고 있다. 이곳에서 학생들은 산수(算數), 기기(機器), 농잠(農蠶), 광산 채굴 등의 근대적 학문을 배울 수 있다고 한다.

그동안 덕원 부사 정현석은 자신이 다스리는 곳이 해안의 요충지이고 아울러 개항지이기 때문에 중요하다고 말하며, 근대적 교육 기관 설립이 필요하다고 주장해왔다. 결국 이러한 주장이 덕원 주민의 지지에 힘입어 결실을 맺은 것이다.

① 서전서숙 ② 원산 학사
③ 대성 학교 ④ 한성 사범 학교

| 해설 | 근대 교육 기관

함경도 덕원의 원산 학사는 당시 개항장이었던 원산의 주민들이 세운 최초의 사립 학교이다(1883.8). 강화도 조약을 통해 개항한 원산의 주민들은 서구 문물을 접할 기회가 많았으나, 한편으로는 일본 상인 등의 상권 침탈로 어려움을 겪었다. 이에 대한 대응책으로 서구 문물을 익혀야 할 필요성이 제기되었다. 1880년에 원산 읍민들이 부사 정현석에게 학교 설립을 요청하였고, 1883년 8월에 개교하였다. 초기에는 문예반, 무술반, 산학, 격치(물리), 국제법, 농업 등을 1년간 배웠다. 원산 학사는 우리 민족이 직접 세운 최초의 근대 학교라는 큰 의미를 가진다.

| 오답 넘기 |

① 서전서숙은 이상설이 1906년 8월경 북간도에 설립한 민족 교육 기관이다.
③ 대성 학교는 신민회의 안창호가 1908년 9월에 설립한 학교이다.
④ 1895년 2월 반포된 교육입국 조서에 따라 한성 사범 학교가 설립되었다(1895.4).

정답 ②

2 (가)에 들어갈 교육 기관으로 옳은 것은? [2점]

1886년에 정부가 세운 (가) 은/는 이와 같은 규정에 따라 운영되었으며, 영어, 수학 등 근대 학문을 가르쳤습니다.

- 외국인 3명을 교사로 초빙한다.
- 문벌 가문의 인재를 선발하여 서양어도 공부하게 한다.
- 월말, 연말 등에 정기적으로 시험을 본다.
- 섣달 말과 한여름에는 방학을 한다.

① 육영 공원 ② 원산 학사
③ 대성 학교 ④ 한성 사범 학교

| 해설 | 근대 교육 기관

(가)에 들어갈 교육 기관은 '영재를 기른다는 의미의 교명'을 가진 육영 공원으로 1886년 9월 정부가 세운 근대식 학교이다. 정부는 헐버트, 길모어 등 미국인 3명을 초빙하여 영어, 지리, 정치, 경제, 역사 등 신지식을 교육하였다. 상류층 자제에게 근대 학문을 교육시키고자 설립된 관립 학교인 육영 공원은 최초의 근대식 공립 교육 기관으로서의 의의를 지니지만 영어 교육을 지나치게 강조하고 상류층 자제만을 대상으로 삼았다는 한계를 지녔다.

| 오답 넘기 |

② 원산학사는 1883년 8월 설립된 우리나라 최초의 근대 사립 학교로서 함경도 덕원 주민들과 개화파 인사들의 합자로 설립되었으며, 외국어, 자연 과학, 국제법 등 근대 학문과 함께 무술을 가르쳤다.
③ 신민회는 대성 학교와 오산 학교를 세워 민족 교육과 신교육을 실시하며 민중을 계몽하였다.
④ 한성 사범 학교는 초등 교육 기관을 널리 보급할 계획으로 교원 양성을 위해 1895년 4월 설립된 근대식 관립(官立) 학교이다.

정답 ①

3 다음 인물의 활동으로 옳은 것은? [3점]

호머 헐버트(1863~1949)

그는 '사민필지'라는 세계 지리서를 한글로 저술하였다. 또한 1907년 헤이그 만국 평화 회의에 특사 파견을 고종에게 건의하고, 현지에서도 특사들과 함께 중요한 역할을 하였다.

대한민국 정부 수립 후 국빈으로 초대 받아 내한하였으나, 병사하여 평소 본인의 희망에 따라 한국에 묻혔다. 이후 건국 훈장 독립장에 추서되었다.

① 화폐 정리 사업을 주도하였다.
② 대한매일신보의 사장을 지냈다.
③ 육영 공원에서 학생들을 가르쳤다.
④ 시양식 병원인 광혜원 설립을 주관하였다.

| 해설 | 개항기의 인물

개항기에 정부는 1886년 9월 육영 공원을 세우고 미국에서 헐버트, 길모어, 벙커 등 세 명의 교사를 초빙하였다. 학교 이름인 육영 공원(育英公院)은 '(젊은) 영재를 기르는 공립 학교'라는 의미를 담고 있다.
을사늑약 강요 당시 고종은 국민들의 저항을 호소하고, 전 미국 공사이자 정부의 고문으로 있었던 헐버트(Hulbert)에게 밀서를 보내 미국 정부에 전하게 하였다. 그리고, 을사늑약의 불법성을 국제 사회에 알리기 위해 헤이그에 밀사를 보냈고, 헐버트에게 부탁하여 미국, 영국, 프랑스, 독일, 러시아, 오스트리아, 이탈리아, 벨기에, 청의 국가 원수들에게 친서를 보냈다. 일제가 한국을 강점하자 헐버트는 미국 월간지에 일본을 비난하는 내용의 글을 기고하였다.

| 오답 넘기 |

① 재정 고문 메가타에 의해 주도된 화폐 정리 사업은 조선의 백동화를 갑 · 을 · 병 3종으로 나누고 특히 을 · 병종의 화폐가치를 인정하지 않음으로써 조선 상인들이 타격을 받았다(1905~1909).
② 1904년 7월 창간한 대한매일신보는 영국인 베델이 발행인이어서 상대적으로 일제의 탄압이 덜했다.
④ 서양 의학이 보급되면서 정부는 1885년 4월 최초의 서양식 병원인 광혜원을 세워 선교사 알렌에게 운영을 맡겼다.

정답 ③

4 밑줄 그은 '이 신문'으로 옳은 것은? [2점]

> 정부는 1883년 10월 1일부터 최초의 근대 신문인 <u>이 신문</u>을 발간하였다. <u>이 신문</u>은 정부에서 발표한 새로운 행정 사항 및 해외 여러 나라의 소식을 실어 열흘에 한 번 발행되었다.

① 독립신문

②

제국신문

③
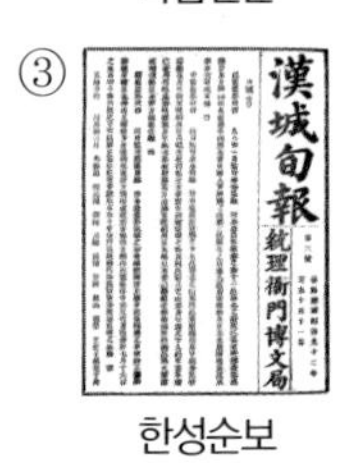
漢城旬報
한성순보

④

皇城新聞
황성신문

| 해설 |

'1883년', '최초의 근대 신문', '열흘에 한 번 발행' 등의 내용을 통해 볼 때 밑줄 그은 '이 신문'은 한성순보이다. 개항 이후 조선 정부는 박문국을 설립하고 10일마다 발행한 순한문 신문인 한성순보를 발간하였다(1883.10).
한성순보는 정부가 개화 정책에 대한 여론의 지지를 끌어내 고자 발행한 신문이었다. 한성순보는 관보의 성격을 뛰어넘는 우리나라 최초의 근대적 신문으로서 서구의 제도와 문물, 동향 등을 전해 주는 창구 역할을 하였다.

| 오답 넘기 |

① 독립신문은 순 한글로 된 우리나라 최초의 민간 신문이다(1896.4).
② 제국신문은 부녀자나 하층민을 대상으로 하였다(1898.8).
④ 황성신문은 유림층을 대상으로 국 · 한문 혼용체로 발행되었다(1898.9).

정답 ③

5 (가)에 해당하는 책으로 옳은 것은? [2점]

독서 기록장

○반 ○○번 이름 : ○○○

- 도서명 : (가)
- 저　자 : 량치차오
- 분　야 : 역사
- 소　개 : 판보이쩌우가 자신의 고국이 프랑스 식민지로 전락하는 과정에 대해 구술하고, 량치차오가 기록한 것이다. 현채, 주시경 등이 번역하여 큰 반향을 일으켰다.
- 느낀 점 : 이 책이 당시 베스트셀러가 된 이유는 사람들이 판보이쩌우의 고국과 대한 제국의 상황이 비슷하다고 생각했기 때문인 것 같다. 나도 이 책을 번역·출판했던 지식인들의 마음을 이해할 수 있었다.

①

혈의누

②

지봉유설

③

금수회의록

④
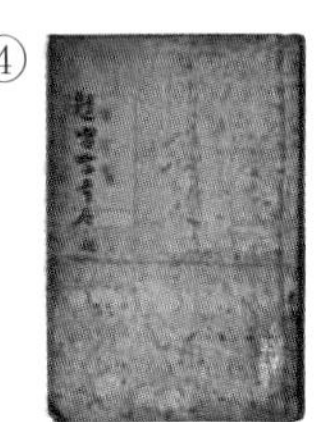
월남망국사

| 해설 | 개항기의 국학 연구

갑오개혁 이후 정부는 『조선 역사』, 『동국역대사략』 등 한국사 교과서를 편찬하여 독립과 자주 의식을 강조하였다. 을사늑약 이후에는 박은식과 신채호가 한국사를 연구하여 애국심을 일깨웠다. 박은식은 『동명왕실기』, 『천개소문전』 등 단군 조선과 고구려를 높이 평가하는 저술을 남겼다. 신채호는 『이순신전』, 『을지문덕전』 등 위인전기를 통해 민족의식을 고취하였으며, 『독사신론』을 통해 민족 중심의 역사 서술을 강조하여 민족주의 역사학의 연구 방향을 제시하였다. 한편, 이 시기에는 『미국 독립사』, 『이태리 건국 삼걸전』, 『월남 망국사』 등 외국의 독립과 흥망에 관한 책들도 번역 출판되었다. 『월남 망국사』는 월남 망명객 판보이쩌우가 저술하고 량치차오가 편찬하였다고 하는데, 부록으로 「월법양국교」, 「멸국신법론」, 「일본의 조선」 등 량치차오의 글이 수록되어 있다.

정답 ④

6 (가)에 들어갈 내용으로 옳은 것은? [2점]

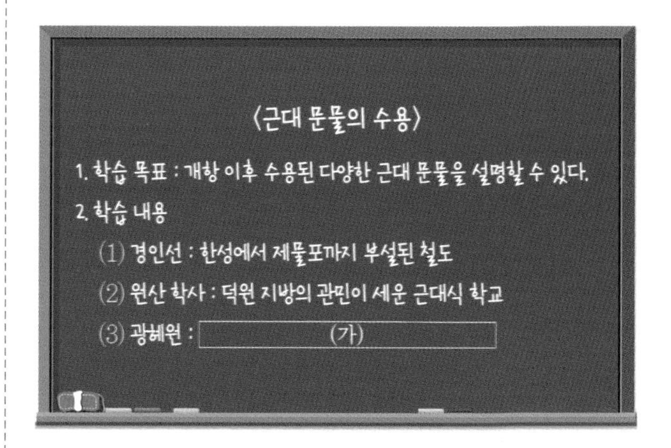

① 한성순보를 발행한 기관
② 신식 무기를 제조하는 공장
③ 알렌의 건의로 세워진 최초의 서양식 병원
④ 근대적 우편 업무를 총괄하는 기구

| 해설 | 근대 문물의 수용

1899년 전화가 궁궐과 상류 사회에 보급되었으며, 전등(1887)이 처음 경복궁에 가설되었다. 그리고, 서대문에서 청량리 사이에 전차 운행(1899)이 시작되었으며, 서울 시내 일부에 전기가 들어오고 가로등도 설치되었다. 철도는 서울과 인천을 잇는 경인선(1899)이 처음 가설되었다. 또 서양 의학이 보급되면서 정부는 1885년 4월 최초의 서양식 병원인 광혜원을 세워 선교사 알렌에게 운영을 맡겼다. 광혜원은 이름을 제중원으로 바꾸고 1904년 세브란스 병원으로 이름을 바꿀 때까지 왕실뿐만 아니라 일반 평민에게도 의료 활동을 폈다.

| 오답 넘기 |

① 1883년 10월 박문국에서 발간한 우리나라 최초의 신문인 한성순보는 순 한문을 사용하여 10일에 한 번씩 간행되었다.
② 개항 이후 무기 제조를 위한 기기창과 근대적 화폐를 발행하기 위한 전환국을 설치하였다(1883).
④ 개항기 정부는 우정총국을 설립(1884)하여 근대적인 우편 제도를 실시하려 하였으나 갑신정변으로 인해 중단되었다.

정답 ③

7 학생들이 이야기하는 근대 문물에 대한 설명으로 옳은 것은? [3점]

전기로 움직인 근대 교통수단으로 1899년에 처음 개통되었어.

근대 문물 사진전

운행 초기에는 정류장이 따로 없어 승객이 요청하면 어디서나 정차했다고 해.

① 영선사의 건의로 만들어졌다.
② 한성 전보 총국에서 운영하였다.
③ 처음에는 프랑스가 부설권을 가졌다.
④ 서대문과 청량리 구간에서 운행이 시작되었다.

| 해설 | **근대 문물의 수용**

제시된 자료의 '전차 개통'에 대한 내용이다. 1899년 5월 서대문에서 청량리 구간 전차가 처음으로 개통되었다. 이때는 대한 제국 시기이다. 종로는 전차가 개통되면서 상업 중심 지역으로 재도약할 수 있게 되었다.

| 오답 넘기 |

① 청에서 무기 제조법과 근대식 군사 훈련법을 배울 목적으로 한 영선사 파견(1881.9~1882.11)을 계기로 기기창이 설립되었다(1883.3).
② 한성 전보 총국에서 서울~인천 간 전신을 개통하였다(1885).
③ 경의선 철도 부설권을 최초로 획득한 나라는 프랑스이다.

정답 ④

8 (가)에 들어갈 주제로 가장 적절한 것은? [1점]

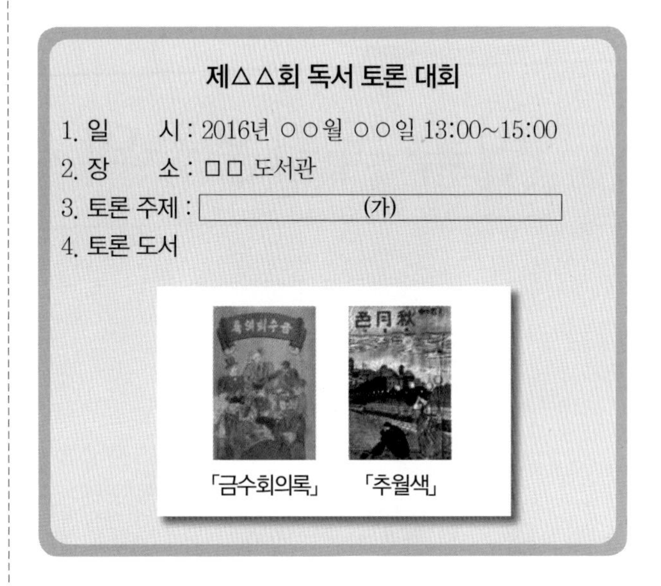

① 신소설의 유행
② 동문학의 성과
③ 신경향파 문학의 특징
④ 조선학 운동의 전개

| 해설 | **개항기의 문학**

개항기에는 기존의 고전 소설과는 달리 대중적 정서와 현실성을 갖춘 신소설도 등장하였다. 신소설은 신교육, 여권 존중, 계급 타파 등 문명개화를 주제로 한 경우가 많았으며, 이인직의 『혈의 누』, 이해조의 『화의 혈』 등이 대표적이다.

『금수회의록』은 안국선이 지은 소설로, 1908년에 출간되었으나 1909년 금서 조치가 내려졌다. 동물들을 통하여 인간 사회의 모순과 비리를 풍자한 우화 소설(寓話小說)이다. 최찬식의 신소설 『추월색』은 조선은 물론 일본 · 중국 · 영국 등의 광범위한 지역을 무대로 하여 정치적으로 혼란했던 과도기적 시대 상황을 배경으로 청춘남녀의 기구한 애정 이야기를 그려낸 작품으로, 당시의 신소설 중에서 가장 애독된 작품의 하나이다.

정답 ①

민족 독립운동의 전개

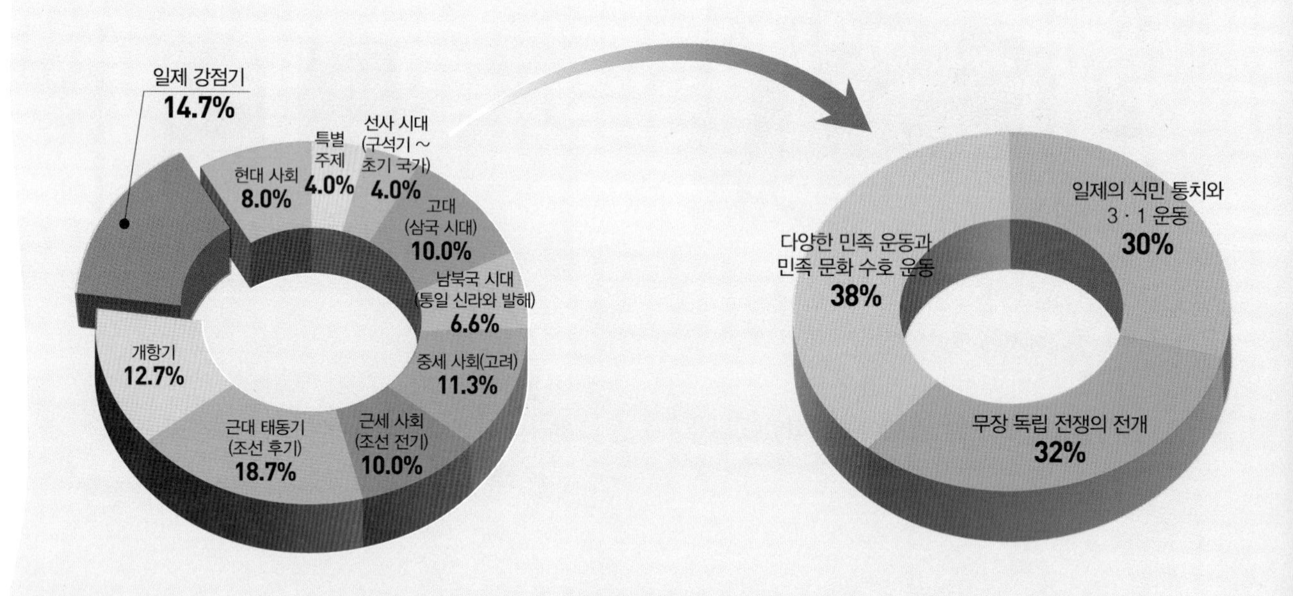

단원 들어가기

국권을 강제로 빼앗긴 후, 우리 민족은 일제가 설치한 조선 총독부의 강압적인 무단 통치를 받아야 했다. 조선 총독은 입법권, 사법권, 행정권, 군사권을 장악하고, 헌병 경찰을 동원하여 우리 민족의 자유와 권리를 유린하면서 토지와 자원에 대한 수탈을 자행하였다. 3 · 1 운동 후 일제는 이른바 문화 통치를 내세웠지만, 그것은 거짓된 민족 분열 정책에 불과하였다. 일제는 대륙 침략을 본격화한 이후 민족 말살 정책을 추진하면서 인적 · 물적 자원을 가혹하게 수탈하였다. 그러나 우리 민족은 일제의 지배에 굴하지 않고 줄기차게 독립 운동을 전개하였다.

독립운동은 거족적인 3 · 1 운동과 대한민국 임시 정부 수립이라는 성과로 나타났으며 독립 전쟁은 만주와 중국 본토를 근거지로 하여 일제가 패망할 때까지 끊임없이 전개되었다. 특히, 대한민국 임시 정부는 한국 광복군을 창설하여 일제에 선전 포고를 하고 연합군과 함께 대일 전쟁에 참전하였다. 그리고 의열단이나 한인 애국단 같은 애국 단체들도 의거 활동을 통해 민족정신을 일깨우는 구실을 하였다.

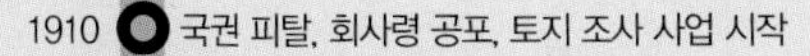

1910 국권 피탈, 회사령 공포, 토지 조사 사업 시작
1911 105인 사건
1912 조선 태형령, 토지조사령, 독립 의군부 조직
1913 안창호, 흥사단 조직
1914 대한 광복군 정부 수립
1915 대한 광복회 결성
1916 박중빈, 원불교 창설
1918 토지 조사 사업 완료, 대한 독립 선언서 발표
1919 2 · 8 독립 선언, 3 · 1 운동, 대한민국 임시 정부 수립
1920 봉오동, 청산리 전투
1921 자유시 참변
1923 국민 대표 회의 개최, 조선 물산 장려회 창립(서울), 일본에서 관동 대지진 발생
1925 치안유지법
1926 6 · 10 만세 운동
1927 신간회 창립
1928 한글날 제정, 혁신의회 조직
1929 원산 노동자 총파업, 국민부 조직, 광주 학생 항일 운동
1931 조선어 연구회, 조선어 학회로 개칭
1932 이봉창 · 윤봉길 의거
1933 한글 맞춤법 통일안 발표
1934 조선 농지령 공포
1935 민족 혁명당 결성
1937 중 · 일 전쟁
1940 창씨 개명 실시, 한국 광복군 창설
1942 조선어 학회 사건
1943 카이로 회담, 한국의 독립 약속
1945 8 · 15 광복

| 연표로 흐름잡기 |

24 일제의 식민 통치와 3·1 운동

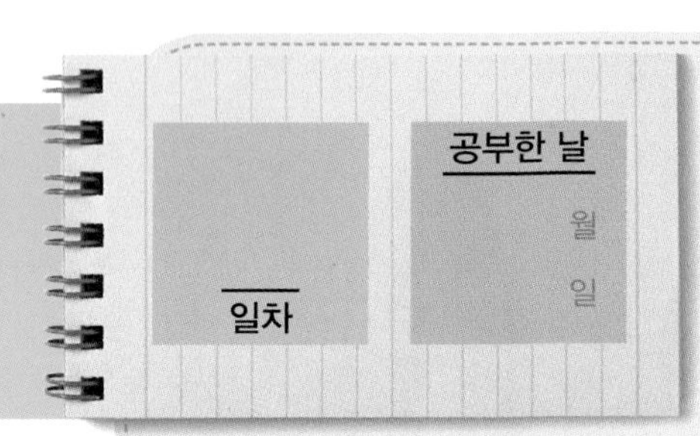

❶ 일제의 식민지 지배 정책과 민족의 수난 ☆☆☆

(1) 무단 통치와 식민지 경제 체제의 구축

① 식민 통치 제도의 설립

㉠ 조선 총독부 : 일제 강점기의 최고 식민 통치 기구

㉡ 조선 총독 : 입법, 행정, 사법, 군통수권 등을 가진 식민 통치의 권력자

㉢ 중추원 : 총독의 자문 기구, 친일파 한국인 참여 → 식민 치하의 조선인에 대한 일종의 회유책, 실제 권력은 없었음

조선 총독부

② 헌병 경찰 통치(무단 통치, 1910년대)

㉠ 특징 : 헌병 경찰을 앞세운 강압적이고 비인도적인 무단 통치

㉡ 헌병 경찰 통치의 내용

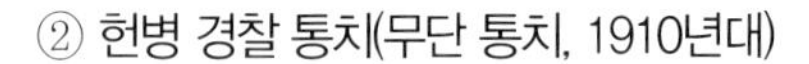

1910년 총독부가 제정하여 공포한 악법으로 한국인에게 벌금, 태형, 구류 등의 억압을 행사할 수 있는 즉결 심판권을 경찰서장과 헌병 분대장에게 부여하였다.

정치	집회와 결사의 자유 박탈 → 보안법 · 신문지법 적용, 갑오개혁 때 폐지한 태형령 부활(즉결처분권, 조선인에 한해 태형 적용, 1912.4)
민족 운동	애국 계몽 운동 단체 해산, 독립 운동가 체포(105인 사건, 1911.9)
언론	민족 신문 발행 금지(황성신문, 대한매일신보 등)
교육	• 일반 관리와 학교 교원에게까지 제복을 입히고 칼을 차게 함 • 일본어 중심의 교과목 편성, 한국인에게 고등 교육 기회 박탈 → 초보적인 기술과 실무적인 내용만 가르침

제복을 입고 칼을 찬 교사들

Click ! ● 조선 태형령과 태형 기구

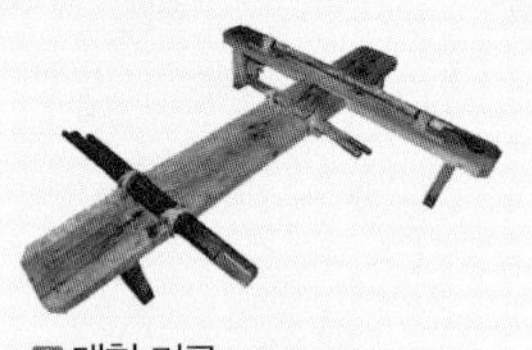

태형 기구

• 태형은 감옥 또는 즉결 관서에서 비밀리에 행한다.

• 조선인에 한하여 5대 이상의 태형에 처할 수 있다.

• 수형자를 형판 위에 엎드리게 하고 손과 발을 묶은 후 볼기를 노출시켜 태로 친다.

토지 측량 모습

③ 토지 조사 사업(1910~1918)

㉠ 목적 : 토지 소유 관계의 근대적 정리를 구실로 토지의 합법적 약탈

㉡ 내용 : 토지 소유권 확인, 토지 가격 확정, 토지의 모양과 형태 조사

㉢ 과정 : 토지 소유자가 직접 신고(신고주의 원칙) → 복잡한 신고 절차, 반일 감정으로 신고하지 않음

㉣ 결과 : 조선 총독부의 지세 수입 증가, 일본인 대지주 증가, 우리나라 농민들이 기한부 계약에 따른 소작농으로 전락하여 생활이 어려워짐, 총독부는 약탈한 토지를 동양 척식 주식회사나 일본인에게 싼 값으로 넘겨줌

동양 척식 주식회사 1908년 일제가 조선의 토지와 자원을 수탈할 목적으로 설치한 식민지 착취 기관

Click ! ● **토지 조사 사업(1910~1918)**

토지 조사령(1912.8)

제1조 토지의 조사 및 측량은 본령에 의한다.

제4조 토지 소유자는 조선 총독이 정하는 기간 내에 주소, 씨명, 명칭 및 소유지의 소재, 지목, 자번호(字番號), 사표(四標), 등급, 지적, 결수를 임시 토지 조사 국장에게 신고해야 한다.

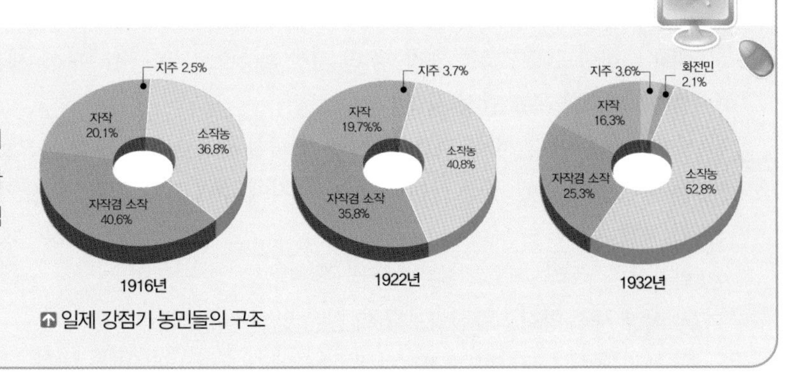

⮉ 일제 강점기 농민들의 구조

④ 산업 침탈

㉠ 회사령(1910.12) : 회사 설립 시 조선 총독부의 허가를 받게 함 → 한국인들의 기업 활동과 민족 자본의 성장 억제

㉡ 기타 경제 수탈 : 광업령 · 어업령 · 산림령, 전매 제도 등

(2) 민족 분열 통치와 경제 침탈의 확대

① 민족 분열 통치(문화 정치, 1920년대)

㉠ 배경 : 일제는 3 · 1 운동(1919)을 통해 무단 통치의 한계 자각

㉡ 문화 통치 목적 : 친일 세력을 양성하여 우리 민족의 이간 · 분열 시도

㉢ 문화 통치의 내용

ⓐ 총독 임명 규정의 제정 : 조선 총독에 문관 총독도 임명될 수 있도록 법령을 개정하였으나, 실제로 광복 전까지 문관 총독이 임명된 적은 없음

ⓑ 헌병 경찰 제도를 보통 경찰제로 전환 : 경찰 예산, 경찰서 수, 경찰관 수는 오히려 증가, 고등 경찰제 실시, 치안 유지법 제정(1925.5) → 우리 민족에 대한 감시와 탄압 더욱 강화

ⓒ 조선일보 · 동아일보 창간(1920.3 · 1920.4) : 언론 · 출판의 자유를 허용하였으나 검열 강화, 신문 기사 삭제, 신문 정간 등으로 탄압 지속

ⓓ 교육 정책 : 한국인의 교육 기회를 확대한다고 하였으나, 초등 교육과 실업 기술 교육에만 치중

치안 유지법
일제가 국가 체제나 사유 재산 제도를 부정하는 사회주의 사상을 탄압할 목적으로 1925년에 제정한 법률이다. 이 법은 사회주의자는 물론 민족주의 계열의 독립운동가들을 탄압하는 데도 이용되었다.

Click ! ● **문화 통치(1920년대)**

- 친일 인사가 각 종교 단체 지도자가 되도록 후원한다.
- 수재를 교육한다는 명목으로 친일 지식인을 많이 양성한다.
- 조선인 부호들과 민중을 대립하게 하고, 이들에게 일본 자본을 공급해 친일화한다.
- 각종 친일 단체를 조직하고 후원하여 활용한다.

– 사이토 마코토, 1920년 –

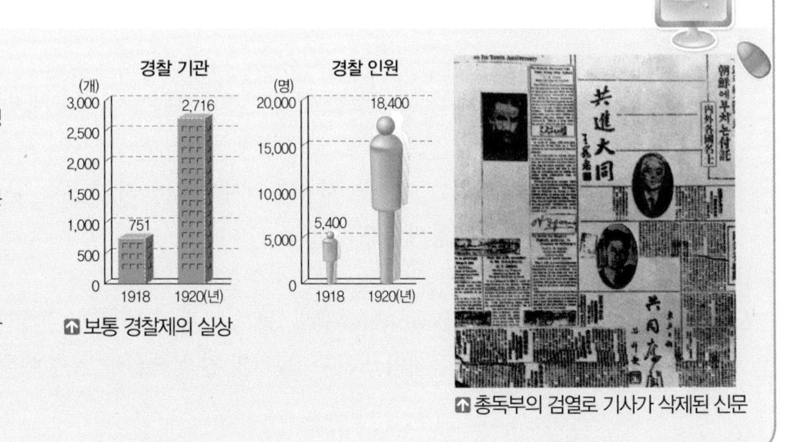

⮉ 보통 경찰제의 실상

⮉ 총독부의 검열로 기사가 삭제된 신문

산미 증식 계획으로 쌀의 생산이 늘어났지만, 일본으로 유출되는 양이 많아 1인당 쌀 소비량은 감소하였다.

② 산미 증식 계획(1920~1934)

㉠ 배경 : 일본의 식량 부족 문제를 한반도에서 해결하고자 함

㉡ 내용 : 한반도에서 품종 개량, 수리 시설 확충으로 쌀 증산 → 쌀 생산량은 증가하였으나 목표 달성 실패

㉢ 방법 : 품종 개량, 비료 사용 확대, 수리 시설 확충, 개간, 밭을 논으로 바꾸는 방법 등으로 쌀 생산 증대 계획 → 각지에 수리 조합 조직, 토지 개량 사업 전개

㉣ 결과

만주에서 수입한 잡곡으로 부족한 식량 보충

ⓐ 식량 사정 악화 : 증산량보다 더 많은 양의 쌀을 약탈해 감

ⓑ 농민 몰락 : 과다한 소작료와 쌀 증산에 필요한 비용(비료 대금, 수리 조합비)을 농민들에게 내게 함 → 농민들의 몰락 → 화전민이 되거나 해외로 이주하는 농민 증가

ⓒ 농업 구조 변화 : 쌀 중심의 단작형 농업 구조로 변화

일본의 쌀 소동 제1차 세계 대전 이후 일본에서는 공업화가 빠르게 진행되고 도시 인구가 급증하였다. 그러나 농업 생산력이 이를 따르지 못하여 쌀 부족으로 쌀값이 오르면서 전국적인 쌀 소동이 일어났다.

Click ! ● 산미 증식 계획(1920~1934)

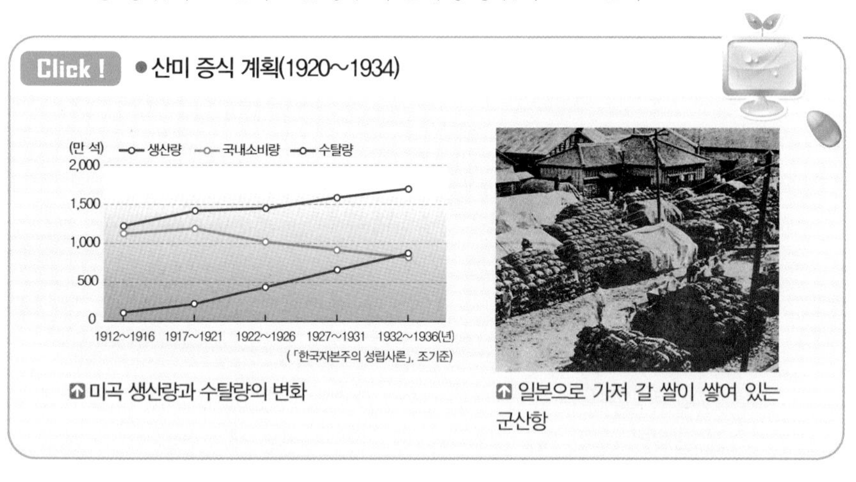

미곡 생산량과 수탈량의 변화

일본으로 가져 갈 쌀이 쌓여 있는 군산항

'내(內)'는 일본, '선(鮮)'은 조선을 의미하며, 일본과 조선이 일체라는 뜻이다.

내선일체(內鮮一體) 엽서

③ 회사령 폐지(1920.4) : 허가제에서 신고제로 바꿈 → 일본 대기업들의 본격적인 한국 진출을 쉽게 함

④ 관세 폐지(1923.4) : 값싼 일본 제품 수입 증가 → 한국인 회사가 더욱 어려워짐

(3) 민족 말살 통치(1930년대 이후)와 수탈의 강화

① 황국 신민화 정책

㉠ 배경 : 경제 대공황 이후 일본의 침략 전쟁 확대(만주 사변, 중 · 일 전쟁, 태평양 전쟁)

㉡ 목적 : 민족성 말살 → 전쟁에 필요한 인적 · 물적 자원을 수탈하기 위함

㉢ 민족 말살 정책 : 일 · 선 동조론 · 내선일체 주장, 황국 신민 서사 암송(1937.10), 신사 참배 강요, 우리말 사용과 역사 교육 금지, 한글 신문 · 잡지 폐간, 일본식 성명 강요(창씨 개명)

② 1930년대 이후 경제 침탈

㉠ 농촌 진흥 운동(1932~1940) : 자력갱생, 농촌 부채 근절 표방, 춘궁 농가의 식량 문제 해결 등 농민 구제의 명분 → 농민의 긴축 생활과 납세 이행 독려

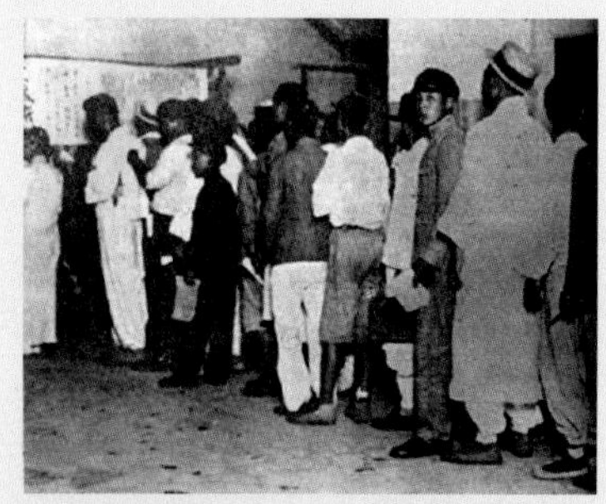

창씨 개명 총독부가 법령을 공포하고 1940년 2월부터 시행하였는데, 이로 인해 조선인은 자신의 성과 이름을 버리고 일본식으로 새로 만들어야만 했다.

㉡ 남면북양(南綿北羊) 정책(1934) : 대공황 이후 선진 국가의 보호 무역 정책 확대 → 공업 원료 부족에 대비하여 남부에 면화 재배, 북부에 면양 사육 장려

㉢ 병참 기지화 정책 : 대공황 극복을 위한 침략 전쟁 전개 → 전쟁 수행에 필요한 물자 조달을 위한 공급지로 이용

③ 침략 전쟁을 위한 인적 · 물적 자원의 수탈 강화

㉠ 국가 총동원법(1938.4) : 침략 전쟁의 확대 → 인력 · 자원 통제, 수탈 강화

Click ! ● **국가 총동원법(1938)**

제1조 국가 총동원이란 전시에 국방 목적을 달성하기 위해 국가의 전력을 가장 유효하게 발휘하도록 인적 및 물적 자원을 운용하는 것을 말한다.

제4조 정부는 전시에 국가 총동원상 필요할 때는 칙령이 정하는 바에 따라 제국 신민을 징용하여 총동원 업무에 종사하게 할 수 있다.

제8조 정부는 전시에 국가 총동원상 필요할 때는 칙령이 정하는 바에 따라 물자의 생산 · 수리 · 배급 · 양도 기타의 처분, 사용 · 소비 · 소지 및 이동에 관하여 필요한 명령을 내릴 수 있다. – 조선총독부, '조선법령집람' 제13집(1938) –

탄광에 끌려나간 한국인

㉡ 물자 약탈 : 산미 증식 계획 재개(군량미 확보를 위한 식량 수탈), 식량 배급 및 공출제 시행, 전쟁 물자 공출(놋기구, 식기, 제기 등 쇠붙이 공출), 국방 헌금 강요

공출제: 민간의 물자나 식량을 강제로 정부에 내도록 한 제도이다.

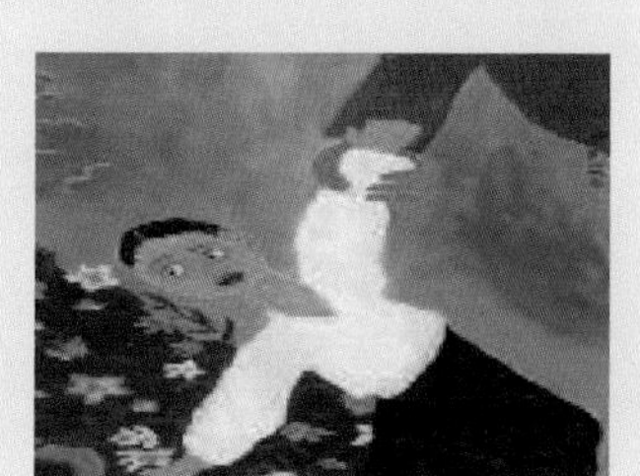
끌려감(김순덕 할머니 그림)

㉢ 인력 강제 동원

ⓐ 징용 : 일본, 중국, 동남아시아 등지의 공장, 탄광, 비행장 등에 강제 노무 동원

ⓑ 근로 동원 : 어린 학생들을 군사 시설 공사와 토목 공사에 동원

ⓒ 여자 정신 근로령(1944.8) : 여성을 강제 동원하여 군수 공장 등에 종사하게 함

Click ! ● **민족 말살 정책(1930~40년대)**

1. 우리들은 황국 신민이다. 충성으로써 군국에 보답하자.
2. 우리들 황국 신민은 서로 신애 협력하고 단결을 굳게 하자.
3. 우리들 황국 신민은 인고 단련의 힘을 길러 황도를 선양하자.

황국 신민의 서사

조선 신궁에 참배하는 학생들

내선일체 비석

● **민족 말살 정책 시기의 여러 모습**

놋그릇 공출

징용된 노동자

학도 지원병

일본군 위안부

ⓓ 군 위안부 : 여성들을 위안부로 만드는 반인권적 · 반인륜적 범죄 자행

ⓔ 병력 동원 : 지원병제(1938.10), 학도 지원병제(1943.10), 징병제(1944.4) 실시

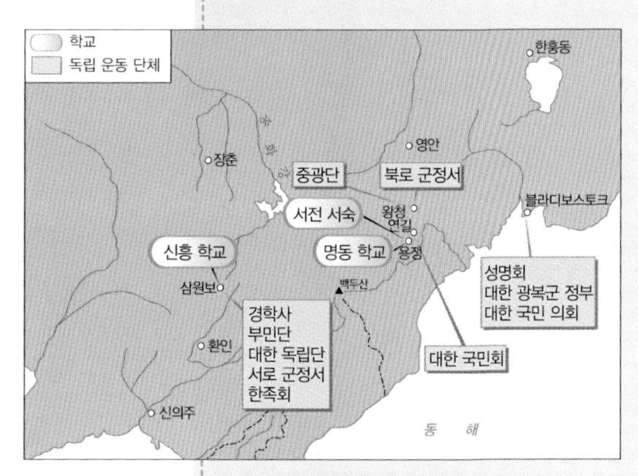

1910년대 국외 독립 운동 기지

❷ 1910년대 민족 운동과 3 · 1 운동 ☆☆☆

(1) 3 · 1 운동 이전의 민족 운동

① 1910년대의 민족 운동

㉠ 1910년대의 상황 : 105인 사건 이후 국내 민족 운동에 대한 일제의 탄압 심화 → 애국 계몽 운동가의 해외 이동, 의병 부대들도 대부분 만주와 연해주로 이동

㉡ 독립 의군부(1912.9) : 고종의 밀명으로 성립, 임병찬 등이 주도, 복벽주의 이념에 따라 국권 회복 후 고종 복위 목표, 전국적인 의병 전쟁 계획, 일본 내각 총리대신과 조선 총독에게 국권 반환 요구 서신 발송 시도

㉢ 대한 광복회(1915.7) : 박상진(총사령), 김좌진(부사령) 등이 군대식 조직으로 대구에서 결성, 독립 전쟁을 통한 국권 회복과 공화정체 추구, 만주에 무관 학교 설립을 위한 군자금 모금, 친일 부호 처단

② 독립 운동 기지의 건설

㉠ 서간도의 삼원보 : 신민회 회원인 이회영 · 이상룡 등이 경학사를 두었고, 신흥 학교를 설립하여 독립군을 양성(1911년 봄)

㉡ 북간도 : 중광단 조직, 서전서숙 · 명동 학교 설립

㉢ 연해주 : 신한촌 형성, 성명회, 권업회, 대한 광복군 정부, 대한 국민 의회 결성

㉣ 미주 지역 : 대한인 국민회(군자금 모금), 대조선 국민군단(하와이) 결성

(2) 3 · 1 운동(1919)의 태동

① 국내의 움직임 : 일제의 강압적인 무단 통치로 독립 의지 강화, 고종 황제 서거

② 국외의 움직임

㉠ 윌슨의 민족 자결주의 제창 : 식민 지배를 받던 약소국들의 독립 운동 자극 → 신한 청년당이 파리 강화 회의에 김규식을 민족 대표로 파견

㉡ 2 · 8 독립 선언 : 일본 내 한국 유학생들 중심으로 조선 청년 독립단 조직 → 독립 선언서 발표

민족 자결주의
각 민족은 정치적 운명을 스스로 결정할 권리가 있으며, 다른 민족의 간섭을 받을 수 없다는 주장이다.

2 · 8 독립 선언을 발표한 재일 유학생들

(3) 3 · 1 운동 전개 및 확산

① 전개 과정

1단계	독립 선언 : 민족 대표 33인은 태화관에서, 학생들은 탑골 공원에서 독립 선언서 낭독, 만세 시위 전개
2단계	청년 · 학생을 중심으로 전국 도시로 확산, 상인과 농민, 노동자의 참여
3단계	점차 조직적으로 전개되고 무장 투쟁으로 발전(농촌 지역으로 확산되면서 식민 통치 기관 습격 등)
4단계	만주, 연해주, 일본, 미국 지역으로 확산

⇧ 유관순

선교사 스코필드는 일제의 제암리 학살 만행의 생생한 모습을 사진에 담아 '수원에서의 잔학 행위에 관한 보고서'를 작성하였고, 이를 국제 여론화하였다.

② 일제의 탄압 : 유관순의 순국, 무력 진압 및 민간인 학살(화성 제암리 주민 학살)

→

→

→

(4) 3 · 1 운동의 의의와 영향

① 의의 : 모든 계층이 참여한 거족적 민족 운동, 일제 식민 통치 방식의 변화(무단 통치 → 문화 통치), 대한민국 임시 정부의 수립 계기

② 영향 : 중국의 5 · 4 운동, 인도의 비폭력 · 불복종 운동 등 아시아 민족 운동에 자극

Click ! ● 3 · 1 운동의 전개 과정

■ 기미 독립 선언서

우리는 이에 우리 조선이 독립국임과 조선인이 자주 민임을 선언하노라. …… 오늘 우리의 이 거사는 정의, 인도, 생존, 존영을 위하는 민족적 요구이니 오직 자유적 정신을 발휘할 것이요 …

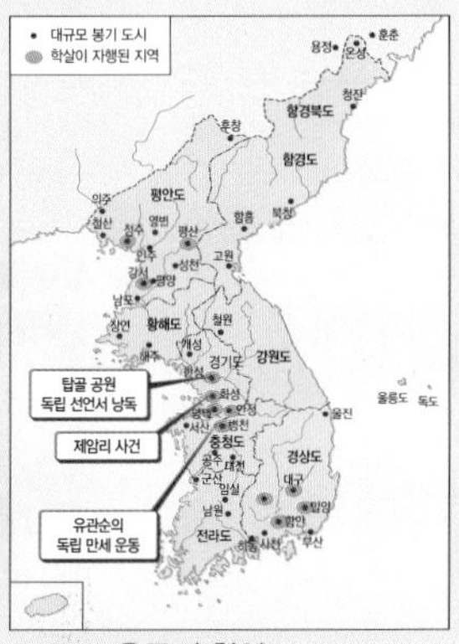

⇧ 3 · 1 운동의 확산

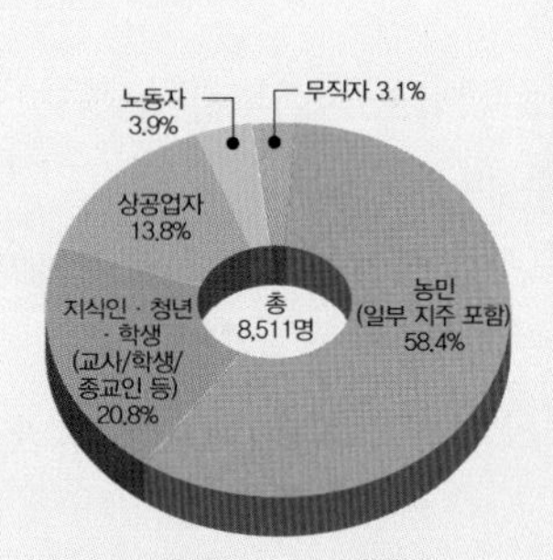

⇧ 3 · 1 운동 당시 검거자의 직업별 구성

⇧ 필라델피아 만세 시위

❸ 대한민국 임시 정부의 수립과 활동 ☆☆☆

(1) 국내외 임시 정부의 수립

① 계기 : 3 · 1 운동 이후, 보다 조직적인 독립 운동을 추진하기 위한 정부 수립 필요성 자각

② 각지의 임시 정부

명칭	장소	장점
한성 정부	서울	정통성이 있음
대한 국민 의회	연해주	본토와 가깝고 동포가 많으며 독립 운동 기지가 건설되어 있어 무장 독립 투쟁이 유리함
대한민국 임시 정부	상하이	상하이에는 세계 여러 나라 외교관이 모여 있어 외교 활동에 유리함(1919.4.11)

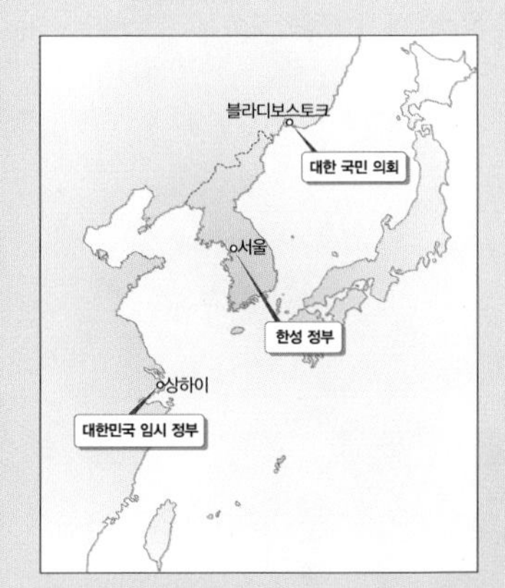

⇧ 국내외의 임시 정부

(2) 임시 정부의 통합

① **임시 정부의 통합** : 전 국민을 대표할 수 있는 통합된 정부를 수립하여 강력한 독립 운동을 전개하기 위해 여러 임시 정부를 상하이의 대한민국 임시 정부로 통합(1919.9)

② **정부 위치** : 상하이(서양 열강의 조계 지역이 많아 외교 활동에 적합)

③ **정치 형태** : 3권 분립(임시 의정원, 법원, 국무원)에 입각한 민주 공화정, 대통령 이승만, 국무총리 이동휘 임명

임시 정부 의정원 축하 사진

(3) 대한민국 임시 정부의 활동

안창호의 주도로 1919년 7월부터 시행된 임시 정부의 국내 비밀 통치 기구이다.

구분	내용
행정 조직	• **연통제** : 국내외 업무를 연락하기 위한 비밀 행정 조직 • **교통국** : 정보 수집 · 분석과 통신 담당
외교 활동	• 김규식을 대표로 파리 강화 회의에 파견(1919.5) • 미국에 구미 위원부 설치(이승만이 활동)
군사 활동	• 육군 무관 학교 설립(상하이), 한국 광복군 창설(1940.9)
독립 운동 자금 마련	• 독립(애국) 공채 발행, 이륭 양행(만주)과 백산 상회(부산) 협조
독립 운동 홍보	• 독립신문 발행, 사료 편찬소 설치(1919.7)

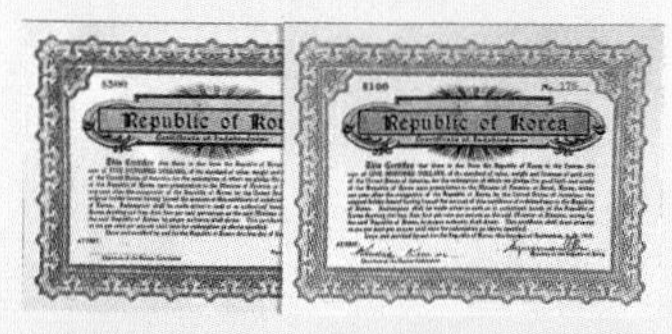

독립(애국) 공채 독립 운동 자금을 모으기 위해 발행하였으며, 광복 후에 원금과 이자 지급을 약속한 증서

(4) 국민 대표 회의 개최

① **임시 정부의 위축** : 일제의 감시와 탄압으로 연통제, 교통국 등의 조직이 붕괴 → 독립 운동 자금 조달이 어려워짐

② **임시 정부 내부의 갈등** : 민족 지도자들 사이에 독립 운동의 방법에 대한 노선 차이로 갈등 발생

대통령 이승만과 김구는 국민 대표 회의의 개최에 반대하며 참여하지 않았다.

③ **국민 대표 회의**(1923.1~6) : 독립 운동의 새로운 활로 모색, 창조파와 개조파로 분열

㉠ 창조파 : 임시 정부의 해체와 새로운 정부 수립 요구(박용만, 신채호 등)

㉡ 개조파 : 임시 정부의 개혁과 존속 주장, 실력 양성을 우선으로 하면서 외교 활동 강조(안창호, 김동삼 등)

㉢ 현상 유지파 : 임시 정부를 그대로 유지하자고 주장(김구)

④ **결과** : 성과를 거두지 못함 → 김구를 중심으로 체제 정비 후 꾸준한 독립 운동 전개

파리 강화 회의에 파견된 임시 정부 대표단

임시 정부에서 발행한 외교용 선전 책자

Click ! ● 대한민국 임시 정부의 체제

대한민국 임시 헌장(1919.4.11)

제1조 대한민국은 민주 공화제로 한다.

제2조 대한민국은 임시 정부가 임시 의정원의 결의에 의하여 이를 통치한다.

제4조 대한민국의 인민은 종교, 언론, 저작, 출판, 결사, 집회, 통신, 주소 이전, 신체 및 소유의 자유를 향유한다.

대한민국 임시 정부 헌법(1919.9)

제1조 대한민국은 대한 인민으로 조직함.

제2조 대한민국의 주권은 대한 인민 전체에 있음.

제4조 대한민국의 인민은 일체 평등함.

제5조 대한민국의 입법권은 의정원이, 행정권은 국무원이, 사법권은 법원이 행사함.

임시 정부 청사

❶ 일제의 식민지 지배 정책과 민족의 수난

- 헌병 경찰제가 시행되었다.
  - ↳ 헌병 경찰 제도를 실시하였다.
  - ↳ 재판 없이 현장에서 벌금을 부과하는 헌병 경찰
- 회사 설립을 허가제로 하는 회사령이 제정되었다.
- 조선 태형령을 시행하였다.
  - ↳ 태형을 당하고 업혀 가는 조선인
- 칼을 찬 채 수업을 진행하는 교사
- 토지 조사 사업이 실시되었다.
  - ↳ 조선 총독부의 재정 수입이 증대되었다.
  - ↳ 동양 척식 주식회사의 보유 토지가 증가하였다.
  - ↳ 토지 조사령에 따라 토지를 측량하는 일본인 기사
- 제1차 조선 교육령이 시행되었어요.
- [조선사] 식민 사관에 의해 편찬되었다.
- 산미 증식 계획이 추진되었다.
  - ↳ 증산량보다 많은 쌀이 일본으로 반출되었다.
- 관동 대지진과 한인 학살 사건
- 치안 유지법이 제정되었다.
- 황국 신민 서사 암송을 강요받는 학생
- 미곡 공출제가 추진되었다.
- 소학교를 초등학교로 개칭하였다.
- 사할린 강제 징용의 실태
- 여자 정신 근로령이 공포되었다.
  - ↳ 여자 정신 근로령이 제정되었다.
  - ↳ 여자 정신 근로령이 실시되었어요.
- 일본군 '위안부'와 전쟁 범죄 문제

❷ 1910년대 민족 운동과 3 · 1 운동

- [임병찬] 독립 의군부를 조직하였다.
  - ↳ 고종의 밀지를 받아 독립 의군부가 조직되었다.
- [박상진] 비밀 결사인 대한 광복회를 조직하였다.
  - ↳ 총사령 박상진의 지휘 아래 활동하였다.
- 신흥 무관 학교를 설립하였다.
- [서간도] 신흥 무관 학교가 설립되어 독립군을 양성하였다.
- [중국 상하이] 신한 청년당이 결성되어 외교 활동을 전개하였다.
- [연해주] 대한 광복군 정부가 수립되어 독립 전쟁을 준비하였다.
- [천주교] 의민단을 조직하여 독립 전쟁을 전개하였다.
- [대종교] 항일 단체인 중광단을 결성하였다.
  - ↳ 중광단을 북로 군정서로 발전시켰다.
- [불교] 사찰령 폐지 운동을 주도하였다.
- [원불교] 새생활 운동과 간척 사업을 추진하였다.
  - ↳ 박중빈이 새생활 운동을 전개하였다.
- [하와이] 박용만이 대조선 국민 군단을 결성하였어요.
  - ↳ 대조선 국민 군단이 창설되어 군사 훈련을 실시하였다.
- [3 · 1 운동] 고종의 인산일을 기회로 삼아 시위를 전개하였다.
  - ↳ 이른바 문화 통치가 실시되는 계기가 되었다.
  - ↳ 대한민국 임시 정부 수립의 계기가 되었다.
  - ↳ 중국의 5 · 4 운동에 영향을 주었다.

> **실전 자료** **유관순**
> - 훈격(서훈 연도): 독립장(1962), 대한민국장(2019)
> - 공적 개요: 천안에서 군중을 모으고 만세 운동을 주도함

❸ 대한민국 임시 정부의 수립과 활동

- [대한민국 임시 정부] 구미 위원부를 설치하여 외교 활동을 펼쳤다.
  - ↳ 구미 위원부를 설치하였다.
  - ↳ 독립 공채를 발행하였다.
  - ↳ 비밀 행정 조직으로 연통제를 두었다.
  - ↳ 연통제와 교통국을 운용하였다.
  - ↳ 한 · 일 관계 사료집을 발간하였다.
  - ↳ 파리 강화 회의에 파견된 김규식의 활동을 알아본다.
  - ↳ 국민 대표 회의를 개최하였다.

1 밑줄 그은 '법령'이 시행되었던 시기에 있었던 사실로 옳은 것은? [1점]

여보게, 들었는가.
과일 장사하는 이씨가 익지 않은 감을 판매하였다는 이유로 순사에게 적발되어 15대의 태형에 처해졌다고 하네.

정말인가? 어처구니가 없군.
우리 조선인에게만 태형을 적용하는 법령이 있다니!

① 헌병 경찰제가 시행되었다.
② 미곡 공출제가 추진되었다.
③ 경성 제국 대학이 설립되었다.
④ 암태도 소작 쟁의가 일어났다.

2 밑줄 그은 '사업'의 결과로 옳은 것을 〈보기〉에서 고른 것은? [2점]

보기
ㄱ. 조선 총독부의 재정 수입이 증대되었다.
ㄴ. 지계아문이 설치되어 지계가 발급되었다.
ㄷ. 동양 척식 주식회사의 보유 토지가 증가하였다.
ㄹ. 외국의 토지 침탈을 막고자 농광회사가 설립되었다.

① ㄱ, ㄴ ② ㄱ, ㄷ
③ ㄴ, ㄷ ④ ㄴ, ㄹ

| 해설 | 일제의 식민지 통치 정책

제시된 대화에서 '조선인에게만 태형을 적용하는 법령'을 통해 밑줄 그은 '법령'이 '조선 태형령'임을 알 수 있다. 무단 통치 시기인 1912년 4월에 공포 · 시행된 조선 태형령은 한국인에게만 차별적으로 적용된 식민지 악법 중 하나였다.

태형은 원래 조선 왕조에서 신체에 체벌을 가하는 봉건적인 형벌이었다. 갑오개혁 때 폐지하였던 이 형벌이 조선 태형령으로 부활한 셈이다. 식민지 정책에 복종을 강요하는 야만적인 형법으로, 또한 헌병과 경찰이 재판 없이 재량으로 태형을 가할 수 있다는 점은 우리 민족을 폭력적 수단으로 억압하던 무단 통치의 실상을 잘 보여 준다.

| 오답 넘기 |

② 1939년 일제는 미곡의 시장 유통을 금지하는 공출제를 실시하였다.
③ 조선 총독부는 자발적인 대학 설립 운동을 무마시키고, 일부 조선인들을 회유하기 위해 경성 제국 대학을 설립하였다(1924).
④ 1923년 8월 전남 무안군 암태도에서 발생한 암태도 소작 쟁의는 대지주와 일제에 대항하여 승리를 쟁취한 대표적인 사례이다.

정답 ①

| 해설 | 1910년대 경제 침탈

제시된 자료에서 '1910년대', '정해진 기한 내에 본인 소유의 토지를 신고' 등의 내용으로 보아 밑줄 그은 '사업'은 '토지 조사 사업'이다. 토지 조사 사업은 일제가 근대적 토지 소유를 확립한다는 명분 아래 전국적으로 벌인 대규모 토지 조사였다(1910~1918).

ㄱ. 조선 총독부는 과세지 면적이 크게 늘어나 재정 수입이 증가하였다. 또 미신고 토지, 왕실과 국가의 토지였던 궁방전과 역둔토 등을 모두 차지하여 최대 지주가 되었다.
ㄷ. 조선 총독부는 전국 농토의 40%를 차지하였고, 몰수한 토지를 동양 척식 주식회사를 비롯한 식민 회사나 한국으로 이주해 온 일본인에게 헐값으로 팔아넘겼다.

| 오답 넘기 |

ㄴ. 대한 제국 시기의 광무 개혁으로 토지 소유권자에게 지계가 발급되었으며, 담당 기관은 지계아문이었다(1899~1904).
ㄹ. 1904년 일제가 황무지 개간권 요구하자 이에 대항하여 우리의 힘으로 황무지를 개간하자는 농광 회사가 설립되었다(1904.7).

정답 ②

3 다음 일제의 식민 통치 방침이 마련된 배경으로 옳은 것은? [2점]

> • 총독은 문 · 무관 어느 쪽이라도 임용될 수 있는 길을 열고, 나아가 헌병 경찰 제도를 바꿔 보통 경찰 제도를 채택할 것이다.

> • 핵심적 친일 인물을 골라 그 계급과 사정에 맞게 각종 친일적 단체를 조직하게 한다.

① 브나로드 운동이 전개되었다.
② 암태도 소작 쟁의가 발생하였다.
③ 광주 학생 항일 운동이 일어났다.
④ 3 · 1 운동이 전국적으로 확산되었다.

| 해설 | 민족 분열 통치

자료는 조선 총독 사이토 마코토가 부임하면서 발표한 시정 방침으로 1919년 3 · 1 운동 이후 무단 통치의 한계를 자각하면서 나타난 민족 분열 통치의 내용이다.
이 시정 방침을 통해 일제는 이른바 문화 통치의 실시를 내세웠다. 1920년대 일제는 이른바 문화 통치를 내세우면서 보통 경찰제를 시행하고, 문관 총독의 임명을 가능하도록 하였다. 또한 한국인의 언론 · 출판의 자유를 일부 인정하여 조선일보, 동아일보 등 한글 신문의 발행을 허가하였다.
그러나 실제 문관 총독은 임명되지 않았으며, 경찰력이 이전보다 증가하고 치안 유지법이 만들어져 독립운동에 대한 탄압이 강화되었다. 또한 일제는 언론에 대한 검열을 강화하여 신문 기사를 삭제하거나 신문을 정간하였으며, 친일파와 친일 단체를 육성하여 민족 운동을 분열시키려고 하였다.

| 오답 넘기 |

① 동아일보는 1931년부터 브나로드 운동을 전개하였다(~1934).
② 암태도 소작 쟁의는 1923년 8월에 발생하였다.
③ 광주 학생 항일 운동은 1929년 11월에 일어났다.

정답 ④

4 밑줄 그은 '계획'이 실시되던 시기에 있었던 사실로 옳은 것은? [2점]

> 이 그림은 '배꼽이 배의 열 배!'라는 신문 만평으로, 과도한 수리 조합비 징수를 풍자한 것이다.
> 일본 각지에서 쌀 폭동이 일어나는 등 식량 위기가 발생하자, 조선 총독부는 쌀 생산을 대폭 늘리겠다는 <u>계획</u>을 실시하면서, 관개 시설을 확충한다는 명목으로 수리 조합을 조직하고 농민들을 가입시켰다. 많은 농민들은 조합비를 비롯한 경제적 부담의 증가로 토지를 상실하고 도시나 국외로 이주하기도 하였다.

① 함경도에서 방곡령이 선포되었다.
② 회사 설립을 허가제로 하는 회사령이 제정되었다.
③ 증산량보다 많은 쌀이 일본으로 반출되었다.
④ 메가타의 주도로 화폐 정리 사업이 실시되었다.

| 해설 | 1920년대 경제 침탈

제시된 자료에서 '일본 각지에서 쌀 폭동', '쌀 생산을 대폭 늘리겠다는 계획' 등의 내용을 통해 밑줄 그은 '계획'이 1920년대 일제가 실시한 산미 증식 계획임을 알 수 있다. 일제는 공업화 정책을 추진하면서 자국의 식량이 부족해지자, 산미 증식 계획을 추진하였다.
일제는 이 사업을 실시하면서 쌀의 증산을 위해 각지에 수리 조합을 조직하고 토지 개량 사업을 벌였다. 산미 증식 계획의 무리한 강행으로 한국의 농업 구조는 쌀 농사 중심으로 바뀌었고, 증산에 투입된 비용을 지주가 소작인에게 전가하는 일이 빈번하였다. 또한 증산량보다 많은 쌀이 일본으로 반출되어 한국인의 식량 사정은 극도로 악화되어, 만주에서 들여온 조 · 수수 등의 잡곡으로 연명해야 했다.

| 오답 넘기 |

① 방곡령은 일본으로의 양곡 유출을 막기 위하여(대표적으로 1889 · 1890년) 실시된 것이다.
② 조선 총독부는 1910년 12월에 회사령을 제정하여 회사를 설립할 때 조선 총독의 허가를 받도록 하였다.
④ 1904년 8월 일제는 제1차 한 · 일 협약을 체결한 후 재정 고문 메가타를 중심으로 1905년 7월부터 화폐 정리 사업을 추진하였다(~1909.12).

정답 ③

5 밑줄 그은 '이 시기'에 볼 수 있는 모습으로 적절한 것은? [2점]

> 이것은 홋카이도의 우류 댐 공사 등에서 죽어 간 강제 노동 희생자를 기리기 위해 세워진 조각상입니다. 일제는 중일 전쟁 이후 침략 전쟁을 확대한 이 시기에 조선인을 포함한 많은 사람들을 전쟁에 동원하였습니다.

① 원각사에서 은세계를 관람하는 청년
② 보안회가 개최한 집회에 참석한 상인
③ 황국 신민 서사 암송을 강요받는 학생
④ 국채 보상 기성회에 성금을 내는 여성

| 해설 | 일제의 식민지 통치 정책

1937년 7월 중 · 일 전쟁을 도발한 일제는 전쟁에 필요한 물자와 인력을 효율적으로 동원하기 위해 국가 총동원법을 제정(1938.4)하고 본격적으로 인력과 물자 수탈에 나섰다.
먼저 일본은 중 · 일 전쟁을 벌이면서 한반도를 병참 기지로 이용하려는 정책을 추진하였다. 지원병제, 징병제로 한국의 젊은이를 강제로 끌고 갔으며, 징용령을 내려 한국인을 전쟁을 위한 노동자로 동원하였다. 또한, 무기와 전쟁 물자를 조달하기 위해 가정과 학교, 종교 시설 등에서 금속류를 강제로 공출하였다. 또 이 시기 일제는 반상회를 통해 일본어 사용, 애국 저금, 황국 신민의 서사 암송, 신사 참배, 일장기 게양 등을 강요하였다.

| 오답 넘기 |

① 원각사는 1908년 7월에 설립되어 은세계 등을 공연하였으며, 1909년 11월에 폐지되었다.
② 황무지 개간권 반대 운동에 적극 가담한 인사들은 상소에 그치지 않고, 1904년 7월 '보국안민'을 뜻하는 보안회를 조직하였다.
④ 1907년 2월에는 일본에게 빌린 차관을 갚자는 국채 보상 운동이 대구에서부터 일어났다.

정답 ③

6 (가)에 들어갈 단체로 옳은 것은? [1점]

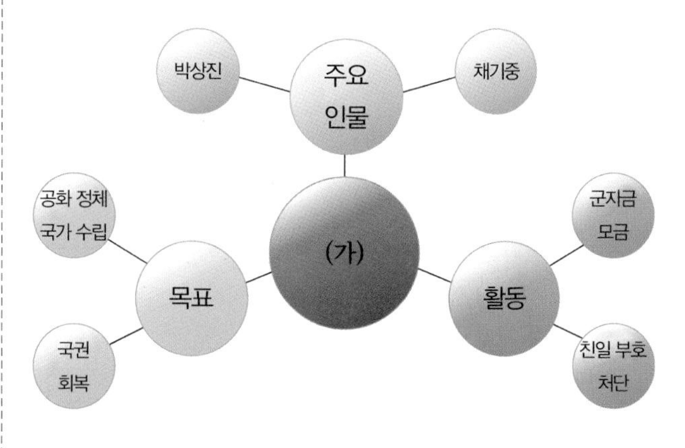

① 근우회
② 보안회
③ 독립 협회
④ 대한 광복회

| 해설 | 1910년대 국내 독립 운동

'박상진', '공화 정체 국가 수립', '군자금 모금', '친일 부호 처단' 등의 내용으로 보아 (가)에 들어갈 단체는 대한 광복회이다. 대한 광복회는 1910년대 대표적인 비밀 결사로 의병 전쟁과 계몽 운동에 참여하였던 두 세력이 모여 조직하였다(1915.7). 박상진 등이 중심이 되어 군대식 조직을 갖추고 군자금 모집과 친일파 처단에 주력하였으며, 공화정의 수립을 목표로 하였다.

| 오답 넘기 |

① 민족주의 계열과 사회주의 계열로 나누어져 있던 여성 단체들은 1927년 2월 신간회의 창립을 계기로 통합 단체인 근우회를 결성하였다(1927.5).
② 1904년 7월에 조직된 보안회는 황무지 개간권 요구 반대 운동을 전개하였다.
③ 1896년 7월에 서재필, 윤치호 등이 주도하여 창립한 단체가 독립 협회이다.

정답 ④

7 다음 검색창에 들어갈 학교로 옳은 것은? [2점]

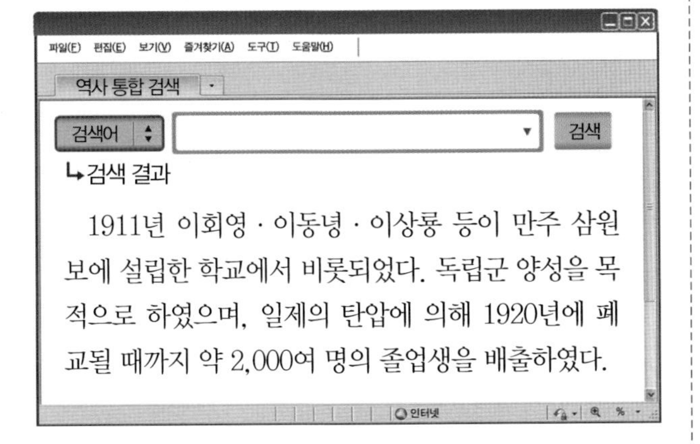

① 서전서숙 ② 명동 학교
③ 신흥 무관 학교 ④ 오산 학교

| 해설 | 국외 독립 운동 기지의 건설

1911년 이동녕과 이회영, 이상룡 등이 서간도 삼원보에 집단적으로 이주하면서, 경학사와 부민단이란 자치 조직을 만들고, 독립군 양성을 위한 학교를 세웠다(1911.6).
주경야독을 위한 독립운동 단체인 경학사(耕學社)를 설립하고 경학사 부설 신흥강습소를 세워서 처음으로 무장 독립 투쟁을 위한 인재 양성을 기했다. 이때 만들어진 신흥 강습소는 훗날 신흥 무관 학교로 발전하여 3,500명의 독립군을 키운 일제와 맞서는 무장 독립군 양성 기지가 되었다(1919.5).

| 오답 넘기 |

① 1906년 8월경 이상설 등은 북간도에 서전 서숙을 세워 민족 교육을 실시하여 독립 운동가들을 양성하였다.
② 명동 학교는 서전서숙의 민족 교육 정신을 계승하여 김약연이 세운 학교이다(1908.4).
④ 신민회는 평양에 대성 학교(1908.9)를, 정주에 오산 학교(1907.12)를 세웠다.

정답 ③

8 (가)에 들어갈 민족 운동에 대한 설명으로 옳은 것은? [1점]

① 통감부의 탄압으로 중단되었다.
② 순종 황제의 인산일에 일어났다.
③ 대한민국 임시 정부 수립의 계기가 되었다.
④ 조선 혁명 선언을 지침으로 삼았다.

| 해설 | 3 · 1 운동

(가)에 들어갈 민족 운동은 3 · 1 운동(1919)이다. 윌슨의 민족 자결주의를 통해 독립에 대한 희망을 품게 된 우리 민족은 고종 황제의 죽음과 2 · 8 독립 선언을 계기로 3 · 1 운동을 전개하였다. 이후 만세 운동은 서울 전역을 비롯한 전국의 도시와 농촌으로 퍼져 나갔고, 학생뿐 아니라 교사, 노동자, 상인, 농민 등 모든 계층이 참여하였다. 나아가 만주, 연해주를 비롯하여 멕시코 등 우리 동포들이 살고 있던 해외에서도 만세 시위가 이어졌는데 미국에 거주하는 한국인들은 필라델피아에서 독립 선언서를 발표하기도 하였다. 3 · 1 운동은 국내외의 모든 계층이 하나로 단결하여 참여한 최대 규모의 민족 운동이었다. 이를 계기로 대한민국 임시 정부가 수립되었으며(1919.4.11) 중국의 5 · 4 운동과 인도의 비폭력 저항 운동 등 세계 약소민족의 독립운동에 큰 영향을 끼쳤다.

정답 ③

25 무장 독립 전쟁의 전개

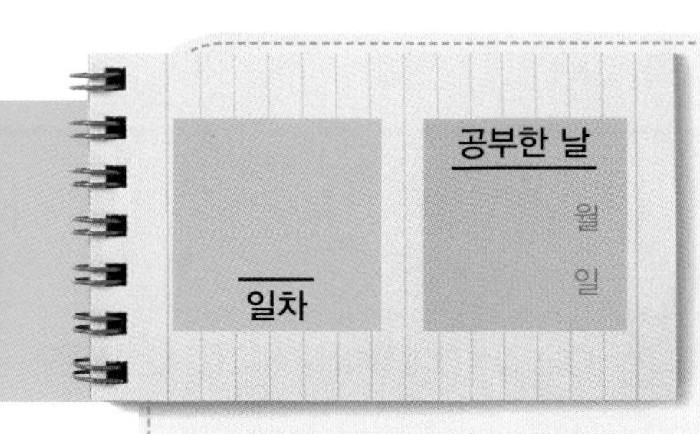

❶ 1920년대의 무장 독립 전쟁 ☆☆

(1) 독립군의 무장 투쟁과 시련

① 봉오동 전투와 청산리 대첩

㉠ 봉오동 전투 : 홍범도의 대한 독립군은 일본군과 싸워 큰 승리를 거둠(1920.6)

㉡ 청산리 대첩 : 김좌진의 북로 군정서군을 비롯한 여러 독립군 부대들이 크게 물리침(1920.10)

② 독립군의 시련

1920년 만주의 관동군에 조선 주둔 일본군 병력까지 합류한 대규모 군대를 보내, 독립군 토벌을 명분으로 간도 지역에 살고 있던 한인들을 대량으로 학살하였는데, 이를 '경신 참변' 또는 '경신 간도 학살 사건'이라고도 한다.

㉠ 간도 참변(1920.10) : 봉오동 전투와 청산리 대첩에서 패배를 당한 일제의 보복으로 한인 촌락을 초토화시킴

㉡ 대한 독립군단 편성(1920.12) : 독립군들이 일본군을 피해 밀산부에 집결 → 러시아의 자유시로 이동

㉢ 자유시 참변(1921.6) : 소련 자유시로 이동한 독립군이 소련 적색군의 공격으로 타격받은 사건 → 다시 만주로 이동

⇧ 간도 참변

⇧ 1920년대 무장 독립 단체와 3부

(2) 독립군의 조직의 통합

① 독립군의 재정비 : 자유시 참변 이후 만주로 돌아와 3부 성립 → 참의부, 정의부, 신민부로 조직 정비

② 3부 통합 운동 전개 : 1920년대 말 혁신 의회(북만주)와 국민부(남만주)로 통합

③ 미쓰야 협정(1925.6) : 일제가 만주 군벌 세력과 체결 → 독립군의 시련

❷ 항일 의열 투쟁의 전개 ☆☆☆

(1) 의열단(1919.11)

배경	3·1 운동 이후 강력한 무장 조직의 필요 인식
주도	김원봉, 윤세주
목적	조선 혁명 선언(신채호, 1923.1)을 지침으로 활동 → 민중 폭력 혁명의 필요성 강조
활동	• 박재혁(부산 경찰서 투탄, 1920), 김익상(조선 총독부 투탄, 1921), 김상옥(종로 경찰서 투탄, 1923), 김지섭(일본 황궁 투탄, 1924), 나석주(동양 척식 주식회사와 식산 은행 투탄, 1926) • 후기의 방향 전환 : 황포(황푸) 군관 학교에 단원 파견 교육, 조선 혁명 간부 학교 창립 및 조선 민족 혁명당 결성(1935)

강도(强盜) 일본을 쫓아내려면 오직 혁명으로만 가능하며, 혁명이 아니고는 강도 일본을 쫓아낼 방법이 없는 바이다. …… 민중은 우리 혁명의 대본영(大本營)이다. 폭력은 우리 혁명의 유일한 무기이다. 우리는 민중 속에 가서 민중과 손을 잡아 끊임없는 폭력, 암살, 파괴, 폭동으로써 강도 일본의 통치를 타도하고 우리 생활에 불합리한 일체 제도를 개조하여 인류로써 인류를 압박하지 못하며 사회로써 사회를 약탈하지 못하는 이상적 조선을 건설할지니라.

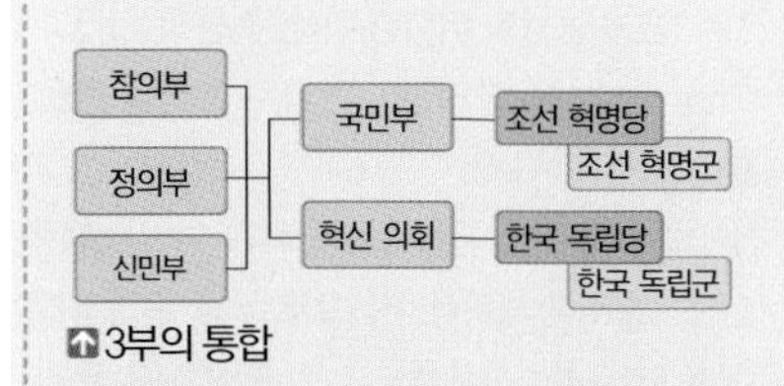

⇧ 3부의 통합

⇧ 김지섭의 재판 광경 1924년, 일왕이 기거하는 황궁 앞에 폭탄을 투척하고 체포된 김지섭이 재판받는 모습

이봉창 의사와 거사 전에 쓴 선서문

윤봉길 의사

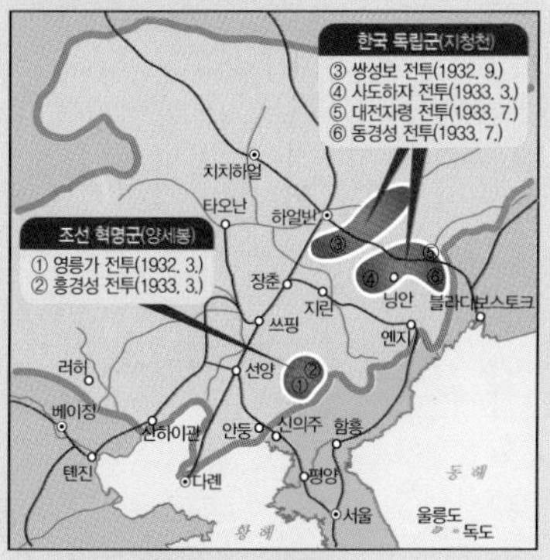

1930년대 독립군의 활동

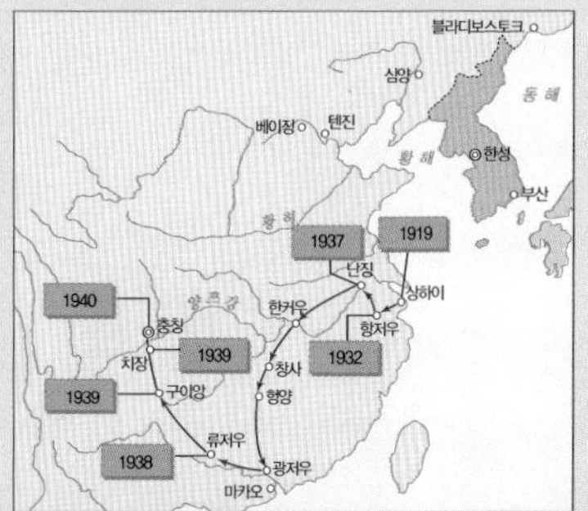

임시 정부의 이동 경로

(2) 한인 애국단(1931.10)

배경	국민 대표 회의 이후 임시 정부의 침체
주도	김구 조직
목적	적극적인 항일 무력 활동
활동	• 이봉창 의거(1932.1) : 일본 도쿄에서 일본 국왕의 암살 시도 • 윤봉길 의거(1932.4) : 상하이 훙커우 공원에서 열린 상하이 점령 축하 기념식장에 폭탄을 투척하여 상하이 거류민 단장과 일본군 고관들 처단 → 중국 국민당 정부의 중국 영토 내 무장 독립 투쟁 승인 및 지원 계기

중국 국민당의 장제스는 "중국군 100만 대군이 하지 못한 일을 한국인 1명이 해냈다"라고 윤봉길 의거를 높이 평가하였다.

❸ 1930년대의 무장 투쟁의 전개 ☆☆

(1) 한 · 중 연합 작전

① 배경 : 만주 사변(1931.9)과 만주국 수립(1932.3)이 계기가 됨

② 한국 독립군과 조선 혁명군

한국 독립군	혁신 의회 계열, 한국 독립당의 군사 조직	총사령 지청천, 중국 호로군과 연합하여 쌍성보, 사도하자, 대전자령 전투에서 승리 → 임시 정부의 요청으로 중국 관내 이동
조선 혁명군	국민부 계열, 조선 혁명당의 군사 조직	총사령 양세봉, 중국 의용군과 연합하여 영릉가, 흥경성 전투에서 승리 → 양세봉의 피살 이후 역량 약화

(2) 민족 혁명당과 조선 의용대

① 만주 지역 항일 유격대의 활동 : 조선 혁명군의 해체 후 사회주의 사상의 영향을 받은 일부 세력이 중국 공산당과 연합 → 항일 유격 활동 전개 → 동북 항일 연군 편성, 국내 진공 작전(보천보 전투) → 1940년대에 소련 영토로 이동

② 중국 관내에서의 항일 무장 투쟁

㉠ 배경 : 일제의 만주 점령으로 대부분의 독립군이 중국 관내로 이동, 중국 관내 여러 독립 운동 단체의 항일 통일 전선 필요성 고조

㉡ 민족 혁명당 조직(1935, 난징) : 김원봉의 주도로 의열단 · 한국 독립당 · 조선 혁명당 등이 모여 결성한 한국 대일 전선 통일 동맹을 바탕으로 창당

㉢ 한국 국민당(1935) : 김구 등 대한민국 임시 정부 중심의 민족주의 세력이 조직

㉣ 조선 의용대(1938.10) : 김원봉이 중심이 되어 중국 내륙의 민족주의와 사회주의 세력이 통합되어 창설 → 일부 세력은 충칭으로 이동하여 한국 광복군에 합류(1942.5)

❹ 대한민국 임시 정부의 이동과 한국 광복군 ☆☆☆

(1) 대한민국 임시 정부의 변천

① 배경 : 윤봉길 의거 이후 일제의 탄압 가중, 중 · 일 전쟁 발발(1937.7)

② 근거지 이동 : 중국 내륙으로 이동하여 충칭에 정착(1940.9)

③ 주석 중심의 단일 지도 체제 마련(1940.10) : 김구를 주석으로 선출

(2) 한국 광복군(1940.9)

① 창설 : 중 · 일 전쟁 이후 중국 내륙(충칭)으로 이동해 온 독립군을 바탕으로 편성(1940, 지청천 총사령관)

② 선전 포고 : 태평양 전쟁 발발 직후 연합국의 일원으로 일본에 선전 포고(1941.12)

③ 군사력 증강 : 조선 의용대원들의 합류로 군사력 강화(1942.5)

④ 연합군과 작전 전개 : 영국군의 요청으로 인도 · 미얀마 전선에 공작대 파견, 문서 번역, 일본군을 상대로 한 정보 수집과 포로 심문 등의 활동 전개

⑤ 국내 정진군 조직 : 미국 전략 정보처(OSS)의 지원 아래 국내 진공 작전 준비(실현하지 못함, 1945.8)

조선 의용대 창립

연합군의 일원으로 참가한 광복군

5 건국을 위한 준비

(1) 대한민국 임시 정부(1919.4)

① 한국 독립당의 대한민국 건국 강령 발표(1941.11) : 조소앙이 제창한 삼균주의에 바탕을 둠

② 건국 방침 : 보통 선거를 통한 민주 공화국 건설, 토지 개혁, 주요 산업 국유화 등

(2) 조선 독립 동맹(1942.7)

① 결성 : 중국 화북 지방에서 사회주의계 인사들이 결성, 김두봉과 무정의 활동

② 건국 방침 : 보통 선거 통해 민주 정권 수립 추구, 대기업 국유화, 토지 분배, 8시간 노동제, 국민 의무 교육, 남녀평등 주장

(3) 조선 건국 동맹(1944.8)

① 국내에서 조직, 여운형 주도로 국내에서 사회주의자와 민족주의자를 망라하여 결성

② 건국 방침 : 일본 제국주의 세력 구축, 조선 민족의 자유와 독립 회복, 민주주의 국가 수립, 노농 대중 해방

(4) 건국 준비 활동의 공통점

① 민주 공화국 건립 목표 : 보통 선거에 의한 민주 공화국 건립을 목표로 함

② 토지 국유화 : 토지 국유화를 바탕으로 정당한 절차를 통한 토지 분배를 추구

삼균주의

삼균이란 개인과 개인, 민족과 민족, 국가와 국가 간의 완전한 균등을 말하는데, 개인과 개인 간의 균등은 정치 · 경제 · 교육의 균등을 통해, 민족과 민족 간의 균등은 민족 자결을 통해, 국가와 국가 간의 균등은 식민 정책과 침략 전쟁의 배격을 통해 실현 가능하다고 하였다.

Click ! ● 건국 동맹과 임시 정부의 건국 강령(1941.11)

03. 우리나라의 토지 제도는 국유의 유법을 두었으니 …… 우리 민족은 옛 규칙과 새 법을 참작하여 토지 제도를 국유로 확정한 것임.

05. 우리나라의 독립 선언은 우리 민족의 혁명을 일으킨 원인이며 신천지의 개벽이니 …… 이는 5천년 군주 정치(君主政治)의 허울을 파괴하고 새로운 민주 제도를 건립하여 사회의 계급을 없애는 제일보의 착수였다.

06. 임시 정부는 13년 4월에 대외 선언을 발표하고 삼균 제도의 건국 원칙을 천명하였으니, …… 정치와 경제와 교육의 권리를 균등히 하여 고저를 없이하고 동족과 이족에 대하여도 이렇게 한다고 하였다.

V 체크체크

① 1920년대의 무장 독립 전쟁

- [봉오동 전투] 대한 독립군 등이 봉오동에서 적군을 격퇴하였다.
  - ↳ [홍범도] 봉오동 전투를 승리로 이끌었다.
- [청산리 전투] 북로 군정서 등 독립군 연합 부대가 주도하였다.
  - ↳ 독립군 연합 부대가 청산리 전투에서 승리하였어요.
  - ↳ 북로 군정서 등이 청산리 전투에서 승리하였다.
- 간도 참변이 발생하였다.
  - ↳ 간도 참변이 발생하였어요.
  - ↳ 간도 참변의 피해 양상
- [대한 독립 군단] 독립군 통합 부대가 밀산에서 자유시로 이동하였다.
  - ↳ 자유시 참변이 일어났다.
- 미쓰야 협정을 체결하였다.

② 항일 의열 투쟁의 전개

- [대한국민노인동맹단] (강우규) 사이토 총독에게 폭탄을 던졌다.
- [신채호] 조선 혁명 선언을 작성하였다.
- [의열단] (김원봉이) 의열단을 조직하였다.
  - ↳ 조선 혁명 선언을 활동 강령으로 삼았다.
  - ↳ 조선 혁명 선언을 지침으로 삼았다.
  - ↳ [김익상] 조선 총독부에 폭탄을 투척하였다.
  - ↳ [김상옥] 종로 경찰서에 폭탄을 던졌다.
  - ↳ [나석주] 동양 척식 주식회사에 폭탄을 투척하였다.
  - ↳ 황푸 군관 학교에서 군사 훈련을 실시하였다.
  - ↳ 조선 혁명 간부 학교를 설립하였다.
- [김구] 한인 애국단을 조직하였다.
  - ↳ 중국 상하이에서 김구가 조직하였다.
  - ↳ [이봉창] 일왕을 향해 폭탄을 던졌다.
  - ↳ [한인 애국단] 상하이 훙커우 공원 의거를 결행하였다.
  - ↳ 윤봉길이 훙커우 공원에서 일본군 장성 등을 살상하였다.

③ 1930년대 무장 투쟁의 전개

- [조선 혁명군, 한국 독립군] 한·중 연합 작전을 전개하였다.
  - ↳ 한·중 연합 작전으로 승리를 거두었다.
- 만주에서 활약하던 조선 혁명군이 이끌었다.
  - ↳ [조선 혁명군] 영릉가 전투에서 일본군을 격퇴하였다.
  - ↳ 영릉가 전투에서 일본군을 물리쳤다.
- 한국 독립군이 대전자령에서 적을 물리쳤다.
  - ↳ 한국 독립군이 대전자령 전투에서 일본군을 격퇴하였어요.
  - ↳ 쌍성보 전투에서 일본군을 격퇴하였다.
  - ↳ 중국군과 함께 쌍성보 전투에서 큰 전과를 올렸어요.
- [김원봉] 조선 의용대를 창설하였다.
  - ↳ 우한에서 김원봉 등이 조직하였다.
  - ↳ 조선 의용대가 조직되어 대일 항전에 참여하였다.
  - ↳ 조선 의용대가 화북 지역에서 일본군과 전투를 벌였어요.
  - ↳ [조선 독립 동맹] 조선 의용군을 창설하였다.

④ 대한민국 임시 정부의 이동과 한국 광복군

- [조소앙] 삼균주의를 제창하였다.

실전 자료 조소앙

- **독립운동가, 정치가**
- **출생**: 1887년 경기도 파주
- **호**: 소앙(素昻)
- **주요 활동**: 대한민국 임시 정부에서 국무 위원, 외교부장 등으로 활동하였으며, 건국 강령을 기초함. 광복 후 제2대 국회의원 선거에서 전국 최다 득표로 당선됨
- **상훈**: 1989년에 건국 훈장 대한민국장이 추서됨

- [대한민국 임시 정부] 한국 광복군을 창설하였다.
  - ↳ (충칭에서) 한국 광복군이 창설되었다.
  - ↳ 조선 의용대의 일부가 합류하여 병력이 증가하였다.
  - ↳ 국내 진공 작전을 계획하였다.
  - ↳ 미군(연합군)의 지원을 받아 국내 진공 작전을 준비하였다.
  - ↳ 미군과 연합하여 국내 진공 작전을 추진하였다.
  - ↳ 미국 전략정보국(OSS)과 함께 국내 진공 작전을 준비하였다.

⑤ 건국을 위한 준비

- [여운형] 조선 건국 동맹을 결성하였다.
  - ↳ 민주주의 국가 건설을 목표로 하였다.
  - ↳ 광복 이후 조선 건국 준비 위원회로 개편되었다.

1 (가)에 대한 설명으로 옳은 것은? [2점]

> 1. 상하이와 러시아령에서 설립한 정부들을 일체 해소하고 오직 국내에서 13도 대표가 창설한 한성 정부를 계승할 것이니 국내의 13도 대표가 민족 전체의 대표임을 인정함이다.
> 2. 정부의 위치는 아직 상하이에 둘 것이니 각지의 연락이 비교적 편리하기 때문이다.
>
> ⋮
>
> 4. 정부의 명칭은 (가) (이)라고 할 것이니 독립 선언 이후에 각지를 원만히 대표하여 설립된 역사적 사실을 살리기 위함이다.

① 국문 연구소를 설립하였다.
② 기관지인 만세보를 발행하였다.
③ 비밀 결사인 대한 광복회를 조직하였다.
④ 구미 위원부를 설치하여 외교 활동을 펼쳤다.

| 해설 | 대한민국 임시 정부의 활동

(가)에 들어갈 단체는 대한민국 임시 정부로 '한성 정부를 계승', '정부의 위치는 상하이에 둘 것'이라는 내용을 통해 알 수 있다(1919.4.11). 3 · 1 운동 이후 여러 지역에서 공화정을 지향하는 임시 정부가 세워졌다. 연해주의 대한 국민 의회, 국내의 한성 정부, 상하이의 임시 정부가 수립되자 이 세 정부를 하나로 통합하려는 움직임이 나타났다. 한성 정부는 국내에서 국민 대회라는 절차를 거쳐 수립된 가장 정통성 있는 정부였기 때문에, 대한 민국 임시 정부는 한성 정부를 계승하여 정통성을 확립하고자 하였다(1919.9).
④ 구미위원부는 대한민국 임시 정부가 수립된 이후 초대 대통령 이승만이 미국 워싱턴에 설치한 대한민국 임시 정부의 외교 사무소이다(1919. 5).

| 오답 넘기 |

① 1907년 7월 주시경, 지석영 등은 국문 연구소를 설립하여 국문의 발음, 글자체, 철자법 등을 연구 · 정리하였다.
② 만세보는 천도교의 기관지이다(1906.6).
③ 대한 광복회는 1915년 7월 박상진 · 김좌진을 중심으로 의병 전쟁과 계몽 운동에 참여하였던 두 세력이 대구에 모여 조직하였다.

정답 ④

2 다음 자료에 해당하는 전투에 대한 설명으로 옳은 것은? [2점]

> **어느 독립운동가의 수기**
>
> 우리 중대는 백운평에서 김좌진 사령관의 본대와 합류하였다. 1920년 10월 21일부터 적군과의 싸움이 시작되었다. 적의 기병을 섬멸하고 포위망을 교묘히 빠져나가면서 싸웠다. 완루구에서는 우리 군대의 복장이나 모자가 적들과 비슷한데다가 짙은 안개 때문에 적군들은 서로 싸우다가 죽기도 하였다. 우리는 6일간의 전투에서 포위를 뚫고 기적적으로 살아남았다.

① 한 · 중 연합 작전으로 승리를 거두었다.
② 만주에서 활약하던 조선 혁명군이 이끌었다.
③ 한국 독립군이 대전자령에서 적을 물리쳤다.
④ 북로 군정서 등 독립군 연합 부대가 주도하였다.

| 해설 | 1920년대 무장 독립 전쟁

1920년 북로 군정서를 비롯하여 대한 독립군, 대한 신민단, 국민회군 등의 독립군 부대가 백두산 서쪽으로 향하는 길목인 화룡현 청산리에 집결하였다. 이에 일본군은 곧 추격 부대를 파견하였다.
10월 21일에 김좌진의 북로 군정서군이 백운평 골짜기에서, 다음날에는 김좌진과 홍범도의 지휘를 받은 독립군 부대가 어랑촌 마을에서 일본군을 물리치고 큰 승리를 거두었다. 이어 26일까지 인근 지역에서 10여 회의 전투가 벌어졌는데, 이를 청산리 대첩이라고 한다.

| 오답 넘기 |

① 1930년대 전반 남만주에서 양세봉이 지휘하던 조선 혁명군은 한 · 중 연합 작전을 전개하였다.
② 남만주에서 활약하던 조선 혁명군이 주도한 전투로 영릉가 · 흥경성 전투 등이 있다.
③ 한국 독립군은 중국 호로군과 연합하여 쌍성보 · 사도하자 · 동경성 · 대전자령 전투에서 승리를 거두었다(1930년대 전반).

정답 ④

3 밑줄 그은 '사건'으로 옳은 것은? [1점]

① 간도 참변　　② 제암리 사건
③ 제주 4 · 3 사건　　④ 암태도 소작 쟁의

| 해설 | **독립군의 시련**

봉오동 전투와 청산리 전투에서 크게 패한 일제는 이에 대한 보복으로 만주 지역의 한국인 마을을 습격하여 집, 학교, 교회 등을 불태우고 우리 동포를 학살하였다(간도 참변, 1920.10~1921.4). 이에 독립군은 일제의 탄압을 피하여 소련 영토인 자유시로 이동하였으나, 소련군의 무장 해제 요구로 많은 독립군이 희생되었다(자유시 참변, 1921.6).

| 오답 넘기 |

② 3 · 1 운동 당시 일제는 우리 민족의 평화적인 만세 운동을 무력으로 무자비하게 탄압하였는데 경기도 화성 제암리에서는 주민들을 총살하였다(1919.4.15).
③ 제주 4 · 3 사건은 남한만의 총선거 과정중 제주도에서 발생한 무력 충돌과 진압 과정에서 주민들이 희생당한 사건이다(1948).
④ 암태도 소작 쟁의는 전남 신안군 암태도의 소작인들이 벌인 소작 농민 항쟁이다(1923.8~1924.8).

정답 ①

4 다음 상황 이후에 전개된 사실로 옳은 것은? [3점]

때는 해동 무렵이어서 얼음이 풀린 소자강은 수심이 깊었다. 게다가 얼음덩이가 뗏목처럼 흘러내렸다. 하지만 앞에 있는 이 강을 건너지 못하면 영릉가로 쳐들어갈 수 없었다. 밤 12시까지 영릉가에 들어가 반드시 공격을 알리는 신호탄을 울려야만 했다. 양세봉 사령은 전사들에게 소자강을 건너라고 명령하고 자기부터 강물로 뛰어들었다.

① 13도 창의군이 서울 진공 작전을 추진하였다.
② 북로 군정서 등이 청산리 전투에서 승리하였다.
③ 조선 의용대가 조직되어 대일 항전에 참여하였다.
④ 대한 독립군 등이 봉오동에서 적군을 격퇴하였다.

| 해설 | **1930년대 한 · 중 연합 작전**

제시된 자료중 '영릉가', '양세봉 사령' 부분의 내용을 통해 1930년대 조선 혁명군과 관련된 상황임을 알 수 있다.
1931년 9월 일제는 만주 사변을 일으켜 이듬해에 만주국을 건설하였다(1932.3). 이에 조선 혁명군 총사령관인 양세봉은 중국 의용군과 함께 한 · 중 연합군을 편성하여 영릉가 전투와 흥경성 전투에서 일본군을 격파하였다(1933 · 1934).
③ 김원봉이 주도하는 조선 민족 혁명당은 중국의 협조로 1938년 10월 중국 관내 최초의 한인 군사 조직인 조선 의용대를 편성하여 중국 국민당 정부군과 함께 항일 투쟁을 전개하였다.

| 오답 넘기 |

① 이인영은 정미의병 당시 13도 창의군을 결성(1907.12)하여 서울 진공 작전을 전개하였다(1908.1).
② 청산리 대첩은 북로 군정서 중심의 연합 부대가 홍범도의 대한 독립군과 연합해 일본군에게 대승을 거둔 전투이다(1920.10).
④ 1920년 6월 홍범도가 이끄는 대한 독립군은 봉오동 전투에서 일본군을 격퇴하였다.

정답 ③

5 밑줄 그은 '이 부대'에 대한 설명으로 옳은 것은? [2점]

① 지청천이 총사령관이었다.
② 서울 진공 작전을 전개하였다.
③ 연통제를 통해 군자금을 모았다.
④ 우한에서 김원봉 등이 조직하였다.

| 해설 | 항일 무장 독립 투쟁

자료에서 제시된 '이 부대'는 조선 의용대이다. 조선 의용대는 조선 민족 전선 연맹 산하의 무장 대오로 1938년 10월 중국 관내에서 최초로 결성된 한인 군사 조직이다. 김원봉은 윤세주 등 국내외 청년들을 모아 군사 훈련을 시킨 후 우한에서 조선 의용대를 결성하였다.
조선 의용대는 중국 국민당 정부의 지원을 받아 주로 정보 수집과 포로 심문, 후방 교란 등의 활동을 벌였다. 그러나 이러한 소극적인 활동에 불만을 품은 조선 의용대원의 일부가 북상하여 조선 의용대 화북 지대로 편성되었으며, 일부는 한국 광복군에 합류하여 한국 광복군의 전력을 증강시키는 데 기여하였다.

| 오답 넘기 |

① 일제의 대륙 침략이 본격화된 이후 임시 정부는 무장 부대의 필요성을 느끼게 되었고, 충칭에 정착한 후 한인 무장 세력을 규합하여 1940년 9월 지청천을 총사령관으로 하는 한국 광복군을 창설하였다.
② 정미의병 당시 의병 연합 부대가 서울 진공 작전을 계획하였다(1908.1).
③ 연통제는 대한민국 임시 정부가 국내에 조직한 비밀 행정망으로, 국내의 각 도, 군, 면에 책©275©임자를 두어 임시 정부의 명령을 전달하고 군자금 조달 및 정보 보고 등을 담당하였다.

정답 ④

6 (가) 단체의 활동으로 옳은 것은? [2점]

역사 돋보기 **항일의 맹렬한 불꽃, (가)**

1919년 만주에서 김원봉 등이 조직한 (가) 은/는 일제에 맞서 식민 통치 기관 파괴와 요인 암살 등의 활동을 전개하였다. 단원들을 인터뷰했던 한 미국 작가는 이렇게 적었다.

"그들은 삶은 유쾌함과 심각함이 기묘하게 혼재된 것이었다. 언제나 죽음을 눈앞에 두고 있었으므로 살아 있는 동안은 최대한 즐겁게 살려고 했던 것이다. …… 사진 찍기를 매우 좋아했으며, 언제나 이번이 죽기 전에 마지막으로 찍는 것이라 생각하였다."

김원봉과 단원들

① 독립 공채를 발행하였다.
② 신흥 무관 학교를 설립하였다.
③ 우금치에서 일본군과 전투를 벌였다.
④ 조선 혁명 선언을 활동 강령으로 삼았다.

| 해설 | 의거 활동

'1919년 만주에서 김원봉 등이 조직', '일제에 맞서 식민 통치 기관 파괴와 요인 암살 등의 활동'이라는 내용을 통해 (가) 단체는 의열단임을 알 수 있다. 3 · 1 운동 이후 일제의 통치 기관을 파괴하고 요인을 암살하는 방식의 의열 투쟁을 통해 민족 운동을 전개하는 단체들이 조직되었는데, 대표적인 단체가 의열단이었다.
1919년 11월 김원봉, 윤세주 등이 중심이 되어 중국 지린에서 조직된 의열단은 조선 총독, 매국노, 친일파 등 일곱 부류에 대한 암살과 조선 총독부, 동양 척식 주식회사, 경찰서와 같은 일제의 중추적인 식민 지배 기관의 파괴를 활동 목표로 삼았다. 1923년 1월 김원봉의 요청으로 신채호가 작성한 '조선 혁명 선언'에는 민중 직접 혁명론이라는 의열단의 노선이 잘 제시되어 있다.

| 오답 넘기 |

① 대한민국 임시 정부는 독립 공채를 발행하거나 국민 의연금을 모금하여 군자금을 마련하였다.
② 신흥 무관 학교는 신민회가 1919년 5월 만주에서 설립한 독립군 양성 학교이다.
③ 우금치에서 일본군과 전투를 벌인 단체는 동학 농민군이다(2차 봉기 시). 전투 결과 동학 농민군이 대패하였고, 동학 농민 운동은 실패하고 말았다.

정답 ④

7 (가) 단체의 활동으로 옳은 것은? [2점]

① 이토 히로부미를 사살하였다.
② 물산 장려 운동을 추진하였다.
③ 홍커우 공원에서 폭탄을 투척하였다.
④ 암태도에서 소작 쟁의를 전개하였다.

| 해설 | 의거 활동

자료의 '이봉창 의사'나 '일왕을 향해 폭탄을 전졌다'이라는 부분을 통해 볼 때 (가) 단체는 한인 애국단임을 알 수 있다. 김구는 1931년 10월 한인 애국단을 조직하여 대한민국 임시 정부의 활동에 활기를 불어 넣고자 하였다. 한인 애국단의 대표적 활동은 이봉창이 1932년 1월 도쿄에서 일본 국왕의 마차에 폭탄을 투척한 사건과 동년 4월 윤봉길이 상하이 홍커우 공원에서 열린 기념식장에 폭탄을 투척한 사건이다. 윤봉길의 의거는 국제적으로 크게 알려졌으며, 특히 우리 민족의 독립운동에 냉담하던 중국인들에게 큰 감명을 주어 중국 국민당 정부가 대한민국 임시 정부의 활동을 적극 지원하는 계기가 되었다.

| 오답 넘기 |

① 안중근은 1909년 10월 만주 하얼빈에서 이토 히로부미를 사살하여 일본 침략에 대한 우리 민족의 강렬한 독립 의지를 보였다.
② 1920년대 초 조만식을 중심으로 평안도의 경제 · 교육계 인사들이 모여 평양에서 물산 장려 운동을 전개하였다.
④ 1923년 8월 전남 무안군 암태도에서 발생한 암태도 소작 쟁의는 대지주와 일제에 대항하여 승리를 쟁취한 대표적인 사례였다.

정답 ③

8 (가) 독립군 부대에 대한 설명으로 옳은 것은? [2점]

① 홍범도의 지휘 아래 활동하였다.
② 자유시 참변으로 세력이 약화되었다.
③ 청산리에서 일본군을 크게 격파하였다.
④ 인도 · 미얀마 전선에 대원을 투입하였다.

| 해설 | 한국 광복군의 활동

'대한민국 임시 정부 산하에 조직', '국내 진공 작전을 추진' 등의 내용에서 (가) 독립군 부대는 한국 광복군임을 알 수 있다. 오광심은 대표적인 여성 독립운동가로 총사령부의 광복군 총사령부 창설 직후 기관지 『광복』을 간행하는 등 사무 및 선전사업을 담당하였다. 대한민국 임시 정부는1940년 9월 중국 충칭에서 중국 정부의 지원을 받아 한국 광복군을 창설하였다.
1941년 일본이 태평양 전쟁을 일으키자 대한민국 임시 정부는 일본에 선전 포고(1941.12)를 하고 한국 광복군을 참전시켰다. 1943년 가을에 영국군의 협조 요청으로 광복군이 미얀마, 인도 전선에 파견되어 포로 심문, 선전 활동 등을 주로 담당하였다. 일제의 패망이 다가오자 한국 광복군은 국내 진공 작전을 준비하였다. 이를 위하여 국내에 침투할 특수 요원을 육성하기도 하였다. 그러나 일본의 갑작스런 패망으로 국내 진공 작전은 실행에 옮겨지지 못하였다.

| 오답 넘기 |

① 홍범도가 이끄는 대한 독립군은 봉오동 전투와 청산리 전투에서 활약하였다(1920.6, 1920.10).
② 서일을 총재로 하는 대한 독립군단에 대한 설명이다.
③ 청산리 대첩은 북로 군정서 중심의 연합 부대가 홍범도의 대한 독립군과 연합해 일본군에게 대승을 거둔 전투이다.

정답 ④

26 다양한 민족 운동과 민족 문화 수호 운동

일차

공부한 날 월 일

❶ 실력 양성 운동

(1) 물산 장려 운동

① 주도 : 평양에서 조만식을 중심으로 물산 장려회 조직(1920.8), 조선 물산 장려회(1923.1, 서울), 토산 애용 부인회 등 많은 단체들이 참여하면서 전국적 규모로 확산

② 활동 내용 : '내 살림 내 것으로', '조선 사람 조선 것' 등의 구호를 제창하면서 일본 상품 배격, 국산품 애용 강조, 근검 · 절약 · 금주 · 단연 운동 전개

③ 결과 : 일제의 방해, 일부 사회주의자들의 비난, 큰 성과가 없었음

Click ! ●물산 장려 운동

물산 장려 운동 선전 광고

물산 장려 운동 포스터

물산 장려 운동 선전지

물산 장려회 궐기문

내 살림 내 것으로!
보아라! 우리의 먹고 입고 쓰는 것이 다 우리의 손으로 만든 것이 아니었다.
이것이 세상에 제일 무섭고 위태한 일인 줄을 오늘에야 우리는 깨달았다.
피가 있고 눈물이 있는 형제자매들아, 우리가 서로 붙잡고 서로 의지하여 살고서 볼 일이다.
입어라! 조선 사람이 짠 것을.
먹어라! 조선 사람이 만든 것을.
써라! 조선 사람이 지은 것을.
조선 사람, 조선 것.

물산 장려 운동의 한계
- 농민 몰락으로 구매력 저하
- 1920년대 경제 불황
- 일부 자본가의 이익 추구
- 자본가와 지주가 주동

(2) 민립 대학 설립 운동

① 배경 : 제2차 조선 교육령 발표(보통학교 증설, 대학 설립 가능) → 초등 교육과 실업 교육에 한정, 고등 교육에 대한 대책 부재, 학교 수 부족

② 전개 : 한규설, 이상재 등이 조선 민립 대학 기성회 조직(1922.11) → 전국적인 모금 운동 전개

③ 활동 내용 : '한민족 1천만이 한 사람이 1원씩'의 구호 아래 모금 운동 전개

④ 결과 : 일제의 억압과 간섭으로 실패 → 일제가 민립 대학 설립 운동을 방해하기 위해 경성 제국 대학을 설립(1924)

민립 대학 설립 운동

(3) 농촌 계몽 운동

① 문자 보급 운동 : 조선일보 주도로 전개, 한글 교재 배부 등의 활동 전개(1929)

② 브나로드 운동 : 동아일보 주관, 학생들을 통한 농촌 계몽 운동 전개(1931~1934)

브나로드(Vnarod) 운동
브나로드란 '민중 속으로'라는 뜻의 러시아 말로, 1931년부터 1934년까지 동아일보가 전개한 문맹 퇴치 운동이다.

Click ! ● 문맹 퇴치 운동

문자 보급 운동 교재

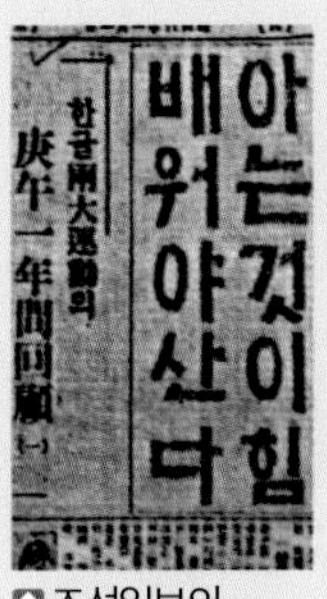

조선일보의 문자 보급 운동

동아일보의 브나로드 운동

학생이었던 박동혁과 채영신은 학교를 중퇴하고 고향으로 내려가 농민들과 함께 일하며 계몽 활동을 벌인다. 그러나 박동혁은 악덕 지주의 농간에 휘말려 투옥되고, 영신은 병을 얻어 세상을 뜬다. 동혁은 비탄에 잠겼다가 다시 농민들을 위해 살 것을 굳게 맹세한다.

– 심훈의 『상록수』 중 일부 –

❷ 농민 · 노동 운동

구분	농민 운동	노동 운동
배경	토지 조사 사업의 실시로 농민의 경작권 상실, 산미 증식 계획의 실시로 농민의 부담 증기 → 식민지 지주제 강화	회사령 철폐 → 노동자의 수 증가, 저임금, 열악한 노동 환경, 사회주의의 확산
1920년대	소작권 이전, 고율 소작료 반대 투쟁, 생존권 투쟁 → 조선 농민 총동맹 결성(1927)	임금 인상, 노동 시간 단축, 노동 조건 개선 등 생존권 요구 투쟁 → 조선 노동 총동맹 결성(1927)
1930년대	일제의 수탈에 저항하는 항일 민족 운동의 성격, 혁명적 농민 조합 운동 → 격렬한 저항 운동 전개	병참 기지화 정책으로 노동 조건의 악화 → 혁명적 노동 조합 운동
사례	암태도 소작 쟁의(1923.8, 소작료 인하를 요구하며 약 1년 동안 쟁의 지속, 소작료를 낮추는 성과를 거둠)	원산 총파업(1929, 일제 시기 최대의 노동 쟁의로 반제국주의 항일 투쟁의 성격)

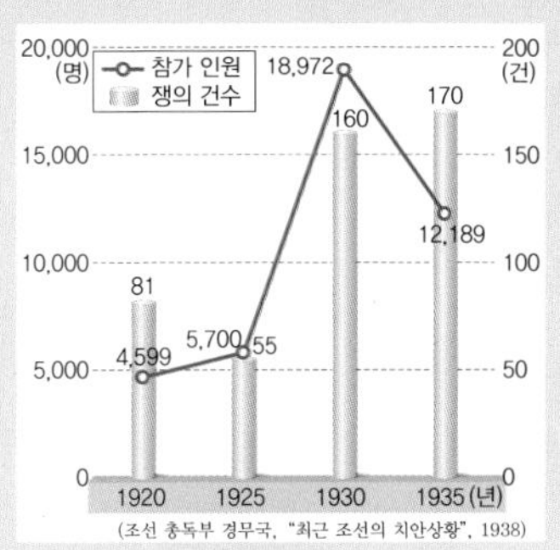

노동 쟁의 발생 건수

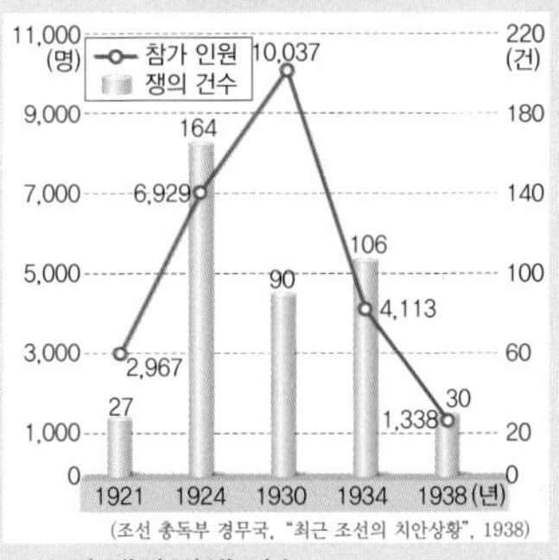

소작 쟁의 발생 건수

❸ 학생 운동

(1) 6 · 10 만세 운동(1926)

① **배경** : 일제의 수탈과 식민 교육 정책에 대한 반발, 사회주의 세력 성장, 순종의 죽음을 계기로 민족 감정 고조

② **전개** : 순종 인산일에 학생과 시민이 대규모 시위 전개, 동맹 휴학 확산

③ **영향** : 민족 유일당 운동의 계기, 민족주의와 사회주의의 연대

Click ! ● 6 · 10 만세 운동의 격문

6 · 10 만세 운동 당시 서울 태평로를 가득 메운 시민들

조선 민중아!
우리의 철천지 원수는 자본 · 제국주의 일본이다.
이천만 동포야! 죽음을 각오하고 싸우자!
만세 만세 조선 독립 만세.

(2) 광주 학생 항일 운동(1929.11)

① 계기 : 광주에서 한 · 일 학생 간 충돌이 발생하면서 반일 감정 폭발

② 전개 : 민족 차별 · 식민지 교육 제도 철폐 주장 → 신간회의 지원 아래 전국으로 확산(신간회 진상 조사단 파견, 민중 대회 계획)

③ 의의 : 3 · 1 운동 이후 최대 규모의 민족 운동

❹ 민족 유일당 운동 ☆☆

(1) 민족주의 계열의 분화 : 이광수의 '민족적 경륜' 발표(1924)를 계기로 타협적 자치 운동 대두

(2) 사회주의 세력 약화 : 치안유지법 제정(1925.5), 6 · 10 만세 운동 이후 일제의 탄압 강화, 조선 공산당 내부의 파벌 싸움

(3) 비타협적 민족주의자와 일부 사회주의자의 연합 모색

① 조선 민흥회 창립(1926.7) : 비타협적 민족주의자들과 일부 사회주의자들이 연합

② 정우회 선언(1926.11) : 사회주의자들이 비타협적 민족주의자들과의 민족 협동 전선 제안

(4) 신간회의 성립과 활동

① 신간회의 성립(1927.2) : 비타협적 민족주의 계열과 사회주의 계열 독립 운동가들이 함께 참여

1. 우리는 정치 · 경제적 각성을 촉진함 / 2. 우리는 단결을 공고히 함
3. 우리는 기회주의를 일체 부인함

② 강령 : 민족의 정치적 · 경제적 각성 촉진, 민족의 단결, 기회주의 부인

③ 활동 : 전국에 지회 설치, 강연회 · 연설회 개최, 노동 · 농민 운동 지원, 청년 · 여성 · 형평 운동과 연계, 광주 학생 항일 운동 적극 지원(대규모 민중 대회 계획)

④ 해소(1931.5) : 일제의 탄압, 내부의 이념 대립, 코민테른의 지시

1929년 광주 학생 항일 운동이 일어나자 언론사와 천도교, 기독교, 불교 등 종교 세력, 그리고 근우회 등과 함께 '민중 대회'를 개최하려 하였으나, 사전에 비밀이 누설되어 무산되고 말았다.

❺ 민족 문화 수호 운동과 다양한 사회 운동 ☆☆☆

(1) 민족 문화 수호 운동

① 한국사 연구 : 일본의 역사 왜곡(당파성론, 타율성론, 정체성론 등)에 대항

구분	내용
민족주의 사학	• **특징** : 한민족의 기원을 밝히고 우리 문화의 우수성과 한국사의 주체적 발전 강조 → 독립 운동의 일환으로 역사 연구 • **박은식** : 양명학자로 국혼 강조, 『한국통사』(1915), 『한국독립운동지혈사』(1920)를 저술 • **신채호** : 낭가 사상 강조, 주로 고대사 연구에 치중하여 『조선상고사』, 『조선사연구초』 등을 저술, 역사를 아(我)와 비아(非我)의 투쟁으로 봄
사회 경제 사학	• **특징** : 유물 사관에 토대, 세계사의 보편적 발전 법칙에 따른 한국사의 발전 강조 → 식민 사관의 정체성론을 논리적으로 비판 • **백남운** : 『조선사회경제사』(1933), 『조선봉건사회경제사』(1937) 저술
실증주의 사학	• **특징** : 랑케 사학에 기반, 객관적 사실에 근거하는 문헌 고증의 입장에서 한국사 연구 → 식민지라는 민족의 현실을 제대로 인식하지 못함 • **손진태, 이병도 등** : 진단 학회(1934)를 조직하고 진단 학보 발행

민족적 경륜
총독부의 주선으로 동아일보 논설위원이 된 이광수는 동아일보에 '민족적 경륜'을 연재하여 실력 양성과 민족성 개조, 독립 운동을 일본이 허용하는 자치 운동으로 전환하자고 주장하였다.

자치론
일제의 식민 지배를 인정하고 일제가 허용하는 범위 내에서 한국인의 자치권을 얻자는 주장으로, 이광수, 최린 등 일부 타협적 민족주의자들이 주장하였다.

코민테른
1919년 설립된 각국 공산당 연합으로 '국제공산당'이라고도 한다. 레닌의 주도로 창설되어 국제 공산주의 운동을 지도하다 1943년 해산되었다.

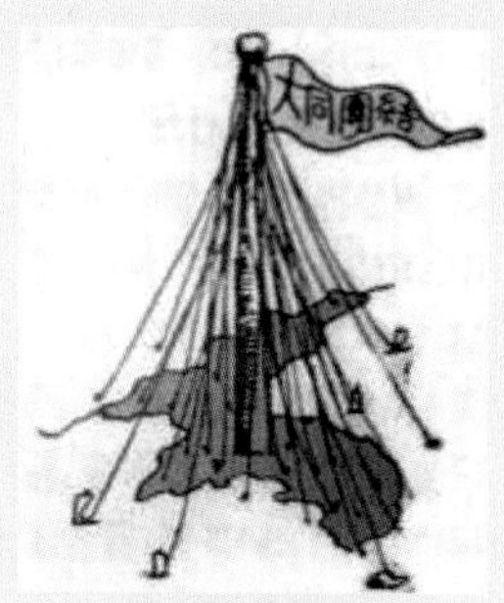

신간회 창립 포스터

식민주의 사관의 내용
• **정체성론** : 한국사는 사회 · 경제 구조에서 내적 발전 없이 고대 사회 단계에서 정체되었다라는 주장
• **타율성론** : 우리 민족의 역사는 주체적으로 발전하지 못하고 주변 국가에 종속되어 전개되었다는 주장
• **당파성론** : 우리의 민족성은 분열성이 강하여 항상 내분이 많았다는 주장

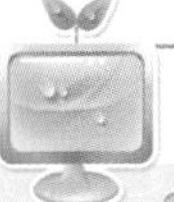

Click ! ● **신채호의 한국사 연구**

신채호

역사란 무엇이뇨? 인류 사회의 '아(我)'와 '비아(非我)'의 투쟁이 시간부터 발전하여 공간부터 확대하는 심적 활동의 상태의 기록이니, 세계사라 하면 세계 인류의 그리 되어 온 상태의 기록이며, 조선사라면 조선 민족의 그리 되어 온 상태의 기록이니라. 무엇을 '아'라 하며 무엇을 '비아'라 하느뇨? 깊이 팔 것 없이 얕게 말하자면, 무릇 주관적 위치에 선 자를 아라 하고 그 외에는 비아라 하나니, 이를테면 조선인은 조선을 아라 하고 영 · 러 · 불 · 미…… 등을 비아라 하지만, 영 · 러 · 불 · 미 …… 등은 각기 제 나라를 아라 하고 조선을 비아라 하며, (중략) 그러므로 역사는 아와 비아의 투쟁의 기록이니라.

– 신채호, 『조선상고사』 총론 –

② 다양한 민족 문화 수호 운동

1942년 일제가 조선어 학회를 독립 운동 단체로 간주하여 회원들과 관련 인사들을 체포하고, 강제로 해산시킨 사건이다.

국어 연구	조선어 학회(1931) : 조선어 연구회 확대 개편, 한글 교재 보급(전국 순회 한글 강습회 개최), 한글 맞춤법 통일안 · 표준어 제정, '우리말 큰 사전' 편찬 시도 → 조선어 학회 사건(1942.10)으로 조선어 학회 해체
종교 운동	개신교(신사 참배 거부), 불교(한용운의 민족 불교 수호 운동), 원불교(금주 · 단연 등의 새 생활 운동 전개), 천도교(어린이 운동, '개벽', '어린이' 등 잡지 간행), 천주교(의민단 조직, 청산리 대첩 참여), 대종교(교단 본부를 만주로 옮겨 중광단 · 북로 군정서 조직) 등
문학 활동	• 1920년대 : 순수 문학 추구('창조', '폐허', '백조' 등 동인지 발간), 사회주의의 영향으로 신경향파 문학과 프로 문학(KAPF) 등장, 저항 문학(한용운 – 님의 침묵, 심훈 – 그날이 오면, 이상화 – 빼앗긴 들에도 봄은 오는가 등) • 1930년대 이후 : 친일 문인 증가(이광수, 노천명 등), 저항 문학 계승(이육사 · 윤동주), 순수 문학(예술적 가치 중시)
예술 운동	• 연극 : 토월회(1923, 본격적 신극 운동 전개), 극예술 연구회 등 결성 • 영화 : 나운규(1926, 아리랑, 민족의 저항 의식과 한국적 정서 부각) • 미술 : 나혜석(여성 화가), 이중섭(소), 전형필(일본에 유출되는 문화재 수집) • 체육 : 1936년 베를린 올림픽 대회 마라톤 경기에서 손기정 우승

우리말 큰 사전 원고

개인주의적이고 퇴폐적인 낭만주의 경향을 비판하고 일어난 사회주의 경향의 새로운 문학 유파로, 식민지 시대의 빈곤과 계급 차별을 폭로하고 이에 저항하는 인물을 주로 그리고 있다.

조선 형평사 포스터

(2) 다양한 사회 운동

① 형평 운동

㉠ 배경 : 신분제 폐지(갑오개혁) 이후에도 백정에 대한 사회적인 편견과 차별 존재

㉡ 조선 형평사 창립(1923.4) : 신분 차별과 멸시 타파를 목표로 진주에서 창립 → 전국 각지에 지사 · 분사를 둔 대규모 조직으로 발전

㉢ 의의 : 백정에 대한 사회적 차별 폐지, 백정 자녀의 교육 문제 해결 요구

② 소년 운동

㉠ 방정환의 활동 : 천도교 소년회 조직(1921.4), 색동회 조직(어린이 연구 단체)

㉡ 천도교 소년회의 활약 : 어린이날 제정(1922.5), 잡지 '어린이' 발간(1923.3)

③ 여성 운동

㉠ 활동 : 여성에 대한 봉건적 차별 잔존 철폐, 문맹 퇴치, 생활 개선 운동 등 전개

㉡ 근우회 창립(1927.5) : 신간회의 자매 단체, 여성의 공고한 단결과 지위 향상에 노력 → 사회주의 계열과 민족주의 계열의 협동 단체, 기관지 '근우' 발간

근우

어린이날 포스터

Click ! ● 근우회 창립과 발기 취지서

- **조선 여성의 지위 향상을 위한 근우회 창립**
  1927년 5월 27일 서울 기독교 청년 회관에서 회원 150명과 방청인 1,000여 명이 참석한 가운데 근우회 창립 총회가 열렸다. 강령으로는 '조선 여성의 공고한 단결을 도모함', '조선 여성의 지위 향상을 도모함'을 채택하였다.
- **발기 취지서**
  인간 사회는 많은 불합리를 산출하는 동시에 그 해결을 우리에게 요구하여 마지않는다. 여성 문제는 그중의 하나이다. …… 우리 자체를 위하여, 우리 사회를 위하여 분투하려면 우선 조선 자매 전체의 역량을 공고히 단결하여 운동을 전반적으로 전개하지 아니하면 아니 된다.
  일어나라. 오너라. 단결하자. 분투하자. 조선의 자매들아! 미래는 우리의 것이다.

근우회 창립 모습

❻ 의식주와 일상생활의 변화

(1) 도시 발달과 도시 빈민의 형성

① **중심가** : 신식 거리, 극장 · 은행 · 백화점, 양복점 등이 위치, 주로 일본인이 거주(진고개 일대에 일본인이 정착하며 중심지로 성장)

② **변두리** : 농촌에서 이주한 사람들이 도시 외곽에 토막촌 형성(토막민의 집단 거주지), 주로 조선인이 거주하며 지게 품팔이와 넝마주이 등으로 생활

일제 강점기 일본인 거리

(2) 의식주 문화

① **의생활**

㉠ 1920년대 이후 : 양장과 양복, 단발머리가 유행, 서양식 가옥, 서양 음식의 등장

㉡ 중 · 일 전쟁 이후 : 남자는 국민복, 여자는 몸뻬를 입도록 강요

(몸뻬: 여성의 노동력 착취를 위해 일하기 편리하도록 만들어진 일바지를 말한다.)

② **식생활**

㉠ 서양 음식 보급 : 빵, 아이스크림, 과자, 커피, 맥주 등

㉡ 새로운 음식 등장 : 청량음료와 식용유 전래, 일본의 조미료 소개, 통조림 구입 가정 증가

③ **주거 생활** : 개량 한옥과 2층 양옥 등장

변두리의 토막민

(3) 교통 · 통신의 변화

① **내용** : X자형 간선 철도망 구축, 도로 확충 → 식민지 수탈과 대륙 침략 목적, 조선인의 국외 이주와 일본인의 조선 진출에 활용

② **영향** : 교통과 통신 이용자 증가, 전차 · 인력거 이용, 우편 · 전신망 발달 → 전통적인 시간과 공간 의식 변화

(4) 대중문화

① **서양 문화 전파** : 잡지, 만화, 영화, 대중음악 등의 보급으로 인한 파급 효과

② **유행 가요의 등장** : 축음기, 라디오 보급, 방송국 창설 등의 영향

③ **새로운 직업의 등장** : 안내원, 매표원 등

④ **모던 걸과 모던 보이** : 도시에서 스커트와 단발머리 차림에 하이힐을 신은 신여성과 맥고모자를 눌러쓰고 양복저고리에 나팔바지를 입은 남성 활보

모던 걸

체크체크

❶ 실력 양성 운동

■ [물산 장려 운동] 평양에서 시작하여 전국으로 확대되었다.
↳ 조선 물산 장려회가 주도하였다.
↳ 조선 물산 장려회의 주도로 전개되었다.
↳ 조선 사람 조선 것이라는 구호를 내세웠다.
↳ '내 살림 내 것으로' 등의 구호를 내세웠다.
↳ 조만식이 물산 장려 운동을 시작하였다.
↳ 토산 애용 부인회

■ [민립 대학 설립 운동] 민립 대학 설립을 목표로 하였다.
↳ 이상재, 이승훈 등을 중심으로 모금 활동을 추진하였다.

■ 경성 제국 대학이 설립되었다.
↳ 경성 제국 대학을 설립하였다.

■ [브나로드 운동] 야학과 강습소를 세워 계몽 활동을 전개하였다.
↳ 브나로드 운동 전개
↳ 브나로드 운동을 추진하였어요.
↳ 동아일보사가 주도하여 일어났다.
↳ [동아일보] 브나로드 운동에 주도적으로 참여하였다.

실전 자료 **브나로드 운동**

배우자! 가르치자! 다함께 우리 조선의 문맹을 퇴치하자. 그리하여 문화의 조선을 건설하자! 이러한 깃발 아래 본사가 주최한 이 운동은 전조선 사십여 학교 이천여 명의 학생들이 장곡천정(長谷川町) 공회당에서 발대식을 거행함으로써 마침내 시작하게 되었다.

❷ 노동 · 농민 운동

■ 암태도 소작 쟁의가 일어났다.
↳ 소작료 인상에 항의하여 소작 쟁의를 일으켰다.

■ 조선 공산당을 창립하였다.

■ 조선 노동 총동맹이 조직되었다.

■ 원산 총파업이 전개되었다.
↳ 원산 총파업이 일어났어요.
↳ 원산 총파업이 일어났다.

■ 조선인 노동자들의 열악한 노동 조건을 조사한다.

■ [강주룡] 을밀대 위에서 노동 탄압을 규탄하다.

❸ 학생 운동

■ [6 · 10 만세 운동] 순종 황제의 인산일에 일어났다.
↳ 신간회 결성의 배경이 되었다.

■ [광주 학생 항일 운동] 신간회에서 진상 조사단을 파견하여 지원하였다.
↳ 일본 남학생의 조선(한국) 여학생 희롱 사건이 발단이었다.

❹ 민족 유일당 운동

■ 정우회 선언이 발표되었다.
↳ 정우회 선언에 영향을 주었다.
↳ 정우회 선언의 영향을 살펴본다.

■ [신간회] 광주 학생 항일 운동 당시 진상 조사단을 파견하였다.
↳ 기회주의 배격을 강령으로 삼았다.
↳ 초대 회장으로 이상재가 선출되었다.
↳ 비타협적 민족주의자들과 사회주의자들이 결성하였다.
↳ 민족 유일당 운동을 전개하였어요.

❺ 민족 문화 수호 운동과 다양한 사회 운동

■ [신채호] 독사신론을 발표하였다.

■ [박은식] 한국통사를 저술하였다.
↳ 한국독립운동지혈사를 저술하였다.

■ [이병도, 손진태] 진단 학회를 창립하였다.

■ [정인보, 안재홍] 조선학 운동을 전개하였다.

■ [백남운] 조선사회경제사를 저술하였다.

■ [한글 수호 운동] 조선어 학회를 중심으로 추진되었다.
↳ [조선어 학회] 한글 맞춤법 통일안을 발표하였다.
↳ 조선말 큰사전 편찬을 주도하였다.

■ [천도교] 개벽과 신여성 등의 잡지를 발간하였다.
↳ 잡지 개벽을 발행하였다.

■ [형평 운동] 조선 형평사의 주도로 전개되었다.
↳ 조선 형평사의 창립 배경을 알아본다.
↳ 형평사가 진주에서 창립되었다.
↳ 백정에 대한 차별 철폐를 주장하였다.

■ [소년 운동] 김기전, 방정환 등이 주도하였다.
↳ 어린이날 제정에 기여하였다.
↳ 천도교 소년회가 어린이날을 선포하였다.

■ [근우회] 기관지로 근우를 발간하였다.
↳ 신간회와 연계하여 활동하였다.

1 (가)에 들어갈 민족 운동으로 가장 적절한 것은? [1점]

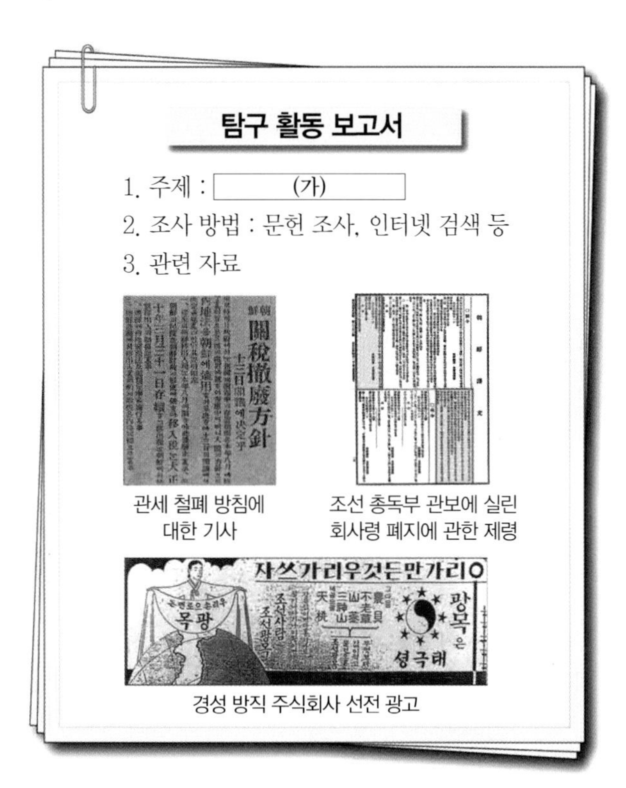
탐구 활동 보고서

1. 주제 : (가)
2. 조사 방법 : 문헌 조사, 인터넷 검색 등
3. 관련 자료

관세 철폐 방침에 대한 기사

조선 총독부 관보에 실린 회사령 폐지에 관한 제령

경성 방직 주식회사 선전 광고

① 형평 운동 ② 조선학 운동
③ 국채 보상 운동 ④ 물산 장려 운동

| 해설 | 국내 민족 운동

물산 장려 운동은 1920년 4월 회사령이 폐지되고 관세가 철폐된다는 소식에 위기 의식을 느낀 민족주의 계열에서 추진한 민족 실력 양성 운동이었다. '조선 사람 조선 것으로', '내 살림 내 것으로'라는 구호를 내세웠던 물산 장려 운동은 1920년대 8월 초 평양에서 시작되어 전국으로 확산되었는데 구체적 내용에서도 토산품 장려 및 금연 실천 운동으로 시작되어 금주 · 단연 운동, 토산품 애용 운동으로 확대되어 갔다.

이 운동은 국산품 애용과 자급자족을 통해 민족의 산업을 발전시키고 민족 자본을 육성하여 일제로부터의 경제적 자립을 이루고자 하였으나, 민족 자본의 생산 능력 부족으로 국산품의 가격이 상승하고 기업가들이 민족보다 이익을 우선시한다는 비판이 제기되면서 민중의 외면을 받아 큰 성과를 거두지 못하였다.

정답 ④

2 다음 가상 뉴스에서 보도하고 있는 사건에 대한 설명으로 옳은 것은? [2점]

① 신간회 결성의 배경이 되었다.
② 대한매일신보의 후원을 받았다.
③ 중국의 5 · 4 운동에 영향을 주었다.
④ 조선어 학회를 중심으로 추진되었다.

| 해설 | 6 · 10 만세 운동

3 · 1 운동 이후 학생들은 각종 청년 단체를 조직하고 강연회나 토론회 등을 개최하며 청년 운동을 전개하였다. 1926년 4월 순종이 세상을 떠나자 사회주의 계열과 일부 민족주의 계열의 독립운동가들은 학생들과 함께 순종의 인산일에 맞추어 만세 시위를 벌이기로 계획하였다.

그러나 이 계획이 사전에 일본 경찰에게 알려지면서 관련된 사람들이 체포되었다. 하지만 조직이 발각되지 않은 학생들은 6월 10일 순종의 장례 행렬이 지나가자 예정대로 격문을 뿌리며 만세 시위를 시작하였고, 많은 사람들이 시위에 합세하였다(6 · 10 만세 운동).

6 · 10 만세 운동은 3 · 1 운동 이후 침체되었던 민족 운동에 활력을 불러일으켰으며, 이후 민족주의 세력과 사회주의 세력이 연합하는 민족 유일당 운동의 계기가 되었다.

| 오답 넘기 |

② 언론 기관 중 대한매일신보는 국채 보상 운동을 전국으로 확산시키는 데 크게 이바지하였다(1907~1908).

③ 중국의 5 · 4 운동에 영향을 주었던 것은 1919년에 일어난 3 · 1 운동이다.

④ 6 · 10 만세 운동에는 조선 학생 과학 연구회 등 학생 운동 단체와 사회주의 계열이 주도적으로 참여하였다.

정답 ①

3 다음 사건이 발단이 되어 일어난 민족 운동에 대한 설명으로 옳은 것은? [2점]

지난 10월 30일 광주여자고등보통학교 학생 박기옥이 광주에서 돌아와 나주역을 나오려 할 때, 광주중학교 학생 후쿠다 등이 앞을 막고 희롱하였다. 이에 박기옥의 사촌 동생인 광주고등보통학교 학생 박준채가 그 무리들을 질책하니 일본인 중학생들은 도리어 고함을 치며 덤벼들었다.

① 105인 사건의 원인이 되었다.
② 정우회 선언에 영향을 주었다.
③ 조선어 학회를 중심으로 추진되었다.
④ 신간회에서 진상 조사단을 파견하여 지원하였다.

| 해설 | 광주 학생 항일 운동

자료에서 설명하는 사건은 1929년 11월에 일어난 광주 학생 항일 운동이다. 광주 학생 항일 운동은 통학 기차 안에서 일본 학생이 한국 여학생을 희롱한 사건이 계기가 되어 발생하였다. 광주 지역에서 시작된 학생들의 시위가 전국적으로 확대되면서 3·1 운동 이후 최대의 항일 민족 운동으로 발전하였다. 특히, 신간회는 광주 학생 항일 운동이 일어나자 진상 조사단을 파견하는 한편, 이 운동이 전국적으로 확산될 수 있도록 노력하였다.

| 오답 넘기 |

① 105인 사건으로 해체된 단체는 신민회이다(1911.9).
② 6·10 만세 운동 이후 사회주의 세력이 비타협적 민족주의 세력과 연대를 모색하면서 1926년 11월 '정우회 선언'과 1927년 2월 신간회 창립이 이루어졌다.
③ 조선어 학회는 『우리말 큰사전』을 편찬하려 하였으나 일제의 방해로 성공하지 못하였으며, 1942년 10월 일제에 의해 조작된 조선어 학회 사건으로 말미암아 강제로 해산되었다.

정답 ④

4 (가) 단체에 대한 설명으로 옳은 것은? [2점]

① 105인 사건으로 해체되었다.
② 한글 맞춤법 통일안을 발표하였다.
③ 비밀 행정 조직으로 연통제를 두었다.
④ 광주 학생 항일 운동 당시 진상 조사단을 파견하였다.

| 해설 | 신간회의 성립과 활동

제시된 자료의 강령과 관계된 (가) 단체는 신간회이다. 신간회는 사회주의 계열과 비타협적 민족주의 계열이 연대한 일제 강점기 최대의 항일 단체로 전국적인 조직을 갖추었다(1927.2).
신간회는 일제의 민족 분열 통치로 인해 일부 세력이 독립이 아닌 일제 지배하에서의 자치권 획득을 주장하자, 이를 기회주의로 규정하여 배척하였다. 또 신간회는 전국을 순회하며 강연회와 연설회를 통해 민족의식을 고취하였다. 또 노동 운동과 농민 운동을 지원하고 청년 운동, 여성 운동, 형평 운동 등과도 연계하여 활동하였다. 특히 광주 학생 항일 운동이 일어났을 때는 적극적인 지원 활동을 펴는 한편, 진상 보고를 위한 대규모 민중 대회를 계획하기도 하였다. 그러나 신간회는 일제의 탄압과 내부의 이념 대립으로 인해 1931년 5월에 해산되었다.

| 오답 넘기 |

① 일제는 총독 암살 미수 사건의 배후에 신민회가 있다고 조작한 105인 사건으로 신민회를 해체하였다.
② 조선어 연구회를 계승한 단체인 조선어 학회는 한글 맞춤법 통일안과 표준어 및 외래어 표기법 통일안을 제정하여 한글 표준화에 이바지하였다.
③ 연통제는 대한민국 임시 정부가 국내에 조직한 비밀 행정망이다.

정답 ④

5 다음 인물 카드의 주인공으로 옳은 것은? [1점]

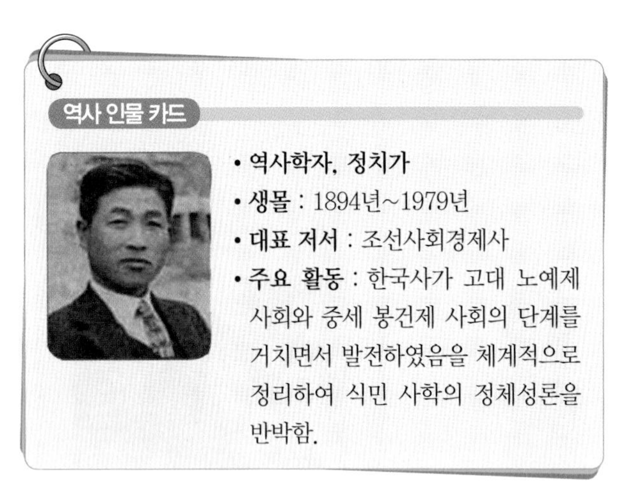

역사 인물 카드

- 역사학자, 정치가
- 생몰 : 1894년~1979년
- 대표 저서 : 조선사회경제사
- 주요 활동 : 한국사가 고대 노예제 사회와 중세 봉건제 사회의 단계를 거치면서 발전하였음을 체계적으로 정리하여 식민 사학의 정체성론을 반박함.

① 나운규 ② 박은식
③ 백남운 ④ 신채호

| 해설 | **일제 강점기의 역사학**

『조선 사회 경제사』는 사회 경제 사학자 백남운의 대표적인 저술이다(1933). 사회 경제 사학은 사적 유물론에 입각하여 우리 민족의 역사 발전 과정이 세계사적 발전 과정과 궤를 같이 하고 있음을 입증함으로써 식민 사관의 정체성론을 극복하고자 하였다.

| 오답 넘기 |

① 나운규는 1926년 일제 강점기 민족의 아픔을 그린 영화 '아리랑'을 제작한 인물이다.
② 박은식은 『한국독립운동지혈사』에서 독립 투쟁 과정을 서술하였다(1920).
④ 신채호는 『독사신론』을 지어 민족 의식을 고취하였다(1908).

정답 ③

6 (가) 단체에 대한 설명으로 옳은 것은? [2점]

서울역 창고에서 조선말 큰사전 원고 발견

1945년 9월 8일, 서울역 화물 창고에서 조선말 큰사전 원고가 발견되었다. 이것은 (가) 에서 사전 편찬을 위해 작성한 원고로, 1942년 (가) 사건의 증거물로 일본 경찰에게 압수되었던 것이다. 이 원고의 발견으로 사전 편찬 작업이 본격적으로 재개되었으며, 1947년 한글날에 『조선말 큰사전』 1권이 발간되었다.

① 잡지 개벽을 발행하였다.
② 고종의 밀지를 받아 결성되었다.
③ 서재필, 이상재 등이 주도하였다.
④ 한글 맞춤법 통일안을 발표하였다.

| 해설 | **민족 문화 수호 운동**

제시된 자료의 (가) 단체는 조선어 학회이다. 조선어 연구회는 1931년 12월에 '조선어 학회'로 확대 개편되었는데 한글 교재를 편찬 · 발간하여 국어 교육에 활용하도록 하였다. 또한 한글 맞춤법 통일(1933.10)안과 조선어 표준어를 제정하고, 외래어 통일안을 만들어 조선어 사전 편찬의 기초를 마련하였다. 또한 조선어 학회는 기관지 한글을 발간하여 한글의 정리와 보급에 노력하였다. 그러나 일제는 조선어 학회와 관계된 인사들이 항일 독립운동을 전개한다고 하여 총 29명을 구속하면서 강제로 해산시켰다(조선어 학회 사건, 1942.10).

| 오답 넘기 |

① 천도교는 인간 평등을 뜻하는 인내천 사상을 강조하였으며 「개벽」, 「신여성」 등의 잡지를 발행하였다.
② 임병찬이 중심이 된 독립 의군부는 고종의 밀지를 받아 결성된 비밀 단체였다(1912.9).
③ 1896년 7월 서재필, 이상재 등은 독립 협회를 창립하였다.

정답 ④

7 다음 자료의 사회 운동에 대한 탐구 활동으로 가장 적절한 것은? [2점]

『정진』 창간호

다 같은 조선 민족이지만 '백정'이니 '피쟁이'니 '갓바치'니 '천인'이니 하여 그 무엇이 특별한 조건이나 있는 것처럼 왜 천대와 학대를 하며 멸시를 하는가. …… 다 같은 인생으로, 다 같은 조선 사람으로, 다 같은 남자로, 다 같은 여자로서, 짐승이나 또는 저 무엇으로 대우할 이유가 무엇이며 무슨 도리인가. 우리들은 이와 같은 생각에, 없던 눈이 뜨였으며 없던 귀가 뚫렸으며 없던 입이 벌어졌다.

– 『정진』 –

① 간도 협약의 내용을 분석한다.
② 영선사가 파견된 지역을 찾아본다.
③ 조선 형평사의 창립 배경을 알아본다.
④ 태극 서관, 자기 회사를 설립한 단체를 조사한다.

| 해설 | 일제 강점기 사회 운동

자료중 '백정', '피쟁이', '갓바치' 등의 내용으로 자료의 사회 운동이 1920년대 형평 운동임을 알 수 있다. 백정들은 경남 진주에서 조선 형평사를 조직하여 백정에 대한 사회적 차별과 백정 자녀의 교육 문제, 각종 사회 운동에 대한 대책을 토의하고 전국 회원의 단결을 꾀하였다(1923.4).

| 오답 넘기 |

① 일제는 1909년 9월에 청과 간도 협약을 체결하여 남만주 철도 부설권과 푸순 탄광 채굴권을 얻는 대가로 간도를 청에게 넘겨 주었다.
② 개항 후 영선사를 1881년 9월 청에 파견하였으며, 근대 무기 제조법과 군사 훈련법을 배워오게 하였다.
④ 신민회는 자기 회사(1908.10)와 태극 서관(1908.5)을 운영하였다.

정답 ③

8 다음 자료의 사회 운동에 대한 설명으로 옳은 것은? [1점]

가. 어른에게 전하는 부탁
1. 어린이를 내려다보지 마시고 반드시 쳐다보아 주시오.
2. 어린이를 늘 가까이하여 자주 이야기하여 주시오.
3. 어린이에게 경어를 쓰시되 늘 부드럽게 하여 주시오.
4. 이발이나 목욕 또는 옷 갈아입는 것 같은 일은 때맞춰 하도록 하여 주시오.
⋮

① 방정환 등이 주도하였다.
② 정부에 헌의 6조를 건의하였다.
③ 민립 대학 설립을 목표로 하였다.
④ 조선 사람 조선 것이라는 구호를 내세웠다.

| 해설 | 일제 강점기 사회 운동

자료 속 사회 운동은 1920년대에 전개된 소년 운동이다. 일제 강점기 소년 운동은 방정환이 중심이 되어 1922년 천도교 소년부에서 천도교 소년회를 분리 독립시키면서 활성화되었는데 5월 1일을 어린이날로 이름 짓고, 기념행사, 소년 보호 운동을 전개하였다.
이듬해인 1923년에는 기관지 『어린이』를 발간하여 소년 애호 사상을 전파하였다. 동학이 이름을 변경한 천도교는 인간 평등을 말하는 인내천 사상을 강조 하였으며, 『개벽』, 『신여성』 등의 잡지를 발행하였다.

| 오답 넘기 |

② 헌의 6조는 독립 협회가 관민 공동회에서 제시하였다(1898.10).
③ 조선 민립 대학 기성회는 대학 설립을 위해 '한민족 1천만이 한 사람이 1원씩'이라는 구호를 내걸고 모금 운동을 전개하였다(1922.11, 민립 대학 설립 운동).
④ '조선 사람 조선 것으로', '내 살림 내 것으로'라는 구호를 내세웠던 것은 1920년 8월부터 시작된 물산 장려 운동이다.

정답 ①

현대 사회의 발전

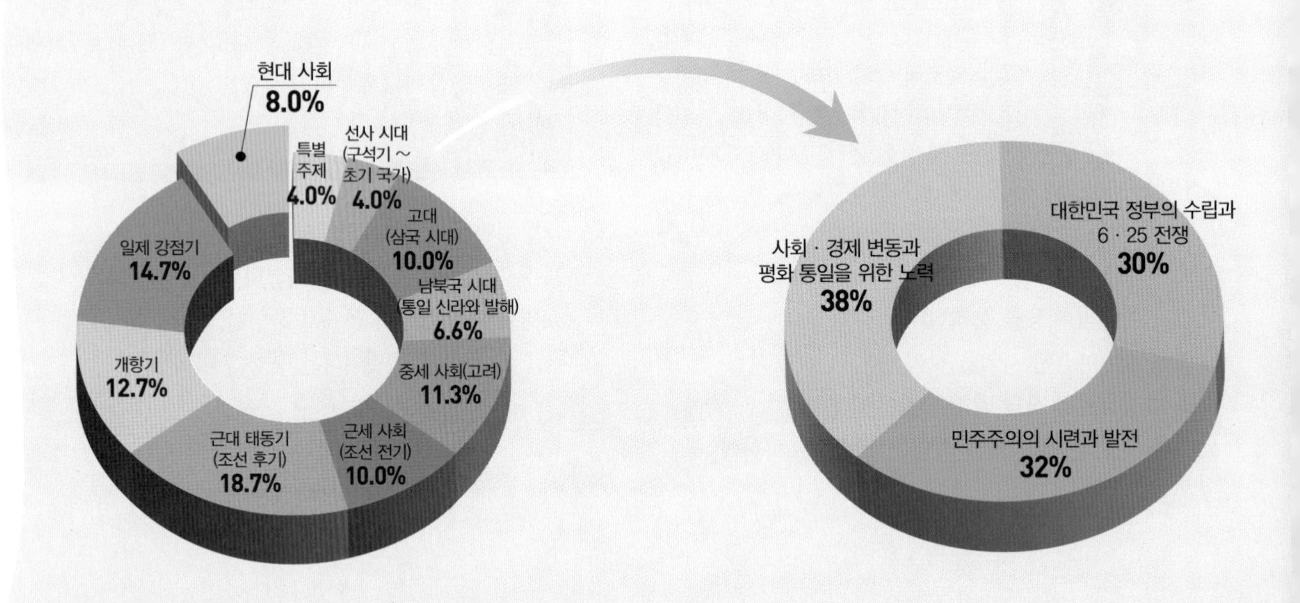

단원 들어가기

1945년, 우리 민족은 마침내 일제의 식민 통치로부터 벗어나 광복을 맞이하여 우리의 민족 국가를 세우게 되었다는 희망으로 활기에 넘쳤다. 그러나 세계적으로 냉전 체제가 형성되면서 우리나라는 남북으로 분단되었고, 북한의 남침으로 우리 민족은 엄청난 시련을 겪었다.

이승만 정부는 부정부패와 독재 정치로 국민들의 저항을 받았고, 4 · 19 혁명으로 무너졌다. 이후 의원 내각제를 채택한 장면 내각이 들어섰으나, 곧 박정희를 중심으로 한 일부 군부 세력의 군사 정변으로 무너졌다. 군정을 거쳐 수립된 박정희 정부는 경제 개발 계획으로 경제 성장을 이루었으나, 장기 집권을 꾀하여 국민들의 저항에 부딪혔다.

박정희 대통령이 장기 집권을 위하여 10월 유신을 선포하자 각계각층에서는 반대 투쟁을 전개하였고, 결국 10 · 26 사태로 유신 체제는 막을 내렸다. 그러나 뒤이어 일부 군부 세력이 권력을 장악하는 과정에서 5 · 18 민주화 운동이 전개되었다. 국제 정세의 변화와 함께 남북 관계도 변하여, 점차 대화와 타협을 통한 평화 공존을 모색해 가고 있다.

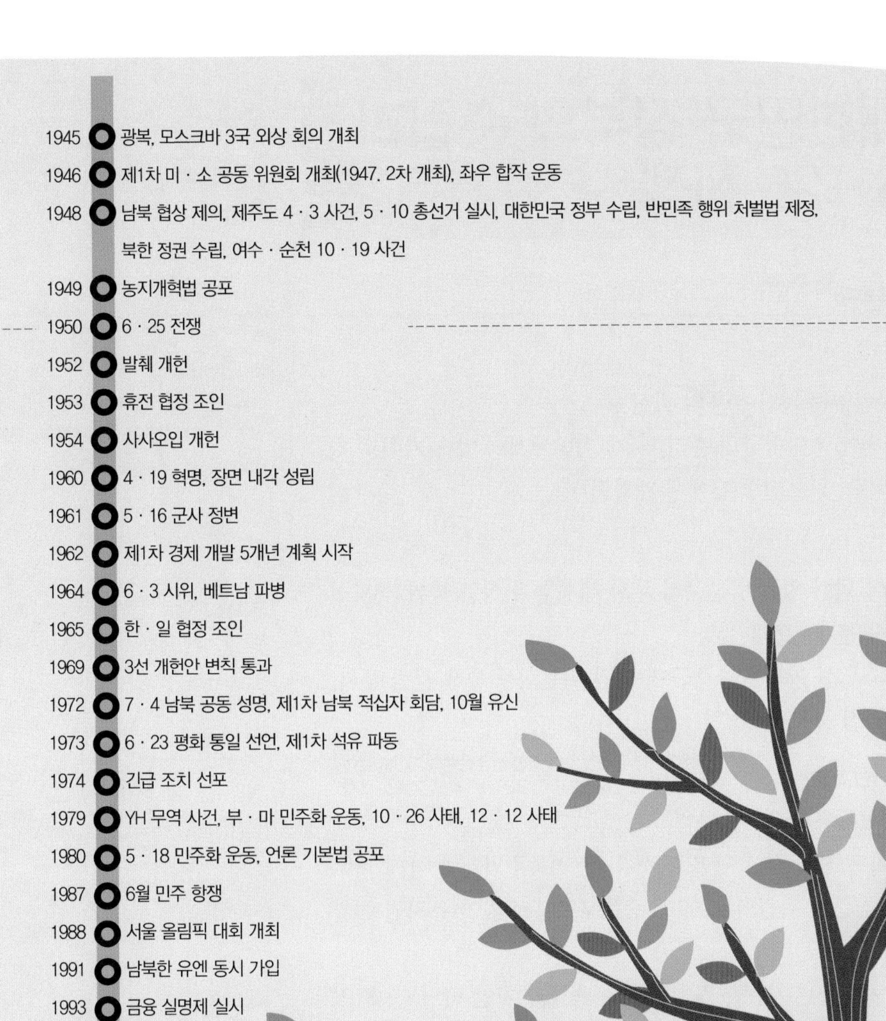

- 1945 광복, 모스크바 3국 외상 회의 개최
- 1946 제1차 미 · 소 공동 위원회 개최(1947, 2차 개최), 좌우 합작 운동
- 1948 남북 협상 제의, 제주도 4 · 3 사건, 5 · 10 총선거 실시, 대한민국 정부 수립, 반민족 행위 처벌법 제정, 북한 정권 수립, 여수 · 순천 10 · 19 사건
- 1949 농지개혁법 공포
- 1950 6 · 25 전쟁
- 1952 발췌 개헌
- 1953 휴전 협정 조인
- 1954 사사오입 개헌
- 1960 4 · 19 혁명, 장면 내각 성립
- 1961 5 · 16 군사 정변
- 1962 제1차 경제 개발 5개년 계획 시작
- 1964 6 · 3 시위, 베트남 파병
- 1965 한 · 일 협정 조인
- 1969 3선 개헌안 변칙 통과
- 1972 7 · 4 남북 공동 성명, 제1차 남북 적십자 회담, 10월 유신
- 1973 6 · 23 평화 통일 선언, 제1차 석유 파동
- 1974 긴급 조치 선포
- 1979 YH 무역 사건, 부 · 마 민주화 운동, 10 · 26 사태, 12 · 12 사태
- 1980 5 · 18 민주화 운동, 언론 기본법 공포
- 1987 6월 민주 항쟁
- 1988 서울 올림픽 대회 개최
- 1991 남북한 유엔 동시 가입
- 1993 금융 실명제 실시
- 1994 김일성 사망
- 1997 IMF 구제 금융 요청
- 2000 6 · 15 남북 공동 선언

| 연표로 흐름잡기 |

27
대한민국 정부의 수립과 6 · 25 전쟁

28
민주주의의 시련과 발전

29
사회 · 경제 변동과 평화 통일을 위한 노력

27 대한민국 정부의 수립과 6 · 25 전쟁

일차 | 공부한 날 월 일

❶ 8 · 15 광복과 국토의 분단 ☆☆☆

(1) 광복의 배경

① 대내적 : 우리 민족의 끊임없는 독립 운동의 결실

② 대외적 : 제2차 세계 대전에서 연합국의 승리, 국제 회담에서의 약속(카이로 회담에서 처음으로 독립 약속, 포츠담 회담에서 재확인)

카이로 회담
1943년 11월 제2차 세계 대전 중에 미국 · 영국 · 중국 대표가 이집트 카이로에서 모여 한국의 독립을 최초로 약속하였다.

(2) 국토의 분단

① 38도선의 설정 : 한반도에 남아 있는 일본군의 무장 해제를 구실로 북위 38도선을 미군과 소련군의 군사 분계선으로 설정

② 미군과 소련군의 진주 : 38도선 이북은 소련군이 인민 위원회를 통해 간접 통치, 38도선 이남은 미군이 직접 통치

포츠담 회담
제2차 세계 대전 종전 직전인 1945년 7월 독일의 포츠담에서 열린 미국 · 영국 · 소련 3개국 대표 회담이다. 카이로 선언에서 결정한 한국의 독립을 재확인하였다.

(3) 광복 후 자주 국가 수립을 위한 노력

① 조선 건국 준비 위원회의 활동(1945.8)

1945년 8 · 15 광복을 맞아 조선 건국 동맹의 기반을 확대하여 조선 건국 준비 위원회를 조직하고, 이를 기초로 조선 인민 공화국을 선포하였으나, 미군정의 인정을 받지 못하였다.

㉠ 조직 정비 : 여운형이 조선 건국 동맹을 안재홍 등 민족주의계와 함께 좌우 합작 단체인 조선 건국 준비 위원회로 개편, 총독부로부터 치안 유지권 이양 교섭

㉡ 주요 활동 : 전국 각지에 지부 결성, 자치적으로 행정과 치안 담당 → 좌익 주도로 조선 인민 공화국 선포(1945.9)

② 정당과 사회 단체의 조직 : 전국 각지에 수감되었던 애국지사들의 석방, 해외에서 활동하던 애국지사들이 귀국 → 이념에 따라 정당과 사회 단체를 조직

③ 정국의 혼란 : 애국지사 간의 의견 대립, 국민들의 정치적 경험 부족

Click ! ● 국토의 분단과 해방 이후의 여러 모습

미 · 소 양군의 한반도 진주

임시 정부 환영식

38도선

(4) 모스크바 3국 외상 회의(1945.12)

당시 한반도에 대한 미, 영, 중, 소 4개국이 참여하는 직접 지배 방식의 신탁 통치를 주장한 것은 미국이었고, 영국은 이를 지지하는 입장이었으며, 오히려 소련은 한반도의 즉각적인 독립 및 민주주의 절차를 통한 단독 정부 수립을 주장하였다.

① 배경 : 38도선을 기준으로 남북 각각 군정이 실시되는 가운데, 미국 · 영국 · 소련 3국 외상이 모스크바에 모여 한반도 문제를 논의(1945.12.16~28)

② 내용 : 조선 임시 민주주의 정부 수립을 위한 미 · 소 공동 위원회 설치, 미 · 영 · 중 · 소 4개국에 의한 최대 5년간의 신탁 통치를 확정적으로 결의

신탁 통치
국제 연합(UN)의 위임을 받은 나라가 자치 능력이 없다고 판단한 지역을 일정 기간 통치하는 것을 말한다.

③ 신탁 통치 결정에 대한 국내의 반응

구분	남한	북한
좌익	임시 민주 정부 수립 중시 → 결정 사항 총체적 지지 입장으로 선회	신탁 통치 반대 운동 금지
우익	신탁 통치의 부당성 강조(반탁) → 신탁 통치 반대 국민 총동원 위원회 결성	

Click ! ● 신탁 통치에 대한 우리 민족의 반응

우익의 신탁 통치 반대 운동

좌익의 신탁 통치 찬성 모습

(5) 통일 정부 수립을 위한 노력

① 제1차 미 · 소 공동 위원회(1946.3) : 임시 민주 정부 수립에 참여할 정당 및 사회단체의 범위를 두고 미국(모든 정당 · 사회단체 대표 참여)과 소련(반탁 운동 단체 배제) 대립 → 결렬

② 단독 정부 수립론의 대두(1946.6) : 이승만(정읍 발언에서 공개적으로 남한 단독 정부 수립 주장) → 한국 민주당 찬성, 김구 반대

미 · 소 공동 위원회

정읍 발언
1946년 6월 3일, 지방 순시 중이던 이승만은 전라도 정읍에서 남쪽만이라도 임시 정부, 혹은 위원회 같은 것을 조직해야 한다고 하였다.

Click ! ● 이승만의 정읍 발언(1946)

이제 우리는 무기 휴회된 미 · 소 공동 위원회가 재개될 기색도 보이지 않으며, 통일 정부를 고대하나 여의케 되지 않으니, 우리는 남방만이라도 임시 정부 혹은 위원회 같은 것을 조직하여 38 이북에서 소련이 철퇴하도록 세계 공론에 호소하여야 될 것이니 여러분도 결심하여야 될 것이다. 그리고 민족 통일 기관 설치에 대하여 지금까지 노력하여 왔으나, 이번에는 우리 민족의 통일 기관을 귀경한 후 즉시 설치하게 되었으니, 각 지방에서도 중앙의 지시에 순응하여 조직적으로 활동하여 주기 바란다.

③ 제2차 미 · 소 공동 위원회(1947.5) : 서울과 평양에서 회의 개최, 협의 대상 단체 선정 문제와 미군정의 남로당 세력 검거 문제로 결렬

④ 좌 · 우 합작 운동 (김구는 지지했으나 주도권 장악 문제 때문에 불참하였다.)

㉠ 주도 인물 : 여운형, 김규식 등 중도 세력

㉡ 미군정의 지원 : 미국에 우호적인 정부를 세우기 위해 중도 세력의 좌우 합작 운동 지원

㉢ 좌우익의 의견 대립 : 토지 문제와 친일파 처리 문제 등에 대한 입장 차이 발생

㉣ 좌우 합작 7원칙 발표(1946.10) : 민주주의 임시 정부 수립, 주요 산업의 국

좌우 합작 운동의 두 주역, 여운형과 김규식

유화와 토지의 체감 매상 · 무상 분배, 입법 기구를 통한 친일파 및 민족 반역자 문제 처리 등

ⓜ 좌절 : 좌우익의 거부, 여운형 암살, 제2차 미 · 소 공동 위원회 결렬로 좌절

⑤ **한국 문제의 유엔 상정** : 유엔 총회(남북한 총선거를 통한 단일 정부 수립 결정) → 한국 임시 위원단 파견 → 소련의 유엔 한국 임시 위원단 입북 거부 → 유엔 소총회는 접근 가능한 지역(남한)에서의 총선거 실시 결정(1948.2.26)

1947.11.14

⑥ **남북 협상의 추진**

㉠ 중심 인물 : 김구(한국 독립당), 김규식(민족 자주 연맹) → 분단을 막기 위해 남북 협상 추진

㉡ 경과 : 평양에서 김일성 등 남북한 주요 정치 · 사회단체 지도자들과 회담 개최 후 공동 선언문 채택(1948.4) → 외국 군대 철수, 임시 정부 수립, 남한 단독 선거 반대 등

㉢ 결과 : 강화되는 냉전 체제의 구도 속에서 실패로 끝남, 김구 · 김규식 등 남북 협상파들은 남한의 5 · 10 총선거에 불참

⑦ **사회 혼란** : 정치 세력 간 갈등, 제주 4 · 3 사건, 여수 · 순천 10 · 19 사건 발생

제주 4 · 3 사건
1948년 남한의 단독 선거에 반대하는 제주도 내의 좌익 세력과 경찰 및 우익 세력이 충돌한 사건이다. 많은 민간인들이 좌익으로 몰려 희생당하였다. 2000년에 '제주 4 · 3 사건 진상 규명 및 희생자 명예 회복에 관한 특별법'이 제정되었다.

여수 · 순천 10 · 19 사건
제주 4 · 3 사건을 진압하라는 명령을 받은 여수 주둔 군대 내의 좌익 세력이 제주도 출동을 거부하면서 일어난 사건이다. 정부 진압군이 이를 진압하는 과정에서 많은 민간인 희생자가 발생하였다.

Click ! ● **김구의 '삼천만 동포에게 읍고함'(1948.2.10)**

우리 독립이 원칙인 이상 독립이 희망 없다고 자치를 주장할 수 없는 것을 왜정하에서 충분히 인식한 것과 같이 우리는 통일 정부가 가망 없다고 단독 정부를 주장할 수 없는 것이다. …… 한국이 있고서야 한국 사람이 있고, 한국 사람이 있고서야 민주주의도 공산주의도 또 무슨 단체도 있을 수 있는 것이다. 그러면 우리의 자주 독립적 통일 정부를 수립하여야 하는 이때에 있어서 어찌 개인이나 자기 집단의 사리사욕을 탐하여 국가 민족의 백년대계를 그르칠 자가 있으랴. …… 나는 통일된 조국을 건설하려다가 삼팔선을 베고 쓰러질지언정 일신의 구차한 안일을 취하여 단독 정부를 세우는 데는 협력하지 아니하겠다.

대한민국 정부 수립 선포식

❷ 대한민국 정부의 수립

21세 이상 모든 남녀에 선거권을 부여한 직접 · 비밀 · 평등 · 자유 원칙에 입각한 우리나라 최초의 민주주의 선거였다.

(1) 대한민국 정부의 수립(1948.8.15) 과정

5 · 10 총선거		제헌 국회 구성		대한민국 정부 성립
우리나라 최초의 보통 선거, 제헌 국회 수립, 임기 2년의 제헌 국회의원 선출	⇒	제헌 헌법 공포(1948. 7. 17.), 임기 4년의 대통령 간접 선거, 단원제 국회, 대통령 이승만 · 부통령 이시영 선출	⇒	우리나라 최초의 민주 공화국으로 유엔 총회에 의해 합법 정부로 승인 받음(1948. 12.)

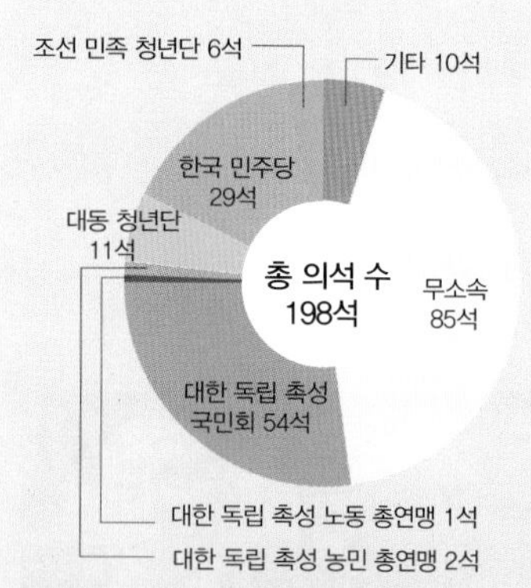

제헌 국회 선거 정당 · 단체별 당선자 분포
당시 전체 의석은 200석이었으나 제주도의 2곳에서 선거가 실시되지 못했기 때문에 198석이었다. 1949년에 2석이 추가되었다.

(2) 제헌 국회의 활동

① 친일파 청산을 위한 노력

㉠ 반민족 행위 처벌법(반민법) 제정(1948.9.22)

ⓐ 배경 : 대다수 국민과 정당 · 단체가 민족 반역자와 친일파 처단 요구, 초대 헌법의 반민족 행위자 처벌을 위한 특별법 제정의 소급 조항 규정

ⓑ 내용 : 일제 시대에 친일 행위를 한 사람들을 처벌하고 공민권을 제한하는 것 등

Click ! ● **반민족 행위 처벌법(1948)**

제1조 일본 정부와 통모하여 한일 합병에 적극 협력한 자, 한국의 주권을 침해하는 조약 또는 문서에 조인한 자와 모의한 자는 사형 또는 무기 징역에 처하고, 그 재산과 유산의 전부 혹은 2분지 1 이상을 몰수한다.

……

제3조 일본 치하 독립운동자나 그 가족을 악의로 살상 · 박해한 자 또는 이를 지휘한 자는 사형 · 무기 또는 5년 이상의 징역에 처하고 그 재산의 전부 혹은 일부를 몰수한다.

ⓛ 반민족 행위 특별 조사 위원회(반민특위)의 활동 : 박흥식, 노덕술, 최린, 최남선, 이광수 등 친일 혐의를 받았던 주요 인사들을 조사함 → 특별 재판부에서 실형을 선고받은 이는 12명에 불과, 대부분 감형되거나 형 집행 정지로 석방

ⓒ 한계 : 이승만 정부의 비판적인 태도 → 친일파 청산보다 반공 중시, 반민특위 주도한 국회의원 구속, 경찰의 반민특위 사무실 습격, 국회 프락치 사건 등

ⓓ 반민특위 해체 : 국회에서 반민법 단축 개정법 통과(1949년 8월까지 시효)

Click ! ● **반민특위에 체포된 친일파들**

앞에서 두 번째는 경성 방직 사장 김연수, 세 번째가 민족 대표 33인 중 하나인 최린이다. 이들 말고도 조선 제일의 갑부로 꼽히던 박흥식과 대표적 문학가인 이광수도 붙잡혀 들어갔다.

국회 프락치 사건
1949년 3월에 외국 군대 철수, 남북 통일 협상 등 공산당의 주장과 일맥상통하는 주장을 했다하여 당시 국회 부의장 김약수 등 13명의 국회의원을 검거한 사건이다.

② 농지 개혁법

㉠ 배경 : 광복 당시 국민의 대다수가 토지 분배와 지주제 개혁 요구, 북한의 토지 개혁(무상 몰수, 무상 분배) 실시(1946.3)

ⓛ 농지 개혁법 제정

ⓐ 공포 시기 : 1949년 6월 제정 → 1950년 3월 일부 개정 시행 → 6 · 25 전쟁으로 중단, 1957년 완료

ⓑ 개혁 방식 : 1가구당 3정보 소유 상한, 유상 매입(지가 증권 발급), 유상 분배(매년 수확량의 30%씩 5년간 상환)

ⓒ 의의 : 전근대적인 지주 계급 소멸 → 경자유전의 원칙 확립

ⓓ 한계 : 지주들이 개혁 대상 토지를 미리 처분, 지주층의 산업 자본가 전환 실패

농지 개혁법
1948년 정부 수립 후 논의가 본격화되어 1949년 6월 제정되고, 1950년 3월에 일부 개정되어 실시되었다. 6 · 25 전쟁으로 중단되었다가 전쟁이 끝난 후 재개되었다.

❸ 6 · 25 전쟁

(1) 전쟁의 배경

① 남한 : 좌우익의 대립 심화로 사회 혼란, 미군 · 소련군 철수, 애치슨 선언(미국이 동북아시아 방어선에서 한국을 제외)

애치슨 선언(1950.1)
미국의 국무장관 애치슨이 태평양 방위선에서 한국과 타이완을 제외한다고 발표한 것으로 미군 철수와 함께 6 · 25 전쟁의 빌미가 되었다.

② 북한 : 소련과 비밀 군사 협정 체결 → 남침 준비

Click ! ● 애치슨 선언(1950.1)

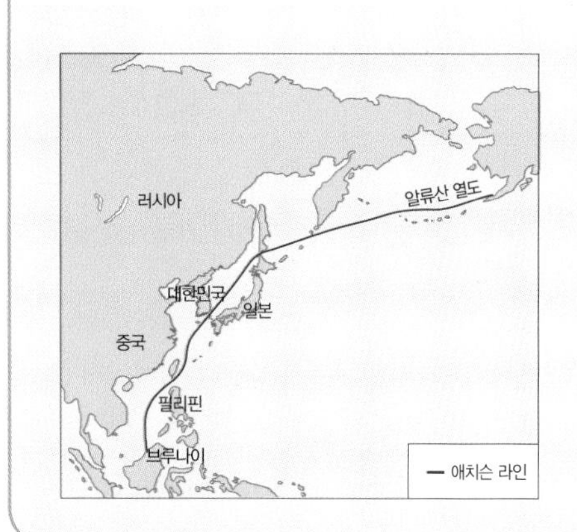

내가 방위선을 취급하는 일차적인 이유는 방위선이 중요하기 때문이다. …… 미국의 방위선은 알류샨 열도에서 일본으로 이어지며, 다시 류큐 군도에 다다른다. 우리는 류큐 군도의 방위상 요지를 장악하고 있으며, …… 앞으로도 이곳을 유지하지 않으면 안 된다. 이 방위선은 류큐 군도에서 필리핀 군도로 연결된다.

(2) 전쟁의 전개 과정

① 발발 : 북한의 남침(1950.6.25) → 국군의 후퇴, 정부의 피란(부산) → 유엔의 결의에 따라 유엔군 결성 · 참전(6.26)

② 국군과 유엔군의 반격 : 낙동강을 사이에 두고 치열한 공방전 전개 → 인천 상륙 작전으로 전세 반전(9.15) → 서울 수복(9.28) → 압록강까지 진격(11.21)

③ 전쟁의 장기화 : 중국군의 개입 → 서울 재함락(1951년 1 · 4 후퇴) → 서울 재탈환 → 38도선 일대에서 치열한 공방전

④ 휴전 협정 성립 : 전쟁의 장기화에 따른 부담 → 휴전 협정 체결(1953.7)

(3) 전쟁의 영향

① 인적 피해 : 많은 인명 피해, 전쟁고아 · 이산가족 발생

② 물적 피해 : 경제 시설 파괴와 국토 황폐화

③ 남북 간의 분단 고착화

인천 상륙 작전
6 · 25 전쟁 중 맥아더 장군이 지휘하는 유엔군과 국군이 인천을 통해 반격을 감행하여 서울을 수복한 작전(1950.9.15)

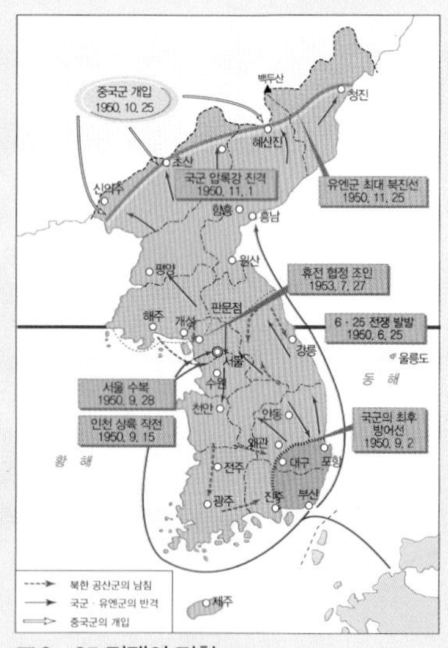

6 · 25 전쟁의 전황

Click ! ● 6 · 25 전쟁의 여러 모습

서울에 들어오는 북한군

인천 상륙 작전

학도병

서울 수복

V 체크체크

❶ 8 · 15 광복과 국토의 분단

- 조선 건국 준비 위원회가 결성되었다.
  - ↳ 여운형 등을 중심으로 결성되었다.

실전 자료 **몽양 여운형**

1. **이름**: 여운형
2. **선정 이유**: 독립운동에 힘썼으며, 광복 이후 새로운 나라를 세우기 위해 노력하였다.
3. **주요 활동**
   - 대한민국 임시 정부 수립에 참여하였다.
   - 조선중앙일보 사장을 지냈다.

- 모스크바에서 3국 외상 회의가 개최되었다.
  - ↳ 모스크바 3국 외무장관 회의에서 신탁 통치가 제안되었다.
- 신탁 통치 반대 운동이 전개(확산)되었다.
  - ↳ [우익] 신탁 통치 반대 운동을 주도하였다.
- [덕수궁 석조전] 미소 공동 위원회가 열렸어요.
  - ↳ 서울에서 제1차 미소 공동 위원회가 개최되었다.
- 좌우 합작 위원회가 결성되었다.
  - ↳ 좌우 합작 7원칙을 발표하였다.
- 평양에서 남북 협상이 열렸다.
  - ↳ 김구, 김규식이 남북 협상을 추진하였다.

❷ 대한민국 정부의 수립

- [UN 총회 한국 위원회] 남한만의 단독 선거가 결정되었다.
- [5 · 10 총선거] 유엔의 감시 아래 총선거가 실시되었다.
  - ↳ 우리나라 최초의 보통 선거였어요.
  - ↳ 제헌 국회를 구성하기 위해 실시하였어요.
  - ↳ 김구, 김규식은 단독 선거를 반대하여 불참하였어요.
- 제주 4 · 3 사건의 진상을 알아본다.
- 반민족 행위 처벌법이 제정되었다.
  - ↳ 반민족 행위 특별 조사 위원회가 구성되었다.
- 여수 · 순천 10 · 19 사건이 발생하였다.
- 농지 개혁법을 시행하였다.
  - ↳ 유상 매수, 유상 분배 방식으로 진행되었다.
  - ↳ 경자 유전의 원칙에 따른 농지 개혁법이 제정되었다.
  - ↳ 자작농이 증가하는 계기가 되었다.

❸ 6 · 25 전쟁

- 6 · 25 전쟁이 발발하였다.
  - ↳ 북한군의 남침으로 시작되었다.
- 낙동강 전선으로 배치되는 학도병
- 인천 상륙 작전을 준비하는 국군
  - ↳ 유엔군의 인천 상륙 작전을 계기로 전세가 역전되었다.

실전 자료 **인천 상륙 작전**

38도선을 넘어 침략한 북한군에 밀린 우리는 낙동강까지 후퇴하였습니다. 그러나 지난 9월 15일의 인천 상륙 작전을 계기로 서울을 수복하고 북진을 계속하고 있습니다. 이제 얼마 후면 집으로 돌아갈 수 있을 것입니다.

1950년 10월 ○○일

– 어느 국군 병사가 보낸 편지의 일부

- 압록강을 건너 참전하는 중국군
  - ↳ 중국군의 참전으로 서울을 다시 빼앗기게 되었다.
- 흥남에서 구출을 기다리는 피난민
- 휴전 협정에 서명하는 양측 대표
  - ↳ 판문점에서 휴전 협정이 체결되었다.
- 한 · 미 상호 방위 조약이 조인되었다.
  - ↳ 한미 상호 방위 조약을 체결하는 양국 대표

실전 자료 **판문점**

1953년 7월 27일, 6 · 25 전쟁의 휴전 협정이 체결된 곳입니다. 1971년 남북 적십자 예비 회담이 열린 이후 남북한 간의 접촉과 회담을 위한 장소로 이용되고 있습니다.

1 다음 강령을 발표한 조직에 대한 설명으로 옳은 것은? [2점]

> **강 령**
>
> • 우리는 완전한 독립 국가의 건설을 기함
>
> • 우리는 전 민족의 정치적 · 경제적 · 사회적 기본 요구를 실현할 수 있는 민주주의 정권의 수립을 기함
>
> • 우리는 일시적 과도기에 있어서 국내 질서를 자주적으로 유지하며 대중 생활의 확보를 기함

① 진단 학보를 발간하였다.
② 여운형 등을 중심으로 결성되었다.
③ 좌우 합작 7원칙을 발표하였다.
④ 신탁 통치 반대 운동을 주도하였다.

| 해설 | 자주적 정부 수립 노력

일제의 패망에 앞서 신국가 건설 운동에서 가장 앞선 단체는 광복 전에 국내에서 활동하였던 조선 건국 동맹이었다(1944.8). 여운형 등 조선 건국 동맹의 핵심 인사들은 8 · 15 광복이 되자 곧바로 서울에서 좌익 세력과 우익 세력을 망라하여 조선 건국 준비 위원회(건준)를 발족시켰다.

건준은 전국 각지에 지부를 결성하였으며, 이를 기반으로 자치적으로 행정과 치안을 담당하는 등 정치적 공백을 메워 나갔다. 특히 질서 유지를 위해 치안대를 두고 전국에 지부를 두어 과도기 상태에서 정부 역할을 대신하였다. 건준은 신국가 건설 운동의 주도권을 잡기 위해 미군이 한반도에 진주하기 전에 조선 인민 공화국의 수립을 선포하였다(1946.9.6). 조선 인민 공화국 수립은 좌익 세력이 주도하였는데, 이에 대해 우익 세력은 부정적인 태도를 보였다. 미 군정청 역시 그 실체를 인정하지 않아 조선 인민 공화국은 해체되고 말았다.

| 오답 넘기 |

① 진단 학보를 발행했던 진단 학회는 이병도, 손진태 등에 의해 1934년에 설립되었다.
③ 김규식과 여운형은 좌우 합작 위원회를 구성(1946.7)하고 1946년 10월 7일 좌우 합작 7원칙을 발표하였다.
④ 신탁 통치 반대 운동을 주도하였던 것은 우익 세력이다.

정답 ②

2 (가)에 해당하는 국제 회의로 옳은 것은? [1점]

> ○ 한국의 독립 부여는 금번 (가) 의 신탁 관리 결의로서 수포로 돌아갔으니 …… 3천만의 총역량을 발휘하여서 신탁 관리제를 배격하는 국민 운동을 전개하여 자주 독립을 완전히 획득하기까지 3천만 전 민족의 최후의 피 한 방울까지라도 흘려서 싸우는 항쟁 개시를 선언함.
>
> – 신탁 통치 반대 국민 총동원 위원회 –
>
> ○ 이러한 국제적 결정은 금일 조선을 위하여 가장 정당한 것이라고 우리는 인정한다. …… 문제의 5년 기한은 그 책임이 (가) 에 있는 것이 아니라 실인 즉 우리 민족 자체의 결점(장구한 일본 지배의 해독과 민족적 분열)에 있다고 우리는 반성하지 않으면 안된다.
>
> – 조선 공산당 중앙 위원회 –

① 얄타 회담
② 카이로 회담
③ 포츠담 회담
④ 모스크바 3국 외상 회의

| 해설 | 8 · 15 광복 이후의 정부 수립 노력

모스크바 3국 외상 회의에서 '조선 임시 정부 수립, 5년 기한의 신탁 통치'를 결정했다는 소식이 전해지자, 좌익 세력은 신탁 통치 실시에도 불구하고 전체적인 내용이 크게 불리하지 않다고 보았다. 이들은 임시 민주 정부의 수립이 중요하다고 주장하며 회의 결정 사항을 총체적으로 지지한다고 입장을 바꾸었다.

반면, 김구, 이승만을 중심으로 한 우익 세력은 강력하게 반탁 운동을 전개하면서 대한민국 임시 정부를 즉각 승인해 줄 것을 연합국에 요구하였다. 반탁 운동은 즉시 독립을 갈망하던 한국인들에게 큰 호소력을 지니고 있었으며, 우익 세력의 확대에도 도움이 되었다. 한편, 중도 세력은 신탁 통치는 반대하지만, 임시 민주 정부를 조속히 수립하기 위해 미소 공동 위원회에 협조해야 한다는 입장을 보였다.

정답 ④

3 다음 글이 발표된 배경으로 옳은 것은? [2점]

출발에 앞서 김구선생 담화 발표

내가 30년 동안 조국을 그리다가 겨우 이 반쪽에 들어온 지도 벌써 만 2년 반에 가까웠다. 그동안에 또 다시 안타깝게 그리던 조국의 저 반쪽을 찾아가서 이제 38선을 넘게 되었다. …… 이번 회담의 방안이 무엇이냐고 묻는 친구들이 많다. 그러나 우리는 미리부터 특별한 방안을 작성하지 않고 피차에 백지로 임하기로 약속되었다. …… 조국을 위하여 민주 자주의 통일 독립을 전취하는 현 단계에 처한 우리에게는 벌써 우리의 원칙과 노선이 명백히 규정되어 있는 까닭이다.

① 6 · 25 전쟁이 발발하였다.
② 브라운 각서가 체결되었다.
③ 애치슨 선언이 발표되었다.
④ 남한만의 단독 선거가 결정되었다.

4 밑줄 그은 '이 사건'에 대한 설명으로 옳은 것은? [3점]

① 6 · 3 시위를 촉발하였다.
② 4 · 13 호헌 조치 철폐를 요구하였다.
③ 진상 규명 등을 위한 특별법이 제정되었다.
④ 신군부의 비상계엄 확대에 반대하였다.

| 해설 | 8 · 15 광복 이후의 통일 정부 수립 노력

제시된 자료는 '김구가 38선을 넘었다'는 내용을 통해 볼 때 1948년 4월 남북 협상 직전에 발표한 담화이다. 미소 공동 위원회는 1945년 12월에 모스크바에서 열린 미국 · 영국 · 소련의 3국 외상들의 회의 결과 설치되었으며, 1946년과 1947년에 위원회가 열렸으나 끝내 결렬되었다. 결국 미국은 한반도 문제를 유엔에 상정하였다.

남북한 총선거의 유엔 결의(1947.11)를 소련이 거부하고 유엔 소총회 결의(1948.2)에 의해 남한만의 단독 정부 수립이 가시화되자 1948년 4월 김구, 김규식은 남북 협상(남북 지도자 회의)을 시도하여 평양에서 김일성을 만났다. 그러나 남북 협상은 실패하였고, 5 · 10 총선거가 예정대로 실시되어 단독 정부가 수립되었다(1948.8.15).

| 오답 넘기 |

① 1950년 6월 25일 북한이 선전 포고도 없이 전면적 남침을 강행하면서 6 · 25 전쟁이 시작되었다.
② 베트남 파병 당시 미국 정부는 브라운 각서를 통해 국군 파병의 대가로 경제 개발에 필요한 차관 제공을 약속하였으며, 국군의 현대화와 한국 기업의 베트남 건설 사업 참여 등도 보장하였다(1966.3).
③ 1950년 1월의 애치슨 선언은 미국의 동아시아 방위선(태평양 지역 방위선)에서 한반도와 타이완을 제외한다는 것이었다.

정답 ④

| 해설 | 단독 정부 수립을 둘러싼 갈등

제시된 자료의 밑줄 그은 '이 사건'은 1948년에 일어난 제주 4 · 3 사건이다. 동년 2월 유엔 소총회에서 남한만의 단독 선거를 결정하자 좌익 세력을 중심으로 곳곳에서 단독 선거 반대 투쟁이 일어났는데, 1948년 4월 3일 제주도에서도 공산주의자와 일부 주민이 단독 정부 수립 반대와 미군 철수를 주장하며 무장봉기하였다(제주4 · 3 사건). 이로 인해 제주도 3개의 선거구 중 2개의 선거구에서 총선거를 치르지 못하였고, 사건의 진압 과정에서 수만 명의 제주 도민이 희생되었다.

⑤ 2000년 1월 국회에서 '제주 4 · 3 사건 진상 규명 및 희생자 명예 회복에 관한 특별법'이 제정되면서 피해자 접수 신고 및 정부 차원의 진상 조사 · 보상이 실시되었다.

| 오답 넘기 |

① 박정희 정부 때 시민, 학생, 언론들은 한 · 일 국교 정상화 회담을 굴욕적인 외교로 평가하고 강력하게 반대하였으며, 더 나아가 정권 퇴진 운동으로 발전시켰다(6 · 3 시위, 1964).
② 전두환 정부는 1987년 4월 직선제 개헌을 하지 않겠다는 내용의 4 · 13 호헌 조치를 발표하였고, 이에 반발하여 6월 민주 항쟁이 일어났다.
④ 신군부가 1980년 5월 17일 비상계엄을 전국으로 확대하여 억압적인 분위기를 조성한 가운데 그에 반대하는 5 · 18 민주화 운동이 발생하였다.

정답 ③

5 교사의 질문에 대한 학생의 답변으로 옳지 않은 것은? [1점]

① 우리나라 최초의 보통 선거였어요.
② 임기 4년의 국회의원을 선출하였어요.
③ 제헌 국회를 구성하기 위해 실시하였어요.
④ 유엔 한국 임시 위원단의 감시 아래 실시되었어요.

| 해설 | 대한민국 정부의 수립

1948년 5월 10일 제헌 국회를 구성하기 위한 총선거가 실시되었다. 이 선거는 우리나라 역사상 최초의 보통선거로 21세 이상의 모든 국민에게 투표권이 부여되었다. 그리고 직접 · 평등 · 비밀 · 자유의 원칙에 따른 민주주의 선거로 유엔 한국 임시 위원단의 감시 아래 실시되었다.
선거 결과 5월 31일 제헌 국회가 구성되었다(제헌 국회 의원의 임기는 2년으로 한정). 제헌 국회는 헌법을 제정하였고, 친일파를 처리하기 위한 '반민족 행위 처벌법', '농지 개혁법' 등을 제정하였다. 제헌 국회 의원은 1950년 5월 30일로 임기가 만료되었다.

정답 ②

6 (가), (나) 사이의 시기에 있었던 사실로 옳은 것을 〈보기〉에서 고른 것은? [2점]

보기
ㄱ. 농지 개혁법 제정
ㄴ. 금융 실명제 실시
ㄷ. 반민족 행위 처벌법 제정
ㄹ. 제1차 미 · 소 공동 위원회 개최

① ㄱ, ㄴ　　② ㄱ, ㄷ
③ ㄴ, ㄷ　　④ ㄴ, ㄹ

| 해설 | 현대사의 주요 사건

대한민국 정부가 수립된 것은 1948년 8월 15일의 일이다. (나) 인천 상륙 작전이 벌어진 것은 1950년 9월 15일이다.
ㄱ. 대한민국 정부가 수립된 후인 1949년 6월에 농지 개혁법이 제정되었는데 정부가 3정보를 상한선으로 하여 지주의 땅을 매입하고, 이를 농민들에게 그보다 싼값에 매도하도록 규정되어 있었다.
ㄷ. 제헌 국회는 일제에 협력하여 한국인에게 피해를 입힌 사람들의 행적을 조사하여 처벌하고자 반민족 행위 처벌법을 제정하였다(1948.9). 1948년 10월에 구성된 반민특위는 1949년 1월부터 본격적으로 활동하였다.

| 오답 넘기 |

ㄴ. 김영삼 정부는 공직자 재산 등록과 금융 실명제(1993.8) 등을 통해 부정부패 척결에 노력하였다.
ㄹ. 모스크바 3국 외상 회의 결정문이 발표된 이듬해 서울 덕수궁에서 제1차 미 · 소 공동 위원회가 개최되었다(1946.3). 미소 공동 위원회는 미군정과 소군정의 대표가 참석하여 미소 공동 위원회에 참여할 수 있는 정치 조직을 수립하는 문제를 논의하였다.

정답 ②

7 (가)~(다) 학생이 발표한 내용을 일어난 순서대로 옳게 나열한 것은? [3점]

① (가) - (나) - (다)　② (가) - (다) - (나)
③ (나) - (가) - (다)　④ (나) - (다) - (가)

| 해설 | 대한민국 정부 수립 과정

발표 주제는 8 · 15 광복 이후 대한민국 정부를 수립하기까지의 과정을 나타낸 것이다. (가) 1945년 12월 미국, 영국, 소련의 외무 장관들은 모스크바에 모여 한반도 문제를 논의하였다.

(나) 모스크바 3국 외상 회의의 결정에 따라 임시 정부 구성 방안을 논의하기 위해 1946년 3월 서울 덕수궁 석조전에서 미소 공동 위원회가 열렸으나 결렬되어 무기 휴회되었다.

(다) 한편 1947년 5월에 열린 제2차 미소 공동 위원회도 성과 없이 결렬되자 한국 문제가 유엔에 상정되어 남북한 총선거를 통한 정부 수립이 결의되었다(1947.11). 이후 1948년 5 · 10 총선거 실시로 제헌 국회가 구성되어 동년 7월 17일에 헌법이 제정 · 공포되었으며 8월 15일에 이르러 대한민국 정부가 수립되었다.

따라서 (가)-(나)-(다) 순이다.

정답 ①

8 (가) 전쟁 중에 있었던 사실로 옳지 않은 것은? [2점]

① 판문점에서 휴전 회담이 진행되었다.
② 조선 건국 준비 위원회가 조직되었다.
③ 중국군의 개입으로 서울을 다시 빼앗겼다.
④ 국군과 유엔군이 인천 상륙 작전에 성공하였다.

| 해설 | 6 · 25 전쟁의 전개 과정

사집첩의 (가) 전쟁은 1950년부터 1953년까지 전개된 6 · 25 전쟁이다. 북한의 남침으로 시작한 6 · 25 전쟁은 전쟁 초기 북한군에 밀려 국군은 3일 만에 서울을 빼앗기고 낙동강 유역까지 후퇴하였다. 그러나, 유엔군의 지원을 받은 국군은 낙동강 방어선을 중심으로 반격을 시도(학도병 참전)하였다. 국군과 유엔군이 1950년 9월 15일 인천 상륙 작전을 성공시키자 전세가 역전되었다. 국군과 유엔군은 서울을 되찾고, 계속 북진하여 압록강 유역까지 진출하였다.

그러나 중국군의 참전으로 새로운 국면에 접어들었다. 중국군은 많은 수의 병력을 확보하고 산악 전술에 능하고 유격전에 익숙한 장점을 활용하여 유엔군과 국군을 압박하였다. 결국 유엔군과 국군은 동년 12월 10만여 명의 피난민을 구출한 '흥남 철수 작전'을 전개하는 등 평양과 흥남에서 철수하였고, 이듬해(1951) 1월 1 · 4 후퇴로 서울에서 밀려날 수밖에 없었다. 이러한 팽팽한 접전 속에서 1951년 7월 유엔군과 북한군, 중국군 사이에 휴전 회담이 개최되어, 1953년 7월 27일 마침내 휴전이 성립되었다.

| 오답 넘기 |

② 여운형 등 조선 건국 동맹의 핵심 인사들은 1945년 8월 광복이 되자 곧바로 서울에서 좌익 세력과 우익 세력을 망라하여 조선 건국 준비 위원회(건준)를 발족시켰다.

정답 ②

28 민주주의의 시련과 발전

공부한 날 월 일
일차

❶ 이승만 정부와 4 · 19 혁명

(1) 이승만 정부의 독재 정치

① 장기 집권을 위한 개헌

㉠ 발췌 개헌(1952.5) : 총선(1950.5)에서 이승만 지지 세력 대거 탈락 → 대통령 간선제로는 이승만의 당선이 어려워짐 → 강압적인 분위기 속에서 부산에서 대통령 직선제 개헌 → 2대 대통령 선거에서 이승만 당선(1952.8)

㉡ 사사오입(四捨五入) 개헌(1954.11) : 초대 대통령에 한해 '3선 금지' 조항 철폐 → 개헌 통과선에 1표가 부족하여 부결로 선포(재적 203명 중 찬성 135표) 되었으나 이승만 정부와 자유당은 사사오입의 논리를 내세워 개헌안의 통과를 선언함 → 3대 대통령 선거에서 이승만 당선(1956.5)

② 반대 세력 탄압 : 신국가 보안법 제정(1958.12), 진보당 사건(1958.1), 경향신문 폐간(1959.4)

제3대 대통령 선거

진보당 사건(1958.1)
간첩 혐의로 조봉암과 진보당 간부들을 구속한 사건이다. 당시 조봉암은 간첩으로 몰려 사형을 당하였고 진보당은 해체되었다. 2011년 이루어진 재심에서 조봉암은 무죄 판결을 받았다.

(2) 4 · 19 혁명(1960)

① 발단 : 자유당 정권의 3 · 15 부정 선거(부통령 후보 이기붕을 당선시키기 위해 대대적인 부정 선거 자행)

② 전개 과정 : 3 · 15 부정 선거에 대한 반대 시위 → 김주열 학생 시신 발견으로 시위의 전국 확산 → 대학 교수들의 시위 동참 → 이승만 하야, 자유당 정권 붕괴

③ 의의 : 시민 혁명을 통해 독재자 추방 → 민주화 운동, 통일 운동 활성화

Click ! ● 4 · 19 혁명의 여러 모습

"부모 형제들에게 총을 쏘지 말라"는 초등학생의 시위

"학생의 피에 보답하라"는 대학 교수단의 시위

이승만의 하야 소식에 질서 회복에 나선 학생과 시민의 승리의 행진

계엄군의 탱크 위에서 승리의 만세를 부르는 시민들

(3) 내각제 개헌과 장면 정부

① 과도 정부의 수립 : 헌법 개정(내각 책임제와 양원제 국회, 제3차 개헌), 총선거 실시(민주당 승리) → 대통령 윤보선, 국무총리 장면 선출 → 장면 내각 성립

② 활동 : 독재 정치 종식, 민주 정치 실현, 경제 개발 5개년 계획 마련

③ 한계 : 민주당 내부의 분열, 사회 각층의 다양한 민주화 요구를 정책에 반영하지 못함

경제 개발 5개년 계획을 마련하였으나 5 · 16 군사 정변으로 실시하지는 못했다.

❷ 5 · 16 군사 정변과 유신 체제

(1) 5 · 16 군사 정변(1961.5)

① 군사 정변 : 박정희를 비롯한 군인들이 장면 내각을 무너뜨리고 권력 장악

② 활동 : 국가 재건 최고 회의를 설치하여 군정 실시, 헌법 개정(대통령 중심제, 단원제 국회) → 박정희 대통령 당선(1963.10)

5 · 16 군사 정변

(2) 박정희 정부의 정책

한 · 일 협정 체결을 앞두고 6 · 3 시위(1964)에 참가한 학생들은 당시 박정희 정부가 내세웠던 '민족적 민주주의'에 대한 장례식을 거행하여 일본에 대한 정부의 외교적 태도를 비판하였다.

① 경제 정책 : 경제 개발에 필요한 자금 마련을 위해 한 · 일 협정 체결(1965.6), 베트남 파병(1964.9~1973.3)

② 독재 정치 : 박정희 정부의 장기 집권을 위한 3선 개헌(1969.10), 민주주의 탄압

한 · 일 회담 반대 시위(1964.6)

(3) 유신 체제의 성립과 붕괴

① 배경 : 1971년 4월 제7대 대통령 선거에서 어렵게 당선 → 선거를 통한 집권이 어렵다고 판단

② 유신 체제의 성립(1972.10)

㉠ 성립 : 비상계엄을 선포하고 국회 해산 → 비상 국무 회의에서 유신 개헌안 통과, 국민 투표로 확정(1972.12)

㉡ 명분 : 국가 안보와 지속적인 경제 성장, 평화 통일을 위한 정치적 안정 → '한국적 민주주의'라고 선전하면서 대통령 권한 극대화

③ 유신 체제의 특징

㉠ 긴급 조치권 부여 : 대통령에게 각종 법의 효력을 정지시킬 수 있는 초법적인 권한 부여, 국민의 기본권 제한, 일상생활 및 사회 통제, 반대 세력 억압

㉡ 대통령 간선제 실시 : 통일 주체 국민 회의에서 간접 선거로 대통령 선출

㉢ 의회와 사법부 통제 : 대통령에게 국회의원 3분의 1 임명권, 대통령이 국회 해산권과 대법원장 · 헌법위원회 위원장 임명권 행사

④ 유신 시대의 문화 통제 : 장발 및 미니스커트 단속, 야간 통행 금지

⑤ 유신 반대 운동 : 3 · 1 민주 구국 선언, YH 무역 사건, 부 · 마 민주 항쟁

⑥ 유신 체제의 붕괴 : 10 · 26 사태로 박정희 대통령 피살(1979.10)

1976년 3월 1일 일부 재야 정치인들과 가톨릭 신부 · 개신교 목사 · 대학 교수 등에 의해 추진된 반유신 선언 사건이다.

YH 무역 사건(1979.8)
당시 야당인 신민당사에서 농성 중인 YH 무역 여공들을 강제로 해산하는 과정에서 한 명이 숨진 사건이다.

부 · 마 민주 항쟁(1979.10)
박정희 정부의 독재에 대한 불만이 쌓여가던 중 야당인 신민당의 대표 김영삼이 국회에서 제명되는 일을 계기로 부산과 마산에서 대대적인 시위가 일어났다.

Click ! ● 유신 체제하의 사회상

장발 단속

양희은(아침이슬)

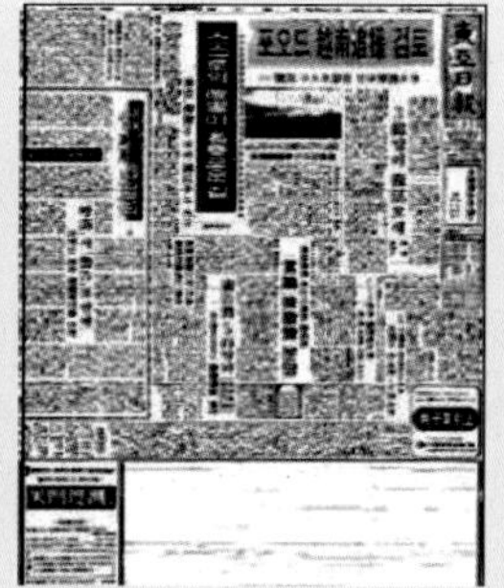

동아일보 백지 광고

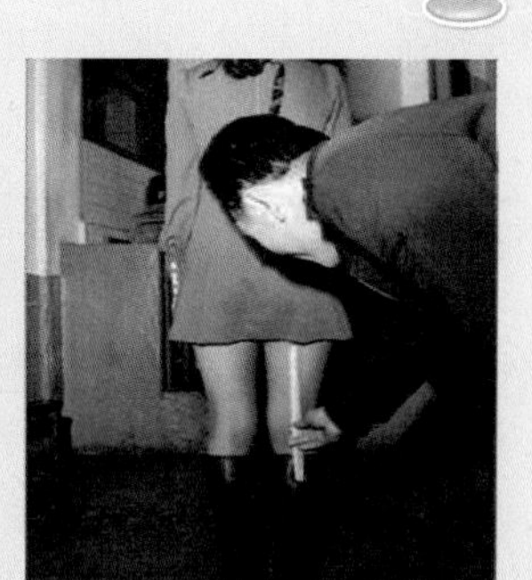

미니 스커트 길이 단속

❸ 민주화 운동과 민주주의의 발전 ☆☆☆

(1) 신군부의 등장과 5 · 18 민주화 운동

① **신군부의 집권** : 12 · 12 사태(1979.12)로 전두환, 노태우 등 군부 세력이 병력을 동원하여 정치적 실권 장악

② **5 · 18 민주화 운동(1980.5)**

㉠ 배경 : 신군부의 권력 장악 음모, 민주 인사와 학생 운동 지도부 검거

㉡ 전개 과정 : 광주에서 비상계엄 저항 시위 → 계엄군의 무차별 진압에 분노한 시민들 합류 → 시위 군중 무장, 시민군 조직 → 계엄군의 무력 진압

㉢ 의의 : 1980년대 전개된 민주화 운동의 바탕

무장한 광주 시민

(2) 전두환 정부

① **집권 과정** : 5 · 18 민주화 운동의 무력 진압 → 신군부가 국가 보위 비상 대책 위원회를 구성하여 사실상 국가 권력 장악 → 최규하의 대통령직 사임, 통일 주체 국민 회의에서 전두환을 대통령으로 선출 → 7년 단임의 대통령 간선제 개헌 → 전두환 대통령 선출(1981.2, 제12대)

② **유화 정책** : 중 · 고등학생 교복과 두발 자유화, 야간 통행 금지 폐지, 해외 여행 자유화, 프로 야구 창설, 컬러 TV 방송 시작 등

③ **강압 통치** : 언론 통제(언론 통폐합, 보도 지침 시달), 삼청 교육대 운영 등

박종철 추모제

(3) 6월 민주 항쟁(1987)

① **배경** : 시민들이 군부 독재와 비리를 규탄하며 헌법 개정 요구

② **전개** : 박종철 고문치사 사건, 전두환 대통령의 4 · 13 호헌 선언 → 민주화 시위 전개 → 6 · 29 민주화 선언(헌법 개정 대통령 직선제, 5년 단임제)

(4 · 13 호헌: 전두환이 개헌에 대한 합의가 이루어지지 않았다는 구실로 개헌하지 않겠다고 선언)

Click ! ●6 · 29 민주화 선언

여야 합의하에 조속히 대통령 직선제 개헌을 하고, 새 헌법에 의한 대통령 선거를 통해 88년 2월 평화적 정부 이양을 실현토록 해야 하겠습니다. …… 오늘의 이 시점에서 저는 사회적 혼란을 극복하고, 국민적 화해를 이룩하기 위하여는 대통령 직선제를 택하지 않을 수 없다는 결론에 이르게 되었습니다. ……

(4) 직선제 개헌 이후의 정부

① **노태우 정부(1988~1993)** : 서울 올림픽 개최(1988), 북방 외교(동유럽 공산 국가들 및 소련 · 중국과 수교), 남북한 유엔 동시 가입(1991.9)

(서울 올림픽 개최: 반쪽 올림픽이었던 모스크바 · LA 올림픽에 비해 대부분의 공산 진영까지 포함한 159개국 8,465명의 선수가 참가하였다.)

(소련 · 중국과 수교: 한 · 소 수교(1990.9), 한 · 중 수교(1992.8))

② **김영삼 정부(1993~1998)** : 문민 정부 표방

㉠ 활동 : 지방 자치제의 전면적 실시, 공직자 재산 공개, 금융 실명제와 부동산 실명제 실시, 역사 바로 세우기 운동, 경제 협력 개발 기구(OECD) 가입

㉡ 외환 위기(1997.11) : 집권 말기 국가 부도 위기로 국제 통화 기금(IMF)의 구제 금융 신청(금 모으기 운동, 1998.1~4)

③ **김대중 정부(1998~2003)** : 최초의 평화적 정권 교체, IMF 관리 체제 극복, 신자유주의 정책에 바탕을 둔 구조 조정과 대외 개방 단행, 햇볕 정책 실시 → 금강산 관광 시작, 남북 정상 회담 개최 후 6 · 15 남북 공동 선언 발표(2000.6)

④ **노무현 정부(2003~2008)** : 권위주의 청산 추구, 과거사 정리 작업, 행정 수도 이전 추진, 2차 남북 정상 회담 개최(2007.10)

금 모으기 운동(1998)

❶ 이승만 정부와 4 · 19 혁명

- 자유당을 창당하였다.
  - ↳ [발췌 개헌] 6 · 25 전쟁 중 부산에서 공포되었다.
  - ↳ 발췌 개헌안을 통과시키기로 하였습니다.
- [사사오입 개헌(2차 개헌)] 개헌 당시의 대통령에 한해 중임 제한이 철폐되었다.
- 4 · 19 혁명이 전개되었다.
  - ↳ 이승만 대통령이 하야하는 결과를 가져왔다.
  - ↳ 장면을 국무총리로 하는 내각이 수립되었다.

> **실전 자료** **4 · 19 혁명**
>
> 대학생들이 선언문을 낭독하고 시위를 시작하였다. 정부는 계엄령을 선포하고 시위를 진압하려 하였으나, 학생과 시민들은 이에 맞서 "3 · 15 부정 선거 다시 하라!", "1인 독재 물러가라!"고 외치며 시위를 계속하였다. 이 시위는 삽시간에 전국으로 퍼졌고, 마침내 이승만은 대통령직에서 물러났다. 그리고 자유당 정권도 무너졌다.

- [3차 개헌] 민의원과 참의원으로 이루어진 양원제 국회가 구성되었다.
  - ↳ 국회를 양원제로 운영하도록 하였다.

❷ 5 · 16 군사 정변과 유신 체제

- [한 · 일 국교 정상화] 6 · 3 시위를 촉발하였다.
  - ↳ [6 · 3 시위] 굴욕적인 한 · 일 국교 정상화에 반대하였다.
  - ↳ 굴욕적인 한일 회담의 중단을 요구하였다.
  - ↳ 한 · 일 간의 국교 정상화가 이루어졌다.
  - ↳ 한 · 일 기본 조약이 체결되었다.
- 브라운 각서가 체결되었다.
- 3선 개헌안이 통과되었다.
- 대통령 특별 선언으로 10월 유신이 선포되었다.
  - ↳ 장기 독재를 가능케 한 유신 헌법이 선포되었다.
  - ↳ 대통령에게 긴급 조치권을 부여하였다.
  - ↳ 대통령의 긴급 조치권이 발동되었다.
- [유신 반대 운동] 유신 헌법에 반발하여 일어났다.
  - ↳ 유신 헌법 철폐를 요구하였다.
  - ↳ 부 · 마 민주 항쟁이 일어났다.

> **실전 자료** **3 · 1 민주 구국 선언**
>
> 
>
> 이곳은 민주화의 성지로 불리는 명동 성당입니다. 1976년 재야인사들은 여기에서 박정희의 장기 집권을 강화시킨 유신 체제에 반대하는 3 · 1 민주 구국 선언을 발표하였습니다.

❸ 민주화 운동과 민주주의의 발전

- 12 · 12 사태로 신군부 세력이 등장하였다.
- 삼청 교육대를 운영하였다.
- [5 · 18 민주화 운동] 신군부의 계엄령 전국 확대에 항거하였다.
  - ↳ 신군부의 비상계엄 확대에 반대하였다.
  - ↳ 신군부 세력의 집권에 반발하였다.
  - ↳ 계엄군의 무력 진압으로 광주 시민들이 희생되었다.
  - ↳ 유네스코 세계 기록 유산으로 등재되었다.

> **실전 자료** **5 · 18 민주화 운동**
>
> 1979년 박정희 대통령이 사망한 뒤에 민주주의에 대한 국민들의 열망은 식을 줄 모르고 불타올랐다.
> 민주화를 요구하는 시민과 대학생들의 시위가 전국적으로 일어났고, 이는 1980년 5월 18일에 광주에서 일어난 민주화 운동으로 이어졌다.

- [6월 민주 항쟁] 박종철 고문 치사 사건이 발생하였다.
  - ↳ 대통령 직선제 요구를 거부하는 4 · 13 호헌 조치가 발표되었다.
  - ↳ 4 · 13 호헌 조치의 철폐를 요구하였다.
  - ↳ 대통령 직선제 개헌이 이루어지는 계기가 되었다.
  - ↳ 6 · 29 민주화 선언이 발표되었다.
  - ↳ 6 · 29 민주화 선언을 이끌어냈다.

> **실전 자료** **6월 민주 항쟁**
>
> 1987년에 일어난 6월 민주 항쟁은 대학생 박종철이 경찰의 고문으로 사망하고, 전두환 정권이 국민들의 민주화 요구를 탄압하자 대규모로 전개되었습니다.

- [김대중 정부] (제주 4 · 3 사건) 진상 규명 등을 위한 특별법이 제정되었다.

1 밑줄 그은 '정부' 시기에 있었던 사실로 옳은 것은? [3점]

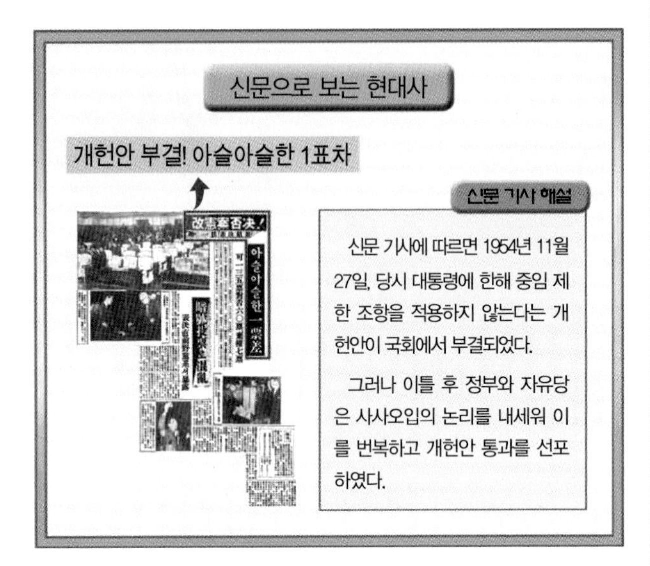

① 삼청 교육대를 운영하였다.
② 한 · 일 간의 국교 정상화가 이루어졌다.
③ 장면을 국무총리로 하는 내각이 수립되었다.
④ 반민족 행위 특별 조사 위원회가 해체되었다.

| 해설 | 이승만의 독재 정치

이승만 정부 시기인 1954년 11월 사사오입 개헌을 통해 초대 대통령의 중임 제한을 철폐하였다.
또 친일파 처벌을 위해 제정한 반민족 행위 처벌법에 의해 설치된 조직이 반민족 행위 특별 조사 위원회(반민특위)이다(1948.10). 반민특위는 1949년 1월부터 활동을 시작하였지만 이승만 정부의 소극적 태도와 반대 세력의 반발에 부딪혀 결국 성과를 거두지 못한 채 1949년 8월 말 해체되어 대부분 친일파들은 처벌을 받지 않고 끝나 버렸다.

| 오답 넘기 |

① 전두환 정부는 사회 정화라는 명목을 내세우며 삼청 교육대를 운영하였다(1980.5).
② 박정희 정부는 미국이 한 · 일 국교 정상화를 요구하자, 한 · 일 회담을 추진하였다(1962).
③ 4 · 19 혁명 이후 제3차 개헌으로 대통령에 윤보선, 국무총리에 장면이 선출하였다(1960.6).

정답 ④

2 다음 상황이 전개된 민주화 운동에 대한 설명으로 옳은 것은? [2점]

> **역사신문**
>
> 제△△호 ○○○○년 ○○월 ○○일
>
> **대한 교수단, 가두시위 나서**
>
> 오늘 대학 교수단이 '학생의 피에 보답하라.'는 현수막을 들고 거리로 나섰다. 교수단은 '3 · 15 선거를 규탄한다.'는 구호를 외치며 국회의사당으로 향했고, 1만여 명의 학생과 시민들이 시위에 가담하였다.

① 6 · 29 민주화 선언을 이끌어냈다.
② 4 · 13 호헌 조치의 철폐를 요구하였다.
③ 신군부의 비상계엄 확대를 반대하였다.
④ 이승만 대통령이 하야하는 결과를 가져왔다.

| 해설 |

역사신문에 '학생의 피에 보답하라', '3 · 15 선거를 규탄한다.' 등이 나오는 것으로 보아 4 · 19 혁명에 대한 내용이다. 4 · 19 혁명은 이승만 정부의 부정과 부패, 장기 집권으로 민심을 잃은 상태에서 이승만과 이기붕을 각각 대통령, 부통령으로 당선시키기 위해 1960년 3월 15일 선거(제4대 대통령 선거와 제5대 부통령 선거)에서 대대적인 부정을 자행하자 학생과 시민들이 중심이 되어 일어난 사건이었다.
이승만 정부는 계속해서 확산되는 시위를 해산시키기 위해 계엄령을 선포하고 군대를 동원하였다. 계엄령 아래에서도 서울 시내 대학 교수들이 이승만 대통령의 하야를 요구하는 시국 선언문을 채택하고 국회 앞까지 행진하였다(1960.4.25). 이승만 대통령은 그 다음날 하야하였다.

| 오답 넘기 |

① 6월 민주 항쟁에 대해 정부, 여당은 6 · 29 민주화 선언을 발표하였다.
② 전두환 정부는 직선제 개헌을 하지 않겠다는 내용의 4 · 13 호헌 조치를 발표하였고, 이에 반발하여 1987년 6월 민주 항쟁이 일어났다.
③ 신군부 세력이 1979년 12 · 12 사태로 권력을 장악한 후 이듬해(1980) 5월 비상계엄을 전국으로 확대시키자 이에 저항한 5 · 18 민주화 운동이 일어났다.

정답 ④

3 다음 상황 이후에 전개된 사실로 옳은 것은? [3점]

> **역사 신문**
> 제△△호 ○○○○년 ○○월 ○○일
>
> **정부, 내각 책임제 헌법 공포**
>
> 정부는 국회에서 이송해 온 내각 책임제 개헌안을 국무 회의의 의결을 거쳐 정식으로 공포하였다. 그리고 새로운 헌법에 따라 참의원과 민의원 선거를 실시할 것이라고 발표하였다.

① 5 · 10 총선거가 실시되었다.
② 이승만 대통령이 하야하였다.
③ 장면이 국무총리에 인준되었다.
④ 좌우 합작 위원회가 결성되었다.

| 해설 | 우리나라의 민주화 운동

1960년 3 · 15 부정 선거에 항거한 4 · 19 혁명으로 이승만 정부가 무너졌다(1960.4.26). 4 · 19 혁명으로 양원제 의회와 내각 책임제 개헌(제3차 개헌)이 통과된 후 실시된 민의원, 참의원 선거에서 민주당 후보가 압도적으로 당선되었다. 국회에서 상징적인 국가 원수인 대통령에 윤보선이, 내각 수반인 국무총리에 장면이 당선되었다. 장면 내각 하에서는 이승만 정부 아래에서 쌓였던 국민의 불만이 각종 시위로 폭발하였지만, 민주당 정부는 강력한 개혁 의지를 보여 주지 못하였다.

| 오답 넘기 |

① 1948년 5 · 10 총선거가 실시되어 제헌 국회가 구성되었다(1948.5.31).
② 1960년 4 · 19 혁명 당시 정부는 계엄령을 선포해 저항을 진압하려 했으나 실패하였고, 이승만 대통령이 하야하였다.
④ 좌우익의 극한 대립과 우익 일부의 단독 정부 수립 움직임 속에서 중도 우익의 김규식을 중심으로 5명의 우익 인사와 중도 좌익의 여운형을 중심으로 5명의 좌익 인사들이 좌우 합작 위원회를 구성하고(1946.7) 1946년 10월 7일 좌우 합작 7원칙을 발표하였다.

정답 ③

4 다음 헌법 조항이 시행된 시기에 있었던 사실로 옳은 것은? [3점]

> 제39조 ① 대통령은 통일 주체 국민 회의에서 토론 없이 무기명 투표로 선거한다.
>
> ⋮
>
> 제53조 ② 대통령은 …… 국민의 자유와 권리를 잠정적으로 정지하는 긴급 조치를 할 수 있고, 정부나 법원의 권한에 관하여 긴급 조치를 할 수 있다.

① 4 · 19 혁명이 전개되었다.
② 부 · 마 민주 항쟁이 일어났다.
③ 6 · 29 민주화 선언이 발표되었다.
④ 신탁 통치 반대 운동이 확산되었다.

| 해설 | 유신 체제의 성립

제시된 자료는 유신 헌법의 내용이다. 1970년을 전후하여 정치 · 경제적 위기를 느낀 박정희 정부는 영구 집권을 위하여 1972년 10월 유신을 선포하고 유신 헌법을 마련하였다(1972.12).
유신 헌법을 통해 대통령의 임기는 6년으로 늘어났으며, 대통령은 국민의 직접 선거가 아니라 통일 주체 국민 회의에서 선출되었다. 통일 주체 국민 회의는 사실상 대통령이 통제하였고, 대통령이 될 수 있는 횟수의 제한도 없어져 박정희 대통령의 영구 집권이 가능해졌다. 또 재야 인사들과 학생들이 민주 회복을 위해 유신 헌법 개정 운동을 전개하자 정부는 긴급 조치권을 발동하여 헌법에 대한 논의를 금지시켰다.
② 부 · 마 민주 항쟁은 1979년 10월에 부산과 마산에서 학생들과 시민들이 유신 철폐를 요구하는 대규모 시위를 벌인 사건이다.

| 오답 넘기 |

① 4 · 19 혁명(1960)은 이승만과 자유당 정권이 3 · 15 부정 선거를 실시하자 그동안 이승만과 자유당 정권의 부정부패와 독재에 불만을 가진 국민들이 민주주의를 지키기 위해 일으킨 사건이다.
③ 6월 민주 항쟁으로 정부가 시민들의 요구를 수용하는 6 · 29 민주화 선언이 발표되었다(1987).
④ 모스크바 3국 외상 회의에서 신탁 통치 실시를 결의하자, 김구를 비롯한 우익 세력은 신탁 통치 반대 운동을 대대적으로 전개하였다(1945.12~1946.1).

정답 ②

5 다음 퀴즈의 정답으로 옳은 것은? [1점]

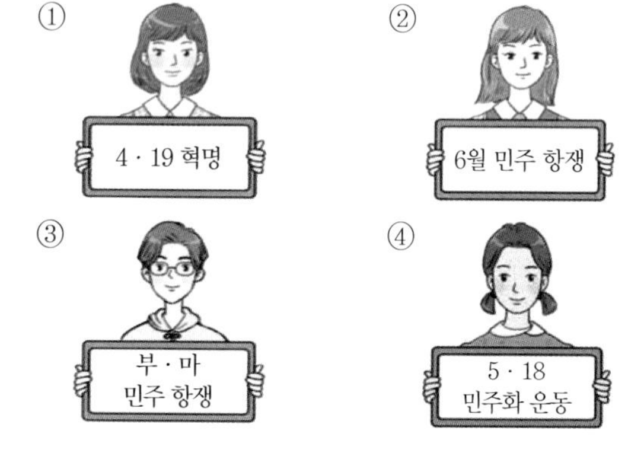

| 해설 | **우리나라의 민주화 운동**

신군부의 등장으로 민주화에 대한 국민들의 기대가 무산되어 가는 가운데 1980년 5월 18일 전남 광주에서 민주화를 요구하는 대규모 학생 시위가 일어났다. 이를 진압하기 위하여 신군부는 광주에 계엄군을 투입하였고, 진압 과정에서 많은 사상자가 발생하였다. 이에 격분한 시민들은 무기를 탈취하여 계엄군과 시가전을 벌였으나 무력에 의해 진압되었다. 5 · 18 민주화 운동은 민중 의식의 성장을 보여주며, 1980년대 이후 민주화 운동의 토대가 되었다. 또한 이와 관련된 기록물이 2011년에 유네스코 세계 기록 유산으로 등재되었다.

| 오답 넘기 |

① 4 · 19 혁명으로 이승만 대통령의 하야 직후 허정을 대통령 대행으로 한 과도 정부가 수립되었다(1960).

② 6월 민주 항쟁의 결과 전두환 정부는 차기 대통령 후보로 내정된 노태우를 통해 대통령 직선제를 수용한다는 6 · 29 민주화 선언을 발표하였다(1987).

③ 부 · 마 민주 항쟁은 1979년 10월에 부산과 마산에서 학생들과 시민들이 유신 철폐를 요구하는 대규모 시위를 벌인 사건이다.

정답 ④

6 다음 자료에 나타난 민주화 운동에 대한 설명으로 옳은 것은? [3점]

> **6.10. 국민 대회 행동 요강**
>
> (1) 오후 6시 국기 하강식을 기하여 전 국민은 있는 자리에서 애국가를 제창하고,
> (2) 애국가가 끝난 후 자동차는 경적을 울리고,
> (3) 전국 사찰, 성당, 교회는 타종을 하고,
> (4) 국민들은 형편에 따라 만세 삼창(민주 헌법 쟁취 만세, 민주주의 만세, 대한민국 만세)을 하든지 제자리에서 1분 간 묵념을 함으로써 민주 쟁취의 결의를 다진다.

① 3선 개헌에 저항하여 일어났다.
② 신군부의 계엄령 전국 확대에 항거하였다.
③ 굴욕적인 한일 국교 정상화에 반대하였다.
④ 대통령 직선제 개헌이 이루어지는 계기가 되었다.

| 해설 | **우리나라의 민주화 운동**

'6 · 10 국민 대회'라는 내용으로 보아 자료에 나타난 민주화 운동은 6월 민주 항쟁이다(1987). 대통령 직선제 개헌을 요구하는 민주화 운동이 활발히 전개되고 있는 가운데 1987년 1월 서울대학교 학생 박종철이 경찰의 고문을 받다가 사망한 사건이 발생하고, 전두환 정부가 4월 13일에 헌법 개정을 반대하는 담화문을 발표하자 국민들은 분노하였다.

6월 10일에 야당과 재야의 연합 기구인 민주 헌법 쟁취 국민 운동 본부는 박종철 고문 살인 조작 · 은폐 규탄 및 호헌 철폐 국민 대회를 전국 18개 도시에서 개최하였다(6 · 10 국민 대회). 이를 계기로 민주화를 요구하는 평화적 시위가 전국 주요 도시에서 연일 계속되었다. 결국 전두환 정부는 차기 대통령 후보로 내정된 노태우를 통해 대통령 직선제를 수용한다는 6 · 29 민주화 선언을 발표하였다.

| 오답 넘기 |

① 1969년 9월 대통령의 3선을 허용하는 개헌안을 국회에서 편법으로 통과시키자 이에 3선 개헌 반대 투쟁이 일어났다.

② 신군부가 1980년 5월 17일에 비상계엄을 전국으로 확대하여 억압적인 분위기를 조성하는 가운데 5 · 18 민주화 운동이 발생하였다.

③ 박정희 정부는 한 · 일 국교 정상화를 추진하였으며, 이로 인해 대일 굴욕 외교에 반대하는 6 · 3 시위가 발생하였다(1964) .

정답 ④

7 (가) 정부 시기에 있었던 사실로 옳은 것은? [2점]

< (가) 의 국민 회유책 >

✓ 컬러텔레비전 방송 시작
✓ 두발 및 교복 자율화 조치
✓ 야간 통행금지 해제
✓ 프로야구 출범

① 최초로 남북 정상 회담이 개최되었다.
② 대통령 특별 선언으로 10월 유신이 선포되었다.
③ 개헌 당시의 대통령에 한해 중임 제한이 철폐되었다.
④ 대통령 직선제 요구를 거부하는 4 · 13 호헌 조치가 발표되었다.

| 해설 | 각 시기 정부의 활동

전두환은 1980년 8월 통일 주체 국민회의에서 제11대 대통령으로 선출되었다. 전두환은 대통령이 된 후 유신 헌법을 철폐하고 개헌을 하여 대통령 선거인단에 의한 간선제를 규정한 새 헌법을 공포하였다. 새 헌법에 따라 전두환이 다시 7년 단임의 대통령에 선출되어 제5공화국이 출범하였다(1981.2).

전두환 정부는 이후 학원 자율화, 교복 자율화, 해외여행 자율화, 통행금지 해지, 과외와 학원 수강 전면 금지, 프로 야구단 창설 등과 같은 유화 정책을 펴는 한편, 중앙정보부를 국가 안전 기획부로 개칭하고 반공법을 국가보안법에 흡수시켜 가혹한 탄압을 더욱 강화하였다.

하지만 1986년 6월 부천 경찰서 성 고문 사건이 터졌고, 급기야 1987년 1월 박종철이 경찰의 고문으로 사망하는 사건이 발생하였다. 대학생들을 중심으로 시위운동이 번져 가는 가운데 전두환은 7년 단임의 간선제를 고수하는 4 · 13 호헌 조치를 발표하였다.

| 오답 넘기 |

① 김대중 정부는 2000년 6월, 분단 이후 최초로 남북 정상 회담을 열고 6 · 15 남북 공동 선언을 발표하는 등 남북 관계를 개선하였다.
② 박정희 정부 시기 남한에서는 1972년 12월 대통령에게 막강한 권력을 부여한 유신 헌법이 공포되었다.
③ 이승만 정부는 대통령의 중임을 2회로 제한하였으나, 1954년 11월 사사오입 개헌을 통해 초대 대통령의 중임 제한을 철폐하였다.

정답 ④

8 다음 담화문을 발표한 정부 시기에 있었던 사실로 옳은 것은? [3점]

> 전직 대통령을 구속하고 재판하는 일은 국가적으로 불행하고 부끄러운 일입니다. 그러나 이러한 과정을 거치지 않으면 우리 역사는 바로 설 수 없습니다. 우리는 이를 통해 군사 쿠데타라는 불행하고 후진적인 유산을 영원히 추방함으로써 군의 진정한 명예와 국민적 자존심을 되찾을 것입니다. …… 우리가 광복 50주년을 맞아 일제 잔재인 옛 조선 총독부 건물을 철거하기 시작한 것도 역사를 바로 잡아 민족정기를 확립하기 위한 것입니다.

① 남북한 유엔 동시 가입이 이루어졌다.
② 국제 통화 기금(IMF)의 관리 체제를 극복하였다.
③ 남북한이 개성 공단 조성에 합의하였다.
④ 경제 협력 개발 기구(OECD)에 가입하였다.

| 해설 | 각 시기 정부의 활동

김영삼 대통령 임기 중인 1995년 10월 노태우의 비자금 계좌가 폭로되어 노태우가 대국민 사과를 하기에 이르렀고, 11월에 구속되었다. 이와 함께 12 · 12 사태와 5 · 18 민주화 운동 진압에 대한 역사적 심판도 이루어져야 한다는 여론이 형성되면서 '5 · 18 특별법'이 제정되었다(1995.12). 이후 전두환은 고향 합천에서 연행되어 서울 구치소에 수감되었다. 그리하여 신군부 출신의 두 전직 대통령은 재판을 받게 되었고, 재판 결과 1심 공판에서 전두환은 사형, 노태우는 22년 6월형이 선고되었다. 항소심에서는 전두환 무기 징역, 노태우 17년형이 각각 선고되었다. 한편, 김영삼 정부 시기에 조선 총독부의 철거도 '역사 바로 세우기'의 일환으로 추진되었다(1996.11.13).

④ 김영삼 정부 시기에 우리나라는 선진국들의 모임인 경제 협력 개발 기구(OECD)에 가입하였다(1996.12).

| 오답 넘기 |

① 1991년 9월 노태우 정부 시기 남북한의 유엔 동시 가입이 이루어졌다.
② 김대중 정부 시기에는 2001년 4월 국제통화 기금으로부터 지원받은 구제 금융을 조기 상환하고 국제 통화 기금(IMF) 관리 체제에서 벗어날 수 있었다.
③ 김대중 정부 시기 6 · 15 남북 공동 선언 이후에 개성 공단 조성 사업이 추진되었다(2003.9).

정답 ④

29 사회 · 경제의 변동과 평화 통일을 위한 노력

공부한 날 월 일

일차

❶ 산업화와 경제 성장

(1) 이승만 정부 시기의 원조 경제

① 배경 : 6 · 25 전쟁으로 산업 기반 파괴, 화폐 가치 폭락으로 인한 물가 폭등

② 내용 : 미국이 농산물 원조 → 이른바 삼백(三白) 산업(제분, 제당, 면방직) 발달

③ 한계 : 국내 농산물 가격 하락, 정경 유착 심화, 1950년대 후반 미국의 무상 원조 축소 · 유상 차관으로의 전환에 따라 경제 불황

(2) 박정희 정부의 경제 개발 5개년 계획

한국의 경제 개발 5개년 계획은 정부 주도, 수출과 외자 의존, 저임금 정책의 성격을 띠고 있으며, 장면 내각이 계획을 수립하였으나, 이를 실천에 옮긴 것은 5 · 16 군사 정변 이후이다.

① 제 1 · 2차 경제 개발 5개년 계획(1962~1971)

구분	제1차 경제 개발 5개년 계획	제2차 경제 개발 5개년 계획
특징	노동 집약적 경공업을 육성하여 수출 증대 시도, 광부 · 간호사 파견(독일), 한 · 일 협정 체결, 베트남 파병 등으로 자금 마련	사회 간접 자본 확충, 경공업 및 비료 · 시멘트 · 정유 산업 육성을 통한 산업 구조 개편에 주력 → 경부 고속 국도 건설(1970.7), 포항 제철 건설 시작(1970.4)
결과	높은 경제 성장률(한강변의 기적), 수출 증가, 무역 적자로 인해 외채 증가	

② 제 3 · 4차 경제 개발 5개년 계획(1972~1981)

㉠ 중화학 공업 육성에 주력 : 영남 지역을 중심으로 조선 · 자동차 · 정유 · 전자 단지 등 조성 → 수출액 100억 달러 달성(1977)

㉡ 산업 구조의 고도화 : 1차 산업의 비중 축소, 2 · 3차 산업의 비중 증가

㉢ 제1, 2차 석유 파동에 따른 위기

ⓐ 제1차 석유 파동(1973) : 건설업의 중동 진출을 통한 외화 조달로 극복

ⓑ 제2차 석유 파동(1978) : 외채 위기, 실업률 증가 등 경제 위기

③ 박정희 정부 경제 성장 정책의 한계 : 저임금 · 저곡가 정책으로 소득 격차와 도농 간 격차 심화, 경제의 외국 의존도 심화, 정경 유착, 재벌 중심의 독점 자본 성장, 산업 간 불균형 심화

(3) 1980년대 이후 경제 변화

① 1980년대 중반 : 3저 호황(저유가, 저달러, 저금리) 상황을 배경으로 경제 성장
1986~1988

가발 공장의 여성 근로자들 1970년대까지 우리의 주요 수출 산업은 낮은 임금에 바탕을 둔 노동 집약적 산업이었다.

서독 파견 광부

서독 파견 간호사

석유 파동
원유 가격이 큰 폭으로 상승하면서 나타난 세계 경제의 혼란을 일컫는 말이다. 중동 전쟁으로 시작된 제1차 석유 파동과 이란의 원유 수출 중단으로 시작된 제2차 석유 파동이 있었다.

Click! ● 경제 개발의 여러 모습

포항 종합 제철

경부 고속 도로 개통

마산 수출 자유 지역

100억 불 수출 기념 아치(1977)

새마을 운동　1970년에 시작된 범국민적 지역 사회 개발 운동으로, 박정희 대통령이 농촌 마을 가꾸기 사업을 제창하고 이것을 '새마을 가꾸기 운동'이라고 한 것에서 시작되었다.

농축산물 수입 개방 반대 투쟁

② **1990년대** : 경제 협력 개발 기구(OECD) 가입(1996.12), 세계화 정책 → 1997년 11월 외환 위기(대기업 부도, 외환 부족 사태) → 국제 통화 기금(IMF)의 구제 금융 지원

③ **2000년대** : 첨단 산업(반도체 · 휴대 전화 · LCD) 발전, 외환 위기 극복(구조 조정, 외국 자본 유치 성공), 자유 무역 협정(FTA) 체결

이명박 정부 때인 2012년 3월 발효

❷ 사회의 변화와 문화의 동향

(1) 산업 구조의 변화와 도시화

① **이촌 향도 현상** : 도시로의 인구 집중으로 주택 · 교통 · 환경 · 실업 문제 등 발생

② **도시와 농촌 간의 소득 및 문화 격차** : 새마을 운동 추진

③ **새마을 운동(1970.4)**

㉠ 목적 : 농촌의 근대화와 생활 향상 도모

㉡ 전개 : 근면 · 자조 · 협동을 바탕으로 농촌 환경 개선에 중점을 둔 정부 주도 운동

㉢ 의의 · 한계 : 농가 소득 증대 및 농어촌 근대화에 기여 → 점차 도시와 직장으로 확대, 국민 정신 운동으로 전개, 유신 체제 합리화에 이용되기도 함

(2) 농민, 노동자 문제

① **농민 운동** : 농산물 시장 개방으로 인한 농산물 가격 하락, 농가 부채 증가, 고령화

② **노동 운동** : 전태일 분신 사건(1970.11)을 계기로 노동 운동 본격화 → 1980년대 후반 이후 노동 운동 활성화

평화 시장 여성 노동자의 열악한 근로 환경을 고발하고자 평화 시장의 재단사 전태일이 '근로 기준법을 준수하라!'는 구호와 함께 분신한 사건이다.

Click ! ● 1970년대 노동 운동

● **아름다운 청년 전태일**

평화 시장 다락방 작업장

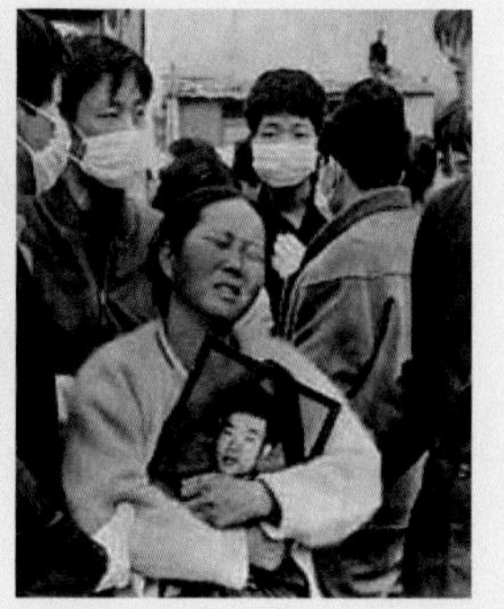

오열하는 전태일의 어머니

● **대통령에게 드리는 글(전태일, 1970)**

존경하는 대통령 각하! …… 저희들은 근로 기준법의 혜택을 조금도 못 받으며, 더구나 2만여 명을 넘는 종업원의 90% 이상이 평균 연령 18세의 여성입니다. …… 또한, 2만여 명 중 40%를 차지하는 보조공들은 평균 연령 15세의 어린이들입니다. 이들은 전부가 다 영세민들의 자제이며, 굶주림과 어려운 현실을 이기려고 하루에 90원 내지 100원의 급료를 받으며 1일 15시간씩 작업을 합니다.

– 박정희 대통령에게 보낸 탄원서, 1970년 –

(3) 언론과 대중문화

① **언론** : 6월 민주 항쟁 이후 언론의 자유 신장 → 언론의 영향력 확대

② **대중문화 발달** : 라디오 · 텔레비전 등 대중 매체 보급, 1990년대 이후 한류 현상

③ **스포츠 발전** : 아시안 게임(1986), 서울 올림픽(1988), 월드컵 개최(2002) 성공

❸ 통일을 위한 노력☆☆☆

(1) 남북 간의 대립과 갈등 : 이승만 · 박정희 정권 시기의 반공 정책, 북한의 공격(무장 간첩의 청와대 습격, 울진 · 삼척 무장간첩 침투, 푸에블로호 나포 사건 등) → 남북 간 긴장 고조

└ 북한이 미국 정찰함 푸에블로호를 나포한 사건(1968. 1. 23)

(2) 남북 관계의 진전

① 7 · 4 남북 공동 성명(1972.7)

㉠ 배경 : 냉전 완화, 남북 적십자 회담(1971, 이산가족 문제 협의) 등 남북 대화 추진

㉡ 내용 : 자주 · 평화 · 민족 대단결의 3대 통일 원칙 제시(서울과 평양에서 동시 발표), 실무 진행을 위해 남북 조절 위원회 설치

② 남북 기본 합의서(1991.12)

㉠ 배경 : 냉전 종식(독일 통일, 소련 해체), 노태우 정부의 북방 외교

㉡ 과정 : 남북 고위급 회담 개최(1990), 남북 동시 유엔 가입(1991) → 남북 기본 합의서 채택

㉢ 남북 기본 합의서 : 남북한 정부 간 최초의 공식 합의서, 서로의 체제 인정 · 상호 화해 · 상호 불가침에 합의 → 한반도 비핵화 공동 선언(1991.12)으로 계승

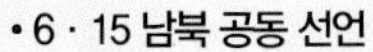

김대중 대통령과 북한 김정일 국방 위원장이 평양에서 2000년 6월 13일부터 15일까지 2박 3일 동안 가진 정상 회담으로, 남북한의 정상이 직접 만나기는 분단 이후 처음 있는 일이었다.

③ 남북 정상 회담

㉠ 6 · 15 남북 공동 선언 : 남북 정상 회담(2000.6)에서 6 · 15 남북 공동 선언 채택(남북 교류와 경제 협력 활성화, 경의선 복구 사업, 개성 공단 설치, 이산가족 상봉 및 면회소 설치)

㉡ 노무현 정부의 대북 정책 : 김대중 정부의 대북 화해 협력 정책 계승, 제2차 남북 정상 회담 개최(2007.10, 남북 관계의 발전과 평화 번영을 위한 선언 채택)

10 · 4 남북 공동 선언

최초의 이산가족 고향 방문단(1985.9)

금강산 관광 개시(1998.11)

6 · 15 남북 공동 선언에 서명한 남북 정상(2000.6)

10 · 4 남북 공동 선언에 서명한 남북 정상(2007.10)

Click ! ●6 · 15 남북 공동 선언과 10 · 4 남북 공동 선언

• **6 · 15 남북 공동 선언**

1. 남과 북은 나라의 통일 문제를 그 주인인 우리 민족끼리 서로 힘을 합쳐 자주적으로 해결해 나가기로 하였다.
2. 남과 북은 나라의 통일을 위한 남측의 연합제 안과 북측의 낮은 단계의 연방제 안이 서로 공통성이 있다고 인정하고 앞으로 이 방향에서 통일을 지향해 나가기로 하였다.

• **10 · 4 남북 공동 선언**

1. 남과 북은 6 · 15 공동 선언을 고수하고 적극 구현해 나간다.

……

5. 남과 북은 민족 경제의 균형적 발전과 공동의 번영을 위해 경제 협력 사업을 공리공영과 유무상통의 원칙에서 적극 활성화하고 지속적으로 확대 발전시켜 나가기로 하였다.
6. 남과 북은 유구한 역사와 우수한 문화를 빛내기 위해 역사, 언어, 교육, 과학 기술, 문화예술, 체육 등 사회문화 분야의 교류와 협력을 발전시켜 나가기로 하였다.
7. 남과 북은 인도주의 협력 사업을 적극 추진해 나가기로 하였다.

❶ 산업화와 경제 성장

- [이승만 정부] 미국의 원조 물자를 기반으로 삼백 산업이 성장하였다.
  - ↳ 미국으로부터 농산물을 무상 지원받았어.
- [장면 정부] 제1차 경제 개발 5개년 계획이 수립되었다.
- [박정희 정부] 제1차 경제 개발 5개년 계획이 추진되었다.
  - ↳ 서독에 광부와 간호사가 파견되었다.
  - ↳ 서독에 광부와 간호사를 파견하여 외화를 획득하였다.
  - ↳ 경부 고속 도로를 개통하였다.
  - ↳ 경부 고속 도로가 개통되었다.
  - ↳ 베트남 전쟁 참전에 따른 특수를 누렸다.
  - ↳ 건설업체의 중동 진출이 본격화되었다.
  - ↳ 연간 수출액 100억 달러가 최초로 달성되었다.

> **실전 자료** **경제 개발 5개년 계획**
>
> 1960~70년대에는 가난에서 벗어나 잘 살기 위한 노력이 활발하게 전개되었다. 이러한 노력은 수출 증대, 사회 기간 시설 조성, 공장 건설 등 다양한 측면에서 이루어져 경제가 크게 발전하는 계기가 되었다.

- [전두환 정부] 3저 호황으로 수출이 증가하였다.
  - ↳ 저유가, 저금리, 저달러의 3저 호황이 있었다.
- [김영삼 정부] 금융 실명제가 (전격) 실시되었다.
  - ↳ (1995년) 세계 무역 기구(WTO)에 가입하였다.
  - ↳ 경제 협력 개발 기구(OECD)에 가입하였다.
  - ↳ [외환 위기] 국제 통화 기금(IMF)의 관리를 받게 되었다.
  - ↳ 외채 상환을 위해 금 모으기 운동을 전개하였어.
- [김대중 정부] 국제 통화 기금(IMF)의 관리 체제를 극복하였다.
- [노무현 정부] 칠레와 자유 무역 협정(FTA)이 체결되었다.
  - ↳ 경부 고속 철도(KTX)가 개통되었다.
  - ↳ 미국과의 자유 무역 협정(FTA)이 체결되었다.

❷ 사회의 변화와 문화의 동향

- 도시화가 촉진되었다.
- 새마을 운동을 시작하였어.
  - ↳ 근면, 자조, 협동을 구호로 내세웠다.
  - ↳ 농가 소득을 높이기 위해 추진되었다.
- [박정희 정부] 전태일이 근로 기준법의 준수를 요구하며 분신하였다.
- [노태우 정부] 서울 올림픽 대회가 열렸다.
  - ↳ 서울 올림픽 대회가 개최되었다.
- [김대중 정부] 국민 기초 생활 보장법이 제정되었다.
- [노무현 정부] 가족 관계 등록법이 시행되었다.

❸ 통일을 위한 노력

- [박정희 정부] 7 · 4 남북 공동 성명을 발표하였다.
  - ↳ 7 · 4 남북 공동 성명이 발표되었다.
  - ↳ 남북 조절 위원회를 구성하였다.
  - ↳ 제1차 남북 적십자 회담 개최

> **실전 자료** **7 · 4 남북 공동 성명**
>
> • 통일은 자주적으로 이루어야 한다는 것이지.
> • 통일은 평화적인 방법으로 실현해야 한다는 것이야.
> • 통일은 민족의 대단결을 추구하는 방향으로 이루어져야 한다는 것이지.
> • 남북한이 최초로 통일의 원칙에 합의한 것이야.

- [전두환 정부] 이산가족 고향 방문을 최초로 성사시켰다.
  - ↳ 남북 간 이산가족 상봉이 (최초로, 처음으로) 이루어졌다.
- [노태우 정부] 남북 기본 합의서를 채택하였다.
  - ↳ 남북 기본 합의서가 채택되었다.
  - ↳ 한반도 비핵화 공동 선언을 채택하였다.
  - ↳ 남북한 유엔 동시 가입이 이루어졌다.
  - ↳ 중화 인민 공화국과 국교를 수립하였다.
- [김영삼 정부] 민족 공동체 통일 방안을 발표하였다.
- [김대중 정부] 남북 정상 회담이 개최되었다.
  - ↳ 남북 정상 회담을 처음으로 개최하였다.
  - ↳ 최초로 남북 정상 회담을 개최하였다.
  - ↳ 최초로 남북 정상 회담이 개최되었다.
  - ↳ 금강산 (해로) 관광 사업을 실시하였다.
  - ↳ 남북한이 개성 공단 조성에 합의하였다.
  - ↳ 개성 공단 건설 사업을 실현하였다.
  - ↳ 개성 공단 건설을 통해 남북 간 경제 교류가 이루어졌다.
  - ↳ 남북한 경제 협력 사업의 일환으로 공단이 건설되었다.
  - ↳ 남북 경의선 철도 연결 공사가 시작되었다.
- [노무현 정부] 제2차 남북 정상 회담을 개최하였다.

1 (가), (나) 사이 시기의 경제 상황에 대한 설명으로 옳은 것은? [2점]

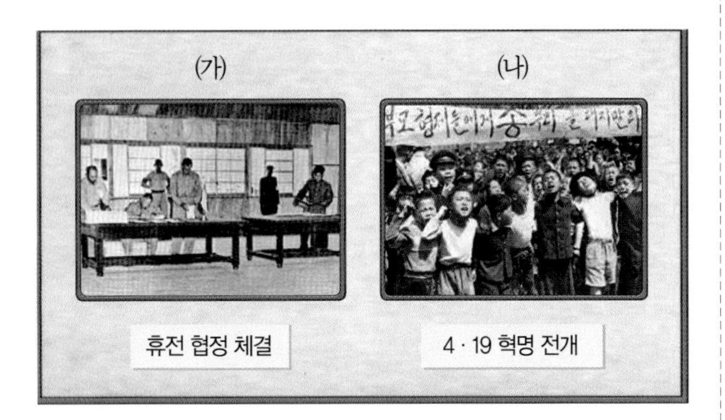

① 건설업체의 중동 진출이 본격화되었다.
② 저유가, 저금리, 저달러의 3저 호황이 있었다.
③ 제분, 제당, 면방직의 삼백 산업이 성장하였다.
④ 투명한 금융 거래를 위한 금융 실명제가 실시되었다.

| 해설 | 우리나라의 경제 발전 과정

자료의 (가)는 6 · 25 전쟁 과정 중 1951년 1월 4일 서울을 다시 내주게 되었다(1 · 4 후퇴). 이러한 팽팽한 접전 속에서 유엔군과 북한군, 중국군 사이에 휴전 회담이 개최되었고, 1953년 7월 27일 휴전 협정이 조인되었다. 자료 (나)는 이승만 정부의 부정선거로 발생한 4 · 19 혁명 때 시위하는 초등학생들의 모습이다(1960).

③ 6 · 25 전쟁 직후 정부는 미국의 경제 원조에 의존하였는데, 미국의 원조는 주로 잉여 농산물 중심으로 이루어졌다. 특히, 1950년 후반기에 우리나라에서 제분, 제당, 면방직 공업 등 이른바 삼백(三白) 산업 중심의 소비재 산업이 발달하였던 것은 미국이 제공한 밀, 원당, 면화 같은 백색의 원료 때문이었다. 이러한 원료는 정부가 독점하여 공급하였으므로 정치와 경제가 유착되는 현상도 나타났다.

정답 ③

2 다음 뉴스가 보도된 정부 시기의 사실로 옳은 것은? [2점]

① 금융 실명제가 실시되었다.
② 서울 올림픽 대회가 개최되었다.
③ 박종철 고문 치사 사건이 발생하였다.
④ 전태일이 근로 기준법의 준수를 요구하며 분신하였다.

| 해설 | 우리나라의 경제 발전 과정

1970년 7월에는 경부 고속 국도가 개통되어 전국을 1일 생활권으로 만들었다. 박정희 정부는 수출품의 가격 경쟁력을 유지하기 위해 저임금 정책을 지속하며 노동 운동을 강력히 통제하였다. 그러자 1970년 11월에 일어난 평화 시장 재단사인 전태일의 분신자살을 계기로 노동 운동이 점차 활발해졌다. 그리고, 지식인, 노동자, 학생들이 노동 문제에 관심을 가지고 노동 운동에 참여하게 되었다.

| 오답 넘기 |

① 김영삼 정부는 금융 거래를 할 때에 실제 이름을 사용하도록 하는 금융 실명제를 실시하였다(1993.8).
② 노태우 정부 시기에는 올림픽을 개최하여 한국의 발전상을 국내외에 알리고, 지구촌 화합에 기여하였다(제24회 서울 올림픽 대회, 1988.9).
③ 1987년 1월에 발생한 박종철 고문 치사 사건은 6월 민주 항쟁을 촉발한 배경이 되었으며, 이한열의 희생으로 6월 민주 항쟁이 더욱 확대되었다(1987).

정답 ④

3 밑줄 그은 '정부' 시기의 경제 상황으로 옳은 것은? [3점]

□□ 특별전

독일로 간 한국 노동자들

경제개발 5개년 계획 추진을 위해 외화가 필요했던 정부는 독일과 협정을 체결하여 광부를 파견하였습니다. 또한 광부뿐만 아니라 많은 간호사도 고국을 떠나 독일로 건너갔습니다. 독일로 간 그들의 삶을 따라가 봅시다.

- 기간 : 2017년 ○○월 ○○일~○○월 ○○일
- 장소 : □□박물관 기획 전시실

① 3저 호황으로 수출이 증가하였다.
② 베트남 전쟁 참전에 따른 특수를 누렸다.
③ 경제 협력 개발 기구(OECD)에 가입하였다.
④ 국제 통화 기금(IMF)의 관리를 받게 되었다.

| 해설 | 우리나라의 경제 발전 과정

박정희 정부는 외화를 획득하고자 이민이나 국외 이주를 장려하였다. 정부는 1966년에 서독과 특별 고용 계약을 맺고 간호사 3천 명, 탄광 광부 3천 명을 파견하였다(광부는 이미 1963년부터 파견). 1980년(간호사는 1976년)까지 진행된 파견으로 벌어들인 외화는 한국 경제 발전에 큰 도움이 되었다. 독일에 파견되었던 광부와 간호사 등은 대부분 귀국하였으나 일부는 그곳에 정착하여 한인 사회를 형성하기도 하였다.
또 미국이 베트남전에 파병을 요청하자 6 · 25 전쟁 당시 우리를 도와준 나라에 보답하고, 자유 민주주의를 수호해야 한다는 명분을 내세워 파병에 응하였다(1964.9~1973.3). 베트남 파병의 대가로 우리나라는 국군의 전력 증강과 경제 개발을 위 한 차관을 제공받았고, 파병 군인들의 송금, 군수품 수출, 건설 업체의 베트남 진출 등으로 외화를 획득할 수 있었다. 하지만 치열한 전쟁 과정 에서 베트남에 파병된 많은 젊은이들이 전쟁터에서 희생되었다.

| 오답 넘기 |

① 전두환 정부(1986~1988), ③ 김영삼 정부(1996.12), ④ 김영삼 정부(1997.11)의 내용이다.

정답 ②

4 (가)에 들어갈 내용으로 가장 적절한 것은? [2점]

① 새마을 운동을 시작하였어.
② 미국으로부터 농산물을 무상 지원받았어.
③ 외채 상환을 위해 금 모으기 운동을 전개하였어.
④ 서독에 광부와 간호사를 파견하여 외화를 획득하였어.

| 해설 | 우리나라의 경제 발전 과정

한국 경제는 일부 기업의 과도한 부채와 도산 등으로 어려움을 겪으면서 결국 1997년 11월 외환 위기를 맞아 국제 통화 기금(IMF)으로부터 긴급 자금 지원을 받게 되고 결국 국제 통화 기금(IMF)의 관리 체제 아래 들어가게 되었다. 이러한 상황에서 국민들은 자발적으로 '금 모으기 운동'을 전개하였다(1998.1~4). 온 국민이 동참하여 무려 20억 달러에 이르는 금을 모아 경제 위기 극복에 큰 힘을 보탰다.

| 오답 넘기 |

① 새마을 운동은 생활 환경 개선과 소득 증대를 위한 지역 사회 개발 운동으로, 1970년 4월부터 시작되었다.
② 미국으로부터 농산물을 무상 지원받은 것은 1950년 6 · 25 전쟁 이후이다.
④ 서독에 광부와 간호사를 파견한 시기는 1960~70년대이다. 광부는 1963년부터 80년까지, 간호사는 1966년부터 76년까지 파견되었다.

정답 ③

5 (가)에 들어갈 인물로 옳은 것은? [2점]

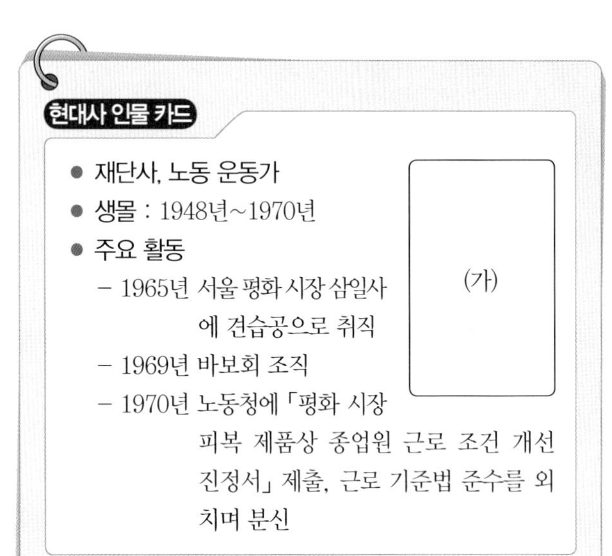

① 박종철 ② 전태일
③ 이한열 ④ 장준하

| 해설 | 노동 문제와 노동 운동

제시된 자료의 (가)에 들어갈 인물은 노동 운동가 전태일이다. 이는 '평화 시장', '분신', '근로 기준법 준수'라는 내용을 통해 알 수 있다.

1960년대 산업화 추진에 따라 인구 구성에 커다란 변화가 일어났다. 농업 인구는 급격히 줄어들기 시작한 반면, 인구의 도시 집중에 따라 산업 노동자는 증가하였다. 특히 노동 집약적 수출 공업 육성 정책에 따라 상대적으로 적은 봉급을 주고 고용할 수 있었던 여성 노동자가 크게 늘어났다. 이러한 상황에서 노동자들은 낮은 임금과 열악한 작업 환경에 시달렸다. 반면 노동자의 권리를 뒷받침할 수 있었던 노동 운동은 아직 미약하였다.

서울 평화 시장 노동자였던 전태일(1948~1970)의 분신은 당시에 큰 반향을 불러일으켰다(1970.11). 이후 노동 운동에 대한 사회적 관심이 증대되면서 노동자의 생존권을 요구하는 투쟁이 늘어났으며, 노동 조합의 설립이나 민주화 운동이 활발해졌다.

정답 ②

6 다음 성명을 발표한 정부의 통일 정책으로 옳은 것은? [3점]

① 개성 공단 조성에 합의하였다.
② 남북 조절 위원회를 설치하였다.
③ 민족 공동체 통일 방안을 발표하였다.
④ 한반도 비핵화 공동 선언을 채택하였다.

| 해설 | 통일을 위한 노력

제시된 자료의 내용은 1972년 남 · 북한 정부 당국이 비밀 접촉을 거쳐 발표한 7 · 4 남북 공동 성명이다. 7 · 4 남북 공동 성명에서 남 북한 당국은 자주 · 평화 · 민족 대단결의 통일 원칙을 서울과 평양에서 동시에 발표하였다. 성명 결과 남북 조절 위원회가 구성되고(1972.11) 남북 적십자 회담이 활성화되기도 하였으나, 공동 성명에 대한 해석 차이로 남북 대화는 진전되지 못하였다.

| 오답 넘기 |

① 김대중 정부 시기 6 · 15 남북 공동 선언(2000) 이후에 개성 공단 조성 사업이 추진되었다.
③ 김영삼 정부는 1994년 8월 화해와 협력, 남북 연합, 통일 국가 완성으로 이어지는 '한민족 공동체 건설을 위한 3단계 통일 방안'을 제시하였다.
④ 남북한이 한반도 비핵화 공동 선언을 발표한 것은 1991년 12월 31일이다(노태우 정부 시기).

정답 ②

7 (가) 정부의 통일 노력으로 옳은 것은? [1점]

① 금강산 관광 사업을 실시하였다.
② 남북 기본 합의서를 채택하였다.
③ 7 · 4 남북 공동 성명을 발표하였다.
④ 남북 정상 회담을 처음으로 개최하였다.

| 해설 | **통일을 위한 노력**

제시된 자료는 노태우 정부 시기의 북방 외교에 대한 내용으로 (가) 대통령은 노태우 전 대통령이다.

1991년 9월 노태우 정부 시기에는 북한과 함께 유엔에 동시 가입하였으며, 남북 사이의 화해와 불가침 및 교류 · 협력에 관한 합의서(남북 기본 합의서)를 채택하였다(1991.12).

또 서울 올림픽을 성공적으로 개최하였으며, 북방 정책을 추진하여 소련 · 중국 및 동구권의 여러 공산국가들과 국교를 맺게 되었다. 한 · 소 수교는 1990년 9월에, 한 · 중 수교는 1992년 8월에 이루어졌다.

| 오답 넘기 |

① 금강산 관광은 1998년 11월 시작되었는데, 이는 현대 그룹의 오랜 노력과 김대중 정부의 햇볕 정책이 맞물려 맺은 결실이었다. 참고로 이때는 해로 관광이었고, 금강산 육로 관광이 이루어진 것은 노무현 정부 시기인 2003년 9월의 일이다(2004년 1월부로 해로 관광 중단).
③ 남북한 당국은 1972년 7월 서울과 평양에서 통일의 3대 원칙을 합의한 7 · 4 남북 공동 성명을 발표하였다.
④ 김대중 정부 시기 평양에서 최초로 남북 정상 회담이 개최되고 '6 · 15 남북 공동 선언'이 발표되었다(2000).

정답 ②

8 다음 대회를 개최한 정부의 통일 노력으로 옳은 것은? [2점]

① 남북 기본 합의서를 채택하였다.
② 남북 조절 위원회를 구성하였다.
③ 남북한이 유엔에 동시 가입하였다.
④ 6 · 15 남북 공동 선언을 발표하였다.

| 해설 | **통일을 위한 노력**

2000년 9월 제27회 시드니 올림픽에 이어 2002년 9월 제14회 부산 아시아 경기 대회 개회식에서 남북이 동시 입장으로 세계인들의 주목을 받았다. 따라서 자료의 시기는 김대중 정부임을 알 수 있다.

2000년 6월 김대중 대통령은 북한의 평양을 방문하여 김정일 북한 국방위원장과 만나 정상 회담을 하고 6 · 15 남북 공동 선언을 발표하였다. 이로 인해 남북 교류가 활발해지면서 이산 가족의 서신 교환과 면회소 설치, 경의선 철도 복원 등이 합의되고 개성 공단 건설 등의 경제 협력도 활발해졌다.

| 오답 넘기 |

① 남북 이산 가족의 상호 동시 방문은 1985년 9월 전두환 정부 시기 최초로 실시되었다.
② 박정희 정부 시기 7 · 4 남북 공동 성명의 결과 남북 조절 위원회가 구성되었다(1972.11).
③ 1991년 9월 노태우 정부 시기 남북한의 유엔 동시 가입 등이 이루어졌다.

정답 ④

특별 주제

주제 1

간도와 독도

주제 2

우리나라의 세시 풍속

주제 3

우리나라 각 지역의 역사

주제 4

우리 문화유산의 이해
(한국의 유네스코 등재 유산)

특별 주제

주제 1 간도와 독도

(1) 간도를 둘러싼 귀속(영유권) 분쟁

19세기 후반에 이르러 간도 귀속을 둘러싼 영유권 분쟁 발생 → 백두산정계비 해석 문제(토문강의 위치 논란) 대두

간도는 19세기 후반 이래 우리 민족이 '중간에 있는 섬', '새로 개간한 땅'이라는 의미로 부르던 지명으로, 현재의 중국 옌볜 조선족 자치주인 옌지, 허룽, 왕칭, 훈춘 일대를 가리킨다.

청과의 국경 분쟁	• 청이 간도 지역(백두산 일대)을 여진족의 발상지로 인식하여 성역화(봉금 지대로 설정) • 조선인들이 국경을 넘어 일부 간도 지역에 정착 → 청과 국경 분쟁 발생
백두산정계비 건립 (1712)	• 국경을 명확하게 하자는 청의 요구에 따라 양국 대표가 모여 백두산 일대를 답사하여 국경을 확정하고 건립 • 내용 : 양국 간의 국경은 서쪽으로는 압록강, 동쪽으로는 토문강을 경계로 함(…西爲鴨綠 東爲土門 故於分水嶺上…) • 문제점 : 19세기에 이르러 토문강의 위치에 대한 해석상의 차이로 간도 귀속 문제가 발생
개화기, 대한 제국 시기의 간도 관리	• 영유권 분쟁 발생 : 1881년 청이 봉금을 해제하고 청국인들의 간도 이주와 개간, 농경 장려, 1883년에 이르러 간도에서의 조선인 철수 요구 → 토문강에 대한 해석을 둘러싼 영유권 분쟁 발생 → 두 차례에 걸친 감계 회담(1885 · 1887)에서 조선 측 토문 감계사 이중하가 간도에 대한 영유권을 강력하게 주장 • 현지 조사단 파견 : 1897년과 1898년 두 차례에 걸쳐 현지 조사단 파견, 함경북도 관찰사 이종관이 1898년에 만주와 연해주 일대에 대한 영유권을 주장하는 보고서 올림 → 1901년 회령에 변계경무서 설치 • 간도 관리사 파견 : 1902년에 이범윤을 북변 간도 관리사로 임명(직접적인 관할권 행사), 함경도 행정 구역으로 편입
간도 협약 (1909)	• 간도 파출소 설치 : 일제가 1905년 을사조약 체결 이후 간도 용정에 통감부 소속 간도 파출소 설치(1907.8) • 1909년 9월 일제가 청과 간도 협약 체결(남만주 철도 부설권을 획득하는 대가로 간도를 청의 영토로 인정, 백두산정계비에 대한 청 측 해석을 그대로 인정)
조 · 중 변계 조약 (1962)	중국과 북한이 두만강을 국경선으로 확정하되 북한은 백두산 천지의 2/3를, 중국은 1/3을 영유하기로 조약을 체결

청은 토문강을 두만강으로 해석하였고, 조선은 만주 쑹화강의 지류라고 주장하였다.

(2) 독도

① 대한 제국의 울릉도 · 독도 관리

㉠ 배경 : 1895년 청일 전쟁 승리 이후 일본인들의 불법 거주 → 한일 양국 실태 조사(1900)

㉡ 대한 제국 칙령 제41호 발표(1900) : 조사관의 보고서를 토대로 울릉도와 독도가 대한 제국의 영토라는 사실 선언 → 칙령 제41호에 따라 울릉도는 울도로 개칭되어 강원도에 부속, 독도는 울도군 남면에 부속 → 울도군 초대 군수로 배계주 파견

② 일제의 독도 침탈 : 러일 전쟁 중 일본이 시마네 현 고시 후 불법적으로 자국 영토로 편입(1905) → 일본의 해군성과 외무성이 이 기회에 독도를 일본 영토로 편입하고, 그곳에 러시아 함대 감시를 위한 망루 설치 기도.

㉠ 대한 제국 정부의 대응 : 1906년 4월 일본의 시마네 현의 관리 일행이 독도를 시찰하러 와서 울릉도 군수 심흥택에게 통지[독도를 일본의 속지(屬地)라 자칭] → 보고를 받은 내부대신과 참정대신이 전혀 이치에 맞지 않다며 사실 관계를 다시 조사할 것을 지시(을사조약의 체결로 외교권이 박탈되어 외교적 항의를 할 수 없었음)

㉡ 대한 제국 언론의 대응 : 일본의 독도 영토 편입 조치의 불법성 보도 → 대한매일신보는 '무변불유(無變不有 : 변이 생겼다)'라는 제목으로 대한 제국의 지령문을 인용하면서 항의, 황성신문도 항의 표시

(3) 독도 영유권 분쟁과 일본의 한국사 왜곡

① 독도 영유권 분쟁

> 독도는 『세종실록』 지리지를 비롯하여 우리나라의 옛 문헌들에 기록되어 있다. 조선 초기에는 울릉도민들을 본토에 옮겨 살게 하는 공도 정책을 추진하여, 한때 정부의 관리가 소홀하였으나 우리 어민들은 고기잡이를 하는 거점으로 줄곧 활용해 왔다.

② 일제의 항복과 독도의 반환 : 패전 후 '무조건 항복 문서'에 공식 서명하고, 포츠담 선언의 주요 사항들을 수행할 것을 수락 → 독도는 1905년 일본이 불법이면서 효력 없이 자국령으로 편입하였기 때문에 한국의 영토로 반환

㉠ '연합국 최고 사령관 각서'(1946) : 울릉도와 독도가 일본 영토에서 분리되어 한국 관할 구역으로 편입, 1947년 8월 16일 미군정 민정장관 안재홍이 국사관장 신석호를 단장으로 하는 조사단을 독도에 파견

㉡ 샌프란시스코 강화 조약(1951)('샌프란시스코 조약' 또는 '대일 강화 조약') : 한국의 독립과 영토의 반환에 관한 조항 → 일본은, 일본으로부터 분리되는 지역의 하나로 독도가 열거되어 있지 않다는 이유로 이후 독도가 자국의 영토라고 억지 주장

㉢ 이승만 정부의 '평화선' 발표 : 1952년에 '인접 해양의 주권에 대한 대통령의 선언(통칭 '평화선' 또는 '이승만 라인') 발표 → 역사 · 지리 · 국제법적으로 대한민국 고유 영토임을 대내외에 천명

㉣ 일본의 지속적인 독도 영유권 주장과 독도 왜곡 교육

ⓐ 독도 영유권 주장 : 일본 총리 및 각료들이 수시로 독도를 자국의 영토라고 억지 주장, 2005년 시마네 현 의회가 2월 22일을 '다케시마의 날'로 하는 조례 의결

ⓑ 교과서 왜곡 : 2001년 일부 중학교 교과서에 독도를 자국의 영토로 기술, 2011년 이후에는 많은 초 · 중 · 고등학교 교과서들이 독도를 자국 영토로 기술

Click ! ● 울릉도와 독도의 한반도 귀속 역사

시대	내용
삼국 시대	• 신라가 우산국 병합(512, 지증왕 13) : 신라 장군 이사부가 우산국을 정벌하고 신라에 편입(『삼국사기』), 당시 우산국은 울릉도와 죽도, 독도로 이루어진 소국
고려 시대	• 우산국 조공(태조 왕건) : 우산국의 토두가 백길을 사자로 보내어 태조 왕건에게 토산물 바침, 태조 왕건은 백길에게 품계 수여. • 울릉도 이주 중단(무신 정권기) : 최이가 동해안의 주민을 울릉도로 이주시키려 하였으나 풍랑 사고가 잇따르자 중단
조선 시대	• 쇄환[공도] 정책 실시(태종) : 울릉도 주민을 육지로 강제 이주시키고 섬을 비우는 쇄환[공도] 정책 실시 → 섬을 보호하기 어려울 때 백성을 안전한 지역으로 이주시킨 것, 울릉도에 정기적으로 관리를 파견하여 순찰 • 조선 영토로 기록(『세종실록』 지리지) : 『세종실록』 지리지에 울진현의 동쪽 바다에 울릉도와 독도가 있는데, 두 섬의 거리가 가까워 맑은 날이면 볼 수 있다고 기록 • 안용복(?~?)의 활동 : 임진왜란 이후 일본 어민들이 울릉도와 독도를 자주 침범하자 숙종 때 안용복이 일본 어부를 쫓아내고, 두 차례나 일본으로 건너가 울릉도와 독도가 조선 영토임을 확인받음. • 쇄환 정책 중단(1881) : 울릉도와 부속 도서에 대한 쇄환 정책 중단 → 육지 이민을 이주시키고 관리 파견 **울릉도 검찰사 임명** : 1882년 이규원을 울릉도 검찰사로 임명(현지 조사) → 100여 명의 조사단을 이끌고 울릉도를 조사하여 울릉도 검찰 일기"와 울릉도 지도(내도와 외도)를 고종에게 제출 **울릉도 개척사 임명** : 1883년 울릉도 개척령을 내리고 김옥균을 울릉도와 독도를 포함한 동남 제도의 개척사로 임명 → 이주민 16호 54명을 모집하여 이주시킴, 식량과 곡식의 종자, 가축, 무기 등 지원

> **독도 강탈 과정**
> 일제는 독도 편입 사실을 을사늑약 이후인 1906년 4월에야 비로소 대한 제국 정부에 고지하였는데 대한 제국 정부는 독도가 한국 영토임을 분명히 하였다.

> **현대사에서의 독도**
> 1943년에 미국, 영국, 중국의 대표들이 서명한 카이로 선언에서는 일본이 폭력과 탐욕에 의해 빼앗은 모든 지역으로부터 물러나야 한다고 선언하였다.

주제 2 우리나라의 세시 풍속 ☆☆☆

1월 (정월)	1일	설날	• 우리나라의 최대 명절, 세찬(歲饌)[떡국]과 세주(歲酒)를 마련하여 이른 아침에 차례 지냄, 새 옷(세장)을 입고 웃어른에게 세배하고 덕담 주고받기 • 원일(元日) · 원단(元旦) · 세수(歲首) · 연수(年首)라고도 부름, '근신하여 경거망동을 삼간다'는 뜻으로 신일(愼日)이라고도 함, 일제 강점기 신정(新正)이 등장하면서 구정(舊正)으로 불림 • 야광귀(夜光鬼)에게 빼앗기지 않도록 신발을 방 안에 둠, 이른 아침에 (복을 담는) '복조리'를 사서 벽에 걸어 놓고 복이 많이 들어오기를 빎, 윷놀이(한 해의 운세를 점 침), 널뛰기, 연날리기 등
	15일	정월 대보름	• 대보름은 어둠, 질병, 재액을 밀어내는 밝음의 상징이자 풍요의 상징, 보름달 보고 소원 빌기 • 부스럼 예방을 위해 부럼 깨기[깨물기](밤, 호두, 잣 등), 귀가 밝아지고 좋은 소식만 듣게 된다는 귀밝이술 마시기, 오곡밥 먹기(약밥, 달떡) • 액운을 물리치고 복(건강)을 기원하는 달집 태우기, (해충 피해 방지를 위한) 쥐불놀이(들판에 쥐불을 놓으며 풍년을 기원), 줄다리기, 고싸움놀이, 놋다리밟기, 지신밟기, 탈놀이, 별신굿 등
3월	3일	삼짇날	• 강남 갔던 제비가 (옛집을 찾아) 돌아와 새봄을 알린다는 명절, '중삼(中三)', '답청절(踏靑節)'이라고도 부름 • 진달래꽃으로 장식한 화전 부치기, 노랑나비를 보면 길하다는 풍습에 따라 살아있는 노랑나비(호랑나비) 날려 보내기, 풀각시놀이(각시풀로 머리채를 만든 다음 인형처럼 가지고 놀기), 활쏘기 대회
4월	5일 또는 6일 (양력)	한식	• 동지로부터 105일째 되는 날로, 불을 금하고 음식을 차게 먹음, 집안의 묵은 불을 새 불로 교체하던 풍습, 춘추 시대의 개자추 고사 • ('손 없는 날' 또는) '귀신이 꼼짝 않는 날'로 여겨 산소에 잔디를 새로 입히는 개사초(改莎草)를 하거나, 비석 또는 상석을 세우거나 이장(移葬), 제사 • 조선 시대에는 4대 명절 중 하나로 중시 • 서울(한성)에서는 금화도감 낭청이 관원을 거느리고 마을을 순찰하며, 지방에서는 고을 수령들이 동리의 정장(正長)으로 하여금 순찰
5월	5일	단오	• 1년 중 양기가 가장 왕성한 날로, 수릿날(· 중오절 · 천중절) 등으로도 불림 • 왕이 무더위를 잘 견디라는 의미로 신하들에게 부채를 선물[기록] • 액운을 쫓기 위해 부녀자들은 창포를 넣어 삶은 물(창포물)로 머리를 감음 • 수리취나 쑥으로 떡을 해먹기도 하고(수리취떡), 앵두로 화채를 만들어 먹음, 그네뛰기(부녀자), 씨름(남자들) 등 • 강릉의 행사가 유명, 유네스코 '인류 무형 문화유산'으로 등재
6월	15일	유두	• 물가에 가서 몸을 씻으며[탁족] 더위를 쫓고 서늘하게 하루를 보냄(유두잔치), 또 각 가정에서는 햇밀가루로 국수[구슬 모양의 오색면(유두면)]와 떡을 만들고, 새로 익은 참외 · 수박 등과 함께 사당에 올려 제사(유두천신). • 수단(찹쌀가루, 밀가루로 만든 경단을 만들어 얼음 꿀물에 넣어 먹으면 더위를 타지 않고 장수), 건단, 연병 등을 만들어 먹음
7월	7일	칠석	• 헤어져 있던 견우와 직녀가 (까마귀와 까치가 놓은) 오작교에서 만나는 날(덕흥리 고분 벽화) • 여인들은 계절 과일이나 정화수를 상에 올려놓고 바느질 솜씨가 좋아지도록 직녀성에 기원(걸교), 청년들은 학문 연마 소원 • 고려 공민왕 때 왕이 왕후와 함께 궁중에서 견우와 직녀에게 제사를 지냄[기록] • 조선 시대에 성균관과 지방의 유생들을 대상으로 (특별히) 과거 시험인 절제(節製)를 거행 • 눅눅해진 옷과 책을 햇볕에 말리는 '폭의'(曝衣)와 '폭서(曝書)' 행함
	15일	백중	• 호미 씻는 날, 머슴날, 백종, 중원 등으로도 불림, 백중을 전후하여 논의 김매기가 마무리되면, 농민들은 그동안의 노고를 서로 축하하며 술과 음식을 차리고 잔치 벌임(호미씻이, 호미걸이), 지주는 머슴에게 (일손을 쉬게 하고) 음식을 장만하여 잘 대접하고 새 옷을 해주거나 돈을 주어 장에 가서 하루를 즐기도록 함 • 장원례(백중날 머슴 시상 → 농사가 가장 잘 된 집의 머슴을 뽑아 소에 태워 마을을 돌며 위로) • 지역에 따라 다양한 백중놀이가 전해옴[밀양 백중 놀이 → 농사일을 거의 끝낸 해방감과 풍년을 기원하는 마음이 융합된 민속놀이]

8월	15일	추석	• 한 해 풍성한 수확에 감사하는 날로, 한가위 · 가배 · 중추절 등으로도 불림. 추석 직전 조상의 묘를 찾는 성묘와 무덤 주변을 정리하는 벌초 행함 • 햇곡식과 햇과일로 차례 지내고, (햇곡식으로) 송편을 빚어 먹음 • 달맞이(보름달 보고 소원 빌기), 반보기(결혼한 딸과 친정어머니가 양쪽 집의 중간쯤 되는 곳에서 만나는 일), 지역에 따라 강강술래, 소먹이놀이, 소싸움, 가마싸움과 같은 다양한 놀이 행함 • 신라 유리 이사금 때 6부 여자들의 길쌈 시합 후 풍습(『삼국사기』)
11월 (동짓달)	중순	동지	• 1년 중 밤이 가장 길고 낮이 가장 짧은 날. 태양의 부활이라는 의미를 지니고 있어서 민간에서 '작은 설' 혹은 '아세(亞歲)' 라고 부름. 날씨가 춥고 밤이 길어 호랑이가 교미한다고 하여 '호랑이 장가가는 날' 이라고도 함 • 밤이 가장 긴 날이므로 귀신의 기운이 강해진다하여 (악귀를 쫓고 잔병치레를 막기 위해) 흰 새알심을 넣은 팥죽을 쑤어 먹음 • 새해 달력 만들기[관산감에서 임금에게 달력 올림. 임금은 백관에게 황색 표지 달력과 백식 표지 달력에 '동문지보(同文之寶)' 를 찍어 하사], 버선 모양 복주머니 만들기, 장수와 복을 기원하는 부적 찍기[쓰기] 등을 함
12월	31일	섣달 그믐	• 눈썹 세는 날. 제야, 제석 등으로도 불림. '묵은 설' 이라 하여 저녁을 먹고 집안 어른들에게 세배(묵은세배) • 새로 떠오르는 해를 지켜야 새해에 복을 받는다고 여겨 밤에 집 안팎에 불을 밝히고(해 지킴이), 뜬눈으로 밤을 새우기도 함(수세) • 만둣국, 동치미, 삼실과(세 가지 색의 과일. 대추, 밤, 감), 포 같은 음식을 차려 조상에게 차례 지냄. 집 안의 묵은 때를 청소하거나 미루어 둔 일을 마무리

* 이 외 '2월 1일 영등맞이', '4월 8일 초파일', '9월 9일 중양절(중양일)', '10월 중순(15일 전후) 상달' 있음

주제 3 우리나라 각 지역의 역사

(1) 각 시기 수도의 역사적 특징

① 평양의 역사

고대	• 백제의 근초고왕은 369년, 371년에 황해도 일대에서 벌어진 고구려와의 전쟁에서 승리하고 고구려의 평양성을 공격하여 고국원왕을 전사시킴 • 장수왕이 427년 수도를 국내성에서 평양성으로 옮긴 뒤 240여 년간 고구려의 수도로 대동문, 을밀대, 안학궁터, 강서 고분 등이 남아 있음
중세	• 고려 태조는 북진 정책의 전진 기지로 3경 중 하나인 서경을 중시하였으며, 이러한 차원에서 개경의 중앙 정부와 유사한 기구 체제인 분사(分司)를 서경에 설치 • 묘청의 서경 천도 운동의 근거지이며, 무신 집권기 서경 유수 조위총의 반란지이기도 함
근세	조선 후기에는 유상(평양 상인)의 주요 활동 지역
근대	개항기 제너럴 셔먼호 사건(1866)의 발생지이며, 1920년대 초 조만식을 중심으로 조선 물산 장려회가 발족되어 물산 장려 운동을 전개한 곳

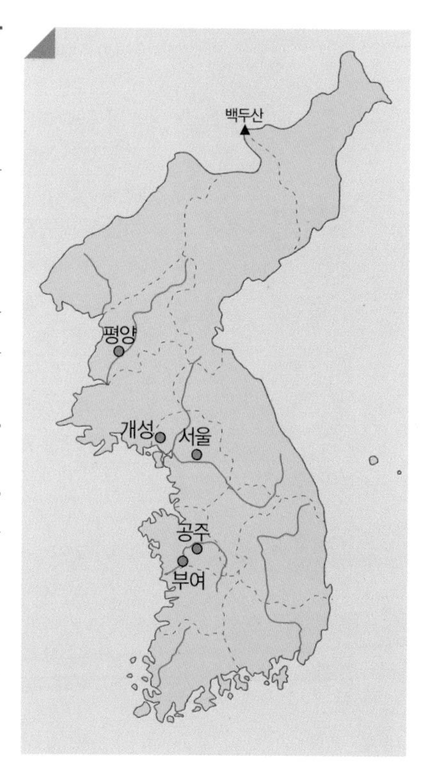

② 개성의 역사

고대	신라 말 궁예는 송악(개성)을 수도로 삼고 후고구려(901)를 세웠음
중세	• 고려의 도읍지로 거란의 침입을 막기 위해 나성을 축조하였으며 고려의 궁궐터인 만월대와 고려 첨성대, 선죽교 등의 문화재가 남아 있음 • 무신 집권기 개경(개성)에서는 사노비인 만적이 신분 해방을 넘어 정권을 장악하기 위한 봉기를 계획하였으나, 사전에 발각되어 실패
근세	조선 후기에는 인삼의 재배와 교역으로 유명했던 송상이 송방이라는 전국적인 유통망을 바탕으로 활발한 활동을 벌임
근대	2000년 6 · 15 남북 공동 선언 채택 후 북한의 경제 특구인 개성 공단이 설치된 곳

③ 서울의 역사

구분	내용
선사	우리나라에서 밝혀진 신석기 시대의 최대 집단 취락지인 암사동 유적이 있는 곳
고대	• 고구려 주몽의 아들로 알려진 온조는 고구려 계통의 유이민 세력을 이끌고 남쪽으로 내려와 오늘의 서울 지역(하남 위례성으로 풍납 토성과 몽촌 토성 지역)에 정착한 후 백제를 건설 • 고구려 광개토 대왕은 한강 이북 지역을 확보하였으며, 그의 아들인 장수왕은 백제를 공격하여 한강 이남을 차지함 • 신라 진흥왕은 백제와 연합하여 고구려를 쳐서 한강 상류 지역을 점령하였을 뿐 아니라, 이후 동맹국인 백제가 되찾은 한강 하류 지역까지 차지하여 한강 유역 전체를 신라의 영토로 만든 뒤 북한산 진흥왕 순수비를 건립
중세	고려 중기부터는 동경 대신에 남경(한양)이 길지로 새롭게 대두하여 이성계의 한양 천도는 무학대사의 영향과 이러한 남경 길지설이 바탕이 됨
근세	조선 태조가 천도한 한양은 한강 유역에 자리 잡고 있어 육로 교통과 수로 교통이 모두 편리하고, 한반도의 중앙에 있어서 새로운 중심지가 되기에 적합하였음
근대	일제는 한성부를 경성부(京城府)로 개칭하고 조선 총독부를 설치하여 식민 통치를 시행

④ 공주와 부여의 역사

지역	시대	내용
공주	선사	공주 석장리(충남)는 남한 최초로 발굴된 구석기 유적지로 전기 · 중기 · 후기 구석기 유물이 골고루 출토되었는데 후기 유적층에서 집자리가 발견됨
	고대	5세기 후반 백제는 고구려 장수왕의 공격을 받아 수도인 한성이 함락되고 한강 유역을 빼앗긴 뒤 수도를 웅진성(공주)으로 옮김(475)
	중세	고려 무신 집권기에는 공주의 명학소 주민들이 망이, 망소이 형제를 중심으로 봉기
부여	고대	백제 성왕은 사비(부여)로 천도한 후 국호를 남부여로 개칭

(2) 각 지역의 역사

① 요동과 요서의 역사

지역	시대	내용
요동	고대	• 5세기 고구려 광개토 대왕은 요동 지방을 포함한 만주 대부분의 땅을 확보 • 9세기 전반, 발해 선왕 때에는 동쪽으로는 연해주, 서쪽으로는 요동, 남쪽으로는 신라와 국경을 접하는 대제국을 건설 • 수의 뒤를 이은 당은 안시성을 총공격하였으나 고구려군과 백성들은 굳세게 저항하여 당의 군대를 물리침(안시성 싸움, 645)
	중세	고려 후기 공민왕은 고구려의 옛 땅을 되찾기 위하여 요동 지방을 공격하는 등 기세를 떨쳤으며, 우왕과 최영은 명의 철령위 설치 통보에 크게 분개하여 요동 정벌을 계획
	근세	조선 초 태조 때에는 정도전이 중심이 되어 요동 정벌을 준비하면서 명과 갈등이 있기도 하였음
	근대	일본은 청 · 일 전쟁에서 승리하여 한국에 대한 우위권을 확인하고 요동 반도까지 확보하였으나 러시아를 비롯한 프랑스, 독일 등의 이른바 삼국 간섭으로 요동을 반환
요서	선사	기원전 10세기경 고조선의 세력 범위
	고대	• 4세기 후반에는 백제 근초고왕의 진출 지역 • 6세기 후반 돌궐이 수에 의해서 멸망하자 고구려는 먼저 요서 지방을 선제공격 • 발해의 압력을 받던 흑수 말갈이 당과의 연계를 꾀하자 발해는 산둥 반도를 공격하는 한편, 요서에서 당군과 격돌

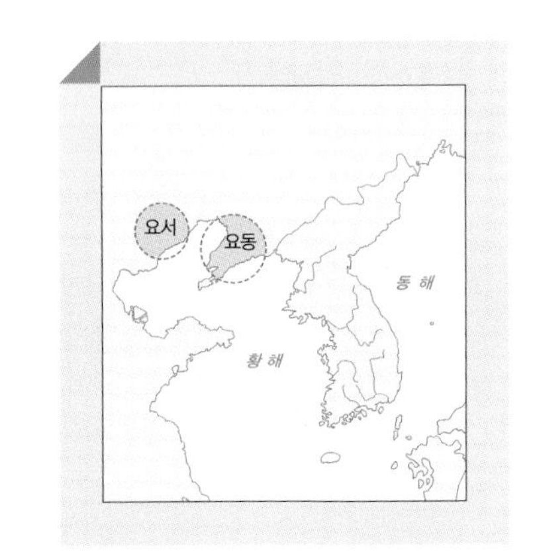

② 강화도의 역사

선사	강화도는 선사 시대의 고인돌 유적이 분포되어 있는데 강화 고인돌 유적은 유네스코에서 세계 문화유산으로 지정되어 있음
중세	몽골이 침입하자 최씨 무신 정권은 수도를 개경에서 강화도로 옮기고 몽골과의 전쟁에 대비하였는데 강화도로 수도를 옮긴 후 재조대장경(팔만대장경)을 조판함
근세	• 1627년 후금은 기마병을 앞세워 조선에 쳐들어왔고, 인조는 급히 강화도로 피란하여 항전(정묘호란) • 강화도 마니산 참성단은 단군이 하늘에 제사 지냈다는 전설이 깃든 곳으로 조선 시대에는 초제를 지냈던 곳 • 조선 후기 정제두가 강화도에서 학문적 체계를 세우고 제자를 육성함으로써 지행합일의 실천성을 강조하는 양명학의 학파(강화학파)가 형성
근대	서울에서 가까운 지리적 위치 때문에 근대에 들어서도 병인양요, 신미양요, 운요호 사건 등 역사적 사건의 무대가 됨

③ 제주도의 역사

선사	제주도 한경 고산리는 우리나라의 신석기 시대를 약 기원전 1만 년까지 소급하게 한 유적지
중세	고려 시대에 삼별초는 개경 환도에 반대하여 대몽 항쟁을 계속하였는데 강화도에서 진도, 제주도로 근거지를 옮겨가며 항쟁하였으나 결국 진압됨
근세	• 조선 시대에 제주도는 거의 논이 없었기 때문에 쌀이 많이 나지 않고, 바닷길도 험한 데다 운송 거리까지 멀어 조운에서 제외된 잉류 지역 • 조선 시대에는 광해군이 인조반정으로 폐위되어 강화도에 유배되었다가 제주도로 옮겨졌고, 추사 김정희도 노론 시파가 정권을 잡은 세도 정치기에 제주도에 유배를 당함 • 네덜란드인 벨테브레이와 하멜은 모두 일본 나가사키로 향하다가 제주도에 표착 • 정조 때 김만덕은 상인들을 상대로 장사하면서 큰 이익을 얻은 인물로 제주에 큰 흉년이 들자 그동안 모은 돈으로 쌀을 사서 굶주린 사람들에게 나누어 주는 선행을 베풂
현대	1948년 4월 3일 남한만의 단독 선거에 반대하여 제주도에서 격렬한 반대 투쟁이 일어남

④ 충주와 청주의 역사

충주	선사	구석기 유적지인 단양 상시 동굴 등이 있음
	고대	• 고구려 장수왕 때 세운 중원(충주) 고구려비가 있음 • 통일 신라 시대 5소경 중 중원경(충주)이 설치된 곳
	중세	고려 시대 충주 다인철소 등지에서 몽골의 침략에 맞서 천민들이 항쟁한 지역
	근세	• 조선 시대에는 「조선왕조실록」을 보관하는 사고 중 하나였으며 조창이었던 충주 가흥창 등이 위치한 곳 • 임진왜란 당시에는 조총으로 무장한 왜군이 침입하자 신립이 배수진을 치다 패배한 지역
	근대	명성 황후 시해와 단발령에 반발하여 위정척사 사상을 가진 유인석이 1895년 을미의병을 일으킨 곳
청주	선사	충북 청원군 두루봉 동굴에서 발견된 어린이(일명 흥수 아이)는 약 4만 년 전 인류 화석으로 얼굴뿐 아니라 온몸의 뼈가 거의 온전한 형태로 발굴됨
	고대	통일 신라의 민정 문서는 서원경(청주) 부근 4개 촌락에 대한 문서로 일본 정창원에서 발견되었음
	중세	고려 시대 청주 흥덕사에서 현존하는 세계 최초의 금속 활자인 직지심체요절이 간행

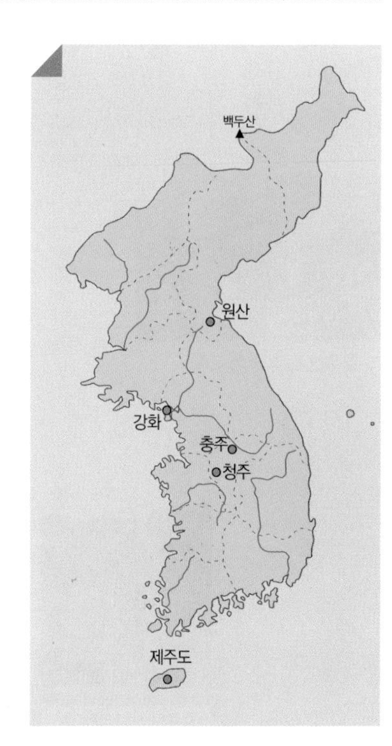

⑤ 원산의 역사

선사	초기 국가 중 동예가 위치했던 지역
고대	신라가 삼국을 통일했을 때의 국경선인 대동강~원산만 일대에 해당됨
근대	• 18세기 말 원산장은 전국적인 유통망을 연결하는 상업의 중심지였으며, 강화도 조약에 따라 부산, 원산, 인천을 개항 • 개항기 원산 학사는 한국 최초의 근대적 사립 교육 기관이며, 일제 강점기에는 원산 총파업의 발생지이기도 함

주제 4 우리 문화유산의 이해

(1) 서울의 주요 문화재

(2) 각 지역의 주요 문화재

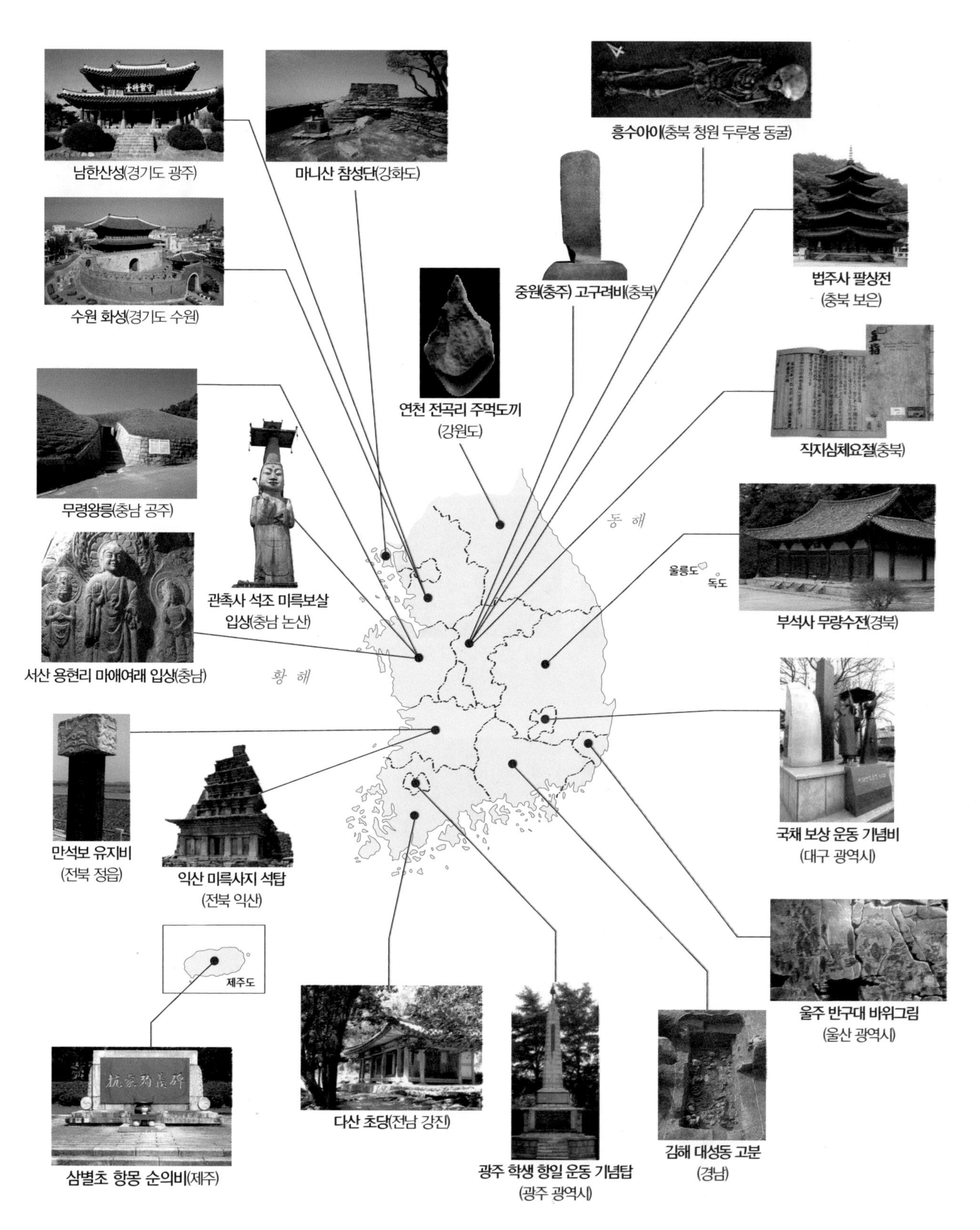

남한산성(경기도 광주)
마니산 참성단(강화도)
흥수아이(충북 청원 두루봉 동굴)
수원 화성(경기도 수원)
중원(충주) 고구려비(충북)
법주사 팔상전
(충북 보은)
연천 전곡리 주먹도끼
(강원도)
직지심체요절(충북)
무령왕릉(충남 공주)
동 해
울릉도
독도
관촉사 석조 미륵보살
입상(충남 논산)
부석사 무량수전(경북)
서산 용현리 마애여래 입상(충남)
황 해
만석보 유지비
(전북 정읍)
익산 미륵사지 석탑
(전북 익산)
국채 보상 운동 기념비
(대구 광역시)
제주도
울주 반구대 바위그림
(울산 광역시)
다산 초당(전남 강진)
김해 대성동 고분
(경남)
광주 학생 항일 운동 기념탑
(광주 광역시)
삼별초 항몽 순의비(제주)

(3) 한국의 유네스코 등재 유산

세계 유산(문화, 자연)

불국사와 석굴암
1995년

해인사 장경판전
1995년

종묘
1995년

창덕궁
1997년

수원 화성
1997년

경주 역사지구
2000년

고창 · 화순 · 강화
고인돌 유적
2000년

제주 화산섬과 용암 동굴
2007년

조선왕릉
2009년

하회 · 양동 역사마을
2010년

남한산성
2014년

백제 역사 유적지구
2015년

산사, 한국의 산지 승원
2018년

한국의 서원
2019년

한국의 갯벌
2021년

세계 기록 유산

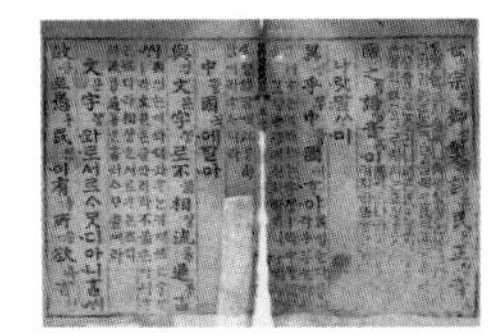
훈민정음
1997년

조선왕조실록
1997년

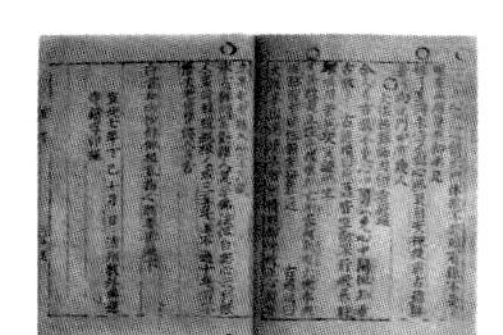
직지심체요절
2001년

승정원일기
2001년

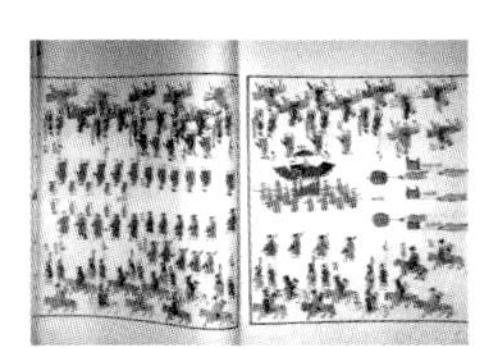
조선왕조의궤
2007년

고려 대장경판 및 제경판
2007년

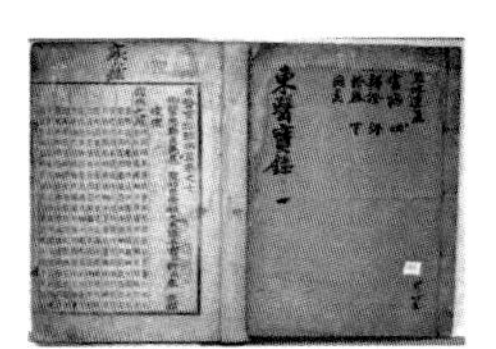
동의보감
2009년

일성록
2011년

5 · 18 광주 민주화 운동
기록물 2011년

난중일기
2013년

새마을 운동 기록물
2013년

KBS특별생방송 '이산가
족을 찾습니다' 기록물
2015년

한국의 유교책판
2015년

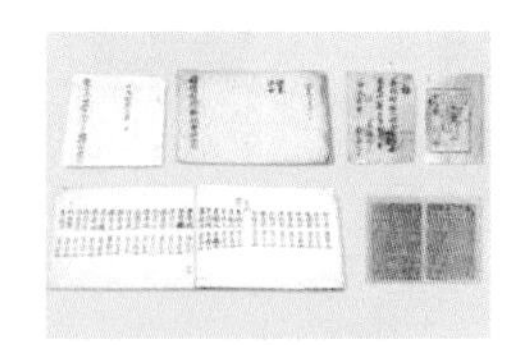
국채보상운동 기록물
2017년

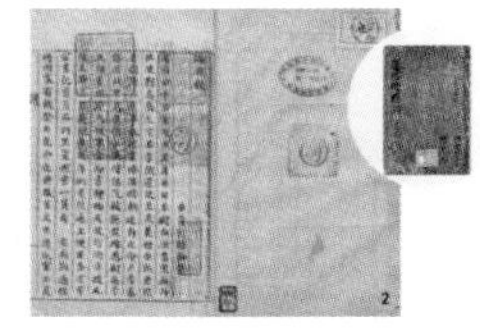
조선 통신사에 관한 기록
2017년

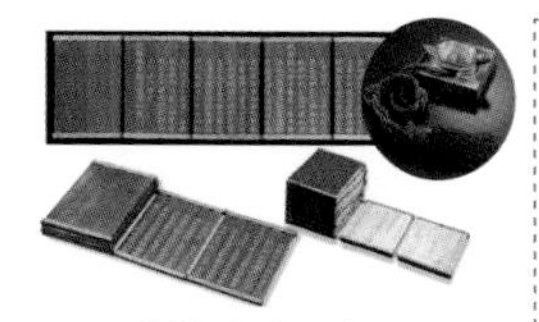
조선 왕실 어보와 어책
2017년

인류 무형 문화 유산

종묘제례 및 종묘제례악
2001년

판소리
2003년

강릉단오제
2005년

강강술래
2009년

남사당놀이
2009년

영산재
2009년

제주 칠머리당 영등굿
2009년

처용무
2009년

가곡
2010년

대목장
2010년

매사냥
2010년

택견
2011년

한산 모시짜기
2011년

줄타기
2011년

아리랑
2012년

김장문화
2013년

농악
2014년

줄다리기
2015년

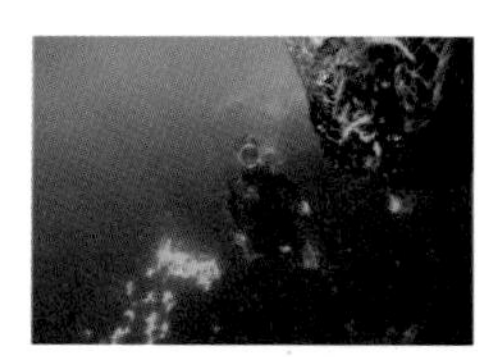
제주 해녀 문화
2016년

한국의 전통 레슬링(씨름)
2018년

연등회
2020년

- **유네스코 세계 유산**
  미래 세대에 전달할만한 인류 보편적 가치가 있는 자연(자연유산)이나 문화(문화유산)를 보존하기 위해 지정한 유산
- **유네스코 세계 기록 유산**
  훼손되거나 소멸될 위기에 처한 세계의 귀중한 기록물을 보존 · 활용하기 위해 선정한 문화유산
- **유네스코 인류 무형 문화유산**
  소멸 위기에 처한 가치 있고 독창적인 구전(口傳) 및 무형 유산을 확인 · 보호 · 증진할 목적으로 선정한 무형 유산

1 밑줄 그은 '섬'에 대한 설명으로 옳은 것은? [2점]

국토 사랑 캠페인 계획서

○○ 모둠

우리나라의 가장 동쪽에 있는 섬에 대한 홍보를 통해 학생들의 관심을 높이고자 함.

▶ 일시 : 2018년 △△월 △△일~△△월△△일
▶ 방법 : 팸플릿 배부 및 제작물 전시
▶ 홍보 내용
1) 역사
– 신라 지증왕 때 이사부 장군이 울릉도를 정벌한 이후 우리 영토에 속함.
– 세종실록 지리지에서는 '무릉'으로 표기하고 있고, 울릉도와 거리가 멀지 않다고 기록되어 있음.
– 러 · 일 전쟁 때 일본이 자국 영토로 강제 편입함.

–1–

① 미국이 제너럴 셔먼호 사건을 구실로 침략하였다.
② 대한 제국이 칙령 제41호를 통해 관할 영토임을 명시하였다.
③ 러시아가 저탄소 설치를 명분으로 조차를 요구하였다.
④ 영국이 러시아의 남하를 견제하기 위하여 무단 점령하였다.

| 해설 | 지역의 역사

제시된 자료의 지역은 '독도'이다. 독도는 울릉도에 딸린 섬으로서, 신라 지증왕 이후로 우리나라 영토였다. 독도는 『세종실록』 지리지 등에 우리 영토로 기록되었다. 1900년 10월 대한 제국에서 반포한 칙령 제41호는 울릉도를 울도로 개칭하고, 도감을 군수로 개정하며, 울도군은 울릉 전도와 죽도, 석도를 관할한다고 하였다. 여기서 죽도는 울릉도 바로 옆의 죽서도를 가리키고, 석도는 독도를 가리킨다. 일본은 러 · 일 전쟁 중인 1905년 2월에 군사적 요충지를 확보하기 위해 독도를 자국의 시마네 현에 불법으로 편입시켰다. 우리 정부의 독도에 대한 공식적 입장은 독도는 명백히 한국의 영토로 영유권 문제는 없다는 것이지만, 일본은 독도에 대해 한국과 영유권 분쟁 중이라고 주장하고 있다. 그러나, 1877년 일본의 최고 행정 기관이었던 태정관의 지령에서도 독도가 조선 땅임을 분명히 하고 있다.

| 오답 넘기 |

① 평양(1866.8), ③ 절영도(1897.7), ④ 거문도(1885.4)에 대한 내용이다.

정답 ②

2 (가)에 들어갈 세시 풍속으로 옳은 것은? [1점]

수행평가 보고서

○반 ○○번 이름: ○○○

우리 역사 속의 (가)

1. 삼국 시대 : 덕흥리 고분 벽화에 설화 속 견우와 직녀로 보이는 인물들이 그려져 있다.

2. 고려 시대 : 공민왕이 왕비와 함께 궁궐에서 견우성과 직녀성에 제사하였다.
3. 조선 시대 : 성균관과 지방의 유생들을 대상으로 과거 시험인 절제(節製)를 거행하였다.

① 단오 ② 백중
③ 칠석 ④ 추석

| 해설 | 세시 풍속

자료를 통해 파악할 수 있는 세시 풍속은 칠월 칠석이다. 칠월 칠석은 견우와 직녀가 만나는 날로 '칠석'이라고도 부른다. 이날 처녀들은 직녀성에게 바느질 솜씨가 늘기를 빌거나, 별이 뜨는 쪽을 향해 목욕 재계를하고 칠성제를 지내는데, 칠성제를 지내면 아들을 낳는다고 전해진다. 칠석날은 중국에서 우리나라에 전래된 뒤 공민왕 때에는 제사를 지냈고 조선에서는 궁중에서 잔치를 벌이고 본 자료와 같이 절일제를 실시하였다. 음력 칠월 칠석에 실시한 과거라 하여 칠석제(七夕制)라고도 불렸는데 이외에도 걸교, 칠석놀이, 시짓기, 용왕제 등의 행사를 하였다.

| 오답 넘기 |

① 우리 선조들은 단오(음력 5월 5일)가 되면 창포 삶은 물에 머리를 감고 그네뛰기, 씨름 등의 여가 생활을 즐겼다.
② 백중은 농부들이 모두 일손을 놓고 하루를 푹 쉬기 때문에 머슴날로 불리기도 하는 날이다(음력 7월 15일).
④ 추석(한가위, 음력 8월 15일)에는 조상 제사와 추수감사제가 이루어진다.

정답 ③

3 (가)에 들어갈 세시 풍속으로 옳은 것은? [1점]

우리나라의 세시 풍속

불의 사용을 금한 날, (가)

◈ 유래 : 집안의 묵은 불을 새 불로 교체하던 전통 사회의 풍습에서 유래되었다고 전해진다. 춘추 시대의 개자추 고사에서 비롯되었다고도 한다.

◈ 내용 : 그 이름에서 알 수 있듯이 이 날에는 전날 만들어 두었다가 차가워진 음식을 그대로 먹었다고 한다. 또한 '귀신이 꼼작하지 않는 날'로 여겨 벌초를 하고 조상에게 예를 갖추었다. 조선 시대에는 4대 명절 중 하나로 중시하였다.

① 단오 ② 칠석
③ 한식 ④ 대보름

| 해설 | 세시 풍속

문제의 (가)에 들어갈 세시 풍속은 한식으로 불을 피우지 않고 찬 음식을 먹는다는 옛 습관에서 나온 것이다. 이것은 춘추 시대의 개자추 고사에서 비롯된 것으로 집안의 묵은 불을 새 불로 교체하던 풍습에서 유래되었다. 동지에서 105 일째 되는 날(양력 4월 5일경)인 한식에는 조상의 묘를 찾아 돌보는 등의 활동을 하였다.

| 오답 넘기 |

① 단오는 매년 음력 5월 5일에 지내는 세시 풍속이다.
② 칠석은 매년 음력 7월 7일에 지내는 세시 풍속이다.
④ 대보름은 매년 음력 1월 15일에 지내는 세시 풍속이다.

정답 ③

4 (가)에 해당하는 세시 풍속으로 옳은 것은? [1점]

파일(F) 편집(E) 보기(V) 즐겨찾기(A) 도구(T) 도움말(H)

△△ 민속 박물관

박물관 소개 | 세시 풍속 사전 | 게시판 | 자료실 | 묻고 답하기

세시 풍속 체험 프로그램 안내

우리 민족 박물관에서는 (가) 을/를 맞이하여, 이날에 행하는 풍습을 체험하는 프로그램을 운영합니다.

1. **일자 :** ○○○○년 ○○월 ○○일
2. **장소 :** △△ 민속 박물관 야외 배움터
3. **체험 프로그램**
- 부스럼 예방을 위한 부럼 깨기
- 해충 피해 방지를 위한 쥐불놀이
- 액운을 물리치고 복을 기원하는 달집 태우기

인터넷

① 단오 ② 칠석
③ 한식 ④ 대보름

| 해설 | 세시 풍속

정월은 한 해를 처음 시작하는 달로서 그 해를 설계하고, 일 년의 운세를 점쳐 보는 달이었다. '대보름'의 달빛은 어둠, 질병, 재액을 밀어 내는 밝음의 상징이므로, 이날 마을의 수호신에게 온 마을 사람들이 질병, 재앙으로부터 풀려나 농사가 잘 되고 고기가 잘 잡히게 하는 '동제'를 지냈다.
정월 대보름(음력 1월 15일)에는 부럼 깨물기, 더위팔기, 달집 태우기, 귀밝이술 마시기, 오곡밥이나 약밥, 묵은 나물을 먹기 등을 하였다. 또 온동네 사람들이 함께 줄다리기 · 다리밟기 · 고싸움 · 쥐불놀이 등 집단의 이익을 위한 행사를 하였다.

| 오답 넘기 |

① 창포물에 머리 감기는 단오(음력 5월 5일)에 행해졌다.
② 칠석은 음력 7월 7일로, 헤어져 있던 견우와 직녀가 만나는 날이라고도 한다.
③ 한식은 동지로부터 105일째 되는 날(양력 4월 5일경)로, 성묘를 하고 더운 음식을 먹지 않았다.

정답 ④

5 다음 답사 지역을 지도에서 옳게 고른 것은? [2점]

〈답사 계획서〉

1. 일자 : 2018년 ○○월 ○○일
2. 지역 : △△일대
3. 개요

순서	답사 장소	답사 주제
1	김시민 장군 전공비	왜군의 침략에 맞선 관민
2	유계춘 묘	탐관오리에 항거한 민중
3	형평 운동 기념탑	차별 없는 사회를 요구한 백정

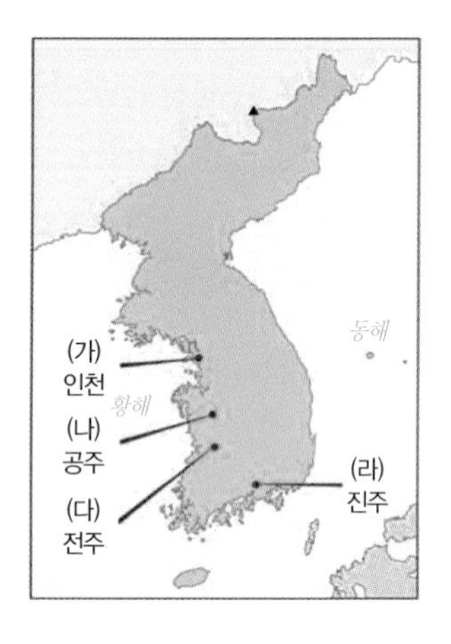

① (가) ② (나) ③ (다) ④ (라)

| 해설 | 지역의 역사

제시된 자료의 답사 지역은 진주이다. 진주는 고려 시대 무신이었던 최충헌의 식읍과 농장이 있던 곳으로 김준거의 반란이 있었다. 또 임진왜란 당시에는 진주 목사 김시민이 지휘한 3,800명의 조선군이 왜군과 치열한 공방전을 벌인 지역이기도 하다(진주 대첩).

조선 후기에는 몰락 양반 유계춘이 중심이 된 임술 농민 봉기가 진주를 중심으로 확산되었으며(1862), 일제 강점기 백정들이 3·1 운동 이후 사회적 차별을 스스로 철폐하기 위하여 진주에서 조선 형평사를 결성하였다(1923.4).

정답 ④

6 다음 답사 지역을 지도에서 옳게 찾은 것은? [2점]

답사 보고서

우리 고장의 역사

– 목차 –

1. 구석기 시대의 생활상을 보여 주는 석장리 유적
2. 무령왕릉이 발견된 송산리 고분군
3. 동학 농민군이 보국안민을 외친 우금치 전적지

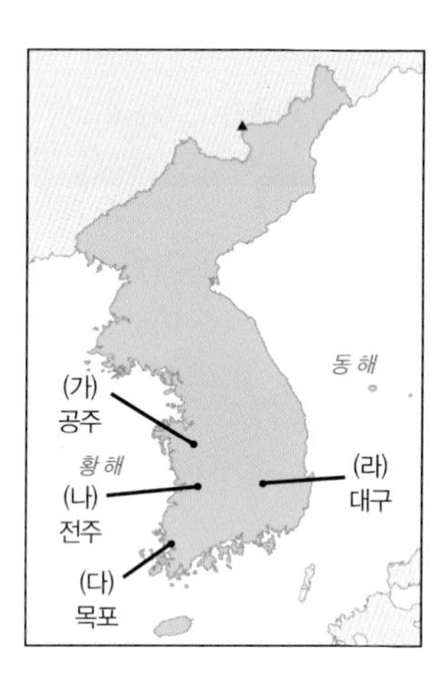

① (가) ② (나) ③ (다) ④ (라)

| 해설 | 지역의 역사

공주 석장리는 우리나라의 대표적인 구석기 유적지이다. 남한에서 최초로 발견된 구석기 시대 유적으로 모두 12차례의 발굴이 이루어졌고, 수많은 유물과 집터가 발견되었다. 또 백제의 수도였던 공주(웅진)에는 벽돌무덤 양식의 무령왕릉이 있는데 이는 중국 남조의 영향을 받은 것이다. 동학 농민군은 공주의 우금치에서 관군과 일본군 연합군에게 패배하였다(1894.11). 따라서 답사 보고서와 관련 있는 지역은 (가) 충남 공주이다. 이 외에도 공주는 무신 집권기 망이·망소이의 난(1176)과 신라 말 김헌창의 난(822)이 발생한 곳이다.

| 오답 넘기 |

② 견훤은 나주와 무진주(광주)를 차례로 점령한 후 완산주(전주)에 도읍을 정하고 후백제를 세웠다(900).
③ (다) 목포 근처의 전남 무안군 암태도에서는 1923년 8월 암태도 소작쟁의가 발생했다(~1924.8).
④ (라) 대구에서는 1907년 2월 국채 보상 운동이 시작되었다.

정답 ①

7 밑줄 그은 '이것'에 대한 설명으로 옳은 것은? [2점]

① 의학 교육을 관장하였다.
② 중앙에서 훈도가 파견되었다.
③ 선현의 제사와 성리학 교육을 담당하였다.
④ 유학부와 기술학부를 편성하여 교육하였다.

| 해설 | 유네스코 세계 유산

제시된 자료는 서원이다. 서원은 교육과 성리학 연구뿐 아니라 선현을 제사하는 기능을 가진 사설 교육 기관이다. 우리나라 최초의 서원은 1543년 주세붕이 세운 백운동 서원이다. 뒷날 백운동 서원은 이황의 건의로 소수 서원으로 사액되어 국가에서 면세의 특권을 받고 토지, 노비, 서적을 지급 받았으며 성리학을 들여온 안향을 배향하였다. 하지만 이후 서원의 수가 급증하고 많은 문제를 일으키자 흥선 대원군은 송시열의 유언에 따라 세워졌던 만동묘를 비롯한 600여 개의 서원을 철폐하였다(1864).
서원은 2019년 7월 유네스코 세계유산에 등재된 문화재로 '한국의 서원'에는 영주 소수 서원, 경주 옥산 서원, 안동 도산 서원과 병산 서원, 대구 달성 도동 서원, 함양 남계 서원, 정읍 무성 서원, 장성 필암 서원, 논산 돈암 서원 등 9곳이 포함된다.

| 오답 넘기 |

① 조선 시대의 의학 교육은 전의감이나 혜민국에서 실시하였다.
② 조선 시대 향교에는 그 규모와 지역에 따라 중앙에서 교관인 교수 또는 훈도를 파견하기도 하였다.
④ 고려 시대 국자감의 유학부에는 귀족의 자식이, 기술학부에는 8품 이하 관리와 서민의 자식이 입학하였다.

정답 ③

8 (가)에 들어갈 문화유산으로 옳은 것은? [1점]

문화유산 카드

(가)

- 종목 : 사적 제12호
- 유적 : 광복루, 임류각, 연지 등
- 특징 : 백제가 웅진에 수도를 두었을 당시 웅진성이라 불렸으며, 총 길이 약 2.6km의 산성이다. 2015년에 유네스코 세계 유산으로 등재되었다.

①

공주 공산성

②

오산 독산성

③

김포 문수산성

④
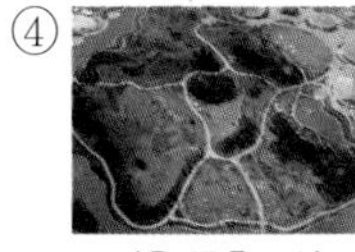
서울 몽촌토성

| 해설 | 유네스코 세계 유산

백제 역사 유적 지구는 2015년 유네스코 세계 문화유산으로 지정되었다. 지정된 지역은 공주, 부여, 익산으로 백제의 옛 수도였던 3개 도시에 남아 있는 유적은 이웃한 지역과의 빈번한 교류를 통하여 문화적 전성기를 구가하였던 고대 백제 왕국의 후기 시대를 대표한다.
공주 웅진성과 연관된 공산성과 송산리 고분군, 부여 사비성과 관련된 관북리 유적 및 부소산성, 정림사지, 능산리 고분군, 부여 나성, 그리고 끝으로 사비 시대 백제의 두 번째 수도였던 익산시 지역의 왕궁리 유적, 미륵사지 등으로 이들 유적은 475년~660년 사이의 백제 왕국의 역사를 보여 준다.
① 웅진(공주)에 있는 사적 12호 공산성은 웅진(공주) 방어를 위해 만든 성이다. 백제는 475년 고구려(장수왕)의 공격을 받아 한강 유역을 빼앗기고(위례성 함락), 웅진(공주)으로 수도를 옮겼다.

정답 ①

역대 왕계표

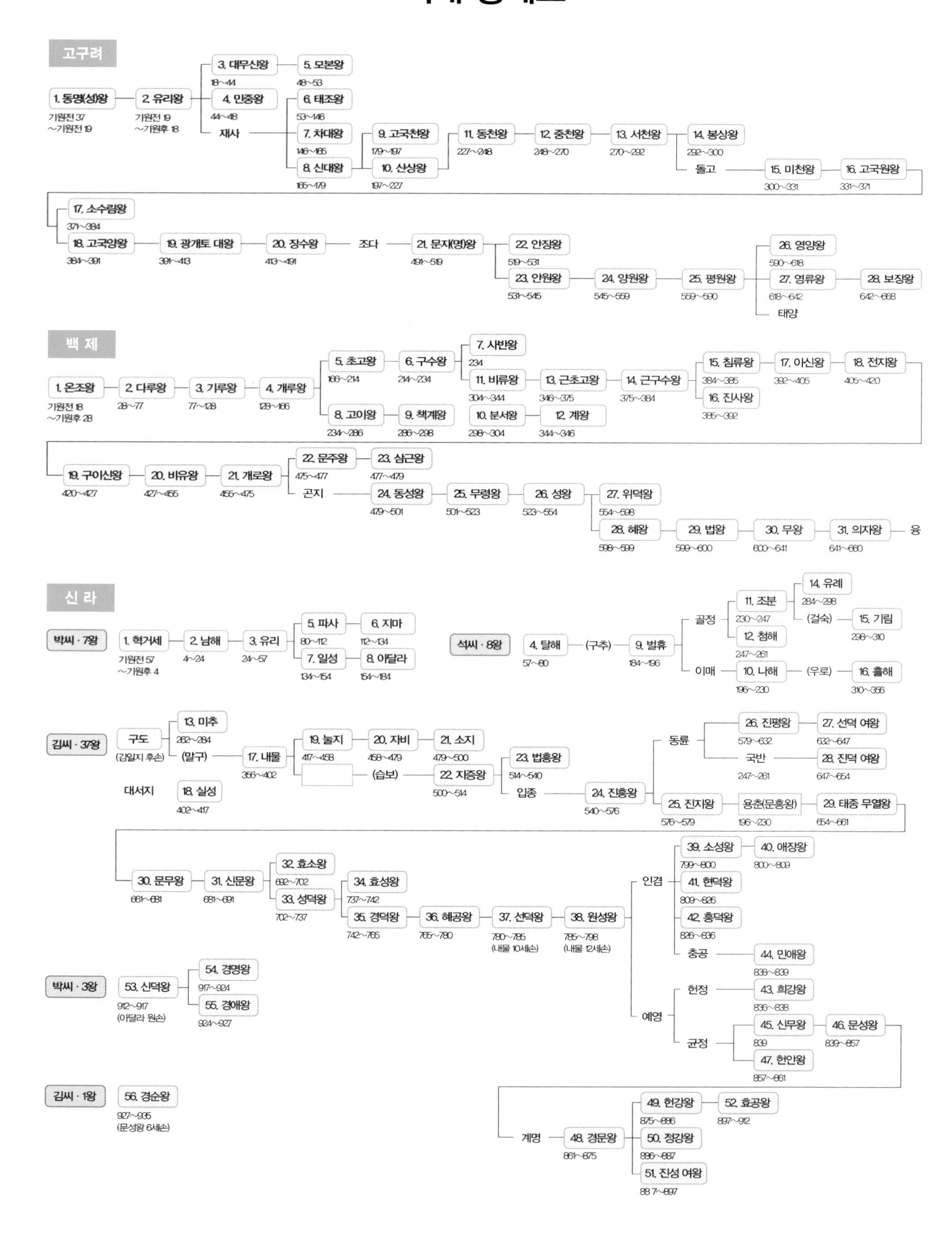

고구려
1. 동명(성)왕
기원전 37 ~기원전 19
2. 유리왕
기원전 19 ~기원후 18
3. 대무신왕
18~44
5. 모본왕
48~53
4. 민중왕
44~48
6. 태조왕
53~146
재사
7. 차대왕
146~165
8. 신대왕
165~179
9. 고국천왕
179~197
10. 산상왕
197~227
11. 동천왕
227~248
12. 중천왕
248~270
13. 서천왕
270~292
14. 봉상왕
292~300
돌고
15. 미천왕
300~331
16. 고국원왕
331~371
17. 소수림왕
371~384
18. 고국양왕
384~391
19. 광개토 대왕
391~413
20. 장수왕
413~491
조다
21. 문자(명)왕
491~519
22. 안장왕
519~531
23. 안원왕
531~545
24. 양원왕
545~559
25. 평원왕
559~590
26. 영양왕
590~618
27. 영류왕
618~642
28. 보장왕
642~668
태양
백 제
1. 온조왕
기원전 18 ~기원후 28
2. 다루왕
28~77
3. 기루왕
77~128
4. 개루왕
128~166
5. 초고왕
166~214
6. 구수왕
214~234
7. 사반왕
234
11. 비류왕
304~344
13. 근초고왕
346~375
14. 근구수왕
375~384
15. 침류왕
384~385
16. 진사왕
385~392
17. 아신왕
392~405
18. 전지왕
405~420
8. 고이왕
234~286
9. 책계왕
286~298
10. 분서왕
298~304
12. 계왕
344~346
19. 구이신왕
420~427
20. 비유왕
427~455
21. 개로왕
455~475
22. 문주왕
475~477
23. 삼근왕
477~479
곤지
24. 동성왕
479~501
25. 무령왕
501~523
26. 성왕
523~554
27. 위덕왕
554~598
28. 혜왕
598~599
29. 법왕
599~600
30. 무왕
600~641
31. 의자왕
641~660
융
신 라
박씨 · 7왕
1. 혁거세
기원전 57 ~기원후 4
2. 남해
4~24
3. 유리
24~57
5. 파사
80~112
6. 지마
112~134
7. 일성
134~154
8. 아달라
154~184
석씨 · 8왕
4. 탈해
57~80
(구추)
9. 벌휴
184~196
골정
11. 조분
230~247
14. 유례
284~298
(걸숙)
15. 기림
298~310
12. 첨해
247~261
이매
10. 나해
196~230
(우로)
16. 흘해
310~356
김씨 · 37왕
구도
(김알지 후손)
13. 미추
262~284
(말구)
17. 내물
356~402
19. 눌지
417~458
20. 자비
458~479
21. 소지
479~500
(습보)
22. 지증왕
500~514
23. 법흥왕
514~540
입종
24. 진흥왕
540~576
동륜
26. 진평왕
579~632
27. 선덕 여왕
632~647
국반
247~261
28. 진덕 여왕
647~654
25. 진지왕
576~579
용춘(문흥왕)
196~230
29. 태종 무열왕
654~661
대서지
18. 실성
402~417
30. 문무왕
661~681
31. 신문왕
681~691
32. 효소왕
692~702
33. 성덕왕
702~737
34. 효성왕
737~742
35. 경덕왕
742~765
36. 혜공왕
765~780
37. 선덕왕
780~785
(내물 10세손)
38. 원성왕
785~798
(내물 12세손)
인겸
39. 소성왕
799~800
40. 애장왕
800~809
41. 헌덕왕
809~826
42. 흥덕왕
826~836
충공
44. 민애왕
838~839
예영
헌정
43. 희강왕
836~838
균정
45. 신무왕
839
46. 문성왕
839~857
47. 헌안왕
857~861
계명
48. 경문왕
861~875
49. 헌강왕
875~886
52. 효공왕
897~912
50. 정강왕
886~887
51. 진성 여왕
887~897
박씨 · 3왕
53. 신덕왕
912~917
(아달라 원손)
54. 경명왕
917~924
55. 경애왕
924~927
김씨 · 1왕
56. 경순왕
927~935
(문성왕 6세손)

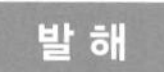
발 해

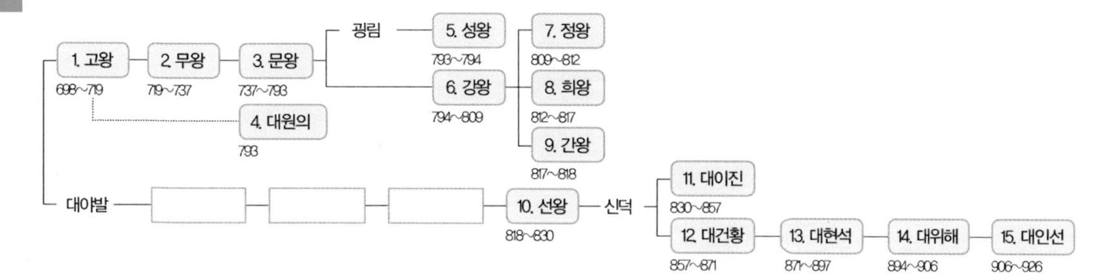
1. 고왕
698~719
2. 무왕
719~737
3. 문왕
737~793
4. 대원의
793
굉림
5. 성왕
793~794
6. 강왕
794~809
7. 정왕
809~812
8. 희왕
812~817
9. 간왕
817~818
대야발
10. 선왕
818~830
신덕
11. 대이진
830~857
12. 대건황
857~871
13. 대현석
871~897
14. 대위해
894~906
15. 대인선
906~926

고 려

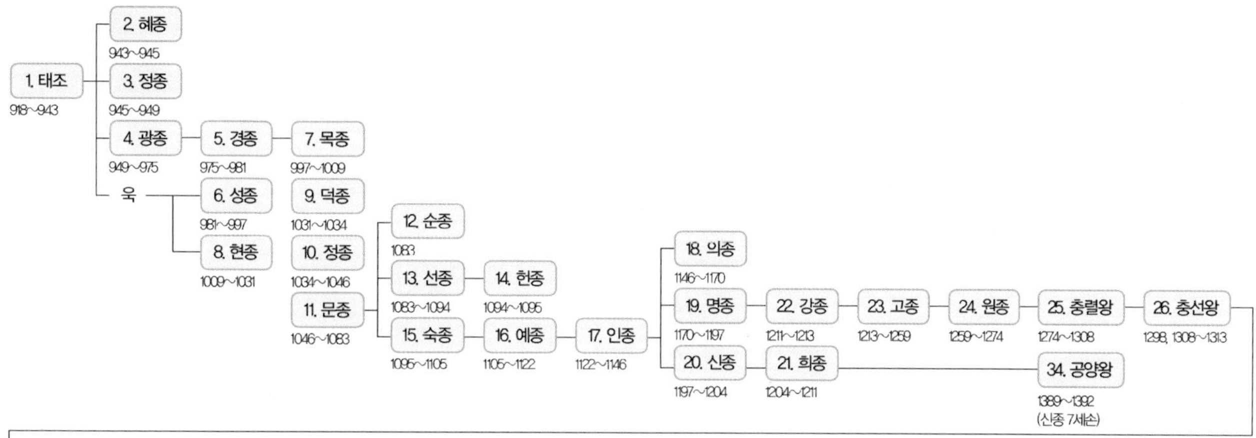
1. 태조
918~943
2. 혜종
943~945
3. 정종
945~949
4. 광종
949~975
5. 경종
975~981
7. 목종
997~1009
욱
6. 성종
981~997
8. 현종
1009~1031
9. 덕종
1031~1034
10. 정종
1034~1046
11. 문종
1046~1083
12. 순종
1083
13. 선종
1083~1094
14. 헌종
1094~1095
15. 숙종
1095~1105
16. 예종
1105~1122
17. 인종
1122~1146
18. 의종
1146~1170
19. 명종
1170~1197
20. 신종
1197~1204
21. 희종
1204~1211
22. 강종
1211~1213
23. 고종
1213~1259
24. 원종
1259~1274
25. 충렬왕
1274~1308
26. 충선왕
1298, 1308~1313
34. 공양왕
1389~1392
(신종 7세손)

27. 충숙왕
1313~1330,
1332~1339
28. 충혜왕
1330~1332,
1339~1344
29. 충목왕
1344~1348
30. 충정왕
1348~1351
31. 공민왕
1351~1374
32. 우왕
1374~1388
33. 창왕
1388~1389

조 선

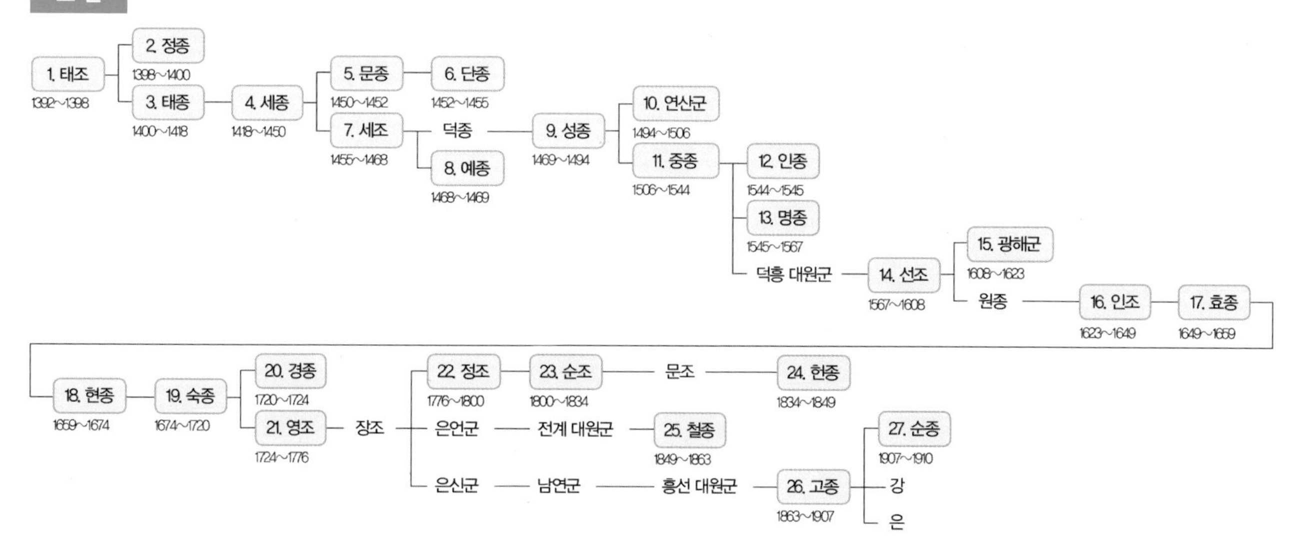
1. 태조
1392~1398
2. 정종
1398~1400
3. 태종
1400~1418
4. 세종
1418~1450
5. 문종
1450~1452
6. 단종
1452~1455
7. 세조
1455~1468
덕종
8. 예종
1468~1469
9. 성종
1469~1494
10. 연산군
1494~1506
11. 중종
1506~1544
12. 인종
1544~1545
13. 명종
1545~1567
덕흥 대원군
14. 선조
1567~1608
15. 광해군
1608~1623
원종
16. 인조
1623~1649
17. 효종
1649~1659
18. 현종
1659~1674
19. 숙종
1674~1720
20. 경종
1720~1724
21. 영조
1724~1776
장조
22. 정조
1776~1800
23. 순조
1800~1834
문조
24. 헌종
1834~1849
은언군
전계 대원군
25. 철종
1849~1863
은신군
남연군
흥선 대원군
26. 고종
1863~1907
27. 순종
1907~1910
강
은

Profile

최승권

(현) 신지원에듀 한국사능력검정시험 강의
(현) 더배움 한국사능력검정시험 고급 강의
(현) 시대에듀 공무원 한국사 강의
(전) 에듀캐스트 한국사능력검정시험 강의
(전) 취포닷컴 한국사인증시험 해설
(전) 메가스터디 사회, 한국사, 한국사인증 온라인 강의

합격예감 한국사 능력검정시험 기본(4·5·6급)

초판인쇄 2020년 4월 5일
재판발행 2022년 1월 20일

편 저 자 최 승 권
발 행 인 최 현 동
발 행 처 신 지 원

주 소 07532 서울특별시 강서구 양천로 551-17, 813호(가양동, 한화비즈메트로 1차)
전 화 (02)2013-8080
팩 스 (02)2013-8090
등 록 제16-1242호

교재구입문의 (02)2013-8080~1

ISBN 978-89-6269-965-4 13900
정가 20,000원

100% 합격을 위한 완벽 학습 플랜(Plan-A)

(1회 또는 하루에 1강 진도, 회독 완료 시 해당 난에 체크 'v', 최종의 경우 '친필 사인')

구분		회독 수						
		1		2**		3		최종***
		핵심*	문제*	핵심	문제	핵심	문제	
Ⅰ. 선사 시대 문화와 국가의 형성	01							
	02							
Ⅱ. 삼국의 성립과 발전	03							
	04							
	05							
Ⅲ. 통일 신라와 발해	06							
	07							
	08							
Ⅳ. 고려의 성립과 발전	09							
	10							
	11							
	12							
	13							
Ⅴ. 조선의 성립과 발전	14							
	15							
	16							
	17							
Ⅵ. 조선 사회의 변동	18							
	19							
	20							
Ⅶ. 근대 사회의 전개	21							
	22							
	23							
Ⅷ. 민족 독립운동의 전개	24							
	25							
	26							
Ⅸ. 현대 사회의 발전	27							
	28							
	29							
특별 주제								

* '핵심'은 '핵심 요약' 본문을, '문제'는 각 장의 '실전 문제 다잡기'를 가리킴

** 2회독 이후부터는 틀린 문제가 많은 장부터 복습(1회 또는 하루 1개 장 복습)

*** 시험 직전 최종 복습 후 '친필 사인'

100% 합격을 위한 완벽 학습 플랜(Plan-B)

(1회 또는 하루에 2강 진도, 회독 완료 시 해당 난에 체크 'v', 최종의 경우 '친필 사인')

구분		회독 수						
		1		2**		3		최종***
		핵심*	문제*	핵심	문제	핵심	문제	
Ⅰ. 선사 시대 문화와 국가의 형성	01							
	02							
Ⅱ. 삼국의 성립과 발전	03							
	04							
	05							
Ⅲ. 통일 신라와 발해	06							
	07							
	08							
Ⅳ. 고려의 성립과 발전	09							
	10							
	11							
	12							
	13							
Ⅴ. 조선의 성립과 발전	14							
	15							
	16							
	17							
Ⅵ. 조선 사회의 변동	18							
	19							
	20							
Ⅶ. 근대 사회의 전개	21							
	22							
	23							
Ⅷ. 민족 독립운동의 전개	24							
	25							
	26							
Ⅸ. 현대 사회의 발전	27							
	28							
	29							
특별 주제								

* '핵심'은 '핵심 요약' 본문을, '문제'는 각 장의 '실전 문제 다잡기'를 가리킴

** 2회독 이후부터는 틀린 문제가 많은 장부터 복습(1회 또는 하루 1개 장 복습)

*** 시험 직전 최종 복습 후 '친필 사인'

실전 문제 다잡기 '틀린 문제 수' 기록표

[본문 학습 후(1회독 시) 최선을 다해 풀고, 틀린 문제 수를 정확히 기록할 것]

구분		틀린 문제 수	복습 순위*
Ⅰ. 선사 시대 문화와 국가의 형성	01 선사 문화의 전개		
	02 고조선과 국가의 형성		
Ⅱ. 삼국의 성립과 발전	03 삼국의 성장과 발전		
	04 삼국의 경제와 사회		
	05 삼국의 문화와 교류		
Ⅲ. 통일 신라와 발해	06 통일 신라와 발해의 정치적 변화		
	07 통일 신라, 발해의 경제와 사회		
	08 통일 신라와 발해의 문화		
Ⅳ. 고려의 성립과 발전	09 고려의 성립과 통치 체제의 정비		
	10 문벌 귀족 사회와 무신 정권		
	11 고려의 대외 관계와 고려 후기의 정치 변화		
	12 고려의 경제와 사회		
	13 고려의 문화		
Ⅴ. 조선의 성립과 발전	14 조선의 건국과 발전		
	15 조선 전기의 정치 변화와 양난		
	16 조선 전기의 경제와 사회		
	17 조선 전기의 문화		
Ⅵ. 조선 사회의 변동	18 조선 후기의 정치 변동		
	19 조선 후기의 경제와 사회 변동		
	20 조선 후기 문화의 새 기운		
Ⅶ. 근대 사회의 전개	21 외세의 침략적 접근과 근대적 개혁의 추진		
	22 국권 수호 운동의 전개		
	23 근대 문물의 수용과 사회 · 문화의 변동		
Ⅷ. 민족 독립운동의 전개	24 일제의 식민 통치와 3 · 1 운동		
	25 무장 독립 전쟁의 전개		
	26 다양한 민족 운동과 민족 문화 수호 운동		
Ⅸ. 현대 사회의 발전	27 대한민국 정부의 수립과 6 · 25 전쟁		
	28 민주주의의 시련과 발전		
	29 사회 · 경제적 변동과 평화 통일을 위한 노력		
특별 주제			

* 틀린 문제 수를 확인한 후 복습 우선순위를 정할 것

(최신) 회차별 '신개념' 정리표

(기억해야 할 내용을 중심으로 정리할 것)

구분	새로운 출제 내용	구분	새로운 출제 내용
(　　) 회	□	(　　) 회	□
	□		□
	□		□
	□		□
	□		□

* 활용 시 복사

한국사능력검정시험 답안지

성 명 :

〈수험생이 지켜야 할 일〉

1. 수험번호란에는 아라비아숫자로 기재하고 해당란에 "●"와 같이 완전하게 표기하여야 합니다.
2. ① 답란에는 반드시 컴퓨터용 사인펜을 사용하여 표기해야 합니다.
   ② 답란은 "●"와 같이 완전하게 표기하여야 하며, 바르지 못한 표기를 하였을 경우에는 불이익을 받을 수 있습니다.
   (잘못된 표기 예시 ⊘ ⦶ ⊗ ◑ ◍)
3. 답안지에는 낙서를 하거나 불필요한 표기를 하였을 경우 불이익을 받을 수 있으므로 답안지를 최대한 깨끗한 상태로 제출하여야 합니다.

수	험	번	호					
⓪	⓪	⓪	⓪	⓪	⓪	⓪	⓪	⓪
①	①	①	①	①	①	①	①	①
②	②	②	②	②	②	②	②	②
③	③	③	③	③	③	③	③	③
④	④	④	④	④	④	④	④	④
⑤	⑤	⑤	⑤	⑤	⑤	⑤	⑤	⑤
⑥	⑥	⑥	⑥	⑥	⑥	⑥	⑥	⑥
⑦	⑦	⑦	⑦	⑦	⑦	⑦	⑦	⑦
⑧	⑧	⑧	⑧	⑧	⑧	⑧	⑧	⑧
⑨	⑨	⑨	⑨	⑨	⑨	⑨	⑨	⑨

감독관 확인란 ※ 수험생은 표기하지 말 것	
결시자확인	컴퓨터용 사인펜을 사용하여 수험번호란과 아래란을 표기
	○
감독관확인	성명, 수험번호 표기가 정확한지 확인 후 아래란에 서명 또는 날인
	(인)

선택형 답란

1	①	②	③	④	21	①	②	③	④	41	①	②	③	④
2	①	②	③	④	22	①	②	③	④	42	①	②	③	④
3	①	②	③	④	23	①	②	③	④	43	①	②	③	④
4	①	②	③	④	24	①	②	③	④	44	①	②	③	④
5	①	②	③	④	25	①	②	③	④	45	①	②	③	④
6	①	②	③	④	26	①	②	③	④	46	①	②	③	④
7	①	②	③	④	27	①	②	③	④	47	①	②	③	④
8	①	②	③	④	28	①	②	③	④	48	①	②	③	④
9	①	②	③	④	29	①	②	③	④	49	①	②	③	④
10	①	②	③	④	30	①	②	③	④	50	①	②	③	④
11	①	②	③	④	31	①	②	③	④					
12	①	②	③	④	32	①	②	③	④					
13	①	②	③	④	33	①	②	③	④					
14	①	②	③	④	34	①	②	③	④					
15	①	②	③	④	35	①	②	③	④					
16	①	②	③	④	36	①	②	③	④					
17	①	②	③	④	37	①	②	③	④					
18	①	②	③	④	38	①	②	③	④					
19	①	②	③	④	39	①	②	③	④					
20	①	②	③	④	40	①	②	③	④					

한국사능력검정시험 답안지

성 명 :

〈수험생이 지켜야 할 일〉

1. 수험번호란에는 아라비아숫자로 기재하고 해당란에 "●"와 같이 완전하게 표기하여야 합니다.

2. ① 답란에는 반드시 컴퓨터용 사인펜을 사용하여 표기해야 합니다.
   ② 답란은 "●"와 같이 완전하게 표기하여야 하며, 바르지 못한 표기를 하였을 경우에는 불이익을 받을 수 있습니다.
   (잘못된 표기 예시 ☑ ⦶ ⊗ ◑ ◎)

3. 답안지에는 낙서를 하거나 불필요한 표기를 하였을 경우 불이익을 받을 수 있으므로 답안지를 최대한 깨끗한 상태로 제출하여야 합니다.

수 험 번 호

⓪	⓪	⓪	⓪	⓪	⓪	⓪	⓪	⓪
①	①	①	①	①	①	①	①	①
②	②	②	②	②	②	②	②	②
③	③	③	③	③	③	③	③	③
④	④	④	④	④	④	④	④	④
⑤	⑤	⑤	⑤	⑤	⑤	⑤	⑤	⑤
⑥	⑥	⑥	⑥	⑥	⑥	⑥	⑥	⑥
⑦	⑦	⑦	⑦	⑦	⑦	⑦	⑦	⑦
⑧	⑧	⑧	⑧	⑧	⑧	⑧	⑧	⑧
⑨	⑨	⑨	⑨	⑨	⑨	⑨	⑨	⑨

감독관 확인란

※ 수험생은 표기하지 말 것

결시자 확인	컴퓨터용 사인펜을 사용하여 수험번호란과 아래란을 표기
	○
감독관 확인	성명, 수험번호 표기가 정확한지 확인 후 아래란에 서명 또는 날인
	(인)

선 택 형 답 란

1	①	②	③	④	21	①	②	③	④	41	①	②	③	④
2	①	②	③	④	22	①	②	③	④	42	①	②	③	④
3	①	②	③	④	23	①	②	③	④	43	①	②	③	④
4	①	②	③	④	24	①	②	③	④	44	①	②	③	④
5	①	②	③	④	25	①	②	③	④	45	①	②	③	④
6	①	②	③	④	26	①	②	③	④	46	①	②	③	④
7	①	②	③	④	27	①	②	③	④	47	①	②	③	④
8	①	②	③	④	28	①	②	③	④	48	①	②	③	④
9	①	②	③	④	29	①	②	③	④	49	①	②	③	④
10	①	②	③	④	30	①	②	③	④	50	①	②	③	④
11	①	②	③	④	31	①	②	③	④					
12	①	②	③	④	32	①	②	③	④					
13	①	②	③	④	33	①	②	③	④					
14	①	②	③	④	34	①	②	③	④					
15	①	②	③	④	35	①	②	③	④					
16	①	②	③	④	36	①	②	③	④					
17	①	②	③	④	37	①	②	③	④					
18	①	②	③	④	38	①	②	③	④					
19	①	②	③	④	39	①	②	③	④					
20	①	②	③	④	40	①	②	③	④